John Julius Norwich

BYZANZ

John Julius Norwich

BYZANZ

Verfall und Untergang
1072–1453

Aus dem Englischen von
Claudia Wang, Ulrike und Manfred Halbe-Bauer
Verlagsbüro Neumeister-Taroni, Zürich

Econ

Titel der englischen Originalausgabe: Byzantium. The Decline and Fall. Originalverlag: Viking, London. Übersetzt von Claudia Wang, Ulrike und Manfred Halbe-Bauer (Verlagsbüro Neumeister-Taroni, Zürich).

Sonderausgabe 1998

Der Econ Verlag ist ein Unternehmen der Econ & List Verlagsgesellschaft.

Koordination und Bearbeitung: Brigitta Neumeister-Taroni. Gesetzt aus der Sabon, Linotype. Satz: LHF Satzstudio GmbH, Düsseldorf. Papier: Papierfabrik Schleipen, Bad Dürkheim. Druck und Bindearbeiten: Franz Spiegel Buch GmbH, Ulm. Printed in Germany. ISBN 3-430-17163-6

Inhalt

Einführung 9
1. Der Aufstieg des Alexios 13
2. Die Normannen 26
3. Der erste Kreuzzug 43
4. Alexios Komnenos' letzte Jahre 64
5. Johannes der Schöne 80
6. Der zweite Kreuzzug 105
7. Neuordnung 123
8. Manuel Komnenos' zweite Regierungshälfte 142
9. Andronikos der Schreckliche 165
10. Die Eroberung Jerusalems 185
11. Der vierte Kreuzzug 196
12. Das Reich im Exil 218
13. Die wiedergewonnene Stadt 235
14. Bedrohung durch Anjou 249
15. Einheit auf wackligen Füßen 268
16. Katalanen im geschrumpften Kaiserheer 296
17. Großvater und Enkel Andronikos 315
18. Bürgerkrieg 336
19. Der Kaiser wider Willen 351
20. Vasall des Sultans 370
21. Appell an Europa 397
22. Das Vermächtnis des Timur Lenk 414
23. Die Himmel frohlocken! 438
24. Der Untergang 461

Karten und Pläne 493
Genealogie 501
Chronologische Verzeichnisse 509
Anmerkungen 515
Bibliographie 541
Personen- und Ortsregister 551

Mein Dank gilt wie immer den Angestellten der London Library, ohne deren Unterstützung und Anteilnahme ich diesen dritten Band ebensowenig hätte schreiben können wie den ersten und den zweiten. Auch bin ich Judith Flanders für ihr Adlerauge, ihr Computerhirn und ihr makelloses Gespür für sprachlichen Rhythmus zu besonderem Dank verpflichtet.

Einführung

Am Tag oder vielmehr in der Nacht des 27. Juni 1787, zwischen elf und zwölf Uhr, schrieb ich in einer Laube in meinem Garten die letzten Zeilen der letzten Seite nieder. Dann ich legte meine Feder nieder und schritt mehrere Male eine von Akazien umrankte Laube auf und ab, der den Blick auf das Land, den See und die Hügel freigibt. Die Luft war mild, der Himmel hell; die silberne Scheibe des Mondes spiegelte sich im Wasser, und alle Stimmen der Natur rundum schwiegen. Ich will die ersten Freudenregungen über meine wiedererlangte Freiheit und die mögliche Begründung meines Ruhms nicht verhehlen. Doch mein Stolz legte sich bald, und eine nüchterne Melancholie breitete sich in mir aus beim Gedanken, daß ich mich für immer von einer altbewährten und angenehmen Gefährtin getrennt hatte und daß, was auch immer meine Geschichte an Zukunft noch zu erwarten hatte, das Leben ihres Erforschers kurz und ungewiß sein mußte.

So beschrieb Edward Gibbon den Augenblick, in dem er seine *Geschichte des Verfalles und Unterganges des Römischen Weltreiches* vollendet hatte. Ich denke auch nicht nur im entferntesten daran, meinen bescheidenen Versuch, die Geschichte des Byzantinischen Reichs zu erzählen, mit dem größten historischen Meisterstück der englischen Literatur zu vergleichen; doch will es der Zufall, daß ich, nachdem ich genau um halb zwölf an einem schwülen Juliabend den letzten Punkt unter meine Trilogie gesetzt hatte, ebenfalls einen Spaziergang durch einen in Mondlicht getauchten Garten unternahm. Und wenn ich auch nicht behaupten kann, daß meine Aussicht so spektakulär war – oder daß ich jemals über eine mögliche Begründung meines Ruhms nachsann –, stellte ich doch fest, daß ich zumindest eine der von ihm beschriebenen Empfindungen mit ihm gemein hatte. Nun, da meine Arbeit getan war, fühlte auch ich mich wie beim Abschiednehmen von einer alten und hochgeschätzten Freundin.

Der erste Band meiner Trilogie erzählt die Geschichte des Byzantinischen Reichs von der Gründung durch Konstantin den Großen am 11. Mai 330, bis zur Einsetzung seiner christlichen Gegenmacht, des Heiligen Römischen Reichs, mit der Krönung Karls des Großen an Weihnachten des Jahres 800. Der zweite verfolgt sein Geschick von der Machtergreifung der makedonischen Dynastie bis über den Höhepunkt seiner Macht unter der Schreckensherrschaft des sogenannten Bulgarenschlächters, Basileios' II., hinaus, endet aber mit einem düsteren Omen: der ersten der drei großen Niederlagen in seiner langen Geschichte, beigebracht durch das seldschukische Türkenheer bei Mantzikert 1071. Im vorliegenden dritten und letzten Band nun zeigt sich, wie schicksalhaft diese Niederlage sich auswirkte, brachte sie Byzanz doch um den größten Teil Kleinasiens – der Hauptquelle für seine Streitkräfte – und schwächte das Reich so sehr, daß es mehr als hundert Jahre später nicht mehr die Kraft aufbrachte, dem Ansturm des vierten Kreuzzugs standzuhalten. Die folgenden sechsundfünfzig Jahre lateinischer Herrschaft, die mit der triumphalen Rückkehr Michaels VIII. Palaiologos endeten, erscheinen auf den ersten Blick als kaum mehr denn ein unerbauliches Zwischenspiel; tatsächlich aber erwiesen sie sich als der zweite Schlag, von dem sich das Byzantinische Reich nie mehr erholte. Und die Geschichte seiner letzten zweihundert Jahre, vor dem Hintergrund der wachsenden Macht des türkischen Herrscherhauses der Osmanen gesehen, ist eine des unabwendbaren Niederganges und macht das Lesen, so fürchte ich, nicht selten zur Qual. Erst das allerletzte Kapitel, so endgültig es ist, hebt die Stimmung wieder – wie sich das für alle Heldengeschichten gehört.

In der Einführung zum ersten Band meiner Trilogie habe ich auf den tiefgreifenden Unterschied zwischen der Geschichte des Byzantinischen Reichs und jener der Republik Venedig hingewiesen, dem vorangegangenen Objekt meiner Aufmerksamkeit. Im Laufe der Jahrhunderte verflechten sich die beiden Geschichten zusehends, dies sowohl vor als auch nach der Tragödie von 1204/05, und in den letzten Jahren des Byzantinischen Reichs machte sich die Serenissima eines Vergehens schuldig, das man fast als zweiten Verrat bezeichnen könnte – diesmal durch tatenloses Zusehen. Aus diesem Grund erscheint es mir durchaus sinnvoll, den Vergleich noch etwas weiterzuführen.

Auf den ersten Blick haben beide vieles gemeinsam. Schließlich war Venedig ein Kind von Byzanz, verlebte die prägenden Jahre als byzantinische Kolonie und bezog alle frühen kulturellen Einflüsse direkt aus Konstantinopel. Beide, die Mutter ebenso wie die Tochter, geboten über solch legendäre Schönheit und Üppigkeit, daß sie überall auf der

Welt gepriesen wurden als Städte ganz aus Marmor, Malachit und Porphyr, und ihr Ruf kam der Wirklichkeit so nahe, daß viele beim ersten Anblick voller Verwunderung ausriefen, man habe ihnen noch gut die Hälfte vorenthalten. Beide hatten gut tausend Jahre Bestand, verfügten zeitweise über ungeheure politische Macht und erwarben sich, ob verdient oder unverdient, einen schlechten Ruf, denn sie galten als grausam und intrigant. Und nicht zuletzt überlebten sich beide und durchlitten einen langsamen und demütigenden Niedergang.

Doch da enden die Gemeinsamkeiten. Venedig war eine Republik und, obwohl verfassungsrechtlich gesehen eine Oligarchie, in Wahrheit um einiges demokratischer als irgendein Land der Welt – vielleicht mit der sprichwörtlichen Ausnahme Schweiz. Auf eigene Art und Weise gottesfürchtig, trat man im Verlauf der Geschichte jeder Einmischung in innere Angelegenheiten seitens der Kirche stets entschieden entgegen und bot infolgedessen mehr als nur einem päpstlichen Interdiktum die Stirn. Byzanz dagegen verkörperte ein Mittelding zwischen Autokratie und Theokratie; die absolute Macht lag in der Hand eines Kaisers, der sich selbst als Gottes Stellvertreter auf Erden verstand und als den Aposteln gleich. Venedig war materialistisch, stahlhart und nüchtern, Byzanz dagegen der wohl im höchsten Maß geistlich orientierte weltliche Staat, den die christliche Welt jemals gesehen hat, den Heiligen Stuhl miteingerechnet. Venedig erfreute sich, in den ruhigen, seichten Wassern seiner Lagunen gelegen, einer für Kontinentaleuropa einzigartig gesicherten Lage, während Konstantinopel mit der ständigen Bedrohung durch einen Angriff von außen lebte. In den letzten, jämmerlichen paar hundert Jahren gab man sich in Venedig ganz dem Vergnügen und milden Ausschweifungen hin und lieferte sich schließlich unter den denkbar demütigendsten Umständen dem jungen Napoleon aus, ohne auch nur einen einzigen Schuß zur Selbstverteidigung abzufeuern. Byzanz dagegen blieb seiner Seele treu. Im Lauf der letzten zweihundert Jahre versuchten zwar verschiedene Kaiser sich dreimal Sicherheit zu erkaufen, indem sie sich der Kirche Roms unterwarfen, doch das Volk von Konstantinopel wich niemals von seinem alten, traditionellen Glauben ab. Und als seine Zeit gekommen war, kämpfte es bis zum bitteren Ende volle fünfundfünfzig Tage lang verzweifelt, zehntausend gegen eine Viertelmillion, und der letzte Kaiser ging kämpfend in den Tod, als die Stadtmauern, die so lange als unbezwingbar gegolten hatten, schließlich doch unter dem Ansturm zusammenbrachen.

Wer die ersten beiden Bände gelesen hat, braucht nicht darauf hingewiesen zu werden, daß diese Trilogie keinen Anspruch auf strenge Wissenschaftlichkeit erhebt. Die vier Jahre Altgriechisch, die einen wichtigen Teil meiner Schulbildung ausmachten, befähigen mich nicht, auch nur die einfachsten griechischen Texte ohne Wörterbuch in Griffnähe zu verstehen, und so sah ich mich gezwungen, fast vollumfänglich auf jene Persönlichkeiten zurückzugreifen, von deren Werken es entweder Übersetzungen oder Zusammenfassungen in Sekundärquellen gibt. Dies erwies sich indes als geringeres Hindernis als erwartet, sind doch besonders für die Jahrhunderte, die hier vorgestellt werden, derart viele Schriften vorhanden, daß die Schwierigkeit weniger in der Informationsbeschaffung lag als darin, eine Auswahl zu treffen. Abgesehen davon bedeutete die Notwendigkeit, eine Zeitspanne von fast zwölfhundert Jahren – denn der Vorhang sollte sich um des besseren Verständnisses willen etwas vor der eigentlichen Geburt des Reichs heben und der Vollständigkeit halber erst ein paar Jahre nach dessen Ende wieder senken – auf etwa ebenso vielen Manuskriptseiten abzuhandeln, daß ich die Geschichte vorantreiben mußte, und ich gebe daher gar nicht vor, mehr als nur über die Oberfläche meines Stoffes zu gleiten; dies aber schiebt der Wissenschaftlichkeit schon von vornherein einen Riegel vor.

Und doch bedauere ich nichts. Mein Ziel bestand niemals darin, neues Licht auf die Geschichte zu werfen. Seit dem Tag, als ich die Feder ansetzte, hatte ich lediglich zwei Ziele vor Augen: erstens eine kleine Wiedergutmachung für die jahrhundertelange Verschwörung des Schweigens, auf die ich in der Einführung zum ersten Band hingewiesen habe, ein Stillschweigen, aufgrund dessen zahllose Generationen in Westeuropa die verschiedensten Bildungssysteme durchliefen, ohne auch nur das Geringste über das langlebigste – und wahrscheinlich am kontinuierlichsten beseelte – christliche Reich der Weltgeschichte zu erfahren. Und zweitens, interessierten Laien schlicht und einfach eine spannende Geschichte so abwechslungsreich und genau wie möglich zu erzählen. Ich darf nicht hoffen, daß sie, am Ende des letzten Bandes angelangt, diesen mit dem gleichen Bedauern weglegen werden, wie ich es nach Vollendung einer langwierigen und doch erfreulichen Aufgabe empfinde, aber ich habe volles Vertrauen, daß sie mit mir im folgenden Punkt übereinstimmen werden: Diese Geschichte verdient erzählt zu werden.

John Julius Norwich
Castle Combe

1

Der Aufstieg des Alexios

(1081)

Wir haben ein köstliches Mahl, mit einer reichhaltigen, würzigen Sauce bereitet. Willst du an unserem Fest teilnehmen, dann komm, sobald es dir möglich ist, und nimm mit uns gemeinsam Platz an dieser höchst erlesenen Tafel.

Alexios und Isaak Komnenos an den Cäsar Johannes Dukas im Februar 1081[1]

Am Ostersonntag des Jahres 1081, der auf den 4. April fiel, bestieg in der Hagia Sophia zu Konstantinopel der vierundzwanzigjährige Feldherr Alexios Komnenos offiziell den Thron eines Reichs, das in jämmerlichem Zustand daniederlag. Zehn Jahre zuvor hatte dieses Reich durch die türkischen Seldschuken vor der kleinen Garnisonsstadt Mantzikert wenige Kilometer nördlich des Vansees die vernichtendste Niederlage seiner gesamten Geschichte erlitten, eine Niederlage, infolge derer Kaiser Romanos IV. Diogenes in Gefangenschaft geraten war, das einst unbesiegbare byzantinische Heer sein Heil in schändlicher Flucht gesucht und die Eindringlinge sich in Anatolien breitgemacht hatten, bis turkmenische Volksstämme schließlich rund fünfundsiebzigtausend Quadratkilometer seines Kernlandes besetzten. Mit einem Schlag hatte Byzanz so eine seiner Hauptressourcen an Nahrung und Menschen eingebüßt. Und von da an ging es ums nackte Überleben.

Wäre es Romanos nach seiner Freilassung vergönnt gewesen, weiterhin als Basileus zu wirken, hätte er die Situation vielleicht noch zum Besseren wenden können. Denn Alp Arslan, der Sultan der Seldschuken, lag eigentlich mit Byzanz gar nicht im Streit, sondern sah sich und sein Volk durch Fatimid, den Kalifen von Ägypten, weit mehr bedroht. Romanos und er hatten sich überraschend gut miteinander arrangiert, und der Vertrag, durch den der Kaiser ausgelöst wurde, enthielt keine größeren territorialen Forderungen. Allein, Romanos wurde durch eine

Palastrevolution in Konstantinopel abgesetzt und nach einem kurzen, erfolglosen Versuch, gewaltsam wieder auf den Thron zu gelangen, so brutal geblendet, daß er kurz darauf starb. Den Vertrag mit Alp Arslan aber hielten sein kläglicher Nachfolger Michael VII., ein kultivierter, intelligenter, für den Thron indes völlig ungeeigneter Mann, sowie die beiden grauen Eminenzen, sein Onkel, der Cäsar Johannes Dukas, und der Gelehrte Michael Psellos, nicht ein. Damit war der Willkür der Seldschuken Tor und Tür geöffnet.

Im Westen sah es ebenfalls finster aus. Am 16. April 1071 hatten nur vier Monate vor Mantzikert, allerdings nach einer fast dreijährigen Belagerung, in Süditalien die Normannen unter ihrem hervorragenden Anführer Robert Guiscard Bari erobert. Bari hatte seit der Regierungszeit Justinians, also seit mehr als fünfhundert Jahren, zum Reich gehört. Einst Hauptstadt einer reichen, blühenden Provinz, war es zuletzt einziger noch verbliebener Vorposten von Byzanz auf der italienischen Halbinsel gewesen, Mittelpunkt einer winzigen Enklave, in der die Banner von Byzanz in einem von Unruhen erschütterten, feindseligen Landstrich einsam flatterten. An jenem Tag, dem Samstag vor Palmsonntag, wurden diese Banner ein für allemal eingeholt; von da an gab es, was der Ausdruck »byzantinisches Italien« bezeichnete, nicht mehr.

Im Jahre darauf brach in Bulgarien ein gefährlicher Aufstand aus, in dessen Verlauf ein gewisser Konstantin Bodin, Sohn des Fürsten Michael von Zeta,[2] in Prizren zum Zaren gekrönt worden war. Zwar konnte die Ordnung schließlich, wenn auch mit beträchtlichem Aufwand, wiederhergestellt werden, doch lag der Aufruhr förmlich in der Luft, und niemand zweifelte ernsthaft daran, daß es über kurz oder lang erneut zu Reibereien kommen würde.

Außerdem gab es noch das Problem Rom. Kaiser Michael VII. hatte nach dem Fall von Bari Papst Gregor VII. um Hilfe gegen die normannische Bedrohung ersucht und damit erneut sein fehlendes politisches Gespür unter Beweis gestellt. Als Gregor seinen Einfluß ganz offen auf die Ostküste der Adria ausdehnte – 1075 krönte er seinen Vasallen Demetrios Zwonimir zum König von Kroatien und verlieh zwei Jahre später Michael von Zeta eine weitere (päpstliche) Krone –, hatte Kaiser Michael ihm folglich kaum etwas entgegenzusetzen. In der Zwischenzeit aber hatten die Ungarn und die Petschenegenstämme ihr altes Spiel wieder aufgenommen, wodurch die gesamte Balkanhalbinsel in die alten chaotischen Zustände zurückfiel.

Da sich überall im Reich ähnliche Katastrophen ereigneten, hätte es an ein wahres Wunder gegrenzt, wenn die verschiedenen Heeresteile nicht in offener Revolte losgebrochen wären, und das nicht nur einmal, sondern wiederholt. Die erste Erhebung führte ein normannischer Glücksritter namens Roussel von Bailleul an, der mitten in Anatolien einen unabhängigen Normannenstaat nach dem Vorbild seiner Landsleute in Süditalien zu errichten versuchte. Alexios Komnenos zwang ihn schließlich in die Knie, und nach kurzem Gefängnisaufenthalt kämpfte er an dessen Seite gegen zwei weitere Bewerber um die Macht, nämlich zum einen gegen Nikephoros Bryennios, den Dux (Gouverneur) von Dyrrhachion (Durazzo), einen der wenigen Offiziere, die sich in der Schlacht bei Mantzikert ausgezeichnet hatten, und zum anderen gegen Nikephoros Botaneiates, einen Abkömmling der Militäraristokratie Anatoliens.

Im November des Jahres 1077 stand Bryennios unvermutet vor den Mauern Konstantinopels, wurde aber nach Thrakien vertrieben. Botaneiates bereitete gleichfalls einen direkten Angriff auf die Hauptstadt vor, was sich indes als überflüssig erweisen sollte, denn im März 1078 brachen Aufstände aus. Da Michael ihrer absolut nicht Herr zu werden vermochte, suchte er sein Heil in der Flucht und Unterschlupf im Studioskloster. Am 24. März zog Botaneiates im Triumph in Konstantinopel ein. Vor vollendete Tatsachen gestellt, blieb Alexios nichts anderes übrig, als sich dem neuen Kaiser zu unterwerfen; dieser verlieh ihm den Rang eines *Nobilissimus* und übertrug ihm das Amt des *Parakoimomenos,* was soviel heißt wie den Oberbefehl, und schickte ihn in dieser Funktion sogleich gegen Bryennios ins Feld. Ein paar Monate später brachte Alexios den zweiten aufständischen Feldherrn zur Strecke und als Gefangenen nach Konstantinopel. Er wurde jedoch dort nicht wie erhofft dankbar empfangen; kaum hatte er – widerwillig eingelassen – die Stadt betreten, beorderte man ihn stehenden Fußes zurück nach Anatolien, wo erneut ein Aufstand auszubrechen drohte. Bryennios verschwand in einem Verlies des Palastes. Dort wurde er bald darauf geblendet.

Zwar fügte sich Alexios den Anweisungen des Kaisers, verhehlte aber seinen Ärger über diesen kühlen Empfang keineswegs, da er den Grund dafür nur zu gut verstand. Nikephoros Botaneiates fürchtete sich nämlich nicht weniger als er. Der alte, weit über siebzigjährige Mann war bereits nicht mehr Herr der Lage. In den folgenden beiden Jahren schlidderte das Reich immer tiefer ins Chaos. Ein Aufstand löste den anderen ab, eine Revolte die nächste aus. Die Türken rückten unaufhaltsam vor, so daß Alp Arslans Sohn Malik-Schah das Seldschukensultanat Rum 1080 von Kilikien bis zum Hellespont über ganz Kleinasien ausgedehnt hatte. Dieweil wurde Nikephoros Botaneiates von Tag zu Tag unbeliebter. Frühere Usurpatoren wie Nikephoros Phokas, Johannes Tzimiskes oder Romanos Diogenes hatten Wert darauf gelegt, über jene Kinder ihrer jeweiligen Vorgänger ihre Hand zu halten, die den Titel eines Mitkaisers trugen, um sich auf diese Weise wenigstens äußerlich einen Anschein von Legalität zu geben. Botaneiates dagegen hatte gar nicht erst Anstalten gemacht, Michaels VII. vierjährigen Sohn Konstantin neben sich auf den Thron zu setzen, und sich in den Augen aller rechtlich gesinnten Untertanen moralisch disqualifiziert. Erschwerend kam hinzu, daß er nach dem Tod seiner zweiten Frau kurz nach der Thronbesteigung die Ehe mit der hinreißenden Kaiserin Maria von Alania[3] einging – nach Anna Komnena soll sie sogar Phidias' Standbilder an Schönheit übertroffen haben –, obwohl deren Ehemann Michael Dukas noch lebte. Zwar war Maria ihrer ehelichen Verpflichtungen seit dem Eintritt ihres Ehemannes ins Studioskloster enthoben, doch stand natürlich der Klerus solchen Verbindungen mißbilligend gegenüber; zudem galten dritte Ehen seit dem heiligen Basilius als leichte Form der Unzucht und hatten für ein Paar als Strafe den Ausschluß von den Sakramenten für volle vier Jahre zu Folge.[4] Bei den vergeblichen Versuchen, sein gänzlich unnötig eingebüßtes Ansehen zurückzukaufen, hatte Nikephoros Botaneiates praktisch den gesamten Staatsschatz verschleudert, und die schon unter Michael VII. in Bewegung geratene Inflationsspirale schraubte sich in schwindelnde Höhe.[5] Ohne eine starke Hand am Ruder gab es für Byzanz keine Hoffnung.

Im selben Maß wie Nikephoros' Popularität sank, nahm die von Alexios Komnenos zu, so daß man schließlich in Konstantinopel wie anderswo in ihm den einzig möglichen Retter des Reichs sah. Er hatte sich bereits als Vierzehnjähriger[6] unter dem Kommando seines älteren Bruders Manuel im Feldzug gegen die türkischen Seldschuken im Jahre 1070 hervorgetan und seither weder gegen türkische Eindringlinge noch gegen byzantinische Rebellen jemals eine Schlacht verloren. Er hatte sich als Feldherr glänzend bewährt, und weil er seine Soldaten von Sieg zu Sieg geführt hatte, waren sie ihm ergeben und vertrauten ihm. Doch hatte er noch etwas zu bieten, und das stand bei der byzantinischen Bevölkerung mindestens ebenso hoch im Kurs: Er war von kaiserlichem Geblüt. Sein Onkel Isaak Komnenos hatte rund zwanzig Jahre zuvor kurze Zeit den Thron innegehabt; und seine Mutter, die außerordentlich zielstrebige Anna Dalassena, hatte all ihre fünf Söhne, von denen Alexios der dritte war, im Glauben erzogen, daß sie eines Tages in den Besitz der Kaiserkrone gelangen könnten. Außerdem sicherte ihm seine Ehefrau Irene Dukas, Enkelin des Cäsars Johannes Dukas und Tochter jenes Andronikos Dukas, der Romanos Diogenes bei Mantzikert[7] so schändlich im Stich gelassen hatte, die Unterstützung nicht nur der reichsten und einflußreichsten Familie im Reich, sondern auch des Klerus (dem bis zu seinem Tod 1075 Johannes Xiphilinos, ein Günstling der Dukas, als Patriarch vorstand) und des größten Teils der Aristokratie dazu.

Aus eben diesen Gründen hatte Alexios jedoch Feinde am Hof. Er benötigte vor allem dort Fürsprache und fand sie schließlich in der Person der Kaiserin. Maria von Alania liebte ihren neuen Ehemann, der so alt war, daß er ihr Großvater hätte sein können, natürlich nicht. Als Ex-Frau Michaels VII. war sie vor allem gegenüber den Dukas loyal, zu denen Alexios durch Irene nun auch gehörte. Vielleicht wußte sie, daß – wie der zeitgenössische Chronist Johannes Zonaras berichtet – zwei Busenfreunde ihres Mannes, ein finsteres Paar bajuwarischer Herkunft namens Borilos und Germanos, am Sturz des jungen Feldherrn arbeiteten, und fühlte sich verpflichtet, ihn davor zu beschützen. Vielleicht war ihr aber auch zu Ohren gekommen, daß ihr Mann Nikephoros mit dem Gedanken spielte, einen fernen Verwandten zum Nachfolger zu ernennen, und sie wollte die Ansprüche ihres Sohnes Konstantin sichern. Und möglicherweise hatte sie sogar selbst ein Auge auf Alexios geworfen – und die folgenden Ereignisse bestärken diese Hypothese – und sah sich schon in der Rolle der Theophano.[8] Von all diesen Annahmen kann jede zutreffen oder auch keine; das läßt sich heute nicht mehr klären. Wir wissen nur, daß Maria von Alania im Jahre 1080 Alexios Komnenos adoptierte.

Nikephoros Botaneiates scheint dagegen nicht protestiert zu haben. Dem politisch heillos unfähigen Kaiser, dem seine Frau ohnehin völlig überlegen war, machte das Alter wohl allmählich ziemlich zu schaffen. Statt etwas einzuwenden, vertraute er gegen Ende des Jahres ganz überraschend seinem Adoptivsohn den Oberbefehl in einem neuen Feldzug gegen die Türken an, die vor kurzem Kyzikos eingenommen hatten. Auf eine solche Gelegenheit hatte Alexios gerade gewartet. Er war schon seit geraumer Zeit der Ansicht, daß der zittrige alte Kaiser beseitigt werden müsse, bevor es zu spät sei, und zwar am besten auf dem Weg direkter militärischer Aktion, denn Mord war ihm zuwider.

Das einzige Problem, nämlich ohne Argwohn zu erregen, die nötigen Truppen um sich zu scharen, hatte sich nun mit einem Schlag erledigt. Sofort gab er Befehl, das Heer beim kleinen Dorf Zurulos zu sammeln, das in einiger Entfernung von Konstantinopel an der Straße nach Adrianopel lag.

Borilos und Germanos hätte nichts ungelegener kommen können als Alexios' Adoption durch Kaiserin Maria und seine neue Aufgabe. Niemals zuvor hatte ihr alter Gegner eine so starke Position innegehabt. Als Angehöriger der Kaiserfamilie konnte er im Palast aus und ein gehen, hatte tagtäglich Kontakt mit dem Kaiser und – was noch viel gefährlicher war – der Kaiserin, deren Spione allgegenwärtig waren und die ihn über alles, was vorging, auf dem laufenden halten konnte. Als sie von der Mobilisierung des Heeres erfuhren, sahen sie ihre letzte Chance in sofortigem Handeln. Doch Alexios, der vorgewarnt war, war schneller als sie.

Am frühen Morgen des Sonntags Quinquagesima, am 14. Februar 1081, machte er sich mit seinem Bruder Isaak in aller Heimlichkeit auf den Weg zum Blachernenpalast im Norden, wo die Landmauer sich zum Goldenen Horn hinabzieht. Sie erzwangen sich Zugang zu den kaiserlichen Stallungen, holten so viele Pferde heraus, wie sie benötigten. Den übrigen schnitten sie kurzerhand die Sehnen durch, um zu verhindern, daß man auf ihnen die Verfolgungsjagd aufnehmen konnte. Dann sprengten sie in scharfem Galopp davon. Ihr erstes Ziel war das sogenannte Kosmidion, das Kloster der Heiligen Kosmas und Damian am nördlichen Ende des Goldenen Horns, wo sie Alexios' Schwiegermutter Maria Traiana Dukas alarmierten. Sie hatten das Glück, dort auf den reichen und mächtigen Georgios Palaiologos zu treffen, der mit Irene Dukas' Schwester Anna verheiratet war, und versicherten sich sogleich dessen Unterstützung.[9] Dann eilten sie, so schnell sie konnten, nach Zurulos, wo die Streitmacht schon fast vollständig versammelt war, und schickten eine Nachricht an den Cäsar Johannes Dukas, ihnen zu Hilfe zu eilen.

Johannes lebte damals ein paar Meilen entfernt zurückgezogen auf seinem Gut bei Morobundos. Als der Bote eintraf, hielt er gerade Mittagsschlaf, wurde jedoch von seinem kleinen Enkel mit der Nachricht über die Revolte aufgestört. Zuerst wollte er es nicht glauben und gab dem Knaben eine Ohrfeige, dann wurde ihm die Botschaft überreicht; laut Anna Komnena handelte es sich um die kaum verhüllte Einladung, die diesem Kapitel vorangestellt ist. Johannes Dukas reichte sie aus. Er ließ sich sein Pferd bringen und machte sich unverzüglich auf den Weg nach Zurulos. Schon bald traf er auf einen kaiserlichen Steuereintreiber, der mit einer beträchtlichen Menge Goldes für den Reichsschatz nach Konstantinopel unterwegs war und den er überreden konnte, ihn zu begleiten. Später kam ein Trupp Türken des Wegs, die sich gegen das Versprechen einer saftigen Belohnung ebenfalls der Rebellion anzuschließen versprachen. Klar, daß das wartende Heer die ganze Runde beim Eintreffen freudig willkommen hieß.

Zwei oder drei Tage später – in denen mehrere weitere und namhafte Sympathisanten zu den Rebellen stießen – gaben Alexios und Isaak den Marschbefehl. Bis zu diesem Augenblick scheint überraschenderweise niemand auf die Idee gekommen zu sein, einen neuen Kaiser zu proklamieren. Erst als man bei Einbruch der Nacht beim Weiler Schiza haltmachte, tauchte diese Frage unter den Soldaten auf, und zwar selbst jetzt noch in Form einer Alternative: ob Alexios oder Isaak als Basileus vorzuziehen sei. Es stand durchaus nicht fest, wem sie den Vorzug geben würden. Isaak war älter, und seine militärischen Erfolge im Osten hatten ihm bereits das Herzogtum Antiochia eingetragen. Er hatte unter den Soldaten viele Anhänger, schien dagegen selbst bereitwillig seinem Bruder den Vortritt zu lassen. Die Machtposition der Dukas gab schließlich den Ausschlag. Alexios erhielt die kaiserlichen Titel begeistert an Ort und Stelle zugesprochen. Man zog ihm in aller Form jene Purpurstiefel mit dem Doppeladler von Byzanz in Goldstickerei über, die dem Kaiser vorbehalten waren und die er vermutlich in kluger Voraussicht vor seinem Aufbruch aus dem Palast entwendet hatte.

Der neue Bewerber und sein Bruder waren nicht die einzigen der Familie, die sich gegen Nikephoros Botaneiates erhoben. Am Tag der Zeremonie zu Schiza hatte Schwager Nikephoros Melissenos, Ehemann ihrer Schwester Eudokia, seine eigene Rebellenarmee bei Chrysopolis,[10] direkt gegenüber Konstantinopel auf der asiatischen Seite des Bosporus, zusammengezogen. Der erst gerade aus dem fernen Anatolien eingetroffene Nikephoros Melissenos hatte bis zu diesem Zeitpunkt noch nichts von den Aktivitäten der Brüder vernommen. Als dies geschah, sandte er sogleich einen Brief an Alexios und unterbreitete ihm darin den Vorschlag, das Reich zwischen ihm und sich aufzuteilen, wobei der eine den Osten, der andere den Westen regieren sollte. Zwar hatte Alexios nicht die Absicht, sein Reich mit irgendwem zu teilen, da er jedoch fürchtete, eine kategorische Weigerung könnte zu einem Bündnis seines Schwagers mit Botaneiates gegen ihn führen, gab er mit

Vorbedacht eine unverbindliche Antwort, die ihn zu nichts verpflichtete. Unterdessen machte er sich in aller Eile auf den Weg nach Konstantinopel.

Noch wußte er nicht sicher, was er als nächstes tun sollte. Eine Belagerung schied von vornherein aus. Da er dreieinhalb Jahre zuvor Konstantinopel selbst gegen die Streitmacht des Bryennios mitverteidigt hatte, wußte er, daß dieses gewaltige dreifache Bollwerk einem weit größeren Heer zu trotzen vermochte, als er jemals dagegen würde führen können. Nach ein- oder zweitägiger gemeinsamer Erkundung mit Johannes Dukas gewann er jedoch den Eindruck, daß einige Regimenter, welche die einzelnen Abschnitte der Mauer zu verteidigen hatten (zum Beispiel die warägische Garde der sogenannten Unsterblichen), zwar für den regierenden Kaiser bis zum Tod kämpfen würden, andere dagegen durchaus empfänglich wären für Verlockungen der einen oder anderen Art, vor allem ein Verband aus germanischen Stammesangehörigen, welcher das Adrianopel-Tor bewachte. Es gelang Georgios Palaiologos, Kontakt zu deren Anführer zu bekommen, und dann war die Sache rasch abgemacht.

Eines Abends stellten er und ein paar seiner Leute kurz nach Einbruch der Dunkelheit Leitern an einen der von den Germanen gehaltenen Türme und überkletterten das Bollwerk. Dann zog Alexios im Schutz der Nacht seine gesamte Streitmacht bei diesem Turm zusammen. Bei Tagesanbruch stand alles bereit. Palaiologos gab von der Mauer herab das Signal, und seine Leute öffneten von innen sofort die Tore, so daß das Heer in die Stadt strömen konnte.

Es traf auf keinen nennenswerten Widerstand. Die Bevölkerung hatte für ihren alten Kaiser nicht viel übrig. Ein Großteil muß damit gerechnet haben, daß er früher oder später abgesetzt würde, und war vermutlich ganz damit einverstanden, ihn durch einen energischen, populären jungen Feldherrn ersetzt zu sehen. Man hatte freilich nicht erwartet, wie eine besiegte feindliche Macht behandelt zu werden. Da jedoch das fremde Element in Alexios' Heer stark vertreten war, sprang der Funke schnell über. Kaum hatten die Soldaten die Stadt betreten, stoben sie in alle Richtungen auseinander und gingen auf Raub, Plünderung und Vergewaltigung aus. Bald schloß sich ihnen der Pöbel der Stadt an, so daß überall ein solches Durcheinander entstand, daß der Erfolg der ganzen Aktion in Frage gestellt war und die dem legitimen Kaiser treu Ergebenen sich fragten, ob man die Aufständischen nicht vielleicht doch noch besiegen könnte. Zu ihnen gehörten Nikephoros, Georgios Palaiologos' Vater, den der Abfall seines Sohnes entsetzt hatte, aber auch Alexios' alter Feind Borilos, der offenbar ein militärisches Kommando innehatte; er ließ die warägische Garde und andere verläßliche Einheiten zwischen dem Konstantinsforum und dem Milion[11] dicht gestaffelt aufmarschieren.

Botaneiates dagegen wußte, daß er geschlagen war. Den Versuch, sich Melissenos und seine Leute dienstbar zu machen, hatte die Reichsflotte vereitelt, die Georgios Palaiologos für sich gewonnen hatte und die jetzt die Meerengen blockierte. Außerdem war auch seine Widerstandskraft gebrochen. Der betagte und hochangesehene Patriarch Kosmas beschwor ihn abzudanken, damit nicht noch mehr Christenblut fließe. Es bedurfte hierbei keiner großen Überzeugungskraft. Nikephoros Palaiologos unterbreitete daher in seinem Namen den Komnenen als erstes Angebot, Nikephoros Botaneiates werde Alexios an Sohnes Statt annehmen, ihn zum Mitkaiser machen, ihm alle Gewalt übertragen und selbst nur den kaiserlichen Titel und die Privilegien behalten. Als der Cäsar Johannes Dukas dies jedoch verächtlich zurückwies, bestand er nicht weiter darauf. In einem lose über seine kaiserlichen Gewänder geworfenen Mantel schritt Botaneiates über den Platz zur Hagia Sophia, um in aller Form abzudanken. Später wurde er in das Kloster der Muttergottes Peribleptos gebracht, jenes ausgedehnte, unzugängliche Bauwerk auf dem siebten Hügel, das sein Vorgänger Romanos Argyros ein halbes Jahrhundert zuvor gestiftet hatte.[12] Dort widmete er sich, wenn auch zuerst nur sehr widerstrebend, dem Klosterleben. Anna Komnena überliefert die Bemerkung eines Bekannten, der ihn einige Zeit später dort aufgesucht und sich nach seinem Befinden erkundigt habe. Die Enthaltung des Genusses von Fleisch, habe der alte Mann erwidert, sei das einzige, was ihm schwerfalle; alles andere mache ihm wenig aus.[13]

Der junge Mann, der nun als sechsundsiebzigster Kaiser von Byzanz den Thron innehatte, war klein und vierschrötig; er hatte breite Schultern und einen mächtigen Brustkorb. Die Augen unter den geschwungenen, buschigen Augenbrauen blickten wohlwollend, jedoch seltsam durchdringend. Er trug einen dichten Vollbart. Sogar seine Tochter Anna räumt ein, daß er im Stehen die Leute nicht sonderlich beeindruckte. Auf dem Thron dagegen soll sich dieser Eindruck grundlegend geändert haben: Dann habe er, einem Wirbelsturm ähnlich, Schönheit ausgestrahlt, Anmut, Würde und unnahbare Majestät.[14] Zwar muß man immer dann, wenn Anna über ihren Vater schreibt, ihr Zeugnis besonders kritisch betrachten. Gleichzeitig waren indes jene, die mit

Alexios in Berührung kamen, zweifellos davon überzeugt, daß er sich als der tüchtigste Herrscher seit Basileios II. erweisen und daß das Reich erstmals seit einem halben Jahrhundert wieder von einer starken und fähigen Hand regiert werde.

Nach seinem Eintreffen im Großen Palast machte Kaiser Alexios I. Komnenos sich unverzüglich an die Arbeit. Die vordringlichste Aufgabe bestand darin, die Disziplin unter den Soldaten wiederherzustellen. Nicht allein, weil man ihr gegenwärtiges Betragen zu Recht ihm zur Last legen würde, sondern auch weil, falls sie nicht unter Kontrolle zu bringen waren, ständig die Möglichkeit einer offenen Meuterei bestand. Es war keine leichte Aufgabe, denn sie hatten zu diesem Zeitpunkt schon jeden Bezirk und alle Durchgangsstraßen der Stadt heimgesucht. Binnen vierundzwanzig Stunden waren sie jedoch zusammengetrieben und zur Ausnüchterung in ihre Kasernen gebracht worden. In Konstantinopel herrschte wieder Ruhe. Doch als Byzantiner plagten Alexios selbst da noch Gewissensbisse; schließlich war er es gewesen, der diese Barbaren in die Stadt eingeschleust hatte. Mußte er sich da nicht schuldig, ja sogar schuldiger als sie fühlen? Kaisermutter Anna Dalassena riet ihm, seine Gewissensnöte dem Patriarchen anzuvertrauen, und dieser berief ein Kirchentribunal ein, das die Angelegenheit klären sollte. Es kam zum Schluß, es liege tatsächlich eine Verfehlung vor; dem Kaiser, seiner Familie und allen, die am dem Staatsstreich teilgenommen hatten, auch den Frauen, wurde eine angemessene Zeit des Fastens und diverse andere Bußen auferlegt. Ihm selbst genügte laut Annas Zeugnis auch das noch nicht; vierzig Tage und Nächte darüber hinaus trug er unter dem kaiserlichen Purpur einen Mantel aus grobem Sackleinen und schlief auf dem Erdboden, wobei ihm ein Stein als Kopfkissen diente.

Doch schon standen dringende Staatsaufgaben an, nicht zuletzt der sich bereits abzeichnende Bruch zwischen seiner eigenen Gefolgschaft und den Dukas. Grund für die Entzweiung war das Verhältnis zwischen ihm und Kaiserin Maria von Alania. Als Ehefrau des abgesetzten Basileus hätte sie eigentlich nach Einzug des neuen Kaisers den Palast verlassen müssen; aber das fiel ihr nicht im Traum ein. Allerdings war sie auch dessen Adoptivmutter; aber selbst dieser Umstand rechtfertigte noch lange nicht, daß Alexios seine fünfzehnjährige Ehefrau Irene Dukas in einem anderen, kleineren und tiefer gelegenen Palast gemeinsam mit ihrer Mutter, ihren Schwestern und ihrem Großvater väterlicherseits unterbrachte, mit der hinreißenden Maria dagegen im Bukoleon residierte.[15]

Die Reaktion der Dukas auf diese Maßnahme läßt sich leicht ausmalen. Sie hatten die Komnenen schließlich nicht aus besonderer Zuneigung unterstützt, sondern nur weil Alexios mit einer Dukas verheiratet war. Darauf hatte Irenes Schwager Georgios Palaiologos schon aufmerksam gemacht, als sich ein Trupp von Komnenen-Anhängern weigerte, in ihren Hochrufen Irenes Namen mit dem ihres Mannes in einem Atemzug zu nennen: Nicht um ihretwillen habe er einen so großen Sieg erfochten, sondern für eben jene Irene, von der sie sprächen. Und als er die Flotte auf seine Seite gebracht, hatte er dann auch darauf bestanden, daß die Matrosen ein Hoch auf Irene und Alexios ausriefen – in dieser Reihenfolge.

Alexios brüskierte jedoch nicht nur Georgios und die Familie der Dukas. In der Stadt verbreiteten sich in Windeseile Gerüchte: der Kaiser wolle sich von seiner Kindfrau scheiden lassen und dritter Ehemann der Kaiserin werden; aber auch, daß als treibende Kraft hinter dieser undurchsichtigen Entwicklung seine Mutter stehe, die gefürchtete Anna Dalassena, welche die Dukas schon immer gehaßt habe und nun, da ihr Sohn des Thrones sicher sei, diese Familie ein für allemal um Macht und Einfluß zu bringen gewillt sei. Mochte das erste dieser Gerüchte der Wahrheit nahekommen, so traf das zweite mit Sicherheit zu. Schon wenige Tage später, am Ostersonntag, wurde noch mehr Öl ins Feuer gegossen, denn Alexios wollte seine Frau nicht zu den Krönungsfeierlichkeiten zulassen.

Die Dukas, ja die ganze achtbare Bevölkerung von Byzanz, sahen darin eine unverdiente Beleidigung. Nach alter Tradition war eine Kaiserin viel mehr als nur Ehefrau eines Kaisers. Wenn sie gekrönt war, bekleidete sie einen anerkannten Rang, der auch vor den Kulissen erhebliche Macht mit sich brachte. Sie gebot über einen eigenen Hofstaat und uneingeschränkt über eigene, unermeßliche Einkünfte. Außerdem übernahm sie bei vielen bedeutenden Reichsfeierlichkeiten eine unerläßliche Rolle.

Manches weist darauf hin, daß Alexios alles andere als zufrieden war, seine Frau von der Krönung auszuschließen, an der sie beide gemeinsam hätten teilnehmen sollen. Er mag ja für die Dukas nicht besonders viel empfunden haben, aber er hatte ihnen fraglos viel zu verdanken. Und war es denn klug, sich mit der mächtigsten Familie des gesamten byzantinischen Adels zu verfeinden, noch bevor er die Regierung angetreten hatte? Im Augenblick gab er Anna Dalassena nach. Es dauerte jedoch nicht lange, bis er erkannte, daß sie, und folglich auch er, diesmal erheblich zu weit gegangen war.

Die ganze Angelegenheit trieb schließlich nicht ein Mitglied der Hauptparteien auf die Spitze, sondern der Patriarch. Zwar hatte der alte Kosmas die Krönung widerstrebend vorgenommen, doch konnte er die Stimme seines Gewissens nicht zum Schweigen bringen. Als Anna Dalassena ihm ein paar Tage später durch einige Abgesandte den deutlichen Wink gab, daß es besser wäre, im eigenen Interesse zugunsten des Kandidaten ihrer Wahl, des Eunuchen Eustratios Garidas, zurückzutreten, geriet er außer sich vor Wut.

»Bei Kosmas«, soll er geschrien haben – beim eigenen Namen zu schwören galt in Byzanz als besonders nachhaltig –, »bei Kosmas, bevor Irene die Krone nicht aus meinen Händen erhalten hat, werde ich niemals freiwillig von diesem Patriarchenthron herabsteigen.« Ob er sich zu diesem Eid öffentlich bekannt hat, ist nicht überliefert. Fest steht jedoch, daß am siebten Tag nach der öffentlichen Proklamation der Thronbesteigung ihres Ehemannes die junge Kaiserin Irene ordnungsgemäß in der Hagia Sophia gekrönt wurde und daß am 8. Mai desselben Jahres Patriarch Kosmas sich ins Kallias-Kloster zurückzog. Wie es vorherzusehen war, folgte ihm Eustratios Garidas auf dem Patriarchenthron.

Angesichts dieser zweiten Krönung binnen Wochenfrist wußte die Familie Dukas, daß sie sich behauptet hatte; Alexios hatte die erste Lektion gelernt. Sollte zwischen ihm und seiner Adoptivmutter, Kaiserin Maria von Alania, eine gefühlsmäßige Bindung bestanden haben, so war diese jetzt zerrissen. Maria erklärte sich bereit, das Bukoleon zu verlassen, unter der Bedingung jedoch, daß ihre persönliche Sicherheit sowie jene Konstantins, ihres Sohnes aus der Ehe mit Michael VII., durch ein Dokument in scharlachroter Schrift und mit goldenem Siegel beglaubigt, garantiert werde. Zudem sollte Konstantin Alexios' Mitkaiser werden. Beide Forderungen wurden umgehend gewährt. Darauf zog Maria sich mit ihrem Sohn in die prunkvolle Villa direkt am Manganenkloster zurück, die Konstantin IX. knapp vierzig Jahre zuvor für seine geliebte Sklerina hatte einrichten lassen.[16] Ihnen schloß sich Isaak Komnenos an. Da der Cäsarentitel bereits Nikephoros Melissenos versprochen war, erhob Alexios ihn in den neugeschaffenen Rang eines *Sebastokrators,* über dem nur noch die beiden Mitkaiser standen. Alexios brachte Kaiserin Irene nun umgehend zurück ins Bukoleon. Ihr Eheleben verlief weit harmonischer als erwartet; aus der Verbindung gingen insgesamt neun Kinder hervor.

Doch wie hell die Sonne über dem Privatleben des Kaisers auch scheinen mochte, am politischen Horizont zogen schnell Wolken auf. Noch im Monat der Krönung von Alexios und Irene eröffnete Robert Guiscard, der normannische Herzog von Apulien, seinen Großangriff auf das Byzantinische Reich.

2

Die Normannen

(1081–1091)

Dieser Robert war von Geburt Normanne; seine Herkunft lag im Dunkeln. Er hatte ein herrisches Wesen und war von äußerst niederträchtiger Gesinnung, indes tapfer im Kampf und gerissen bei seinen Anschlägen auf Reichtum und Macht der Großen; seine Ziele verfolgte er unbarmherzig, Kritik begegnete er durch unwiderlegbare Argumente. Von hünenhafter Gestalt, überragte er auch noch die größten Männer. Er hatte eine rötliche Hautfarbe, blondes Haar, breite Schultern, Augen, aus denen Funken zu sprühen schienen [...] Homer behauptet, das Gebrüll des Achilles habe sich angehört wie ein Aufschrei aus vielen Kehlen; Roberts Gebrüll aber, so heißt es, habe Zehntausende in die Flucht geschlagen.

Anna Komnena, *Alexias,* I, 11

Die Geschichte des normannischen Reichs in Süditalien setzt um 1015 ein, mit einer gut vierzigköpfigen Pilgerschar im Grottenheiligtum des Erzengels Michael am Monte Gargano im Norden Apuliens. Da die jungen Leute in dem bevölkerungsarmen, wilden Landstrich eine Chance und eine Herausforderung sahen, konnten lombardische Anführer sie leicht für den Söldnerdienst gegen Byzanz anheuern. Schon bald erreichte die Kunde davon die Normandie, und das dünne Rinnsal besitzloser jüngerer Söhne auf der Suche nach Reichtum und Abenteuer schwoll rasch an, bis schließlich eine stetige Einwanderungswelle daraus entstand. Die mittlerweile unterschiedslos für lombardischen wie griechischen Sold kämpfenden Normannen ließen sich ihre Dienste indes schon bald nicht mehr in Gold, sondern mit Land vergüten. 1030 setzte Herzog Sergius von Neapel zum Dank für ihre Unterstützung den Anführer Rainulf zum Grafen von Aversa ein. Von da an ging es steil aufwärts, und 1053 besiegten sie bei Civitate in Apulien ein weit überlegenes Heer, das Papst Leo IX. persönlich ausgehoben und gegen sie ins Feld geführt hatte.

Zu der Zeit hatte unter den normannischen Familien jene eines gewissen Tankred von Hauteville die Führung an sich gebracht. Der etwas blasse Ritter stand in Diensten des Herzogs der Normandie. Acht seiner zwölf Söhne hatten sich in Italien niedergelassen, fünf erlangten hohe militärische Grade, und einer, Robert mit dem Spitznamen Guiscard (der Gerissene), besaß genialische Eigenschaften. Nach Civitate änderte sich die päpstliche Politik: 1059 wurde Robert von Papst Nikolaus II. mit den eigens neu geschaffenen Herzogtümern Apulien, Kalabrien und Sizilien belehnt. Von diesen Territorien gehörte der Großteil der ersten beiden zu Byzanz, während Sizilien sich immer noch in sarazenischer Hand befand. Bestärkt durch die Legitimierung, ließ Robert sich jedoch nicht lange gängeln. Schon zwei Jahre später fielen er und sein jüngerer Bruder Roger mit ihren Truppen in Sizilien ein. Die zehn folgenden Jahre über vermochten sie dort und gleichzeitig auf dem Festland Druck auszuüben. Bari war, wie schon berichtet, 1071 gefallen und damit die letzten Reste byzantinischer Machtausübung in Italien. Zu Beginn des darauffolgenden Jahres war Palermo gefolgt, so daß auch der sarazenischen Herrschaft auf Sizilien ein für allemal ein Ende bereitet war. 1075 kam dann Salerno an die Reihe, das letzte unabhängige lombardische Fürstentum. Damit befand sich ganz Italien südlich des Flusses Garigliano in normannischer Gewalt unter der Herrschaft Robert Guiscards.

Schon seit Jahrhunderten trug dieser Landstrich den Namen *Magna Graecia* (Großgriechenland), und während der hier behandelten Periode war er immer noch weit stärker von griechischem als von italienischem Geist geprägt. Die große Mehrheit der Bevölkerung sprach Griechisch als Muttersprache, was sogar heute noch in wenigen abgelegenen Dörfern der Fall ist. In beinahe allen Kirchen und in den meisten Klöstern wurde die Messe nach griechischem Ritus gelesen. Apulien und Kalabrien bezeichnete man wie in den Tagen der byzantinischen Herrschaft immer noch als Themen. In vielen größeren Gemeinden behielten die Regierenden alte byzantinische Titel bei, wie Strategos, Exarch und Katapan. Kein Wunder also, daß Guiscard, der sich in seinem italienischen Herrschaftbereich schon als Nachfolger des römischen Kaisers sah, allmählich Ansprüche auf den byzantinischen Thron hegte – Pläne, die unwissentlich von Byzanz selbst gefördert wurden. Bereits 1073 hatte Robert von Kaiser Michael VII. zwei Briefe erhalten, worin dieser ihm als Gegenleistung für eine militärische Allianz die Vermählung seines in Purpur geborenen[1] – und angeblich überaus gutaussehenden – Bruders mit einer – natürlich ebenso schönen – Tochter Roberts anbot. Als diese beiden Schreiben unbeantwortet blieben, hatte Michael sein Angebot in einem dritten noch verbessert. Diesmal bot er seinen eben von Maria von Alania geborenen Sohn Konstantin als künftigen Bräutigam an und vierundvierzig hohe byzantinische Ehrentitel obendrein, die Robert an Familienmitglieder und Bekannte verteilen könne und mit denen eine jährliche Zahlung von zweihundert Pfund Gold verbunden war.

Da hatte Guiscard nicht lange gezögert. Es gab in der Frage der kaiserlichen Nachfolge immer ein unsicheres Moment; aber der Sohn eines herrschenden Kaisers war in jedem Fall besser daran als irgendwer sonst. Und die Möglichkeit, eine seiner Töchter als Kaiserin von Byzanz zu sehen, wollte er sich nun wirklich nicht entgehen lassen. Die Ehrentitel, mit denen Michael seine, Roberts, Heerführer ganz offen zu bestechen versuchte, waren zwar weniger attraktiv, als Risiko aber noch tragbar. Robert Guiscard ging also auf den Vorschlag ein, und kurze Zeit später machte sich die künftige Braut auf den Weg nach Konstantinopel, um dort in den kaiserlichen Frauengemächern ihren Studien nachzugehen, bis ihr Kindbräutigam das heiratsfähige Alter erreichte. Anna Komnena legt etliche Jahre später hinterlistig nahe, die junge Helena – sie hatte kurz nach ihrer Ankunft bei einer zweiten Taufe zur Aufnahme in die orthodoxe Kirche diesen griechischen Namen erhalten – sei der brieflichen kaiserlichen Forderung zum Trotz bei weitem nicht so von der Natur begünstigt gewesen wie erwartet, und der zukünftige Ehemann habe der Ehe mit einem Schaudern entgegengesehen wie ein kleines Kind dem schwarzen Mann.[2] Da Anna jedoch später selbst mit dem jungen Konstantin verlobt wurde und sich leidenschaftlich in ihn verliebte, ist sie in dieser Sache wohl keine unparteiische Richterin.

Der Sturz Michaels VII. durch Nikephoros Botaneiates im Jahre 1078 zerstörte alle Aussichten Helenas auf den kaiserlichen Thron. Der Ex-Kaiser selbst durfte sich, wie schon berichtet, in das Studioskloster zurückziehen – aus seiner Sicht ein willkommener Wechsel, da sich ihm dort weit mehr Gelegenheit bot, seinen gelehrten Neigungen nachzugehen als im Palast. Die unglückliche Helena fand sich ebenfalls hinter Klostermauern wieder, dürfte sich jedoch dort mit ziemlicher Sicherheit im gleichen Maße unwohl gefühlt haben. Vater Robert nahm diese Nachricht mit gemischten Gefühlen auf. Seine unmittelbaren Hoffnungen auf einen kaiserlichen Schwiegersohn waren damit zwar zerstört. Andererseits lieferte ihm die Behandlung seiner Tochter einen tadellosen Vorwand für eine Intervention. Ein Aufstand in Süditalien verhinderte zunächst einen sofortigen Schlag. Aber im Sommer des Jahres 1080 konnte er ernsthaft mit seinen Vorbereitungen beginnen. Durch die Verzögerung hatte er nichts verloren. Mit jedem Tag, der verstrich, schlidderte das Byzantinische Reich tiefer ins Chaos. Bei der gegenwärtigen Lage schien einer gut geplanten normannischen Offensive alle Aussicht auf Erfolg offenzustehen.

> Da er mit den kampferprobten Männern, die seit Anbeginn in seinem Heer gedient hatten, nicht zufrieden war, stellte er ein neues Heer zusammen, das er aus allen Altersgruppen rekrutieren ließ. In der ganzen Lombardei und ganz Apulien wurden Männer aufgelesen, alte und junge, bedauernswerte Jammergestalten, die noch nie, nicht einmal im Traum, eine Waffe gesehen hatten, nun aber auf einmal Brustpanzer und Schilde trugen, ungeschickt und unbeholfen (denn sie waren es überhaupt nicht gewohnt) Bögen spannten und auf den Marschbefehl hin meist der Länge nach hinfielen.

So beschreibt Anna Komnena Roberts Vorbereitungen für diesen Feldzug. Den ganzen Herbst und Winter hindurch war man damit beschäftigt. Die Flotte wurde überholt, das Heer vergrößert – wenn auch nicht so drastisch, wie Anna nahelegt – und die Ausrüstung ergänzt. Um bei seinen griechischen Untertanen die Motivation zu steigern, hatte Guiscard sogar einen anrüchigen, durchschaubar betrügerischen orthodoxen Mönch aufgetrieben, der auf dem Höhepunkt der Vorbereitungen in Salerno erschien und sich als Kaiser Michael höchstpersönlich ausgab; er sei aus dem Kloster entkommen und baue darauf, von seinen mutigen normannischen Verbündeten wieder auf den ihm rechtmäßig zustehenden Thron gesetzt zu werden. Zwar schenkte ihm niemand viel Glauben, aber Robert, der vollständige Überzeugung seines Anspruchs vorgab, behandelte ihn in den folgenden Monaten mit übertriebener Ehrehrbietung.

Im Dezember beschloß er, einen Gesandten nach Konstantinopel zu schicken, der von Botaneiates eine Entschädigung für die Helena angetane Schmach fordern sowie die recht große normannische Gruppierung, die damals in kaiserlichen Diensten stand, für sich gewinnen und Oberbefehlshaber Alexios Komnenos auf seine Seite ziehen sollte. Seine Wahl fiel auf Graf Radulf von Pontoise, dessen Mission der Erfolg jedoch versagt blieb. Wie er mit Kaiser Botaneiates und den normannischen Getreuen verhandelte, ist nicht bekannt. Er erlag indes von Anfang an Alexios' Ausstrahlung. Auf der Heimreise erreichte ihn, nicht ganz unerwartet vermutlich, irgendwo die Nachricht von dessen Staatsstreich, und als er sich in Brindisi mit Robert Guiscard traf, versuchte er ihn in aller Naivität dazu zu bewegen, den Feldzug aufzugeben. Der neue Kaiser, so versicherte er ihm, wünsche nichts anderes als Freundschaft mit den Normannen. Er sei Michael VII. wohlgesinnt und habe als offizieller Erzieher des jungen Konstantin gewirkt, des von Robert erwünschten Schwiegersohnes, und diesem, obwohl er erst siebenjährig sei, eine Teilnahme an der Regierung angeboten. Helena sei bei ihm so sicher wie bei ihrem Vater. Außerdem, fuhr Radulf fort, habe er Ex-Kaiser Michael im Studioskloster mit eigenen Augen gesehen. Es könne daher kein Zweifel daran bestehen, daß der Heuchler, der sich bei ihm, Robert, aufhalte und auf dessen Beteuerungen er so viel gebe, ein ausgemachter Betrüger sei. Er solle ihn also umgehend davonjagen und Alexios durch Boten Frieden und Freundschaft anbieten. Dann könne Helena immer noch Konstantin heiraten oder auch in den Schoß der Familie zurückkehren. Auf diese Weise lasse sich viel Blutvergießen vermeiden, und die Angehörigen von Heer und Flotte könnten nach Hause zurückkehren.

Herzog Robert Guiscard war für seine gewaltigen Wutausbrüche berüchtigt. Der Zorn, der sich über den glücklosen Radulf ergoß, war schrecklich mitanzusehen. Frieden mit Konstantinopel wünschte er sich als letztes. Seine Streitmacht befand sich in Brindisi und Otranto, glänzend ausgerüstet und bereit, in See zu stechen, und die lohnendste Beute Europas lag zum Greifen nahe. Er hatte jegliches Interesse an einer Eheschließung mit dem Kaiserhaus verloren, die, falls sie stattfinden sollte, ohnehin nicht mehr kaiserlich ausfallen würde. Noch weniger wünschte er seine Tochter wieder zurück. Er hatte noch sechs andere, und sie konnte sich dort, wo sie sich aufhielt, weit nützlicher machen. Er gab den schändlichen Betrüger und jämmerlichen Schauspieler weiterhin als Kaiser Michael aus, und Michael war für ihn immer noch der legitime Kaiser. Jetzt kam es vor allem darauf an, sich einzuschiffen, bevor Alexios ihm noch mehr Boden unter den Füßen wegzog, indem er Helena zurücksandte. Zum Glück hatte er schon seinen ältesten Sohn Bohemund, einen siebenundzwanzigjährigen blonden Hünen, mit einer Vorhut über die Adria entsandt. Je eher er sich ihm anschließen konnte, desto besser.

Die große Flotte stach Ende Mai 1081 in See. Auf den Schiffen befanden sich etwa dreizehnhundert normannische Ritter und in ihrem Gefolge ein großes sarazenisches Kontingent, etliche eher dubiose Griechen und mehrere Tausend zusammengewürfelte Fußsoldaten. Vor Awlona (Vlon) schlossen sich der Flotte auch noch ein paar Schiffe aus Ragusa an, denn dort war man, wie fast überall auf dem Balkan, jederzeit für einen Zusammenstoß mit Byzanz zu haben. Dann segelte die Flotte langsam die Küste entlang nach Korfu, wo die Reichsgarnison sofort kapitulierte. Nachdem Robert sich so einen Brückenkopf und damit den ungehinderten Nachschub aus Italien gesichert hatte, konnte er den eigentlichen Kampf beginnen. Sein erstes Ziel war Durazzo (Dyrrhachion), Hauptstadt und bedeutendster Hafen Illyriens, wo die seit achthundert Jahren bestehende Via Egnatia begann, um über die Balkanhalbinsel durch Makedonien und Thrakien bis nach Konstantinopel zu führen. Es erwies sich indes sehr bald, daß der Vormarsch nicht reibungslos vonstatten ging. Beim Umschiffen des akrokeraunischen Kaps Richtung Norden, welches die Seeleute in der Antike voller Scheu gemieden hatten, weil es als Sitz des blitzeschleudernden Jupiter Fulminans galt, gerieten die normannischen Schiffe in einen plötzlich aufkommenden Sturm. Mehrere sanken, und die übrigen waren noch kaum in die Straße von Durazzo eingeschwenkt, da tauchte am Horizont eine venezianische Flotte auf.

Alexios Komnenos hatte, gleich nachdem man ihm Guiscards Landung auf byzantinischem Territorium gemeldet hatte, ein dringendes Hilfegesuch an den Dogen Domenico Selvo gerichtet. Dessen hätte es indes vermutlich gar nicht bedurft, ging doch für Venedig durch die normannische Beherrschung der Straße von Otranto keine geringere Gefahr aus als für Byzanz. Selvo hatte jedenfalls nicht gezögert. Unter seinem persönlichen Kommando stach der Flottenverband sogleich in See, und bei Einbruch der Dunkelheit fiel er über die normannischen Schiffe her. Deren Besatzung leistete hartnäckig Widerstand, war aber einfach zu unerfahren im Seekrieg. Die venezianische Flotte griff auf die alte byzantinische List zurück, die Belisar schon mehr als fünfhundert Jahre zuvor angewendet hatte, nämlich bemannte Beiboote auf die Rahnocken zu hieven und von dort auf die feindlichen Kräfte darunter herabzuschießen.[3] Außerdem scheinen sie das Geheimnis des Griechischen Feuers gekannt zu haben, denn der normannische Chronist Gottfried Malaterra berichtet, sie hätten durch Rohre unter der Wasseroberfläche das sogenannte Griechische Feuer geblasen, welches im Wasser nicht erlösche, und auf diese Weise hinterlistig eines der normannischen

Schiffe unter Wasser angezündet, so daß es ausbrannte. Solchen Taktiken und Waffen hatten die Normannen nichts entgegenzusetzen. Ihre Formation löste sich auf, die venezianischen Schiffe dagegen konnten sich den Weg in den sicheren Hafen Durazzo freikämpfen.

Doch dadurch ließ sich Herzog Robert Guiscard noch lange nicht entmutigen. Das Landheer (klugerweise vor der Schlacht an Land gesetzt) war noch völlig intakt und richtete sich nun auf die Belagerung der Stadt ein. Alexios hatte seinen Verbündeten Georgios Palaiologos mit dem Auftrag in die Garnison von Durazzo entsandt, dem Feind unter allen Umständen so lange standzuhalten, bis er genügend Truppen gegen die Eindringlinge zusammengezogen habe. Da die Garnisonssoldaten wußten, daß bald Hilfe eintreffen würde, schlugen sie sich tapfer. Die Belagerung zog sich den ganzen Sommer über hin. Immer wieder gab es Ausfälle. Dabei kämpfte Palaiologos einmal einen ganzen Tag lang in der Bruthitze mit einer normannischen Pfeilspitze im Schädel. Am 15. Oktober traf Kaiser Alexios' Heer mit ihm an der Spitze ein. Drei Tage später erfolgte der Angriff. Die Normannen hatten bis dahin etwas nördlich von Durazzo Stellung bezogen und das Heer zur Schlacht formiert. Robert befehligte das Zentrum, sein Sohn Bohemund den linken Flügel landeinwärts und die lombardische Prinzessin Sichelgaita von Salerno, seine Frau, den rechten Flügel.

Sichelgaita nahm eine besondere Stellung ein. Sie war von echt Wagnerschem Zuschnitt; wenn es jemals in der Geschichte eine Walküre gegeben hat, dann sie. Eine wahre Riesin mit der Kraft eines Herkules, war sie ständig an der Seite ihres Ehemannes zu finden, dies vor allem im Schlachtgetümmel, in das sie sich begeistert stürzte. Mitten im Gewoge des Kampfes wallte unter ihrem Helm ihr langes blondes Haar herab. Freund und Feind schrie sie ohrenbetäubende Anfeuerungs- oder aber Schmährufe zu. Sie hätte ohne weiteres ihren Platz unter den germanischen Heldinnen behauptet, neben Waltraute oder Grimmgerda, ja sogar neben Brünnhilde.

Wie immer wenn der Kaiser persönlich in den Kampf eingriff, scharte sich seine warägische Garde vollzählig um ihn. Zu dieser Zeit bestand sie zum großen Teil aus Angelsachsen, die nach der Schlacht bei Hastings England voller Abscheu den Rücken gekehrt hatten und in byzantinische Dienste getreten waren. Da viele von ihnen seit fünfzehn Jahren darauf warteten, an den verhaßten Normannen Rache zu nehmen, stürzten sie sich wutentbrannt in die Schlacht. Mit beiden Händen schwangen sie ihre riesigen Streitäxte über dem Kopf, ließen sie auf Pferd und Reiter gleichermaßen niedersausen und verbreiteten großen

Schrecken unter den apulischen Rittern, von denen nur wenige jemals einer Front von Fußsoldaten begegnet waren, die nicht sofort beim Anstürmen der Kavallerie auseinandergebrochen wäre. Auch die Pferde gerieten in Panik. Schon nach kurzer Zeit herrschte auf dem ganzen rechten normannischen Flügel ein solches Durcheinander, daß viele ins offene Meer galoppierten, um der sicheren Abschlachtung zu entgehen. Da schlug gemäß zeitgenössischen Berichten Sichelgaitas größte Stunde. Anna Komnena schildert das Ereignis besonders anschaulich:

> Als Roberts Frau Gaita (die an seiner Seite ritt, eine zweite Pallas, wenn nicht gar Athene) die Soldaten weglaufen sah, blickte sie ihnen wild nach und rief mit dröhnender Stimme in ihrer Landessprache, was bei Homer etwa so lauten würde: »Wie weit wollt ihr noch fliehen? Haltet ein und erweist euch als Männer.« Und als sie sah, daß sie weiter flohen, ergriff sie einen langen Speer und jagte den Flüchtlingen in gestrecktem Galopp nach. Bei ihrem Anblick rafften sie sich wieder auf und kehrten in die Schlacht zurück.

Mittlerweile war auch Bohemunds linker Flügel zur Rettung eingeschwenkt, und zwar mit einer Abteilung Bogenschützen, gegen welche die Waräger machtlos waren, denn sie konnten mit ihren Äxten gar nicht an sie herangelangen. Und da sie der Hauptmasse des griechischen Heeres zu weit vorausgeeilt waren, fanden sie den Rückzug versperrt. So blieb ihnen keine andere Wahl mehr, als dort zu kämpfen, wo sie sich gerade befanden. Schließlich wichen die wenigen noch Lebenden und suchten Zuflucht in der nahe gelegenen Kapelle des Erzengels Michael. Diese setzten die Normannen sogleich in Brand – nun weit entfernt vom Monte Gargano –, und die Warägergarde kam fast vollzählig in den Flammen um.

Im Zentrum kämpfte Kaiser Alexios immer noch tapfer. Aber der beste Teil des byzantinischen Heeres war bei Mantzikert vernichtet worden, und der bunt zusammengewürfelte Haufen fremder Söldner, auf den er sich nun verlassen mußte, besaß weder die Disziplin noch die Ergebenheit, um gegen die normannischen Truppen aus Apulien die Oberhand zu gewinnen. Ein Entlastungsausfall von Durazzo aus, unter der Leitung von Georgios Palaiologos, hatte die Situation nicht entschärft. Als Alexios schließlich merkte, daß ihn sein Vasall, König Konstantin Bodin von Zeta, und auch ein ganzes Regiment von siebentausend Türken, das der seldschukische Sultan Suleiman entsandt und auf welches er große Hoffnung gesetzt hatte, im Stich ließen, schwand seine letzte Hoffnung auf den Sieg. Von seinen Leuten abgeschnitten, betrübt über die in der Schlacht gefallenen Nikephoros Palaiologos (Georgios' Vater) und Konstantios (Bruder Michaels VII.), geschwächt von Erschöpfung und Blutverlust und geplagt von starken Schmerzen, die von einer Stirnwunde herrührten, ritt er langsam ohne Begleitung über das Gebirge nach Ochrid zurück, um dort neue Kräfte zu sammeln und die Überreste seiner versprengten Streitmacht zu reorganisieren.

Durazzo vermochte sich noch vier Monate lang zu halten. Erst im Februar 1082 konnten die Normannen die Stadttore einrennen, und auch dies nur, weil ein venezianischer Einwohner zum Verräter geworden war (Malaterra zufolge soll er zur Belohnung die Hand einer Nichte Roberts gefordert haben). Nach dem Fall Durazzos ging die Eroberung schneller vonstatten. Die ansässige Bevölkerung leistete angesichts der Niederlage des Kaisers den vorrückenden Eindringlingen keinen Widerstand, und binnen weniger Wochen befand sich ganz Illyrien in normannischer Hand. Anschließend marschierte das normannische Heer in östlicher Richtung weiter nach Kastoria, und diese Garnison kapitulierte gleichfalls sofort, obwohl sie aus über dreihundert Mitgliedern der Warägergarde bestand. Die Entdeckung dieses Umstands beflügelte die Normannen noch mehr: Wenn nicht einmal die Elitetruppen des Reiches den weiteren Vormarsch aufhalten konnten, dann war Konstantinopel bereits so gut wie eingenommen.

Doch, ach, zu Roberts Unglück geschah nichts dergleichen. Im April, noch während er sich in Kastoria aufhielt, trafen Boten aus Italien mit der Nachricht ein, Apulien und Kalabrien hätten sich mit Waffengewalt erhoben, und ein großer Teil Kampaniens ebenfalls. Außerdem hatten sie ein Schreiben Papst Gregors VII. im Gepäck. Sein Erzfeind Heinrich IV., deutscher König,[4] stand vor den Toren Roms und forderte seine Krönung zum Kaiser des Westens. Die Anwesenheit Guiscards in der Heimat war also dringend erforderlich. Er übertrug seinem Sohn Bohemund den Oberbefehl und gelobte bei der Seele seines Vaters Tankred, sich den Bart nicht zu scheren, bevor er wieder in Griechenland sei; dann eilte er zur Küste zurück und setzte über die Adria.

Alexios hatte indes nicht allein Venedig um Hilfe gegen Robert Guiscard ersucht. Da ihm schon bei der Thronbesteigung die gegen ihn gerichteten Kriegsvorbereitungen nicht entgangen waren, hatte er unverzüglich nach potentiellen Verbündeten Ausschau gehalten. Ein Neffe Roberts eignete sich dazu ganz besonders: Abelard, der Sohn seines ältesten Bruders Hunfried, der, von seinem Onkel enterbt, in Konstantinopel Zuflucht gesucht hatte. Er war leicht dafür zu gewinnen, heimlich nach Italien zurückzukehren und mit Unterstützung seines Bruders Hermann und einem Batzen byzantinischen Goldes einen Aufstand dort anzuzetteln. In der Zwischenzeit schickte Kaiser Alexios einen Gesandten zu Heinrich IV., um diesem die Gefahren einer ungehinderten Machtausbreitung Robert Guiscards vom Herzogtum Apulien aufzuzeigen. Der daraufhin erfolgte Gedankenaustausch führte zu einer Übereinkunft: Als Gegenleistung für einen feierlich beschworenen Beistandspakt schickte Alexios Heinrich dreihundertsechzigtausend Goldstücke, das Gehalt von zwanzig hohen Höflingen, ein goldenes und perlenbesetztes Brustkreuz, einen Kristallbecher, einen Pokal aus Achat und ein Reliquiar mit Einlegearbeiten in Gold, das Reliquien mehrerer, mit Hilfe von Namensschildchen identifizierbarer Heiliger enthielt. Der Vertrag kam Alexios zwar sehr teuer zu stehen, als er aber im Frühjahr 1082 von Roberts plötzlicher Abreise erfuhr, dürfte er sich gesagt haben, daß sich seine jüngsten diplomatischen Schritte nun auszahlten.

Er hatte den Winter in Thessalonike verbracht, um Truppen für den Feldzug im folgenden Sommer auszuheben. Bohemund und sein Heer dehnten ihre Macht stetig über die ganzen westlichen Reichsprovinzen aus, und Robert würde über kurz oder lang zurück sein und dann gegen Konstantinopel marschieren. Wenn man dem normannischen Heer Widerstand leisten wollte, bedurfte es daher starker, gut ausgebildeter Verteidigungstreitkräfte. Aber Söldner kosten Geld – wie schon ihr Name sagt –, die Schatzkammer des Reichs stand leer, und von der bereits schwer von Steuern gedrückten byzantinischen Bevölkerung noch mehr zu verlangen, wäre einer Aufforderung zum Aufstand gleichgekommen. Alexios wandte sich an seine Mutter Anna Dalassena, an seinen Bruder und seine Frau, und sie stellten allesamt soviel zur Verfügung, wie sie konnten, indem sie ihre Ausgaben auf das Notwendigste beschränkten. Dennoch reichte dies alles für sein Vorhaben bei weitem nicht aus. Schließlich berief sein Bruder Isaak *Sebastokrator* in der Hagia Sophia eine Synode ein und erklärte nach altem kanonischem Recht, nach welchem Kirchengold und -silber eingeschmolzen und zur Auslösung byzantinischer Kriegsgefangener verwendet werden durfte, den gesamten Kirchenschatz für konfisziert. In der ganzen byzantinischen Geschichte kennt man nur einen einzigen vergleichbaren Vorfall: Nach dem Einmarsch des persischen Königs Chosrau II. im Jahre 618 hatte Patriarch Sergios aus eigenem Antrieb den Reichtum aller Kirchen und Klöster dem Staat zur Verfügung gestellt; Kaiser

Herakleios hatte dieses Angebot dankbar angenommen.[5] Nun ging die Initiative von staatlicher Seite aus, und diesmal ließ die Geistlichkeit den alten Gemeinschaftsgeist vermissen und verhehlte ihren Mißmut nicht. Es blieb ihr indes nichts anderes übrig, als sich zu fügen. Auf diese Weise war Alexios imstande, sein Heer neu aufzubauen.

Doch auch dieses Heer vermochte Bohemunds Vormarsch im ersten Jahr nicht aufzuhalten. Nach zwei weiteren wichtigen Siegen bei Janina und Arta drängte er die byzantinischen Truppen nach und nach zurück, bis ganz Makedonien und der überwiegende Teil Thessaliens in normannische Gewalt gebracht war. Erst im Frühjahr 1083 vermochten die kaiserlichen Truppen bei Larissa den Gang der Ereignisse umzukehren. Der Plan war simpel. Als Alexios sah, daß es zur Schlacht kommen würde, vertraute er die Hauptmasse des Heeres mit allen kaiserlichen Standarten seinem Schwager Georgios Melissenos und einem anderen fähigen Feldherrn, namens Basilios Kurtikios, an. Sie hatten Befehl, dem Feind zunächst entgegenzumarschieren, und wenn sich dann die beiden Schlachtreihen gegenüberstanden, plötzlich wie in wilder Flucht davonzulaufen. In der Zwischenzeit schlichen er und ein Trupp sorgfältig ausgewählter Elitesoldaten sich im Schutz der Nacht zu einem Hinterhalt im Rücken des normannischen Lagers. Als Bohemund bei Tagesanbruch das Heer mit den Standarten erblickte, blies er sogleich zum Angriff. Melissenos und Kurtikios führten ihren Befehl getreulich aus, und schon nach kurzer Zeit stürmte das byzantinische Heer in die vorgegebene Richtung davon, und die normannischen Verbände folgten ihm blindlings. Unterdessen überrannten Alexios und seine Leute das feindliche Lager, metzeltem die dort Zurückgebliebenen nieder und machten große Beute. Danach waren Bohemund und seine Leute gezwungen, die Belagerung von Larissa aufzugeben und sich nach Kastoria zurückzuziehen. Von diesem Augenblick an war er verloren. Entmutigt, heimwehkrank und angesichts des längst überfälligen Solds und der fürstlichen Belohnungen, die Alexios allen Deserteuren auszurichten versprach, zusätzlich demoralisiert, bröckelte das normannische Heer auseinander. Bohemund mußte nach Italien zurückkehren, um mehr Geldmittel aufzubringen; seine Heerführer kapitulierten, sobald er ihnen den Rücken gekehrt hatte. Als nächstes eroberte eine venezianische Flotte Durazzo und Korfu zurück. Gegen Endes des Jahres 1083 beschränkte sich das von den Normannen gehaltene Territorium auf dem Balkan wieder auf ein oder zwei Inseln vor der Küste und einen schmalen Küstenstreifen.

Jenseits der Adria schlug sich Robert Guiscard dagegen hervorragend. Zwar hatte der Aufstand in Apulien ihm mehr zu schaffen gemacht als erwartet, nicht zuletzt wegen der enormen materiellen Unterstützung der Rebellen seitens Konstantinopel; aber im Hochsommer waren die letzten Widerstandsnester endlich ausgehoben. Anschließend ging er daran, ein neues Heer zur Rettung Papst Gregors, der sich in der Engelsburg verschanzt hatte, aufzustellen und Heinrich IV. zu vertreiben. Gegen Ende des Frühjahrs brach man auf und schlug am 24. Mai 1084 in der Nähe der heutigen Porta Capena vor den Mauern Roms das Lager auf. Kaiser Heinrich IV. hatte Gregor abgesetzt und sich am Palmsonntag von einem ihm willfährigen Gegenpapst krönen lassen und nicht auf ihn gewartet. Drei Tage bevor Robert und seine Truppen vor den Stadttoren auftauchten, war er mit dem größten Teil seines Heeres in die Lombardei geflüchtet.

Wäre Rom im März des Vorjahres nicht so töricht gewesen, vor Heinrich zu kapitulieren, hätten die normannischen Truppen nun als Befreiungsheer einziehen können. So aber kamen sie als feindliche Eroberer. In der Nacht des 27. Mai führte Robert Guiscard seine Leute in aller Stille im Norden vor die Stadt. Der Angriff erfolgte im Morgengrauen, und innerhalb weniger Minuten war ein erster Stoßtrupp durch das Flaminianische Tor eingebrochen. Man stieß auf erbitterten Widerstand, und der gesamte Bezirk um das Marsfeld, das Viertel direkt gegenüber der Engelsburg auf der anderen Seite des Tiber, verwandelte sich in ein flammendes Inferno. Es dauerte indes nicht lange, da hatten die normannischen Eroberungstruppen die Verteidigung über die Brükke zurückgejagt, den Papst aus seiner Festung befreit und im Triumph durch die rauchenden Ruinen zurück in den Lateranpalast geleitet.

Erst danach begann die wirkliche Tragödie. Trotz aller bereits vorgefallenen Plünderungen, hatte Rom Guiscards Soldaten immer noch unvorstellbar viel Beute zu bieten, und die gesamte Stadt fiel nun einer Orgie der Vergewaltigung und des Raubes anheim. Drei Tage lang hielt das Wüten an, bis die Bevölkerung es nicht mehr ertragen konnte und sich gegen die entfesselten Haufen erhob. Unvermutet sah sich der auf einmal völlig überrumpelte Robert umzingelt. Nur das blitzschnelle Eingreifen seines Sohnes Roger Borsa rettete ihn; er bahnte sich ganz gegen seine sonst eher zögerliche Art an der Spitze von tausend Bewaffneten durch die wütende Menge den Weg zu seinem Vater, wenn auch erst, nachdem die jetzt um ihr Leben kämpfenden Normannen die Stadt in Brand gesteckt hatten. Das Capitol und der Palatin wurden vernichtet; Kirchen, Paläste und antike Tempel brannten bis auf die leer gähnenden Mauern aus. Im ganzen Gebiet zwischen Colosseum und

Lateran blieb kaum ein Gebäude von den Flammen verschont. Als sich der Rauch schließlich verzog und die führenden Persönlichkeiten Roms, die noch am Leben waren, sich vor Robert niederwarfen, das blanke Schwert zum Zeichen der Kapitulation auf den Nacken gebunden, stand die Stadt praktisch leer und bot ein Bild des Jammers und der Verzweiflung.

Einige Wochen später machte Robert Guiscard sich auf den Weg zurück nach Griechenland. Anna Komnena hatte Grund für ihre Feststellung, daß er äußerst hartnäckig war. Trotz seiner achtundsechzig Jahre ließ er sich vom Umstand, daß er seinen Feldzug noch einmal ganz von vorn anfangen mußte, offenbar nicht im geringsten entmutigen. Schon im Herbst 1084 war er wieder da, zusammen mit seinen Söhnen Bohemund, Roger und Guy und einer neuen Flotte von hundertundfünfzig Schiffen. Bei seinem Aufbruch hätten die Zeichen kaum ungünstiger stehen können. Stürmisches Wetter hielt die Schiffe zwei Monate in Butrinto fest. Und als sie schließlich nach Korfu übersetzen konnten, wurden sie von einer venezianischen Flotte aufgebracht und auf offener See zweimal innerhalb dreier Tage tüchtig geschlagen. Die Verluste wogen so schwer, daß die venezianischen Pinassen mit der Siegesmeldung in die Lagune zurückkehrten. Aber sie hatten Guiscard unterschätzt. Zwar befanden sich nur noch ganz wenige normannische Schiffe in so gutem Zustand, daß eine dritte Schlacht gewagt werden konnte. Als Robert die Pinassen aber am Horizont verschwinden sah und die Gelegenheit witterte, den Feind zu überrumpeln, sammelte er geschwind alle noch seetauglichen und warf sie in einem letzten Ansturm nach vorn.

Seine Rechnung ging vollkommen auf, denn die Venezianer waren völlig unvorbereitet. Zudem lagen ihre großen Galeeren, die ihren Ballast bereits abgeworfen hatten, so hoch im Wasser, daß viele kenterten, als in der Hitze der Schlacht die gesamte Besatzung an Soldaten und Matrosen auf eine Seite des Decks eilte. (Zumindest behauptet dies Anna Komnena, obwohl ihre Geschichte mit dem, was man von dem Können der venezianischen Seefahrer weiß, fast nicht in Einklang zu bringen ist.) Nach Annas Bericht kamen 13 000 Venezianer um, und 2500 gerieten in Gefangenschaft; bei deren anschließender Verstümmelung durch die Sieger verweilt sie mit jener morbiden Lust, die zu ihren unsympathischen Charakterzügen gehört.[6] Nach dem Fall Korfus begab sich ein rundum zufriedenes und hoffnungsvolleres Heer in seine Winterquartiere auf dem Festland.

Doch im Verlauf des Winters tauchte eine neue Feindmacht auf, und sie wirkte sich auf Guiscards Leute tödlicher aus als das venezianische und das byzantinische Heer zusammen. Es brach eine heftige Seuche aus (vermutlich Typhus), die kein Erbarmen kannte. Bis zum Frühjahr waren fünfhundert normannische Ritter tot und ein großer Teil des Heeres kampfunfähig. Doch selbst da blieb Robert zuversichtlich und guter Dinge. Von seiner engeren Familie war nur Bohemund erkrankt und zur Genesung nach Bari geschickt worden. Als Robert sich im Frühsommer entschloß, mit seinen Leuten wieder aufzubrechen, schickte er Roger Borsa zur Eroberung Kephallonias voraus. Ein paar Wochen später folgte er ihm nach. Doch auf der Fahrt Richtung Süden spürte er, wie die bedrohliche Krankheit ihre Hand nach ihm ausstreckte. Als sein Schiff am Kap Ather an der Nordspitze Kephallonias eintraf, war er sterbenskrank. Man ging bei der ersten Gelegenheit in einer kleinen, geschützten Bucht vor Anker, die heute noch zum Andenken an ihn Phiscardo heißt, und dort starb er am 17. Juni 1085 im Beisein seiner treuen und tüchtigen Gefährtin Sichelgaita.

In den vergangenen vier Jahren waren die beiden bedeutendsten Herrscher Europas, der Kaiser des Westens wie jener des Ostens, bei seinem Herannahen geflüchtet; er hatte den wohl furchteinflößendsten mittelalterlichen Papst gerettet und wiedereingesetzt. Ein paar Monate mehr, und er hätte sein Ziel vielleicht erreicht und Alexios Komnenos wäre nur einer jener kurzlebigen, ja möglicherweise sogar der letzte griechische Kaiser von Byzanz gewesen. Durch Robert Guiscards Tod war die unmittelbare Gefahr für das Byzantinische Reich gebannt, denn es konnte nicht ausbleiben, daß seine Nachkommen und Verwandten sich unverzüglich um das Erbe stritten und schon bald den ehrgeizigen Plan seiner letzten Lebensjahre aus den Augen verloren. Aber sie ignorierten die neuen Horizonte, die er ihnen eröffnet hatte, nicht vollständig. Von nun an sehen wir den normannischen Süden immer lüsterner nach Osten blicken. Schon zwölf Jahre später wird sich Roberts Guiscards Sohn Bohemund auf Kosten des byzantinischen Kaisers als erster Kreuzfahrerfürst präsentieren.

Die unmittelbare Gefahr für das Byzantinische Reich gebannt: Das sind kühne Worte aus der Feder eines Mannes, der dessen Geschichte zu schreiben unternimmt. Byzanz war niemals für längere Zeit sicher. Die westlichen Nachbarvölker verhielten sich bestenfalls unzuverlässig und haben das Reich immer wieder im Stich gelassen. Die östlichen begegneten ihm sogar durchweg feindselig – um ihm eines Tages schließlich den Todestoß zu versetzen. Mehr Mühe als diese bereiteten ihm jedoch über viele Jahrhunderte hinweg jene, die aus dem Norden kamen: die »barbarischen Horden« gotischer und hunnischer, awarischer und slawischer, gepidischer und bulgarischer, ungarischer und uzenischer Herkunft, die in großen Wellen aus den zentralasiatischen Steppen heranbrausten und, wenn sie auch Konstantinopel nicht erobern konnten, Stadt und Reich schon durch ihre bloße Existenz bedrohten. So lebten in Byzanz Herrschende wie Untertanen nur selten ohne Angst.

Nachdem nun die Normannen vorerst einmal von der Bildfläche verschwunden waren, traten die Petschenegen auf den Plan, allerdings keineswegs als Neuankömmlinge. Schon seit mehr als zweihundert Jahren mußte man mit ihnen rechnen. In diesem Zeitraum hatten sie sich als ein besonders habgieriger (und harter) Volksstamm erwiesen. Wer den zweiten Band gelesen hat, erinnert sich vielleicht noch, wie in der Mitte des neunten Jahrhunderts Konstantin VII. Porphyrogennetos seinen Sohn Romanos beschwor, sie um jeden Preis mit Freundschaftspakten, Bündnissen und Verträgen sowie einem nie versiegenden Strom von Geschenken bei Laune zu halten.[7] Doch Byzanz hatte in der jüngsten Vergangenheit diesen Rat nicht beherzigt, und die petschenegische Bedrohung, von bogomilischen Häretikern im östlichen Balkan noch geschürt, war stetig gewachsen.[8] Im Frühjahr des Jahres 1087 fiel ein gewaltiges fremdes Heer, das Anna auf 80 000 Mann schätzt, in byzantinisches Reichsgebiet ein. Nur drei Tage später stand es nach mehreren heißen Schlachten mit wechselhaftem Ausgang in Sichtweite Konstantinopels.

Die Petschenegen und Bogomilen waren indes nicht die einzigen feindlichen Mächte, mit denen Alexios zu schaffen bekam. Chaka, der türkische Emir von Smyrna, hatte in den vergangenen zehn Jahren seinen Machtbereich die ganze Ägäis-Küste entlang ausgedehnt und während eines einjährigen oder noch längeren Aufenthaltes in Konstantinopel von Botaneiates den Titel eines *Protonobilissimos* verliehen bekommen. Seine Ambitionen zielten jedoch, wie jene Robert Guiscards vor ihm, auf nichts Geringeres als den byzantinischen Thron. Die petschenegische Invasion bot ihm nun die längst erwartete Gelegenheit. Schon vor geraumer Zeit hatte er den Bau einer Flotte veranlaßt. Im Spätherbst des Jahres 1090 eroberte er ohne große Mühe die für Byzanz (strategisch) lebenswichtigen Inseln Lesbos, Chios, Samos und Rhodos. Zum Glück für Byzanz hatte Alexios ebenfalls seine Seestreitmacht aufgerüstet, so daß im folgenden Jahr ein byzantinisches Geschwader unter dem Befehl seines Verwandten Konstantin Dalassenos den Emir vom Eingang zum Marmarameer vertreiben konnte. Doch damit war Chaka keineswegs besiegt. Er hätte sicherlich erneut angegriffen, wäre er nicht 1092 von seinem Sultan Kilidsch Arslan während eines Banketts ermordet worden.

Die Petschenegen bedrängten weiterhin Konstantinopel. Alexios' Truppen kämpften aufopfernd, und es gelang ihnen auch, sie in Schach zu halten, doch sie vermochten sie infolge des chronischen Mangels an Soldaten nicht dorthin zurückzutreiben, woher sie gekommen waren. In dieser verzweifelten Lage griff Alexios auf einen alten byzantinischen Trick zurück, nämlich sich der Hilfe des einen Stammes zu versichern, um ihn gegen den anderen auszuspielen – eine gefährliche Kriegslist, da jederzeit das Risiko bestand, daß die beiden gemeinsame Sache machten und Byzanz sich dann zwei feindlichen Völkern statt nur einem gegenübersah. Da jedoch der größte Teil des byzantinischen Heeres bei Mantzikert verlorengegangen war, blieb ihm gar nichts anderes übrig. Und wie Leon der Weise fast genau zweihundert Jahre zuvor die Ungarn gegen Symeon von Bulgarien ins Land gerufen hatte,[9] wandte sich Alexios nun an die Kumanen.

Diese sind hier schon unter dem ebenfalls geläufigen Namen Skythen aufgetaucht, unter dem sie früher gewöhnlich bekannt waren.[10] Der kriegerische Nomaden- und Viehzüchterstamm türkischen Ursprungs kam im elften Jahrhundert aus dem Osten und siedelte sich in der Ukraine an. Zwar gab es keine Fehde zwischen Kumanen und Petschenegen – 1087 hatten beide Stämme sich an Thrakien schadlos gehalten –, aber Alexios schürte das Feuer und unterbreitete ihnen ein Angebot, dem sie nicht widerstehen konnten und auf das sie bereitwillig eingingen. Im späten Frühjahr waren sie zur Stelle; am 28. April 1091, einem Montag, trafen die beiden Heere am Fuße des Levunion, unweit der Mündung des Flusses Maritza, aufeinander.

Am Abend rief Alexios seine Soldaten zum Gebet. Anna Komnena berichtet, als die Sonne am Horizont versunken sei, habe man den Himmel aufleuchten sehen, aber nicht vom Sonnenlicht, sondern vom Schein vieler anderer Gestirne, denn ein jeder habe eine Fackel (oder Wachskerze, je nachdem, was ihm gerade zur Hand war) auf die Spitze seines Speeres gesteckt; das Gebet des Heeres sei zweifellos ans Himmelsgewölbe gedrungen, wenn nicht sogar direkt an Gottes Ohr.

Diesen Eindruck könnte man in der Tat gewinnen. Denn tags darauf erlitt das petschenegische Heer, in dem sich nach ihrer Sitte auch Frauen und Kinder befanden, in der Schlacht eine so vernichtende Niederlage, daß der Stamm dabei fast ausgerottet wurde. Anna behauptet sogar, sie seien gänzlich vernichtet worden. Das ist zweifellos übertrieben, wenn auch nur leicht. Ein paar Gefangene überlebten und kamen in byzantinischen Dienst. Die überwiegende Mehrheit aber – es sollen noch immer auf jeden byzantinischen Soldaten etwa dreißig gekommen sein – metzelte das Heer aus dem christlichen Byzanz kurzerhand nieder.

Weder das kaiserliche Heer noch Alexios Komnenos[11] als dessen Oberbefehlshaber bedeckte sich also bei diesem Blutbad am Levunion mit Ruhm, und doch handelt es sich dabei um den entscheidendsten Sieg, den ein byzantinisches Heer im Feld seit Basileios II. erringen konnte. Man befreite sich durch diese Totallösung nicht nur für die nächsten dreißig Jahre von der petschenegischen Bedrohung, sie diente auch andern Völkern als warnendes Beispiel. Außerdem hob sie in entscheidender Weise die byzantinische Moral. Daß hierdurch die Position des Kaisers gestärkt wurde, ist besonders wichtig. Es sei daran erinnert, daß er durch einen Gewaltakt auf den Thron gelangte. Eine ganze Reihe anderer ehrgeiziger Jungmilitärs aus einem Dutzend byzantinischer Adelshäuser hätte ihn ebenso für sich beanspruchen können. Daß Alexios offensichtlich fähig war, durchzugreifen, hatte ihm in der zurückliegenden Zeit kaum Schutz vor den Intrigen eifersüchtiger Rivalen gewährt. Nun aber hatte er unter Beweis gestellt, daß er willens und in der Lage war, Byzanz in seiner einstigen Größe mit allen Mitteln wenigstens teilweise wieder herzustellen. Der Basileus, der wenige Tage nach der blutigen Schlacht mit stolzgeschwellter Brust unter den von allen Seiten widerhallenden Hochrufen seines Volkes durch das Goldene Tor nach Konstantinopel ein- und die geschmückten Straßen entlang zur Hagia Sophia ritt, konnte nun zuversichtlicher in die Zukunft blicken als während der gesamten zehn Jahre seit seiner Thronbesteigung.

3

Der erste Kreuzzug

(1091–1108)

Sie strömten von allen Seiten zusammen, einer nach dem anderen, mit Waffen, Pferden und in voller Kriegsrüstung. In glühender Begeisterung zogen sie durch die Straßen. Mit diesen Kriegern kamen Heerscharen von Zivilpersonen, zahlreicher als die Sandkörner am Meeresstrand und die Sterne am Himmel. In ihren Händen trugen sie Palmen und auf den Schultern Kreuze. Unter ihnen waren auch Frauen und Kinder, die ihrem Heimatland den Rücken gekehrt hatten. Wie Nebenflüsse einem Fluß zueilen, so strömten sie aus allen Richtungen zu uns hin.

Alexias, X, 5

Eines Tages gegen Ende des Jahres 1094 empfing Alexios Komnenos eine Gesandtschaft aus Rom. Seit sieben Jahren hatte Papst Urban II. das Pontifikat inne und sich in dieser Zeit intensiv um die Verbesserung der Beziehungen zwischen Konstantinopel und dem Heiligen Stuhl bemüht. Auf beiden Seiten waren bereits zuvor, besonders von Kaiser Michael und Papst Gregor VII., Schritte unternommen worden, um nach dem lächerlichen und völlig unnötigen Schisma von 1054 wieder in Kontakt miteinander zu kommen.[1] Kaum hatte Gregor indes von der Absetzung Michaels erfahren, belegte er den Ursupator Botaneiates mit dem Kirchenbann und dehnte 1081 dieses Verdikt auch auf Alexios aus. Vermutlich hat der Bannstrahl der Kirche den Basileus nicht sonderlich beeindruckt – obwohl er ein tiefreligiöser Mensch war, galt ihm die Autorität des Papstes in geistlichen Angelegenheiten nicht viel –, der Beziehung förderlich war sie aber gewiß auch nicht. Seine Wertschätzung Gregors nahm zudem infolge dessen Allianz mit dem verhaßten Robert Guiscard, dem Herzog von Apulien, noch mehr ab. Papst Gregor seinerseits stieß die

Nachricht, Heinrich IV. stehe in Alexios' Sold, vor den Kopf. Bei seinem Tod im Jahre 1085 stand es um die Beziehungen zwischen Rom und Konstantinopel daher so schlecht wie kaum je zuvor.

Als ihm drei Jahre später Urban auf den Papstthron folgte, gab es zu Beginn so viele eigene Schwierigkeiten zu lösen, daß er sich um Ostrom nicht sonderlich kümmern konnte. Rom befand sich infolge des Kampfes zwischen Papst Gregor VII. und Kaiser Heinrich IV. immer noch in den Händen eines Gegenpapstes. Erst nach fünf Jahren konnte Urban sich nach geduldigem Lavieren im Lateran behaupten. Schon 1089 versuchte er eine Versöhnung in die Wege zu leiten, indem er den Bann über Kaiser Alexios aufhob. Daraufhin ließ dieser alle zuvor von ihm geschlossenen römisch-katholischen Kirchen in Konstantinopel wieder öffnen und eine Synode einberufen, die verkündete, der Name des Papstes sei von den Diptychen[2] nicht durch kanonische Entscheidung gestrichen worden, sondern durch Unachtsamkeit, eine Versicherung, die niemanden überzeugt haben dürfte, jedoch seinen guten Willen offenbarte. Anschließend folgte ein Briefaustausch; die Diskussion theologischer und liturgischer Differenzen wurde mit einer Milde ausgetragen, die in der byzantinischen Kirchengeschichte beinahe beispiellos dasteht. So verheilte der Bruch allmählich, und als die päpstliche Gesandtschaft schließlich in Konstantinopel eintraf, herrschte zwischen Kaiser und Papst bereits wieder ein herzliches Einvernehmen.

Die Gesandten hatten eine Einladung für ein großes Konzil der römisch-katholischen Kirche im Gepäck, das im kommenden März in Piacenza stattfinden sollte. Kaiser Alexios ging ohne weiteres darauf ein. Er wußte, daß man sich dort vor allem mit internen Angelegenheiten wie Simonie, dem Ehebruch König Philipps von Frankreich und dergleichen befassen würde, und dafür brachte er nur insoweit Interesse auf, als die Ergebnisse möglicherweise von der orthodoxen Auffassung abwichen. Das Konzil würde ihm dagegen die schon lange ersehnte Gelegenheit bieten, den Westen um Hilfe gegen die Türken anzugehen. Die Situation in Anatolien war weit verheißungsvoller denn jemals seit Mantzikert: Das Seldschukensultanat Rum fiel auseinander, und die einzelnen Emire, die faktisch die Macht innehatten, kümmerten sich mehr um ihre mörderischen Streitigkeiten – von denen viele mit Bedacht von byzantinischen Agenten angezettelt wurden – als um eine gemeinsame Front gegen das Reich. Zum ersten Mal schien die Rückeroberung Kleinasiens möglich. Aber für eine solche Unternehmung standen dem Kaiser bei weitem nicht genügend Soldaten zur Verfügung, so daß er sich auf Söldner stützen mußte, zumeist aus fremden Völkern, die nicht alle gleich zuverlässig waren, dann auf seine überwiegend aus Angelsachsen bestehende Warägergarde und gelegentlich auch auf Glücksritter aus dem Westen, die in seinem Heer dienten. Alle zusammen reichten zwar aus, die lange Reichsgrenze nach Westen und Norden einigermaßen zu sichern und erneute normannische Einfälle aus Süditalien abzuwehren, nicht aber für einen sorgfältig geplanten Feldzug gegen ein seldschukisches Heer. Er benötigte daher eine nicht unerhebliche militärische Hilfe des Westens; und Piacenza war exakt der Ort, ein solches Ansinnen vorzubringen.

Die byzantinischen Wortführer leisteten gute Arbeit. Sie unterstrichen in ihrer Rede weniger die in Aussicht stehenden Trophäen – wenn man auch sicher sein kann, daß diese nicht unerwähnt blieben –, sondern betonten die religiösen Aspekte ihres Gesuchs: die schwierige Lage der christlichen Gemeinden im Osten, die Überschwemmung Kleinasiens durch die türkische Flut, das Lauern der heidnischen Heere direkt vor den Toren Konstantinopels, die drohende Gefahr, die von ihnen ausging, und zwar nicht nur für das Reich des Ostens, sondern für die gesamte Christenheit. Die aufmerksamen Delegierten zeigten sich zwar beeindruckt, wahrscheinlich aber folgte ihrer Rede niemand so sehr wie Papst Urban. Von Piacenza reiste er nach Cremona, um sich von Konrad, dem rebellischen Sohn Heinrichs IV., huldigen zu lassen, und von dort weiter über die Alpen in sein Heimatland Frankreich. Und auf der langen, beschwerlichen Reise reifte in ihm ein Plan heran, der weit ehrgeiziger war als alles, wovon Alexios Komnenos je geträumt hätte. Ihm schwebte nicht weniger als der heilige Krieg einer vereinten europäischen Streitmacht gegen die moslemischen Ungläubigen vor.

Von dieser Warte aus gesehen stellte Piacenza für ihn nur ein Vorspiel dar. In Frankreich berief er daher ein weiteres, viel größeres und bedeutenderes Konzil ein, das am 18. November in Clermont eröffnet wurde.[3] Es dauerte zehn Tage und befaßte sich hauptsächlich mit kirchlichen Alltagsfragen. Am Donnerstag, dem 27. November, gab es jedoch eine allgemein zugängliche öffentliche Sitzung, und dort verkündete der Papst etwas, was sich für die ganze Christenheit als von immenser Bedeutung erweisen sollte. Um ihn sprechen zu hören, strömten in die kleine Stadt solch gewaltige Menschenmassen, daß die Kathedrale nicht ausreichte und man den päpstlichen Thron auf einer hohen Tribüne auf freiem Feld vor dem Osttor aufstellen mußte.[4] Der Text seiner Rede ist nicht überliefert. Die vier zeitgenössischen Berichte sind so unterschiedlich, daß keiner von ihnen Genauigkeit für sich beanspruchen kann. Papst Urban scheint seine Rede mit der Wiederholung der

Punkte, die Alexios' Gesandte in Piacenza vorgebracht hatten, eingeleitet, deren Argumente breit ausgeführt und deren Appell Nachdruck verliehen zu haben. Im Unterschied zu ihnen kam er jedoch dann auf die unsicheren Verhältnisse in Jerusalem zu sprechen, wo christliche Pilger und Pilgerinnen regelmäßig ausgeraubt und von den Schergen der türkischen Oberherren der Stadt verfolgt würden.[5] Er erklärte dies für nicht länger hinnehmbar. Es sei Pflicht der römischen Christenheit, zur Rettung des christlichen Ostens aufzubrechen. Alle, die aus Frömmigkeit allein und nicht um der Ehre oder Gewinnsucht willen daran teilnähmen, würden Vergebung erlangen und ohne Sünde sterben. Doch dürfe das Unternehmen nicht länger hinausgezögert werden. Das große Kreuzzugsheer müsse am Fest Mariä Himmelfahrt, also am 15. August 1096, zum Abmarsch bereitstehen.

Der leidenschaftliche Aufruf fand so begeisterten Widerhall, wie Urban wohl kaum zu hoffen gewagt hat. Angeführt von Bischof Adhemar von Le Puy knieten mehrere hundert Menschen – Priester, Mönche und Nonnen, Adlige und Bauersleute vereint – vor seinem Thron nieder und gelobten, das Kreuz zu nehmen. Der erste Kreuzzug begann sich zu formieren.

Als Alexios Komnenos jedoch hörte, was in Clermont vor sich ging, erbleichte er vor Schreck. Ein Kreuzzug, wie ihn Urban gepredigt hatte, lag seinen Absichten völlig fern. Für ihn und sein Volk war ein Krieg gegen Ungläubige weder neu noch besonders verlockend. Byzanz hatte nunmehr fünfhundert Jahre lang das Wagnis eines solchen Krieges immer wieder von neuem erwogen. Jerusalem war zudem einst Teil des Byzantinischen Reichs gewesen und gehörte ihm in seinen Augen immer noch an. Alexios war zwar entschlossen, diese Stadt zurückzuerobern, falls es in seiner Macht stand. Allein, das war Angelegenheit des Reichsheers und nicht Aufgabe der ganzen Christenheit. Nun, da endlich am anatolischen Horizont der Tag heraufzog und eine reale Möglichkeit zu erkennen gab, das verlorene Territorium zurückzuerobern, sah er das Reich, statt dies auf seine Weise durchführen zu können, von Tausende umfassenden undisziplinierten westlichen Räuberhorden überschwemmt, die ernährt werden, aber höchstwahrscheinlich keine andere Autorität als ihre eigene dulden wollten. Er aber benötigte Söldner, keine Kreuzfahrer.

Rasch traf man Vorkehrungen, um den potentiellen Schaden so gering wie möglich zu halten. Um die Heerhaufen an der Verwüstung des Landes und der Plünderung der Bevölkerung zu hindern, befahl er, in Durazzo und in regelmäßigen Abständen entlang der Via Ignatia große Vorräte in Speichern zu horten, und jeden Haufen gleich bei der Ankunft von einer Abteilung Petschenegen in Empfang zu nehmen und unter Bewachung nach Konstantinopel zu geleiten. Nachdem diese Vorsichtsmaßnahmen getroffen waren, blieb nichts anderes übrig, als auf die bevorstehende Invasion zu warten. Doch die Ankunft der ersten Welle, der ein gieriger Heuschreckenschwarm vorauseilte, aus dem die Wahrsagerinnen in Konstantinopel ihre eigenen Schlüsse zogen, bestätigte die schlimmsten Befürchtungen.

Ihr Anführer Peter der Einsiedler war in Wirklichkeit alles andere als ein solcher, sondern vielmehr ein fanatischer Wandermönch aus der Gegend von Amiens, zerlumpt und stinkend, verfügte indes über eine merkwürdig magische Anziehungskraft. Durch seine Werbepredigten für den Kreuzzug in Nordfrankreich und Deutschland hatte er rasch eine Gefolgschaft von etwa vierzigtausend Leuten gewonnen, Männer wie auch eine große Anzahl Frauen und Kinder, und viele verwechselten wohl das alte mit dem neuen Jerusalem und nahmen offenbar an, er werde sie buchstäblich in das Land geleiten, wo Milch und Honig fließen, wie es ihnen ihre Prediger versprochen hatten. Während die späteren Heerzüge großenteils vom Adel finanziert und angeführt wurden, bestand Peters Heer, bis auf wenige Deutsche aus ritterlichen Kreisen, vor allem aus französischen und deutschen Bauersleuten. Es gelang dem endlos lang sich dahinschleppenden Zug irgendwie, ohne ernsthaftes Mißgeschick die an der Save gegenüber Belgrad gelegene Stadt Semlin (heute Zemun) zu erreichen. Dort fingen indes die Schwierigkeiten an. Ein Streit um ein paar Schuhe soll zu einem Tumult geführt haben, in dessen Verlauf der Haufen – sicher gegen Peters Willen – die Zitadelle stürmte und an die viertausend Ungarn umbrachte. Dann überquerten sie die Save, plünderten Belgrad und steckten es in Brand. In Nis versuchten sie dasselbe noch einmal, aber da schickte Niketas, der byzantinische Statthalter Bulgariens, seine berittenen Truppen aus. Gegen eine ausgebildete, disziplinierte Streitmacht war der zusammengewürfelte Haufen machtlos. Viele kamen um, weit mehr gerieten in Gefangenschaft. Als der Zug in Serdika (Sofia) eintraf, war von den einst vierzigtausend ein Viertel auf der Strecke geblieben.[6]

Danach ereigneten sich keine weiteren Zwischenfälle mehr. Zu aller Überraschung gab es auch keine Schuldzuweisungen. Man glaubte wohl, die Angehörigen dieser Expedition hätten für ihre Missetaten genug gebüßt; ihren Anführer Peter sowie den größten Teil seiner Gefolgschaft traf ohnehin keine Schuld daran. Am 1. August wurden sie in Konstantinopel zuvorkommend empfangen, Peter sogar zu einer Audienz bei Kaiser Alexios zugelassen. Eine einzige Unterredung mit ihm und ein Blick auf sein Gefolge überzeugten indes Alexios, daß dieses sogenannte Heer verloren war, sobald es sich in Anatolien befinden und seldschukischen Truppen gegenüberstehen würde. Unter anderen Umständen hätte er Peter die Fortsetzung eines derart selbstmörderischen Unternehmens vielleicht verboten. Aber aus den Vororten am Stadtrand, wo das Kreuzfahrerheer lagerte – die einfachen Leute durften die Stadttore jeweils nur in kleinen, streng bewachten Gruppen durchschreiten –, gab es bereits zahlreiche Klagen über Raubüberfälle, Vergewaltigungen und Plünderungen. Man mußte diesen Haufen also möglichst schnell wieder loswerden. Da die Leute sich weigerten, dorthin zurückzukehren, wo sie hergekommen waren, mußten sie eben weiterziehen. Am 6. August wurden sie daher unter schwerer Bewachung über den Bosporus gesetzt und dann dort sich selbst überlassen.

Das Ende der Geschichte ist rasch erzählt. Bei Nikomedia (Izmit), nur achtzig Kilometer von der Meerenge entfernt, kam es zu Streitigkeiten zwischen den französischen und deutschen Heeresangehörigen, die sich daraufhin trennten; ein kleines italienisches Kontingent schloß sich den Deutschen an. Beide Abteilungen zogen schließlich weiter um die Bucht von Nikomedia und schlugen bei Zibotos, ein paar Kilometer östlich des heutigen Jalowa, ihr Lager auf. Von diesem Standort aus verwüsteten sie das Umland; der französische Teil drang bis zu den Mauern der damaligen seldschukischen Hauptstadt Nikäa vor und verging sich mit Mord, Vergewaltigung und gelegentlich auch Folter an der dortigen Bevölkerung, obwohl es sich dabei ausschließlich um griechische Angehörige des christlichen Glaubens handelte.[7] Ihr »Erfolg« erregte den Neid der Deutschen, die daraufhin bis über Nikäa hinaus vorstießen – sie beschränkten ihre Exzesse auf die moslemischen Gemeinden – und die Burg Xerigordon eroberten. Dies sollte ihnen jedoch zum Verhängnis werden. Xerigordon lag zwar auf einem hohen Hügel, die einzige Zisterne jedoch außerhalb der Mauern. Als Ende September das Seldschukenheer die Burg belagerte, war die christliche Verteidigung daher dem Untergang geweiht. Eine Woche lang konnten sie sich halten. Als sie am achten Tag den Durst zwar noch nicht mit dem Blut ihrer Pferde und Esel, aber mit ihrem eigenen Urin stillen mußten, ergaben sie sich. Wer seinem Glauben abschwor, geriet nur in Gefangenschaft. Die anderen wurden umgebracht.

Als die Nachricht Zibotos erreichte, brach dort Panik aus. Und die kurze Zeit später eintreffende Kunde, das türkische Heer nähere sich dem Lager, trug auch nicht gerade zur Entspannung bei. Einige rieten, vor Peters Rückkehr nichts zu unternehmen. Dieser hatte sich indes zu Verhandlungen nach Konstantinopel begeben, und es gab weit und breit keine Anzeichen, daß er sich auf dem Rückweg befand. Als der Feind dem Lager immer näher rückte, wurde klar, daß sich eine Schlacht nicht mehr vermeiden ließ. So marschierte am 21. Oktober das gesamte Kreuzfahrerheer, etwa zwanzigtausend Mann, aus Zibotos heraus – und schnurgerade in einen türkischen Hinterhalt. Ein unvermuteter Pfeilhagel brachte den Zug zum Stehen. Und da die Reiterei auf das Fußvolk zurückprallte, befand sich in kurzer Zeit der ganze Haufen auf wilder Flucht ins Lager zurück, das Seldschukenheer auf den Fersen. Wer in Zibotos geblieben war – Alte, die meisten Frauen, Kinder und Kranke –, war so gut wie verloren. Ein paar wenigen gelang es, in einer alten Burg an der Küste Zuflucht zu finden und sich dort zu verschanzen. Sie kamen, wer weiß wie, mit dem Leben davon. Ebenso eine Reihe junger Mädchen und Knaben, welche die türkischen Soldaten für ihre eigenen Zwecke zu mißbrauchen gedachten. Die übrigen wurden kurzerhand niedergemetzelt. Der Volkskreuzzug war zu Ende.

Das Lumpenheer, das Peter dem Einsiedler im Sommer 1096 durch Europa gefolgt war, um auf den Feldern im Westen Kleinasiens ein paar Monate später vernichtet zu werden, war keineswegs typisch für die Heere des ersten Kreuzzuges. Während der folgenden neun Monate mußte Alexios Komnenos für weitere rund siebzig- oder achtzigtausend Kampfwillige – unter ihnen eine beträchtliche Anzahl Frauen – den unfreiwilligen Gastgeber spielen, und diese wurden von reichen, mächtigen Feudalherren des Westens angeführt. Was diese Haufen dem Byzantinischen Reich in ökonomischer, wirtschaftlicher und militärischer, vor allem aber in diplomatischer Hinsicht abverlangten, stand beispiellos da in seiner Geschichte. Man konnte sich glücklich preisen, daß in dieser äußerst kritischen Periode ein Kaiser regierte, der genügend Takt und Klugheit besaß, um dieser Herausforderung – wie sich herausstellen sollte – mit einem außergewöhnlichen Maß an Erfolg zu begegnen.

Im Vordergrund stand die Frage des Vertrauens – oder vielmehr ein Mangel daran. Alexios konnte einfach nicht an die hehren christlichen Motive glauben, zu denen sich die meisten führenden Persönlichkeiten der Kreuzzugsheere bekannten. Seit den unseligen Erfahrungen mit Roussel von Bailleul und später Robert Guiscard war er davon überzeugt, daß zumindest die Normannenheere sich nehmen würden, was sie kriegen konnten, am liebsten das ganze Reich oder, falls dies mißlang, zumindest unabhängige Fürstentümer im Osten. Die letztgenannte Aussicht beunruhigte Alexios allerdings nicht über Gebühr, da ihm ein paar christliche Pufferstaaten zwischen Byzanz und moslemisch beherrschten Gebieten durchaus gelegen kommen konnten. Für Byzanz würde es in diesem Fall vor allen Dingen darauf ankommen, daß derartige Fürstentümer nicht auf Territorien, die rechtmäßig zum Reich gehörten, entstanden und die Fürsten ihn als ihren Oberherrn akzeptierten. Da er wußte, daß der westeuropäische Feudalismus auf dem Gefolgschaftseid beruhte, wollte er daher allen, die durch Konstantinopel zogen, einen solchen Eid im Hinblick auf eine eventuelle Gebietseroberung vorsorglich abverlangen.

Als erster tauchte Hugo von Vermandois, ein jüngerer Bruder des französischen Königs Philipp I., Anfang November mit einem Heer in Konstantinopel auf, noch ganz verstört vom Schiffbruch, den er in der Adria erlitten hatte. Nachdem Alexios ihn mit kostbaren Geschenken überhäuft hatte, schwor er bereitwillig den verlangten Eid. Die beiden folgenden Ankömmlinge, Gottfried von Bouillon, der Herzog von Niederlothringen, und sein Bruder Balduin von Boulogne, erwiesen sich jedoch als härtere Brocken. Mit Balduin, einem jüngeren Sohn ohne väterliches Erbteil, kamen Frau und Kinder, und man war entschlossen, im Osten ein eigenes Königreich zu gründen. Viele Ritter mit klingenden Namen aus Nordfrankreich und den Niederlanden hatten sich ihnen angeschlossen und außerdem ein großes, gut ausgebildetes Heer. Sie waren ohne ernsthafte Zwischenfälle durch Ungarn gezogen; erst in Selymbria (Silivri) am Marmarameer waren Moral und Disziplin aus unbekannten Gründen plötzlich außer Kontrolle geraten, und das Heer hatte eine Woche lang im Landstrich gewütet. Nachdem die Führung sich endlich wieder durchgesetzt hatte, erreichten sie zwei Tage vor Weihnachten das heutige Eyüp am Goldenen Horn, wo sie mit kaiserlicher Erlaubnis ihr Lager aufschlagen durften.

Ein, zwei Tage darauf traf Hugo von Vermandois als Alexios' Sonderbeauftragter mit einer Einladung zu einer Audienz im Blachernenpalast ein, anläßlich derer sie den erwähnten Eid leisten sollten. Gottfried weigerte sich kategorisch. Er wies darauf hin, daß er als Gegenleistung für sein Herzogtum Kaiser Heinrich IV. den Treueeid geschworen habe. Außerdem war er bereits über die Katastrophe, die Peters Heer ereilt hatte, unterrichtet, welche die wenigen Überlebenden ganz offen auf byzantinischen Verrat zurückführten. Der darob nun ernsthaft beunruhigte Alexios ließ die Versorgung einschränken, die er dem Kreuzfahrerheer hatte zukommen lassen. Als jedoch Balduins Leute die benachbarten Vororte zu überfallen begannen, sah er sich zum Nachgeben gezwungen. Das so entstandene Patt hielt drei Monate an. Als Alexios dann aber hörte, daß schon neue Kreuzfahrerheere anrollten, wurde die Verpflegung gänzlich eingestellt. Dadurch zwang er seine unwillkommenen Gäste zum offenen Angriff, was er wohl auch beabsichtigt hatte. Byzanz hätte von sich aus niemals Gewalt gegen ein christliches Heer ausüben können, das, zumindest nach außen hin, unter der Flagge der Freundschaft gekommen war. Wenn der Kaiser nun aber diesen beiden Brüdern den Treueeid erließ, wie sollte er ihn dann den Nachfolgenden abverlangen? Es war Zeit, es auf eine Kraftprobe ankommen zu lassen, und diese Taktik war wohl die geschickteste.

Gottfried und Balduin, denen gestattet worden war, das Lager auf den Galatahügel gegenüber Konstantinopel zu verlegen, überquerten nun mit ihrem Heer das Goldene Horn und stellten sich dort auf, wo das nördliche Ende der Stadtmauer direkt beim Blachernenpalast an die Küste stößt. Entsetzt über ihren Mangel an religiösem Respekt – schließlich war Gründonnerstag – und überzeugt, daß sie es auf das Reich abgesehen hatten, ließ Alexios seine Truppen aufmarschieren (insgeheim hatte er sie streng angewiesen, sich auf kein Scharmützel einzulassen) und befahl den Bogenschützen, von den Mauern herab über die Köpfe der Feinde hinwegzuschießen. Anfangs schien diese Taktik aufzugehen; die Kreuzfahrer wichen zurück, und lediglich sieben byzantinische Soldaten waren gefallen. Als sie jedoch plötzlich wieder angriffen, reichte es Alexios; er warf seine Elitetruppen in den Kampf. Verstört und demoralisiert flohen die fränkischen Truppen. Gottfried und Balduin mußten sich ergeben. Am Ostersonntag schworen sie samt ihren führenden Adligen doch noch den verlangten Eid. Sogleich waren die freundschaftlichen Beziehungen wiederhergestellt. Alexios ließ sie mit Geschenken eindecken und gab ihnen zu Ehren ein Bankett. Tags darauf setzte das Heer über den Bosporus.

Einem Anführer im ersten Kreuzzug mißtraute Alexios Komnenos mehr als allen anderen: Bohemund, mittlerweile Fürst von Tarent. Er traf am 9. April an der Spitze eines Heeres in Konstantinopel ein, dem insgesamt allein vierzehn Enkel und zwei Urenkel Tankreds von Hauteville angehörten. Bohemund war der älteste Sohn jenes Robert Guiscard, der vielleicht Alexios vom byzantinischen Thron gestoßen hätte, wäre er nicht zwölf Jahre zuvor von einer Seuche dahingerafft worden. Robert hatte sich von Bohemunds Mutter, seiner ersten Frau, getrennt, um Sichelgaita von Salerno zu heiraten, und deren italienische Besitzungen waren infolgedessen an den gemeinsamen Sohn Roger Borsa gefallen; dies machte Bohemund besonders gefährlich. Da er in Italien nichts zu erhoffen hatte, stand zu erwarten, daß er im Osten um so schrecklicher wüten würde, zumal sein Ruhm als Feldherr zum einen auf glänzenden Führungseigenschaften, zum anderen auf der Sorgfalt, mit der er die Leute ausbilden ließ, und zum dritten auf außergewöhnlichem persönlichen Mut auf dem Schlachtfeld beruhte und in Europa seinesgleichen suchte. Selbst Anna Komnena konnte ihm ihre Bewunderung nicht versagen:

> Bohemund war, um es kurz zu sagen, mit keinem anderen dieser Zeit in der römischen Welt, ob Grieche oder Fremder, zu vergleichen. Er war von so hünenhafter Gestalt, daß er die größten Männer fast um eine ganze Elle überragte. Über schmalen Hüften prangten ein breiter Brustkorb und breite Schultern. Seine Arme waren kräftig. Insgesamt war er weder hager noch vierschrötig und fleischig, sondern nahezu ideal proportioniert [...] Bei genauem Hinsehen mochte er etwas gebeugt erscheinen [...] Seine Haut war am ganzen Körper sehr hell, nur im Gesicht rötlich. Das hellbraune Haar trug er kürzer als andere Barbaren, es hing ihm nicht bis auf die Schultern herab, sondern reichte nur bis zu den Ohren. Ob sein Bart rot war oder von anderer Farbe, kann ich nicht sagen, da er dem Rasiermesser zum Opfer gefallen war, so daß sein Kinn glatter als Marmor erschien. Vermutlich aber rot. Seine hellblauen Augen ließen den Geist und die Würde dieses Mannes erahnen. Der Atem strömte frei durch breite Nüstern [...] Er besaß einen gewissen Reiz, der jedoch durch den Schrecken etwas verlor, den er als Person insgesamt erregte; er wirkte hart und unbeherrscht, was, so denke ich, an seiner Körpergröße und dem Ausdruck seiner Augen lag. So hatte selbst sein Lachen einen drohenden Unterton.

Kaiser Alexios empfing ihn am Tag nach seiner Ankunft und erinnerte ihn, so Anna, höflich an seine einstige Feindschaft. Bohemund pflichtete dem lachend bei, machte jedoch geltend, er sei diesmal aus eigenem, freien Entschluß als Freund gekommen. Um den Treueeid gebeten, ließ er sich ohne weiteres darauf ein. In Alexios' Erleichterung mischte gewiß sich ein ungutes Gefühl, als sein Gast ihn anschließend unverhohlen darum bat, den Titel Groß-Domestikos des Ostens tragen zu dürfen, was soviel besagte wie Oberkommandierender der gesamten kaiserlichen Streitkräfte in Asien. Als Alexios ihm daraufhin erklärte, eine solche Ernennung sei zur Zeit nicht opportun, vielleicht aber später, schien Bohemund von Tarent diese offensichtliche Ausflucht klugerweise zu akzeptieren. Er spielte seine Karten überlegt aus. Selbst im Süden beheimatet, kannte und verstand er die griechische Mentalität und beherrschte die griechische Sprache. Im Unterschied zu anderen Kreuzfahrern, die ihm vorangegangen waren oder folgten, war er sich völlig im klaren darüber, daß sein großes Unternehmen nur gelingen konnte, wenn der Basileus auf seiner Seite stand. Wie immer das Vorhaben ausgehen würde, zuerst mußte er erreichen, daß man ihn als Anführer der gesamten Expedition betrachtete. Sich zu diesem Zeitpunkt Alexios zu widersetzen, wäre Torheit gewesen. Dessen eingedenk hatte er seinen Soldaten unter Androhung sofortiger Exekution jedes Marodieren oder andere Schandtaten auf dem Weg nach Konstantinopel untersagt. Bis dahin hatten sie sich in jeder Hinsicht musterhaft gehalten, und von ihm aus sollte das wenigstens für den Augenblick auch so bleiben. Zwei Wochen danach wurden er und sein Heer über den Bosporus befördert, während Alexios bereits alle Hände voll zu tun hatte, um mit den nächsten Ankömmlingen zurechtzukommen.

Raimund IV. von Saint-Gilles, Graf von Toulouse und Markgraf der Provence, war der älteste, reichste und berühmteste Kreuzfahrer, und wohl auch der erfahrenste. Als Ehemann der Fürstin Elvira von Aragon hatte er in Spanien viele Schlachten gegen die Mauren geschlagen. Für Alexios Komnenos erwies er sich als äußerst schwierig. Obwohl bereits Ende Fünfzig, hatte er als erster Adeliger in Clermont das Kreuz genommen und öffentlich gelobt, niemals in den Westen zurückzukehren. Auch seine Frau und ihr Sohn Alfonso befanden sich an seiner Seite. Ihnen folgte, mit schätzungsweise zehntausend Mann, vermutlich das größte der militärisch ernstzunehmenden Kreuzfahrerheere. Raimund zog gemeinsam mit dem befreundeten Bischof Adhemar von Le Puy, dem Papst Urban die geistliche Betreuung des Kreuzzugs anvertraut hatte. Es besteht kein Zeifel, daß er wie Bohemund die militärische Führung für sich anstrebte.

Im Unterschied zu Bohemund scheint Raimund allerdings gar nicht erst versucht zu haben, seine Leute im Zaum zu halten. Ihre Gelüste, ungestraft zu vergewaltigen und zu rauben, führten dazu, daß sie wiederholt mit Alexios' Petschenegeneskorte zusammenstießen. Schon wenige Tage, nachdem sie byzantinisches Territorium betreten hatten, waren zwei provençalische Ritter dabei getötet worden. Als kurz darauf Bischof Le Puy vom Weg abkam, wurde auch er von den Petschenegen aufgegriffen und schwer verwundet, bevor sie ihren Irrtum bemerkten und ihn zu seinen Leuten zurückbrachten. Und Raimund entging in der Nähe von Edessa nur haarscharf einem ähnlichen Schicksal, während sein Heer in Thrakien gewaltsam in die Stadt Russa eindrang und sie plünderte. Ein paar Tage nach diesen Aussschreitungen trafen Boten von Alexios ein und drängten Raimund, sich vor den übrigen und unverzüglich nach Konstantinopel zu begeben. Während seiner Abwesenheit spitzte sich die Lage rasch zu, bis es der Petschenegeneskorte schließlich zu bunt wurde. Mit dem Beistand mehrerer kaiserlicher Regimenter, die in der Gegend stationiert waren, griffen sie die Kreuzfahrer an, schlugen sie in offener Feldschlacht und nahmen ihnen ihr Gepäck und ihre Ausrüstung ab.

Die Nachricht von diesem Debakel erreichte Raimund, als er sich zu seiner ersten Audienz bei Alexios anschickte. Sie trug nicht gerade zur Hebung seiner Stimmung bei. Von Anfang an machte er unzweideutig klar, daß er nicht beabsichtigte, den Treueeid zu leisten. Ein solcher Eid hätte nicht nur bedeutet, die Autorität zu verlieren, die er vom Papst seiner Meinung nach erhalten hatte, sondern es hätte zusätzlich die Gefahr bestanden, daß er Bohemund untergeordnet würde; denn in Konstantinopel ging das Gerücht um, der Kaiser habe jenen in einen bedeutenden kaiserlichen Rang erhoben. Wahrscheinlich hat Raimund diesen Punkt Alexios gegenüber nicht direkt vorgebracht; statt dessen beteuerte er, daß er ihm mit Freuden dienen würde, falls er sich persönlich an die Spitze des Kreuzfahrerheeres stellen würde. Dazu konnte Alexios nur bemerken, so sehr dies auch sein Wunsch sei, könne er doch in der gegenwärtigen Situation das Reich nicht verlassen. Zwei Wochen lang bewegten sich die Verhandlungen nicht vom Fleck. Die führenden Mitglieder der Heere aus dem Westen beschworen Raimund, seine Haltung aufzugeben, um nicht den Erfolg des ganzen Unternehmens zu gefährden. Schließlich kam es zu einem Kompromiß: Raimund, Graf von Toulouse, erklärte sich bereit, den im Languedoc üblichen Eid zu schwören, Leben und Ehre des Kaisers zu respektieren und nichts zu seinem Schaden zu unternehmen. Da Alexios einsah, daß mehr nicht herauszuholen war, ließ er sich vernünftigerweise darauf ein.

Und damit kommen wir zum vierten und letzten Kreuzfahrerheer; es brach unter der Leitung Herzog Roberts der Normandie, des Sohnes Wilhelms des Eroberers, im September 1096 auf. Mit ihm zogen sein Schwager, Graf Stephan von Blois, und sein Vetter, Graf Robert II. von Flandern. Diese drei befehligten ein Heer, in dem sich auch Bischof Odo von Bayeux und viele berühmte Adlige und Ritter aus der Normandie,

Bretagne und England befanden. Der Zug bewegte sich durch Italien, über Lucca (wo Papst Urban eine Audienz gewährte), Rom und Monte Cassino. Schließlich trafen sie im normannischen Herzogtum Apulien ein, wo Herzog Roger Borsa sie freundlich willkommen hieß. Von dort eilte Robert von Flandern – obwohl Roger sein Schwager war – fast ohne Aufenthalt weiter und schiffte sich mit seinem Gefolge in Bari in der ersten Dezemberwoche nach Epiros ein. Herzog Robert der Normandie und Graf Stephan von Blois vermochten dagegen den Verlokkungen Süditaliens nicht zu widerstehen. Erst im April 1097 segelten sie mit ihren Leuten über die Adria. Leider kenterte das erste Schiff, kaum daß es Brindisi verlassen hatte, und sank mit etwa vierhundert Passagieren, deren Pferden und Saumtieren, ganz zu schweigen von den zahlreichen, randvoll mit Gold und Silber gefüllten Truhen. Diese Katastrophe veranlaßte einen großen Teil der besonneneren Kreuzfahrer, sich umgehend wieder nach Hause zu begeben.[8]

Wer weiterzog, kam in den lohnenden Genuß einer angenehmen und reibungslosen Reise, wenn man von einem angeschwollenen Wildbach im Pindus-Gebirge absieht, der ein oder zwei Leute mit sich fortriß. In den ersten Maiwochen erreichte der Zug Konstantinopel. Zu diesem Zeitpunkt befanden sich alle, die ihnen vorangegangen waren, schon in Kleinasien. Die Anführer, denen es nicht die geringsten Schwierigkeiten bereitet hatte, den verlangten Treueeid zu leisten, waren von der kaiserlichen Generosität ganz angetan, nicht zuletzt von der Qualität der Speisen, Pferde und Seidengewänder, die er ihnen aufnötigte. »Dein Vater, meine Liebe«, schrieb Stephan von Blois an seine Frau Adela, eine Tochter Wilhelms des Eroberers, »macht viele große Geschenke, aber er war fast nichts, verglichen mit diesem großen Mann.«[9] Die große Masse des Heers wurde indes weniger verschwenderisch bedacht. Wie üblich durften alle Interessierten in Sechsergruppen die Stadt betreten, um sich ihre Sehenswürdigkeiten anzusehen und in den wichtigsten Kirchen zu beten. Niemand beklagte sich darüber. Zwei Wochen später folgten sie den anderen Heeren über den Bosporus – was Stephan von Blois in einem Brief als nicht schlimmer denn die Überquerung der Seine oder Marne beschrieb – und vereinigten sich mit ihnen bei Nikäa.

Man kann sich Alexios Komnenos' Erleichterung vorstellen, als er die letzten Angehörigen der Kreuzfahrerzüge das Schiff besteigen sah, welches sie nach Asien übersetzen sollte. Er hatte wohl nur eine vage Vorstellung davon, wie viele Männer, Frauen und Kinder im Verlauf der vergangenen neun Monate durch byzantinisches Territorium gezogen waren. Angefangen vom Lumpenheer hinter Peter dem Einsiedler bis hin zu den großen Heeren von Feudalherren wie Raimund von Saint-Gilles, Graf von Toulouse, dürften es insgesamt an die hunderttausend gewesen sein. Da konnte nicht ausbleiben, daß es gelegentlich zu Plünderungen und anderen unschönen Zwischenfällen kam. Im ganzen gesehen hatten die Heere jedoch dank der byzantinischen Organisation und entsprechender Vorkehrungen, besonders der regelmäßigen Bereitstellung von Nahrungsmitteln und der bewunderswerten Arbeit der petschenegischen Begleiteinheiten, erstaunlich wenig Schaden angerichtet. Alle Befehlshaber, mit Ausnahme Raimunds, mit dem es zu einer separaten Übereinkunft gekommen war, hatten Alexios aus mehr oder minder freien Stücken den Treueeid geleistet; selbst wenn sie später ihren Eid brechen sollten, stand er ehrenvoller da als sie.

Er gab sich in dieser Hinsicht keinen Illusionen hin. Sie befanden sich noch immer innerhalb der Grenzen des Reichs, und wenn sie auch gegenwärtig gegen seine türkischen Feinde kämpften, bedurfte es keiner großen Phantasie zu erkennen, welche Absichten sie auf lange Sicht hegten. Sie hatten längst klar zu erkennen gegeben, daß sie Byzanz nicht liebten. Auf dem Balkan und in Thrakien, wo sie sich gerne als Befreiungstruppen hätten feiern lassen, war man ihnen mit Argwohn und Mißtrauen begegnet. Und in Konstantinopel hatte sie das, was sie in kleinen, behutsam gegängelten Gruppen von Schaulustigen zu sehen bekommen hatten, in den Grundfesten erschüttert. Auf französische Bauersleute oder Bürgerliche aus einer kleinen mittelalterlichen Stadt in Deutschland muß sich der erste Anblick der reichsten und prächtigsten Stadt der Welt mit ihren Märkten voller Seidenstoffe und Gewürze, die den ganzen Duft der Exotik des Ostens verströmten, der extravagant herausgeputzten Edelleute mit ihren Heerscharen von Sklaven und Eunuchen, und der adligen Damen, die sich in vergoldeten Sänften befördern ließen und deren Gesichter im Schmuck von Farben und Emaille unter atemberaubend phantasievollen Frisuren erstrahlten, zunächst irreal und im weiteren wie ein schwerer Schock ausgewirkt haben. Und die Gottesdienste, denen sie beiwohnten, müssen ihnen zusätzlich ungewohnt, unbegreiflich und zutiefst häretisch vorgekommen sein.

Die byzantinische Bevölkerung hegte den Kreuzfahrern gegenüber keineswegs freundlichere Gefühle. Fremde Heere sind, und wenn sie sich noch so korrekt geben, ohnehin nie willkommene Gäste. Doch diese schmutzigen, ungehobelten Barbaren benahmen sich schlimmer als die meisten anderen. Die Männer hatten ihre Ländereien verwüstet, Frauen vergewaltigt, Städte und Dörfer geplündert. Und sie schienen all dies auch noch für ihr gutes Recht zu halten und erwarteten aus unerfindlichen Gründen, wie Helden und Befreier behandelt zu werden statt wie die Grobiane, die sie waren. Ihr Abzug hatte Jubelstürme ausgelöst. Und bei ihrer Rückkehr, so hoffte man inbrünstig, würde sich ihre Zahl beträchtlich vermindert haben. Auch wenn diese Soldaten das christliche Kreuz trugen, dürften viele Leute im Byzantinischen Reich den Sieg in den bevorstehenden Schlachten insgeheim den feindlichen Ungläubigen gewünscht haben.

Alexios Komnenos teilte diese Ansicht nicht. Zwar hatte er den Kreuzzug nicht ins Leben gerufen, ja nicht einmal gebilligt. Da er aber einmal im Gange war, leistete er entschlossen alle mögliche Hilfe, vorausgesetzt, daß der ursprüngliche Zweck, die heiligen Stätten von den Ungläubigen zu befreien, gewahrt blieb. Soweit deckten sich die Interessen der Christenheit und des Byzantinischen Reichs. Die Übereinstimmung würde indes unverzüglich dahinfallen, wenn die Kreuzfahrerheere das Kreuz auf ihren Schultern aus den Augen verlieren und ihre privaten Ziele verfolgen sollten. Alexios wußte sehr wohl, daß es weit leichter war, fremden Heeren Zugang zum eigenen Territorium zu gewähren, als sie wieder loszuwerden.

Anders, als mancher erwartet hatte, wurde der erste Kreuzzug, wenn auch unverdientermaßen, ein voller Erfolg. Im Juni 1097 gelang es, Nikäa zu belagern und einzunehmen und anschließend die byzantinische Oberherrschaft im westlichen Kleinasien wiederherzustellen. Am 1. Juli mußten sich die türkischen Seldschuken bei Dorylaion in Anatolien geschlagen geben, am 3. Juli 1098 fiel Antiochia in die Hände der Kreuzfahrer, und am 15. Juli 1099 bahnten sich Christi Soldaten schließlich unter fürchterlichem Gemetzel ihren Weg nach Jerusalem hinein, wo sie die gesamte moslemische Bevölkerung abschlachteten und die jüdischen Glaubensangehörigen lebendigen Leibes in der großen Synagoge verbrannten, bevor sie ihre bluttriefenden Hände in der Grabeskirche zum Dankgebet falteten. Zwei ihrer einstigen Anführer waren nicht mehr dabei: Balduin von Boulogne hatte sich zum Grafen von Edessa erhoben und Bohemund sich nach einem heftigen Streit mit Raimund von Saint-Gilles, dem Grafen von Toulouse, zum Fürsten von Antiochia aufgeschwungen.

In Jerusalem fand eine Versammlung statt, um über die Wahl des künftigen Herrschers zu befinden. Eigentlich kam als ältester, reichster und erfahrenster unter den führenden Mitgliedern der Kreuzzugsheere nur Raimund in Frage. Zum allseitigen Erstaunen wies er das Angebot jedoch zurück. Arroganz und Hochmut hatten ihn seiner Kollegenschaft so suspekt gemacht, daß er weder auf ihren Gehorsam noch auf ihre Unterstützung zählen konnte, und dies war ihm durchaus bewußt. So fiel die Wahl schließlich auf Gottfried von Bouillon. Dieser hatte zwar tapfer gekämpft, indes während des Kreuzzugs keine besonderen militärischen oder diplomatischen Fähigkeiten erkennen lassen. Von Belang erwiesen sich dagegen seine echte Frömmigkeit sowie – in bemerkenswertem Kontrast zu dem der meisten Mitstreiter – sein untadeliges Privatleben. Auch er zeigte sich zunächst unwillig, stimmte aber schließlich unter der Bedingung zu, daß er in der Stadt, in der Christus die Dornenkrone getragen habe, nicht den Titel König tragen müsse. Statt dessen wollte er sich *Advocatus Sancti Sepulchri* (Verteidiger des Heiligen Grabes) nennen lassen.

Dem frommen Christen Alexios Komnenos konnte die Nachricht von der Rückeroberung Jerusalems nur willkommen sein. Nicht daß er den Kreuzfahrern getraut hätte, aber die Stadt war immerhin fast vierhundert Jahre lang in den Händen Ungläubiger gewesen. Auch lag sie ohnehin zu weit von Konstantinopel entfernt, um von großer strategischer Bedeutung zu sein. Die Situation in Antiochia bereitete ihm dagegen ernsthaft Kopfzerbrechen. Die uralte Patriarchenstadt hatte ebenfalls eine wechselvolle Geschichte hinter sich: im sechsten Jahrhundert von persischen Truppen geplündert und bis im siebten Jahrhundert in persischer Gewalt verblieben, 637 arabischen Truppen in die Hände gefallen, 969 durch Byzanz zurückerobert und dann bis 1078 im Byzantinischen Reich verblieben. Die Bevökerung sprach mehrheitlich Griechisch und gehörte der orthodoxen Kirche an, kurz, für Alexios und alle rechtlich gesinnten Angehörigen des Reichs war die Stadt durch und durch byzantinisch. Nun hatte dieser normannische Abenteurer sie mit seinem Heer eingenommen und seinem Eid zum Trotz keineswegs die Absicht, sie Byzanz zu übergeben. Auch machte er aus seiner Feindseligkeit keinen Hehl mehr, sondern hatte im Gegenteil den griechischen Patriarchen vertrieben und ihn durch den lateinischen Bischof Bernard von Valence, ehemals Kaplan Bischof Adhemars, ersetzt.

Tröstlich war nur, daß Bohemund seinen Nachbarn im Norden, den türkischen Danischmendiden,[10] genauso unwillkommen war. Man kann sich daher vorstellen, wie Alexios aufatmete, als er im Sommer 1100 vernahm, Bohemund, der Fürst von Antiochia, sei als deren

Gefangener in Ketten auf die Festung Niksar (Neocäsarea) im abgelegenen Bergland Pontus geschafft worden. Dort mußte er drei lange Jahre ausharren, bis er schließlich von Balduin freigekauft wurde. Dieser war nach Gottfried von Bouillons Tod im Juli 1100 König von Jerusalem geworden; im Gegensatz zu seinem Bruder trug er diesen Titel ohne jegliche Bedenken.

In den ersten Jahren, die auf den Kreuzzugstriumph folgten, wurde immer klarer ersichtlich, daß nicht nur Bohemund Byzanz feindselig gegenüberstand. Nach der Einnahme Jerusalems begannen viele aufrichtige Pilgerinnen und Pilger, die sich von den im Namen Christi begangenen Greueltaten angewidert fühlten, auf den Weg nach Hause zu machen. Bei den Franken, die in einem der Kreuzfahrerstaaten im Nahen Osten blieben, handelte es sich aber um kriegslüsterne Abenteurer, die nach der Rückeroberung der Heiligen Stadt auf alles aus waren, was sie nur erraffen konnten. Von den vielen Anführern des ersten Kreuzzuges hatte nur Raimund von Saint-Gilles, Graf von Toulouse – ironischerweise der einzige, der in Byzanz den Eid nicht geschworen hatte –, aufrichtig gehandelt und dem Kaiser Gebiete, die einst zum Byzantinischen Reich gehört hatten, zurückgegeben. Die übrigen gebärdeten sich kaum besser als die von ihnen vertriebenen sarazenischen Ungläubigen.

All dies kam für Alexios nicht überraschend; es bestätigte vielmehr seine Befürchtungen. Seine Stimmung dürfte sich indes nicht aufgehellt haben, als 1101 noch weitere vier Heereszüge auf ihrem Weg nach Osten in Konstantinopel eintrafen, nämlich ein lombardisches Heer von rund zwanzigtausend Mann, mit dem Erzbischof von Mailand an der Spitze; ein starkes Kontingent französischer Rittersleute, darunter auch der unselige Stephan von Blois, der während der Belagerung von Antiochia geflohen und nun auf Drängen seiner energischen Frau Adela – nicht umsonst eine Tochter Wilhelms des Eroberers – erneut mitzog, um sein Ansehen wiederzugewinnen; ein weiteres französisches Heer, angeführt von Graf Wilhelm von Nevers; und eine immense deutsch-französische Streitmacht unter dem gemeinsamen Oberbefehl Herzog Wilhelms von Aquitanien und des bayrischen Herzogs Welf. In diesem Zug befand sich auch Hugo von Vermandois, der nach der Einnahme von Antiochia nach Hause zurückgekehrt und nun entschlossen war, Jerusalem zu betreten, wie er es gelobt hatte. Welche Konsequenzen Byzanz aus einem ebensogroßen Erfolg dieser Heere wie der ihnen vorangegangenen erwachsen wären, ist nicht auszudenken. In Wirklichkeit brach jedoch über alle die Katastrophe herein. Die Lombarden, die gleich nach ihrer Ankunft gewaltsam in den Blachernenpalast einfielen und einen zahmen Löwen des Kaisers töteten, brachen mit Stephan und seinem Zug unter dem Oberbefehl Raimunds von Toulouse auf, der Alexios einen Besuch abgestattet hatte. Sie eroberten Ankyra (Ankara) und übergaben es getreulich Byzanz. Bald darauf gerieten sie jedoch bei Mersiwan in der Nähe von Amasea (Amasya) in einen Hinterhalt danischmendidischer und verbündeter Verbände, und vier Fünftel des Heeres gingen zugrunde. Die überlebenden Frauen und Kinder – auch diesmal hatten sich etliche mit auf den Kreuzzug begeben – gerieten in die Sklaverei. Raimund, seine provençalische Leibwache und seine byzantinische Begleitmannschaft entkamen im Schutze der Nacht und kehrten nach Konstantinopel zurück.

Den anderen beiden Heeren erging es nicht besser. Wilhelm von Nevers setzte Ende Juni über den Bosporus und führte seine Leute über Ankara nach Ikonion (Konya), das sie erfolglos einzunehmen versuchten. Sie eilten dann weiter nach Heraklea Kybistra (Eregli); dort hatte der Feind sich jüngst, nachdem er alle Brunnen vergiftet hatte, davongemacht. Inzwischen war Hochsommer. Wilhelm und seine Leute suchten, dem Verdursten nahe, verzweifelt, aber vergeblich nach anderen Wasserquellen. Die türkische Streitmacht unter dem gemeinsamen Oberbefehl des Seldschukensultans Kilidsch Arslan und des Danischmendiden Malik Ghazi wartete ein paar Tage, bis sie völlig entkräftet waren, und schlugen dann zu. Die christliche Reiterei stob auseinander und floh; Fußsoldaten und Troß wurden erschlagen oder gefangengenommen. Wilhelm, sein Bruder und eine kleine Schar Rittersleute konnten entkommen und dingten ortskundige Turkopolen,[11] die sie nach Antiochia bringen sollten. Diese hintergingen sie jedoch, stahlen ihre Pferde und all ihre Habe und überließen sie nackt und bloß in der Wildnis sich selbst. Als sie zu guter Letzt die Stadt erreichten, ließ Bohemunds Neffe Tankred sie aus Mitleid dort überwintern. Im folgenden Frühjahr ritten sie niedergeschlagen und entmutigt nach Jerusalem weiter.

Den Zug aus Aquitanien und Bayern scheint ein ganz ähnliches Schicksal ereilt zu haben. Auch diese Kreuzfahrer fanden vergiftete Brunnen vor und mußten Durst leiden; aber im Unterschied zum Heer um Wilhelm von Nevers fanden sie in der Nähe von Heraklea einen Fluß. Leider hatten ihre Feinde gerade darauf gewartet. Sie hatten sich kaum in das willkommene Naß gestürzt, da schossen die türkischen Verbände auch schon einen Pfeilhagel aus dem Hinterhalt auf sie ab. Wie üblich kamen die Anführer mit dem Leben davon, weil sie schnellere – oder überhaupt – Pferde besaßen: Wilhelm von Aquitanien gelangte nach Tarsos und von dort nach Antiochia; Welf von Bayern warf Waffen und Rüstung fort und machte sich unerkannt über die Berge davon. Hugo von Vermandois hatte weniger Glück. Von einem Pfeil am Knie schwer verwundet, gelang es ihm zwar noch, Tarsos zu erreichen, dort aber starb er am 18. Oktober infolge der Anstrengung; sein Gelübde blieb unerfüllt.

Die Freilassung Bohemunds von Antiochia im Jahre 1103 wirkte als Signal zu neuen Unternehmungen für all jene Kreuzfahrer, die sich im Nahen Osten niedergelassen hatten. Um diese Zeit kämpften sie, vorübergehend jeweils unterbrochen durch einen Waffenstillstand, praktisch wahllos gegen arabische, türkische und byzantinische Heerhaufen; allerdings nicht sonderlich erfolgreich. Im Frühsommer 1104 erlitten sie vor den Mauern von Harran, knapp vierzig Kilometer südöstlich von Edessa, am Fluß Balikh eine schwere Niederlage. Bohemunds Heer vermochte ohne ernsthafte Verluste zu entkommen; Patriarch Bernard von Valence geriet so in Panik, daß er vor seiner Flucht seinem Pferd den Schwanz abschnitt, weil er fürchtete, ein Türke könnte das Tier am Schwanz ergreifen und ihn so fangen. Die Streitmacht von Edessa kam dagegen beinahe vollständig um. Balduin und sein Vetter Joscelin von Courtenay gerieten in Gefangenschaft.

Die Katastrophe von Harran und die gescheiterten Unternehmen im Jahre 1101 versetzten dem militärischen Ansehen der frühen Kreuzfahrer einen Schlag, von dem sie sich nie mehr richtig erholten. Zusammengenommen schlossen diese Ereignisse praktisch den Nachschubweg aus dem Westen zu Lande, der für Antiochia von großer und für Edessa sogar existentieller Bedeutung war. Außerdem ermöglichten sie Byzanz die Rückeroberung mehrerer lebenswichtiger Festungen wie Adana, Mopsuestia[12] (Mamistra) und Tarsos sowie einiger Küstenstädte von Laodikea (Lattakia) bis nach Tripolis weit im Süden. Bohemund bekam es mit der Angst zu tun. Er vertraute Tankred sein Fürstentum an und stach, mit den *Gesta francorum* im Gepäck, einem während des ersten Kreuzzugs von normannischer Hand verfaßten Bericht, der seine Landsleute in allzu rosigem Licht darstellt, nach Europa in See, um Verstärkungstruppen auszuheben.[13]

Zu Beginn des Jahres 1105 traf er in Apulien ein und blieb dort acht Monate. Nach beinahe zehnjähriger Abwesenheit gab es auf seinen vernachlässigten Gütern viel zu tun. Unterdessen nutzte er jede Gelegenheit, junge Normannen aufzustacheln, seinem Beispiel zu folgen und ihr Glück im Osten zu versuchen. Im September begab er sich nach Rom, um Papst Paschalis II. zu treffen, der sich leicht davon überzeugen ließ, Erzfeind der Kreuzfahrerstaaten seien eigentlich weder die arabischen noch die türkischen Ungläubigen, sondern Byzanz und Kaiser Alexios Komnenos. Paschalis II. griff diese Ansicht so überschwenglich auf, daß Bohemund in Begleitung eines päpstlichen Gesandten nach Frankreich aufbrach, der den Auftrag hatte, zum Heiligen Krieg gegen Byzanz aufzurufen.

Fürst Bohemund hatte einen Großteil seines Lebens gegen das Byzantinische Reich gekämpft und stand im Begriff, das erneut zu tun. Nie hat er jedoch, weder vorher noch nachher, Byzanz, ja der ganzen Christenheit so großen Schaden zugefügt wie durch jene Unterredungen mit Papst Paschalis II. Von da an wurde die engstirnige Raubpolitik, die sein Vater Robert Guiscard und er stets verfolgt hatten, offizielle Politik der römischen Christenheit. Die überwiegende Zahl jener, die sich zu einem Kreuzzug aufmachten, hegte Ressentiments gegenüber Byzanz, sei es aus Neid, Abneigung, Prüderie oder einfach aus Unverständnis. Sie alle fanden nun ihre Vorurteile durch die höchste Autorität bestätigt und offiziell abgesegnet. Was aber Kaiser Alexios und die byzantinische Bevölkerung betraf, so sahen diese ihre schlimmsten Befürchtungen bewahrheitet. Der ganze Kreuzzug entpuppte sich als monströse Heuchelei, bei der die religiösen Beweggründe nur als fadenscheinige Bemäntelung eines in Wirklichkeit schamlosen Imperialismus dienten. Nicht einmal Kardinal Humbert und Patriarch Michael Kerullarios hatten ein halbes Jahrhundert zuvor der Einheit der West- und Ostkirche einen so schweren Schlag versetzt.[14]

In Paris empfing König Philipp I. Fürst Bohemund herzlich und erlaubte ihm, im ganzen Königreich Rekruten auszuheben. Als weiteren Beweis seines Wohlwollens bot er ihm die Hand seiner Tochter Konstanze und gleichzeitig Tankred diejenige seiner jüngeren, unehelichen Tochter Cäcilia an.[15] Bohemund verbrachte das ganze Jahr 1106 in Frankreich – an Ostern traf er sich mit dem englischen König Heinrich I. in der Normandie – und trieb Menschen und Material auf. Ende des Jahres reisten er und Konstanze nach Apulien. Cäcilia war bereits zur Seereise nach Antiochia aufgebrochen, doch Bohemund hatte es nicht ganz so eilig. Erst im Herbst 1107 stand sein neues Heer zum Aufbruch bereit. Sein Plan entsprach im Grunde dem alten Robert Guiscards von vor fünfundzwanzig Jahren: an der Küste von Epiros, dem heutigen Albanien, an Land zu gehen, um mit der Eroberung der mächtigen Festung Durazzo einen

Brückenkopf in die Hand zu bekommen und von dort aus auf Konstantinopel zu marschieren.

Diesmal war ihm das Glück jedoch nicht hold. Zwar landete das apulische Heer erfolgreich in der Nähe von Awlona, aber Byzanz hatte Durazzo verstärkt. Die Alexios vom Seldschukensultan zur Verfügung gestellten Söldner setzten jeglichem Versuch, die Festung im Sturm zu nehmen, erbitterten Widerstand entgegen. Davon zeigte sich Fürst Bohemund zunächst nicht sonderlich beeindruckt, sondern ließ die Festung belagern. Fast unmittelbar danach sah er sich jedoch der Blokkade durch eine byzantinische Flotte ausgeliefert, die den ganzen Winter über die Verbindung mit Italien unterbrach. Als das Frühjahr nahte, umzingelte ihn auch die Hauptmasse des byzantinischen Heeres. Die nun vom Meer und vom Land her eingekreisten Eindringlinge fielen allmählich dem Hunger und der Malaria zum Opfer, und im September mußte Bohemund sich ergeben. Man brachte ihn vor Alexios in dessen Lager am Fluß Dewol, und dort mußte er einen Friedensvertrag unterzeichnen, in dem er bereute, seinen Eid gebrochen zu haben, dem Kaiser Gefolgschaftstreue schwor sowie ihn als Oberherrn seines Fürstentums Antiochia, dessen Grenzen ganz genau abgesteckt wurden, anerkannte. Schließlich mußte er auch noch zustimmen, daß der lateinische Patriarch der Stadt einem griechischen weichen sollte.

Mit dem Vertrag von Dewol endete Bohemunds Laufbahn. Er fühlte sich so sehr gedemütigt, daß er umgehend nach Apulien zurückkehrte und Antiochia Tankred überließ, mit der Auflage, es an seine und Konstanzes beide Söhne zu vererben. Als guten Soldaten und charismatischen Anführer hatte ihn schließlich doch sein Ehrgeiz auf Abwege und zu Fall gebracht. Er starb drei Jahre später beinahe vollständig vergessen. Im Gebiet der Kreuzfahrerstaaten hat er sich nicht wieder zu zeigen gewagt. Bestattet wurde er zu Canossa in Apulien. Dort ist vor der Südmauer der Kathedrale heute noch sein orientalisch anmutendes Grabmal zu besichtigen, das früheste erhaltene normannische Grab in Süditalien. Die wunderbare Bronzetür mit arabischen Verzierungen und einer Gedenkinschrift verschließt einen bis auf zwei kleine Säulen und den Grabstein leeren Raum. Auf dem Grabstein steht, eher unbeholfen eingemeißelt und dennoch irgendwie großartig wirkend, nur das eine Wort: BOAMVNDVS.

4

Alexios Komnenos' letzte Jahre
(1108–1118)

Hört man ihnen zu, könnte man glauben, daß meine Straßen mit Käse gepflastert waren und von meinen Bergen Milch und Honig flossen, daß mir selbst unermeßliche Reichtümer beschieden waren, daß ich lebte wie ein Satrap, daß der Luxus von Medien nichts war im Vergleich zu meinem und die Paläste von Susa und Ekbatan, verglichen mit meinem Sitz, elende Hütten.

Theophylax, Erzbischof von Ochrid,
über die Reichssteuereintreiber (Brief 41)

Alexios Komnenos kehrte im Verlauf der letzten Wochen des Jahres 1108 nach Konstantinopel zurück, sehr zufrieden mit dem, was er erreicht hatte. In seinem Reich herrschte, für den Augenblick zumindest, Frieden. Wohl traf es zu, daß Tankred von Antiochia den Vertrag von Dewol bereits gebrochen hatte, wodurch dieser im Grunde hinfällig geworden war, doch der Vertrag hatte mit der Unterwerfung Bohemunds seinen Zweck ausreichend erfüllt, und zur Zeit war Tankred, gemeinsam mit seinen Kreuzfahrergefährten, zu sehr mit den sarazenischen Gegnern beschäftigt, um dem Byzantinischen Reich ernsthafte Schwierigkeiten bereiten zu können. So konnte sich Alexios während der folgenden zwei Jahre um eigene, innenpolitische Angelegenheiten kümmern. Und da auch wir durch den Druck der Ereignisse auf internationaler Ebene dazu kaum Gelegenheit hatten, könnte es sinnvoll sein, ganz kurz dasselbe zu tun.

Das erste Jahrzehnt von Alexios' Herrschaft war hart gewesen. Als hervorragender und scheinbar unbesiegbarer junger Heerführer während der Herrschaft von Nikephoros Botaneiates war er vielen seiner Untertanen als einzige noch verbleibende Hoffnung für das belagerte Reich erschienen; doch kaum hielt er die höchste Macht erst in Händen, verflüchtigte sich der Zauber schnell. Noch im Jahr seiner Krönung erlitt er bei Durazzo die vernichtendste Niederlage seiner Laufbahn. Sicher, er bekam achtzehn Monate später in der Schlacht von Larissa Gelegenheit zur Rache. Aber die Normannen standen 1084 schon wieder da, und wäre Robert Guiscard nicht so plötzlich und unerwartet gestorben, wäre es ihnen möglicherweise gelungen, bis nach Konstantinopel vorzudringen. In der Zwischenzeit aber hatte Alexios, abgesehen von einem relativ bedeutungslosen und nur halbherzigen Feldzug gegen den Emir Chaka von Smyrna, keinen ernsthaften Versuch unternommen, die türkischen Völker aus Kleinasien zu vertreiben. An Ostern 1091, nach zehn Jahren Thronherrschaft, in denen er keine wesentlichen Leistungen erzielt hatte, die ihm als Verdienst hätten angerechnet werden können, galt Alexios im allgemeinen als Versager, und die Leute begannen sich allmählich zu fragen, ob das europäische Byzanz unter dem konstanten Druck der Normannen, Petschenegen oder Bogomilen nicht den gleichen Weg gehen würde wie weiland das asiatische. Würde es, so fragten sie sich, in einigen Jahren noch ein Reich außerhalb der Mauern von Konstantinopel geben, das den Namen verdiente?

Der Patriarch von Antiochia, Johannes Oxites, ging noch weiter und beschwor den Niedergang des Reiches in zwei um diese Zeit veröffentlichten bitteren Schmähreden gegen Alexios als unabwendbare Tatsache. Die Menschen, so fuhr er fort, seien niedergeschlagen und desillusioniert. In der Vergangenheit hätten sie noch geglaubt, Niederlagen und Schicksalsschläge seien Gottes Strafe für begangene Sünden, nun aber nehme immer mehr das Gefühl überhand, Gott kümmere sich überhaupt nicht mehr um ihr Geschick. Die Reichen würden arm, und die Armen, besonders in Makedonien, Thrakien und dem nördlichen Balkan, drohten auf der Flucht vor den barbarischen Invasoren zu verhungern oder zu erfrieren. Die einzige Ausnahme in dieser allgemeinen Not bildeten die Mitglieder der kaiserlichen Familie, die zur größten Geißel des Reiches und dessen Volk geworden seien.

Vielleicht übertrieb der Patriarch ein wenig; schließlich lag sein Patriarchat Antiochia rund tausend Kilometer von der Hauptstadt entfernt und stand noch immer unter sarazenischer Herrschaft. So oder so war er also nicht besonders geeignet, die Situation der in Europa gelegenen Provinzen zu beurteilen. Dennoch lag viel Wahres in dem, was er sagte. Weniger klar ist, in welchem Maße er zu Recht dem Kaiser dafür die Verantwortung zuschob. Alexios traf keine Schuld, daß erst die Normannen und dann die Petschenegen weite Gebiete der Balkanhalbinsel verwüstet, Dörfer und Städte niedergebrannt und so Tausende getötet und Abertausende obdachlos gemacht hatten. Er und seine Truppen hatten sich heftig gewehrt, und nur wenige Wochen nach den Vorwürfen des Patriarchen schlugen sie die Petschenegen am Fuße des Levunion in entscheidender Weise. Zugegeben, die Normannen forderten etwas mehr Zeit ab, doch ist nur schwer einzusehen, wie Alexios noch mehr hätte tun können.

Der Vorwurf des Nepotismus ist schwieriger zu beurteilen. Auch war Patriarch Johannes von Antiochia bei weitem nicht der einzige, der ihn erhob. So erhält er wie folgt Schützenhilfe vom Chronisten Johannes Zonaras:

> Er jedoch bot den Verwandten und einigen Dienern öffentliche Mittel in ganzen Wagenladungen dar und wies ihnen reichliche jährliche Zuwendungen zu, so daß sie sich mit großem Reichtum umgaben und sich eine Dienerschaft zulegten, die nicht Privatleuten, sondern Kaisern entsprach, und Häuser erwarben, die an Größe Städten glichen, an Pracht aber Kaiserpalästen nicht unähnlich waren.[1]

Natürlich ließe sich einwenden, daß alle herrschenden Familien in allen Ländern und zu allen Zeiten in den Genuß der einen oder anderen Art besonderer Privilegien kamen. Auch müssen wir uns vor Augen halten, daß es, zumindest in den frühen Jahren seiner Herrschaft, im Gefolge von Alexios nur wenig Menschen außerhalb seiner engsten Familie gab, denen er trauen konnte. Zieht man die chaotischen Bedingungen in Betracht, die Mitte des elften Jahrhunderts über einige Jahrzehnte hinweg in Byzanz herrschten, sowie die Umstände seiner Thronbesteigung und die Zahl seiner Feinde in Konstantinopel, war ein gewisses Maß an Nepotismus sicherlich erlaubt. Ohne den Rückhalt einer mächtigen Familie wäre er nicht lange Kaiser geblieben. War er deshalb nicht bis zu einem gewissen Grad berechtigt, seine Mutter Anna Dalassena, seinen Bruder Isaak, seinen Schwager Nikephoros Melissenos sowie seinen Sohn Johannes und seinen Schwiegersohn Nikephoros Bryennios und dazu ein paar weitere Mitglieder der näheren Verwandtschaft in Schlüsselpositionen zu versetzen und sie entsprechend zu entschädigen?

Mag sein, daß dem so ist. Nur begnügte er sich leider nicht damit, die Mitglieder seiner Familie mit hochdotierten Ämtern und speziell geschaffenen neuen Titeln zu versehen, sondern verlieh ihnen auch regionale Machtbefugnisse. Zu früheren Zeiten waren die staatlichen Ländereien – also jene, die dem Staat gehörten und nicht Teil des persönlichen kaiserlichen Besitztums bildeten – direkt der reichsherrschaftlichen Verantwortung unterstellt gewesen, Alexios jedoch überließ deren Verwaltung, und damit auch deren Einkünfte, zu einem Großteil seinen Verwandten. Diese Lehen, auch *Pronoia* genannt, unterlagen zwar zeitlicher Begrenzung, das heißt, er konnte sie wieder aufheben, wann immer er dies wünschte, und sie fielen in jedem Fall beim Tode der Begünstigten wieder an ihn zurück, aber handelte es sich doch jeweils um gefährliche Präzedenzfälle und um einen weiteren Aderlaß des ohnehin stark beanspruchten Staatsschatzes.

Schon ein gutes halbes Jahrhundert vor seiner Thronbesteigung hatte ein stetiger Niedergang der byzantinischen Wirtschaft eingesetzt. Daß die Goldmünze *Nomisma* schon zwanzig Jahre zuvor bereits ein Viertel ihres ursprünglichen Wertes eingebüßt hatte, haben wir bereits gehört.[2] Sowohl unter Botaneiates als auch unter Alexios ging diese Entwertung weiter, bis schließlich sechs verschiedene *Nomismata* aus sechs unterschiedlichen Legierungen in Umlauf waren, wobei das kaiserliche Schatzamt, das sie geprägt hatte, zunächst darauf beharrte, daß sämtliche bei ihm eingehenden Zahlungen in der ursprünglichen Goldwährung zu entrichten seien. Die daraus resultierende Verwirrung verursachte im ganzen Reich ein wirtschaftliches Chaos. 1092 führte Alexios den goldenen *Hyperpyron* (den »Superveredelten«) ein, der in den folgenden zweihundert Jahren in Byzanz als Standardmünze diente, doch gelang es erst 1109 wieder, eine gewisse Ordnung herzustellen, indem für das ganze Münzsystem ein eigentlicher Wechselkurs festgelegt wurde. Damit herrschte zwar noch immer bei weitem keine befriedigende Situation, aber sie ermöglichte zumindest ein effizientes Funktionieren des fiskalischen Systems – und das war für Alexios Komnenos von vorrangiger Bedeutung.

Und es mußte so sein. Denn die meiste Zeit seiner Herrschaft sah sich das Reich entweder durch Angriffe aus dem Osten oder aus dem Westen bedroht und oft genug von beiden Seiten gleichzeitig. Von seinen Vorgängern hatte er nur eine mehr schlecht als recht ausgerüstete und zusammengewürfelte Armee sowie eine kleine, lange vernachlässigte Flotte geerbt, derart untauglich, daß er 1081 gegen einen Seeangriff seitens Robert Guiscards Venedig um Hilfe angehen mußte. Sollte indes das Byzantinische Reich überleben, galt es, das Heer neu zu organisieren und die Flotte sozusagen von Null wieder aufzubauen, und keines dieser beiden Ziele ließ sich ohne berächtliche Kosten erreichen. Ohne Umschweife begann Alexios mit der Umsetzung dieser Ziele und sammelte das notwendige Geld, wo er es nur kriegen konnte. Zehn Jahre später verbuchte er dann, wie wir sahen, wichtige Siege zu Wasser und zu Land. Für ihn bedeutete es gern getane Arbeit, war er doch stets zuallererst und zur Hauptsache Soldat gewesen. Die Kunst der Kriegsführung faszinierte ihn. Wie Anna Komnena in ihrer *Alexias* ein übers andere Mal aufzeigt, fühlte er sich nie so glücklich wie bei der Vermittlung militärischen Drills, wenn er die Soldaten von schlecht disziplinierten Barbaren zu geschulten Kämpfer formte. Hatte er seine Armee aber erst einmal so geformt, wie er sie haben wollte, gedachte er sie unter keinen Umständen aus der Hand zu geben. Wie kein anderer wußte er nämlich, wie einfach es für einen hervorragenden und erfolgreichen Befehlshaber ist, die Unterstützung seiner Leute zu gewinnen, um dann bei den ersten Anzeichen von Schwäche innerhalb der Regierung einen Staatsstreich zu inszenieren, und er hatte nicht die Absicht, einem seiner Untergebenen zu ermöglichen, ihn so zu stürzen wie er seinen Vorgänger. Sowohl aus diesem Grund als auch aus echter Begeisterung für Kampf und Schlacht übernahm er, wenn immer möglich, persönlich das Kommando und führte seine Truppen an, womit er sich, sozusagen nebenbei, als der tüchtigste Oberbefehlshaber erwies, über den Byzanz seit Kaiser Basileios II. fast hundert Jahre zuvor verfügte.

Geht man von den riesigen Ausgaben aus, die eine angemessene Verteidigung des Reiches erforderte, ist es verständlich, daß Alexios' Steuerpolitik harsch gewesen sein muß, ja geradezu skrupellos. Zu den Maßnahmen, mit denen er – oder genauer gesagt sein Bruder Isaak – sich zu Beginn des Jahres 1082 der Kirchenschätze bemächtigte, um den Feldzug gegen Bohemund finanzieren zu können, griff er zwar kein zweites Mal, doch litten der Adel (ausgenommen natürlich seine Familienmitglieder und andere Günstlinge), die Senatorenfamilien (die er haßte) sowie die reicheren Klöster gewaltig unter seinem Wucher. Angesichts des wirtschaftlichen und ordnungspolitischen Chaos ließ sich von den Eintreibern leicht behaupten, die letzten Zahlungen seien ungenügend gewesen, in der falschen Währung bezahlt oder überhaupt nicht entrichtet worden, und daraufhin eine gewaltige Strafgebühr erheben.

Auch für die ärmeren Reichsuntertanen waren die Zeiten hart, ein Thema, das Patriarch Johannes Oxites von Antiochia, wie wir gesehen haben, schon 1091 aufgegriffen hatte. Nun, fast zwanzig Jahre später, präsentierte sich die Lage nicht viel besser. So beschrieb Theophylax, Erzbischof von Ochrid – dessen Bemerkungen über die kaiserlichen Steuereintreiber am Eingang zu diesem Kapitel das Herz all jener, die Luxussteuer zu entrichten haben, erwärmen dürften –, Herzog Johannes von Durazzo (Dyrrhachion), einem Neffen des Kaisers, die Zustände in einer seiner Diözesen, die wieder und wieder von Normannen, Petschenegen und Kreuzritterhorden überrannt worden war, wie folgt:

> Kaum vermochte ich die Tränen zurückzuhalten. In der Kirche wird nicht mehr gesungen, und die Kerzen werden nicht mehr entzündet; der Bischof und die Geistlichen mußten fliehen, und die Stadtbevölkerung hat ihre Häuser verlassen, um versteckt im Gehölz und in den Wäldern zu leben. Und zu all diesen Übeln, die der Krieg gebracht hat, kommt hinzu, daß sich die Großgrundbesitzer – weltliche wie kirchliche – Grund und Boden der Bauernfamilien angeeignet haben, welche sowohl durch ihre Dienstpflicht wie durch Steuern auf das Schwerste belastet sind.[3]

Zwar berichtet er nur über eine bestimmte Diözese, doch konnte man die von ihm beschriebenen Zustände in allen europäischen Provinzen des Reichs antreffen. Auch hatte er recht, was den Zwang zum Militärdienst betraf, der überall auf Empörung stieß, wo immer er durchgesetzt wurde. Die Landbevölkerung lebte, noch viel mehr als die städtische, in ständiger Furcht vor den kaiserlichen Rekrutierungsbeamten, die das Reich unablässig auf der Suche nach kräftigen, jungen Männern für den Kriegsdienst durchstreiften, und ihre Angst war durchaus gerechtfertigt, nicht nur weil sie deren Arbeitskraft dringend benötigten, um ihre verwüsteten Felder wiederherzustellen, sondern auch weil die reale Gefahr bestand, daß diese jungen Männer sich nach dem Ende ihrer Dienstzeit in Konstantinopel oder in einer anderen Gegend niederließen und nie mehr nach Hause zurückkehrten.[4] Es ließ sich gut und gern sagen – wie dies Alexios wohl getan hätte –, daß jede einigermaßen intelligente Familie es doch sicher vorziehe, dem Reich einen Soldaten zu stellen, statt zuzulassen, daß fremde Eindringlige ihr Haus zerstörten, die Söhne abschlachteten und die Töchter vergewaltigten, doch ausgehungerte und verängstigte Menschen lassen sich von derart logischen Argumenten kaum beeindrucken. Tatsache ist, daß die große Mehrheit des Volkes Alexios, der für all die Drangsal verantwortlich gemacht wurde, haßte. Und er wußte darum.

Was für Schritte, wenn überhaupt welche, unternahm nun Alexios Komnenos, um seinen Ruf beim Volk zu verbessern? Von Anbeginn seiner Regentschaft hatte er sich abgemüht, wenn nicht seine Liebe, so doch wenigstens seine Achtung zu gewinnen. In den sechsundfünfzig Jahren zwischen dem Tod Basileios' II. im Jahre 1025 und seiner eigenen Thronbesteigung 1081 sah das Reich nicht weniger als dreizehn Kaiser, und so bestand seine erste Aufgabe darin, klarzustellen, daß er nicht die Absicht hegte, nur ein weiterer dieser Art zu werden. Seine Botschaft lautete deutlich: Die armseligen Vorgänger waren Produkte eines durch und durch faulen Systems, verdorben, dekadent und korrupt; er aber würde dieses System reformieren und das Reich wieder zu seiner früheren Größe zurückführen.

Doch zuvor mußte es gereinigt und geläutert werden. Während Anna Dalassena den erklärten Augiasstall im *Gymnaeceum* des kaiserlichen Palastes in Angriff nahm,[5] begann er mit einer Kampagne, um das Reich von jeglicher Ketzerei zu befreien.

Sein erstes Opfer war ein Schüler von Michael Psellos namens Johannes Italos, dessen Fürsprache für die Werke von Plato und Aristoteles auf Kosten jener der ersten Kirchenväter Alexios für zu weitgehend hielt und der daher anläßlich eines ausführlichen Schauprozesses für schuldig befunden und zu lebenslänglicher Isolierung in einem Kloster verurteilt wurde. Ähnliche Prozesse bildeten die Begleitmusik zu Alexios' ganzer Regentschaft, zuletzt jener in seinem letzten Lebensjahr, bei dem der bekannteste Bogomilenvertreter – uns nur unter seinem christlichen Namen Basileios bekannt – im Hippodrom auf dem Scheiterhaufen verbrannt wurde: in Konstantinopel bis dahin eine praktisch unbekannte Strafe.

Obwohl in all diesen Verfahren eindeutig ein starker Hang zur Propaganda zum Ausdruck kommt, ist an Alexios' profunder Gläubigkeit nicht zu zweifeln. Wie sehr er auch mit anderen, unmittelbar dringenderen Angelegenheiten beschäftigt sein mochte – einem Feldzug gegen Robert Guiscard oder Bohemund, der Verteidigung des Reichs gegen Petschenegenüberfälle oder dem Versuch, der Kreuzfahrerflut zu wehren, die über die Reichsgrenzen schwappte –, keinen Augenblick vernachlässigte er seine religiöse Verantwortung als den Aposteln gleicher Basileus. Auch beschränkte sie sich niemals auf Fragen der Doktrin; die kirchenpolitischen Angelegenheiten lagen ihm ebenso am Herzen, und zu Beginn seiner Regentschaft setzte er eine radikale Reform des seit langer Zeit üblichen und unter der Bezeichnung *Charisticum* bekannten Brauchs durch, die Verwaltung von Klöstern und klösterlichem Besitz in weltliche Hände zu legen. Diese Praxis – sie hatte im elften Jahrhundert drastisch zugenommen – zielte hauptsächlich auf die wirtschaftliche Entwicklung solcher Besitztümer ab und wirkte sich in der

Regel positiv aus, doch lauerten in der Verweltlichung auch Gefahren. So konnte ein Schutzherr rein weltliche Brüder einbringen, die vom Kloster lebten, ohne etwas zu dessen geistigem Leben beizutragen, er konnte das klösterliche Oberhaupt – und sogar die echten Mönche und Nonnen – unter Druck setzen und sie in den Handel einbinden, ja, wenn er wollte, das Kloster aussaugen.

Als Gründer mehrerer großzügig subventionierter Klöster war Alexios entschlossen, solche Mißbräuche zu verhindern. Nicht daß er das System aufgehoben hätte, welches ihm selbst äußerst zupaß kam, als er in den ersten Monaten seiner Thronherrschaft seine Günstlinge belohnen und Familienmitglieder großzügig mit allerhand Gaben versehen wollte. Er ordnete jedoch an, daß künftig alle Transaktionen, die klösterlichen Besitz betrafen, vom zuständigen Patriarchen zu zeichnen seien, und erhöhte damit die Kontrolle der Patriarchen über die Klöster und das Klosterleben. 1107 ging er noch einen Schritt weiter, indem er eine allgemeine Reform des Klerus durchführte und insbesondere einen eigenen Predigerorden gründete, dessen Angehörige in einer »Pfarrgemeinde« arbeiteten und dort als Einmanntruppe gegen das Laster und als Hüter der öffentlichen Moral wirkten. Wie erfolgreich sie tatsächlich waren, bleibt ungewiß; spätere Chroniken erwähnen sie kaum. Als viel wirkungsvoller erwies sich das weitläufige »Waisenhaus« – oder vielmehr Krankenhaus und Obdachlosenheim –, das er neben der Pauluskirche auf der Akropolis von Konstantinopel (auf dem Gelände des heutigen Topkapi-Palastes) errichten ließ und welches Anna Komnena als »eine Stadt innerhalb der Stadt« bezeichnet:

> Ringsum standen im Kreis zahllose Gebäude, Unterkünfte für die Armen und – ein noch größerer Beweis seiner Menschlichkeit – Wohnungen für die Behinderten. Erblickte man diesen Bereich voller Menschen, verkrüppelt oder völlig hilflos, glaubte man, Salomons Vorhalle vor sich zu haben. Die Gebäude waren in einem Doppelkreis angeordnet und zweistöckig. [...] So groß war der Kreis, daß, wollte man all diese Menschen besuchen und zöge frühmorgens los, es Abend würde, bevor man damit zu einem Ende käme. Sie besaßen zwar weder Land noch Weinberge, doch lebten sie alle in der ihnen zugewiesenen Behausung und für all ihre Bedürfnisse an Nahrung und Kleidung kam die Großzügigkeit des Kaisers auf [...] Für wie viele Personen auf diese Weise gesorgt wurde, war nicht abzuschätzen.[6]

Tatsächlich gründeten Alexios' Motive nicht ausschließlich auf reiner Menschenliebe. Zu den Erscheinungen des moralischen Zusammenbruchs, der sich unter seinen Vorgängern vollzogen hatte, gehörten auch die zahllosen Menschen in der Stadt, die sich den Lebensunterhalt mit Betteln verdienten. Von allen Ministern oder höheren Staatsbeamten, die vor der Beförderung in einen höheren Rang oder in ein höheres Amt standen, wurde erwartet, daß sie den Armen großzügige Zuwendungen überreichen ließen, und ihre Häuser waren gelegentlich regelrecht belagert von den vielen, die an ihre Großzügigkeit appellierten. Die fast unüberschaubare Zahl der Beförderungen, mit denen Nikephoros Botaneiates seine schwindende Popularität zu stärken versucht hatte, hatte ihre Anzahl noch vergrößert. Im übrigen erfreuten sie sich bei denen, die sie so bedrängten, einiger Beliebtheit, denn den sozialen Status im damaligen Konstantinopel bestimmten nicht nur Rang und Namen, sondern auch Mäzenatentum und karitative Spenden, und so lechzten viele Reiche förmlich nach einer Gelegenheit, das Ausmaß ihrer Freigebigkeit öffentlich zeigen zu können. Natürlich erlaubte die Eröffnung des Asyls Alexios auch, die Bettler der Stadt zu kontrollieren, aber sie zielte ebenso darauf ab, das Ansehen seiner höheren Beamten in dem Maße zu vermindern, wie sie das seinige erhöhte.

Es erstaunt nicht, daß Alexios, als meisterhafter Diplomat, der er war, während seiner Regierungszeit alles daransetzte, die Kluft zwischen Ost- und Westkirche zu schließen. Zu seinem Pech hing er jedoch zu überzeugt – um nicht zu sagen, stur – an seinem orthodoxen Glauben, um bei Verhandlungen die nötige Flexibilität an den Tag legen zu können. Als Papst Urban II. 1089 den Abt von Grottaferrata mit dem dringenden Ersuchen nach Konstantinopel entsandte, das Lesen der heilige Messe nach lateinischem Ritus zu gestatten, beschränkte Alexios sich in seiner Antwort auf den Vorschlag, einen gemeinsamen Rat einzuberufen, um die Angelegenheit zu besprechen. Die Beschlüsse dieser Synode sind nicht überliefert; sie scheint indes mindestens bis zu einem gewissen Grad von Erfolg gekrönt gewesen zu sein, denn man weiß, daß Papst Urban bei deren Abschluß den bis dahin über das Ostreich verhängten Kirchenbann aufhob. Obwohl der Bruch noch lange nicht völlig verheilte, gestaltete sich die Beziehung doch freundschaftlich genug, daß Alexios Papst Urban II. nur gerade zwei Jahre später um Hilfe im Kampf gegen die petschenegische Gefahr bat. Hin und wieder fanden weitere Verhandlungen statt. 1108 war ein päpstlicher Gesandter als Zeuge bei der Unterzeichnung des Vertrags von Dewol anwesend, und 1112 soll Kaiser Alexios – wenn wir der Chronik von Monte Cassino glauben dürfen – als Gegenleistung für die Krone des Westreichs gar die Vereinigung der beiden Kirchen vorgeschlagen und geplant haben, im Sommer jenes Jahres Rom zu besuchen.

Daß dieser Bericht zutrifft, wird allerdings bezweifelt, und wahrscheinlich aus gutem Grund. Vor allem anderen stand das Westreich gewiß nicht zum Verkauf. Kaiser Heinrich V. war ein erklärter und erbitterter Feind Papst Paschalis' II. und hatte ihn und sechzehn Kardinäle 1111 sogar zwei Monate lang gefangen gehalten. Paschalis II. erkaufte sich seine Freiheit schließlich, indem er Heinrich am 13. April krönte, und so konnte er wohl kaum nur etwas mehr als ein Jahr danach einen »Gegenkaiser« küren. Viel eher hatte Alexios wohl ein Auge auf Süditalien geworfen, ein Gebiet, das nach dem Tod von Bohemund und dessen Halbbruder Roger Borsa im Abstand von nur einer Woche ebenfalls im Jahre 1111 ohne Oberhaupt dastand und das er zu gerne für Byzanz zurückgewonnen hätte. Doch obwohl seine Stellung inzwischen ein gutes Stück sicherer war als früher, ist es unwahrscheinlich, daß er unter den damals herrschenden Umständen überhaupt je mit dem Gedanken gespielt hat, so lange von Konstantinopel wegzubleiben.

Was auch immer er indes für Pläne hegte, sie hätten sich als unausführbar erwiesen, denn im Sommer 1112 erkrankte er schwer und mußte offenbar mehrere Wochen lang das Bett hüten. Der Briefwechsel mit Rom setzte zeitweise aus, doch beharrte der Papst nach wie vor fest auf seiner Oberherrschaft, und Byzanz weigerte sich, seine Unabhängigkeit aufs Spiel zu setzen. So änderte sich nichts. Und Alexios fand seine Aufmerksamkeit ohnehin bald durch andere, dringlichere Probleme in Anspruch genommen.

Der Friede, der Ende 1108 mit dem Vertrag von Dewol begonnen hatte, hielt drei Jahre an; dann brachen die Kämpfe erneut aus und setzten sich bis zum Ende seiner Regentschaft fort. In jenem Herbst 1111 gelang es Alexios knapp, zu verhindern, daß seine Truppen gleichzeitig an zwei Fronten kämpfen mußten, als erneute türkische Übergriffe mit der Ankunft von genuesischen und pisanischen Flottenverbänden zusammenfielen, welche die ionische Küste zu verwüsten drohten. Zum Glück kam es zu einem Vertrag mit Pisa, in dem Byzanz sich verpflichtete, dessen Kreuzzugaktivitäten nicht zu behindern, dem Dom jährlich ein Geschenk in Form von Gold und Seide zukommen zu lassen und – viel wichtiger noch – den pisanischen Kaufleuten erlaubte, in

Konstantinopel eine ständige Handelskolonie einzurichten, deren führende Angehörige in den Genuß von Sitzplätzen sowohl für die heiligen Messen in der Hagia Sophia wie für die Spiele im Hippodrom kamen.[7]

Mit den Türken ließ sich nicht ganz so einfach verfahren. Zum Glück für Alexios waren sie noch nicht auf Eroberung aus, denn in Kleinasien gab es noch mehr als genug Territorium zu vereinnahmen und zu konsolidieren. Ihre Einfälle glichen eher sorgfältig geplanten Überfällen; sie vermieden konzentrierte Schlachten wenn immer möglich und griffen stets auf breiter Front und an verschiedenen Punkten gleichzeitig an – was die byzantinischen Streitkräfte zur Aufspaltung zwang –, um sich dann rasch wieder davonzumachen, mit soviel Beute und so vielen Gefangenen wie nur möglich. 1111 überquerten sie den Hellespont und brachen in Thrakien ein, wo, laut Anna Komnena, ihres Vaters Truppen zu Beginn des darauffolgenden Jahres gegen sie kämpften. 1113 belagerte ein weiteres türkisches, diesmal auf rund fünfundvierzigtausend Mann geschätztes Heer Nikäa; doch der Versuch scheiterte, es wurde bei Dorylaion von Alexios' Truppen überrascht und nachhaltig geschlagen. Ein Jahr später waren die kaiserlichen Truppen mit Alexios an der Spitze dann wieder in Thrakien anzutreffen, um die Nordgrenzen gegen eine neue Invasion durch die Kumanen zu verteidigen, und kaum hatten sie diese erfolgreich zurückgetrieben, waren 1115 auch schon die Türken einmal mehr auf dem Vormarsch, diesmal unter dem Banner von Malik-Schah, dem seldschukischen Sultan von Ikonion.

Doch Alexios' Kraft ließ langsam nach. Inzwischen gut sechzig Jahre alt – laut Johannes Zonaras achtundsechzig[8] – und bereits von der Krankheit befallen, an der er sterben sollte, verschob er den Gegenstoß auf das folgende Jahr und zog erst im Herbst 1116 mit seinem Heer los, um den Sultan im eigenen anatolischen Kernland anzugreifen. Sie rückten bis Philomelion vor und trafen dabei auf wesentlich geringeren Widerstand als erwartet; der Vormarsch wurde jedoch merklich beeinträchtigt durch die große Zahl heimatloser griechischer Flüchtlinge, die in jeder Marschpause auftauchten, Familien, die vor den türkischen Invasoren geflohen waren und nun aus den unterschiedlichsten Verstecken hervorkamen, um sich in den Schutz der byzantinischen Truppen zu begeben. Aus ungeklärten Gründen blies Alexios an dieser Stelle zum Rückzug, und das byzantinische Heer befand sich bereits auf dem Heimweg, als Malik-Schah anzugreifen beschloß. Dies erwies sich gemäß Anna Komnena als schwerwiegender Fehler.[9] Des Sultans Heer sei, so berichtet sie, von den byzantinischen Soldaten derart niedergemacht worden, daß er gezwungen war, um Frieden zu bitten, seine jüngsten Eroberungen aufzugeben und die Grenzen des Kaiserreichs anzuerkennen, wie sie kurz vor der Schlacht bei Mantzikert unter der Herrschaft Kaiser Romanos Diogenes' bestanden.

Es habe sich, fährt sie fort, wahrlich um einen historischen Sieg gehandelt. Aber ach, sie scheint hier einmal mehr ihrem Wunschdenken nachgegeben zu haben. Die alten Grenzen während Romanos' Herrschaft verliefen ostwärts bis Armenien, ein Gebiet, das – von ganz anderen Überlegungen einmal abgesehen – der Sultan gar nicht zurückgeben konnte; auf jeden Fall deuten die folgenden Ereignisse stark darauf hin, daß es zu keiner derartigen Gebietsabtretung gekommen ist. Möglich, daß Malik-Shah seine Vorposten in Westanatolien abzog, aber er blieb in Ikonion, und es ist unwahrscheinlich, daß Alexios mit irgendwelchen größeren territorialen Zugeständnissen in Händen zurückkehrte. Angesichts des hoffnungslosen Durcheinanders in Annas Bericht und ihrer offensichtlichen Voreingenommenheit sowie der geringen Anzahl anderer Quellen,[10] werden wir die Wahrheit über Philomelion nie erfahren. Ob entscheidend oder unbedeutend, sicher ist, daß dieser Sieg Alexios' letzter war. Er kehrte als kranker Mann nach Konstantinopel zurück und fand sich dort inmitten erbitterter Familienzwistigkeiten wieder.

Das bedeutete für ihn allerdings keine neue Erfahrung, denn die Familie war bereits seit seiner Thronbesteigung entzweit. Von Anfang an hatte die Schuld daran hauptsächlich bei ihm gelegen. Wir haben gesehen, welche Machtstellung seine Mutter Anna Dalassena innehatte und wie er seine fünfzehnjährige Ehefrau Irene Dukas in den Hintergrund schob und sogar ihre Krönung zu verhindern versuchte, um mit seiner Adoptivmutter Maria von Alania zu regieren. Maria verschwand dann bald von der Bildfläche, und Irene kehrte an seine Seite zurück, doch Anna Dalassena wirkte für einige weitere Jahre als treibende Kraft hinter dem Thron, mächtiger und einflußreicher als ihr zweiter Sohn, der *Sebastokrator* Isaak, mit dem sie die Herrschaft theoretisch teilte, wenn sich Alexios auf einem seiner zahlreichen Feldzüge befand. In Konstantinopel sah man ihre Macht je länger, desto weniger gern, bis es soweit kam, daß Alexios in ihr eine ernsthafte Belastung zu sehen begann. Deshalb zog sie sich um 1090, angeblich freiwillig, in das Kloster Pantepoptes zurück, wo sie einige Jahre später, nicht in völliger Ungnade, das Zeitliche segnete.

Mit dem Rückzug von Anna Dalassena kommt nun endlich Kaiserin Irene zum Zug. Ihre Tochter Anna Komnena, bei der die Tugend kindlicher Achtung schon fast lästerlich wirkt, beschreibt sie wie folgt:

> Ihrer natürlichen Neigung nach hätte sie das öffentliche Leben gänzlich gemieden. Den größten Teil ihrer Zeit widmete sie ihren häuslichen Pflichten und ihren eigenen Studien – sie las die Bücher der Heiligen oder befaßte sich mit guten Werken und karitativer Arbeit [...] Wann immer sie als Kaiserin im Rahmen einer wichtigen Zeremonie öffentlich in Erscheinung zu treten hatte, überkam sie Verlegenheit, und sie errötete. Da gibt es die Geschichte der Philosophin Theano,[11] die einmal versehentlich ihren Ellbogen entblößte, und als jemand leichtfertig bemerkte: »Was für ein schöner Ellbogen!«, antwortete: »Aber nicht für die Öffentlichkeit bestimmt.« Genauso verhielt es sich mit meiner Mutter, der Kaiserin [...] Weit davon entfernt, Gefallen daran zu finden, ihren Ellbogen oder ihre Augen dem Blick des gewöhnlichen Volkes auszusetzen, gab sie sogar nur unwillig zu, daß Fremde ihre Stimme zu hören bekamen [...] Aber da, wie der Dichter sagt, gegen das Unvermeidliche selbst Götter nicht kämpfen, mußte sie den Kaiser auf seinen häufigen Expeditionen begleiten. Ihre angeborene Bescheidenheit hielt sie im Palast, doch ihre Hingabe und ihre brennende Liebe zu ihm drängten sie, wenn auch unwillig, ihr Zuhause zu verlassen [...] Die Krankheit, die seine Füße befallen hatte, verlangte umsichtigste Pflege; er litt durch die Gicht unter qualvollen Schmerzen und schätzte mehr als alles andere die Hand meiner Mutter, denn sie kannte ihn durch und durch und wußte seine Pein bis zu einem gewissen Grad durch sanfte Massage zu lindern.[12]

Dies mag soweit ja alles zutreffen, aber es könnte neben der Gicht noch einen weiteren Grund dafür gegeben haben, weshalb Alexios so nachdrücklich darauf beharrte, daß Irene ihn auf seinen Feldzügen begleitete: Er traute ihr nicht über den Weg. Dabei fürchtete er nicht um seine eigene Sicherheit, sondern um die seines ältesten Sohnes, des gesetzmäßigen Thronerben Johannes Komnenos, den sie, wie er wußte, ebenso wie ihre Tochter Anna erbittert haßte und gegen den sie ständig Komplotte schmiedete, um ihn in Ungnade zu stürzen oder aus dem Weg zu schaffen, damit Anna ihren Mann, den Cäsar Nikephoros Bryennios, an seiner Statt als Nachfolger auf den Thron hieven konnte. Mit der Zeit wurden die zwei eigene Pläne schmiedenden Frauen zum Brennpunkt für die Mißgunst verschiedener anderer Unzufriedener, unter ihnen besonders des zweiten Kaisersohnes Andronikos.

Irene ließ keine Gelegenheit ungenutzt verstreichen, um Johannes bei seinem Vater zu verunglimpfen und stellte ihn als Trunkenbold und Wüstling und damit als Regentschaftskandidaten hoffnungslos ungeeignet hin. Alexios jedoch wollte davon absolut nichts hören. Er vertraute auf Johannes und hielt – zu Recht, wie sich später herausstellte – an diesem Vertrauen in seine Fähigkeiten fest. Vor allem aber ging es ihm darum, als Gründer einer Dynastie in die Geschichte einzugehen. Er sah den Verfall von Byzanz im vorangegangenen Jahrhundert in erster Linie als Folge der dauernden Instabilität, welcher der Thron unterworfen war, indem er entweder an Unzuverlässige wie Zoes Ehemänner ging oder als Spielball innerhalb der reichsten und mächtigsten Familien im Reich von der einen zur anderen Hand sprang. Alexios hatte ihn zwar schließlich auf eben diese Weise erlangt, aber nun wollte er der letzte sein, dem dies gelungen war. Falls seine eigenen beachtlichen Leistungen von Dauer sein sollten, gab es für ihn nichts anderes, als daß die Krone in ordentlicher Folge an seinen erstgeborenen Sohn und, so Gott wollte, danach an dessen Sohn überging.

In Konstantinopel ging es mit Alexios' Gesundheit bergab, und im Sommer 1118 erkannten alle, daß er nicht mehr allzu lange zu leben hatte. Mittlerweile litt er unter ständigen Schmerzen und an ernsthaften Atembeschwerden; bald konnte er nur noch aufrecht sitzen, damit er überhaupt Luft bekam. Dann begannen Bauch und Füße anzuschwellen, und Mund, Zunge und Hals waren derart wund, daß er nicht mehr schlucken konnte. Irene ließ ihn in ihren eigenen Palast, den Manganenpalast, bringen, sie verbrachte täglich Stunden an seinem Bett und ordnete an, daß im ganzen Reich Gebete für seine Genesung gesprochen wurden. Allein, auch sie konnte ihm keine Erleichterung verschaffen und mußte wie alle anderen erkennen, daß es rasch mit ihm zu Ende ging.

In den Nachmittagsstunden des 15. August überbrachte ein Bote Johannes Komnenos die Nachricht, sein Vater habe nur noch wenige Stunden zu leben und wünsche ihn dringend zu sehen. Er eilte zu Irenes Palast, wo ihm der sterbende Alexios den kaiserlichen Ring übergab und ihn anwies, keinerlei Zeit zu verlieren und sich als Basileus ausrufen zu lassen. Johannes tat so und eilte dann hinüber zur Hagia Sophia, wo er vom Patriarchen in einer Kurzzeremonie gekrönt wurde. Als er zum Palast zurückkehrte, verwehrte ihm – vielleicht auf Irenes Geheiß – die Warägergarde zunächst den Zutritt. Erst nachdem er den Ring vorgewiesen und sie vom unmittelbar bevorstehenden Ende seines Vaters unterrichtet hatte, traten sie zurück und ließen ihn ein.

Was aber unternahm Irene in der Zwischenzeit? Gewiß noch immer entschlossen, Byrennios die Nachfolge zu sichern, wäre sie der letzten Unterhaltung zwischen ihrem Mann und ihrem Sohn nie und nimmer freiwillig ferngeblieben. Und dennoch hatte man es, obwohl sie selten von seinem Lager wich, irgendwie zuwege gebracht, sie genau zu diesem, für ihre Pläne entscheidenden Zeitpunkt davon wegzulocken. Als sie schließlich zurückkehrte, war es bereits zu spät. Sie soll noch einen letzten Versuch unternommen haben, Alexios zur Anerkennung der Rechte ihres Schwiegersohnes zu bewegen, doch er lächelte nur und hob – zum Sprechen zu schwach – die Hände wie zum Dank. Er starb noch am selben Abend und wurde am folgenden Tag im Rahmen einer bescheidenen Feier im Philanthropos-Kloster begraben, das Irene fünfzehn Jahre zuvor gegründet hatte.

Er hätte einen feierlicheren Abschied verdient, denn das Volk verdankte seiner Herrschaft mehr, als es wußte. Zum ersten hatte er sein Hauptziel erreicht, nämlich dem politischen und moralischen Niedergang, der 1025 mit dem Tod Basileios' II. eingesetzt hatte, Einhalt zu gebieten und dem Reich eine neue Stabilität zu verleihen. Nach sechsundfünfzig Jahren mehr schlechter als rechter Regentschaft dreizehn verschiedener Personen auf dem Thron hatte er siebenunddreißig Jahre lang regiert; nach ihm sollte sein Sohn Johannes bis zu seinem Unfalltod fünfundzwanzig Jahre und sein Enkel wiederum siebenunddreißig Manuel Jahre auf dem Thron sitzen. Hinzu kamen die militärischen Leistungen. Kein anderer Kaiser hatte sein Volk kämpferischer und entschiedener und gegen eine größere Anzahl von Feinden verteidigt und kein anderer sich konsequenter um den Aufbau einer kaiserlichen Land- und Seestreitmacht bemüht. Und zum dritten fiel in seine Regierungszeit die herausragend organisierte Weiterleitung der Kreuzzugheere, in deren Verlauf an die hunderttausend Männer, Frauen und Kinder aller Stände und sozialen Schichten durch Reichsgebiet geschleust, ernährt und, soweit möglich, vom einen Ende des Reiches bis zum anderen beschützt worden waren. Wären diese Kreuzzugheere ein Vierteljahrhundert früher durch die Lande marschiert, hätte sich dies für sie selbst wie für Byzanz verheerend auswirken können.

So kann man sagen, daß Alexios Komnenos auf drei verschiedenen Ebenen und mit drei unterschiedlichen Begabungen, nämlich als Staatsmann, Feldherr und Diplomat, das Reich vor dem Verfall bewahrte. Natürlich hatte er auch Mißerfolge zu verbuchen. So gelang es ihm nicht, die Wirtschaft wiederaufzurichten, den Riß zwischen Rom und Konstantinopel zu kitten und Süditalien wiederzugewinnen. Doch von diesen war nur der erste Punkt wirklich von Belang, die beiden anderen dagegen kaum mehr als Träume, die weder er noch sonst jemand auf dem kaiserlichen Thron jemals verwirklichen konnte. Auch hatte er klare Schwächen, darunter sein schamloser Nepotismus, und er stand weit mehr unter dem Einfluß vor allem von Frauen, als er dies in seiner Stellung hätte zulassen dürfen; Maria von Alania, Anna Dalassena und Irene besaßen beträchtliche Macht über ihn. Selbst in der außerordentlich wichtigen Frage der Nachfolge traute er sich nicht, seinen Willen Irene gegenüber offen zu äußern, sondern bediente sich einer List, statt eines klaren kaiserlichen Befehls, um sein Ziel durchzusetzen.

Ob er bedauerte, daß er – außer bei seinen Soldaten, die ihn verehrten – sich nie allgemeiner Beliebtheit erfreute? Wohl kaum. Er hat nie darum geworben und ganz bestimmt keins seiner Prinzipien aufgegeben, um den Beifall der Massen zu gewinnen. Nachdem er sich die Herrschaft angeeignet hatte, regierte er gewissenhaft, tatkräftig und nach bestem Vermögen. Seinem Sohn hinterließ er ein Reich, das ungleich stärker dastand und besser organisiert war als die ganzen hundert Jahre zuvor. Er starb zufrieden – das sei ihm gegönnt.

5

Johannes der Schöne

(1118–1143)

Wer von allen Kaisern der Rhomäer (der Byzantiner) hat jemals seinen eigenen, thronfähigen Sohn übergangen und seinem Schwiegersohn das Zepter übertragen? Und sollte sich das jemals ereignet haben, so wollen wir eine Ausnahme nicht als Regel betrachten. In meinem Fall würde auch das ganze Reich der Rhomäer laut auflachen und meinen, ich hätte den Verstand verloren, wenn ich, der ich nicht auf rechtmäßige Weise [...], sondern durch das Blut meiner Verwandten und unchristliche Empörung in den Besitz der Herrschaft gelangt bin, bei der Bestimmung des Nachfolgers mein eigen Fleisch und Blut überginge und diesen Makedonier einsetzte.

Kaiser Alexios Komnenos zu Kaiserin Irene,
zitiert nach Niketas Choniates

Die im vorhergehenden Kapitel wiedergegebene Schilderung vom Ableben Alexios Komnenos' basiert zur Hauptsache auf den Zeugnissen von Johannes Zonaras und Niketas Choniates[1] und hat nur wenig gemein mit der Fassung, mit der Anna Komnena ihre Schrift *Alexias* beendet. Sie malt ein ergreifendes Bild von hervorragenden medizinischen Kapazitäten, die um das Krankenbett huschen, vom zunehmenden Schrecken der Leiden des kranken Kaisers, von der Selbstlosigkeit Kaiserin Irenes, die mehr Tränen vergießt, als der Nil Wasser führt, während sie ihn all die langen und qualvollen Tage und Nächte pflegt, von der treusorgenden Hilfe der Töchter Maria, Eudokia und natürlich ihr, Anna, selbst, von den Kerzen, die entzündet und den Kirchenliedern, die gesungen werden und nicht zuletzt davon, wie die verwitwete Kaiserin beim Eintritt des Todes ihre purpurfarbenen Pantoffeln von sich schleudert, den Schleier wegreißt, ein Messer ergreift und ihr wunderschönes Haar abschneidet. Indes macht Anna keine Anspielung auf den letzten, nicht gerade rühmlichen Streich ihres Vaters, mit dem er ihre Nachfolge und die ihres Mannes zugunsten von Johannes, dem rechtmäßigen Thronerben, vereitelte. Johannes erwähnt sie übrigens im ganzen Kapitel nur einmal und geruht nicht einmal da, ihn beim Namen zu nennen.

Annas Haß auf Johannes währte ihr Leben lang und gründete auf verständlicher Eifersucht. Als Irenes und Alexios' ältestes Kind war sie schon als Säugling mit dem jugendlichen Prinzen Konstantin – einem Sohn Michaels VII. – verlobt worden und galt die ersten fünf Jahre ihres Lebens als mutmaßliche Erbin des byzantinischen Throns. Dann gebar Kaiserin Irene am 13. September 1087 einen Sohn, nämlich besagten Johannes, und Annas Träume von der kaiserlichen Krone zerschlugen sich. Doch nicht für lange. Nach Konstantins frühzeitigem Tod heiratete sie 1097 Nikephoros Bryennios, Sohn[2] des gleichnamigen Feldherrn, der nach einem versuchten Aufstand gegen den erbärmlich unfähigen Kaiser Michael VII. Dukas 1077 von ihrem Vater Alexios geblendet und gefangengesetzt worden war. Auch dieser Nikephoros Bryennios hatte sich als guter Soldat und Anführer erwiesen, so daß ihm Alexios wohl 1111 – sicher ist das Jahr nicht bekannt – den Titel eines Cäsaren verlieh. Und sofort witterte Anna eine neue Chance für ihre Ambitionen auf den Thron. Daß sie Mutter Irene und Bruder Andronikos für ihre Zwekke gewann, wurde bereits erwähnt und auch, daß sie damit letztlich scheiterte. Aber die zähe Anna warf die Flinte noch nicht ins Korn. Aller Wahrscheinlichkeit nach steckte sie hinter der Verschwörung mit dem Ziel, Johannes während des Begräbnisses von Alexios umzubringen – welchem ihr Bruder aber vernünftigerweise fernblieb, nachdem man ihn gewarnt hatte. Einige Wochen nach seiner Thronbesteigung schmiedete sie erneut ein Komplott: Ein Mordkommando unter der Leitung ihres Ehemannes Bryennios sollte Johannes in seinem Landsitz Philopation direkt außerhalb des Goldenen Tores umbringen. Dummerweise bekam Bryennios es im letzten Moment mit der Angst zu tun und hielt die vereinbarte Verabredung nicht ein. In der Zwischenzeit wurden die Mitverschworeren, die er von seinem Rückzug nicht in Kenntnis gesetzt hatte, im Palast ertappt und sofort festgenommen.

Der neue Kaiser zeigte sich verblüffend gnädig. Es folgten weder Blendungen noch Verstümmelungen. Das Schlimmste, was den Schuldigen widerfuhr, war die Beschlagnahmung ihres Besitztums – und selbst das erlangten die meisten von ihnen später wieder. Nikephoros Bryennios kam straffrei davon; er diente Johannes ergeben weitere zwanzig Jahre, bis zu seinem Tod, im Feld und verbrachte seine Mußestunden mit dem Verfassen eines bemerkenswert langweiligen Geschichtswerks. Die Drahtzieherin Anna kam weniger glimpflich davon. Nachdem sie vernommen hatte, was im Philopation geschehen war, geriet sie außer sich und verfluchte die Vorsehung aufs unflätigste dafür, daß ihr Gatte mit gewissen männlichen Attributen ausgestattet worden war, die besser ihr verliehen worden wären. Auch sie wurde mit der vorübergehenden Konfiszierung ihres Besitzes bestraft und, schlimmer noch, auf Lebzeiten vom kaiserlichen Hof verwiesen. Verlassen und erniedrigt ließ sie sich im Nonnenkloster Theotokos Kecharitomene[3] nieder, wo sie die folgenden fünfunddreißig Jahre lebte und die Ereignisse zu Lebzeiten ihres Vaters zu Papier brachte. Sie ließ nicht ab, das ihr angetane Unrecht zu beklagen, an dem sie allerdings – soviel Ehrlichkeit und Intelligenz besaß sie, daß sie dies einsah – zur Hauptsache selbst die Schuld trug.

Johannes Komnenos bestieg den Thron einen Monat vor seinem dreißigsten Geburtstag. Aufgrund der Zurückhaltung seiner Schwester wissen wir enttäuschend wenig über seine Jugend; immerhin liefert sie uns eine kurze Beschreibung über sein Aussehen gleich nach der Geburt:

> Das Kind hatte eine sehr dunkle Haut, eine breite Stirn, eher schmale Wangen, eine Nase, die weder platt noch hakenförmgig war, sondern etwas dazwischen, und recht dunkle Augen, die, soweit der Blick eines Neugeborenen dies erahnen läßt, auf einen lebhaften Geist schließen ließen.[4]

Für einmal ließ Anna ihren Bruder ungeschoren: Selbst Wilhelm von Tyrus,[5] der große Bewunderer Johannes Komnenos', gesteht, daß dieser gedrungen und ungewöhnlich häßlich war, mit Augen, Haar und einem Teint so dunkel, daß er »der Mohr« genannt wurde. Doch er besaß noch einen weiteren Spitznamen, nämlich *Kaloiannis,* was wörtlich »Johannes der Schöne« bedeutet. Und den Schluß, dies sei ironisch zu verstehen, läßt auch eine noch so oberflächliche Lesart der Chroniken nicht zu. Die Bezeichnung bezog sich nicht auf seine körperliche Gestalt, sondern auf seine Seele. Beide Eltern waren – sosehr sie in anderer Hinsicht versagt haben mögen – selbst nach damaligen Maßstäben außerordentlich fromm gewesen, aber Johannes übertraf sie noch. Leichtfertigkeit und gemeine Rede waren ihm ein Greuel; von den Höflingen erwartete er, daß sie ihre Unterhaltungen auf ernsthafte Themen beschränkten und sonst schwiegen. Auch von Luxus hielt er nichts. Das Essen an der kaiserlichen Tafel war frugal bis zum Extrem; wohlhabende Adlige, die ihn durch die Opulenz ihrer Paläste oder die Pracht ihrer Gewänder zu beeindrucken suchten, mußten sich statt dessen einen Vortrag über die Eitelkeit solchen Zierats anhören, der in seinen Augen nur zu Niedergang und Laster führen konnte.

Heutzutage würden vielleicht die meisten von uns Johannes Komnenos für einen unerträglichen Zeitgenossen halten, doch im Byzanz des zwölften Jahrhunderts liebte man ihn. Er war, vor allen Dingen, kein Scheinheiliger. Seine Prinzipien mögen streng gewesen sein, aber er hielt an ihnen mit Überzeugung fest; seine Frömmigkeit war absolut echt und seine Integrität hundertprozentig. Daneben verfügte er über sanfte, barmherzige Wesenszüge, und das gab es damals in der Tat selten. Niketas Choniates' Zeugnis, er habe keine Todesurteile ausgesprochen und keine Verstümmelungen angeordnet, mag uns vielleicht als schwaches Lob erscheinen; die Milde, die Johannes seiner Schwester Anna und ihren Mitverschworeren angedeihen ließ, ist rückblickend indes fast als gefährlich einzustufen. Trotz der eigenen Enthaltsamkeit verhielt er sich anderen gegenüber großzügig und verteilte Almosen so freigebig wie niemand je auf dem Thron. Auch erhoben sich keine Beschuldigungen, daß er, wie weiland sein Vater, die eigene Familie auf Kosten seiner Untertanen bevorzugt hätte; er hielt seine Geschwister wie auch entferntere Verwandte im Gegenteil ganz bewußt auf Distanz und wählte für Ministerposten und seinen engsten Ratgeberkreis nicht ungern Personen eher niederer Herkunft. Sein höchstes Vertrauen genoß ein gewisser Johannes Axuch, ein Türke, der im kaiserlichen Haushalt aufgewachsen war, nachdem ein Kreuzfahrertrupp ihn als Kind in Nikäa entführt und Alexios Komnenos als Präsent überreicht hatte. Kaum saß Kaiser Johannes auf dem Thron, stellte er ihn in seine Dienste, und damit war sein schneller Aufstieg gesichert. Es dauerte nicht lange, da wurde der zweite Johannes zum *Domestikos* oder Oberbefehlshaber der Streitkräfte ernannt.

Es war eine sinnvolle Ernennung für einen Mann, den der Kaiser an seiner Seite zu behalten wünschte, denn Johannes war wie sein Vater durch und durch Soldat. Wie zuvor Alexios glaubte auch er, der Allmächtige habe ihm das Reich als heiliges Gut zu treuen Händen überantwortet, mit der Verpflichtung, es zu schützen. Doch während Alexios sich im großen und ganzen damit zufriedengegeben hatte, es gegen die vielen Feinde ringsum zu verteidigen, verstand Johannes seine

Pflicht in einem sehr bestimmten Sinn, nämlich sämtliche ehemaligen Gebiete, die nun von Ungläubigen besetzt waren, zu befreien und dem Reich den Glanz und die Macht zurückzugeben, die es unter Basileios II. oder gar unter Justinian genossen hatte – ein in der Tat beachtliches Unterfangen; allein er machte sich mit Entschiedenheit und Energie ans Werk und führte die vom Vater begonnene militärischen Reorganisation fort, indem er dessen Drillmethoden noch weiter verbesserte. Gleichzeitig war er seinen Soldaten immer wieder ein Vorbild an Mut und Ausdauer, das zu erreichen nur wenige von ihnen hoffen durften. Dem byzantinischen Volk kam sein ganzes Leben vor wie ein einziger langer Feldzug. Obwohl er Kaiserin Piriska – eine ungarische Prinzessin, die den wohlklingenderen, doch schon fast peinlich wenig originellen byzantinischen Namen Irene angenommen hatte – geliebt zu haben scheint und ihr sein Leben lang ergeben blieb, verbrachte er weit mehr Zeit im Feld als im Palast in Konstantinopel. Dasselbe galt für ihre vier Söhne, die ihn begleiteten, sobald sie alt genug waren.

In einer Hinsicht hatte Johannes Komnenos mehr Glück als sein Vater. Zu Alexios' Zeiten hatte sich die Situation im Westen selten als so stabil erwiesen, daß er sich auf die islamische Bedrohung in Asien hätte konzentrieren können. Zum Zeitpunkt, da Johannes den Thron bestieg, und noch mehrere Jahre danach stellten sich ihm in Europa dagegen vergleichsweise wenig unmittelbare Probleme. Jenseits der Donau verhielten sich die kumanischen wie die petschenegischen Stämme ruhig, auf der Balkanhalbinsel anerkannten die serbischen Gemeinden die byzantinische Oberhoheit und waren zudem zerstritten, so daß sie keine Schwierigkeiten bereiten konnten, während man in Ungarn vollauf damit beschäftigt war, die Stellung an der dalmatischen Küste zu festigen, die, obwohl theoretisch eine kaiserliche Provinz, in Wirklichkeit bereits lange an Venedig abgetreten worden war. Noch weiter westlich lagen der Papst und der Kaiser im Heiligen Römischen Reich sich noch immer in den Haaren um die Vorherrschaft, und was die Normannen in Apulien betraf – die dem armen Alexios mehr Sorgen bereitet hatten als alle anderen europäischen Feinde zusammen –, war es Robert Guiscards Sohn Roger Borsa und nach dessen Tod 1111 dessen ebenso untauglichem Sohn Wilhelm gänzlich mißlungen, ihre Autorität den örtlichen Feudalherren gegenüber zu behaupten, und so versank ihr Herzogtum Schritt für Schritt im Chaos. Gewiß, ihr Vetter, Graf Roger von Sizilien, machte sich rasch einen Namen und vereinigte schließlich bis 1130 als König Roger II. alle normannischen Ländereien im Süden unter seinem Zepter, doch bis dahin sollten noch zwölf Jahre vergehen. Und wir werden sehen, daß Johannes ein viel zu guter Diplomat war, um den König von Sizilien zu einer unmittelbaren Gefahr für Byzanz werden zu lassen.

So konnte er sich also ganz auf Kleinasien konzentrieren, wo sich fast ein halbes Jahrhundert nach Mantzikert allerdings nach wie vor eine hoffnungslos wirre Situation präsentierte. Vereinfacht gesagt, kontrollierte Byzanz die Nord-, West- und Südküsten sowie das ganze Gebiet nordwestlich einer reichlich unregelmäßig verlaufenden Linie von der Mündung des Mäander einige Kilometer südlich von Ephesos bis zur Südostecke des Schwarzen Meeres, etwas über Trapezunt hinaus – ein Lehen mit einem eigenem Oberhaupt namens Konstantin Gabras. Südöstlich jener Linie herrschten Turkvölker, zumeist dem seldschukischen Sultan Mas'ud von Ikonion untertan, dessen Macht im Lauf der Jahre allerdings immer schneller schwand. Dies ging auf den Aufstieg eines anderen türkischen Geschlechts zurück, nämlich der Danischmendiden, deren Emir Ghazi II. nun das Gebiet zwischen Halys (Kizil Irmak) und Euphrat kontrollierte und stetig westwärts nach Paphlagonien drängte. Daneben gab es auch eine große Anzahl bewaffneter türkischstämmiger Sippen, die dem einen oder anderen dieser Potentaten zwar Lippendienst geschworen hatten, tatsächlich aber taten, was sie wollten. Während Alexios' zweiter Amtshälfte waren diese Nomadensippen allmählich in die fruchtbaren Täler von Phrygien und Pisidien eingedrungen, wo das Klima milder und das Weideland für ihre Herden unvergleichlich reichhaltiger war als in den struppigen zentralanatolischen Hochebenen. Auf diese Weise war es ihnen nach und nach gelungen, die byzantinische Hafenstadt Attaleia (Antalya) zu isolieren, so daß diese nur noch über den Seeweg erreichbar war. Ihnen galt der erste Feldzug Kaiser Johannes' daher ebenso sehr wie den Seldschuken.

Im Frühjahr 1119 brach sein Heer direkt Richtung Laodikea am Lykos auf, der alten phrygischen Hauptstadt wenige Kilometer nördlich des heutigen Denizli.[6] Von seldschukischen Truppen 1071 erobert, gelangte Laodikea fünfundzwanzig Jahre später durch einen Feldzug Alexios' wieder in die Hände von Byzanz, war aber wie viele andere Städte und Dörfer entlang dieser allzu nachgiebigen Grenze seither wieder verlorengegangen. Johannes hatte einen Trupp unter der Leitung von Axuch vorausgeschickt, um die Belagerung vorzubereiten, und sein *Domestikos* erledigte den Auftrag bestens. Der Widerstand brach schon beim dem ersten Angriff zusammen. Der lokale Emir Abu-

Shara floh, und Johannes ließ die Stadt mit einer neuen Mauer befestigen, um seine Rückkehr sicher zu verhindern.

Danach kehrte Johannes aus unbekannten Gründen eiligst nach Konstantinopel zurück. Daß gegen ihn gerichtete Pläne Annas etwas mit dieser Entscheidung zu tun hatte, wie ein Historiker vermutet,[7] kann nicht zutreffen, denn der Zeitpunkt für ihr mißglücktes Komplott kann erst festgelegt worden sein, als Johannes sich schon in der Stadt aufhielt. Aber es gab außer Anna gewiß noch weitere Personen mit ähnlichen Ambitionen, und so dürfte Kaiser Johannes Konstantinopel während der ersten, möglicherweise unsicheren Jahre seiner Herrschaft nur ungern länger verlassen haben. Auf alle Fälle war er wenige Wochen später beim Fall der rund vierzig Kilometer von Attaleia entfernten Stadt Sozopolis wieder mit von der Partie, ebenso bei der Eroberung einer ganzen Kette von Festungen und militärischen Stützpunkten zur Überwachung der Straße, die vom Mäandertal in die Hochebene führte. Im Spätherbst 1119 war die lebenswichtige Verbindung zu Attaleia wiederhergestellt, und Johannes und Axuch kehrten an den Bosporus zurück, zufrieden mit dem, was sie erreicht hatten.

Möglicherweise hielten sie sich 1120 wieder in Kleinasien auf; unsere Hauptchronisten[8] legen, so bewundernswert sie in vielerlei Hinsicht sind, bezüglich exakter Chronologie aufreizend wenig Interesse an den Tag. Sicher jedoch zwang im Jahr darauf Johannes ein gefährlicher Petschenegeneinfall über die Donau hinweg, seine Aufmerksamkeit auf Europa zu lenken. Seit dieses ruhelose Volk von Alexios' Heer 1091 am Levunion geschlagen und fast vernichtet worden war, hatte es Byzanz nur mehr wenig Probleme verursacht. Doch das war dreißig Jahre her, und inzwischen war eine neue Generation herangewachsen. Im Sommer 1121 überrannten petschenegische Stammesangehörige zu Tausenden Thrakien und verursachten die übliche Verwüstung. Vom Ausmaß her ließ sich die Invasion zwar keinesfalls mit früheren vergleichen, aber Johannes' ehrgeiziges Asienprogramm hing ganz vom Frieden in Europa ab, und daher mußte er rasch und hart auf den Einfall reagieren. Während er seine Truppen darauf vorbereitete und in Stellung brachte, versuchte er gleichzeitig Zeit zu gewinnen, indem er Zwietracht unter den einzelnen Stämmen säte – die zum Glück nicht unter einem gemeinsamen Oberhaupt vereint waren – und ihnen kostbare Geschenke anbot, wie es schon Konstantin Porphyrogennetos fast dreihundert Jahre zuvor empfohlen hatte.[9] Allein das petschnegische Volk hatte seit den Zeiten Konstantins viel dazugelernt und zeigte sich gänzlich unbeeindruckt.

Es spielte keine Rolle. Kaum stand das byzantinische Heer zum Einsatz bereit, sah Johannes keinen Grund, das Unternehmen länger aufzuschieben. Die erste Etappe der Schlacht ging unentschieden aus. Johannes wurde leicht verwundet. Obwohl ziemlich viele gegnerische Kämpfer gefangengenommen wurden, gelang es doch dem Großteil ihrer Truppen, in das Lager zurückzukehren, wo sie mit ihren Streitwagen einen großen, kreisförmigen Schutzwall bildeten und sich eingruben. Die byzantinische Reiterei griff mehrmals an, doch die Wagenburg wankte nicht. Schließlich gab Johannes – der die Zeit, in der er nicht aktiv am Kampfgeschehen teilnahm, auf den Knien vor dem Bildnis der Muttergottes verbrachte – Befehl zum Absteigen und rückte, flankiert von seiner Warägergarde mit den langen Schilden und riesigen Streitäxten, zu Fuß vor. Die Äxte machten kurzen Prozeß mit den Streitwagen, und der Kampfgeist der Petschenegen brach zusammen. Manche vermochten zu fliehen, die übrigen wurden gefangengenommen. Viele erhielten indes später die Freiheit wieder, dazu ein Stück Land innerhalb der Reichsgrenzen, wo sie sich niederlassen durften, sofern die fähigen Männer als Gegenleistung sofort in die kaiserliche Armee eintraten oder sich verpflichteten, dies in Zukunft zu tun. Zweifellos erinnerte sich Johannes an den unschätzbaren Wert der petschenegischen Truppenverbände für seinen Vater Alexios bei der Überwachung der Kreuzfahrerroute durch den Balkan. Gewiß hoffte er inbrünstig, sie nicht noch einmal in dieser Eigenschaft einsetzen zu müssen, aber als nützlich konnten sie sich in den kommenden Jahren auf alle Fälle erweisen. Zur Feier des Sieges führte er den jährlichen »Petschenegentag« ein, der noch bis zur Jahrhundertwende regelmäßig eingehalten wurde.

Nach der Unterwerfung der petschenegischen Stämme – und zwar so wirkungsvoll, daß sie das Byzantinische Reich niemals mehr belästigten – hätte sich Johannes am liebsten so rasch wie möglich wieder Kleinasien zugewandt. Doch leider war seine Arbeit in Europa noch nicht zu Ende. Venedig befand sich auf dem Kriegspfad, und sowohl Ungarn als auch Serbien, so still und wohlerzogen sie sich während der ersten Jahre seiner Herrschaft verhalten hatten, waren offenbar in ähnlicher Stimmung.

Während der Regierungszeit Alexios Komnenos' hatte Venedig zu den engsten Verbündeten des Byzantinischen Reichs gehört – wohl oder übel, kam der venezianischen Flotte doch im Kampf gegen die Normannen in Süditalien lebenswichtige Bedeutung zu, zuerst gegen

Robert Guiscard und dann gegen Bohemund. Um sich Venedigs Wohlwollen zu sichern, hatte Alexios 1082 nicht gezögert, in einem Ausmaß Handelsprivilegien zu gewähren, wie sie keine anderen fremden Kaufleute genossen, darunter den Erlaß sämtlicher Zollabgaben. So gedieh die venezianische Kolonie am Goldenen Horn und wurde immer größer und reicher, bis sie heftigen Unwillen bei der Bevölkerung erregte, wo die schrecklichsten Geschichten über die Arroganz und den Hochmut venezianischer Kaufleute kolportiert wurden. Als Johannes den Thron bestieg, war die normannische Gefahr indes verblaßt. Und als der im selben Jahr gewählte Doge Domenico Michiel eine Delegation entsandte, welche um die Erneuerung der laufenden Vereinbarungen und die Bestätigung der alten Privilegien ersuchte, weigerte sich der neue Kaiser schlankweg. Von nun an, so teilte er ihnen mit, würden sie sich derselben Behandlung erfreuen wie ihre Konkurrenz. In Venedig reagierte man zornig, und am 8. August 1122 verließ das Flaggschiff des Dogen mit einundsiebzig Kriegsschaluppen im Schlepptau die Lagune.

Ihr Ziel war Korfu, ein wichtiger byzantinischer Vorposten, der von einer starken und entschlossenen Garnison verteidigt wurde. Der venezianische Flottenverband belagerte die Insel sechs Monate lang und hätte dies auch fortgesetzt, wäre nicht im Frühjahr 1123 ein verzweifelter Ruf aus Palästina an die Soldaten ergangen: König Balduin sei gefangen und ihre Hilfe, sollte der lateinische Osten überleben, unentbehrlich. So hoben sie die Belagerung auf, und Korfu genoß eine kurze Ruhepause. Allein die venezianischen Kriegsschiffe setzten in den folgenden drei Jahren ihre Aktivitäten im östlichen Mittelmeer fort und nahmen Rhodos, Chios, Samos, Lesbos und Andros ein. Als sie zu Beginn des Jahres 1126 Truppen nach Kephallonia entsandten, hatte Johannes Komnenos es schließlich satt. Seine Flotte vermochte das Vordringen, das ihn längst viel mehr kostete als die vorenthaltenen Handelsprivilegien, nicht zu unterbinden; im August überwand er daher seinen Stolz und stellte diese wieder her. Selbst in Anbetracht des unvermeidlichen Gesichtsverlust für das Byzantinische Reich hielt sich der Preis in Grenzen.

Was Ungarn betraf, so gingen die Probleme für Byzanz auf das Jahr 1095 zurück, als der neugekrönte König Koloman seinen Bruder Almos enteignete und später mitsamt dessen Sohn Bela hatte blenden lassen. Kurz vor Johannes' Thronbesteigung hatten Almos und die mit ihm verwandte spätere Kaiserin Irene in Konstantinopel um Zuflucht ersucht und waren freundlich aufgenommen worden. Man hatte ihnen sogar ein Anwesen in Makedonien überlassen, das schnell zum Treffpunkt für ihre vielen – freiwillig oder unfreiwillig – im Exil lebenden Landsleute wurde. Koloman hatte dagegen offenbar nichts einzuwenden, doch sein Bruder und Thronfolger Stephan II., den die Aktivität dieses Kreises von Unzufriedenen zunehmend beunruhigte, reichte beim byzantinischen Hof formell Protest ein und verlangte gleichzeitig Almos' Ausweisung aus Byzanz. Wie erwartet, weigerte sich Johannes, und im Sommer 1128 ging Stephan zum Angriff über. Seine Truppen überquerten die Donau, eroberten Belgrad und Naissus (Nîs), stießen dann in das heutige Bulgarien vor und plünderten das ganze Gebiet bis nach Serdika (Sofia) und Philippopel (Plowdiw), bevor sie sich wieder in den Norden zurückzogen.

Aber Johannes und sein Heer setzten sich ebenfalls in Marsch. Sie erreichten kurz nach dem Abzug der ungarischen Verbände Philippopel und rückten – wahrscheinlich das Iskartal hoch – Richtung Norden vor,[10] um sich an der Donau mit einer Abteilung der kaiserlichen Flotte zu treffen. Inzwischen hatte sich Stephan auf das Nordufer zurückgezogen; er war erkrankt und hatte von seinem Krankenlager aus die strikte Anweisung erlassen, daß seine Truppen die Donau unter keinen Umständen erneut überqueren dürften. Angesichts der folgenden Ereignisse bekamen sie auch keine Gelegenheit dazu. Die byzantinischen Kundschafter stellten fest, daß sie ihr Lager unterhalb der Festung Haram beim Zusammenfluß der Donau mit dem Nebenfluß Nera aufgeschlagen hatten, und die Reichssoldaten nutzten ihre Flotte, um etwas flußabwärts in aller Heimlichkeit ebenfalls an das andere Ufer überzusetzen. Daraufhin fielen sie den Ungarn in den Rücken und kesselten sie am Ufer ein. Von den Überlebenden vermochten einige zu fliehen, doch ein weitaus größerer Teil geriet in Gefangenschaft. Es gelang, alle von ihnen eroberten Städte zurückzugewinnen.

Entweder kurz vor oder nach diesen Ereignissen schlugen sich Johannes Komnenos' Truppen ähnlich erfolgreich mit serbischen Verbänden unter der Führung Bolkans, des Zhupan von Rascien. Danach ließ Johannes eine stattliche Anzahl der Unterlegenen wie zuvor die Petschenegen in Kleinasien ansiedeln. Unsere Kenntnisse dieser Ereignisse sind, wie im übrigen aller serbischen Angelegenheiten dieser Zeit, beklagenswert gering; klar scheint immerhin, daß serbische Stämme Byzanz während Johannes' Regentschaft nie mehr ernsthaft Sorgen bereiteten, wenn sie auch nach wie vor über die kaiserliche Bevormundung empört waren und diese – oft mit ungarischer Unterstützung – von Zeit zu Zeit weiterhin abzuschütteln versuchten. Um 1130 war

Johannes soweit, daß er Europa sich selbst überlassen und seine Aufmerksamkeit einmal mehr dem Osten zuwenden konnte.

In den zehn Jahren seiner Abwesenheit hatte sich die Lage in Anatolien deutlich verschlechtert. Die Danischmendiden hatten sich weiterhin auf Kosten des Sultanats Ikonion ausgebreitet, dessen Handlungsfähigkeit aufgrund innerer Zwiste praktisch auf Null gesunken war. Emir Ghazi II. – der 1124 Melitene (Malatya) annektiert und im Verlauf der folgenden drei Jahre seinem Einzugsbereich zusätzlich Cäsarea (Kayseri), Ankyra (Ankara), Kastamon (Kastamonu) und Gangra (Chankiri) einverleibt hatte – vertrat nun die bedrohlichste Macht in ganz Kleinasien. Drei Jahre danach, im Februar 1130, hatte sein Heer am Ufer des Pyramus (Jeyhan) in Kilikien unter den Truppen des jungen Bohemund II. von Antiochia ein verheerendes Blutbad angerichtet. Bohemunds abgeschlagenes Haupt hatte man Emir Ghazi überbracht; dieser ließ es einbalsamieren und dem Kalifen von Bagdad als Geschenk senden.

Johannes Komnenos vergoß keine Tränen über den Tod des Fürsten von Antiochia, dessen Fürstentum er als rechtmäßiges Eigentum des Byzantinischen Reichs betrachtete, doch war ihm klar, daß er sich mit Ghazi auseinandersetzen mußte, solange noch Zeit dazu blieb. Zwischen 1130 und 1135 zog er nicht weniger als fünfmal gegen die Danischmendiden. Während der ersten drei Jahre behinderten ihn die Ränke seines Bruders, des dritten Sohnes von Irene und Alexios; dieser *Sebastocrator* Isaak setzte alles daran, die Feinde des Reichs mit dem Ziel zu einem Bündnis zu vereinen, Johannes vom Kaiserthron zu verdrängen. Kaum aber war Isaak im Jahre 1132 in das Heilige Land gezogen – ob aus Frömmigkeit oder unwürdigeren Gründen ist nicht bekannt –, erzielte Johannes rasch Fortschritte. Ende 1132 und zu Beginn des Jahres 1133 konnten er und seine Truppen einen Erfolg nach dem anderen verbuchen. Sie marschierten durch Bithynien und Paphlagonien, nahmen die wichtige Festung Kastamon ein und rückten weit über den Halys hinaus vor. Im Verlauf dieses Vorstoßes sammelten sich sowohl Christen als auch Moslems unter dem byzantinischen Banner, und mehrere lokale Emirate ergaben sich beim Herannahen des Heeres kampflos.

Johannes gestaltete seine Rückkehr nach Konstantinopel in Form eines traditionellen Triumphzugs – des ersten, den man dort seit Johannes Tzimiskes im Jahre 972 zu sehen bekam.[11] Den schwierigen Zeiten geziemend war der zeremonielle Streitwagen, der ihn mit seinen vier schneeweißen Pferden am Goldenen Tor erwartetete, mit Silber statt Gold geschmückt, aber die Straßen hatte man wie immer bei solchen Anlässen mit Damast und Brokat versehen, und aus den Fenstern der Häuser hingen kostbare Teppiche. Die ganze Route von der Stadtmauer bis zur Hagia Sophia säumten eigens dafür errichtete Tribünen, auf denen sich praktisch die ganze Stadtbevölkerung versammelt hatte, um den vorüberziehenden Zug zu bejubeln. Erst kamen die Gefangenen, dann die Kampftruppen, dann die Feldherren und schließlich der Kaiser selbst, der zu Fuß ging und ein Kreuz trug. Wie Tzimiskes vor ihm hatte er den Ehrenplatz auf dem Streitwagen dem Marienbildnis vorbehalten, das ihn auf all seinen Feldzügen begleitet hatte.

Aber seine Arbeit war damit noch nicht getan. Im Jahr darauf zog er erneut ins Feld. Allerdings wurde dieser Feldzug in Bithynien durch den plötzlichen Tod von Kaiserin Irene unterbrochen. Sofort verließen Johannes und seine Söhne das Heer, um ihren Leichnam nach Konstantinopel zu begleiten. Unmittelbar nach den Begräbnisfeierlichkeiten kehrten sie jedoch zurück und stießen auf der Straße nach Gangra wieder zu ihren Truppen, wo sie im Spätsommer die Nachricht eines weiteren Todesfalles erreichte, den sie allerdings begrüßten: Emir Ghazi hatte das Zeitliche gesegnet. Seine letzten Stunden dürften durch die Ankunft eines Gesandten des Kalifen erhellt worden sein, der ihn darüber in Kenntnis setzte, daß ihm und seinen Nachkommen der Titel *Malik* (König) verliehen worden sei und ihm »vier schwarze Flaggen und Trommeln, deren Wirbel von seiner Ankunft künden sollten, wann immer er in der Öffentlichkeit erschien, eine goldene Halskette sowie ein goldenes Zepter überreichte, mit dem ihn die Gesandten zum Zeichen der Anerkennung seines neuen Ranges und Titels auf die Schulter zu tippen hatten« – doch ach, all dies nützte ihm wenig. Er starb fast unmittelbar danach, und so ging der Titel auf seinen Sohn Mohammed über.

Das Durcheinander, welches fast unweigerlich auf das Ableben eines moslemischen Oberhaupts in der Regel folgte, sorgte dafür, daß Byzanz fürs erste nur wenig Gegenwehr seitens der danischmendidischen Streitkräfte zu erwarten hatten; indes bereiteten vereinzelte Garnisonen noch Schwierigkeiten. So leistete zum Beispiel Gangra, wo der Gouverneur zwar erst kurz zuvor ebenfalls gestorben war, das Kommando aber seiner Frau übertragen hatte, so energisch Widerstand, daß Johannes entschied, vorerst nach Kastamon weiterzuziehen, wo Ghazis Leute seit einem Jahr am Ruder waren. Sie ergaben sich recht schnell – unter ein, zwei Bedingungen, die Johannes gerne erfüllte –, worauf das byzantinische Heer sofort nach Gangra zurückkehrte, diesmal, um die Stadt ernsthaft zu belagern. Die Garnison hielt für kurze Zeit stand, in der Hoffnung, daß ihr die türkischen Truppen, von denen es hieß, sie befänden sich in der Gegend, zu Hilfe eilen würden, doch war inzwischen ein ungewöhnlich kalter Winter eingebrochen, und die Lebensmittelvorräte gingen bereits zu Ende. Als es nach ein oder zwei Wochen noch immer keine Anzeichen dafür gab, daß Hilfe nahte, stellte die energische Gouverneurswitwe daher ihre Übergabebedingungen, darunter das Zugeständnis an alle, die dies wünschten, die Stadt ungeschoren verlassen zu können, und die Freilassung eines Teils der anläßlich einer früheren Auseinandersetzung gemachten Gefangenen. Einmal mehr stimmte Kaiser Johannes bereitwillig zu, und Johannes Kinnamos weiß zu berichten, daß nur ein kleiner Teil der Bevölkerung von seinem Angebot Gebrauch machte und viele Männer es vorzogen, sich in den Dienst der kaiserlichen Armee zu stellen.

Johannes beließ eine byzantinische Besatzung von zweitausend Mann in Gangra und begab sich Anfang 1135 nach Konstantinopel. In den vergangenen fünf Jahren hatte er einiges erreicht. Ghazis Ableben konnte er sich natürlich nicht als Verdienst anrechnen, aber ihm war mit der Rückgewinnung weiter Gebiete, die das Byzantinische Reich über ein halbes Jahrhundert hatte entbehren müssen, alles gelungen, was er sich vorgenommen hatte. Zwar war die türkische Macht nicht gebrochen, aber sie hatte mehrere lähmende Schläge einstecken müssen, und es würde einige Zeit dauern, bevor sie erneut zum Angriff blasen konnte. Johannes verfügte nun beinahe über die Freiheit, sich an die Umsetzung seines ehrgeizigsten Planes zu machen und statt gegen ein moslemisches Heer gegen die beiden christlichen Staaten ins Feld zu ziehen, die zu der Zeit ein Gebiet besetzt hielten, welches er als kaiserliches Territorium betrachtete: das armenische Königreich Kilikien und dessen enge Verbündete, das normannische Fürstentum von Antiochia.

Beinahe, doch noch nicht ganz. Zuvor galt es, sich mit einem anderen potentiellen Feind auseinandersetzen. Roger II. von Sizilien trug seine Krone nun seit etwas mehr als vier Jahren und hatte in dieser Zeit stetig an Macht und Einfluß gewonnen. Auch er träumte von neuen Eroberungen. Die apulischen Häfen lagen nur gut hundert Kilometer von den kaiserlichen Ländereien jenseits der Adria entfernt, und die reichen Städte Dalmatiens stellten eine ständige Versuchung für ein bißchen Freibeuterei dar, der die sizilianischen Seefahrer in den letzten Jahren nicht immer hatten widerstehen können. Weitere Raubzüge an der nordafrikanischen Küste deuteten darauf hin, daß der König von Sizilien sich nicht mehr lange mit seinen gegenwärtigen Grenzen zufriedengeben würde und daß er, falls man ihn nicht im Auge behielt, bald in der Lage sein würde, das zentrale Mittelmeer nach Belieben abzuriegeln. Auch wußte man, daß er begehrlich nach den Kreuzfahrerstaaten schielte. Als Vetter Bohemunds II. hegte er einen berechtigten Anspruch auf Antiochia; seine Mutter Adelaide hatte die Eheschließung mit Balduin I. als dessen dritte Frau 1113 unter der klaren Übereinkunft vollzogen, daß die Krone von Jerusalem bei Kinderlosigkeit – und diese war in Anbetracht des Alters der beiden Eheleute fast sicher – an ihren Sohn Roger übergehen werde. Daß Balduin daraufhin zuerst Adelaides ganze und beträchtliche Mitgift durchbrachte, dann die Ehe annullierte und Adelaide kurzerhand zurück in ihre Heimat nach Sizilien verfrachten ließ, war eine Beleidigung, die ihm weder sie noch Roger verzieh, und verringerte ihrer Ansicht nach seinen berechtigten Anspruch in keiner Weise. Allerdings besaß er keinen ähnlichen Anspruch auf Konstantinopel, doch hatten sich weder sein Onkel Robert Guiscard noch sein Vetter Bohemund von derlei Erwägungen abhalten lassen. Und selbst wenn er seine Energie darauf beschränkte, gegen die Kreuzfahrerstaaten zu ziehen, konnten sich die Folgen für Byzanz längerfristig als bedenklich erweisen.

Also machte sich zu Beginn des Jahres 1135 am Bosporus eine Gesandtschaft auf den Weg in deutsche Lande zum weströmischen Kaiser Lothar, und schon im Herbst wurde man sich einig. Als Gegenleistung für großzügige finanzielle Unterstützung durch Byzanz würde Lothar im Frühjahr 1137 einen größeren Feldzug gegen den König von Sizilien führen, um diesen zu vernichten. Bei ihrer Rückkehr hieß Johannes seine Gesandtschaft auf das herzlichste willkommen. Nun, da sein Rücken zufriedenstellend geschützt war, konnte er endlich nach Osten ziehen.

Die Geschichte der armenischen Besiedlung von Kilikien – der Gegend zwischen der Südküste Anatoliens und dem Taurusgebirge, das in der Nähe von Alanya beginnt und sich bis zum Golf von Alexandretta erstreckt – geht auf das frühe elfte Jahrhundert zurück, als Basileios II. sich in verblüffend friedlicher Weise des größten Teils von Armenien bemächtigte, indem er den Fürsten von Waspurkan als Gegenleistung ausgedehnte Ländereien von Sebastea bis zum Euphrat anbot.[12] Seine Nachfolger nahmen ähnliche Abtretungen vor, so daß bis etwa 1070 ein stetiges Emigrationsrinnsal vom rauhen armenischen Hochland in den wärmeren und üppigeren Süden floß. Nach der Schlacht von Mantzikert verwandelte sich das Rinnsal in eine Flut und führte allmählich zur Entstehung mehrerer halbunabhängiger Fürstentümer, welche sich ständig in den Haaren lagen. So präsentierte sich die Lage in Kilikien mehr oder weniger, als die Kreuzfahrtruppen das Gebiet auf ihrem Weg nach Palästina durchquerten.

Sie war nicht von Dauer. Nachdem die fränkischen Kreuzfahrer in ihren Staaten die eigenen Angelegenheiten einigermaßen in Ordnung gebracht hatten, beschlossen sie, in Kilikien ebenso zu verfahren. Da durch dieses Gebiet ihre Hauptverbindung zum Westen verlief, wollten sie es unter ihrer Herrschaft wissen. So wurden die meisten armenischen Adligen umgebracht; nur eine Familie war stark oder schlau genug, um zu überleben, nämlich jene eines gewissen Ruben, der behauptete, mit Gagik II., dem dem letzten Bagratiden-König von Armenien,[13] verwandt zu sein und sich 1071 im Taurusgebirge eingenistet hatte. Sein Enkel Leon war ihm 1129 auf den Thron von Kleinarmenien gefolgt, wie das Gebiet inzwischen hieß, und drei Jahre später zu einem ehrgeizigen Feldzug aufgebrochen, der ihm Tarsos, Adana und Mopsuestia (auch Mopsos, später Misis und Mamistra) einbrachte, wobei man nicht genau weiß, ob er diese Siedlungen Byzanz oder den Kreuzfahrern abgenommen hat.[14] Bald darauf wagte sich Leon jedoch zu weit vor. Ende 1136 führte ein Racheakt an Raimund von Poitiers, dem neuen Fürsten von Antiochia, zu seiner Gefangennahme und kurzer Einkerkerung, aus der er erst freikam, nachdem er seinem Überwältiger Adana und Mopsuestia – nicht jedoch offenbar Tarsos – überlassen hatte und sechzigtausend Goldstücke obendrein. Kaum hatte er indes die Freiheit wiedergewonnen, da überbrachten ihm Boten im Frühjahr 1137 die schlechteste aller Nachrichten: Johannes Komnenos war gegen ihn aufgebrochen.

Johannes überließ nichts dem Zufall. Er hatte nicht nur sein altes, nach fast zwanzig Jahren im Feld erprobtes, vertrautes und abgehärtetes Heer mitgebracht, sondern gleich mehrere neue Verbände dazu, darunter einen aus petschenegischen Gefangenen und andere aus Angehörigen jener türkischen Gruppen, die sich in den vorangegangenen Jahren so begeistert seiner Fahne angeschlossen hatten. Darunter kann sich sogar eine beträchtliche Anzahl Armenier befunden haben, waren Ruben und seine Gefolgschaft doch beim Großteil ihrer Landsleute ebenso unbeliebt wie die fränkischen Kreuzfahrer, so daß die Zahl derer, die sich vor beiden Regimen auf der Flucht befanden und den Weg nach Konstantinopel gefunden hatten, groß war. Dieser geballten

Macht war der Sieg vom ersten Moment, da sie in Kilikien auftauchte, sicher. Einmal mehr wechselten die drei oben erwähnten Städte ihre Obermacht, dazu Seleukia (Selfike) und nach siebenunddreißig Tage dauernder Belagerung auch die als uneinnehmbar geltende Festung Anazarbos (Anavarza) auf ihrer hundertfünfzig Meter über dem Pyramus gelegenen Schanze. Leon aber ergab sich selbst da noch nicht, sondern zog sich mit seinen beiden Söhnen und allen Getreuen tief in das Taurusgebirge zurück. Johannes, darauf bedacht, keine Zeit zu verlieren, machte sich nicht die Mühe, ihnen nachzusetzen; er rückte mit seinem Heer weiter über Issos und Alexandretta vor und hielt nur an, um unterwegs ein paar armenische Stützpunkte einzuheimsen. Am 29. August zog er sein Heer vor Antiochia zusammen.

Antiochia hatte kritische Zeiten hinter sich. Bohemund II., 1126 im Alter von achtzehn Jahren aus Apulien eingetroffen, war keine vier Jahre später von Emir Gahzi umgebracht worden; er und seine Frau Alice, Tochter König Balduins von Jerusalem, hatten eine gemeinsame zwei Jahre alte Tochter namens Konstanze. Ohne rechtmäßige Befugnis ausgestattet, hätte Alice nach Bohemunds Tod warten müssen, bis ihr Vater als nominelles Oberhaupt einen Nachfolger bestimmte. Statt dessen übernahm sie die Regenschaft selbst, und als sie vernahm, daß Balduin sich rasend vor Zorn auf dem Marsch nach Antiochia befand, um die Angelegenheit so zu regeln, wie *er* sie für richtig hielt, sandte sie einen Boten zu Imad ed-Din Zengi, dem Atabeg von Mosul und eigentlichen Herrscher über Nordsyrien, um ihm zusammen mit einem prachtvoll aufgeputzten Pferd den Vorschlag zu unterbreiten, ihn als Lehnsherrn anzuerkennen, sofern er als Gegenleistung ihre Rechte, als Fürstin über Antiochia zu regieren, unangetastet lasse.

Aber der Bote kam nie an. Von Balduins Männern abgefangen, war er ihrem Herrn vorgeführt und hingerichtet worden. Dann führte der König von Jerusalem seine Reise nach Antiochia fort, doch dort stieß er auf verschlossene Tore. Es dauerte mehrere Tage, bis es zweien seiner Leute in der Stadt gelang, die Tore im Schutz der Dunkelheit zu öffnen und ihn und seine Truppen einzulassen. Alice aber hatte sich in einem Turm verschanzt und kam erst heraus, als man sich für ihre Sicherheit verbürgte. Vater Balduin vergab ihr, verbannte sie indes auf ihr Landgut in Laodikea und übernahm die Regentschaft selbst. Nach seinem Tod 1131 ging sie auf seinen Schwiegersohn Fulk von Anjou über, den Mann Mélisendes, Balduins ältester Tochter und Alices Schwester. Vier Jahre lang harrte Alice aus. Dann erreichte Mélisende, daß Fulk ihrer Schwester die Rückkehr gestattete – und prompt sandte Alice wieder einen Boten los, diesmal nach Konstantinopel und mit dem Angebot, ihre Tochter Konstanze (die inzwischen sieben Jahre alt war) mit Manuel, dem jüngsten Sohn Johannes', zu verheiraten.

Unter den gegebenen Umständen wäre eine derartige Verbindung für Antiochia keine schlechte Lösung gewesen, aber unter dem fränkischen Bevölkerungsteil wirkte die Vorstellung, Konstanze könnte einen Griechen heiraten – selbst wenn es sich um einen Kaisersohn handelte –, wie ein Schock, und Fulk reagierte nicht anders, als er davon vernahm. Es war klar, daß es galt, einen anderen Heiratskandidaten für Konstanze zu finden, und es dauerte nicht lange, bis Fulk sich entschieden hatte. Seine Wahl fiel auf Raimund von Poitiers, den jüngeren Sohn Herzog Wilhelms IX. von Aquitanien, der sich zu dem Zeitpunkt gerade in England am Hofe Heinrichs I. aufhielt. Fulk sandte heimlich einen seiner Ritter los, um ihn holen zu lassen, und im April 1136 traf Raimund – der Gefangennahme durch König Roger von Sizilien, der, wie wir gehört haben, das Fürstentum für sich beanspruchte, nur knapp entgangen – rechtzeitig in Antiochia ein. Das Problem, Alices Zustimmung zu erlangen, wurde von Patriarch Radulf mit kalter Berechnung geschickt umgangen. Er teilte ihr mit, der stattliche junge Fürst sei gekommen, um um ihre Hand anzuhalten. Die ebenfalls noch junge Alice, die sich gerne wieder verheiratet hätte, gab ihr Einverständnis und zog sich in ihren Palast zurück, um alles für seinen Empfang vorzubereiten. In der Zwischenzeit wurde Konstanze zur Kathedrale geschleppt, wo der Patriarch sie auf der Stelle mit Raimund vermählte. Vor vollendete Tatsachen gestellt, gab sich ihre Mutter geschlagen. Wutentbrannt kehrte sie nach Laodikea zurück, wo sie bald darauf starb.

Als die byzantinische Belagerungsmaschinerie mit dem Beschuß der Stadtmauern von Antiochia begann und die byzantinischen Pioniere einen Tunnel zu graben begannen, dürfte mehr als nur ein paar Leuten in der Stadt schmerzlich bewußt geworden sein, daß sie sich nicht in dieser mißlichen Lage befänden, wenn man Alice ihren Willen gelassen und Konstanze Manuel geheiratet hätte. Wieviel besser wäre es gewesen, so müssen sie gedacht haben, wenn der neue Fürst in England geblieben wäre. Raimund von Poitiers sah es wahrscheinlich ähnlich. Was war Antiochia für ihn und er für Antiochia? Nach kaum mehr als einem Jahr im Osten hatte er bereits nichts mehr für das neue Fürstentum übrig, wo er den gewohnten abendländischen Schliff vermißte. Er langweilte sich und fühlte sich einsam, und von seiner Kindfrau hatte der fast dreißig Jahre ältere Ehemann nichts zu erwarten. Zudem wußte er, daß es kaum möglich war, der Macht Johannes Komnenos' lange Widerstand zu leisten, und es bestand nicht die geringste Aussicht, daß ihm ein Kreuzfahrerheer zu Hilfe eilen würde. Um den Schein zu wahren, wartete er einige Tage ab und sandte dann eine Nachricht ins Feindeslager. Ob Johannes ihm zugestehen würde, kaiserlicher Verweser oder Vizekönig zu bleiben, wenn er ihn seinerseits als Oberherrn anerkennen würde?

Aber diesmal hatte Johannes offenbar keine Lust zu feilschen. Er verlangte nur eines: bedingungslose Kapitulation. Darauf antwortete Raimund, daß es nicht in seiner Macht stehe, eine solche Entscheidung zu treffen, ohne erst mit dem König von Jerusalem Rücksprache zu halten. Fulks Antwort war vorsichtig. Zengi wurde von Tag zu Tag stärker und stellte für das Überleben der Kreuzfahrerstaaten inzwischen eine ernsthafte Bedrohung dar; es wäre Torheit gewesen, sich mit der einzigen christlichen Macht zu verfeinden, die stark genug war, ihn im Zaum zu halten. Abgesehen davon fragte er sich, wie weit nach Syrien und Palästina Johannes vorzudringen beabsichtigte. Wenn er ihn durch den Verzicht auf Antiochia davon abhalten konnte, weiter nach Süden vorzustoßen, konnte das Opfer Antiochia sich womöglich lohnen. Auf jeden Fall war seine Reaktion besser als Raimund – oder Johannes – gehofft haben dürften:

> Von unseren Vorfahren wissen wir nur zu gut, daß Antiochia Teil des Reiches von Konstantinopel war, bis es die Türken eroberten und vierzehn Jahre lang beherrschten, und daß die Ansprüche des Kaisers in bezug auf die Verträge, welche unsere Ahnen abgeschlossen haben, berechtigt sind. Weshalb also sollten wir die Wahrheit leugnen und etwas bekämpfen, von dem wir wissen, daß es recht ist?[15]

Und so ergab sich Antiochia, und Johannes zeigte sich einmal mehr großmütig. Raimund mußte zu Fuß in sein Lager kommen, ihm Untertanenpflicht schwören und freien Zutritt zur Stadt und zur Zitadelle gewähren. Auch mußte er sich verpflichten, daß er Johannes Antiochia als Gegenleistung überlassen würde, falls es diesem auf seinem nächsten Feldzug gelingen sollte, für ihn Aleppo, Shaizar,[16] Emessa (Homs) und Hama zurückzugewinnen und ihm diese Siedlungen als dauerndes Lehen zu übergeben.[17] Dann wurde die kaiserliche Standarte über der Stadt gehißt, Johannes überschüttete Raimund und den gesamten lateinischen Lokaladel mit kostbaren Geschenken, und in der ersten Septemberhälfte brach das siegreiche Heer das Lager ab. Inzwischen war das Jahr jedoch bereits zu weit fortgeschritten, als daß ein neuer größerer Feldzug in Frage gekommen wäre. So beschloß Johannes, seine unvollendeten armenischen Geschäfte zum Abschluß zu bringen, und machte sich in Richtung oberen Taurus auf, wo sich Leon und seine Getreuen verschanzt hatten. Nur wenige Wochen später war ihr Widerstand gebrochen. Alle mit Ruben verwandten Adligen befanden sich in kaiserlichem Gewahrsam und wurden nach Konstantinopel in Gefangenschaft gebracht.

Nun, da Armenien überwältigt und seine Stellung in Antiochia gesichert war, konnte Johannes mit der Umsetzung des nächsten Schrittes in seinem Plan beginnen: sich mit den Streitkräften seiner Kreuzfahrervasallen gegen die arabische Macht Syriens zusammenzutun. Ende März des Jahres 1138 kehrte er mit seinem Heer nach Antiochia zurück, wo sich ihm und Raimunds Verbänden ein Templerritterregiment sowie ein weiterer Trupp unter dem Befehl Joscelins II. von Courtenay, Graf von Edessa,[18] anschlossen. Joscelin war inzwischen vierundzwanzig Jahre alt und wirkte weder sympathisch noch vertrauenswürdig. Von seiner armenischen Mutter – einer Schwester Leons, dessen drei Söhne einige Monate zuvor bei ihm Zuflucht gesucht hatten – hatte er eine ungewöhnlich dunkle Hautfarbe geerbt, deren Wirkung leider durch eine platte Nase und ein stark pockennarbiges Gesicht beeinträchtigt wurde. Verschlagen und falsch, faul und lüstern, war er in jeder Hinsicht das Gegenteil dessen, was man sich allgemein unter einem idealen Kreuzritter vorstellt. Auf Johannes Komnenos, durch und durch Soldat, machte er noch weniger Eindruck als Raimund, der Fürst von Antiochia.

Mit diesen beiden gänzlich unbefriedigenden Verbündeten setzte sich der Kaiser also zusammen, um seinen nächsten Feldzug zu planen. Erstes Ziel war Aleppo. Einen Monat vor dem Aufbruch ordnete er die Festnahme aller Kaufleute und Reisenden in und um Aleppo an, um zu verhindern, daß der Bevölkerung etwas über seine Vorbereitungen zu Ohren kam; dann zog das byzantinische Heer gegen Osten. Es gelang, nebenbei ein oder zwei kleinere Festungen einzunehmen, doch ein kurzer Blick auf Aleppo und dessen – gerade rechtzeitig – durch Zengis Leute verstärkte Garnison, machte klar, daß gewaltiger Widerstand zu erwarten war. Statt durch eine lange Belagerung Zeit und Kraft zu verlieren, zogen die Truppen weiter nach Süden, wo sie am 28. April Shaizar erreichten. Im Vergleich zu Aleppo war dies eine kleine, kommerziell unbedeutende Ansiedlung mit einem ebenso unbedeutenden Emir, aber sie kontrollierte den Mittellauf des Orontes und bot Aussicht auf unschätzbaren Wert, wenn es darum ging, ein weiteres Vorrücken Zengis nach Syrien zu unterbinden. Die kaiserliche Streitmacht umzingelte die Stadt und grub sich ein; ihre achtzehn riesigen Schleudern wurden an strategischen Stellen der Mauer entlang in Stellung gebracht; die Belagerung begann.

Sämtliche Quellen, christliche wie moslemische, äußern sich einhellig über Johannes' Tatkraft und Mut. An seinem Goldhelm leicht erkennbar, schien er überall gleichzeitig zu sein; er stachelte die Mutlosen an, putzte die Faulpelze herunter, tröstete die Verwundeten, schrie Anweisungen für die Techniker an der Belagerungsmaschinerie und riß all seine Soldaten – Griechen, Waräger, Petschenegen und Türken – durch seinen unbezwingbaren Kampfgeist mit. Hätten sich seine lateinischen Verbündeten ihm als würdig erwiesen, wäre Shaizar vielleicht in ihre Hände gefallen. Doch weder Raimund von Antiochia noch Joscelin von Edessa entwickelten viel Kampflust. Für Raimund bestand stets die Gefahr, daß Johannes zu viele Eroberungen zufielen und er sie, gemäß ihren letzten Vereinbarungen, gegen Antiochia eintauschen würde; und ihm wurde schon beim Gedanken übel, sich an die Kampffront begeben zu müssen. Joscelin, der Raimund beinahe ebensosehr haßte wie Johannes und keine Lust hatte, mitansehen zu müssen, wie sich das Territorium seines Mitfürsten gegen Süden oder Osten hin ausdehnte, ließ keine Gelegenheit aus, um dessen Argwohn und Mißtrauen zu erregen. Resultat war laut Wilhelm von Tyrus, daß sich die beiden wenig bis überhaupt nicht an der Belagerung beteiligten und die meiste Zeit bei endlosen Würfelpartien im Lager verbrachten.

Mitlerweile rückte Zengis Heer immer näher, unterstützt von einem starken Kontingent des Kalifen von Bagdad. Nur auf seine eigenen Leute gestützt, hätte Johannes ihn fast mit Sicherheit besiegen können, aber er konnte die Belagerungsmaschinen nicht ohne Verteidigung lassen, und den Franken war nicht zu trauen. Noch beriet er das Problem mit seinen Söhnen, da erreichte ihn die Nachricht, daß der Emir von Shaizar sich bereit erkläre, seine Oberhoheit anzuerkennen sowie einen jährlichen Tribut und eine großzügige Entschädigung zu leisten; zugleich ließ er ihm neben vielen anderen Geschenken seine beiden kostbarsten Besitztümer überbringen: einen mit einer Einlegearbeit aus Edelsteinen verzierten Tisch und ein mit Rubinen besetztes Kreuz, das sich früher im Besitz Kaiser Romanos Diogenes' befunden und das dieser nach der Niederlage bei Mantzikert verloren hatte. Selbst beim tatsächlich geglückten Sturm auf die Stadt hätte Johannes nicht mehr erwarten können. So hob er am 21. Mai die Belagerung auf und marschierte los, zurück nach Antiochia.

Bei seiner Ankunft machte er erstmals von seinen Rechten als Lehnsherr der Stadt Gebrauch und zog mit seinen Söhnen, dem Hofstaat und einigen Repräsentanten des Heers feierlich in Antiochia ein. Am Tor vom Patriarchen empfangen, ritt er hoch zu Roß durch die geschmückten Straßen, während ein deutlich mürrisch blickender Fürst Raimund von Antiochia und Joscelin, Graf von Edessa, ihm wie Knappen zu Fuß folgten. Nach der Messe in der Hauptkirche zog er weiter zum Palast, wo er sich niederließ. Nach ein paar Ruhetagen schickte er nach Raimund, Joscelin und deren führenden lateinischen Gefoglsleuten. Der Krieg, so teilte er ihnen mit, sei nicht zu Ende; nach wie vor befinde sich Aleppo in heidnischer Hand, und es sei ihm noch nicht möglich, Raimund die versprochenen Gebiete zu übergeben. Daher gelte es weitere Feldzüge in Antiochia zu planen. Zudem benötige er einen sicheren Ort, um seine Kriegsausrüstung und seinen Schatz zu lagern, und Raimund müsse ihm, gemäß dem vor Jahresfrist abgeschlossenen Vertrag, ab sofort die Zitadelle überlassen.

Nach dieser Rede herrschte Stille. Bis dahin hatte Johannes Antiochia wie eine geachtete Verbündete behandelt; nun stellte er der Stadt Bedingungen wie einer besiegten feindlichen Macht. Mit der Aussicht einer längerfristigen Besetzung ihrer Stadt konfrontiert, waren die beiden Franken vorübergehend sprachlos. Schließlich faßte sich Joscelin und ersuchte um Zeit, damit Raimund und seine Getreuen über das soeben Gehörte nachdenken könnten. Dann schlüpfte er unbeobachtet aus dem Palast und befahl seinen Leuten, der lateinischen Bevölkerung überall mitzuteilen, der Kaiser habe ihre unverzügliche Vertreibung angeordnet, und sie zum Angriff auf ihre griechische Mitbevölkerung anzustacheln. Innerhalb einer Stunde war der Aufruhr im Gange. Da stürmte Joscelin in vollem Galopp zum Palast zurück und warf sich Johannes zu Füßen. Er sei nur knapp dem Tod durch die Hand eines wütenden Pöbels entgangen, man habe die Tür seines Hauses eingetreten, ihn beschuldigt, die Stadt an die Griechen verraten zu haben, und gedroht, ihn umzubringen.

Nach zwei Monaten in Gesellschaft des Grafen von Edessa wußte Johannes sehr wohl um dessen Falschheit; doch da war der Tumult auch im Palast schon deutlich zu hören. Es galt unter allen Umständen ein Massaker zwischen der griechischen und der lateinischen Bevölkerung zu verhindern. Johannes erkannte auch die Gefahr, daß sein Heer, abgesehen von einigen Angehörigen seiner Leibgarde, das Lager mehrere Kilometer weit entfernt jenseits des Orontes aufgeschlagen hatte und er somit in einer zunehmend feindseligen Stadt exponiert war. Unter so radikal veränderten Bedingungen stand eine frühzeitige Wiederaufnahme des syrischen Feldzuges außer Frage. Er teilte Raimund und Joscelin mit, daß er sich für den Moment mit der Erneuerung ihres Eides zufriedengebe und sich entschieden habe, nach Konstantinopel zurückzukehren. Dann schloß er sich wieder seinen Truppen an und brach ein, zwei Tage später in Richtung Heimat auf.

Dort erwarteten ihn gute Neuigkeiten. Sein Bruder Isaak und dessen Sohn Johannes, welche die letzten acht Jahre mit den moslemischen Fürsten gegen ihn gemeinsame Sache gemacht und Intrigen angezettelt hatten, hatten sich ergeben. Ob sie ihr früheres Verhalten tatsächlich bereuten oder ob Johannes Komnenos' jüngste Erfolge im Osten und seine damit verbundene zunehmende Beliebtheit im Reich sie davon überzeugten, daß ihr Vorhaben zum Scheitern verurteilt war, können wir nur raten. Es wurde ihnen indes volle Vergebung zuteil – und das war mehr, als sie erwartet oder verdient hatten.

Die Geschichte von Johannes' letzten Feldzügen ist rasch erzählt. In den Jahren 1139 und 1140 war er vollauf mit dem Sohn seines alten Feindes Emir Ghazi II. beschäftigt, dem Danischmendiden Emir Mohammed. Seine Aufgabe komplizierte sich durch die Tatsache, daß Konstantin Gabras, Herzog von Trapezunt, gegen seine Oberhoheit rebellierte und sich mit den Danischmendiden verbündete. 1139 verlief für Byzanz alles gut: Johannes und sein Heer zogen ostwärts, durch Bithynien und Paphlagonien, die südliche Schwarzmeerküste entlang, und seine Feinde wichen stetig vor ihm zurück. Noch vor Ablauf des Jahres hatte sich der treulose Herzog ihm unterworfen, worauf Johannes sich nach Süden wandte und gegen die Danischmendidenfeste Neucäsarea zog. Dort ließ ihn sein Glück erstmals im Stich. Diese natürliche, von Mohammeds Besatzung hervorragend verteidigte Festung Niksar erwies sich als uneinnehmbar; das wilde Bergland erschwerte den Nachschub, und die byzantinischen Verluste lagen hoch. Die größte Demütigung aber erlebte Johannes, als sein Neffe und Namensvetter, jener besagte Sohn seines Bruders Isaak, der ihn erst vor kurzem für seine frühere Untreue um Verzeihung gebeten hatte, zum Feind überlief und nicht nur zum Islam übertrat, sondern auch noch die Tochter des seldschukischen Sultans Mas'ud[19] zur Frau nahm. Gegen Ende 1140 hob Kaiser Johannes die Belagerung auf, bei der, nebenbei bemerkt, sein jüngster Sohn Manuel anläßlich eines plötzlichen Ausfalls der Verteidigungstruppen großen Mut bewiesen hatte.[20] Das byzantinische Heer kehrte mitsamt seinem Kaiser und Oberbefehlshaber nach Konstantinopel zurück, mit der Absicht, die Operation im Jahr darauf wieder aufzunehmen. Als es soweit war, war Mohammed tot, und der übliche Zwist um sein Erbe ermöglichte Johannes, seine Pläne zu ändern und seine Kräfte einmal mehr auf die Situation in Syrien zu konzentrieren.

In den drei Jahren seiner Abwesenheit hätten die lateinischen Fürsten viel erreichen können, denn Zengi war vollauf mit der Eroberung von Damaskus beschäftigt. Statt dessen hatten sie sämtliche Gelegenheiten vertan. Weder gegen die Sarazenen waren Fortschritte erzielt worden, noch war es ihnen auch nur gelungen, die früheren Eroberungen von Johannes zu halten; fast alle befanden sich längst wieder in moslemischer Hand. Das bedeutete zwar nicht, daß eine weitere syrische Expedition sinnlos war, bewies aber sehr wohl, daß die Regenten von Antiochia und Edessa keinerlei Vertrauen verdienten. Johannes ließ die nötigen Vorbereitungen treffen, und im Frühjahr 1142 brach er einmal mehr mit seinen vier Söhnen auf, diesmal zur letzten Reise gegen Osten.

Sie zogen Richtung Attaleia (Antalya) an der Südküste, deren Nachschublinien zu Land wieder einmal in Gefahr waren. Die ersten Wochen verwandten sie darauf, die nomadisierenden Turkstämme und deren seldschukische Herrscher zurückzudrängen und, wo nötig, die Grenzbefestigungen zu verstärken. Im Hochsommer trafen sie dann in Attaleia ein – und dort nahm das Trauerspiel seinen Lauf. Johannes' ältester Sohn Alexios, rechtmäßiger Thronfolger des Reiches, erkrankte und starb innerhalb weniger Tage. Johannes, der ihm sehr zugetan war, wies seinen zweiten Sohn Andronikos und seinen dritten Sohn Isaak an, den Leichnam ihres Bruders auf dem Seeweg nach Konstantinopel zu begleiten; auf dieser Fahrt starb auch Andronikos; vermutlich erlag er derselben Krankheit. Diesen doppelten Schlag vermochte Johannes fast nicht zu verkraften. Dennoch rückte er mit den Truppen in Gewaltmärschen weiter vor, durch Kilikien und immer weiter ostwärts, bis er Mitte September unvermutet in Turbessel (Tell el-Bashir), der zweitgrößten Stadt der Grafschaft Edessa, eintraf, wo der überrumpelte Joscelin ihm unverzüglich seine kleine Tochter Isabella als Geisel anbot. Am 25. September hielt er sich in der gewaltigen Templerhochburg Baghras auf und sandte von dort aus eine Botschaft an Raimund, in der er von ihm die sofortige Übergabe von Antiochia forderte – und sein früheres Versprechen erneuerte, ihn dafür in Form künftiger Eroberungen zu entschädigen.

Diesen Augenblick hatte Raimund seit langer Zeit gefürchtet. Es war ihm nicht möglich, wie Joscelin vier Jahre zuvor einen Aufruhr zu provozieren, hatte seine Unfähigkeit ihn doch derart unbeliebt gemacht, daß die Mehrheit der einheimischen christlichen Bevölkerung nur zu gerne den Kaiser an seiner Statt empfangen hätte. Seine einzige Chance bestand darin, Zeit zu gewinnen. Er gab mit vollendeter Höflichkeit zur Antwort, daß er sich mit seinen Vasallen beraten müsse, was er auch sofort tat. Und die Vasallen weigerten sich. Sie wiesen darauf hin, daß Raimund die Stadt nur als Angetrauter der rechtmäßigen Erbin regiere; er habe kein Recht, über ihren Besitz zu verfügen und selbst wenn Konstanze ihre Einwilligung zur Übergabe Antiochias gäbe, so wäre diese ohne ihre Zustimmung ungültig und sie würden eine solche unter keinen Umständen geben. Jeder Versuch, Antiochia auszuliefern, werde daher die sofortige Entthronung Raimunds und Konstanzes zur Folge haben.

Johannes, den diese Botschaft in Baghras erreichte, erkannte sogleich, daß dies Krieg hieß. Doch der Winter nahte, und die Soldaten waren erschöpft. Er beschloß den Angriff auf das Frühjahr zu verschieben, und gestattete seinen Männern, ein, zwei Wochen lang in den umliegenden fränkischen Gütern zu wüten, um Raimund und seinen Freunden einen Vorgeschmack darauf zu geben, was sie erwartete, und begab sich dann mit ihnen zurück nach Kilikien, um sich mit den noch verbliebenen danischmendidischen Vorposten auseinanderzusetzen, den Winter zu verbringen und die entsprechenden Vorbereitungen für den Feldzug zu treffen, welcher der entscheidendste seines Lebens zu werden versprach.

Leider traf er diese Vorbereitungen umsonst. Im März 1143, als alles bereit stand, brach er zu einem kurzen Jagdausflug in den Taurus auf und wurde in dessen Verlauf versehentlich durch einen Pfeil an der Hand verletzt. Die Wunde schien geringfügig, und er beachtete sie zunächst nicht. Doch rasch entzündete sie sich, und er bekam eine Blutvergiftung. Bald erkannte er, daß er sterben würde. So oft hatte er in seinem Leben dem Tod gegenübergestanden, daß er ihn offenbar nicht mehr fürchtete. Ruhig und kompetent machte er sich an die Vorkehrungen für seine Nachfolge. Von den beiden überlebenden Söhnen hielt sich der ältere, Isaak, noch in Konstantinopel auf, Manuel, der jüngste, bei ihm. Beide hatten Fürsprecher, und Johannes hörte sich deren Argumente aufmerksam an, aber er wies sie alle unmißverständlich darauf hin, daß die endgültige Entscheidung allein ihm vorbehalten bleibe.

Am Ostersonntag, dem 4. April, empfing der sterbende Kaiser die heilige Kommunion. Entschlossen, nichts Unerledigtes zu hinterlassen, veranlaßte er, daß die Türen zu seinem Gemach für alle im Lager offenstehen sollten, so daß ein jeder mit einer Bitte offen zu ihm sprechen könne. Tags darauf – das ganze Lager ertrank fast im Regen und Schlamm – standen sie ebenfalls offen, und er verteilte seine letzten Geschenke an die, welche ihm am treusten gedient hatten, darunter auch Nahrungsmittel von der kaiserlichen Tafel. Dann – und erst dann – berief er eine Versammlung ein, um seinen Nachfolger bekanntzugeben. Beide Söhne, so sagte er, seien vortreffliche junge Männer, stark, intelligent und voller Elan. Isaak neige jedoch zu Wutanfällen, während Manuel zusätzlich zu allen Qualitäten seines Bruders über eine einzigartige Milde gebiete und daher imstande sei, gegebenen Rat geduldig zur Kenntnis zu nehmen und dem Diktat der Vernunft zu folgen. Deshalb werde Manuel, das jüngste seiner Kinder, seine Nachfolge antreten. Er wandte sich seinem Sohn zu, der neben seinem Bett kniete, und brachte noch die Kraft auf, zuerst das kaiserliche Diadem auf das Haupt des jungen Mannes zu setzen und ihm dann den kaiserlichen Purpur um die Schultern zu legen.

Johannes lebte, zusehends schwächer werdend, noch weitere drei Tage. Am 8. April 1143 ließ er einen heiligen Mönch aus Pamphylien rufen, damit er ihm die Beichte abnehme und die letzte Ölung spende. Sein Tod, der fast unmittelbar danach eintrat, vollzog sich damit ebenso gottesfürchtig, effizient und wohlgeordnet wie sein Leben. In der Tat, kaum ein anderer Kaiser hat härter gearbeitet oder sich ausschließlicher dem Wohl des Reichs hingegeben. Gewiß starb er enttäuscht: Wären ihm nur noch ein paar Jahre mehr vergönnt gewesen, hätte er die byzantinische Macht wahrscheinlich bis tief nach Syrien, ja vielleicht sogar bis nach Palästina ausgedehnt und möglicherweise die ihr bei Mantzikert zugefügten schrecklichen Schäden weitgehend wiedergutgemacht. Nun aber mußte er schon im Alter von dreiundfünfzig Jahren sterben und sein Lebenswerk im Osten unvollendet lassen. Immerhin durfte er sich mit der Gewißheit trösten, daß er an seinen Sohn Manuel ein stärkeres und größeres, vor allem aber ungleich höher geachtetes Reich weitergab, als es dies in den ganzen zweiundsiebzig Jahren nach der großen Niederlage gewesen war. Und es blieb ihm noch ein weiterer Trost: Manuel selbst. Er würde sich, dessen war er sicher, als würdiger Nachfolger erweisen.

6

Der zweite Kreuzzug

(1143–1149)

Ihr habt befohlen, und ich habe gehorcht [...] Ich habe kundgetan und gesprochen. Und nun haben sie [die am Kreuzzug teilnehmen] sich vervielfacht. Städte und Burgen liegen verlassen, und sieben Frauen haben zusammen Mühe, einen Mann zu erwischen, so viele Witwen sind da, deren Männer noch am Leben sind.

Bernhard von Clairvaux zu Papst Eugen III., 1146

Manuel Komnenos war von seinem Vater Johannes im Beisein einer Vielzahl Zeugen zum Basileus ernannt worden, doch sicherte ihm dies noch lange nicht die tatsächliche Nachfolge. Kaiser, das wußte er selbst sehr wohl, wurden in Konstantinopel gemacht, und er befand sich noch immer in der kilikischen Einöde, am völlig falschen Ort also, um sich mit möglichen Rivalen zu befassen, die ihm den Thron streitig zu machen versuchten. Natürlich konnte von einer Weiterführung des Krieges gegen Antiochia nicht die Rede sein. Er mußte so schnell wie möglich in die Hauptstadt zurückkehren, um seine Position zu festigen. Andererseits hatte er seinen Sohnespflichten nachzukommen. So galt es als erstes, das Begräbnis zu organisieren und an der Stelle, an der Johannes gestorben war, ein Kloster zu gründen, dann den Leichnam auf dem Landweg nach Mopsuestia bringen zu lassen, und von dort den Pyramus entlang an die Küste, wo er auf ein Schiff geladen und zur Bestattung an den Bosporus in das von Johannes begründete Pantokratorkloster transportiert werden sollte. Deshalb entschied Manuel sich, Axuch den Titel eines Regenten zu verleihen, und schickte ihn mit der Anweisung nach Konstantinopel voraus, den gefährlichsten seiner potentiellen Widersacher sofort zu verhaften: seinen älteren Bruder Isaak, der, von seinem Vater zwar übergangen, sich dennoch bereits im großen Palast eingerichtet und somit direkten Zugriff auf den Staatsschatz und die kaiserlichen Insignien hatte.

Axuch erledigte seinen Auftrag gut und reiste so zügig, daß er Konstantinopel noch vor der Nachricht von Kaiser Johannes' Tod erreichte. Er bemächtigte sich des protestierenden Isaak und ließ ihn im Pantokratorkloster einsperren; dann ordnete er sicherheitshalber auch die Verhaftung des anderen Isaak an, des Bruders von Johannes und damit Onkel Manuels, der sich im pontischen Heraklea im Exil befand. Die einzige andere Quelle möglicher Schwierigkeiten stellte der Patriarch dar, denn auf ihn war Manuel für die Krönung angewiesen. Wie der Zufall so spielt, fand Axuch dieses Amt gerade unbesetzt vor, war doch der bisherige Inhaber kurz zuvor gestorben und ein Nachfolger noch nicht bestimmt. Um sicherzugehen, daß seinem Herrn die Unterstützung eines jeden möglichen Kandidaten zuteil würde, bestellte der *Domestikos* alle hohen Geistlichen zu sich in den Palast und präsentierte ihnen eine sehr eindrucksvolle Urkunde mit seidenen Schleifen und scharlachrotem Wachssiegel, in der sich der neue Kaiser zur Zahlung von jährlich zweihundert Silberlingen an den Klerus der Hagia Sophia verpflichtete. Sie nahmen das Angebot mit allen nur möglichen Zeichen der Dankbarkeit an und versicherten, mit der Krönung werde es keine Schwierigkeiten geben. Sie ahnten nicht, wie billig sie sich verkauften. Unter seiner Robe verborgen, trug Axuch nämlich ein weiteres, ähnliches Schreiben bei sich, das er nötigenfalls hätte verwenden können, und darin wurden ihnen die zweihundert Münzen nicht in Silber, sondern in Gold geboten!

Dank Axuchs behendem und tüchtigem Handeln kam es zu keinen Unruhen in Konstantinopel – und nur zu einer Verschwörung. Ihr Anführer hieß Johannes Roger, trug den Titel Cäsar und war ein Schwiegersohn des verstorbenen Kaisers Johannes; den Titel hatte ihm die Heirat mit Maria eingebracht, einer Schwester des neuen Kaisers Manuel. Dieser Johannes war wahrscheinlich Normanne, einer jener süditalienischen Adligen, die nach ein paar Jahren erfolgloser Rebellion gegen König Roger II. von Sizilien in Konstantinopel Zuflucht gesucht hatten. Roger II. hatte den Thron 1130 bestiegen und sie nach und nach von ihren Ländereien vertreiben lassen; kein Wunder, daß sie hier nun zusammenhielten und Johannes Roger unterstützten. Zum Glück erhielt Axuch bereits zu einem frühen Zeitpunkt von der Verschwörung Kenntnis, und zwar durch Maria höchstpersönlich, und so befand sich ihr Ehemann innerhalb weniger Stunden in Haft.

Erst mehrere Wochen später konnte Manuel Kilikien verlassen und sich nach Konstantinopel begeben. Zuvor gab es noch einen scharfen Briefwechsel mit Raimund von Antiochia, der – durch die unerwartete

Wendung vor einer beinahe sicheren Katastrophe bewahrt – wieder die alte Arroganz und Großtuerei an den Tag legte. Aber da die kaiserliche Nachfolge auf dem Spiel stand, mußte die Lagebereinigung im Osten warten. Manuel zog also, kaum hatte er alle Pflichten in Verbindung mit dem Tod seines Vaters erfüllt, mit dem Heer los, und einmal unterwegs, ließ er sich von nichts mehr aufhalten. Weder die Kunde, Raimund sei mit Truppenverbänden in Kilikien einmaschiert, kaum daß er, Manuel, die Gegend verlassen hatte, und habe mehrere Festungen zurückerobert, die ihm Johannes einst abgenommen, noch die Tatsache, daß sein Vetter Andronikos samt Schwiegersohn und einem Trupp Adliger auf einem Jagdausflug in das Landesinnere in die Gewalt seldschukischer Soldaten gerieten, vermochten ihn zu einem Halt zu bewegen. Hatten sie nicht selbst Schuld? Er war gewiß nicht bereit, den Thron für ihre Rettung aufs Spiel zu setzen.

In Konstantinopel – wo er vermutlich Mitte August eintraf – ernannte er als erstes einen gewissen Michael Curcuas zum neuen Patriarchen, und dessen erste Amtsaufgabe bestand in der Krönung des Kaisers. Unmittelbar nach diesen Feierlichkeiten legte Kaiser Manuel zusätzlich zur versprochenen jährlichen Unterstützung zweihundert Pfund Gold auf den Hochaltar der Hagia Sophia und verfügte, daß zur Feier des Tages jeder Haushalt in der Stadt zwei Goldstücke erhalten solle. Ein paar Tage später ordnete er die Freilassung seines Bruders Isaak an und hob die Verbannung seines gleichnamigen Onkels auf; er hatte nichts mehr zu befürchten, weder vom einem noch vom andern. Sein Vater hatte ihn ernannt, sein Patriarch gekrönt und sein Volk bejubelt. Seine Stellung war gesichert.

Als erstes stach an Manuel Komnenos die Größe ins Auge; in allen Chroniken ist davon die Rede. Heute gälte sie wohl als Durchschnitt, nach den Maßstäben des zwölften Jahrhunderts muß sie indes außergewöhnlich gewesen sein. Und hätte er sich beim Gehen ganz gerade gehalten – was er trotz seines jugendlichen Alters[1] offenbar nicht tat –, hätte er noch größer gewirkt. Niketas bezeichnet seine Hautfarbe als dunkel, aber nicht unvorteilhaft dunkel; später jedoch erwähnt er, während der Belagerung von Korfu 1149 hätten sich die Venezianer, um ihn zu ärgern, den Scherz geleistet, einen äthiopischen Sklaven in kaiserliches Ornat zu kleiden, und diese Anekdote deutet darauf hin, daß Manuel die sehr dunkle Gesichtsfarbe seines Vaters aufwies. Er unterschied sich indes zumindest in zwei Punkten deutlich von diesem. Er muß außerordentlich gut ausgesehen haben, und sein Charme, seine

Vergnügungssucht und seine Lebensfreude bildeten einen erfrischenden Gegensatz zu Johannes' humorloser und von hohen Grundsätzen geprägter Enthaltsamkeit – auf die sie in der Tat eine ganz natürliche Reaktion gewesen sein könnten. Ob er sich im Blachernenpalast, in einem Jagdhaus oder in einer seiner verschiedenen Villen am Bosporus aufhielt, Manuel fand stets einen Vorwand, um ein Gelage zu feiern.

Doch er war kein oberflächlicher Nichtsnutz. Befand er sich auf einem Feldzug, fiel all seine scheinbare Leichtfertigkeit von ihm ab, und zum Vorschein kam ein guter Soldat und ausgezeichneter Reiter. Mag sein, daß er etwas zu sehr in das Abenteuer als solches verliebt war, um ein ebenso brillanter Feldherr zu sein wie sein Vater – nur wenige seiner Feldzüge zeichneten sich durch außerordentlichen Erfolg aus –, doch konnten weder an seiner Tatkraft noch an seinem Engagement Zweifel bestehen. Weder größte Hitze noch äußerste Kälte setzten ihm zu, seine Ausdauer war legendär, und als einzige Schwäche wird seine Neigung vermerkt, allein in feindliches Gebiet zu reiten und sich unnötig in Gefahr zu bringen. »Im Krieg«, schreibt Gibbon, »schien er keinen Frieden zu kennen, in Friedenszeiten nicht fähig, einen Krieg zu führen.«[2] Als gewandter Diplomat legte er in den folgenden Jahren immer wieder den Weitblick und die sichere Hand des geborenen Staatsmannes an den Tag. Gleichzeitig blieb er in gewisser Weise der typische byzantinische Intellektuelle, kultiviert und belesen, sowohl in der Kunst wie in den Wissenschaften, ein Mann, der nichts mehr liebte, als stundenlang mit Klostertheologen zu disputieren und sich in dogmatische Streitfragen der spekulativsten Art zu verstricken; oft rief er mit geradezu unerhörten Argumenten bei seinen Gesprächspartnern blankes Entsetzen hervor. Aber Manuel gab nicht vor, ebenso religiös zu sein wie sein Vater. Er debattierte weniger, um recht zu bekommen oder zur Wahrheit vorzustoßen als aus Freude an der Auseinandersetzung. Kein Wunder, daß er mit Fortschreiten seiner Regentschaft bei der Kirche immer unbeliebter wurde, wo man seinen fortgesetzten Versuchen, eine Wiedervereinigung mit Rom zu erreichen, mißtraute, seine häufigen taktischen Bündnisse mit den Sarazenen mißbilligte und schockiert war, daß er den Sultan von Ikonion nach Konstantinopel einlud und sogar vorschlug, ihn an einer feierlichen Prozession zur Hagia Sophia teilnehmen zu lassen.

Am meisten aber wird die Geistlichkeit wohl sein Privatleben mißbilligt haben. Wenn es um Frauen ging, war Manuel offenbar unersättlich, und er verstand es auch, ihre Gunst zu gewinnen; kurz gesagt, er war ein Frauenheld und Schürzenjäger. Seine erste Frau hinterging er schon kurz nach der Vermählung, und noch auf seinem Sterbelager, vierunddreißig Jahre später, vertraute er darauf, bald wieder in die Lage zu kommen, diese Praxis bei seiner zweiten fortsetzen zu können. Was die Identität der anderen Frauen betrifft, sind unsere Quellen schmerzlich diskret; die einzige, die wir beim Namen nennen können, ist seine Nichte Theodora,[3] mit der er einen Sohn hatte. Sie galt als seine offizielle Geliebte und verfügte über einen eigenen Palast, ein Gefolge und eine persönliche Wache. Sie gebärdete sich in jeder Hinsicht, wie es Kaiserinnen und Kaisern, zumal byzantinischen, gebührte: Einmal, so wird überliefert, ließ sie eine Frau, in der sie eine potentielle Rivalin witterte, die ihre einflußreiche Stellung hätte gefährden können, kurzerhand beseitigen.

Manuel wäre so oder so ein untreuer Gatte gewesen; aber diese Neigung erhielt zweifellos zusätzlichen Auftrieb durch die Erscheinung und die Wesensart seiner ersten Frau, die sich nicht mit törichten Umgarnungsversuchen aufhielt, sondern andere Werte pflegte. Bereits 1142 hatte Johannes Komnenos eine dynastisch begründete Vermählung mit Manuel als Bräutigam eingefädelt, um seinen Bund mit Konrad III.,[4] dem designierten Kaiser von Westrom, gegen König Roger II. von Sizilien zu besiegeln. Von der Idee entzückt, hatte Konrad zu diesem Zweck seine Schwägerin, die deutsche Prinzessin Bertha von Sulzbach, als Braut vorgeschlagen und nach Konstantinopel gesandt. Manuel, dessen drei ältere Brüder zu diesem Zeitpunkt alle noch am Leben waren, so daß er nicht viel Aussicht auf den Thron hatte, konnte sich für die Idee nicht erwärmen, und eine erste Begegnung zwischen ihm und der für ihn vorgesehenen Braut trug wenig dazu bei, allseits Begeisterung für den Plan zu entfachen. Doch gegen Ende des Jahres 1144 überlegte man sich die Vor- und Nachteile noch einmal, und nach weiteren Verhandlungen mit Konrad, die in einem Bündnis gipfelten, wurden die entsprechenden Vorkehrungen getroffen. Bertha hatte die Zeit bis dahin in der Abgeschiedenheit der kaiserlichen Frauengemächer verbracht. Nun trat sie wieder in das Licht der Öffentlichkeit, tauschte ihren fremden fränkischen gegen den wohlklingenderen, wenn auch betrüblich unoriginellen griechischen Namen Irene und nahm im Januar 1146 pflichtgetreu Kaiser Manuel zum Mann.

Laut Basil von Ochrid, Erzbischof von Thessalonike, der 1160 für sie die Totenmesse las, soll Kaiserin Bertha-Irene durch ihre schöne Gestalt, den Rhythmus ihrer Bewegungen und ihren blütenzarten Teint selbst unbeseelte Dinge entzückt haben, aber bei einer Totenrede unterliegt niemand einem Eid, und so sei darauf hingewiesen, daß andere, sachlichere Zeugnisse uns ein abweichendes Bild ihrer wirklichen Tugenden vermitteln. So heißt es bei Niketas Choniates:

> Sie war indes nicht so sehr auf äußere Schönheit bedacht als auf innere Vorzüge und Seelenschönheit. Deshalb lehnte sie Puder, Untermalung der Augen, Mieder und Schminke, den Ersatz für die natürliche Wangenröte, ab. Das alles überließ sie den törichten unter den Frauen, sie selbst baute auf ihre Tugend, diese war ihr Schmuck. Sie hatte aber auch die Unbeugsamkeit und Starrsinnigkeit ihres Volkes, weshalb die Beziehungen des Kaisers zu ihr kühl blieben. Manuel gewährte ihr jede Ehre, einen prächtigen Thron und herrliche Gewänder, ein Gefolge und alles übrige, was nur einer Kaiserin zusteht, aber die Ehre des Ehebettes verletzte er oft.[5]

Sie starb, ohne sich viel Respekt oder Verehrung verschafft zu haben. Ob sie sich darum bemühte oder nicht – und es ist zu vermuten, daß sie es nicht allzu heftig betrieb –, es gelang Bertha nie, die Zuneigung der byzantinischen Bevölkerung zu gewinnen, der sie zu steif und zu unelegant, kurz, zu deutsch erschien. Dies leistete wohl auch dem Gerücht über ihre legendäre Niedertracht Vorschub. Doch auf dem diplomatischen Parkett bewies sie auf überzeugende Weise ihren Wert, sprang sie doch mehrmals mit Erfolg ein, wenn es darum ging, bei gespannten Beziehungen zwischen ihrem Mann und ihrem Schwager zu vermitteln. Sie spielte zudem eine entscheidende Rolle beim Zustandekommen des politischen Bündnisses zwischen Manuel und Konrad, das 1148 anläßlich Konrads Besuchs in Konstantinopel geschlossen wurde. Im allgemeinen aber lebte sie zurückgezogen im Palast und widmete sich gottesfürchtigen Werken und der Erziehung und Ausbildung ihrer beiden Töchter, von denen die eine noch im Kindesalter starb. Berthas Tod rief nur wenig Echo hervor – am wenigsten von seiten ihres Ehemannes.

Manuel Komnenos hatte den byzantinischen Thron mit einem Stachel im Herzen bestiegen. Weder konnte er die Beleidigungen vergessen, die ihm Raimund von Antiochia in Kilikien zugefügt hatte, noch diesem den Eifer vergeben, den er darangesetzt hatte, die eingenommenen Festungen zurückzuerobern und den byzantinischen Städten, Dörfern und Landsitzen soviel Schaden wie nur möglich zuzufügen, kaum daß Manuel ihm den Rücken zugewandt hatte. Ein unrühmlicherer Beginn seiner Regentschaft hätte sich kaum denken lassen, und er war entschlossen, dies nicht einfach hinzunehmen. Leider war es ihm nicht möglich, persönlich einen Feldzug zu führen, sosehr er sich dies auch gewünscht hätte, doch Konstantinopel schon so kurze Zeit nach der Krönung zu verlassen, wäre einer Einladung zum Aufruhr gleichgekommen. So entsandte er zu Beginn des Jahres 1144 eine größere amphibische Expedition Richtung Südosten. Die Flotte vertraute er einem gewissen Demetrios Branas an, das Landheer unterstellte er dem gemeinsamen Befehl der Brüder Johannes und Andronikos Kontostephanos und einem konvertierten Türken namens Bursuk. Die Verbände eroberten die verlorenen Burgen zurück und – um Raimund etwas von seiner eigenen Medizin zu verabreichen – verwüsteten den Landstrich um Antiochia. In der Zwischenzeit fuhren Branas und seine Flotte die gesamte Küste des Fürstentums ab; sie zerstörten sämtliche Schiffe, die sie vorfanden, und nahmen viele Ortsansässige gefangen, darunter auch einen örtlichen Steuereintreiber mitsamt seinen Geldbeuteln.

Ob Raimund von Antiochia sich rächen wollte, ist uns nicht bekannt, denn noch bevor das Jahr zu Ende war, hatte sich die gesamte Situation im Gebiet der Kreuzfahrerstaaten geändert: Am Heiligen Abend, nach einer fünfundzwanzigtägigen Belagerung und begleitet von Szenen brutalsten Gemetzels, eroberte Imad ed-Din Zengi die Kreuzfahrergrafschaft Edessa. Antiochia, so schien es allgemein, würde als nächstes dran glauben müssen. Raimund blieb nur ein Ausweg: seinen Stolz zu begraben, sich nach Konstantinopel zu begeben und Manuel um Hilfe anzugehen. Dieser weigerte sich zunächst, ihn zu empfangen. Erst nachdem Raimund zum Pantokratorkloster gepilgert und in stiller Reue an Johannes' Grab nidergekniet war, wurde ihm eine Audienz gewährt. In der Folge behandelte Manuel ihn mit verblüffender Rücksicht und versprach ihm regelmäßige Unterstützung, wenn auch keine direkte militärische Hilfe. Raimund kehrte recht zufrieden mit dem Erreichten nach Hause zurück. Er wäre noch zufriedener gewesen, hätte er gewußt, daß die Nachricht seines Besuchs – nicht aber das Ergebnis – Zengi übermittelt wurde und dieser daraufhin entschied, die neuerlichen Angriffe auf die fränkischen Stützpunkte, mit deren Vorbereitungen er eben beschäftigt war, zu verschieben. Im Jahr darauf aber wurde der große Atabeg von einem betrunkenen Eunuchen ermordet, und die Kreuzfahrerstaaten waren den mächtigsten Feind los, dem sie sich je gegenübergesehen hatten.

Die Nachricht des Falls von Edessa zeitigte Wirkung weit über Antiochia hinaus; sie erschütterte die ganze christliche Welt. Für die Völker Westeuropas, die den Erfolg im ersten Kreuzzug als Zeichen göttlicher Gunst gewertet hatten, stellte er all die bequemen Ansichten, die sie vertraten, in Frage. Wie war es möglich, daß nach weniger als einem halben Jahrhundert das Kreuz einmal mehr dem Halbmond hatte weichen müssen? Schon seit geraumer Zeit berichteten Reisende, die aus dem Osten zurückkehrten, von einer weitverbreiteten Verderbtheit unter den fränkischen Kreuzfahrern. Waren sie möglicherweise in den Augen des Allmächtigen nicht mehr würdig, die heiligen Stätten unter dem Banner ihres Erlösers zu bewachen?

Was die fränkischen Kreuzfahrer an Ort und Stelle betraf, so hatte die lange Vertrautheit mit eben diesen heiligen Stätten ihnen eine prosaischere Einstellung beschieden. Sie wußten recht genau, weshalb Edessa erobert worden war: Schuld daran war ihre militärische Schwäche. Längst war die erste große Woge der Begeisterung für die Kreuzzüge verebbt, die 1099 in der umjubelten Eroberung Jerusalems gegipfelt hatte. Die Immigrationsflut aus dem Westen hatte sich zu einem Rinnsal verdünnt. Viele Pilger trafen noch immer unbewaffnet ein, wie es die Tradition verlangte, und selbst wer darauf vorbereitet war, das Schwert zu schwingen, hatte nach einem Sommerfeldzug mehr als genug. Die einzige ständig einsatzbereite Armee – falls man sie als solche bezeichnen konnte – bestand aus den beiden militanten Orden der Johanniter und Templer; aber sie allein konnten nicht erwarten, einem konzentrierten Angriff standzuhalten, und benötigten dringend Verstärkung. So zog unter Führung von Hugo, Bischof von Jabala, eine Gesandtschaft von Jerusalem zum Papst, um diesem offiziell Bericht über die Katastrophe zu erstatten und ihn mit größtmöglichem Nachdruck um einen Kreuzzug zu bitten.

Papst Eugen III. befand sich indes selbst nicht in einer allzu sicheren Position; der im mittelalterlichen Rom mit einem Wechsel üblicherweise verbundene Tumult hatte ihn drei Tage nach seiner Wahl in die Flucht getrieben und in Viterbo Zuflucht suchen lassen. Daher konnte er die Führung des neuen Kreuzzugs nicht selbst übernehmen, wie Papst Urban II. dies versucht hatte. Beim Blick in die Runde möglicher Kandidaten aus dem westlichen Adel aber fand er nur einen, der in Frage kam. Der deutsche König Konrad III., dem die Ehre eigentlich zugestanden hätte, steckte bis über beide Ohren in Schwierigkeiten, der englische König Stephan mußte sich mit einem schwelenden Bürgerkrieg auseinandersetzen, und Roger II. von Sizilien kam aus allen nur möglichen Gründen überhaupt nicht in Frage. Blieb nur der französische König Ludwig VII. Er verbreitete, obwohl erst vierundzwanzig Jahre alt, eine Aura sittenstrenger Frömmigkeit, die ihn viel älter wirken ließ – und seine glanzvoll auftretende, lebenslustige Frau, Eleonore von

Aquitanien, entsetzlich langweilte. Ludwig war zum Pilger geboren, der Kreuzzug für ihn Christenpflicht; auch sprachen familiäre Gründe dafür, denn Eleonore war eine Nichte Raimunds von Antiochia. So verkündete er an Weihnachten des Jahres 1145 seine Absicht, das Kreuz zu nehmen, und setzte den Papst formell davon in Kenntnis; dann sandte er nach dem Abt Bernhard von Clairvaux, auf daß sich in den Herzen all seiner Untertanen ebenso das Kreuzzugsfeuer entzünde wie in seinem eigenen. Der zu dem Zeitpunkt fünfundfünfzigjährige Bernhard verkörperte damals die bei weitem einflußreichste geistliche Kraft in Europa. Im Rückblick erscheint er uns, die wir dem Bannkreis seiner offenbar unwiderstehlichen Gabe, die Massen mühelos zu lenken, entgangen sind, alles andere als anziehend: Inbegriff des religiösen Asketen und Eiferers, groß und hager, das Gesicht gezeichnet vom steten körperlichen Schmerz infolge überdrehter Selbstkasteiung, steigerte er sich in einen glühenden religiösen Fanatismus hinein, der Raum weder für Toleranz noch für ein gesundes Maß ließ. Seine öffentliche Laufbahn hatte 1115 begonnen, als ihn Stephan Harding, der englische Abt von Cîteaux, aus der klösterlichen Disziplin entließ und mit der Sendung betraute, in Clairvaux in der französischen Champagne ein neues Kloster zu gründen. Von diesem Augenblick an nahm sein Einfluß unaufhaltsam zu, und die letzten fünfundzwanzig Jahre seines Lebens war er rastlos tätig; er predigte, beschwor, argumentierte und debattierte, schrieb unzählige Briefe und stürzte sich wie zwanghaft in jede Kontroverse, in der er christliche Prinzipien angetastet glaubte. Der beabsichtigte Kreuzzug war ein Unternehmen nach seinem Herzen. Bereitwillig erklärte er sich einverstanden, ihn zu fördern, und zwar anläßlich der Versammlung, die König Ludwig VII. für den folgenden Palmsonntag im burgundischen Vézelay einberufen hatte.

Bernhards Name zeitigte sofort Wirkung, und als der vereinbarte Tag nahte, ergoß sich eine Flut von Frauen und Männern aus allen Ecken Frankreichs in das kleine Dorf. Da ihrer zu viele waren, als daß sie in der Kirche Platz gefunden hätten, wurde an einem Berghang in aller Eile eine große hölzerne Plattform errichtet. Daselbst hielt Bernhard am 31. März 1146 eine der folgenschwersten Brandreden seines Lebens; ihm zur Seite stand König Ludwig, das Kreuz bereits auf der Brust, das ihm Papst Eugen in Anerkennung seiner Entscheidung gesandt hatte. Was Bernhard sagte, ist im Wortlaut nicht überliefert, doch dürfen wir annehmen, daß weniger was, sondern vielmehr, wie er es sagte, auf sein Publikum übergriff. Während er sprach, begann das Volk, das zuerst still gelauscht hatte, lautstark nach eigenen Kreuzen zu brüllen. In weiser Voraussicht hatte man solche bereits zuvor bündelweise aus rauhem Tuch geschnitten und zur Verteilung vorbereitet. Als der Vorrat erschöpft war, riß sich Bernhard das eigene Gewand vom Leib und in Streifen, um weitere Kreuze zu fertigen. Andere folgten seinem Beispiel, und als es dunkel wurde, waren er und seine Helfershelfer noch immer mit Nähen beschäftigt.

Eine wahrhaft hinreißende Leistung. Niemand anders in Europa hätte sie erbringen können. Allein, wie die Ereignisse bald zeigen, wäre all dies besser niemals geschehen.

Im Laufe des Sommers 1146 versuchte Ludwig VII. in einem Brief Manuels Sympathie für den kommenden Kreuzzug zu gewinnen. Manuel mochte die Leute aus dem Westreich und deren Lebensstil lieber als alle gekrönten byzantinischen Häupter vor ihm; dennoch empfand er die Aussicht auf einen erneuten Großeinfall undisziplinierter französischer und deutscher Landser – Bernhard war inzwischen von Frankreich weiter nach Deutschland gezogen, wo seine Botschaft auf ebenso fanatische Zustimmung und Begeisterung gestoßen war – als äußerst unangenehm. Daß der erste Kreuzzug seinem Großvater ein halbes Jahrhundert zuvor wahre Alpträume verursacht hatte, war ihm in vollem Umfang bewußt, und er wollte nicht, daß sich das wiederholte. Zugegeben, es gab nicht unerhebliche Querelen mit dem Sultan von Ikonion, gegen den er gerade den zweiten nicht sonderlich entschiedenen Feldzug führte, und es war durchaus denkbar, daß diese Kreuzfahrermassen sich besser aufführten als ihre Vorgänger, ja sich auf lange Sicht sogar als Segen erweisen konnten. Doch er zweifelte daran. Seine Antwort an Ludwig fiel daher so lau wie nur möglich aus, ohne direkt Anstoß zu erregen: Er würde zwar Nahrung und Lager für die Truppen bereitstellen, doch all dies nur gegen klingende Münze, und alle Truppenführer müßten auch diesmal für die Zeit der Durchquerung seiner Herrschaftsgebiete ihm, dem byzantinischen Kaiser, den Treueeid leisten.

Doch ach, auch noch die leisesten Hoffnungen, die sich Manuel in bezug auf das Benehmen dieser neuen Helden der Christenheit vielleicht machte, zerschlugen sich rasch. Das deutsche Heer von ungefähr zwanzigtausend Mann, das im Mai 1147 in Ratisbona (Regensburg) loszog, scheint mehr als nur den ihm zustehenden Anteil an unerwünschten Elementen mitgeführt zu haben, von vereinzelten religiösen Fanatikern über den gewohnten Haufen sonst herumlungernder Taugenichtse bis hin zu solchen, die vor dem Gesetz flohen, wie üblich angezogen vom Versprechen der vollumfänglichen Absolution für alle, die das Kreuz nahmen. Kaum hatten sie byzantinisches Gebiet betreten, begannen sie zu plündern, zu zerstören, zu vergewaltigen und zu morden, wie es sie gerade ankam. Oft gingen ihnen ihre Anführer dabei mit schlechtem Beispiel voran. Konrad, der sich zunächst geweigert hatte, in irgendeiner Form an diesem Kreuzzug teilzunehmen, an Weihnachten jedoch bereut und nachgegeben hatte, nachdem er von Bernhard öffentlich gerügt worden war, bewahrte wie gewohnt Anstand; sein Neffe und stellvertretender Befehlshaber jedoch, der junge Herzog Friedrich von Schwaben – allgemein besser bekannt als Friedrich Barbarossa –, brandschatzte mit seiner Horde in Adrianopel (Edirne) vorgeblich zur Vergeltung eines Überfalls durch örtliche Banditen ein Kloster und massakrierte die völlig unschuldigen Mönche. Immer häufiger kam es zu Scharmützeln zwischen den Kreuzfahrern und der byzantinischen Militäreskorte, die Manuel zu deren Kontrolle abkommandiert hatte. Und als die fremden Heere schließlich Mitte September vor den Mauern Konstantinopels auftauchten – Konrad hatte Manuels Ersuchen, über den Hellespont (die Dardanellen) nach Asien zu ziehen und so die Hauptstadt zu umgehen, empört abgelehnt –, waren die Beziehungen zwischen der deutschen und der griechischen Seite auf dem Tiefpunkt angelangt.

Da, noch bevor sich die Bevölkerung entlang der Marschroute vom Schreck hatte erholen können, tauchte am westlichen Horizont bereits das französische Heer auf. Es war kleiner als das deutsche und wußte sich insgesamt besser zu benehmen; es herrschte mehr Disziplin, und zweifellos übte die Anwesenheit vieler adliger Damen – unter ihnen auch Königin Eleonore von Aquitanien – auf die Männer einen mäßigenden Einfluß aus. Aber auch das Vorrücken des französischen Heers verlief nicht ganz reibungslos. Denn inzwischen legte die Landbevölkerung im Balkan verständlicherweise offene Feindseligkeit an den Tag und verlangte lachhaft hohe Preise für das bißchen Nahrung, das sie noch zu verkaufen hatte. Bald herrschte gegenseitiges Mißtrauen und führte zu gerissenen Gaunereien auf beiden Seiten. So kam es, daß die französischen Kreuzfahrer, lange bevor sie in Konstantinopel eintrafen, eine beträchtliche Abneigung sowohl gegen das deutsche Heer als auch gegen die griechische Bevölkerung empfanden. Und als sie schließlich am 4. Oktober die Hauptstadt erreichten, vernahmen sie zu ihrem Entsetzen, daß Manuel soeben einen Waffenstillstand mit dem türkischen Feind vereinbarte.

Obwohl von König Ludwig nicht erwartet werden konnte, daß er sie guthieß, war die von Manuel getroffene Vorsichtsmaßnahme vernünftig. Die Anwesenheit der französischen und deutschen Soldaten vor den Toren seiner Hauptstadt stellte eine weitaus ernstere unmittelbare Bedrohung dar als das türkische Heer in Asien. Manuel wußte, daß es in beiden Lagern Extremisten gab, die auf einen vereinten westlichen Angriff auf Konstantinopel drängten. Und tatsächlich unterbreitete Gottfried, Bischof von Langres und Vetter Bernards, Ludwig nur wenige Tage später diesen Vorschlag in aller Form. Nur indem Manuel vorsätzlich das Gerücht verbreitete, in Anatolien werde ein riesiges türkisches Heer zusammengezogen, und gleichzeitig durchsickern ließ, die Franken müßten sich sputen, um das feindliche Gebiet ungeschoren durchqueren, ja um überhaupt noch durchkommen zu können, vermochte er die Situation zu retten. Er schmeichelte Ludwig zur Ablenkung mit seinem üblichen Angebot an luxuriösem Zeitvertreib und üppigen Banketten und ließ derweil für ihn und das fränkische Heer die Überquerung des Bosporus zum frühest möglichen Zeitpunkt in die Wege leiten.

Während Manuel seine unwillkommenen Gäste verabschiedete und das Hin und Her der bis zum Dollbord mit Mensch und Tier beladenen Fähren über die Meerenge verfolgte, sah er die Gefahren, welche die Franken auf dem zweiten Teil ihres Zuges erwarteten, klarer voraus als irgend sonst jemand. Er war erst kurz zuvor von einem Feldzug in Anatolien zurückgekehrt; auch wenn seine Geschichten über die türkischen Scharen, die sich angeblich zusammenzogen, übertrieben waren, muß er angesichts der dahinschlurfenden Kreuzfahrer, denen es bereits deutlich an Moral und Disziplin mangelte, gewußt haben, daß für sie nur eine geringe Überlebenschance bestand, wenn sie unversehens einem Angriff der seldschukischen Reiterei ausgesetzt waren. Er hatte sie mit Proviant und Führern ausstatten und über die Wasserknappheit in Kenntnis setzen lassen; und er hatte ihnen geraten, nicht den direkten Weg durch das Hinterland einzuschlagen, sondern sich an die Küste zu halten, die sich noch immer unter byzantinischer Kontrolle befand. Mehr konnte er nicht tun. Wenn die Kreuzfahrer nach all diesen Warnungen darauf beharrten, sich abschlachten zu lassen, so waren sie selbst schuld. Was ihn betraf, so würde es ihm zwar leid tun, doch untröstlich wäre er deshalb nicht.

Es können kaum mehr als ein paar Tage nach diesem Abschied vergangen sein, da erreichten den Kaiser zwei Botschaften aus zwei entgegengesetzten Himmelsrichtungen. Die erste, von Schnellboten aus

Kleinasien gebracht, enthielt die Nachricht, daß das deutsche Heer vom türkischen bei Dorylaion überrascht und mehr oder weniger aufgerieben worden war. Konrad und Friedrich von Schwaben waren entkommen und umgekehrt, um sich den Franzosen bei Nikäa anzuschließen, aber neun Zehntel ihrer Leute waren tot oder siechten zwischen den Trümmern des Lagers dem Tod entgegen.

Die zweite enthielt die Nachricht, daß die Flotte König Rogers von Sizilien soeben im Begriff war, mit vollen Segeln gegen Byzanz zu ziehen.

Die sizilianische Flotte stand unter dem Kommando Georgs von Antiochia, eines abtrünnigen Griechen, der es aus eigener Kraft zum stolzesten Titel gebracht hatte, den ihm seine Wahlheimat verleihen konnte: Emir der Emire, Oberbefehlshaber zur See und höchster Minister des Reichs.[6] Sie war im Herbst 1147 in Otranto ausgelaufen und hatte direkten Kurs über die Adria auf Korfu genommen. Diese Insel fiel kampflos; Niketas berichtet, die Bevölkerung habe, vom Gewicht der byzantinischen Steuern erdrückt und über die süßen Worte des Admirals entzückt, die Normannen als ihre Befreier willkommen geheißen und bereitwillig eine Garnison von eintausend Mann akzeptiert.

Dann drehte die Flotte nach Süden ab, umrundete den Peloponnes und ließ jeweils an strategisch wichtigen Stellen Truppenteile zurück; schließlich segelte sie die griechische Ostküste hoch bis nach Euböa. Dort scheint Georg sich gedacht zu haben, er sei weit genug gekommen; die Flotte wendete, fiel kurz über Athen her, umfuhr abermals den Peloponnes und wandte sich auf der Höhe der ionischen Inseln dann erneut nach Osten, in den Golf von Korinth, wobei sie im Vorbeifahren die Küstenstädte plünderte. Niketas beschrieb die Art ihres Vorgehens als die eines Meerungeheuers, das alles verschlingt, was ihm im Weg liegt. Einer der Streifzüge führte weit ins Landesinnere bis nach Theben, dem Zentrum der byzantinischen Seidenherstellung. Neben zahllosen Ballen kostbaren Damasts und Brokats fiel Georgs Soldaten auch eine große Zahl Gefangener in die Hände, Expertinnen sowohl auf dem Gebiet der Zucht und Nutzung der Seidenraupe als auch der Seidenspinnerei und -weberei, die er triumphierend nach Palermo schaffen ließ.

Die Kunde des sizilianischen Verwüstungzuges erzürnte Manuel. Was immer er vom Kreuzzug gehalten haben mag, die Tatsache, daß ein sogenannt christliches Land sich diesen vorsätzlich zunutze machte, um sein Reich anzugreifen, empörte ihn; und das Wissen, daß der kommandierende Admiral Grieche war, dürfte seinen Zorn nicht gerade gemildert haben. Hundert Jahre zuvor war Apulien eine reiche byzantinische Provinz gewesen und nun kaum mehr als ein Piratennest. Das konnte er unmöglich dulden. Roger, »diesen Drachen, der droht, die Flammen seines Zorns höher lodern zu lassen als der Krater des Ätna [...] diesen gemeinsamen Feind der ganzen Christenheit und illegalen Besetzer Siziliens«,[7] galt es für immer vom Mittelmeer zu vertreiben. Das Abendland hatte es versucht und war gescheitert; nun war es an Byzanz. Manuel rechnete mit Erfolg, vorausgesetzt, er erhielt angemessene Hilfe und war frei von anderen Verpflichtungen. Die Kreuzfahrerheere waren abgezogen. Er selbst hatte bereits ein Waffenstillstandsabkommen mit den Türken geschlossen, welches er jetzt bekräftigte und ausbaute. Es war wesentlich, daß ihm jeder Soldat und Matrose im Reich für sein großes Vorhaben zur Verfügung stand, ein Vorhaben, das sich letztlich vielleicht als krönende Leistung seines Lebens erwies: die Rückführung ganz Süditaliens und Siziliens in den Schoß des Byzantinischen Reichs.

Es galt allerdings, geeignete Verbündete zu finden. Nachdem Franken und Deutsche nicht mehr in Frage kamen, zog Manuel Venedig in Erwägung. Er wußte sehr gut, daß dort bei der Bevölkerung schon seit geraumer Zeit Besorgnis über das Wachstum der sizilianischen Seemacht herrschte. Venedig konnte das Mittelmeer nicht mehr in dem Maß kontrollieren wie einst; und während die Basare von Palermo, Catania und Syrakus immer betriebsamer wurden, begannen die Geschäfte auf dem Rialto nachzulassen. Sollte es Roger gelingen, seine Stellung auf Korfu und im Küstenstrich Epiros zu festigen, war er überdies in der Lage, die Adria abzuriegeln, und Venedig konnte sich unvermittelt unter sizilianischer Blockade wiederfinden. Die venezianische Regierung feilschte natürlich ein bißchen – als exzellente Kaufleute gaben sie niemals etwas für nichts –, aber im März 1148 erhielt Manuel als Gegenleistung für weiterreichende Handelsprivilegien auf Zypern, Rhodos und in Konstantinopel, was er begehrte, nämlich die vollumfängliche Unterstützung durch ihre Flotte während der kommenden sechs Monate. In der Zwischenzeit war er damit beschäftigt, seine eigene Flotte einsatzbereit zu machen: Johannes Kinnamos, inzwischen zu Manuels Chefsekretär avanciert, schätzt ihre Stärke auf fünfhundert Galeeren und tausend Truppenschiffe – eine angemessene Ergänzung für ein Landheer, das zwanzig- bis dreißigtausend Mann umfaßte. Das Landheer vertraute Manuel wie immer Johannes Axuch an, die Flotte Stephan Kontostephanos, dem Ehemann seiner Schwester Anna. Die oberste Befehlsgewalt wollte er persönlich wahrnehmen.

Im April war die riesige Streitmacht marschbereit. Die Schiffe lagen, wieder instand gesetzt und mit Proviant versehen, im Marmarameer vor Anker, das Landheer wartete nur noch auf den Marschbefehl. Dann ging plötzlich alles drunter und drüber. Kumanische Verbände überrannten die Donau und drangen in byzantinisches Hoheitsgebiet ein, die venezianische Flotte wurde durch den plötzlichen Tod des Dogen aufgehalten, und eine Folge launischer Sommerstürme legte die Schiffahrt im östlichen Mittelmeer lahm. Erst im Herbst trafen die beiden Flotten in der südlichen Adria aufeinander, um gemeinsam eine Seeblockade gegen Korfu zu errichten. Die Landoffensive aber verzögerte sich weiterhin. Als Manuel schließlich den kumanischen Einfall abgewickelt hatte, stand fest, daß das Pindosgebirge zugeschneit sein würde, lange bevor die Truppen es überquert hätten. Er ließ sie deshalb in Makedonien das Winterquartier errichten und ritt weiter nach Thessalonike, wo ihn ein wichtiger Gast erwartete: Konrad von Hohenstaufen war soeben aus dem Heiligen Land zurückgekehrt.

Der zweite Kreuzzug hatte mit einem Fiasko geendet. Konrad und die wenigen seiner Gefolgsleute, die das Gemetzel in Dorylaion überlebt hatten, waren mit dem fränkischen Heer nach Ephesos gezogen, und dort erkrankte Konrad an Weihnachten schwer. Als Manuel und Irene (Bertha von Sulzbach) dies vernahmen, brachen sie umgehend in Konstantinopel auf, um ihn zu holen, und brachten ihn sicher in ihren Palast, wo ihn Manuel, der sich seiner medizinschen Fachkenntnisse rühmte, persönlich gesund pflegte. Konrad war dann gleich in Konstantinopel geblieben, und Manuel stellte ihm im März 1148 Schiffe für die Reise nach Palästina zur Verfügung. Bis dahin hatten die französischen Kreuzfahrer eine qualvolle Durchquerung Anatoliens hinter sich und schwere Verluste durch die Türken erlitten. Schuld daran trug ausschließlich Ludwig, hatte er doch Manuels guten Rat, sich an die Küste zu halten, einfach ignoriert. Gleichzeitig beharrte er darauf, jedes Zusammentreffen mit dem Feind auf byzantinische Fahrlässigkeit oder auf Verrat oder auf beides zurückzuführen und entwickelte bald einen beinahe krankhaften Groll gegen alles Griechische. Schließlich bestiegen er, sein Gefolge und so viele Reiter, wie sich unterbringen ließen, in letzter Verzweiflung in Attaleia ein Schiff und überließen das übrige Heer und die Pilgerschar einfach ihrem Schicksal. Gegen Ende des Frühjahrs 1148 schleppte sich der kümmerliche Rest des Riesenheers, welches im Vorjahr so selbstsicher ausgezogen war, mühselig nach Antiochia hinein.

Doch da fingen die Sorgen erst richtig an. Der mächtige Imad ed-Din Zengi war zwar tot, aber sein Herrschermantel an seinen noch erfolgreicheren Sohn Nur ed-Din übergegangen und dessen Festung Aleppo zum Brennpunkt der moslemischen Opposition gegen den Frankenstaat geworden. Aus diesem Grund sollten die Kreuzfahrer Aleppo als erstes angreifen, und bereits wenige Tage nach seinem Eintreffen in Antiochia fand sich Ludwig durch Raimund unter beachtlichem Druck, einen Sofortangriff auf Aleppo zu unternehmen. Er weigerte sich mit der Begründung, er müsse zuvor am Heiligen Grab beten, worauf Königin Eleanore, deren Zuneigung zu ihrem Gemahl sich durch die Gefahren und Unannehmlichkeiten auf der Reise nicht eben vergrößert hatte – und deren Beziehung zu Raimund bereits im Verdacht stand, etwas über die normale Beziehung einer Nichte zu ihrem Onkel hinauszugehen –, ihre Absicht bekanntgab, in Antiochia zu bleiben und die Scheidung einzureichen. Sie und Ludwig waren entfernte Verwandte; man hatte die Frage der Blutsverwandtschaft bei der Eheschließung zwar gefliessentlich übersehen, doch sie konnte sich gegebenenfalls noch immer als Stolperstein erweisen; und das wußte sie.

Ludwig konnte in Krisensituationen bei aller Verdrießlichkeit jedoch einigen Schwung entwickeln. Er ignorierte Eleonores Proteste und schleppte sie nach Jerusalem mit, überwarf sich mit Raimund derart, daß dieser nichts mehr mit dem Kreuzzug zu tun haben wollte, und zog, die schmollende Gemahlin im Schlepptau, im Mai bald nach Konrad in die Heilige Stadt ein. Dort blieben sie bis zum Treffen für alle Kreuzfahrer in Akko am 24. Juni, wo man einen gemeinsamen Schlachtplan beschließen wollte. Es dauerte nicht lange, bis die Entscheidung fiel: Alle Mann und sämtliche verfügbaren Tiere sollten unverzüglich zum Zwecke eines konzertierten Angriffs auf Damaskus zusammengezogen werden.

Weshalb sie ausgerechnet Damaskus als erstes Ziel wählten, bleibt ein Rätsel. Als einziges arabisches Hoheitsgebiet von einiger Bedeutung, das Nur ed-Din nach wie vor feindlich gesinnt war, hätte die Stadt Damaskus für die Franken eine unschätzbar wertvolle Verbündete abgeben können – und sollen. Mit einem Angriff trieben sie sie gegen ihren Willen in die Arme der moslemischen Konföderation Nur ed-Dins – und besiegelten gleichzeitig den eigenen Untergang. Bei ihrem Eintreffen fanden sie Damaskus von starken Mauern umgeben und zur Verteidigung entschlossen. Am zweiten Tag fällten sie eine weitere all der unseligen Entscheidungen, die diesen ganzen Kreuzzug prägten, und verlegten ihr Lager in einen Bereich am östlichen Mauerabschnitt, wo es weder Wasser noch Schatten gab. Und plötzlich verloren die palästinensischen Anführer, die sich bereits hinsichtlich der Zukunft der Stadt nach der Eroberung in den Haaren lagen, die Nerven und begannen auf Rückzug zu drängen. Finstere Gerüchte über Bestechung und Verrat gingen um. Ludwig und Konrad waren entsetzt und empört, doch auch sie kamen bald nicht mehr umhin, den Tatsachen ins Auge zu blicken. Die Belagerung aufrechtzuerhalten bedeutete nun nicht mehr nur, Damaskus in die Arme von Nur ed-Din zu treiben, sondern – nachdem die Moral völlig zusammengebrochen war – zugleich die fast sichere Vernichtung ihres ganzen Heeres. Am 28. Juli, nur fünf Tage nach Beginn der Kampagne, bliesen sie zum Rückzug.

Kein anderer Teil der syrischen Wüste übt eine so vernichtende Wirkung auf die Gemütsverfassung aus wie die dunkelgraue, monotone Ausdehnung von Sand und Basalt zwischen Damaskus und Tiberias. Diese Gegend im arabischen Hochsommer durchqueren zu müssen, die unbarmherzige Sonne und den glühenden Wind im Gesicht, unter unablässiger Verfolgung durch berittene Araber und gleichzeitig eine stinkende Spur von Menschen- und Pferdeleichen hinter sich lassend, muß die Kreuzfahrer an den Rand der Verzeiflung gebracht haben. Denn das, so wußten sie, bedeutete das Ende. Ihre Verluste sowohl an Menschenleben als auch an Material waren riesig. Sie besaßen weder den Willen noch die Mittel, weiterzumachen. Am schwersten aber wog die Schande. Sie waren einen Gutteil des Jahres unterwegs gewesen, oft unter lebensbedrohenden Umständen, hatten die Qualen von Durst, Hunger und Krankheit und die bittersten Extreme von Hitze und Kälte erduldet, und nun hatte das einst glorreiche Heer mit der sich eigens gestellten Aufgabe, alle Ideale der christlichen Welt zu bewahren, das ganze Unternehmen nach nur viertägigem Kampf aufgegeben, ohne einen Fingerbreit moslemisch besetztes Gebiet wiedergewonnen zu haben. Darin bestand die endgültige Demütigung, und weder sie noch ihre Feinde würden sie jemals vergessen.

Ludwig hatte es nicht eilig, nach Frankreich zurückzukehren. Eleonore war fest entschlossen, sich scheiden zu lassen, und er fürchtete die Schwierigkeiten und Beeinträchtigungen, die die Sache mit sich bringen würde. Abgesehen davon wollte er Ostern in Jerusalem verbringen. Konrad konnte indes nicht schnell genug wegkommen. Am 8. September verließ er mit seinem Gefolge Akko und trat die Überfahrt nach Thessalonike an, wo er, wie eingangs erwähnt, Manuel traf, der ihn zum zweiten Mal nach Konstantinopel zurückbegleitete. Mittlerweile bestand zwischen den beiden ein sehr vertrautes Verhältnis. Trotz des jüngsten Debakels faszinierte die abendländische Kultur mit ihren Bräuchen Manuel nach wie vor, während Konrad Manuels Freundlichkeit und Charme erlegen war, ganz abgesehen vom ungewohnten Luxus des kaiserlichen Palastes, der einen erfrischenden Kontrast zu den zugigen Sälen in seiner Heimat bildete.

Weihnachten stand in jenem Jahr im Zeichen einer weiteren Vereinigung der beiden herrschenden Häuser: Theodora, eine Nichte Manuels – Tochter seines verstorbenen Bruders Andronikos –, vermählte sich mit Konrads Bruder, dem Herzog von Österreich.[8] Bevor Konrad Anfang Februar die Rückreise in seine Heimat antrat, schlossen er und Manuel noch ein Bündnis gegen Roger von Sizilien und kamen überein, noch im selben Jahr einen gemeinsamen Feldzug gegen Süditalien zu unternehmen. Sie hatten sogar bereits eine Vereinbarung über das Schicksal von Apulien und Kalabrien nach dem Sturz des Königs getroffen. Beide Gebiete sollten an Konrad fallen, der sie jedoch sogleich Manuel übereignen würde als verspätete Mitgift für seine Schwester Bertha, die gegenwärtige Kaiserin Irene.

Dieses Bündnis bewirkte indes wenig; es führte sicher nicht zum Sturz des Königs von Sizilien, und als Manuel einige Jahre später für kurze Zeit Apulien beherrschte, war dies viel eher auf seine eigenen Bemühungen zurückzuführen als auf westliche Großzügigkeit. Und doch stellte es das einzige gute Ergebnis des zweiten Kreuzzugs dar, welcher der Christenheit in jeder anderen Hinsicht zur Schande gereichte. Konrad persönlich einmal ausgenommen, hatte er gefährliche Zwietracht zwischen Franzosen und Deutschen, Franken und Byzanz, ja selbst zwischen Neuankömmlingen und deren eigenen Landsleuten gesät, die bereits seit langer Zeit in den Kreuzfahrerstaaten lebten, dazu dem Islam unsagbaren Auftrieb, neue Solidarität und Kraft verliehen und den militärischen Ruf des Abendlandes endgültig zerstört.

Es sollten viele hundert Jahre vergehen, bis dieser Ruf wiederhergestellt war.

7

Neuordnung

(1149–1158)

Die Barbaren im Osten, sagte er [Kaiser Manuel], könne er sich durch Geld zu Freunden machen, und durch eine Schlacht könne er ihnen beibringen, in ihren Grenzen zu bleiben. Aber er fürchte aus vielen Gründen die weitverbreitet wohnenden abendländischen Völker, denn sie tragen ihren Kopf hoch im Nacken, und ihr Sinn ist unbeugsam, ihr Blutdurst ist groß, und sie sorgen immer dafür, daß er nicht abstumpft; sie haben sich nicht nur mit großem Reichtum umgeben und tragen nicht bloß allesamt Waffen, sondern sie hegen auch unablässig Übelwollen gegen die Rhomäer.

Niketas Choniates[1]

Als umsichtiger Gastgeber zeigte Kaiser Manuel Komnenos weder Ungeduld über den sich hinauszögernden Aufenthalt Konrads III. in Konstantinopel noch den Wunsch, die Abreise seines Gastes zu beschleunigen. Kaum aber hatte er seinem Freund Lebewohl gesagt, kehrte er zu seiner Streitmacht nach Korfu zurück, wo die Belagerung den ganzen Winter über angedauert hatte. Die jüngsten Meldungen über deren Fortgang klangen ungünstig. Die von sizilianischer Hand gehaltene Zitadelle überragte die alte Stadt uneinnehmbar, so daß die byzantinischen Geschosse sie kaum erreichen konnten. Es habe, berichtet Niketas, fast so ausgesehen, als zielten die griechischen Geschosse einfach in die Luft, während die Verteidigung ganze Pfeilschauer und einen wahren Hagel von Steinbrocken auf die Belagerer unten herabsenden könne. (Die Leute frügen sich wirklich, setzt er entwaffnend hinzu, wie die Normannen die Festung im Jahr zuvor so mühelos hätten einnehmen können.) Es zeigte sich immer deutlicher, daß das Aushungern der Garnison die einzige Chance für den Sieg bot. Doch die Verteidigungskräfte hatten ein ganzes Jahr Zeit gehabt, sich mit Proviant einzudecken, und außerdem konnte die byzantinische Blockade praktisch jeden Moment von einer mit Nachschub eintreffenden sizilianischen Flotte durchbrochen werden.

Eine lange Belagerung kann auf den angreifenden Truppen ebenso schwer lasten wie auf denen, die sich drinnen befinden. Als das Frühjahr nahte, war eine Verständigung zwischen den griechischen Seeleuten und ihren venezianischen Verbündeten fast unmöglich geworden. Den Gipfel erreichten die Spannungen, als ein venezianischer Verband eine Nachbarinsel besetzte und mehrere byzantinische Handelsschiffe, die vor der Küste ankerten, in Brand steckte. Zu allem Unglück gelang es auch noch, das kaiserliche Flaggschiff zu kapern. Darauf führten sie die im vorangegangenen Kapitel erwähnte Spottschau auf, bei der sie einen äthiopischen Sklaven in die kaiserlichen Gewänder steckten und ihn an Deck vor den Augen der Griechen zum Spaß krönten. Ob der Kaiser rechtzeitig eintraf, um Zeuge dieser Beleidigung zu werden, ist unbekannt. Sicher hat er später davon gehört und sie nicht verziehen; er war aber zu sehr auf Venedig angewiesen, um zu protestieren. Geduld, Takt und sein berühmter Charme vermochten schon bald einigermaßen gute Beziehungen wiederherzustellen. Unterdessen hielt die Belagerung an, nun unter kaiserlichem Oberbefehl. Für Rache würde später noch Zeit genug sein.

Nach einigen Monaten erreichte Manuel sein Ziel: Im Spätsommer fiel Korfu, wahrscheinlich durch Verrat, denn laut Niketas soll der Befehlshaber der Garnison anschließend in kaiserliche Dienste getreten sein. Manuel segelte unverzüglich hinüber in die dalmatische Hafenstadt Awlona. Von dort wollte er über die Adria übersetzen, um sich in Italien mit Konrad zu treffen. Er wurde jedoch von Stürmen aufgehalten und wartete immer noch auf besseres Wetter, als ihm die Nachricht von einem bedrohlichen Aufstand in Serbien übermittelt wurde, den das benachbarte Königreich Ungarn aktiv militärisch unterstützte. Des weiteren mußte er zähneknirschend zur Kenntnis nehmen, daß Georg von Antiochia seine Abwesenheit dazu benutzt hatte, um eine Flotte von vierzig Schiffen durch den Hellespont und das Marmarameer bis vor die Mauern Konstantinopels zu führen. Von dort waren die sizilianischen Schiffe nach einem gescheiterten Landungsversuch in den Bosporus hineingesegelt, hatten mehrere reiche Güter an der asiatischen Küste geplündert und auch noch respektlos mehrere Pfeile in das Areal des Kaiserpalastes geschossen, bevor sie das Weite suchten.

Zwar würde sich Kaiser Manuel auch diese zweite unverzeihliche Beleidigung merken, doch war der serbische Aufstand eine weit ernstere Angelegenheit, besonders da höchstwahrscheinlich der König von Sizilien dahintersteckte. Serbien und Ungarn standen einander ohnehin sehr nahe, und Roger, dessen Base Busilla mit König Koloman verheiratet war, hatte schon immer enge freundschaftliche Beziehungen zum ungarischen Thron gepflegt. Indes war Manuel entgangen, daß Roger sich bei seinen Bemühungen, den gegen ihn geplanten Feldzug zu hintertreiben, einen ähnlichen diplomatischen Schachzug gegen den deutschen König ausgedacht hatte, indem er ein Bündnis deutscher Fürsten unter der Führung Graf Welfs von Bayern finanzierte, der die Hoffnung auf den Kaiserthron als Rivale Konrads immer noch nicht aufgegeben hatte; es war ihm dadurch gelungen, beide Seiten des gewaltigsten Militärbündnisses, das im Mittelalter denkbar war, nämlich das Ostreich und das Westreich – beide handelten diesmal so einträchtig wie nur selten in den sechshundertfünfzig Jahren ihrer gemeinsamen Geschichte – binnen weniger Monate lahmzulegen. Mochte er Manuel auch als Usurpator kaiserlichen Territoriums und noch dazu als prinzipienloser Abenteurer erscheinen, so war er doch ein ihm würdiger Gegner.

Am 29. Juli 1149 gingen König Ludwig VII. und Königin Eleonore von Aquitanien auf ihrer Heimreise von Palästina in Kalabrien an Land und ritten landeinwärts zum Örtchen Potenza, wo Roger von Sizilien sie in Empfang nehmen wollte. Ludwig war nicht sonderlich guter Stimmung. Schlecht beraten, hatten die beiden sich selbst und den ganzen Haushalt sizilianischen Schiffen anvertraut – um byzantinischen Gewässern zu trotzen, ein riskantes Unterfangen – und waren in der Ägäis prompt einer griechischen Schwadron (vermutlich auf dem Weg nach oder von Korfu) begegnet, die sogleich zum Angriff übergegangen war. Ludwig war es zwar gelungen, durch Hissen der französischen Flagge zu entkommen, und Eleonore, deren Beziehung zu ihrem Mann inzwischen so gespannt war, daß sie nicht auf demselben Schiff reiste, wurde noch rechtzeitig von sizilianischen Kriegsschiffen gerettet; aber eines der Begleitschiffe, auf dem sich mehrere Mitglieder des königlichen Haushaltes und fast das gesamte Gepäck befanden, hatten die Griechen gekapert und nach Konstantinopel entführt. Für Ludwig, der sich ohnhein schon längst eingeredet hatte, Manuel Komnenos allein trage die Schuld am Mißlingen des Kreuzzugs, war dieser Vorfall der Tropfen gewesen, der den Krug zum Überlaufen brachte. So ließ er sich nur zu gern auf den Vorschlag ein, den ihm der König von Sizilien unterbreitete.

Kurz gesagt handelte es sich dabei um die Bildung einer europäischen Liga gegen das Byzantinische Reich. Roger legte klar und überzeugend dar, wie Manuel sich in seinem Haß auf die christliche Sache mit den Türken verbündet und diese dann zweifellos über den Vormarsch des Kreuzfahrerheers gründlich informiert habe: über den Ort seiner Lager, den Stand seiner Kriegsvorbereitungen und auch die Routen, die es einzuschlagen gedachte. Mit einer solchen Viper an der Brust, fuhr er fort, sei der Kreuzzug schon vor dem Beginn zum Scheitern verurteilt gewesen. Daher gelte es als vorrangige Aufgabe, den Basileus zu beseitigen und sein verderbtes, abtrünniges Reich völlig zu zerschlagen. Dann und nur dann könnten die Verbündeten einen siegreichen dritten Kreuzzug beginnen und die Demütigungen des zweiten vergessen machen.

Der Vorschlag hätte unehrlicher nicht ausfallen können. König Roger von Sizilien war selbst kein Kreuzfahrer, weder von seiner Veranlagung her noch aus Überzeugung. Das Schicksal der Christen in den Kreuzfahrerstaaten scherte ihn keinen Deut; seiner Ansicht nach hatten sie vielmehr alles verdient, was ihnen widerfahren war. Ihm lag die arabische Seite weit näher am Herzen, deren Angehörige einen beträchtlichen Teil der sizilianischen Bevölkerung ausmachten und überwiegend die Verwaltung seines Landes führten und deren Sprache er perfekt beherrschte. Andererseits stand sein Anspruch auf Antiochia und Jerusalem zur Debatte. Wenn er die Offensive gegen Manuel nicht ergriff, würde dieser sie fraglos gegen ihn ergreifen. War also Angriff hier nicht die beste Verteidigung? Und falls ja, würde es dann jemals eine bessere Gelegenheit dazu geben als gegenwärtig, da er als einziger der Großen Europas sein Ansehen durch den Kreuzzug nicht eingebüßt hatte, während Kaiser Manuel der wohl am meisten verhaßte Mann in Westeuropa war?

Die Ironie der Situation, die Roger so deutlich sah, ging Ludwig dagegen nicht auf. Beglückt von der Unterredung, begab er sich nach Tivoli, um die Meinung des Papstes zu erkunden. Eugen reagierte lauwarm. Zwar war auch er dafür, die Allianz zwischen den beiden Reichen zu beenden, doch hielt er nicht das geringste davon, Rogers Position noch mehr zu stärken. Die übrigen Kirchenführer, samt Bernhard von Clairvaux, gaben sich dagegen begeistert, ebenso Suger, der äußerst einflußreiche Abt von Saint-Denis, der nach Ludwigs Rückkehr nach Paris zum Vorkämpfer für den geplanten neuen Kreuzzug wurde.

Doch der Plan scheiterte an Konrad III., dem deutschen König, der nun seinen vielen Gründen, Roger zu verabscheuen, einen weiteren, vielleicht den stärksten hinzufügen konnte. Er wußte wohl, daß sein Ansehen durch den fehlgeschlagenen Kreuzzug schwer gelitten, Rogers dagegen nie besser dagestanden hatte. Dennoch hielt nun einmal der deutsche Kaiser, ob gekrönt oder nicht, historisch und von Gottes Gnaden, Schwert und Schild der westlichen Christenheit in Händen. Und deshalb wies Konrad diesen Angriff auf sein kaiserliches Vorrecht eifersüchtig als genauso unverzeihlich zurück wie die Usurpation Süditaliens. Außerdem hegte er den starken Verdacht, daß Roger die von Welf von Bayern angeführte Liga finanzierte. Bernhard versuchte alles, um seine Haltung zu ändern, jedoch ohne Erfolg. Der Abt von Clairvaux war Franzose, und Konrad hielt einen Franzosen für kaum besser als einen Sizilianer. Außerdem quälte ihn die Erinnerung daran, daß er schon einmal wider besseres Wissen Bernhards Rat gefolgt war. Bernhards feindselige Haltung Byzanz gegenüber war nur allzugut bekannt. Da er in erster Linie die Schuld am Mißerfolg des Kreuzzugs trug, versuchte er nun mit allen Mitteln, möglichst viel davon abzuwälzen und dem Kaiser des Ostens in die Schuhe zu schieben. In Manuel hatte Konrad dagegen einen Freund, dem er vertraute. Zudem verband die beiden ein feierliches Treueversprechen, das er nicht aufs Spiel setzen wollte.

So kam die große antibyzantinische Liga nicht zustande. Und daß Konrad und Manuel ihren gemeinsamen Feldzug gegen das Königreich Sizilien zurückstellen mußten, verdankte König Roger einzig seiner glänzenden Diplomatie. Doch schon verloren die Hindernisse, die er ihnen in den Weg gelegt hatte, an Wirkung. Bei Flochberg erlitten Graf Welf und seine Freunde 1150 eine Niederlage, von der sie sich nicht wieder erholten, während nach einer Strafexpedition unter Manuels Führung im folgenden Jahr Serbien und Ungarn für eine Weile die Lust am Kampf verging. Nun hatten die Heere der beiden Reiche endlich freie Hand, um nach Süditalien zu marschieren. Der immer wieder verzögerte Feldzug wurde heimlich auf den Herbst 1152 angesetzt. Venedig hatte Unterstützung zugesagt, und sogar Papst Eugen war schließlich noch dafür gewonnen worden. Nie zuvor hatte die Zukunft für Roger von Sizilien so düster ausgesehen.

Da starb Konrad am 15. Februar 1152 in Bamberg im Alter von neunundfünfzig Jahren. In den rund zweihundert Jahren seit der Wiederherstellung des Weströmischen Reichs unter der Herrschaft Ottos des Großen war er als erster designierter Kaiser nicht in Rom gekrönt worden – ein Versäumnis, das in mancher Hinsicht typisch ist für seine Regierung. Als Seneca im Rat, als Paris von Ansehen und Hektor in der

Schlacht hatte man ihn als jungen Mann bezeichnet und große Hoffnungen in ihn gesetzt. Aber er starb, ohne dieses Versprechen einzulösen: nicht als Kaiser, sondern als glückloser König. Da sich um ihn mehrere italienische Ärzte bemühten – vermutlich von der berühmten Universität Salerno –, machten schon bald Gerüchte über sizilianisches Gift die Runde. Doch obwohl König Roger das Verschwinden seines Erzfeindes zur rechten Zeit gewiß gelegen kam, gibt es keinen Anhaltspunkt dafür, daß er seine Hand dabei im Spiel hatte.

Konrad konnte bis zum letzten Augenblick klar denken und beschwor seinen Neffen und Nachfolger Friedrich von Schwaben, genannt Barbarossa, seinen Kampf fortzusetzen. Insofern sich diese Bitte auf Roger von Sizilien bezog, kam sie Friedrich entgegen. Bestärkt durch Apulier, die am deutschen Hof im Exil lebten, spielte er einen Augenblick mit dem Gedanken, noch weiterzugehen, als der Plan seines Onkels ursprünglich vorsah, also sofort gegen Roger zu marschieren und sich auf dem Weg dorthin in Rom zum Kaiser krönen zu lassen. Da jedoch die Nachfolge sich wie immer nicht problemlos regeln ließ, mußte er sich an den Gedanken gewöhnen, den Feldzug auf unbestimmte Zeit zu verschieben. In bezug auf Byzanz ging er freilich andere Wege als sein Onkel. Von seiner Veranlagung her konnte er nichts akzeptieren, was Macht und Ansehen des Westreichs schmälerte. Schon der bloße Gedanke an einen rivalisierenden Kaiser im Osten war kaum zu ertragen. Die fraglichen Provinzen in Süditalien zu teilen oder gar abzugeben kam für ihn von vornherein nicht in Frage. Wenn Manuel Komnenos ihm im Kampf gegen das Königreich Sizilien beistehen wollte, schön und gut; aber dann mußte ihm ein jeder Sieg Lohns genug sein. Knapp ein Jahr nach seiner Thronbesteigung schloß Friedrich in Konstanz mit dem Papst einen Vertrag, in dem sich die beiden einigten, daß Byzanz keinerlei Anspruch auf italienisches Territorium erheben könne und daß der byzantinische Kaiser, sollte er dort dennoch gewaltsam Fuß zu fassen versuchen, vertrieben werde. Damit endeten die kurzen Flitterwochen zwischen den beiden Reichen.

Der Tod König Konrads war nur ein Auftakt. Am 8. Juli 1153 starb unerwartet Papst Eugen in Tivoli. Er war ungern Papst gewesen – bis zum Todestag trug er unter den päpstlichen Gewändern stets die rauhe Kutte eines Zisterziensermönches – und hatte auch für das ihm auferlegte Amt kein großes Talent gezeigt. Trotzdem hatten seine Milde und Schlichtheit ihm die Liebe und den Respekt seiner Herde eingetragen, die nun tief um ihn trauerte. Dasselbe trifft für Bernhard von Clairvaux nicht zu, der ihm nur sechs Wochen später ins Grab folgte. Sein ganzes Leben hindurch hatte Bernhard die zum Glück seltene Erscheinung verkörpert, daß ein eigentlicher Mystiker und Asket sich berufen fühlt, in die Politik einzugreifen. Da er die Welt mit den Augen eines Fanatikers sah, führte seine Einmischung fast ausnahmslos zur Katastrophe. Seine intensive Stimmungsmache für den zweiten Kreuzzug trug der Christenheit des Mittelalters ihre wohl tiefste Schmach ein. Viele mögen in ihm einen einflußreichen Mann gesehen haben, aber gewiß nur wenige einen liebenswürdigen.

Als nächster starb am 26. Februar 1154 dann auch König Roger in Palermo. Sein Sohn und Nachfolger Wilhelm, dem man den Spitznamen der Böse anhängte, hat diesen eigentlich gar nicht verdient, denn er bezog sich vor allem auf seine bedrohlich wirkende Erscheinung und herkuleische Körperkraft.[2] Im Grunde war er träge und liebte die Zerstreuung, besaß indes weder die Intelligenz noch das diplomatische Geschick seines Vaters. Roger hätte wohl kaum, wie es Wilhelm kurz nach seiner Krönung tat, an den byzantinischen Kaiser geschrieben und ihm angeboten, als Gegenleistung für einen Friedensvertrag alle griechischen Gefangenen und die Beute aus Georg von Antiochias Feldzug nach Theben zurückzuschicken. Manuel Komnenos schlug denn auch das Angebot rundweg ab. Er folgerte daraus lediglich, daß sich der neue König von Sizilien offenbar vor einer byzantinischen Invasion fürchtete. Wenn er sich aber fürchtete, war er schwach, und wenn er schwach war, würde man ihn besiegen.

Der letzte in der Reihe von Todesfällen, die eine gänzlich neue Besetzung auf die politische Bühne Westeuropas brachten, betraf Papst Eugens Nachfolger, den alten und untauglichen Anastasius IV. Seine siebzehnmonatige Regentschaft hatte vor allen Dingen der pompösen Selbstdarstellung gedient, und nach seinem Tod in den letzten Tagen des Jahres 1154 legte man den Leichnam in den eindrucksvollen Porphyrsarkophag, in dem bis dahin die Überreste Kaiserin Helenas geruht hatten; diese aber waren auf Anastasius' Anweisung hin einige Wochen zuvor in eine bescheidene Urne in den Ara coeli überführt worden. Sein Nachfolger war von ganz anderem Zuschnitt: Hadrian IV., der einzige Engländer, der je die Tiara trug, erblickte als Nicholas Brakespear um 1115 in Abbot's Langley, Hertfordshire, das Licht der Welt. Schon während seines Studiums zog es ihn nach Frankreich und von dort nach Rom, wo er durch seine Eloquenz, seine Fähigkeiten und sein außergewöhnlich gutes Aussehen die Aufmerksamkeit von Papst Eugen erregte, einem begeisterten Anhänger alles Englischen; so stieg er rasch auf.

Eine Mission in Norwegen im Jahre 1152, mit dem Ziel, die Kirche in ganz Skandinavien zu reorganisieren, verlief unter seiner Leitung derart erfolgreich, daß er beim Tod Papst Anastasius' zwei Jahre später einstimmig zu dessen Nachfolger gewählt wurde. Wie sich erweisen sollte, erfolgte seine Wahl gerade noch rechtzeitig; binnen eines halben Jahres sah er sich einer schweren Krise gegenüber, die keiner seiner beiden Vorgänger bewältigt hätte: Friedrich Barbarossa erschien in Italien, um sich zum Kaiser krönen zu lassen.

Der mittlerweile zweiunddreißigjährige Friedrich erschien den Deutschen der damaligen Zeit als das Paradebeispiel eines deutschen Ritters. Er war groß und breitschultrig, eher anziehend als schön, und seine Augen funkelten so hell unter dem dichten rotbraunen Haarschopf hervor, als sei er immerzu zum Lachen aufgelegt; so zumindest nach einem Chronisten, der ihn gut kannte.[3] Hinter dem lockeren, freundlichen Äußeren aber lauerte ein stählerner Wille, der sich einem einzigen Ziel verschrieben hatte: das Reich in seiner alten Größe und seinem alten Glanz wiederherzustellen. Dieses Ziel gestattete keinerlei Konzessionen, weder Rücksicht auf den Papst noch auf den byzantinischen Kaiser und auch auf sonst niemanden. Friedrich erschien in den ersten Wochen des Jahres 1155 in Norditalien, wo ihn das starke republikanische Empfinden in den größeren und kleineren Städten zuerst in Erstaunen versetzte und dann derart in Rage brachte, daß er von Anfang an Stärke zu demonstrieren beschloß. Zwar erwies sich der ewige Unruheherd Mailand für ihn als zu stark, aber er statuierte an der mit Mailand verbündeten Stadt Tortona ein Exempel, indem seine Truppen sie nach zweimonatiger Belagerung einnahmen und kurzerhand dem Erdboden gleichmachten. Nach dem Osterfest in Pavia, wo man ihm die traditionelle Eisenkrone der Lombardei aufgesetzt hatte, durcheilte Friedrich die Toskana so rasch, daß in der römischen Kurie große Besorgnis aufkam. Einige ältere Kardinäle konnten sich noch erinnern, wie 1111 sein Vorfahre Heinrich V. im Petersdom Hand an Papst Paschalis II. gelegt und ihn zwei Monate lang gefangengehalten hatte, und sie hatten bisher nichts vom neuen deutschen König gehört, was zu der Annahme berechtigte, er wäre dazu nicht ebenfalls imstande. Deshalb beschloß Papst Hadrian, sich mit ihm zu treffen. Die Begegnung fand am 9. Juni in Campo Grasso bei Sutri statt; allein, sie schlug fehl. Nach altem Brauch sollte der König dem herannahenden Papst entgegengehen, dessen Pferd die letzten paar Meter am Zügel führen und dann den Steigbügel halten, um dem Papst beim Absteigen behilflich zu sein. Friedrich dachte jedoch nicht daran, woraufhin Hadrian ihm den traditionellen Friedenskuß verweigerte.

Friedrich machte geltend, ihn verpflichte nichts zum Dienst als päpstlicher Reitknecht, doch Hadrian blieb unbeugsam. Es gehe hier nicht um eine bloße Frage des Protokolls, sondern handle sich um einen öffentlichen Akt des Aufbegehrens, und dies rühre an die Wurzeln der Beziehung zwischen weltlicher und kirchlicher Gewalt. Friedrich gab schließlich nach und ließ das Lager etwas weiter nach Süden verlegen. Am Morgen des 11. Juni wurde dann die Zeremonie in der Nähe der Kleinstadt Monterosi doch noch vorgenommen. Diesmal ging der König, wie gewünscht, zu Fuß auf den Papst zu, nahm dessen Pferd am Zügel und führte es, wie berichtet wird, einen »Steinwurf« weit. Dann hielt er dem Papst den Steigbügel, um ihm beim Absitzen zu helfen. Hadrian ließ sich auf dem bereitgestellten Thron nieder, Friedrich beugte vor ihm das Knie und küßte ihm die Füße. Dem folgte der Friedenskuß, und da endlich konnte die Unterredung beginnen.

Eigentlich gab es damit keinen Grund mehr, die Krönung weiter zu verzögern. Doch die Bevölkerung Roms hatte, seit diese Zeremonie zum letzten Mal stattgefunden hatte, eine politische Vertretung gebildet und den Senat wiederaufleben lassen. Daher erschien bald darauf eine ebenso großspurig wie herablassend auftretende Abordnung von Senatoren in Friedrichs Lager, die ihm auseinandersetzte, er könne die Krone nur dann in Empfang nehmen, wenn er zuvor sowohl schwöre, künftig die Freiheit der Stadt zu garantieren, als auch auch eine Sonderzahlung *(ex gratia)* von fünftausend Pfund Gold entrichte. Friedrich gab zur Antwort, er verlange nur, was ihm rechtmäßig zustehe; eine solche Garantie stehe für ihn außer Frage; und was Geldgeschenke betreffe, so werde er solche vergeben, wann und wo es ihm gefalle. Da zogen die Senatoren enttäuscht ab. Aber sie bedeuteten dem Papst, der schon früher mit dieser Gemeinde zu tun gehabt hatte, unmißverständlich, daß es zu ernsthaften Schwierigkeiten kommen werde. Wollten sie diese vermeiden, mußten er wie Friedrich also rasch handeln.

Im Morgengrauen des folgenden Tages, am Samstag, dem 17. Juni, zog Friedrich, der deutsche König, durch das Goldene Tor in Rom ein und begab sich geradewegs zum Petersdom, wo ihn Papst Hadrian, der ein paar Stunden zuvor eingetroffen war, auf der Kirchentreppe erwartete. Nach einer eiligst gefeierten Messe gürtete Hadrian Friedrich direkt über dem Apostelgrab hastig mit dem Schwert des heiligen Petrus und setzte ihm die Kaiserkrone auf. Unmittelbar nach der kurzen Zeremonie ritt der neue Kaiser Friedrich I. Barbarossa mit der Krone auf dem Haupt in sein Lager vor der Stadtmauer zurück, während Papst Hadrian im Vatikan Zuflucht suchte, um die weitere Entwicklung abzuwarten.

Bereits vor neun Uhr wurde dem Senat, der im Kapitol beriet, wie die Krönung zu verhindern sei, gemeldet, diese sei soeben erfolgt. Zornbebend darüber, daß man sie ausgetrickst hatte, riefen die Senatoren zu den Waffen. Bald darauf drängte eine riesige Menschenmenge über die Engelsbrücke und eine weitere durch Trastevere nach Norden. Sowie Friedrich wieder im Lager oberhalb der Stadt eintraf, erging an die deutschen Soldaten der Befehl, sich für den Kampf zu rüsten. Hatte der Kaiser nicht noch vor wenigen Stunden vor aller Augen geschworen, Christi Kirche zu verteidigen? Und nun schien sie statt dessen bereits bedroht. Zum zweiten Mal an diesem Tag ritt Friedrich in Rom ein, diesmal jedoch nicht im Krönungsornat, sondern in der Rüstung.

Den ganzen Tag über tobte die Schlacht zwischen den Soldaten des römischen Kaisers und seinen Untertanen. Erst bei Einbruch der Nacht trieben die kaiserlichen Truppen die letzten Aufständischen über die Brücken zurück. Auf beiden Seiten hatte es schwere Verluste gegeben. Über die der Deutschen gibt es keine verläßlichen Zahlen; dagegen sollen fast tausend auf römischer Seite entweder erschlagen worden oder im Tiber ertrunken und sechshundert in Gefangenschaft geraten sein. Der Senat hatte seine Arroganz teuer bezahlt, der Kaiser aber auch seine Krone. Sein Sieg verschaffte ihm nicht einmal Zugang zur Stadt, denn bei Sonnenaufgang des folgenden Tages waren alle Tiberbrücken abgeriegelt und die Tore verbarrikadiert. Für eine Belagerung waren er und sein Heer nicht gerüstet. Die Hitze des römischen Sommers forderte bereits ihren Tribut; unter den Soldaten brachen Malaria und Ruhr aus. Der Rückzug schien das einzig Vernünftige. Und da der Vatikan dem Heiligen Stuhl keine Sicherheit mehr bot, mußte man Papst und Kurie mitnehmen. Am 19. Juni ließ Friedrich das Lager abbrechen und zog sich mit seinem Heer in die sabinischen Berge zurück, und einen Monat später begab er sich eilends nach Deutschland. Hadrian blieb allein und machtlos in Tivoli zurück.

Manuel Komnenos, der diese Ereignisse von Konstantinopel aus verfolgte, präsentierte sich eine völlig veränderte Situation. Seit Konrads Tod brauchte er auf Hilfe aus dem weströmischen Reich nicht mehr zu hoffen. Zwar kannte er den Vertrag von Konstanz nicht bis ins Detail und mag darum eine Aufteilung Italiens immer noch für möglich gehalten haben. Friedrichs Haltung hatte ihm jedoch klar gezeigt, daß er ab sofort darum kämpfen mußte. Falls, was früher oder später wahrscheinlich schien, die Deutschen gegen Wilhelm von Sizilien marschieren würden, galt es eine starke byzantinische Streitmacht bereitzuhalten, um die verbürgten Rechte Konstantinopels zu verteidigen. Und falls dies nicht geschah, mußte er selbst die Initiative ergreifen.

Gelegen kam ihm dagegen die Nachricht, daß die normannischen Barone in Apulien wieder einmal kurz vor der offenen Revolte standen. Sie hatten das Haus Hauteville schon immer abgelehnt, dessen Stammbaum schließlich um nichts vornehmer war als ihr eigener und das seine Oberherrschaft mindestens ebenso sehr intriganter Verschlagenheit verdankte wie außergewöhnlichem Mut im Feld. Rebelliert hatten sie früher schon öfter, nicht nur gegen König Roger, sondern vor ihm auch gegen Robert Guiscard. Doch Rogers Tod und die Schwäche seines Nachfolgers Wilhelm schienen ihnen nun die Möglichkeit zu bieten, die sizilianischen Fesseln endgültig abzuschütteln. Wie immer benötigten sie dazu Unterstützung. Zunächst setzten sie auf Friedrich, und sein hastiger Abzug enttäuschte sie sehr; doch sie fühlten sich ihm nicht besonders verpflichtet. Nun, da er sie im Stich gelassen hatte, beschlossen sie, Manuel um Hilfe anzugehen.

Dazu war Manuel gerne bereit. Zwar konnte er keinen großen Feldzug zusagen, da der Ungarnkrieg wiederaufgeflammt war und er sein Heer an der Donau brauchte. Doch sandte er im Sommer 1155 als einen ersten Schritt die beiden erfahrenen Feldherren Michael Palaiologos, den früheren Gouverneur von Thessalonike, und Johannes Dukas nach Italien. Sie sollten mit den Zentren des normannischen Widerstandes Kontakt aufnehmen und einen allgemeinen Aufstand koordinieren, der von einem kleinen byzantinischen Heer und an Ort und Stelle ausgehobenen Söldnern unterstützt werden würde. Sollte sich Friedrich noch in Italien aufhalten und eine Möglichkeit bestehen, ihn auf dem Rückmarsch von Rom abzufangen, müßten sie ihn ein letztes Mal mit allen Mitteln zu überreden versuchen, sich ihrer Streitmacht anzuschließen. So unwahrscheinlich diese Aussicht schien, ergaben Nachforschungen bei ihrer Ankunft in Italien schon bald, daß der Kaiser in der Reichstadt Ancona weilte, wo er sie bereitwillig empfing.

Friedrich war schweren Herzens nach Norden marschiert. Schon der Papst hatte ihn angefleht, dem ursprünglichen Plan gemäß sein Heer unverzüglich gegen König Wilhelm von Sizilien zu führen. Er selbst hätte dies nur zu gerne getan. Aber seine kranken deutschen Lehnsleute wollten davon nichts wissen. Sie waren die erbarmungslose Sonne, die ungewohnte Nahrung und die Insektenschwärme, die ihnen ständig um die Köpfe schwirrten, gründlich leid und sehnten sich danach, einen festen Gebirgswall zwischen sich und den Schauplatz ihrer Qualen zu bringen. Nach dem Vorstoß von Palaiologos und Dukas versuchte Friedrich noch einmal, etwas von seinem eigenen Sinnen und Trachten auf sein Gefolge zu übertragen, allein auch diesmal vergebens. Mit Bedauern mußte er den Gesandten gestehen, daß er nichts machen könne; sie müßten ihren Feldzug allein in Angriff nehmen. Manuel bereitete diese Nachricht nicht allzu viel Kopfzerbrechen. Zwar wäre es strategisch günstig gewesen, wenn das deutsche Heer für ihn die Schlachten geschlagen hätte, aus diplomatischer Sicht ergab sich dagegen ohne die Deutschen eine weit unkompliziertere Situation; außerdem ging aus den Berichten, die ihn erreichten, hervor, daß er auch so genügend Verbündete hatte. Unterdessen breitete die Revolte sich unter dem neuen Anführer Graf Robert von Loritello, einem Vetter König Wilhelms, über ganz Süditalien aus. Im Spätsommer 1155 trafen sich Robert und Michael Palaiologos in Viesti. Ein jeder hatte genau das anzubieten, was dem anderen gerade mangelte. Michael Palaiologos verfügte über eine Flotte von zehn Schiffen, anscheinend unerschöpfliche Geldvorräte und die Vollmacht, bei Bedarf weitere Verstärkung von jenseits der Adria anzufordern. Robert konnte die Unterstützung eines großen Teils des normannischen Feudaladels und die Kontrolle über einen langen Küstenabschnitt in die Waagschale werfen. Letzteres war von großer Bedeutung, damit die byzantinischen Kommunikationswege in ausreichendem Maße gesichert blieben. Es kam also schnell zu einer Verständigung; und dann schlug man sogleich los.

Das erste Ziel hieß Bari. Bis zur Eroberung durch die Truppen Robert Guiscards 1071 war Bari die bedeutendste byzantinische Stadt in Italien und das letzte griechische Bollwerk auf der Halbinsel gewesen. Die Mehrheit seiner – griechischstämmigen – Bevölkerung lehnte die Regierung in Palermo ab und wartete nur auf eine Gelegenheit, von ihr loszukommen. Unter ihnen gab es ein paar, die den Angreifern die Tore öffneten. Obwohl die sizilianische Garnison von der alten Zitadelle und der Nikolaus-Kirche aus tapfer focht, mußte sie bald kapitulieren und zusehen, wie das Volk von Bari über die Zitadelle, das verhaßte Symbol der sizilianischen Herrschaft, herfiel, und sie dem Erdboden gleich machte, ohne daß Palaiologos dies verhindern konnte.

Die Nachricht vom Fall Baris und plötzlich auftauchende Gerüchte über König Wilhelms Tod – er war tatsächlich schwer erkrankt – erschütterten die Moral der Küstenstädte Apuliens. Trani ergab sich als nächste, dann die benachbarte Hafenstadt Giovinazzo. Weiter südlich leistete man dagegen noch heftig Widerstand: Wilhelm von Tyrus berichtet, der Patriarch von Jerusalem habe auf seinem Weg zum Papst im Herbst in Otranto, wo er Station machen wollte, sich sofort wieder eingeschifft und der Küste entlang nach Ancona segeln müssen, ein solcher Tumult habe in der gesamten Gegend geherrscht. Erst Anfang September trat König Wilhelms Heer mit Vizekönig Asclettin an der Spitze auf den Plan. Es umfaßte etwa zweitausend Ritter und eine beträchtliche Streitmacht von Fußsoldaten, vermochte sich jedoch gegen die Rebellen nicht zu behaupten und wurde vor den Mauern von Andria schwer geschlagen. Graf Richard von Andria, das loyale Oberhaupt der Stadt, der heldenhaft für seinen König gekämpft hatte, fiel im Kampfgetümmel vom Pferd, und ein Priester aus Trani soll seinem Leben ein Ende gesetzt haben, indem er ihn mit dem Schwert aufschlitzte und ihm die Innereien herausriß. Als das Volk ihn tot daliegen sah, ergab es sich auf der Stelle. Wer immer noch zu König Wilhelm stand, blickte in eine düstere Zukunft.

Papst Hadrian verfolgte diese Ereignisse zunächst von Tivoli und dann von Tusculum aus mit Genugtuung. Sowenig er das griechische Volk mochte, dem sizilianischen zog er es allemal vor. Er frohlockte, daß der verhaßte Wilhelm doch noch bekam, was er verdiente, obwohl er der Rache Barbarossas entkommen war. Ob die Initiative, sich mit Byzanz zu verbünden, von ihm ausging oder der Anstoß von Manuel Komnenos in Konstantinopel oder Michael Palaiologos in Apulien kam, bleibt ungeklärt. Im Spätsommer wurden jedenfalls gemeinsame Gespräche geführt, in deren Verlauf Hadrian in Kampanien ein Söldnerheer aushob, und zwar höchstwahrscheinlich auf Kosten von Byzanz. Dieses setzte sich am 29. September Richtung Süden in Marsch.

Es mag verblüffen, nur hundert Jahre nach dem großen Schisma zwischen der Ost- und der Westkirche einen byzantinischen Kaiser in einer militärischen Allianz mit dem römischen Papst zu sehen. Aber Hadrian witterte in den Vorgängen in Süditalien eine einmalige Gelegenheit. Außerdem machten ihm die im Exil lebenden apulischen Vasallen Mut. In der Hoffnung, wieder zu ihren ehemaligen Lehen zu kommen, willigten sie mit Freuden ein, ihn als ihren Oberherrn anzuerkennen, wenn er ihnen dabei behilflich sei. Schon am 9. Oktober erhielten Fürst Robert von Capua und mehrere andere hochrangige normannische Feudalherren ihre angestammten Besitzungen zurück, und noch vor Jahresfrist befand sich ganz Kampanien und der größte Teil Apuliens in byzantinischer oder päpstlicher Hand. Nachdem die wenigen noch verbliebenen Widerstandsnester ausgehoben waren, konnte sich Michael Palaiologos zu einem Erfolg gratulieren, wie er ihn nie zu hoffen gewagt hätte. In nur sechs Monaten hatte sich der griechische Herrschaftsbereich wieder beinahe so weit ausgedehnt wie zuletzt vor hundertfünfzig Jahren. Ihm war zu Ohren gekommen, sein Kaiser gedenke angesichts einer solch rasanten Entwicklung eine große Streitmacht zu senden, um das Erreichte zu konsolidieren. Bei dieser Erfolgsquote konnte es gut und gern soweit kommen, daß schon bald ganz Süditalien die Herrschaft Konstantinopels anerkannte. König Wilhelm würde es nicht mehr geben, Papst Hadrian angesichts der griechischen Triumphe, wo die Deutschen versagt hatten, die Überlegenheit der byzantinischen Waffen anerkennen und seine Politik danach ausrichten, und endlich der große Traum der Komnenen, nämlich die Wiedervereinigung des Römischen Reichs unter der Ägide Konstantinopels, Wirklichkeit werden.

Hugo Falcandus, der detaillierteste und weitaus verständlichste Chronist des normannischen Sizilien, dessen Werk erhalten ist, gibt die folgende Beschreibung seines Königs Wilhelm:

> König Wilhelm war ein Mann, der seinen Palast am liebsten nie verlassen hätte. Sah er sich jedoch einmal zum Handeln gezwungen, dann stürzte er sich – so wenig Tatkraft er auch vorher gezeigt haben mochte – weniger mit echtem Mut, als vielmehr starrsinnig, ja geradezu tollkühn mitten in die Gefahr.

Bei Hugo finden sich kaum Lobhudeleien; selbst wenn er, wie hier, seinem Oberherrn Tribut zollt, scheint fast stets ein wenig Boshaftigkeit durch, und in dem, was er sagt, liegt ein wahrer Kern. In unserem aktuellen Fall läßt sich Wilhelms anfängliche Unentschlossenheit jedoch erklären. Von September bis Weihnachten lag er schwerkrank in Palermo und überließ die Regierung Siziliens seinem »Emir der Emire«, dem Lombarden Maio von Bari. Und in den ersten Wochen des Jahres 1156 hatte er, immer noch nicht ganz genesen, zuerst mit Aufständen in Palermo und dann mit der Rebellion sizilianischer Feudalherren im Süden Siziliens zu tun. Erst im Frühjahr war er dann wieder gesund – und sein Blut in Wallung, bereit, sich das Festland vorzunehmen.

Landheer und Flotte kamen in Messina zusammen. Man gedachte, in einer konzertierten Aktion das griechische Heer, die Papstgetreuen und die rebellischen Adligen gleichzeitig vom Meer und vom Land her anzugreifen. In den letzten Apriltagen setzten die Landtruppen zum Festland über und marschierten durch Kalabrien, während die Flotte die Meerenge durchfuhr und dann in nordöstlicher Richtung Kurs auf Brindisi nahm. Die byzantinischen und die Rebellentruppen hatten einen schlechten Winter hinter sich. Zunehmende Arroganz im Auftreten Michael Palaiologos' hatte zunächst zu einem Zerwürfnis geführt, auf das hin Robert von Loritello voller Verachtung davongeritten war. Dann starb Michael Palaiologos nach kurzer Krankheit in Bari. Trotz seines herrischen Wesens war er ein glänzender Stratege gewesen, und sein Tod bedeutete für seine Landsleute einen schweren Schlag. Zwar hatte Johannes Dukas das Heer schließlich wieder in Gang – und sogar eine Versöhnung mit dem Grafen von Loritello zustande – gebracht, doch das frühere Vertrauen zwischen den Verbündeten ließ sich nicht wiederherstellen; der Schwung von 1155 war dahin.

Drei Wochen wurde Brindisi nun schon belagert. Die königstreue Besatzung der Zitadelle leistete heroischen Widerstand, wodurch der weitere byzantinische Vormarsch auf der Halbinsel ein Ende fand. Auf die Nachricht hin, Wilhelms Streitkräfte befänden sich auf dem Vormarsch, mußte das griechische Heer mitansehen, wie jenes der verbündeten Rebellen allmählich abbröckelte. Die Söldner forderten nach Söldnerart in diesem besonders kritischen Augenblick eine unmögliche Erhöhung ihres Soldes und machten sich zuhauf auf und davon, als man ihnen diese vorenthielt. Robert von Loritello desertierte zum zweiten Mal, und viele seiner Landsleute taten es ihm nach. Johannes Dukas standen nun nur noch die wenigen Truppen zur Verfügung, die mit ihm und Michael Palaiologos gekommen, sowie jene, die in den vergangenen neun Monaten nach und nach über die Adria getröpfelt waren. Und damit stand er zahlenmäßig hoffnungslos unterlegen da. Zuerst traf die sizilianische Flotte ein. Ein oder zwei Tage lang konnten sich seine Schiffe behaupten, da die Einfahrt in den Hafen von Brindisi sehr eng, nur gut dreißig Meter breit ist. Eintausendzweihundert Jahre zuvor hatte Julius Cäsar sie mit seinen Soldaten für Pompeius' Schiffe blockiert. Nun bediente sich Johannes Dukas einer ganz ähnlichen Taktik, indem er die ihm zur Verfügung stehenden vier Schiffe nebeneinander quer vor der Einmündung plazierte und an beiden Ufern Fußsoldaten aufmarschieren ließ. Als aber Wilhelms Landheer am westlichen Horizont auftauchte, zerstoben die letzten byzantinischen Hoffnungen. Einem gleichzeitigen Angriff vom Meer, vom Land und von der Zitadelle der Stadt her ausgesetzt, würden sich die Wälle unmöglich behaupten lassen. Johannes Dukas und seine Soldaten waren, wie Johannes Kinnamos sich ausdrückte, gefangen wie in einem Netz.

Die folgende Schlacht war kurz und blutig, die byzantinische Niederlage total. Die sizilianische Flotte hielt die kleinen Inseln um den Hafeneingang besetzt und vereitelte jegliches Entkommen auf dem Seeweg. Johannes Dukas, die übrigen byzantinischen Überlebenden und jene normannischen Aufständischen, die sich noch nicht aus dem Staub gemacht hatten, gerieten in Gefangenschaft. Die vier griechischen Schiffe wurden erbeutet, außerdem große Mengen Gold und Silber, die Manuel Michael Palaiologos für die Bezahlung der Söldner und zur Bestechung anvertraut hatte. An diesem einen Tag, dem 28. Mai 1156, wurde alles, was Byzanz im vergangenen Jahr in Italien erreicht hatte, fortgewischt, als wären seine Truppen nie dort gewesen.

König Wilhelm behandelte die griechischen Gefangenen gemäß den allgemein anerkannten Kriegsregeln, zeigte jedoch gegenüber seinen rebellischen Untertanen kein Erbarmen. Für ihn galt, wie schon für seinen Vater, Verrat als das einzige unverzeihliche Verbrechen. Nur wenige der Aufständischen, die ihm in die Hände fielen, hatten das Glück, in einem Kerker zu landen. Die übrigen wurden erhängt, geblendet oder mit schweren Gewichten an den Füßen im Meer versenkt. Brindisi, wo man heldenhaft Widerstand geleistet hatte, wurde verschont. Bari, wo sich die Verteidigung den Invasoren kampflos ergeben hatte, mußte dafür büßen. Wilhelm gab der Bevölkerung zwei Tage Frist, um ihre Habseligkeiten zu retten. Am dritten Tag wurde die Stadt samt der Kathedrale zerstört. Nur die große Nikolauskirche und ein paar kleinere Sakralbauten blieben stehen.

Wieder einmal hatte sich die alte Lektion bewahrheitet – eine Lektion, die sich eigentlich von selbst versteht, welche aber die europäischen Fürsten im Mittelalter offensichtlich nicht begreifen konnten: daß sich in entlegenen Ländern, in denen es einen organisierten Widerstand gibt, eine Besatzungstreitmacht auf Dauer nicht halten kann. Schnelle Siege ließen sich leicht erringen, besonders wenn mit Bestechung und großzügiger Unterstützung der Unzufriedenen im Lande nachgeholfen wurde. Ging es jedoch um Konsolidierung und Behauptung des Erreichten, half auch kein Gold mehr, es mochte noch so viel sein. Das normannische Reich hatte sich in Süditalien und Sizilien nur deswegen erfolgreich entwickeln können, weil die ersten Fremden zwar als Söldner kamen, sich aber dann dort niederließen; und selbst so hatte der Prozeß noch fast volle hundert Jahre in Anspruch genommen. Und kaum brachen dann die normannischen Truppen zu fernen Abenteuern auf, wie zum Beispiel zu den beiden Invasionen in das Byzantinische Reich unter der Führung Robert Guiscards und Bohemunds, waren auch sie zum Scheitern verurteilt. Manuel Komnenos hatte in Apulien und Kalabrien vor allem auf jene Gemeinden gesetzt, die noch griechisch sprachen und ihre griechische Tradition zumindest soweit aufrechterhielten, daß sie sich ihm verbunden fühlten. Die Bevölkerung von Bari hatte entsprechend reagiert. Dabei hatte er jedoch folgende Punkte übersehen: Daß diese Gemeinden lediglich eine verschwindende Minderheit der Gesamtbevölkerung ausmachten und daß die Streitmacht Wilhelms von Sizilien sich in einer viel besseren Ausgangsposition befand, um mit eventuell auftretenden Schwierigkeiten fertig zu werden. Daß dieser Feldzug, der einst so vielversprechend begonnen hatte, so jämmerlich ausging, war daher kein Mißgeschick, sondern unvermeidlich.

Die Nachricht von der Katastrophe wurde in Konstantinopel mit Entsetzen aufgenommen. Der arme Johannes Dukas, der sich von seinem Kerker in Palermo aus nicht rechtfertigen konnte, eignete sich zwar hervorragend als Sündenbock, doch wußten alle, daß die Verantwortung letztlich beim Kaiser lag, und Manuel fühlte sich tief gedemütigt. Es kam noch schlimmer; im Sommer darauf fiel eine sizilianische Flotte von 164 Schiffen mit beinahe zehntausend Mann Besatzung über die blühende Insel Euböa her und verwüstete und plünderte sämtliche Städte und Ortschaften an der Küste. Von dort fuhr sie weiter nach Almira am Golf von Volos, welches das gleiche Schicksal ereilte, und dann ging es, sofern wir Niketas Choniates' Bericht Glauben schenken können, im Eiltempo den Hellespont hinauf und durch das Marmarameer nach Konstantinopel, wo angeblich ein Hagel von Pfeilen mit Silberspitzen auf den kaiserlichen Palast niederprasselte.[4]

Es zeigte sich immer deutlicher, daß die Zeit reif war für eine radikale Änderung der byzantinischen Außenpolitik. Konnte Manuel Komnenos die verlorenen italienischen Provinzen nicht mit Waffengewalt zurückgewinnen, so würde dies – wenigstens auf lange Sicht – auch seinem Rivalen Friedrich Barbarossa nicht gelingen. Aber Friedrich, der von Kraft und Ehrgeiz nur so strotzte, würde gewiß, sobald er freie Hand hatte, wieder mit einem Heer in Italien auftauchen und vielleicht sogar Wilhelm vom Thron stoßen. Und würde sein nächstes Ziel nicht Byzanz heißen, da er doch davon träumte (das wußte man), die beiden Reiche unter einem Szepter, natürlich seinem eigenen, vereint zu sehen? Dieser Schluß lag nahe. Wilhelm war als Emporkömmling Friedrich bei weitem vorzuziehen. Irgendeine Verständigung mußte mit ihm zustande kommen, allerdings durfte sie nicht so erniedrigend ausfallen wie die Papst Hadrian IV. aufgezwungene, der, von allen Verbündeten im Stich gelassen, sich bereits auf Verhandlungen hatte einlassen müssen; diese hatten zu dem im Juni 1156 unterzeichneten Vertrag von Benevento geführt, in dem Papst Hadrian nicht nur Wilhelms Herrschaft über Sizilien, Apulien, Kalabrien und das frühere Fürstentum Capua, sondern auch über Neapel, Amalfi, Salerno sowie die Marken und die nördlichen Abruzzen anerkannte, und die Anrede lautete »Wilhelm, glorreicher König von Sizilien und liebster Sohn in Christo, herrlichster an Reichtümern und Leistungen von allen Königen und Großen des Zeitalters. Der Ruhm deines Namens dringt bis an die Grenzen der Erde kraft deiner Gerechtigkeit, deines Friedens, den du deinen Untertanen wiedergebracht hast, und der Furcht, welche deine Großtaten in die Herzen aller Feinde der Christenheit gesenkt haben.« Nein, Kaiser Manuel war nicht geneigt, seinen Namen unter ein Dokument dieser Art zu setzen. Er wollte mit dem König von Sizilien wenigstens aus einer Position relativer Stärke verhandeln. Er sandte daher im Sommer 1157 einen neuen Unterhändler nach Italien: Alexis, den vielversprechenden Sohn seines *Großdomestikos* Johannes Axuch. Alexis' Auftrag lautete nicht viel anders als der zuvor an Michael Palaiologos ergangene, nämlich Kontakt aufzunehmen zu jenen rebellischen Feudalherren, die sich noch in Freiheit befanden, Söldner auszuheben für einen neuen Feldzug die Küste entlang und ganz allgemein möglichst viel Unfrieden zu stiften. Daneben hatte Manuel ihn mit einer zweiten Aufgabe betraut: insgeheim mit Wilhelm in Verbindung zu treten und Friedensverhandlungen zu führen. Die beiden Aufgaben widersprachen sich weniger, als es zunächst den Anschein macht, denn je heftiger die Vorgefechte, desto günstiger würden letztlich Wilhelms Bedingungen für Byzanz ausfallen.

Alexis führte beide Teile seiner Mission gleich erfolgreich aus. Innerhalb weniger Wochen nach seiner Ankunft verwüsteten Robert von Loritello und seine Getreuen erneut sizilianisches Territorium in Nordsizilien, und ein anderer Rebellenführer, namens Graf Andreas von Rupecanina, machte das Land um Capua unsicher und bedrohte ernsthaft Monte Cassino, an dessen Fuß er mit seinen Leuten einem sizilianischen Heer im Januar 1158 in offener Feldschlacht sogar eine Niederlage bereitete. Zwar hinderte Alexis' Beihilfe zu diesen Operationen ihn daran, persönlich Friedensverhandlungen aufzunehmen, doch gelang es ihm, die beiden geachtetsten Griechen, die noch immer in Palermo gefangengehalten wurden, nämlich Johannes Dukas und Alexios Bryennios, für diese Aufgabe zu gewinnen. Durch ihre Vermittlung kam zu Beginn des Frühjahrs eine geheime Übereinkunft zustande. Alexis Axuch ließ seine apulischen Verbündeten im Glauben, er wolle noch mehr Soldaten und Material beschaffen, versetzte sie jedoch und entwischte nach Konstantinopel. Obwohl Wilhelm den byzantinischen Beweggründen immer noch skeptisch gegenüberstand, schenkte er sämtlichen griechischen Gefangenen die Freiheit und entsandte eine diplomatische Delegation unter der Führung seines einstigen Lehrers und engen Freundes Heinrich Aristippus zu Manuel nach Konstantinopel.[5] Es kam dann auch ordnungsgemäß zur Unterzeichnung eines Friedensvertrags, dessen Vereinbarungen jedoch nicht bekannt sind. Und den normannischen Baronen, die sich unversehens ihrer Geldmittel beraubt fanden, blieb nichts anderes übrig, als ihre neuen Eroberungen aufzugeben und einen anderen, zuverlässigeren Vorkämpfer zu suchen.

8

Manuel Komnenos' zweite Regierungshälfte

(1158–1180)

> *Die Antiochier waren zuerst über das Herannahen des Kaisers nicht erfreut [...]. Da sie aber den Beschluß des Kaisers nicht vereiteln und seine Ankunft nicht verhindern konnten, strömten sie in ihrer knechtischen Gesinnung mit unterwürfigen Gebärden scharenweise aus den Stadttoren ihm entgegen. Sie hatten sogar auch für einen prachtvollen Einzug alles vorbereitet: Die Straßen und Plätze waren mit Bildteppichen und kostbaren Geweben geschmückt und mit frischen Zweigen geziert. [...] Der syrische Schlemmer war ebenso dabei wie der isaurische Räuber und der kilikische Pirat, und der lanzenbewehrte italische Ritter hatte sein hochnackiges Roß und seinen stolzen Sinn daheim gelassen und schritt zu Fuß in diesem Triumphzug.*
>
> Niketas Choniates[1]

Zum Zeitpunkt der Unterzeichnung des Friedensvertrages mit Sizilien regierte Manuel Komnenos das Byzantinische Reich schon seit fünfzehn Jahren. Mangelnde Aktivität konnte ihm gewiß niemand vorhalten. Ganz abgesehen von der bemerkenswert erfolgreichen Bewältigung aller militärischen, diplomatischen und administrativen Probleme im Zusammenhang mit dem zweiten Kreuzzug, hatte er am Krieg gegen die seldschukischen und danischmendidischen Heere in Anatolien, die kumanischen Eindringlinge in Thrakien, die sizilianischen Truppenverbände in Korfu sowie gegen die serbischen und ungarischen Aufständischen in den Donauprovinzen persönlich teilgenommen. Hätte er damit nicht alle Hände voll zu tun gehabt, hätte er sich mit Sicherheit auch noch in den jüngsten Feldzug in Süditalien gestürzt. Nur Kilikien, wo er seine Herrschaft angetreten hatte, und den Kreuzfahrerstaaten hatte er relativ wenig Aufmersamkeit schenken können.

Im Herbst 1158 jedoch brach er an der Spitze eines großen Heeres in Konstantinopel auf, um dieses Versäumnis wettzumachen.

Er war wütend, und das mit gutem Grund. Als erstes richtete sein Zorn sich gegen Thoros, den ältesten noch lebenden Sohn von Leon Rubenidos. Dieser war 1143 aus seinem Kerker in Konstantinopel entkommen und hatte bei seinem Vetter Joscelin II. von Edessa Zuflucht gesucht, wo er seine drei jüngeren Brüder und eine Gruppe gleichgesinnter Landsleute um sich scharte. Gemeinsam hatten sie bald den Familienstammsitz Vakha hoch im Taurusgebirge wieder an sich gebracht und waren von da 1151 in die kilikische Ebene gestürmt, wo sie eine kleine byzantinische Streitmacht besiegten und den Reichsstatthalter von Mamistra umbrachten. Manuel hatte daraufhin unverzüglich seinen Vetter Andronikos mit einem Heer ausgeschickt, doch Thoros und seine Leute überrumpelten sie und schlugen sie in die Flucht. Das war sieben Jahre her und dieser Emporkömmling noch immer ungestraft!

Weit größere Gefahr aber als von allen armenischen Abenteurern zusammen ging von Rainald von Châtillon aus, dem Fürsten von Antiochia. Als nichtältester Sohn einer Familie des niederen französischen Adels hatte er am zweiten Kreuzzug teilgenommen und sich dann im Osten niedergelassen. Dort hätte er den Rest seines Leben verdientermaßen verbringen können, ohne den Gang der Geschichte zu beeinflussen, wäre nicht Raimund von Poitiers gestorben. Dieser war am 28. Juni 1149 mitsamt seinem Heer von der Streitmacht Emir Nur ed-Dins umzingelt worden und beim anschließenden Massaker umgekommen. Seinen Kopf hatte Nur ed-Din dem Kalifen von Bagdad in einem Silberbehälter als Geschenk überbringen lassen, wo er vermutlich neben dem seines Vorgängers Bohemund II. zu liegen kam. Zum Glück war der Emir nach seinem Sieg nicht nach Antiochia weitermarschiert. Doch es herrschte die einmütige Ansicht, daß Fürstin Konstanze, Raimunds Witwe, möglichst bald einen neuen Mann finden müsse. Sie selbst teilte diese Meinung durchaus, war indes nur schwer zufriedenzustellen. Sie schlug drei Kandidaten ihres Vetters, König Balduins III. von Jerusalem, aus, ganz zu schweigen von einem, der ihr (auf ihr Gesuch hin) von Manuel Komnenos als ihrem Lehnsherrn vorgeschlagen wurde.[2] Erst 1153 fiel ihr Auge auf Rainald. Balduin, erleichtert, die Verantwortung für Antiochia endlich abtreten zu können, stimmte zu, und die Hochzeit fand sogleich statt.

Sie hätte keine katastrophalere Wahl treffen können. Der neue Fürst galt nicht nur als Parvenu und Abenteurer, sondern erwies sich auch von Anfang an als treu- und zudem völlig verantwortungslos. Er hatte Manuel als Gegenleistung für seine Anerkennung als Fürst versprochen, gegen Thoros und dessen Brüder zu ziehen, machte dann aber nach einem Scharmützel mit ihnen gemeinsame Sache. Und während sie mit stillschweigender Einwilligung seinerseits gegen die wenigen übriggebliebenen byzantinischen Festungen in Kilikien zogen, bereitete er einen Feldzug gegen eine andere, noch bedeutendere byzantinische Besitzung vor: die friedliche, blühende Insel Zypern. Solch ein Unternehmen erforderte allerdings finanzielle Mittel. Kurzerhand verlangte Rainald das Nötige von Aimery, dem Patriarchen von Antiochia, der zum einen für seinen Reichtum bekannt war und dem er zum anderen grollte, weil er sich seiner Heirat entgegengestellt hatte. Aimery weigerte sich, woraufhin er festgenommen, eingekerkert und so lange geschlagen wurde, bis er am Kopf blutete. Auf die Wunden schmierte man Honig und band ihn anschließend auf dem Dach der Zitadelle fest. Dort ließ man ihn einen ganzen Tag in der brütenden antiochischen Sommerhitze schmoren, wehrlos den Myriaden von heißhungrigen Insekten ausgeliefert, die sich auf ihn stürzten – am Abend erklärte er sich zum Zahlen bereit. Wenige Tage später machte er sich in Begleitung zweier Boten, die König Balduin zornbebend mit der Forderung nach seiner sofortigen Freilassung nach Antiochia entsandt hatte, auf den Weg nach Jerusalem.

Im Frühjahr 1156 griffen Rainald und sein Verbündeter Thoros Zypern an. Zwar wehrte die Besatzung unter Johannes Komnenos, einem Neffen Manuels, und dem namhaften Feldherrn Michael Branas sich tapfer, zahlenmäßig war sie jedoch hoffnungslos unterlegen. Beide Anführer gerieten in Gefangenschaft, während die fränkischen und armenischen Invasoren gemeinsam eine Orgie der Verwüstung und Entweihung, des Mordens, der Vergewaltigung und des Raubes veranstalteten, wie sie bis dahin auf der Insel noch nie vorgekommen war. Erst nach drei Wochen gab Rainald den Befehl zur Wiedereinschiffung. Die Beutestücke, welche die Schiffe nicht fassen konnten, wurde an jene, denen man sie geraubt hatte, zurückverkauft. Auch die Gefangenen mußten sich freikaufen. Da jedoch bis dahin nicht mehr genügend Geld auf der Insel zur Verfügung stand, wurden die meisten Angehörigen der ersten Familien und auch Johannes Komnenos und Michael Branas nach Antiochia verschleppt und dort eingekerkert, bis das Lösegeld aufgetrieben war. Etlichen gefangenen griechischen Priestern schnitt man die Nase ab und schickte sie zum Hohn nach Konstantinopel. Die Insel soll sich von dem Schlag nicht erholt haben.

Manuel und sein Heer marschierten, auf Rache sinnend, nach Kilikien. Dann eilte der Kaiser mit fünfhundert Reitern voraus, während die Hauptmasse den engen Felsenpfad die Küste entlang weiterzog. Er gedachte, die armenischen Brüder zu überrumpeln, und dies gelang. Zwei Wochen später befanden sich alle kilikischen Städte bis Anazarbos wieder in byzantinischer Hand. Es galt nur eine Enttäuschung zu verwinden: Thoros und sämtliche Familienmitglieder hatten sich, in Tarsos von einem durchziehenden Pilger gewarnt, gerade noch rechtzeitig in eine Burgruine hoch im Gebirge flüchten können. Wochenlang suchte das Heer vergeblich nach ihnen. Als Manuel sein Heer vor die Mauern von Mamistra führte, hatte sich seine Stimmung daher noch nicht besonders aufgehellt.

Während Manuel im Zorn verharrte, geriet Rainald in Panik. Aus den Berichten, die er erhielt, ging klar hervor, daß gegen das viel zu starke byzantinische Heer kein Widerstand möglich war und seine einzige Hoffnung in demütiger Unterwerfung bestand. So sandte er Boten an Manuel mit dem Angebot, die Zitadelle einer byzantinischen Garnison zu überlassen. Als dieser Vorschlag abgelehnt wurde, erschien er persönlich in Sack und Asche im kaiserlichen Lager. Manuel beeilte sich jedoch nicht die Spur, ihn zu empfangen. Da laufend hochkarätige Gesandte der regionalen Potentaten, ja sogar des Kalifen selbst, nun bei ihm vorsprachen, konnte der Fürst von Antiochia ruhig noch warten. Auf die endlich erfolgende Vorladung hin mußten Rainald und seine Gefolgsleute barfuß und mit entblößtem Haupt durch die ganze Stadt bis hin zum Lager marschieren. Dort wurden sie durch die in Reihen aufgestellten Eliteregimenter des byzantinischen Heeres zu einem Zelt geführt, in dem der Basileus, umgeben von seinem Hofstaat und den ausländischen Gesandten, thronte. Rainald warf sich vor ihm in den Staub, sein Gefolge flehte mit erhobenen Händen um Gnade. Manuel schenkte ihnen geraume Zeit keine Beachtung, sondern führte ungerührt sein Gespräch mit den Personen in seiner Umgebung fort. Als er sich schließlich herabließ, die Unterwerfung des Fürsten zur Kenntnis zu nehmen, stellte er drei Bedingungen: die unverzügliche Übergabe der Zitadelle von Antiochia an eine byzantinische Garnison, die Bereitstellung eines Kontingents für sein Heer und die Ersetzung des lateinischen Patriarchen durch einen griechischen. Erst als Rainald unter Eid schwor, alle drei Forderungen zu erfüllen, wurde er begnadigt und entlassen.

Wenige Tage danach traf König Balduin aus Jerusalem ein. Zwar waren Manuel und er einander noch nicht persönlich begegnet, doch bestanden starke familiäre Bande zwischen ihnen, hatte Manuels Nichte Theodora, die Tochter seines älteren Bruders Isaak, sich doch vor kurzem mit Balduin verheiratet; trotz ihrer erst dreizehn Jahre war Balduin von ihr hingerissen. Dagegen hatte er mit seiner Unzufriedenheit über die Nachricht von Rainalds Vergebung nicht hinter dem Berg gehalten. Da Manuel zu Unrecht argwöhnte, Balduin beanspruche Antiochia für sich, hatte er ihn zuerst gar nicht empfangen wollen, sich dann aber doch erweichen lassen. Die beiden verstanden sich auf Anhieb. Balduin III. war dreißig Jahre alt, intelligent und gebildet und verfügte über eine Ausstrahlung, die jener Manuels kaum nachstand. Er blieb zehn Tage im Lager. Während dieses Aufenthaltes erreichte er eine Amnestie für Thoros, der zu denselben Bedingungen wie Rainald seine Besitzungen in den Bergen behalten durfte. Auf Balduins Intervention hin wurde wohl auch die Auswechslung des Patriarchen auf unbestimmte Zeit vertagt. Aimery durfte wieder auf den Patriarchenthron Platz nehmen, nachdem er sich mit Rainald versöhnt hatte. Die beiden dürften indes, nach all dem, was geschehen war, kaum je dicke Freunde geworden sein.

Am 12. April 1159, am Ostersonntag, zog Kaiser Manuel Komnenos feierlich über die befestigte Brücke nach Antiochia ein. Vor einundzwanzig Jahren hatte er seinen Vater auf einem ähnlichen Einzug begleitet. Das gegenwärtige Ereignis gestaltete sich noch eindrucksvoller. Die Lokalbehörden hatten alles versucht, es zu verhindern: Es gebe eine Verschwörung, man wolle Manuel ermorden, schützten sie vor, und sie könnten für seine Sicherheit nicht garantieren. Da forderte Manuel eine ganze Anzahl Geiseln und bestand darauf, daß alle an der Zeremonie teilnehmenden Franken, selbst der König von Jerusalem, keine Waffen trugen; den Festzug aber sagte er nicht ab. Die Spitze bildeten die blonden Riesen der Warägergarde, die Streitäxte auf den breiten Schultern. Dann kam der Kaiser; er trug den Purpurmantel so, daß er die Rüstung nicht verdeckte, und auf dem Kopf das mit Perlen behängte Diadem. An seiner Seite schritt Rainald, der Fürst von Antiochia und »beschäftigte sich« – so drückt sich der Chronist Johannes Kinnamos aus – »mit dem Steigbügelleder am kaiserlichen Sattel«. Ihm folgten die übrigen fränkischen Vasallen. Dann kam Balduin III. von Jerusalem, barhäuptig, und schließlich der kaiserliche Hofstaat. Direkt hinter dem Tor erwartete Aimery den Zug im Patriarchenornat an der Spitze seines Klerus; und er führte schließlich die Prozession durch die mit Blumen bestreuten Straßen an, zunächst zur Messe in die Petruskathedrale und anschließend zum Palast.

Die Feierlichkeiten dauerten volle acht Tage. Außer endlosen Gottesdiensten fanden Bankette, Empfänge, Investituren und verschiedene Paraden statt. Den Franken zuliebe veranstaltete Manuel sogar ein Ritterturnier – im Osten sonst unbekannt –, an dem er zum Schrecken fast aller älteren Untertanen persönlich teilnahm. Majestätisch, wo Majestät angebracht war, heiter und freundlich bei weniger förmlichen Angelegenheiten, machte er sich bei der Bevölkerung Antiochias, dem Adel wie der Bürgerschaft, gleichermaßen beliebt. Balduin und er fanden immer mehr Gefallen aneinander. Als Balduin sich bei einem Jagdunfall den Arm brach, bestand Manuel darauf, ihn selbst zu verarzten, so wie vor Jahren den deutschen König Konrad III.

Als Manuel Antiochia verließ, stand es um die Beziehungen zwischen Byzanz und den Kreuzfahrerstaaten besser als je zuvor. Und dies wäre wahrscheinlich so geblieben, wenn er nun, wie die Franken erwarteten, gegen Aleppo gezogen wäre. An der Grenze traf er jedoch auf eine Gesandtschaft Nur ed-Dins, die über einen Waffenstillstand verhandeln wollte. Das Angebot des Emirs klang recht großzügig: Er versprach nicht nur sämtliche sechstausend christlichen Gefangenen freizulassen, sondern auch ein Heer gegen das Seldschukenreich zu schikken. Manuel stimmte, vermutlich erleichtert, zu, den Feldzug abzubrechen, und machte sich mit dem Heer sogleich auf den Heimweg nach Konstantinopel.

Die fränkische Reaktion läßt sich leicht vorstellen. Warum war der Kaiser bloß mit einem riesigen Heer durch ganz Kleinasien marschiert, nur um dann, ohne eine einzige militärische Konfrontation mit den feindlichen arabischen Ungläubigen, den ganzen langen Weg wieder zurück zu ziehen? Die sechstausend freigelassenen Gefangenen bedeuteten ihnen nicht viel. Zugegeben, darunter befanden sich auch ein paar bekannte Namen wie Bertrand von Blankford, der Großmeister des Templerordens. Doch die große Mehrheit bildeten während des zweiten Kreuzzugs in Gefangenschaft geratene Deutsche, von denen viele gesundheitlich angeschlagen waren und die nur eine zusätzliche Belastung für die erschöpfte Staatskasse darstellen würden. Tatsache war, daß man Manuel mit all der ihm gebührenden Ehre empfangen hatte, im Glauben, er werde die Kreuzfahrerstaaten von einem Feind befreien, der sie in ihrer Existenz bedrohte. Statt dessen hatte er sich schändlich mit dem Feind arrangiert und überließ sie nun ihrem Schicksal. Kein Wunder, daß sie sich verraten fühlten.

In Wirklichkeit blieb Manuel keine andere Wahl. Mochte Syrien für die Kreuzfahrer auch lebenswichtig sein, für ihn war dieser Landstrich nur eine, und keineswegs die wichtigste, von vielen Außenprovinzen in seinem Reich. Er saß zwar relativ sicher auf dem Thron, aber nicht so sicher, daß er es sich hätte leisten können, monatelang weit von Konstantinopel entfernt, am Ende sehr langer Nachrichten- und Nachschubwege zu weilen, die von einem Tag auf den andern von arabischen oder türkischen Räuberbanden unterbrochen werden konnten. Außerdem kursierten bereits Gerüchte über eine Verschwörung in Konstantinopel und Schwierigkeiten an der Grenze zu Europa. Es war also Zeit zurückzukehren. Zudem war nicht ausgemacht, ob ihm Nur ed-Din überhaupt Schaden zufügte. Im Gegenteil: Hielt er nicht die Franken in Schach? Manuel war sich völlig im klaren darüber, daß diese nur so lange loyal zu ihm standen, wie sie sich bedroht fühlten. Das Seldschukenreich Anatoliens stellte auf jeden Fall eine viel größere Gefahr dar als der Atabeg von Aleppo; dessen Angebot konnte er auf keinen Fall ausschlagen, denn es enthielt die Möglichkeit eines Bündnisses gegen den gefährlicheren Feind.

Die nachfolgenden Ereignisse gaben ihm recht. Im Herbst 1159 befand er sich nach nur dreimonatigem Aufenthalt in Konstantinopel bereits wieder in Anatolien und kämpfte gegen den Seldschukensultan Kilidsch Arslan II. Der Angriff erfolgte von vier Seiten: Der Kaiser stürmte mit der Hauptheeresmasse, noch verstärkt durch Truppen des Fürsten von Serbien, das Mäandertal hoch; Feldherr Johannes Kontostephanos rückte mit Leichtbewaffneten, die, wie vereinbart, Rainald und Thoros stellten, sowie einem Petschenegenkontingent nach Nordwesten über die Pässe des Taurusgebirges vor; Nur ed-Din näherte sich mit seinem Heer vom mittleren Euphrat her; die Danischmendiden marschierten vom Nordosten heran. Gegen eine solche Übermacht gab der Sultan den Kampf schnell auf. Im Vertrag von Anfang 1162 verpflichtete er sich, alle in den vergangenen Jahren eroberten griechischen Städte zurückzugeben, die Grenzen zu respektieren und weitere Überfälle zu unterbinden. Außerdem stimmte er zu, bei Bedarf ein Regiment zur Unterstützung des byzantinischen Heeres zu stellen. Im Frühjahr des gleichen Jahres stattete er Konstantinopel schließlich einen Staatsbesuch ab.

Gleich von Anfang an versuchte Kaiser Manuel Kilidsch Arslan zu blenden. Er empfing ihn auf einem erhöhten, ganz mit Goldplatten ummantelten Thron, auf denen eingelassene, mit Perlen gesäumte Karbunkel und Saphire funkelten. Er trug auf dem Haupt das Diadem, um die Schultern einen weiten, ebenfalls mit Perlen und rundgeschliffenen

Riesenjuwelen besetzten Purpurmantel. Am Hals prangte an einer goldenen Kette ein Rubin von der Größe eines Apfels. Kinnamos berichtet, der Sultan habe der Aufforderung, sich neben den Kaiser zu setzen, kaum Folge zu leisten gewagt. Und das war erst der Anfang. Während der drei Monate seines Aufenthaltes in Konstantinopel bekam der Sultan zweimal am Tag Getränke und Speisen in Gold- und Silberschüsseln gereicht, die daraufhin in sein Eigentum übergingen; keine gelangte je in den Palast zurück. Nach einem Bankett schenkte ihm Manuel das gesamte Tafelgeschirr. Kaum ein Tag verstrich ohne eine neue ausgefallenene Zerstreuung. Es fanden Bankette, Turniere, Zirkusvorstellungen, Spiele im Hippodrom statt – sogar eine Darbietung im Wasser, um das Wunder des Griechischen Feuers besonders effektvoll in Szene zu setzen. Während all dieser Festivitäten machte der Kaiser jedoch durch unzählige kleine Gesten, die als einzelne unbedeutend, zusammengenommen aber unmißverständlich waren, immer wieder deutlich, daß der so geehrte Gast nicht etwa ein fremder Monarch, sondern lediglich ein Vasallenfürst war.

Kilidsch Arslans einziger Versuch, all diesem Pomp etwas Gleichwertiges entgegenzusetzen, ging prompt daneben. Einer seiner Gefolgsleute kündigte eine Vorführung im Fliegen an. In einen Mantel gehüllt, der nur aus gewaltigen, sich blähenden Taschen zu bestehen schien, erklärte er, die Luft werde sich darin verfangen und ihm zu fliegen ermöglichen. Dann stieg er auf eine Plattform hoch über dem Hippodrom und stürzte sich ins Leere. Als man ihn kurz darauf aus der Arena trug, soll sich die versammelte Menge vor Lachen nicht mehr haben halten können, und für die Dauer des Aufenthaltes konnten der Sultan und sein Gefolge in den Straßen dem Spott und Hohn kaum mehr entgehen.

Schon beim Abgang Johannes' II. war die Machtstellung von Byzanz in Kleinasien so stark gewesen wie seit Mantzikert nicht mehr. Sein Sohn hatte sie nun noch mehr gefestigt. Der Seldschukensultan war in die Knie gezwungen worden, und dem Atabeg von Mosul hatte man einen großen Schrecken eingejagt. Zwar stand Manuel inzwischen mit beiden auf gutem Fuß, doch hatten sie ihre Lektion gelernt. Der Landweg ins Heilige Land stand nun der Pilgerschaft aus dem Westen wieder offen. Unter den christlichen Völkern grollten ihm einzig noch die Franken in den Kreuzfahrerstaaten. Und sie bekamen bald noch mehr Grund zur Unzufriedenheit.

Ende 1159 war Kaiserin Irene, geborene Bertha von Sulzbach, in Konstantinopel gestorben; sie hinterließ zwei Töchter. Manuel befand sich gerade auf einem Feldzug in Anatolien. Er richtete ihr ein glanzvolles Begräbnis aus und ließ sie im väterlichen Pantokratorkloster beisetzen. Doch nun fehlte dem Reich für die Nachfolge ein männlicher Erbe. Nach einer angemessenen Trauerzeit sandte Manuel daher eine Gesandtschaft unter der Leitung des Feldherrn Johannes Kontostephanos nach Jerusalem mit der Bitte an König Balduin, ihm eine zweite Gemahlin aus den Reihen der dafür in Frage kommenden Kandidatinnen in den Kreuzfahrerstaaten vorzuschlagen.

Davon gab es zwei, und beide waren mit Balduin verwandt. Die eine, Mélisende, war die Tochter des verstorbenen Grafen Raimund II. von Tripolis; die andere, Maria, jene Konstanzes von Antiochia und ihres ersten Mannes Raimund von Poitiers. Da das Haus Antiochia Balduin fortwährend Ärger bereitete, wäre es nicht verwunderlich gewesen, wenn er sich für Mélisende entschieden hätte. Der ganze Kreuzfahrerosten geriet in helle Aufregung. Mélisendes Bruder, Graf Raimund III., verschwendete ein Vermögen für die Aussteuer und Hochzeitsvorbereitungen; sogar eine Flotte von zwölf Galeeren wurde bereitgestellt, die sie standesgemäß zu ihrem neuen Heim begleiten sollte. Erst allmählich merkte man, daß Konstantinopel noch nichts hatte verlauten lassen. Was war geschehen? Sollte es etwa gar keine Hochzeit geben? Sollten die byzantinischen Gesandten so taktlos gewesen sein, die hartnäckigen Gerüchte um Mélisendes illegitime Geburt zu erwähnen, die einzig auf dem aller Welt bekannten gespannten Verhältnis ihrer Eltern beruhten?

Dies könnte zutreffen. Indes gab es andere Gründe, die Manuel nahelegten, die Entscheidung hinauszuzögern. Im November 1160 war Fürst Rainald von Antiochia in Gefangenschaft Nur ed-Dins geraten. Fürstin Konstanze hatte darauf sofort die Macht an sich gebracht. Doch sie war seit je unbeliebt, und eine nicht unbeträchtliche Anzahl der Bevölkerung hätte lieber ihren fünfzehnjährigen Sohn Bohemund, genannt der Stammler, an ihrer Stelle gesehen. Rechtens hätte das Problem dem byzantinischen Kaiser als dem Lehnsherrn von Antiochia zur Entscheidung vorgelegt werden müssen. Tatsächlich pflegte man in Antiochia in derlei Fällen jedoch nach Jerusalem zu blicken, und statt an Manuel hatte man sich an König Balduin gewandt. Dieser hatte sich für den jungen Bohemund ausgesprochen und, bis er alt genug war, den Patriarchen Aimery zum Regenten bestimmt. Aufgebracht hatte die gedemütigte Konstanze daraufhin sogleich den byzantinischen Hof angerufen.

Auch Manuel ärgerte sich über Balduins Anmaßung. Daher dürfte wohl mehr diese Angelegenheit und nicht Mutmaßungen über die Identität von Mélisendes Vater seine Entscheidung beeinflußt haben. Indes ließ er von sich aus nichts darüber verlauten. Erst als Raimund im Sommer 1161 ungeduldig anfragen ließ, was der Kaiser denn nun beabsichtige, bestätigte dieser, daß die Hochzeit nicht stattfinden werde. Tripolis war konsterniert. Die arme Mélisende fiel einer solchen Verstörung anheim, daß sie nie wieder zu sich selbst fand.[3] Ihr Bruder baute die zwölf Galeeren zu Kriegsschiffen um und machte mit ihnen die Küstenstädte Zyperns unsicher. Der zutiefst beunruhigte König Balduin ritt nach Antiochia, wo er zu seiner Verwunderung eine hochkarätige Delegation aus Konstantinopel vorfand. An ihrer Spitze stand Anna Komnenas Bruder Alexios Bryennios; Konstanze saß wieder auf dem Thron, und gerade wurde der Ehevertrag zwischen Kaiser Manuel und Prinzessin Maria aufgesetzt. Im Dezember 1161 brach Maria in St. Symeon auf, und an Weihnachten wurden Maria und Manuel in Anwesenheit der Patriarchen von Konstantinopel, Antiochia und Alexandria in der Hagia Sophia getraut.

Balduin mußte sich ins Unvermeidliche schicken. Er gab seiner Verwandten seine Glückwünsche mit auf den Weg und reiste über Tripolis heim Richtung Jerusalem. Er traf dort indes nie ein, denn in Tripolis erkrankte er schwer. Obwohl noch nicht wieder bei Kräften, reiste er weiter und schlug sich noch bis Beirut durch, wo er am 10. Februar 1162 im Alter von zweiunddreißig Jahren starb.

Manuel Komnenos weinte beim Eintreffen der Todesnachricht. Balduin war ein guter König gewesen. Und mit seiner Energie, seiner Intelligenz und seinem natürlichen politischen Gespür wäre aus ihm vielleicht sogar ein großer König geworden. Trotz einiger Differenzen hatte zwischen den beiden regierenden Monarchen eine persönliche Freundschaft bestanden, und sie hatten gerne Umgang miteinander gepflegt – eine Tatsache, der man nicht genug Bedeutung beimessen kann.

Doch Manuels Gedanken weilten schon bald nicht mehr länger im Osten. Am 31. Mai 1161 starb König Geza II. von Ungarn, und die Folgen dieses Todesfalles bekamen in seinem Denken nun Vorrang. Die Ungarn waren immer unruhige Nachbarn gewesen. Eingeklemmt zwischen zwei großen Reichen, verfolgten sie in Kroatien und Dalmatien Interessen, die zwangsläufig mit denen von Byzanz kollidieren mußten. Vor allen Dingen hatte König Geza dem Bündnis zwischen Konrad und Manuel mißtraut. Während er sich in den ersten Jahren noch nicht an ernstzunehmende Aktionen heranwagte, war er nach Konrads Tod kühner geworden und hatte schließlich über vier Jahre hinweg immer wieder Krieg gegen Byzanz vom Zaun gebrochen, bis Manuel, um freie Hand in Süditalien zu haben, 1156 auf einen Friedensvertrag einging. Beide Seiten gaben sich jedoch keinen Illusionen über dessen Beständigkeit hin. Gezas Ziel bestand in der Errichtung einer starken, unabhängigen Nation, Manuel dagegen strebte die Vernichtung Ungarns als eigenständiges Land und dessen Wiedereingliederung ins Reich an.

Auf Gezas Tod folgten Streitigkeiten um seine Nachfolge, in die Manuel sich von Anfang an einmischte. Er protegierte Gezas Bruder Stephan und unterstützte ihn reichlich mit Geld und Waffen. Aber diesem Stephan war letztlich kein Erfolg beschieden; vielmehr gelangte sein Neffe, Gezas Sohn, als Stephan III. auf den Thron. Zu ihm sandte Manuel 1163 seinen Botschafter Georgios Palaiologos mit einem Angebot: Falls Stephan seinen jüngeren Bruder Bela als Erben von Kroatien und Dalmatien anerkenne, werde er Bela nicht nur die Hand seiner Tochter Maria übergeben, sondern ihn auch als Erben des byzantinischen Kaiserthrones einsetzen. Stephan gab sein Einverständnis, und der junge Prinz reiste in Begleitung von Georgios Palaiologos nach Konstantinopel; dort wurde er christlich-orthodox auf den byzantinischen Namen Alexios getauft und erhielt den Titel Despot. Diesen hatte früher nur der Kaiser geführt, und von nun an bezeichnete er den höchsten Rang nach ihm, stand also sowohl über dem *Sebastokrator* als auch über dem Cäsar.

Man sollte meinen, daß damit die Feindschaft zwischen Ungarn und Byzanz ein Ende genommen hätte; allein dies war nicht der Fall. Schon 1164 setzten Manuel und Bela über die Donau mit der fadenscheinigen Begründung, Stephan habe sich nicht an die Vereinbarung des vergangenen Jahres gehalten. Es folgten noch weitere Feldzüge, auf denen sich das Seldschukenregiment, das Kilidsch Arslan II. vertragsgemäß abkommandiert hatte, durch besonderen Mut auszeichnete. Die Kämpfe zogen sich bis 1167 hin; in diesem Jahr errang das byzantinische Heer unter der Führung von Manuels Neffen Andronikos Kontostephanos[4] einen bedeutenden Sieg, durch den Byzanz in den Besitz von Dalmatien, Bosnien, Sirmium[5] und des größten Teils von Kroatien gelangte.

Bei den nachfolgenden Feierlichkeiten spielten Bela-Alexios und Maria eine wichtige Rolle. Nach vier Jahren Wartezeit war ihre Ehe immer noch nicht in greifbare Nähe gerückt. Als 1169 Kaiserin Maria von Antiochia einen Sohn gebar, wurde der Grund für die Verzögerung offenkundig. Nun war es Manuel möglich, seine Versprechungen zurückzunehmen. Kurzerhand löste er Belas Verlobung mit seiner

Tochter Maria, vermählte ihn mit Anne von Châtillon, einer Halbschwester Kaiserin Marias von Antiochia, und degradierte ihn gleichzeitig zum Cäsar. Drei Jahre später erhob er seinen Sohn, der gleichfalls Alexios hieß, zum Mitkaiser. Belas verständlicher Ärger schwand jedoch rasch: Im Frühjahr des Jahres 1172 starb sein Bruder König Stephan, und er gelangte mit massiver Unterstützung seitens Manuels noch in selben Jahr auf den ungarischen Thron. Bevor er Konstantinopel verließ, leistete er Manuel den Treueid und gelobte die Interessen des Byzantinischen Reichs stets zu respektieren. Und er hielt Wort.

Der Erfolg seiner Ungarnpolitik hatte für Manuel noch andere günstige Auswirkungen: Sie beraubte das ständig aufrührerische Serbien seines wichtigsten Bundesgenossen. Das byzantinische Heer hatte zwar dessen Aufstände stets niederschlagen, ihnen aber nie ein für allemal ein Ende bereiten können. 1167 errang Groß-Zhupan Stephan Nemanja noch einmal einen bemerkenswerten Sieg, so daß es eine Zeitlang den Anschein hatte, als könnte er Manuel standhalten. Doch der Tod König Stephans III. von Ungarn und der große Feldzug im Sommer 1172, den der Kaiser persönlich anführte, machten alle Hoffnung Nemanjas zunichte. Wie Rainald von Châtillon mußte er sich vor ihm niederwerfen und später bei dessen triumphalem Einzug in Konstantinopel als besiegter Rebell im Zug mitmarschieren.

Venedig traf diese Entwicklung von allen westlichen Staaten am schwersten. Auch der Stadtstaat erhob Ansprüche auf Dalmatien, wo er in der Vergangenheit nur zu gern gemeinsame Sache mit Byzanz gegen den ungarischen Expansionsdrang gemacht hatte. Die Reaktion am Rialto auf die kaltschnäuzige Annektierung der gesamten Küste durch Kaiser Manuel läßt sich daher vorstellen. Nicht daß Venedig etwas anderes von ihm erwartet hätte. Schon seit geraumer Zeit beobachtete man mit zunehmender Besorgnis, wie er Genua, Pisa und Amalfi gestattete, in Konstantinopel immer mehr Fuß zu fassen – bislang hatte die Serenissima im Außenhandel das alleinige Vorrecht genossen. Zudem behandelte Manuel die ihm näher liegende Stadt Ancona, deren Bevölkerung überwiegend Griechisch sprach, wie eine byzantinische Kolonie. Ja, es gingen sogar Gerüchte um, er beabsichtige sie in das Byzantinische Reich eingzuliedern und verfolge langfristig das Ziel, das alte Exarchat wiederherzustellen.

Manuel hatte natürlich seine Gründe für diese Politik. Zu der Zeit lebten vermutlich mindestens achtzigtausend Menschen lateinischer Herkunft in Konstantinopel und erfreuten sich besonderer Privilegien, die er und seine Vorgänger ihnen in Phasen ökonomischer oder politischer Schwäche hatten gewähren müssen. Die venezianische Kolonie stellte darunter die größte, am meisten privilegierte und unangenehmste Gruppe dar. Der Chefsekretär Manuels und Chronist Niketas Choniates schreibt, sie seien so unverschämt reich und wohlhabend geworden, daß sie sogar auf die kaiserliche Macht verächtlich herabsehen könnten. Verständlich also, daß der Kaiser ihre Macht zu beschneiden wünschte. Dazu bot sich ihm schon bald eine ausgezeichnete Gelegenheit. Zu Beginn des Jahres 1171 wurde die neue Genueser Siedlung in Galata, dem Bezirk auf der gegenüberliegenden Seite des Goldenen Horns, angegriffen und großenteils zerstört. Wer für die Verwüstung verantwortlich zeichnete, wurde nie geklärt. Manuel benutzte diesen Vorfall als die Gelegenheit, auf die er gewartet hatte: Er schob die Schuld daran einfach der venezianischen Niederlassung in die Schuhe und befahl am 12. März, überall auf byzantinischem Boden Angehörige der Republik Venedig sofort gefangenzusetzen sowie ihre Schiffe und ihr Eigentum zu konfiszieren. Einige wenige konnten in einem byzantinischen Kriegsschiff entkommen, das ein in kaiserlichen Diensten stehender Kapitän ihnen zur Verfügung stellte. Die Mehrheit hatte jedoch weniger Glück. Allein in der Hauptstadt wurden zehntausend festgenommen, und als alle Gefängnisse überquollen, mußten Klöster und Konvente herhalten, um die übrigen aufzunehmen.

Als die Nachricht am Rialto eintraf, wollte man sie zunächst nicht glauben, geriet dann jedoch außer sich. Der Angriff auf das genuesische Viertel galt allgemein als ein mutwillig von Byzanz geschaffener Vorwand, ein Verdacht, der noch dadurch genährt wurde, daß Genua selbst erklärte, die venezianische Niederlassung habe mit dem Angriff nichts zu tun. Daß die Verhaftungen so glatt und effizient hatten durchgeführt werden können – am selben Tag im ganzen Reich –, zeigte zudem, daß die Aktion schon Wochen im voraus sorgfältig geplant war. Man rief auch in Erinnerung, daß der Kaiser nur zwei Jahre zuvor einer venezianischen Gesandtschaft besondere Garantien für die Sicherheit ihrer Landsleute abgegeben hatte, um so Gerüchte auszuräumen, er führe etwas gegen sie im Schilde. Aufgrund dieser Garantien war noch mehr venezianisches Kapital in den Osten geflossen, was die Beute, die Manuel jetzt in Händen hielt, noch vermehrte.

Damit zerriß das letzte alte Band zwischen Venedig und Byzanz. Die Republik war zum Krieg entschlossen, und die venezianische Bürgerschaft mußte, je nach finanziellen Möglichkeiten, Mittel für eine Zwangsanleihe bereitstellen.[6] Die in der Fremde lebenden Venezianer, wenigstens diejenigen, die nicht in byzantinischen Gefängnissen schmachteten, wurden nach Hause beordert und zum Militärdienst abkommandiert. Schon ein gutes Vierteljahr später hatte der Doge Vitale Michiel eine Flotte von über hundertzwanzig Seglern aufgerüstet, die er im September aus der Lagune und gegen das Reich im Osten führte. Nachdem an mehreren Orten in Istrien und Dalmatien weitere venezianische Grüppchen an Bord gekommen waren, segelte die Flotte um den Peloponnes und nach Euböa, wo eine byzantinische Gesandtschaft sie erwartete. Diese versuchte im Auftrag ihres Herrn zu beschwichtigen und unterstrich, Byzanz habe kein Interesse an einem Krieg, der Doge brauche nur eine friedliche Abordnung nach Konstantinopel zu schicken, dann könnten alle Differenzen ausgeräumt werden, und zwar zu Bedingungen, über die er sich nicht zu beklagen haben werde.

Vitale Michiel ging auf das Angebot ein und beging damit den verhängnisvollsten Fehler seines Lebens. Während seine Gesandten sich auf den Weg zum Bosporus machten, wartete er mit der Flotte auf Chios die weitere Entwicklung ab. Dort ereilte ihn sein Schicksal. Auf den überfüllten Schiffen brach die Pest aus, die sich rasend schnell verbreitete. Zu Beginn des Frühjahrs waren Tausende dahingerafft und die Überlebenden derart geschwächt und demoralisiert, daß man mit ihnen keinen Krieg führen konnte. Zu diesem Zeitpunkt kehrten die Gesandten aus Konstantinopel zurück. Man hatte sie dort schimpflich behandelt, und ihre Mission war vollkommen gescheitert. Der Kaiser hegte offensichtlich nicht die geringste Absicht, seine Haltung zu ändern. Er hatte sie nur aus dem Grund eingeladen, um für die Instandsetzung seiner Verteidungsanlagen Zeit zu gewinnen. Gedemütigt und gebrochen kehrte der Doge nach Hause zurück, um vor die versammelte venezianische Bürgerschaft zu treten. Er wäre besser im Osten geblieben. In ihren Augen hatte er sich krimineller Leichtgläubigkeit schuldig gemacht und war blind in eine typisch byzantinische Falle getappt; und nun hatte er offensichtlich auch noch die Pest nach Venedig eingeschleppt. Vor allem diesen Fehler verzieh man ihm nicht. Die Versammlung erhob sich geschlossen gegen ihn, draußen schrie der Mob nach seinem Blut. Der glücklose Michiel konnte zwar durch eine Hintertür noch aus dem Palast entwischen, doch schon nach wenigen hundert Metern auf dem Weg zum Kloster San Zaccharia, wo er Asyl suchen wollte, wurde er gestellt und erstochen.

Erst vierzehn Jahre später nahmen Venedig und Byzanz wieder diplomatische Beziehungen auf, und erst zweiunddreißig Jahre danach konnte die Lagunenstadt sich rächen. Doch schon fünf Jahre nach der Rückkehr des Dogen Vitale Michiel und seiner von der Pest heimgesuchten Flotte blickte die gesamte Christenheit gespannt nach Venedig: Am 24. Juli 1177 spielte sein Nachfolger Sebastiano Ziani Gastgeber für die wichtigste politische Zeremonie im zwölften Jahrhundert, die offizielle Versöhnung Papst Alexanders III. mit dem weströmischen Kaiser Friedrich Barbarossa.

Seit seiner unglückseligen Krönung im Sommer des Jahres 1155 hatten sich Friedrichs Beziehungen zum Papst ständig verschlechtert. Von Anfang an war er entschlossen gewesen, seine Herrschaft in Norditalien zu verteidigen, doch zeigten sich die lombardischen Städte mehrheitlich entschlossen, die alten feudalen Fesseln zu sprengen und durch eine republikanische Selbstverwaltung zu ersetzen. Papst Hadrian unterstützte sie darin. Im August 1159 suchte eine Vertretung der Städte Mailand, Crema, Brescia und Piacenza ihn in Agnani auf und legte in Anwesenheit von Gesandten des sizilianischen Königs Wilhelm mit einem feierlichen Schwur den Grundstein für den Lombardischen Städtebund. Die Städte gelobten, sich mit dem gemeinsamen Feind ohne Zustimmung des Papstes nicht ins Benehmen zu setzen, während der Papst Kaiser Friedrich nach der üblichen Frist von vierzig Tagen bannen wollte.

Dazu kam es jedoch nicht. Noch in Agnani starb Papst Hadrian IV. am 1. September infolge einer Angina. Sein Tod eröffnete Friedrich Barbarossa die Gelegenheit, noch mehr Zwist zu säen. Da ihm klar war, daß der nächste Papst, bei einer freien Wahl, die Politik seines Vorgängers weiterführen würde, fädelte er mit Vorbedacht eine Spaltung der päpstlichen Kurie ein. Dies beschwor folgende Situation herauf: Während Kardinal Roland von Siena, der als Kanzler Hadrians dessen Außenpolitik wesentlich mitbestimmt hatte, im Petersdom als Papst Alexander III. inthronisiert wurde, ergriff sein Kollege Kardinal Octavian von Santa Cecilia unversehens den Papstmantel und hängte ihn sich selbst um. Alexanders Anhänger rissen ihn ihm zwar ebenso rasch wieder vom Leib, aber Octavian hatte vorsichtshalber noch einen zweiten mitgebracht, und hüllte sich darein; dabei verhedderte er sich allerdings so, daß er ihn auf links trug. Dann stürzte er zum Thron, setzte sich hin und rief sich als Papst Viktor IV. aus. Keine sehr erhebende Vorstellung; aber er kam damit durch. Friedrichs Gesandte in Rom anerkannten Viktor sofort als den rechtmäßigen Pontifex. Wenn sich auch praktisch das gesamte westliche Europa hinter Alexander stellte, war die Sache doch nicht mehr aus der Welt zu schaffen. In den folgenden achtzehn Jahren geriet die ohnehin chaotische Politszene Italiens wegen des umstrittenen Papstthrones noch mehr durcheinander. Friedrich, den Alexander im März 1160 mit dem Bann belegte, legte diesem weiterhin alle möglichen Steine in den Weg und ließ unter anderem, als Viktor vier Jahre später starb, durch zwei ihm ergebene Kardinäle einen weiteren Gegenpapst wählen.

Manuel Komnenos betrachtete den Streit zwischen Barbarossa und dem Papst als hervorragende Gelegenheit, die Suprematie von Byzanz über die ganze Christenheit wiederzuerlangen. Da sein Rivale die traditionelle Beschützerrolle der weströmischen Kaiser offensichtlich nicht spielen wollte, würde eben er dies tun. Die Annäherung konnte möglicherweise ja sogar zur Wiedervereinigung der Ost- und Westkirche führen, die schon über hundert Jahre im Schisma verharrten. Als daher zu Beginn des Jahres 1160 zwei hochrangige päpstliche Gesandte in Konstantinopel eintrafen und um die Unterstützung des Kaisers für Alexander gegen den Gegenpapst Viktor ersuchten, empfing er sie zuvorkommend. In den folgenden fünf Jahren scheint er mit dem Papst und dem König von Frankreich – Ludwig überwand sein instinktives Mißtrauen gegenüber Byzanz bis zu einem gewissen Grad – geheime Verhandlungen geführt zu haben, in der Hoffnung auf eine allgemeine Allianz der europäischen Fürsten und der italienischen Städte. Friedrich sollte ein für allemal erledigt werden.

Diese Verhandlungen zeitigten jedoch enttäuschende Ergebnisse. 1166 beschloß Manuel, den Stier bei den Hörnern zu fassen und Papst Alexander einen handfesten Vorschlag zu machen. Er würde eine Reihe wichtiger Zugeständnisse in theologischen und liturgischen Belangen machen, mit dem Ziel, das Schisma zu beenden, und Alexander außerdem so reichliche finanzielle Mittel zukommen lassen, daß dieser, wenn er wollte, nicht nur Rom, sondern ganz Italien würde kaufen können. Als Gegenleistung sollte Alexander ihn zum Kaiser krönen und auf diese Weise die ursprüngliche Einheit des Reichs wiederherstellen. Der Zeitpunkt für das Angebot war gut überlegt; der einstige Günstling des Papstes, König Wilhelm von Sizilien, war am 7. Mai gestorben und sein gleichnamiger Sohn noch minderjährig. Also mußte sich Alexander nach einer anderen Schutzmacht umsehen. Da war Konstantinopel die einzig richtige Adresse. Schon bald machten sich zwei weitere Kardinäle auf den Weg zum Bosporus, um genaue Auskünfte über das Vorhaben Kaiser Manuels einzuholen.

Doch ihre Reise erwies sich als vergeblich, da die Kirchen sich inzwischen zu weit voneinander entfernt hatten, um einen gemeinsamen

Nenner finden zu können. Über den Inhalt der Gespräche ist nichts bekannt. Johannes Kinnamos berichtet, als erstes habe der Papst die Bedingung gestellt, Manuel müsse seine Residenz wieder nach Rom verlegen. Wenn das zutrifft, muß dieser rundweg abgelehnt haben; ein solcher Vorschlag konnte gar nicht ernst genommen werden. Die Kardinäle kehrten also zurück, ohne die anstehenden Probleme einer Lösung nähergebracht zu haben. Etwa ein Jahr später versuchte Manuel es erneut; auch diesmal ohne Erfolg. Er unterschätzte wohl, wie unpopulär er im Westen war, besonders seit dem zweiten Kreuzzug. Man verdächtigte ihn finsterster Absichten in bezug auf Syrien und das Heilige Land, darunter, daß er die fränkischen Fürsten vertreiben und dort den orthodoxen Ritus wieder einführen wolle. Manuel begriff auch nicht, daß er in Alexanders Augen viel zuviel für sich beanspruchte. Wenn der Papst auch Beistand suchte, so gab er seinen Suprematsanspruch noch lange nicht auf; ganz gleich, ob es zwei Reiche gab oder eines, der Stellvertreter Christi auf Erden hatte auf alle Fälle Vorrang.

Die Zeit zwischen 1170 und 1175 sah Manuel Komnenos auf dem Höhepunkt seiner Machtentfaltung. Im Osten hatte er den Kreuzfahrerstaaten seine Oberherrschaft aufgezwungen, durch eine dynastische Heirat gefestigt und den Seldschukensultan in die Knie gezwungen. Im Westen hatte er seinen Freund Bela III. im wahrsten Sinne des Wortes zum König von Ungarn »gemacht« und selbst auf Kosten Ungarns ein großes Gebiet dazugewonnen. Er hatte den serbischen Groß-Zhupan Stephan Nemanja gedemütigt und Venedigs Macht in seinem Reich gebrochen und davon enorm profitiert. Einzig die Rückeroberung Süditaliens war ihm mißglückt. Davon abgesehen, hätte er seine Karten kaum besser ausspielen können.

Doch Ost und West lagen gut tausend Meilen auseinander. Da Manuel nicht überall zugleich sein konnte, hatte er Kleinasien nach dem Vertrag mit Kilidsch Arslan über ein Jahrzehnt lang den Rücken zugewandt. Und der Seldschukensultan war in dieser Zeit nicht untätig geblieben. Zwar hatte er Feindseligkeiten gegenüber dem Reich vermieden, nach und nach indes bis auf Nur ed-Din alle seine moslemischen Rivalen ausgeschaltet. 1173 tauchte in Konstantinopel das Gerücht auf, der Sultan schmiede mit dem Atabeg von Mosul Pläne, und anscheinend laufe das Ganze auf ein Militärbündnis hinaus. (Hätte Manuel nur gewußt, daß er auch mit Friedrich Barbarossa Tuchfühlung aufgenommen hatte!) Manuel setzte sofort nach Asien über und stellte den Sultan in Philadelphia (Alaehir) zur Rede. Dieser erklärte ihm höflich, aber ungerührt, Nur ed-Din habe ihm sein Bündnis mit dem christlichen Kaiser nicht verziehen, und dessen Wünsche müsse er nun einmal respektieren. Byzanz, so versicherte er Manuel, habe nichts zu befürchten; er würde im Gegenteil die alten Verträge gerne erneuern.

Damit war für den Augenblick die Gefahr noch einmal abgewendet. Doch am 15. Mai 1174 starb Nur ed-Din, der mächtige Atabeg von Mosul, wodurch die Danischmendiden, die er lange geschützt und verteidigt hatte, hilflos der starken Seldschukenmacht ausgeliefert waren. Als Kilidsch Arslan ohne Zaudern ihr Territorium annektierte, wandten sich zwei geflüchtete Fürsten der Danischmendiden an Konstantinopel. Zwei Jahre vergingen mit diplomatischen Unterredungen – Kilidsch Arslan machte Ausflüchte und verschleppte die Verhandlungen, indem er immer wieder seinen Wunsch nach Frieden und weiteren Abkommen beteuerte – und kleineren Scharmützeln, während Manuel alles daransetzte, die byzantinischen Festungen im Grenzland zu verstärken. Im Sommer 1176 marschierte er dann an der Spitze seiner Streitmacht gegen Ikonion und gelangte durch das obere Mäandertal bis in die gebirgige Grenzregion zum Sultanat. Hier kam ihm eine Abordnung Kilidsch Arslans mit einem letzten, großzügigen Friedensangebot entgegen. Die meisten erfahrenen Heerführer sprachen sich für die Annahme des Vorschlags aus; sie wiesen auf die Risiken des langen Marsches mit schwerem Kriegsgerät – sie führten ihre Belagerungsmaschinen mit – durch das Gebirge hin, wo die seldschukischen Truppen alle strategisch wichtigen Höhen besetzt hielten. Leider gab es im Heer aber auch eine Reihe junger Adliger, die auf ihre erste Kampferfahrung brannten. Sie machten sich für eine Fortsetzung des Feldzugs stark, und der Kaiser hörte törichterweise auf sie.

Unterhalb der zerstörten Festung Myriokephalon führte der Weg des kaiserlichen Heeres durch den langen Engpaß Tzybritze. Dieser war so eng, daß sich der Troß bei der Durchquerung am 17. September über zehn Meilen auseinanderzog. Bis zu diesem Augenblick hatten die Türken ihre Aktivität auf unbedeutende Überfälle durch kleine Räuberbanden beschränkt. Nun schlugen sie zu. Von allen Seiten fegten sie von den Bergen herab und konzentrierten ihre tödlichen Pfeile auf die Lasttiere, die den Weg blutüberströmt sehr bald unpassierbar machten. Balduin von Antiochia, Kaiserin Marias Bruder und Manuels Schwager, stürmte mit seinem Reiterregiment den Hang hinauf mitten in den Feind hinein; sie kamen mit Mann und Maus um. Hätte Manuel ebenso viel Kampfgeist entwickelt, wäre Rettung vielleicht möglich gewesen. Aber ausgerechnet in diesem entscheidenden Moment verließ ihn der Mut. Bei einer rasch einberufenen Lagebesprechung verkündete er zum Entsetzen der Heerführer, er habe beschlossen zu fliehen. Der kommandierende Feldherr Andronikos Kontostephanos protestierte heftig, und seine Worte wurden von einem Fußsoldaten wie ein Echo wiederholt; dieser hatte das Gespräch mitangehört und warf Manuel nun heftig vor, daß er ein Heer im Stich lassen wolle, dessen Vernichtung doch allein Folge seiner, des Kaisers Unklugheit sei. Widerstrebend versprach Manuel auszuharren. Sein Ansehen erlitt jedoch einen schweren Schlag und erholte sich nie wieder davon.

Bei Einbruch der Dämmerung griffen die Seldschuken erneut an. Eine Zeitlang sah es aus, als wäre ein Gemetzel nicht mehr zu vermeiden. Dann wurde der Kampf unvermittelt eingestellt, und ein türkischer Unterhändler führte ein prächtig aufgeputztes Pferd als Geschenk seines Herrn in das kaiserliche Lager. Er berichtete, der Sultan habe kein Verlangen nach weiterem Blutvergießen; falls der Kaiser die Festungen Dorylaion und Sublaion schleifen lasse – die in den vergangenen zwei Jahren verstärkt worden waren –, werde er einen Friedensvertrag mit ihm abschließen. Manuel konnte sein Glück kaum fassen und stimmte sogleich zu.[7]

Laut Niketas Choniates wollte Kaiser Manuel den Rückmarsch auf einem anderen Weg antreten, die Führer bestanden indes darauf, das Schlachtfeld mit ihm abzugehen, damit er das ganze Ausmaß des Gemetzels zu sehen bekam. Der Rückzug wurde ihm zur Qual. Was vom Heer noch übrig war, sah sich ständigen Angriffen seitens bewaffneter türkischer Seldschukenbanden ausgesetzt, die den Friedensvertrag nicht zur Kenntnis nahmen, da sie sich um die ihnen zustehende Kriegsbeute geprellt sahen. In Sublaion ließ Manuel, wie vereinbart, die Festung schleifen. Von Philadelphia aus sandte er ein paar Tage später Boten nach Konstantinopel; in der Nachricht verglich er das volle Ausmaß der Katastrophe mit jener von Mantzikert. Indes, so betonte er, sei er nicht wie sein Vorgänger Romanos in Gefangenschaft geraten, und Kilidsch Arslan habe von sich aus Frieden angeboten.

Bleibt die Frage, warum der Sultan so gehandelt hat; seinen Truppen bot sich die einmalige Gelegenheit, das Byzantinische Reich militärisch zu vernichten. Warum hat er sie nicht genutzt? Das wird wohl nie mehr zu klären sein. Vielleicht hat er nicht geahnt, wie gewaltig ihr Sieg war. Vermutlich hatten auch sie schwere Verluste erlitten, und er war sich über den Ausgang der Schlacht weniger sicher als Manuel. Vielleicht hat er aber auch angenommen, er benötige künftig die diplomatische und sogar militärische Unterstützung von Byzanz. Wie dem auch sei, daß die beiden Festungen geschliffen wurden, bot seinen Leuten die Möglichkeit, sich ungehindert in den Tälern des Sangarios und Mäander auszubreiten, und dies ist als nicht geringer Vorteil zu werten. Zweifellos hat die Niederlage bei Myriokephalon Manuels Hoffnungen auf Wiedererrichtung seiner Herrschaft über Kleinasien ein Ende bereitet. Er unternahm noch ein, zwei kleinere, eher auf Verteidigung oder Vergeltung ausgerichtete Angriffe, aber nie wieder einen großen Feldzug in den Osten. In Zukunft taugte das dezimierte Heer höchstens noch für den Schutz der Grenzen.

Man kann jedoch nicht behaupten, es sei zu keinen ernsthaften Gefechten mehr gekommen. Als Manuel wieder in Konstantinopel war, zeigte sich schon bald, daß er trotz seines feierlich abgegebenen Versprechens keineswegs die Absicht hatte, die Befestigungsanlagen von Dorylaion anzutasten. Um 1177 – das genaue Datum ist nicht zu ermitteln – führte Kilidsch Arslan seine Truppen zornbebend tief in Reichsgebiet hinein; sie verwüsteten das gesamte Mäandertal und plünderten Tralles und Antiochia in Pisidien. Doch diese Operation sowie weitere, die noch folgten, hatten eher den Charakter eines Überfalls als einer dauernden Invasion und veränderten daher die Landkarte Anatoliens nicht dauerhaft.

Was hat Manuel Komnenos letztlich im Osten erreicht? Was die moslemischen Gebiete betrifft, rein gar nichts – wegen eines einzigen, aber kapitalen Fehlers. Er hat zu sehr auf den 1162 mit Kilidsch Arslan abgeschlossenen Friedensvertrag gebaut und den Sultan dann elf Jahre lang seine eigenen Interessen verfolgen lassen. Dieses Gewährenlassen, dazu die immensen Mengen an Gold und Silber, die Kilidsch Arslan während seines zwölfwöchigen Aufenthaltes in Konstantinopel erhielt, führten dazu, daß dieser seine moslemischen Konkurrenten ausschalten und sich als einzige ernstzunehmende Macht in Ostanatolien etablieren konnte. Durch überbordende Großzügigkeit, gemischt mit einem merkwürdigen Mangel an politischer Weitsicht, hat Manuel sich statt einer Reihe kleiner Fürstentümer, die sich untereinander bekriegen, ein einziges und zielgerichtetes eingehandelt, das ihn schließlich besiegte.

Im Frühjahr 1178 zog Philipp, Graf von Flandern, auf dem Heimweg vom Heiligen Land durch Konstantinopel. Manuel empfing ihn wie gewöhnlich sehr gastfreundlich, stellte ihm den kleinen Alexios vor und regte an, sich in Frankreich bei König Ludwig über die Möglichkeit einer Heirat zwischen dem jungen Prinzen und einer französischen Prinzessin umzuhören. Philipp sagte zu, und innerhalb angemessener Frist gab auch Ludwig seine Zustimmung. So brach an Ostern 1179 Prinzessin Agnes von Frankreich, die Tochter Alix' von der Champagne – Ludwigs dritter Frau – zu einem neuen Leben nach Konstantinopel auf. Am Sonntag, dem 2. März 1180, schloß Patriarch Theodosios im Triklinium des Großen Palastes den Ehebund zwischen Agnes und Alexios und krönte sie mit dem kaiserlichen Diadem. Agnes zählte neun Jahre, ihr Ehebub zehn.

Es sollte Manuels letzter diplomatischer Erfolg sein. Binnen weniger Wochen erkrankte er schwer. Der geistig und körperlich zusehends verfallende Kaiser, nach Myriokephalon ohnehin nicht mehr der alte, überließ sich mehr und mehr dem Einfluß der Hofastrologen. Sie trösteten ihn mit der Prophezeiung, er habe noch vierzehn Jahre zu leben und werde seine Heere von Sieg zu Sieg führen. Manuel vertraute ihnen so sehr, daß er sich bis zuletzt weigerte, die Regentschaft bis zum Zeitpunkt der Volljährigkeit seines Sohnes zu regeln. Unterdessen orakelten die Astrologen, um die Aufmerksamkeit von der Ungenauigkeit ihrer Vorhersagen abzulenken, düster von bevorstehenden Erdbeben und anderen Naturkatastrophen. Da geriet der Kaiser in Panik und ordnete die Aushebung tiefer unterirdischer Schutzräume und sogar die Zerstörung einiger Palastbauten an.

Die Erdbeben blieben aus; doch Mitte September konnte Manuel nicht länger daran zweifeln, daß ihm der Tod bevorstand. Unter Tränen sprach er zwar von seinem Sohn und den Schwierigkeiten, die er als sein Nachfolger haben werde, war aber nicht mehr imstande, die nötigen Vorkehrungen zu treffen. Zuletzt beugte er sich den inständigen Bitten des Patriarchen, distanzierte sich offiziell von den Astrologen und schwor seinem Glauben an sie ab. Dann seufzte er tief auf, fühlte nach seinem Puls und verlangte nach einer schlichten Mönchskutte. Die kaiserlichen Insignien wurden entfernt, er zwängte sich, so gut es ging, in das grobe, schmucklose Kleid und starb bald darauf im Alter von etwa sechzig Jahren. Er wurde in der Pantokratorkirche, direkt neben dem Eingang, beigesetzt. Viele Jahre zuvor hatte er einen schweren Stein, der unlängst aus Ephesos eingetroffen war und auf dem angeblich Christi Leichnam nach seiner Abnahme vom Kreuz gelegen hatte, auf den Schultern vom Bukoleon-Portal zum Großen Palast getragen. Dieser Stein deckte nun sein Grab.

Es fällt schwer, Manuel nicht zu bedauern. Von den fünf Kaisern aus dem Geschlecht der Komnenen war er der schillerndste und auch wohl der einfallsreichste. Gerade dies ist ihm indes wahrscheinlich zum Verhängnis geworden. Sein Vater Johannes und sein Großvater Alexios hatten langsam und geduldig den Schaden, den das Reich durch die Niederlage bei Mantzikert erlitten hatte, zu begrenzen versucht, indem sie vorsichtig zu Werk gingen, Schritt für Schritt. Manuels quecksilbriges Wesen sah überall Möglichkeiten. Kaum gerieten sie ins Blickfeld, wurden sie auch schon am Schopf gepackt. Hätte er sich, gut beraten, auf die Situation im Osten und die Bedrohung durch Kilidsch Arslan konzentriert, hätte vielleicht die Möglichkeit bestanden, die byzantinische Herrschaft über Anatolien wiederherzustellen. Aber er blickte vor allen Dingen fasziniert nach Westen, widmete abwechselnd Italien und Ungarn, Serbien und Venedig, dem weströmischen Kaiser und dem Papst seine Aufmerksamkeit. Er hat viele Siege, militärische und diplomatische, errungen, aber aus keinem wirklich Kapital schlagen können. Bei seinem Tod zeigte sich, daß all seinen Leistungen keine Dauer beschieden war. Vielmehr hinterließ er das Reich in einem schlimmeren Zustand, als er es vorgefunden hatte.

Und außerdem ärmer. Seine Diplomatie beruhte noch stärker als die der meisten seiner Gegenspieler auf Subsidien, Handsalben und Bestechung. Er war in seinen persönlichen Belangen verschwenderisch und beinahe krankhaft großzügig gegen seine Freunde, ja alle, mit denen er in Berührung kam. Schließlich bluteten auch die zahlreichen, aufwendigen Feldzüge das Reich an Menschen und Finanzmitteln immer mehr aus. Manuel Komnenos setzte die Politik seines Vaters fort, Kriegsgefangene in verschiedenen Gegenden des Reichs anzusiedeln und sie dadurch für den Militärdienst zu gewinnen. Er belebte dadurch das alte System der landbesitzenden Soldaten wieder, auf die sich das Reich in früheren Jahrhunderten gestützt hatte. Doch solche Maßnahmen erwiesen sich für seine Belange als unzureichend. So mußte er zusätzlich immer mehr Söldner in Dienst nehmen, die auf Kosten der ansässigen Bevölkerung lebten und, laut Niketas Choniates, nicht nur deren Geld einstrichen, sondern ihnen buchstäblich das Hemd vom Leib zogen.

Kein Wunder also, daß Manuel in den Provinzen unbeliebt war. Aber selbst in Konstantinopel hatte er anscheinend nur wenige wirkliche Freunde. Der Stein des Anstoßes war auch in diesem Fall wieder die Anziehungskraft Westeuropas, seiner Kunst, Sitten und Institutionen, der er nicht widerstehen konnte. Die Bevölkerung empörte sich darüber, daß Besuche aus dem Westen stets herzlicher empfangen wurden als solche aus dem Osten, und vor allen Dingen auch, daß beim Bau eines neuen Hauses oder Palastes westliche Baumeister stets den Vorzug erhielten. Die Lockerheit seiner Umgangsformen schockierte, zum Beispiel die Unbekümmertheit, mit der er an Turnieren nach westlichem Zuschnitt teilnahm (die ja an sich schon schlimm genug waren) und sich mit fränkischen Rittern schlug, als stünde er mit ihnen auf einer Stufe. Und schließlich war man es leid, ständig als altmodisch, rückständig und an überholten Konzepten und unbrauchbaren Traditionen hängend abgekanzelt zu werden. Kurz, man trauerte ihm nicht nach.

Er hatte Glück, daß er gerade zur rechten Zeit abtreten und seinen Nachfolgern den scharfen Wind ins Gesicht wehen lassen konnte. Er erlebte auch den dritten Kreuzzug nicht mehr, jenen Alptraum – er hatte damit gerechnet, daß es dazu kommen würde –, der ihm in den letzten Lebensjahren auf der Seele lastete. Dafür kann man ihn nicht verantwortlich machen. Das andere Unheil jedoch, das über Byzanz hereinbrach, war weitgehend ein Ergebnis seiner Politik. Er hinterließ ein schweres Erbe, das auch tüchtigere Menschen in die Knie gezwungen hätte als jene, die ihm nachfolgten.

9

Andronikos der Schreckliche

(1180–1185)

Im Leben dieses Prinzen, so brillant und doch so korrupt, widerwärtiger Tyrann und hervorragender Staatsmann zugleich, der das Reich hätte retten können, doch nur dessen Untergang beschleunigte, finden wir wie in einer grandiosen Zusammenfassung alle wesentlichen Merkmale, alle Gegensätze der byzantinischen Gesellschaft vereint: diese seltsame Mischung von Gut und Böse – grausam, abscheulich und dekadent, aber auch des Großmuts, der Tatkraft und Anstrengung fähig; einer Gesellschaft, der es über so viele Jahrhunderte hinweg, in all den sorgenvollen Zeiten ihrer Geschichte stets gelang, die notwendigen Mittel zum Leben und Überleben aus sich selbst zu schöpfen, und zwar nicht ohne Glanz.

Charles Diehl *Figures Byzantines*

Alexios Komnenos II. war ein unscheinbares Kind. Der Chronist Niketas Choniates berichtet: »Der junge Herrscher, unreif und unfähig, für das Staatswohl zu sorgen, kümmerte sich um keine einzige seiner Pflichten. Ohne ernsthafte Erziehung aufwachsend, ohne schon wahre Freude und wahren Schmerz kennengelernt zu haben, hatte er nur für Jagd und Pferderennen Sinn. Sein ganzer Umgang waren seine gleichaltrigen Spielgefährten, und das prägte seinem Wesen die übelsten Züge ein.«[1] In der Zwischenzeit herrschte seine Mutter, Kaiserin Maria von Antiochia, an seiner Statt als Regentin. Nie zuvor hatte jemand lateinischer Abstammung in Konstantinopel regiert, und so trat sie ihr Amt mit einem schwerwiegenden Nachteil belastet an. Dem byzantinischen Volk war, wie wir gesehen haben, schon die Vorliebe Manuels für alles Westliche ein Dorn im Auge gewesen; nun befürchtete man – und mit gutem Grund – eine weitere Ausdehnung der Handelsrechte und Privilegien für die italienischen und fränkischen Kaufleute. Die Besorgnis wuchs zusehends, als Maria eine weitere äußerst prowestlich eingestellte Persönlichkeit zu ihrem obersten Ratgeber ernannte, nämlich den *Protosebastos* Alexios, Manuels Neffen und Onkel Königin Theodoras von Jerusalem. Es dauerte nicht lange, bis allgemein gemunkelt wurde, sie habe ihren Berater auch zu ihrem Geliebten gemacht, obwohl aus der Beschreibung von Niketas nicht recht zu ersehen ist, was sie, die Kaiserin – deren Schönheit in der ganzen christlichen Welt gerühmt wurde –, an ihm hätte finden können, denn er schreibt:

> Er war sehr verweichlicht und vergeudete nicht bloß den Morgen mit tiefem Schlaf, sondern opferte sogar einen großen Teil des Tages seinem Schlummer. Damit ihm nun nicht die Sonne, wenn sie, von allen freudig begrüßt, ihre Augen aufschlägt, seine eigenen Augen öffne, verdunkelte er sein Schlafgemach mit dichteren Vorhängen [...] Oder wahrer gesagt: Die Nacht durchschwelgte er und brach das nächtliche Dunkel durch künstliches Licht; wenn aber die Sonne am östlichen Horizont heraufstieg, verkroch er sich wie ein wildes Tier in seinem Schlafgemach und sperrte das Licht durch Decken und Vorhänge aus. Er putzte sich aber auch seine faulenden Zähne und ersetzte jene, die ihm mit der Zeit ausfielen, durch künstliche.[2]

Nun, die Unzufriedenheit wuchs also, und es begannen sich verschiedene Verschwörungsnester zu bilden, insbesondere jenes, in dem die gleichnamige Stieftochter Kaiserin Marias als Drahtzieherin wirkte. Das Komplott wurde indes aufgedeckt, und diese Maria, ihr Ehemann Rainier von Montferrat und die übrigen Verbündeten schafften gerade noch die Flucht in die Hagia Sophia und verbarrikadierten sich dort. Aber Kaiserin Maria von Antiochia scherte sich nicht um die Anerkennung kirchlichen Asylrechts. Sie sandte umgehend die kaiserliche Wache mit der Order aus, sich der Verschwörerin und ihres Gefolges zu bemächtigen, und einzig die persönliche Vermittlung des Patriarchen bewahrte die Hagia Sophia vor der Entweihung. Dieser Vorfall erschütterte die byzantinische Bevölkerung zutiefst, und die ihm folgende Exilierung und Verfügung seiner Heiligkeit in ein Kloster zur Strafe für seine Einmischung machte die Regierung so unbeliebt wie nie zuvor. Das Ausmaß öffentlichen Unwillens, der Kaiserin Maria entgegenschlug, war derart groß, daß sie nie wagte, ihre Stieftochter Maria zu bestrafen. Auch rührte sie sich nicht, als das Volk später geschlossen zum Kloster des Patriarchen marschierte und ihn zurück nach Konstantinopel trug. Die ganze Angelegenheit hätte nicht undiplomatischer gehandhabt werden können.

Der erste Staatsstreich war also fehlgeschlagen. Doch drohte bald darauf von einem anderen Mitglied der kaiserlichen Verwandtschaft Gefahr, diesmal von einem Mann, und zwar einem solchen ganz anderer Größenordnung: Andronikos Komnenos, der leibliche Vetter Kaiser Manuels, Sohn des *Sebastocrator* Isaak, muß ein wahres Wunderwesen gewesen sein. Im Jahre 1182 war er bereits vierundsechzig Jahre alt, soll jedoch ausgesehen haben wie vierzig. Über einsachtzig groß und in hervorragender körperlicher Verfassung, hatte er sich das gute Aussehen, die geistige Frische und den charmanten Umgangston, Witz, Eleganz und ein ungetrübtes Selbstbewußtsein bewahrt, was ihm zusammen mit dem Ruhm für seine fast legendären Großtaten im Bett und auf dem Schlachtfeld einen beispiellosen Ruf eingetragen hatte. Die Liste seiner Eroberungen schien endlos, jene der Skandale, in die er verwickelt war, nur geringfügig kürzer. Insbesondere drei Fälle hatten Manuel in Wut versetzt. Einmal, daß Andronikos ein offenkundiges Verhältnis mit seiner Kusine – und Manuels Nichte – Eudokia Komnena unterhielt und diesbezügliche Kritik mit dem Hinweis abzutun wagte, daß Untertanen doch stets dem Beispiel ihres Oberhauptes folgen müßten und zwei Dinge nach dem gleichen Strickmuster in der Regel auch gleichermaßen annehmbar seien. Das war eindeutig eine Anspielung auf die Verbindung Manuels und Theodoras, einer Schwester Eudokias, für die der Kaiser eine mehr als nur onkelhafte Zuneigung hegte. Der zweite Punkt war, daß Andronikos einige Jahre später in Kilikien die ihm anvertrauten Truppen ohne weiteres mit der Absicht im Stich ließ, die liebliche Philippa von Antiochia zu gewinnen, obwohl er gewußt haben muß, daß dies ernsthafte Folgen nach sich ziehen würde. Philippa war sowohl die Schwester des regierenden Fürsten von Antiochia, Bohemund III., als auch Kaiserin Marias, also Manuels Schwägerin. Dies verlieh dem Ganzen, soweit es Andronikos betraf, indes höchstens noch etwas mehr Würze. Obwohl er bereits achtundvierzig Jahre zählte und seine Angebetete erst zwanzig, erwies sie den süßen Tönen unter ihrem Fenster offenbar die Ehre, so daß er nach einigen Tagen der Liste seiner Auserwählten einen neuen Namen hinzufügte.

Danach blieb den beiden allerdings nur wenig Zeit, sich ihres Glücks zu erfreuen. Außer sich ordnete der empörte Manuel Andronikos' sofortige Abberufung an, und auch Bohemund gab zu verstehen, daß er nicht die Absicht habe, einen derartigen Skandal zuzulassen. Vielleicht war damit Andronikos' Eitelkeit aber ohnehin schon Genüge getan, und er – oder sie? – hatte das Interesse verloren. Auf jeden Fall begab sich Andronikos eilends ins Heilige Land, um sich König Amalrich von Jerusalem zur Verfügung zu stellen. Dort, in Akko, begegnete er erstmals seiner Verwandten Königin Theodora, der einundzwanzigjährigen Witwe König Balduins III., Amalrichs Vorgänger. Sie wurde die Liebe seines Lebens. Als er bald darauf sein neues Lehen in Beirut antrat, das ihm Almarich kurz zuvor in Anerkennung seiner Dienste verliehen hatte, schloß Theodora sich ihm an. Ihre Blutsverwandtschaft verbot ihnen die Eheschließung, und so lebten die beiden in offener Sünde zusammen, bis der Boden auch in Beirut zu heiß für sie wurde.

Nach einer langen Irrfahrt im moslemischen Osten ließen sich Theodora und Andronikos schließlich in Kolonea nieder, direkt jenseits der östlichen Reichsgrenze, und lebten dort eine Weile unbehelligt von den Mitteln, die sie hatten mitnehmen können und mit dem Erlös aus kleineren Plünderzügen ergänzten. Aber ihre Idylle fand ein jähes Ende, als Theodora und ihre beiden noch kleinen Söhne von den Schergen des Herzogs von Trapezunt verschleppt und nach Konstantinopel geschafft wurden. Gepeinigt vom Verlust, eilte Andronikos ihr in die Hauptstadt nach, wo er sich sofort aus freien Stücken Manuel theatralisch vor die Füße warf und ihm alles versprach, wenn er nur die geliebte Frau und die Kinder zurückerhalte. Manuel zeigte sich gewohnt großzügig; schließlich war Theodora seine Nichte. Indes konnte er eine zugleich so ungehörige wie öffentlich bekannte Verbindung in Konstantinopel nicht dulden; so erhielten die beiden denn eine komfortable Festung an der Schwarzmeerküste, um dort in einigermaßen ehrenvollem Exil und – so hoffte man allgemein – friedlicher Zurückgezogenheit zu leben.

Allein, dem sollte nicht so sein. Andronikos hatte immer schon nach der kaiserlichen Krone geschielt, und als ihm nach Manuels Tod Berichte über den wachsenden Aufruhr gegen die Regentschaft Kaiserin Marias zu Ohren kamen, bedurfte es nur wenig, um ihn davon zu überzeugen, daß seine Chance endlich gekommen war. Anders als Maria von Antiochia, »die Fremde«, wie ihre Untertanen sie verächtlich nannten, war er ein echter Komnenos. Auch verfügte er über Tatkraft, Geschick und Entschlußkraft. Und was sich in solchen Situationen oft als noch entscheidender erweist: Seine romantische Vergangenheit verlieh ihm eine allgemeine Anziehungskraft, die im ganzen Reich ihresgleichen suchte. Im August 1182 zog er gegen die Hauptstadt Konstantinopel. Sein altes Zaubermittel wirkte so stark wie eh und je. Die gegen ihn ausgesandten Truppen verweigerten den Kampf; deren Befehlshaber Andronikos Angelos ergab sich[3] und schloß sich ihm an, ein Beispiel, dem bald darauf der befehlshabende Admiral der kaiserlichen Flotte auf dem Bosporus folgte. Andronikos Komnenos zog weiter, und das Volk strömte aus den Häusern, um ihm zuzujubeln; bald war die Straße von seinen Gefolgsleuten gesäumt. Noch bevor er die Meerenge überquert hatte, brach in Konstantinopel der Aufstand los, und mit ihm explodierte die aufgestaute Fremdenfeindlichkeit, die die Ereignisse der vorangegangenen zwei Jahre so sehr begünstigt hatten. In der Folge wurde praktisch die gesamte lateinischstämmige Bevölkerung der Stadt niedergemetzelt – Frauen und Kinder, Alte und Gebrechliche, selbst die Kranken – und das ganze von ihr bewohnte Viertel bis auf die Grundmauern niedergebrannt. Im Palast fand man den vor Furcht sich windenden *Protosebastos* Alexios, zu verängstigt, um die Flucht auch nur zu erwägen; er wurde in ein Verlies geworfen und später, auf Andronikos' Geheiß hin, geblendet.[4] Der junge Kaiser Alexios II. Komnenos und seine Mutter, Kaiserin Maria, wurden in die kaiserliche Villa des Philopation überführt, wo sie ausharren mußten, bis Andronikos nach Belieben über sie verfügen würde.

Ihr Schicksal muß ihre sämtlichen Befürchtungen übertroffen haben. Der Triumph förderte die andere Seite von Andronikos' Charakter zutage: eine Grausamkeit und Brutalität, die wenige in ihm vermutet hätten und die weder durch einen Funken Mitleid noch durch Skrupel oder Moral gemildert wurden. Obwohl inzwischen allmächtig, war er noch nicht Kaiser; und so begann er methodisch und kaltblütig alle zu eliminieren, die zwischen ihm und dem Thron standen. Prinzessin Maria und ihr Ehemann mußten als erste über die Klinge springen; sie starben rasch und unter mysteriösen Umständen, doch niemand zweifelte daran, daß sie vergiftet worden waren. Dann war die Reihe an Kaiserin Maria von Antiochia. Ihr dreizehnjähriger Sohn Alexios wurde gezwungen, das Todesurteil eigenhändig zu unterschreiben, und sie wurde in ihrer Zelle erdrosselt. Im September des Jahres 1183 ließ sich Andronikos zum Mitkaiser krönen, und zwei Monate später fand auch der junge Kaiser Alexios II. Komnenos durch eine Bogensehne den Tod; seinen Leichnam warf man in den Bosporus. Damit waren, wie Niketas sich ausdrückte, alle Bäume im kaiserlichen Garten gefällt. Lediglich eine Formalität galt es noch zu erledigen. Die letzten dreieinhalb Jahre seines kurzen Lebens war Alexios mit Agnes von Frankreich verheiratet gewesen, die inzwischen den byzantinischeren Namen Anna trug. Kaum war ihr dreizehnjähriger Gemahl beseitigt, nahm der neue, mittlerweile vierundsechzigjährige Kaiser die zwölfjährige Kaiserin zur Frau.[5]

Keine Herrschaft hätte weniger glücklich beginnen können. Nur in einer Hinsicht war Kaiser Andronikos dem Reich zuträglicher als Manuel. Er zog gegen sämtliche administrativen Mißbräuche ins Feld, wo immer er sie fand und in welcher Form sie auch auftraten. Nur wurde er leider selbst bei der Ausübung seiner Macht immer verdorbener, während er der Regierungsmaschinerie die Korruption allmählich austreiben ließ. Gewalttätigkeit und Roheit schienen seine einzigen Waffen zu sein; der berechtigte Kampf gegen die Auswüchse des Militäradels artete rasch in ein Blutbad nach dem anderen und willkürliches Gemetzel aus. So soll Andronikos die Weinstöcke in Brussa von aufgeknüpften Leichnamen niederhängend zurückgelassen und verboten haben, diese loszuschneiden und zu bestatten, da er wollte, daß sie in der Sonne trockneten und dann schaukelten und flatterten, wenn sie vom Wind ergriffen wurden, wie die Vogelscheuchen in den Obstgärten zur Abschreckung der Vögel.

Es dauerte jedoch nicht lange, bis Kaiser Andronikos selbst Grund zur Angst bekam. Seine Beliebtheit war verflogen, denn der Reichsretter hatte sich als Ungeheuer entlarvt. Einmal mehr lagen Aufstand und Umsturz in der Luft; Verschwörungen schossen wie Unkraut aus dem Boden, in der Hauptstadt wie in den Provinzen. Überall gab es Verräter. Wer Andronikos und seinen Schergen in die Hände fiel, wurde zu Tode gefoltert, oft in seiner Gegenwart, manchmal durch seine eigene Hand. Doch viele entkamen in den Westen, wo sie sicher sein durften, daß man sie mit offenen Armen aufnahm. Denn dort, dessen war sich Kaiser Andronikos wohl bewußt, hatte man das Massaker von 1182 nicht vergessen; und so zogen auch von jener Seite dunkle Wolken auf. Bereits 1181 hatte König Bela III. von Ungarn – bis dahin nur durch seine persönliche Verbindung mit Manuel im Zaum gehalten – Dalmatien, einen Großteil von Kroatien und den Bezirk Sirmium zurückerobert, Gebiete, die Byzanz nur ein paar Jahre zuvor unter großen Verlusten errungen hatte. 1183 fielen Belas Truppen gemeinsam mit denen des serbischen Groß-Zhupan Stephan Nemaja in byzantinisches Reichsgebiet ein. Belgrad, Branicewtza, Naissus (Nîs) und Serdika (Sofia) wurden in solchem Ausmaß geplündert, daß die Kreuzfahrer des dritten Kreuzzugs diese Städte auf ihrer Marschroute noch sechs Jahre später verlassen und zerstört vorfanden.

Auch in Asien gab es Schwierigkeiten – nicht von moslemischer Seite, sondern seitens des landbesitzenden Militäradels, gegen den Andronikos (obwohl er ihm selber angehörte) besondern Haß hegte. So setzte sich einer seiner Verwandten, nämlich Manuels Großneffe Isaak Komnenos, auf der strategisch wichtigen Insel Zypern formell als Oberhaupt ein und erklärte sie als reichunabhängig: der erste Schritt, so könnte man folgern, zum Zerfall des Reichs.

Die größte Bedrohung aber ging von einer der ältesten und entschiedensten aller Feindmächte des Byzantinischen Reichs aus: vom normannischen Sizilien.

Anfang Januar 1185 befand sich der arabische Handlungsreisende Ibn Jubair im sizilianischen Hafenort Trapani und hatte gerade eine Überfahrt an Bord eines genuesischen Schiffes gebucht, das ihn zurück in seine spanische Heimat bringen sollte. Ein, zwei Tage vor der planmäßigen Abfahrt traf in Trapani eine Weisung der Regierung aus Palermo ein: Bis auf weiteres sei der Hafen für den gesamten Ausreiseverkehr zu sperren. Eine riesige Kriegsflotte werde einsatzbereit gemacht, und kein anderes Schiff dürfe auslaufen, bevor diese sich nicht auf ihrem Kurs befinde.

Ein ähnlicher Befehl erging an sämtliche Häfen auf Sizilien: eine Sicherheitssperre von noch nie dagewesenem Ausmaß. Sogar auf der Insel selbst schienen nur wenige wirklich zu wissen, was vorging. In Trapani, so berichtet Ibn Jubair, hatten alle ihre eigenen Vorstellungen, was die Flotte, ihre Größe, ihren Zweck und ihr Ziel betraf. Manche nannten als Bestimmungshafen Alexandria, wo eine sizilianische Marineexpedition elf Jahre zuvor mit einer Katastrophe geendet hatte; andere vermuteten einen Angriff auf Mallorca, seit einigen Jahren ein beliebtes Ziel sizilianischer Übergriffe. Unweigerlich fanden sich aber auch viele, die fest überzeugt waren, daß die Flotte gegen Konstantinopel ziehen sollte. In den vergangenen Jahren war kaum ein Schiff aus dem Osten eingelaufen, ohne sein eigenes Kontingent an grausigen Berichten über Andronikos' neueste Greueltaten mitzubringen, und inzwischen ging das Gerücht um, unter den immer zahlreicheren byzantinischen Flüchtlingen, die auf Sizilien Schutz suchten, befinde sich ein geheimnisvoller Jüngling, der behaupte, er sei der rechtmäßige Kaiser Alexios II. Und falls er, wie es hieß, tatsächlich vom König empfangen worden war und diesen von der Wahrheit seiner Geschichte hatte überzeugen können, war es doch nicht mehr als natürlich, daß Wilhelm der Gute[6] einen Feldzug unternahm, um diesem Jüngling seinen Thron zurückzugewinnen.

Wir werden nie wissen, ob ein solcher Anwärter tatsächlich am Hof in Palermo vorstellig wurde. Der Geschichte haftet nichts Unwahrscheinliches an. Staatsstreiche der Art, wie Andronikos einen vollbracht hatte, rufen in der Regel ein oder zwei Thronprätendenten auf den Plan: Robert Guiscard hatte selbst einen ausgegraben, um sich vor seinem byzantinischen Abenteuer 1081 den Rücken zu stärken, und Erzbischof Eustathios von Thessalonike – über den wir in Kürze mehr erfahren werden – betrachtet es als erwiesen, daß kurz bevor der Bericht des Ibn Jubair entstand, ein Pseudo-Alexios durch Nordgriechenland zog. Aber ob das Gerücht nun wahr oder falsch war, sicher ist, daß es Wilhelm nicht an Ermutigung für sein Unternehmen mangelte: ein Neffe Manuels – der verwirrenderweise ebenfalls Alexios hieß – war erst kürzlich nach Sizilien geflohen und am Hof empfangen worden und drängte den König von Sizilien seither nachdrücklich, gegen Konstantinopel zu ziehen und den rechtswidrigen Throninhaber zu stürzen.

Den ganzen Winter 1184/85 verbrachte Wilhelm II. in Messina. Er haßte den Kriegsdienst und nahm, wenn es sich irgendwie vermeiden ließ, nie persönlich an einem Feldzug teil. Doch diesmal hatte er die Verantwortung für die Vorbereitungen persönlich übernommen. Obwohl er dies niemandem gegenüber zugab, bestand sein höchstes Ziel in nichts Geringerem als der Krone von Byzanz, und er war entschlossen, zu diesem Behuf eine Streitmacht auszusenden, die sich eines solchen Preises als würdig erwies sowie stärker zu Land und zu Wasser denn jede andere, die je von einem sizilianischen Küstenstreifen ausgelaufen war. Und so verhielt es sich denn auch. Als die Flotte schließlich unter dem Kommando seines Vetters Tankred von Lecce die Segel setzte, soll sie zwischen zwei- und dreihundert Schiffe mit rund achtzigtausend Mann, unter ihnen fünftausend Ritter und eine Sonderabteilung berittener Bogenschützen, umfaßt haben. Diese riesige Bodentruppe wurde dem gemeinsamen Oberbefehl von Tankreds Schwager Graf Richard von Acerra und eines gewissen Balduin unterstellt, von dem nichts bekannt ist, außer einer unglaublichen Beschreibung von Niketas Choniates:

> Er stammte zwar aus keiner vornehmen Familie, stand wegen seiner Tüchtigkeit im Kampfe aber beim König im Ansehen und nahm damals die erste Stelle unter allen Heeresführern ein. Prahlend mit seinen früheren Siegen über die Rhomäer, hatte er sich mit dem großen Alexander aus Makedonien verglichen, nur daß ihm nicht wie

> jenem auf seiner Brust Haare in der Form von Adlerflügeln und -krallen wuchsen; dafür rühmte er sich, er habe in kurzer Zeit und ohne Blutvergießen größere Taten als jener vollbracht.[7]

Die Expedition setzte am 11. Juni 1185 in Messina die Segel und nahm direkten Kurs auf Durazzo (Dyrrhachion). Obwohl König Wilhelms Versuch, sämtliche sizilianischen Häfen abzuriegeln, nicht gänzlich gelungen war – Ibn Jubairs genuesischen Kapitänen hatte es nur geringe Schwierigkeiten bereitet, sich ihren Weg aus Trapani hinaus mit Schmiergeldern zu erkaufen –, scheinen seine Sicherheitsvorkehrungen einige Wirkung gezeigt zu haben. Anders läßt sich nur schwer erklären, warum Andronikos sich so völlig ahnungslos überrumpeln ließ. Wie wir wissen, hegte er dem Westen gegenüber schon lange Mißtrauen. Und er muß gewußt haben, daß Durazzo als größter Adriahafen seines Reiches und Ausgangspunkt der Reichsstraße Via Egnatia, die ostwärts über Makedonien und Thrakien nach Konstantinopel führte, für Sizilien den naheliegendsten, wenn nicht sogar einzig möglichen Brückenkopf darstellte. Dennoch hatte er so gut wie nichts vorgekehrt, um die Festungsmauern der Stadt zu verstärken oder die Bevölkerung für den Fall einer Belagerung mit Lebensmittelvorräten zu versorgen. Als er dann endlich vom bevorstehenden Angriff erfuhr, sandte er zwar rasch Johannes Branas, einen seiner erfahrensten Heerführer, los, um sich der Sache anzunehmen; aber Branas traf nur ein, zwei Tage vor der sizilianischen Flotte in Durazzo ein, zu spät, um noch etwas Sinnvolles in die Wege leiten zu können.

Durazzo war 1082, also etwas über hundert Jahre zuvor, schon einmal unter normannische Herrschaft gefallen; doch damals geschah dies nach einem langen, erbitterten Kampf, der auf beiden Seiten mit großem Einsatz ausgefochten wurde, einem Kampf, in dem das byzantinische Heer vom Kaiser persönlich und das normannische von den beiden herausragendsten Kriegern ihrer Zeit, Robert Guiscard und seinem Sohn Bohemund, geführt wurden und in dem sich die mit Robert Guiscard verheiratete lombardische Fürstin Sichelgaita als ebenso kühn erwies, so daß die durchtrainierten Angeln der warägischen Garde bis auf den letzten Mann umkamen.[8] Diesmal lag die Sache völlig anders. Branas, der wußte, daß keine Chance bestand, ergab sich kampflos. Und so befand sich Durazzo am 24. Juni, keine zwei Wochen nachdem die Flotte in Messina in See gestochen war, in sizilianischer Hand.

Der folgende Marsch durch die Balkanhalbinsl verlief rasch und ohne Zwischenfall. Kein einziger Versuch wurde unternommen, um dem Vorrücken der Eindringlinge Einhalt zu gebieten. Schon am 6. August lagerte das gesamte Landheer vor den Stadtmauern von Thessalonike, und am 15. August bezog auch die Flotte, welche den Peleponnes hatte umsegeln müssen, in der Reede Stellung. Die Belagerung begann.

Thessalonike war eine blühende, wohlhabende Stadt mit bereits anderthalbtausendjähriger Geschichte sowie einer christlichen Tradition, die bis auf Paulus zurückging. Als Flottenstützpunkt beherrschte sie die Ägäis, als kommerzielles Zentrum wetteiferte sie mit der Hauptstadt Konstantinopel, die sie während der jährlichen Oktobermesse sogar übertraf, wenn Kaufleute aus ganz Europa hinströmten, um mit arabischen, jüdischen[9] und armenischen Kollegen aus Afrika und der Levante Geschäfte abzuschließen.[10] Dank der Messe wies die Stadt zudem eine feste Gemeinde westlicher Handelsleute auf, die in ihrem eigenen Viertel direkt außerhalb der Mauern lebten. Sie stammten weitgehend aus Italien, was sich für die Belagerungstruppen während der folgenden Tage als wertvoll erweisen sollte.

Doch die Hauptschuld für die Katastrophe, welche Thessalonike im Sommer 1185 ereilte, liegt nicht bei den Fremden, sondern beim örtlichen Militärgouverneur David Komnenos. Entgegen der strikten Anweisung von Andronikos, den Feind bei jeder sich bietenden Gelegenheit und mit seiner gesamten Stärke[11] anzugreifen, und obwohl er – im Gegesatz zu Branas in Durazzo – genügend Zeit gehabt hätte, die Verteidigung vorzubereiten und Proviant einzulagern, unternahm er nichts. Binnen wenigen Tagen nach Beginn der Belagerung gingen seinen Bogenschützen die Pfeile aus. Bald waren nicht einmal mehr Steine für die Katapulte vorhanden. Aber schlimmer noch: sehr bald war klar, daß David Komnenos versäumt hatte, die Zisternen auf ihren Wasserstand hin überprüfen zu lassen; mehrere davon leckten, und das stellte sich erst später – zu spät – heraus. Dennoch legte er keinen Augenblick auch nur die geringsten Anzeichen von Scham oder Unbehagen an den Tag. So schreibt Niketas Choniates, der ihn wahrscheinlich persönlich kannte:

> Die Feinde, die sich anschickten, ihn samt der Stadt gefangenzunehmen, wußten gar nicht, daß er sie geradezu aus weiter Ferne herbeigesehnt hatte, daß er sich die ganze Zeit über bemühte, sich selbst als willige Beute in ihre Hände zu spielen. Als der Augenblick des Kampfes gekommen war und die verschiedenen Belagerungsgeräte und Waffen gegen die Stadt heranrückten, da benahm er sich, als wäre es

> seine Aufgabe, den Feinden zuzuschauen, und nicht, zu kämpfen. Während der ganzen Belagerung wurde er bei keinem Ausfall gesehen, obgleich die Vorkämpfer der Stadt ihn nicht wenig dazu ermunterten, ja er erlaubte ihnen nicht einmal, einen Ausfall zu unternehmen, sondern unterband und unterdrückte die Kampfeslust der Bürger, wie ein Jäger, der von seinem Handwerk aber schon gar nichts versteht, das Feuer edler Hunde. Niemand von allen Leuten in der Stadt sah ihn je in Rüstung [...] Als die Belagerungsgeräte die Mauer beabeiteten und Steine auf die Stadt warfen, machte er sich über das Sausen der hineingeschleuderten Felsbrocken und das Ächzen der getroffenen Stadtmauer lustig, und während die losgebrochenen Stücke herabstürzten, sagte dieser kindische Tropf zu den nichtsnutzigen Kerlen, die sich mit ihm in einem festen Gewölbe der Mauer drängten: »Hört nur, wie das alte Weib brüllt!« »Altes Weib« nannte er nämlich die größte der Belagerungsmaschinen, von der die Stadtmauer zugrunde gerichtet wurde, weil sie die Steine aus ihrem Gefüge warf.[12]

Niketas hielt sich während dieser furchtbaren Zeit nicht in Thessalonike auf; sein Bericht über die Ereignisse beruht jedoch auf der Darstellung des bestmöglichen Augenzeugen, nämlich Erzbischof Eustathios von Thessalonike. Obwohl ein gefeierter Gelehrter und Homerspezialist, war Eustathios kein Meister des Stils; auch versuchte er als guter griechischer Patriot gar nicht erst, seine Abneigung gegen die Lateiner zu verhehlen, die er – aus seiner Sicht zu Recht – ohnehin als Wilde betrachtete. Doch ist seine Schilderung *Die Normannen in Thessalonike,* so schwülstig und tendenziös sie auch sein mag, der einzige erhaltene Augenzeugenbericht über die Belagerung und deren Folgen. Die Geschichte, die darin erzählt wird, ist unschön.

Selbst wenn man sich in Thessalonike hinlänglich vorbereitet und verteidigt hätte, scheint es kaum wahrscheinlich, daß die thessalische Metropole sich sehr lange gegen derart wütende und vielseitige Angriffe hätte wehren können, wie sie die normannischen Truppen vom Stapel ließen. Die Garnison setzte ihnen so tapfer Widerstand entgegen, wie es ihr Befehlshaber zuließ, aber es dauerte nicht lange, da begannen die östlichen Bollwerke zu bröckeln. Inzwischen wurden auf der Westseite einige deutsche Söldner, die innerhalb der Mauern wohnten, bestochen, damit sie die Tore öffneten. Am 24. August brachen die sizilianischen Truppen dann von beiden Seiten gleichzeitig über die zweitwichtigste Stadt des Byzantinischen Reichs herein.

In den Reihen eines derart großen sizilianischen Heers muß es Hunderte von Soldaten griechischer Abstammung gegeben haben, daneben Hunderte aus Apulien und Kalabrien sowie aus Sizilien selbst, die in der Nähe griechischer Gemeinden aufgewachsen und mit deren Bräuchen und religiösen Traditionen vertraut waren, ja sogar einige Worte ihrer Sprache beherrschten. Es wäre wohltuend, festhalten zu können, daß diese mäßigend auf ihre weniger aufgeklärten Kampfgefährten einwirkten, doch sie taten nichts dergleichen, oder falls doch, so fruchtete der Versuch nicht das geringste. Das sizilianische Heer gab sich einem blutrünstigen und orgiastischen Gemetzel sondergleichen hin, im Ausmaß seiner Auswirkungen auf Thessalonike nur jenem vergleichbar, das die Truppen auf Befehl Kaiser Theodosius' des Großen achthundert Jahre zuvor angerichtet hatten und im Laufe dessen siebentausend Menschen im Hippodrom massakriert worden waren.[13] Vielleicht gab Eustathios die Anzahl der griechischen Zivilpersonen, die dabei umkamen, nicht zufällig ebenfalls mit siebentausend an, doch selbst die normannischen Befehlshaber schätzten die Zahl der Toten auf fünftausend, so daß er kaum stark übertrieben haben dürfte. Die entfesselten Schlächter beschränkten das Grauen nicht auf Mord allein; sie ergriffen Frauen und Kinder und schändeten sie, plünderten Häuser und steckten sie in Brand, entweihten Kirchen und zerstörten sie. Die letztgenannten Greueltaten lassen aufhorchen; in der ganzen Geschichte des normannischen Sizilien finden sich auffallend wenige Vorkommnisse der Entweihung und Schändung und keines von diesem Ausmaß. Selbst griechische Zeugnisse geben sich, obwohl sie vom Benehmen der Lateiner nur wenig hielten, darob erstaunt und erschüttert. Niketas gesteht:

> Die Barbaren machten zwischen göttlichen und menschlichen Dingen keinen Unterschied, sie wußten nicht das, was Gottes ist zu ehren und achteten nicht das Recht auf Unverletzlichkeit der Schutzsuchenden in den Kirchen [...] Daß sie gottgeweihte Geräte freventlich plünderten, daß sie mit unreinen Händen nach Unberührbarem langten, daß sie mit hündisch unverschämten Augen das Heilige angafften, vor dem man die Augen niederschlagen soll, das wäre noch keine unerhörte, noch nie dagewesene Schändung gewesen, wohl aber, daß sie die allerheiligsten Ikonen Christi und seiner Diener zu Boden schleuderten und auf ihnen herumtrampelten, daß sie den Schmuck aus Edelmetall, wenn einer an den Bildern war, so gut es ging, abbrachen und die Bilder selbst auf die Straße warfen, auf daß die Vorüber-

gehenden darauftreten sollten, oder daß sie mit ihnen das Feuer für den Kochtopf nährten. Das schändlichste und allen frommen Ohren schmerzlichste war, daß einige auf den Altar – auf den selbst den Engeln verehrungswürdigen Altartisch! – sprangen und dort unanständige Tänze aufführten, zu denen sie in ihrer Sprache häßlich klingende, wilde Lieder grölten. Dann entblößten sie ihre Scham, ließen ihr Wasser rinnen und pißten ringsum auf den geweihten Boden.[14]

Mit Plünderung hatte man rechnen müssen; diesen bekannten Lohn der Soldaten für eine erfolgreiche Belagerung hätte auch das griechische Heer ohne Zögern für sich in Anspruch genommen, wären die Rollen umgekehrt verteilt gewesen. Anders verhielt es sich mit den erwähnten Greueltaten, und Feldherr Balduin griff unverzüglich hart durch. Die Stadt war in den frühen Morgenstunden gefallen; bis zum Mittag war es gelungen, wieder annähernd Ordnung herzustellen. Dann begannen die logistischen Probleme. Thessalonike war nicht darauf eingerichtet, einen plötzlichen Zuwachs von achtzigtausend Mann zu verkraften. Die vorhandenen Nahrungsmittel verschwanden fast ausschließlich in sizilianischen Kehlen, und bald war die Stadtbevölkerung halb verhungert. Das Bestatten der Leichen verursachte zusätzliche Schwierigkeiten. Es dauerte mehrere Tage, bis diese Aufgabe erledigt war, und bis dahin hatte die Augusthitze längst ihr Werk getan. Als Folge davon brach eine Epidemie aus und raffte aufgrund der drangvoll engen Verhältnisse und, so behauptet zumindest Eustathios, noch verschärft wegen des übermäßigen Genusses von jungem Wein, allein etwa dreitausend Angehörige des Besatzungsheeres sowie eine unbekannte Anzahl Menschen der Stadtbevölkerung dahin.

Von Anfang an schwelten auch ernsthafte religiöse Konflikte. Die Romtreuen bemächtigten sich vieler Kirchen für eigene Zwecke, was indes gewisse Elemente der Soldateska nicht davon abhielt, in andere hineinzustürmen, die in griechischer Hand geblieben waren, dort den Gottesdienst zu unterbrechen und die messelesenden Geistlichen niederzuschreien. Ein besonders gefährlicher Zwischenfall drohte, als ein Trupp sizilianischer Soldaten ein drängendes, rhythmisches Hämmern als Zeichen zum Aufstand verstand und aufgeschreckt zu den Waffen eilte. Gerade noch rechtzeitig konnte man ihnen klarmachen, daß es sich um den Klang eines *Semantron* handelte, jenes Holzinstruments, mit dem orthodoxe Gläubige zu ihren Andachten gerufen wurden.[15]

Nach ein bis zwei Wochen hatte man zu einer knapp erträglichen Art des Zusammenlebens gefunden. Balduin erwies sich als gewiefter

Befehlshaber, und Eustathios, obwohl theoretisch ein Gefangener, scheint viel zur Vermeidung unnötiger Spannungen beigetragen zu haben. Seine Herde wiederum fand bald heraus, daß an diesen Fremden, die so wenig von realen Preisen und echten Werten verstanden, Geld zu verdienen war. Bald jammerte Eusthatios über die Unbeschwertheit, mit der die Frauen von Thessalonike die sizilianischen Soldaten zu umgarnen pflegten. Dennoch blieb die Atmosphäre in der Stadt und ihrer Umgebung explosiv, und sowohl die griechische Bevölkerung als auch die sizilianischen Soldaten müssen aufgeatmet haben, als sich die Truppen wieder in Kampfformation aufreihten und, eine kleine Garnison zurücklassend, gegen Osten zogen.

Zu diesem Zeitpunkt hatte Kaiser Andronikos nicht weniger als fünf Heere nach Thessalonike entsandt, die das Vorrücken des Feindes verhindern sollten. Das Zersplittern der Streitkräfte wirkt wie ein weiterer Hinweis darauf, daß sein Thron wackelte. Unter dem Befehl eines einzigen, fähigen Anführers vereint, hätten sie Thessalonike vielleicht retten können; so aber zogen sich die fünf Heere auf die Anhöhen nördlich der Straße zurück und sahen gleichsam hypnotisiert zu, wie die sizilianischen Truppen gegen ihre Hauptstadt marschierten. Als Balduins Vorhut die fast auf halbem Weg nach Konstantinopel gelegene Stadt Mosynopolis erreichte, ereignete sich indes ein Vorfall, der die Lage drastisch und, was die Eindringlinge betraf, auf verhängnisvolle Weise veränderte. Andronikos Komnenos hatte das erträgliche Maß endgültig überschritten: Seine Untertanen erhoben sich gegen ihn und brachten ihn um.

Wie überall hatten die Nachrichten aus Thessalonike auch die Bevölkerung von Konstantinopel an den Rand der Panik gebracht. Andronikos' Reaktionen darauf waren bezeichnend für seinen widersprüchlichen Charakter. Einerseits traf er entschiedene Vorkehrungen, um die Befestigungsanlagen der Stadt zu stärken; so wurde der Zustand der Mauern sorgfältig überprüft, Häuser, die zu nahe daran gebaut worden waren, eingerissen, wenn man zum Schluß kam, sie könnten dem Feind das Eindringen erleichtern, sowie eiligst eine Flotte von hundert Schiffen mobilisiert und mit Lebensmitteln versehen. Sie war zwar nicht einmal halb so groß wie die sizilianische, von der es hieß, daß sie sich der Stadt rasch nähere, hatte indes in den engen Gewässern Marmarameer und Bosporus möglicherweise immerhin eine Chance.

Andererseits gab es Zeiten und Situationen, da Andronikos dem Ernstfall völlig gleichgültig gegenüberzustehen schien und sich ganz seiner privaten Vergnügungssucht und einem Leben der Ausschweifung überließ. In den drei Jahren seit seiner Thronbesteigung hatte er zunehmend einem lasterhaften Leben gefrönt.

> Mit der Geilheit des Polypen geschlagen, jagte er der Liebe nach und raste vor Gier [...] Für seine Ausschweifungen fehlten ihm freilich die entsprechenden Kräfte. Wie Herakles jedoch beim Kampf mit der Hydra Iolaos zum Gehilfen hatte, so stärkte er sein Geschlechtsglied durch Einreiben mit Salben und reichliche Anwendung verschiedener Mittel. So pflegte er Skingon zu essen, das ist ein im Nil lebendes, krokodilähnliches Tier; es verursacht jedem Ekel, außer denen, die glauben, solche Mittel einnehmen zu müssen, regt aber das Geschlecht an und macht fähig zum Beischlaf.[16]

Dazu hatte er eine regelrechte Hinrichtungsmanie entwickelt, die ihn zu neuen Grausamkeitsexzessen verleitete. Laut Niketas hielt er einen Tag, an dem er keine Todesstrafe verhängte, für verloren. Frauen wie Männer lebten in Angst und Sorge; nicht einmal die Nacht bescherte ihnen Ruhe, da die entsetzlichen Erscheinungen all derer, die massakriert worden waren, sie in ihren Träumen heimsuchten. Konstantinopel erlebte eine der schlimmsten Terrorherrschaften seiner langen, dunklen Geschichte; sie erreichte den Höhepunkt im September 1185, als Andronikos ein Dekret erließ, das die Hinrichtung sämtlicher Gefangener und Exilierter und deren Familienangehöriger anordnete, da er sie der Komplizenschaft mit dem eindringenden Feind verdächtigte.

Zum Glück brach die Revolution gerade noch rechtzeitig aus, um diese Tragödie zu verhindern. Der zündende Funke sprang durch Isaak Angelos über, einen Verwandten Kaiser Andronikos' und bis dahin unauffälligen Adligen, der des Kaisers Mißgunst erregte, als eine Wahrsagerin ihn als zukünftigen Thronfolger bezeichnete. Er stürzte sich auf den zu seiner Festnahme ausgesandten kaiserlichen Schergen und erstach ihn; danach stob er im vollen Galopp zur Hagia Sophia und verkündete allen Anwesenden, was er getan hatte. Die Nachricht verbreitete sich in Windeseile. Die Menschen liefen zusammen, unter ihnen auch Adlige wie Isaaks Onkel Johannes Dukas und viele andere, die wußten, daß sie sich angesichts der herrschenden Atmosphäre des Mißtrauens unmöglich von der Tat würden distanzieren können, auch wenn sie sich persönlich daran nicht beteiligt hatten. »Da sie«, so Niketas, »jeden Augenblick die Häscher erwarteten und den Tod vor Augen hatten, waren sie in großer Furcht und klapperten mit den Zähnen und flehten die in die Kirche geströmte, immer mehr anwachsende Menge mit leutseligen, gewinnenden Worten an, bei ihnen zu bleiben und ihnen, so gut es gehe, beizustehen, denn sie befänden sich in höchster Gefahr.«[17]

Und die Menge kam ihrer Bitte nach. Nachdem sie die Nacht in der von Fackeln erleuchteten Hagia Sophia verbracht hatten, eilten die einen am nächsten Morgen durch die Stadt und riefen aus allen Häusern die Verantwortlichen zu den Waffen; andere brachen die Gefängnisse auf, und die Gefangenen schlossen sich ihnen an. In der Zwischenzeit aber wurde Isaak Angelos in der großen Kirche zum Basileus ausgerufen.

> Ein Kirchendiener holte mit einer Leiter die Krone des Großen Konstantin, die über dem Altar aufgehängt war, herunter und machte sie für das Haupt des Isaakios zurecht. [...] Isaakios wies mißmutig und ärgerlich die Krone zurück, nicht weil er nicht Kaiser hätte werden wollen, sondern weil ihn die Schwierigkeit und Aussichtslosigkeit dieses Unterfangens schreckte, ja er glaubte, nur ein Traum, nicht die Wirklichkeit biete ihm die Krone an. Er fürchtete auch die Wut des Andronikos und wollte ihn durch seine Krönung nicht noch mehr in Raserei versetzen. Da nahm der neben ihm stehende Dukas seine Kopfbedeckung ab, wobei ein ganz kahler, wie der Vollmond leuchtende Schädel zum Vorschein kam, und flehte, man möge ihm das Diadem aufsetzen. Das Volk weigerte sich und schrie, es wolle nicht, daß wieder ein Greis herrsche und Kaiser sei, sie hätten genug Schlechtes von dem Graukopf Andronikos zu ertragen gehabt. Seinetwegen haßten und verbscheuten sie jedes hochbejahrte Grabgespenst, besonders wenn es einen langen Bart hat, der zweigeteilt ist und dünn wie ein Mäuseschwanz endet.[18]

Die Nachricht vom Aufstand in Konstantinopel erreichte Kaiser Andronikos auf seinem Landsitz in Meludion, und er begab sich selbstbewußt und im Vertrauen, seine Herrschaft wieder geltend machen zu können, in die Hauptstadt. Er ritt auf direktem Weg in den Großen Palast an der Mündung des Goldenen Horns und befahl seinen Wachen, Pfeile in die Menge zu schießen. Als er feststellte, daß sie ihm nur zögernd gehorchten, bemächtigte er sich eines Bogens und begann wie ein Rasender selbst um sich zu schießen, bis er die Lage plötzlich erkannte:

> Da wandte sich Andronikos zur Flucht, zog sich die purpurgefärbten Schuhe von den Füßen [...], stülpte sich eine barbarische Filzmütze, die, spitz zulaufend, einer Pyramide glich, über den Kopf und rannte wieder auf die kaiserliche Triere, mit der er von Meludion zum Großen Palast gekommen war. Dorthin kehrte er wieder zurück und nahm zwei Frauen mit, Anna, die Braut des Alexios [...] und die Dirne Maraptike, in die Andronikos leidenschaftlich verliebt war [...] So strebte also Andronikos mit aller Kraft nach dem Ziel, das er ausersehen hatte. Und zwar wollte er zu den Tauroskythen.[19]

Gleichzeitig drang der Pöbel in den Palast ein und fiel über alles Wertvolle her. Allein zwölfhundert Münzbarren in Gold und dreitausend in Silber sowie zahllose Schmuckstücke und Kunstwerke wurden weggetragen. Nicht einmal die kaiserliche Kapelle wurde verschont: Die Wütenden rissen Ikonen von den Wänden und raubten Meßkelche vom Altar. Und der allerheiligste aller Schätze – das Reliquienkästchen mit dem Brief, den Jesus eigenhändig an König Abgar von Edessa geschrieben hatte – verschwand auf Nimmerwiedersehen.

Es dauerte nicht lange, bis man des Kaisers, der Kaiserin und Maraptike habhaft wurde. Die Frauen, die durchweg Würde und Mut bewahrten, wurden verschont, doch Andronikos, gefesselt und mit einer schweren Kette um den Hals im Zaum gehalten, zu Issak geführt, auf daß er seine Strafe erhalte. Man hackte ihm die rechte Hand ab und warf ihn ins Gefängnis; nach ein paar Tagen ohne Nahrung und Wasser wurde er an einem Auge geblendet und auf ein Kamel gepackt, um dem Zorn seiner ehemaligen Untertanen zu begegnen. Sie hatten sehr unter ihm gelitten und waren begierig, sich zu rächen. Niketas berichtet:

> Aber die stumpfsinnigen, ganz und gar ungebildeten Einwohner Konstantinopels [...] strömten von überall her [...] Die einen schlugen ihn mit Knütteln auf den Kopf, andere steckten ihm Mist in die Nase oder tauchten Schwämme in den Urin von Rindern und Menschen und drückten sie über sein Gesicht aus [...] Eine freche Dirne holte einen Topf mit heißem Wasser aus der Küche und leerte ihn über seine Wangen [...] So wurde Andronikos schmählich in einem lächerlichen Umzug, auf dem Rücken des Kamels elendiglich dem Spott preisgegeben, in das Theater (das Hippodrom) gebracht und mit einem Bastseil an den Füßen aufgehängt [...] Trotz so vieler Leiden und noch unzähliger anderer, die ich gar nicht erwähne, benahm sich Andronikos dem Grauenhaften gegenüber, das ihm

> widerfuhr, mannhaft und vornehm, er war auch noch bei vollem Bewußtsein. Zu seinen Bedrängern gewendet, sagte er nichts anderes als: »Herr, erbarme dich!« und »Warum zerbrecht ihr ein geknicktes Rohr?« [...] Unter so vielen Drangsalen und Leiden gab Andronikos endlich qualvoll seinen Geist auf. Er streckte schmerzlich seinen rechten Arm aus und führte ihn so zum Mund, daß die meisten glaubten, er wolle das aus dem Stumpf noch hervortropfende Blut – die Hand war ihm ja erst vor kurzem abgeschlagen worden – aussaugen.[20]

Eustathios von Thessalonike bezeichnet Andronikos Komnenos als einen Mann so voller Widersprüche, daß man ihn mit ebenso großer Berechtigung loben wie auch bitter verurteilen könne, einen Koloß, der über jede Gabe verfügte, außer über die der Mäßigung, der ebenso dramatisch starb, wie er gelebt hatte; Held und Bösewicht, Bewahrer und Zerstörer, Vorbild und Warnung zugleich.

Isaak Angelos trat, als er die Krone schließlich entgegennahm, ein hoffnungsloses Erbe an. Die Vorhut der Eindringlinge befand sich bereits in Mosynopolis, keine dreihundertfünfzig Kilometer mehr von Konstantinopel entfernt, und ihre Flotte war in der Zwischenzeit im Maramarameer eingetroffen, wo sie nur noch auf das Landheer wartete, um dann zum Angriff anzusetzen. Gleich nach der Thronbesteigung unterbreitete Kaiser Isaak Balduin ein Friedensangebot. Als es abgelehnt wurde, führte er aus, was Andronikos schon Monate zuvor hätte tun sollen: Er betraute seinen fähigsten Feldherrn, Alexios Branas, mit dem Oberbefehl über alle fünf Heere und sandte ihn mit der massivsten Streitmacht aus, die das Byzantinische Reich zur Verfügung stellen konnte. Die Wirkung zeigte sich augenblicklich; die Griechen schöpften neuen Mut. Und sie erkannten, daß ihre Feinde zu selbstsicher geworden waren; da die sizilianischen Soldaten keinen Widerstand mehr erwarteten, hatten sie ihre Wachsamkeit abgelegt und auch in ihrer Disziplin nachgelassen. Branas wählte Ort und Zeitpunkt mit Umsicht. Dann stießen die vereinten byzantinischen Kräfte auf das feindliche Heer nieder, schlugen es in die Flucht und verfolgten die Fliehenden den ganzen Weg zurück bis in ihr Hauptlager in Amphipolis.

Für Niketas handelte es sich um eine sichtbare Offenbarung göttlicher Macht:

> Da ließ Gott den Würfel einmal anders rollen, und die früher so Stolzen und Aufgeblähten, die geprahlt hatten, sie könnten mit ihren Speeren beinahe Berge aufheben und versetzen, verloren, wie vom Blitz getroffen oder von einem gewaltigen Donnerschlag betäubt den Kopf [...] Die Rhomäer wieder hatten ihre Kleinmütigkeit abgelegt. Wie wolkennah fliegende Adler, die auf niedrige Vögel Jagd machen, schossen sie heran und gierten danach, gleichsam mit angelegten Flügeln, pfeilschnell auf jene herabzustoßen, von denen sie früher zum Schimpf »Geflügel« genannt worden waren.[21]

Im nördlich von Amphipolis flußaufwärts am Ufer des Strymon (Struma) gelegenen Dimitriza[22] willigte Balduin endlich in Friedensverhandlungen ein. Weshalb er dies tat, bleibt ein Rätsel. Die Niederlage bei Mosynopolis hatte die Hauptmasse seines Heers nicht in Mitleidenschaft gezogen; diese Truppen lagerten vielmehr in ordentlicher Verfassung in seiner Nähe. Auch hielt er noch immer Thessalonike, und der neue Kaiser in Konstantinopel war zwar nicht senil wie sein Vorgänger, stand jedoch auch nicht in voller jugendlicher Blüte. Sein Anspruch auf den Thron war zudem mit Sicherheit kleiner als jener von Andronikos oder, wenn schon, jener von Manuels Neffen Alexios, der das Heer seit dem Aufbruch in Messina begleitet hatte und nur selten von Balduins Seite wich. Doch der Winter nahte, und die Herbstregen in Thrakien fallen reichlich und eiskalt. Und die Niederlage bei Mosynopolis könnte sich auf Soldaten, die damit gerechnet hatten, Weihnachten in Konstantinopel zu verbringen, demoralisierender ausgewirkt haben, als dies rein strategisch gesehen angezeigt gewesen wäre.
Möglich ist aber auch, daß Balduin finsterere Absichten hegte; dies unterstellten ihm zumindest die griechischen Soldaten. Unter dem Vorwand, er wolle die Friedensverhandlungen dazu benutzen, um sie ihrerseits zu überrumpeln, beschlossen sie, zuerst zuzuschlagen und handelten am 7. November entsprechend. »Ohne«, schreibt Niketas, »auf die Losung, auf das Trompetenzeichen, einen Befehl oder auf sonst etwas zu warten, was ein Feldherr vor der Schlacht anzuorden pflegt, entblößten sie die Schwerter und stürzten sich auf die Feinde.«[23] Das sizilianische Heer war darauf völlig unvorbereitet. Die Soldaten hielten stand, so gut sie konnten, wandten sich dann aber zur Flucht. Manche ereilte der Todesstreich im vollen Lauf; unzählige ertranken beim Versuch, den durch die letzten Regenfälle reißend angeschwollenen Strymon zu überqueren; wieder andere, unter ihnen die beiden Anführer Balduin und Richard von Acerra, wurden gefangengenommen – auch

Alexios Komnenos, den Isaak für seinen Verrat umgehend blenden ließ. Wer entwischte, schlug sich nach Thessalonike durch, wo es einigen gelang, ihre Schiffe zu erreichen und nach Sizilien zurückzukehren. Da der Großteil der Flotte aber noch immer vor Konstantinopel lag und auf das Anrücken des Landheers wartete, hatten die meisten keine Chance. Die Bevölkerung von Thessalonike erhob sich gegen sie und rächte sich gründlich und blutrünstig für alles, was sie während der drei vorangegangenen Monate erlitten hatte. So schleppte sich vom riesigen Heer, das im Sommer so selbstsicher losgezogen war, bald nur noch ein ärmlicher Schatten mühselig über die eisigen Gebirgspässe nach Durazzo zurück.

Byzanz war gerettet. Volk und Führung hätten indes gut daran getan, die sizilianische Invasion als Warnung zu verstehen. Es gab noch andere westliche Augen, die sich begierig auf das Byzantinische Reich richteten. Nur zwanzig Jahre später sollte sich Konstantinopel mit einem neuerlichen Angriff konfrontiert sehen – einem, der gelingen würde.

10

Die Eroberung Jerusalems

(1185–1198)

Der Tag, an dem Jerusalem eingenommen wurde, war der Jahrestag der Himmelfahrt des Propheten [...] Der Sultan hielt Hof, um die Glückwünsche entgegenzunehmen [...] Er saß zwischen den Gesetzeshütern und Gelehrten, seinen gottesfürchtigen Höflingen, und sein Auftreten zeugte von Bescheidenheit und Würde zugleich. Sein Antlitz strahlte vor Freude, seine Tür stand weit offen, sein Wohlwollen war grenzenlos. Alle genossen freien Zugang zu ihm, seine Worte fanden Gehör, seine Taten trugen Früchte; sein Teppich wurde mit Küssen bedeckt; sein Angesicht glühte, er verströmte einen süßen Duft, und seine Zuneigung galt allen gleich [...] Sein Handrücken war die Qibla *der Küsse und seine Handfläche die* Ka'ba *der Hoffnung.*

Imad ed-Din al-Isfahani über Sultan Saladin

Das Geschlecht Angelos, dem auf diese Weise so plötzlich und unverhofft Bedeutung zukam, war weder besonders alt noch besonders vornehm. Tatsächlich wäre es außerhalb der lydischen Stadt Philadelphia praktisch unbekannt geblieben, hätte nicht Theodora Porphyrogenneta, eine Tochter Alexios' I. und Irene Dukas', Isaaks Großvater Konstantin Angelos geheiratet. Von da an verlief der Aufstieg der Familie rasant. Zum Zeitpunkt der Thronbesteigung Manuel Komnenos' gehörte sie bereits zu den angesehensten in Konstantinopel und stellte dem Thron mehrere Feldherren unterschiedlichen Formats. Als für den Feudaladel daher die Zeit gekommen war, sich den Exzessen des letzten Komnenos zu widersetzen, schien es selbstverständlich, daß ein Angelos dabei die Führung übernahm.

Dennoch war der Tag, an dem dies geschah, ein trauriger Tag für Byzanz, denn von allen Familien, die früher oder später in den Besitz der byzantinischen Kaiserkrone gelangten, gehörten die Angeloi zu den schlimmsten. Zwar dauerte ihre Herrschaft barmherzigerweise nur kurze Zeit – die drei Angelos-Kaiser Isaak II., Alexios III. und Alexios IV. regierten vom ersten bis zum letzten insgesamt bloß neunzehn Jahre –, doch erwies sich jeder auf eigene Weise als verhängnisvoll, und zusammen tragen sie die Schuld an der größten Katastrophe, die Konstantinopel vor dem endgültigen Zusammenbruch überhaupt je zu erleiden hatte.

Die Herrschaft Isaaks II. ließ sich recht gut an. Beim Rückzug hatten die normannischen Truppen nicht nur Thessalonike, sondern auch Durazzo und Korfu geräumt. Sicher, es war ihnen gelungen, die Nachbarinseln Kephallonia und Zakynthos zu halten, und diese blieben Byzanz auch auf immer verloren, aber selbst das schien ein geringer Preis für ein Ereignis, welches ein Gutteil der byzantinischen Bevölkerung als wundersame Befreiung betrachtete. Dann zeigte sich der zweite Hauptfeind des Reiches, König Bela III. von Ungarn, geradezu begierig, einen Friedensvertrag zu unterzeichnen, und er besiegelte ihn, indem er Isaak II. seine zehnjährige Tochter Margaret (die den byzantinischen Namen Maria annahm) zur Frau gab. Ein paar feinfühlige Untertanen des neuen Kaisers mögen bedauert haben, daß dieser es für nötig erachtete, die beiden überlebenden Söhne seines Vorgängers Andronikos Komnenos blenden zu lassen – einer der beiden starb fast unmittelbar danach –, doch die meisten betrachteten den Beginn seiner Herrschaft laut Niketas wie einen sanften Frühling nach einem harten Winter oder die friedvolle Ruhe nach einem rasenden Sturm.

Sie wurden bald eines Schlimmeren belehrt. Andronikos hatte, trotz aller Fehler, immerhin viel getan, um die Korruption auszurotten; Isaak II. dagegen verkaufte Regierungsämter wie »Gemüse auf dem Markt«. Einmal mehr wurde Bestechung zur Regel, die Steuereinnehmer nahmen in den Provinzen ihre Erpressermethoden wieder auf, und bei den Soldaten setzte ein jäher moralischer Verfall ein, als die für ihren Unterhalt und Sold vorgesehenen Mittel zur Abfindung potentieller Feinde verwendet oder gar für die immer aufwendigeren Vergnügungen am Hof vergeudet wurden. Zunehmend zerfiel auch das System der Gebietseinteilung in Themen, einst Rückgrat der Verwaltung und Verteidigung des Byzantinischen Reichs, und der Feudaladel, den Andronikos noch fest im Griff gehalten hatte, geriet immer mehr außer Kontrolle.

Doch auch Isaak II. verhielt sich nicht ganz passiv. Wenn er auch keine Anstrengungen unternahm, die verlorenen Ionischen Inseln, Zypern oder gar Kilikien – das an Armenien gefallen war – zurückzuerobern, legte er doch zumindest beträchtliche Tatkraft bei der Unterdrückung von Aufständen und zum Schutz der Grenzen an den Tag und zog in den Jahren 1186 und 1187 gegen Aufständische in Bulgarien und der Walachei zu Felde. Doch es gelang ihm nicht zu verhindern, daß zwei Lokaladlige des zweiten bulgarischen Reichs Truppen formierten, und ein späterer Feldzug im Jahre 1190 mündete in eine Katastrophe; sein Heer geriet in einen Hinterhalt, und er selbst kam nur knapp mit dem Leben davon. Inzwischen hatte sich der serbische Groß-Zhupan Stephan Nemanja mit den Aufständischen verbündet und die Feindseligkeiten bestens genutzt, um seine eigene Machtstellung auszubauen. Am Ende willigte er in einen Friedensvertrag mit Byzanz ein, aufgrund dessen er seinen Sohn der Nichte Isaaks II. zum Mann gab, wofür dieser den Titel *Sebastokrator* erhielt, doch bis dahin war allen klar, daß Serbien, ebenso wie Bulgarien, ein unabhängiger Staat war. Die Tage der byzantinischen Vorherrschaft auf dem Balkan waren vorüber. Und sie kehrten nie mehr wieder.

Doch es kam noch schlimmer. Byzanz, ja das ganze Abendland, stand bereits vor der nächsten Krise. Mitte Oktober 1187 verbreiteten sich schreckliche Neuigkeiten; die arabischen Ungläubigen hatten Jerusalem erobert.

Wer die Ereignisse in der Levante objektiv verfolgte, muß die Eroberung Jerusalems durch die Sarazenen für unvermeidlich gehalten haben. Auf moslemischer Seite hatte sich der stetige Aufstieg Saladins vollzogen, eines hochfliegenden Anführers, der gelobt hatte, die Heilige Stadt (im Arabischen al-Quds) für seine Glaubensgemeinschaft zurückzuerobern; dagegen hatte sich auf christlicher Seite nichts getan, vom traurigen Schauspiel einmal abgesehen, das die drei übriggebliebenen fränkischen Staaten Jerusalem, Tripolis und Antiochia boten, alle von mittelmäßigen Persönlichkeiten regiert und durch internes Machtgerangel zerstritten. Jerusalem war während der entscheidenden Phase von Saladins Machtzuwachs zusätzlich durch das Siechtum seines leprakranken Königs Balduin IV. belastet; er litt bereits an dieser Krankheit, als er 1174 im Alter von dreizehn Jahren auf den Thron kam, und erlag ihr elf Jahre später. Natürlich hinterließ er keine Nachkommen, und damit ging die Krone von Jerusalem zu einem Zeitpunkt, da zur Rettung des Königreiches eine kluge und entschiedene Führung unentbehrlich gewesen wäre, an Balduins Neffen, den Sohn seiner älteren Schwester Sibylle, über – ein achtjähriges Kind.

Der Tod dieses neuen Kindkönigs, Balduin V., ein Jahr später hätte sich als Segen erweisen können, doch wurde die Chance, eine wirkliche Führungsgpersönlichkeit zu finden, vertan. Mit der Eheschließung von Sibylle ging der Thron an Balduins Stiefvater Guido von Lusignan weiter, einen als Regenten ganz untüchtigen Jammerlappen, dessen Ausmaß an Unfähigkeit das mangelnde Vertrauen seitens der Mehrheit seiner Zeitgenossen vollumfänglich rechtfertigte. Und so befand sich Jerusalem am Rande eines Bürgerkriegs, als Saladin im Mai 1187 den lange erwarteten *Jihad* ankündigte, den Jordan überquerte und in fränkisches Hoheitsgebiet einfiel. Unter der Führung des erbarmungswürdigen Guido stand die Niederlage des christlichen Lagers im voraus fest. Am 3. Juli führte er das größte Heer, daß sein Königreich je gestellt hatte, über die galiläischen Höhen Richtung Tiberias, wo Saladin die Festung belagerte. Nach einem langen Tagesmarsch in der glühendsten Jahreszeit mußten die Soldaten auf einer wasserlosen Hochebene lagern. Tags darauf, von der Hitze erschöpft und halb irr vor Durst, wurden sie dann am Fuße des als Hörner von Hattin bekannten Doppelgipfels von den moslemischen Verbänden umzingelt und zerschlagen.

Nun mußte das Sarazenenheer nur noch die vereinzelt stehenden christlichen Festungen einnehmen, eine nach der anderen: Tiberias fiel einen Tag nach der Niederlage von Hattin, Akko folgte, und Nablus, Jaffa, Sidon und Beirut ergaben sich rasch hintereinander. Dann ließ Saladin nach Süden schwenken, nahm Askalon im Sturm und erhielt Gaza durch kampflose Übergabe. Nun war er bereit für Jerusalem. Die Verteidigung der Heiligen Stadt hielt zwölf Tage lang heroisch stand, doch am 2. Oktober – die Stadtmauern waren bereits von moslemischen Pionieren untergraben – erkannte man, daß das Ende bald kommen mußte. So begab sich der Anführer Balian von Ibelin – König Guido war bei der Schlacht von Hattin in Gefangenschaft geraten – persönlich zu Saladin, um über die Kapitulationsbedingungen zu verhandeln.

Saladin, mit Balin gut bekannt und ihm gewogen zeigte weder Blutrünstigkeit noch Rachsucht; nach einigem Verhandeln war er damit einverstanden, daß die Angehörigen christlichen Glaubens in Jerusalem sich gegen ein angemessenes Lösegeld freikaufen konnten. Von den zwanzigtausend Armen, die keine Möglichkeit hatten, das Geld aufzutreiben, sollten siebentausend mit einer Pauschalsumme durch die verschiedenen christlichen Obrigkeiten freigekauft werden. Noch am selben Tag führte Saladin seine Truppen in die Stadt. Und dann flatterte zum ersten Mal nach achtundachtzig Jahren am Jahrestag der Himmelfahrt Mohammeds, der im Schlaf von Jerusalem ins Paradies getragen worden war, sein grünes Banner wieder über dem Tempelbezirk, von dem er einst entrückt worden war, und die Gläubigen konnten seinem einmal mehr enthüllten geheiligten Fußabdruck erneut ihre Verehrung erweisen.

Es gelang, die Ordnung überall aufrechtzuerhalten. Weder gab es ein wildes Morden und Blutvergießen noch Plünderungen. Die dreizehntausend Armen, für die das Lösegeld nicht aufgebracht werden konnte, blieben in der Stadt; lediglich Saladins Bruder al-Adil verlangte tausend von ihnen als Belohnung für seine Dienste – und ließ sie sofort frei. Weitere siebenhundert wurden dem Patriarchen zugesprochen und fünfhundert Balian von Ibelin. Hierauf ließ Saladin spontan alle Alten und Ehemänner, deren Frauen ausgelöst worden waren, frei und schließlich alle Witwen und Kinder. Am Ende traten nur wenige Angehörige christlichen Glaubens den schweren Weg in die Sklaverei an. Es war nicht das erste Mal, daß Saladin jene Großmut an den Tag legte, für die er bald im Orient wie im Okzident gleichermaßen Berühmtheit erlangen sollte, doch nie zuvor in einem solchen Ausmaß. Seine Beherrschung ist um so bemerkenswerter, als das furchtbare Gemetzel, welches die christlichen Kreuzfahrer nach ihrem Einfall in Jerusalem 1099 angerichtet hatten, gewiß nicht in Vergessenheit geraten war.[1] Auf christlicher Seite gab es ebenfalls kein Vergessen, und der ungeheure Gegensatz verfehlte seine Wirkung nicht. Saladin mochte ihr Erzfeind sein, doch er hatte ein Beispiel von Ritterlichkeit gegeben, das den Kreuzfahrern in den kommenden Monaten stets vor Augen stehen sollte.

Als die Nachricht vom Fall Jerusalems das Abendland erreichte, starb Papst Urban III. vor Schreck. Doch sein Nachfolger, Gregor VIII., verlor keine Zeit und rief die Christenheit zu den Waffen, um die Stadt zurückzuerobern. Und während sich die Streitkräfte formierten, erkannte Isaak II., daß dieser bevorstehende Kreuzzug für sein Reich eine größere Bedrohung darstellte als die beiden vorangangenen. An der Spitze würde der alte Feind des Byzantinischen Reiches stehen, Friedrich I. Barbarossa, von dem man wußte, daß er freundschaftlichen Kontakt zu Sultan Kilidsch Arslan II. in Ikonion unterhielt und bereits damit beschäftigt war, sich die Unterstützung der neuerdings unabhängigen Fürstentümer auf der Balkanhalbinsel zu sichern. Dem Reich kaum freundschaftlicher gesinnt war König Wilhelm II. von Sizilien, der ebenfalls seine Absicht erklärt hatte, sich am Kreuzzug zu beteiligen. Zum Glück für Byzanz starb er im November 1189 im Alter von sechsunddreißig Jahren, ohne Nachkommen zu hinterlassen. Indes verhieß die knapp vier Jahre zuvor erfolgte Eheschließung seiner Tante Konstanze mit Barbarossas ältestem Sohn Heinrich, an die seine Krone nun fiel, nur zu deutlich, daß sich die sizilianische Außenpolitik nicht ändern würde. Von den anderen beiden Monarchen, die am Kreuzzug teilnahmen, Richard Löwenherz von England und Philipp II. August von Frankreich, konnte Byzanz – rief man sich die enge verwandtschaftliche Verbindung des einen und das schreckliche Ende von Agnes, einer Schwester des anderen, in Erinnerung, welches diese als Kaiserin Anna in Konstantinopel vor kurzem erlitten hatte – ebenfalls kein Wohlwollen erwarten.[2]

Richard und Philipp August beschlossen, auf dem Seeweg in das Heilige Land zu reisen und umschifften so das Byzantinische Reich. Sie spielen daher in dieser Schilderung nur eine marginale Rolle; erwähnenswert mag immerhin sein, daß Richard im Mai 1191 die Gelegenheit eines unvorhergesehenen Haltes auf Zypern dazu nutzte, die Insel ihrem selbsternannten Kommandeur Isaak Komnenos abzunehmen (den er in silberne Ketten gelegt nach Tripolis in den Kerker schaffen ließ), um diese zuerst an die Templer und dann, ein Jahr später, an Guido von Lusignan, den abgesetzten König von Jerusalem, abzutreten. Friedrich Barbarossa dagegen wählte den Landweg und zog im Mai 1189 in Ratisbona (Regensburg) mit einem auf hundert- bis hundertfünfzigtausend Mann geschätzten Heer los, dem größten, das sich jemals auf einen Kreuzzug in Marsch gesetzt hatte. Ordnungsgemäß setzte er Kaiser Isaak II. über seine Absichten in Kenntnis und hatte zudem ein paar Monate zuvor in Nürnberg mit byzantinischen Abgesandten ein Abkommen unterzeichnet. Doch Isaak war sich seines Gemauschels mit den Balkanstaaten wohl bewußt – geschweige denn jenes mit dem Seldschukensultan –, und er fand seine Befürchtungen nur bestätigt, als er vom großartigen Empfang vernahm, den der Groß-Zhupan Stephan Nemanja dem Westkaiser bei dessen Ankunft in Naissus bereitete und in dessen Verlauf sich sowohl Serbien als auch Bulgarien bereit erklärten, ihm den Treueeid zu leisten und sich einem Bündnis gegen Byzanz anzuschließen. Isaaks nächster Schritt bestand darin, die beiden ehemaligen Botschafter am deutschen Hof, Konstantin Kantakuzenos und Johannes Dukas, auszusenden, um das Riesenheer an der Grenze zu empfangen. Aber statt Friedrich im Namen ihres Kaisers zu begrüßen, wie es ihnen aufgetragen worden war, hängten sie ihr Mäntelchen in den Wind und stachelten ihn auf, ihren Herrn anzugreifen. Hocherfreut besetzte Barbarossa Philippopel (Plowdiw), als handle es sich um eine eroberte Stadt.

Mittlerweile war Isaak II. der Panik nahe, und als Gesandte Friedrichs eintrafen – und zwar lediglich, um über den Truppentransport nach Asien zu verhandeln –, verlor er völlig den Kopf und ließ sie ins Gefängnis werfen, vermutlich in der Absicht, sie als Sicherheit für Friedrichs Wohlverhalten zu benutzen. Es war eine verhängnisvolle Tat. Unverzüglich befahl der erzürnte Westkaiser seinem in Deutschland verbliebenen Sohn Heinrich, sich den päpstlichen Segen für einen Kreuzzug gegen das ketzerische Byzanz einzuholen, eine Flotte zu rüsten und sie so schnell wie möglich nach Konstantinopel zu bringen; gleichzeitig entsandte er seinen zweiten Sohn, Friedrich von Schwaben, um zum Ausgleich die thrakische Stadt Didymoteichos einzunehmen. Mit der Aussicht auf einen amphibischen Angriff auf seine Hauptstadt Konstantinopel konfrontiert, blieb Isaak II. Angelos nur die Kapitulation. Die Verhandlungen zogen sich zäh über den ganzen Winter hin und endeten mit seinem Zugeständnis, die erforderlichen Transportmittel und die notwendige Verpflegung für den Marsch des Kreuzzugheers durch Anatolien bereitzustellen; Friedrich verpflichtete sich, als Gegenleistung, über die Dardanellen statt über den Bosporus vorzurükken und auf diese Weise Konstantinopel ganz zu umgehen.

Nach der Überquerung der Meerenge marschierte Friedrichs Heer über Philadelphia, Laodikea und Myriokephalon – wo noch immer die ausgebleichten Knochen der Soldaten, die unter der Führung Manuel Komnenos' ausgezogen waren, das Schlachtfeld übersäten – bis zur seldschukischen Hauptstadt Ikonion (Konya) weiter. Anhaltende Belästigungen durch berittene Banden türkischer Bogenschützen hatten ihn bereits vorgewarnt, daß der Sultan trotz der früheren Kontakte offenbar nicht die Absicht hegte, dem Heer ungehinderten Durchzug durch sein Hoheitsgebiet zu gewähren, und nun stellte sich heraus, daß er eigens zum Schutz der Stadt einen Truppenverband unter dem Befehl seines Sohnes Qutb ed-Din ausgesandt hatte. Die deutschen Verbände erzwangen sich den Einmarsch durch eine regelrechte Schlacht vor den Stadtmauern. Dann rückten sie nach einer einwöchigen Ruhepause weiter über das Taurusgebirge vor zur Küstenstadt Seleukia.

Am 10. Juni 1190, nach einem langen und erschöpfenden Marsch durch das unwegsame Berggebiet, führte Kaiser Friedrich I. Barbarossa seine Truppen auf die Küstenebene hinaus. Die Hitze war mörderisch, und das Flüßchen Kalykadnos,[3] das an Seleukia vorbei ins Meer floß, muß einen willkommenen Anblick geboten haben. Friedrich, der seinen Leuten etwas vorausritt, trieb sein Pferd darauf zu – und so sah man ihn zum letzten Mal lebend. Ob er zum Trinken abstieg und von der Strömung umgerissen wurde, sein Pferd im Schlamm ausrutschte und ihn abwarf oder der Sturz in das eisige Schmelzwasser zuviel war für seinen müden alten Körper – er war achtundsechzig Jahre alt –, werden wir nie erfahren. Zwar zog man ihn heraus, allein es war zu spät. Die meisten in seinem Gefolge erreichten den Fluß erst, als ihr Kaiser schon tot am Ufer lag.

Im Handumdrehen begann das Heer sich aufzulösen. Barbarossas zweiter Sohn Friedrich von Schwaben übernahm die Führung, doch gelang es ihm nicht, seinen Vater zu ersetzen. Viele deutsche Adlige kehrten nach Europa zurück, andere bestiegen ein Schiff und fuhren Richtung Tyrus, dem einzigen größeren Hafen der Kreuzfahrerstaaten, der sich noch in christlicher Hand befand. Ein kleiner Rest des Heeres, das den kaiserlichen Leichnam – nicht besonders erfolgreich in Essig konserviert – mitführte, marschierte verbissen weiter, wobei ein Hinterhalt an der Grenze zu Syrien noch einmal viel Blut kostete. Die Überlebenden, die sich schließlich nach Antiochia schleppten, waren jeglicher Kampflust ledig. Mittlerweile wies die sterbliche Hülle Kaiser Friedrichs denselben Zustand auf wie sein Heer; die sich rasch zersetzenden Reste wurden eiligst in der Hauptkirche bestattet, wo sie achtundsiebzig Jahre lang ruhten, bis ein mamelukischer Truppenverband unter dem Befehl Sultan Baibars das ganze Gebäude mitsamt dem größten Teil der Stadt bis auf die Grundmauern niederbrannte.

Zum Glück für die Kreuzfahrer trafen Richard Löwenherz und Philipp August II. mit im wesentlichen intakten Heeren ein, und diesen ist es zu verdanken, daß der dritte Kreuzzug – obwohl letzlich ebenfalls ein Mißerfolg, da die Wiedereroberung von Jerusalem nicht gelang – wenigstens etwas weniger demütigend ausging als der zweite. Akko konnte zurückgewonnen werden und diente hundert Jahre lang, bis zur Einnahme durch die Mameluken, als Hauptstadt des Königreichs Jerusalem; doch beschränkte sich dieses fortan auf einen kurzen Küstenstreifen zwischen Tyrus und Jaffa: ein blasser Abglanz des einstigen Palästina der Kreuzritter. Sein Überlebenskampf zog sich noch einmal hundert Jahre hin, und als es 1291 schließlich in Baibars Hände fiel, erstaunte einzig und allein, daß es so lange gedauert hatte.

An Weihnachten des Jahres 1194 empfing Friedrich Barbarossas Sohn Heinrich VI. kraft seiner inzwischen neun Jahre zuvor erfolgten Vermählung mit Konstanze von Sizilien im Dom von Palermo die Krone des sizilianischen Königreiches. Konstanze, der er sie also verdankte, war dabei nicht an seiner Seite. Im Alter von vierzig Jahren zum ersten Mal schwanger, hatte sie zwei Beschlüsse gefaßt: erstens sollte ihr Kind sicher zur Welt kommen, und zweitens sollten alle sehen, daß es unzweifelhaft das ihrige war. Nicht daß sie von der Reise nach Sizilien abgesehen hätte; doch sie begab sich langsamer und in dem ihr entsprechenden Rhythmus von einem Ort zum nächsten. In Jesi, einer kleinen Stadt ungefähr dreißig Kilometer westlich von Ancona, spürte sie, daß die Wehen einsetzten. Und so gebar sie dort in einem großen Zelt, das auf dem Hauptplatz errichtet worden war und allen erfahrenen, würdigen Frauen offenstand, die bei der Geburt zugegen sein wollten, einen Tag nach der Krönungsfeier ihren ersten und einzigen Sohn. Zwei Tage später präsentierte sie sich mit ihm an der Brust stolz am selben Ort vor versammelter Menge. Von diesem Kind namens Friedrich werden wir im Verlauf unserer Erzählung noch einiges hören.

Zum Zeitpunkt von Friedrichs Geburt faßte sein Vater bereits einen neuen Kreuzzug ins Auge. Es erstaunt nicht, daß Heinrich VI. das Debakel, das dem Tod seines Vaters folgte, als Demütigung für das Westreich betrachtete. Für ihn bestand kein Zweifel, daß man Jerusalem zurückerobert hätte, wenn Friedrich Barbarossa am Leben geblieben wäre, und er sah es klar als seine Pflicht an, die Familienehre wiederherzustellen. Solches Tun würde überdies sein Ansehen sowohl beim weltlichen wie beim geistlichen Reichsadel erhöhen und wahrscheinlich seine deutlich eisige Beziehung zum Heiligen Stuhl verbessern, was indirekt die Bereitschaft seiner Untertanen, ihn in seinem neuen sizilianischen Königreich anzuerkennen, nur stärken konnte. In der Osterwoche des Jahres 1195 nahm er das Kreuz und rief am Ostersonntag, dem 2. April, in Bari öffentlich zum Kreuzzug auf. Ein paar Tage danach verfaßte er einen entschiedenen Brief an Isaak II. und machte ihm klar, daß er von ihm einen Beitrag zum bevorstehenden Feldzug erwarte und nicht etwa Obstruktion: genauer gesagt, daß er die Flotte dafür stelle. Obendrein, so fügte er hinzu, habe Isaak jenen Küstenstrich zwischen Durazzo und Thessalonike, den die sizilianischen Truppen einst erobert hätten, zurückzugeben und für den Schaden, den sein Vater Friedrich I. Barbarossa mit seinem Heer beim Marsch durch byzantinisches Gebiet erlitten habe, Wiedergutmachung zu leisten.

Das Schreiben war im üblichen aufgeblasenen Hofstil abgefaßt; allein es verfehlte sein Ziel. Am 8. April 1195, vielleicht eben an dem Tag, an dem es verfaßt wurde, fiel Isaak II. einem Staatsstreich seines Bruders Alexios zum Opfer, der ihn absetzen und blenden und sich selbst an seiner Statt krönen ließ. War Isaak II. ein schlechter Kaiser, kann man nur sagen, daß Alexios III. sich noch als ein gutes Stück schlimmer erwies. Angesichts seiner Schwäche und Feigheit, geschweige denn der Tatsache, daß er nicht den Hauch administrativen Geschicks besaß, läßt sich schwer verstehen, weshalb der Thron ihm derart begehrenswert erschien. Isaak hatte immerhin ein gewisses Maß an Tatkraft aufgebracht, zumindest wenn es um außenpolitische Belange ging, Alexios dagegen entwickelte nichts dergleichen. In den acht Jahren seiner Herrschaft zeichnete sich der Zerfall des Reichs immer deutlicher ab, und er hinterließ es, wie wir sehen werden, in einem Zustand des unaufhaltsamen Zusammenbruchs.

Heinrich VI. kümmerte sich nicht um diesen Gang der Dinge in Konstantinopel. Er sah keine Veranlassung, den Druck zu vermindern, und erkannte bald, daß Alexios genauso leicht zu manipulieren war wie sein Vorgänger. So führte Alexios voller Schrecken sofort eine Sondersteuer namens *Alamanikon* ein, als Heinrich VI. für seine Söldnertruppen eine hohe Abgabe forderte, was seine Unbeliebtheit beim Volk in einem noch nie dagewesenen Ausmaß steigerte. Und als klar wurde, daß diese Steuer nicht ausreichte, stockte er sie auf, indem er kurzerhand die kaiserlichen Grabstätten in der Apostelkirche ihres wertvollen Schmuckes beraubte. Zwei Jahre später, im Mai 1197, mußte er tatenlos zusehen, wie seine Nichte Irene, die Tochter des geblendeten Isaak II., mit Philipp von Schwaben, dem jüngeren Bruder Heinrichs VI., die Ehe schloß. Dies war ein brillanter Schachzug. Heinrich hatte Irene in Palermo ausfindig gemacht, wo sie zuvor mit Tankred von Lecce verheiratet gewesen war, einem unehelichen Vetter König Wilhelms II. von Sizilien, der den Thron nach dessen Tod in Beschlag genommen und kompetent, wenn auch unrechtmäßig, vier Jahre lang, bis zu seinem Tod, über Sizilien geherrscht hatte. Ob die Gerüchte, daß Isaak II. versprochen habe, das Paar als seine Erben anzuerkennen, wahr oder falsch waren, die Heirat ermöglichte es Heinrich, als Verfechter ihrer Rechte aufzutreten, und trug viel dazu bei, Philipps Position während des vierten Kreuzzugs zu stärken.

Doch der vierte Kreuzzug hatte noch gar nicht begonnen. Wo blieb eigentlich, so könnte man fragen, die große Expedition, die Heinrich 1195 angekündigt hatte? Viele der vornehmsten Namen Deutschlands hatten dem Aufruf Folge geleistet, so die Erzbischöfe von Mainz und Bremen, dann nicht weniger als neun Bischöfe, darunter mit dem Bischof von Hildesheim gleichzeitig der Reichskanzler, die Herzöge Heinrich von Brabant, Heinrich von Braunschweig, Friedrich von

Österreich, Berthold von Dalmatien und Ulrich von Kärnten sowie zahllose unbedeutendere Adlige. Sie waren 1197 in Messina ausgelaufen, den ganzen Sommer über unterwegs gewesen und nach ihrer Ankunft sogleich gegen den sarazenischen Feind gezogen. In den ersten Wochen ihres Feldzuges erzielten sie einige Erfolge und stießen im Norden bis Sidon und Beirut vor, Städte, die bei ihrem Herannahen von der Bevölkerung verlassen und zerstört wurden. Ende Oktober jedoch erreichte sie die Nachricht, daß Heinrich VI., der in Sizilien geblieben war, um einen größeren Aufstand niederzuschlagen, am 28. September in Messina einem Fieber erlegen sei. Viele der einflußreicheren Adligen beschlossen hierauf, unverzüglich kehrtzumachen, um ihre Interessen im nachfolgenden Machtkampf wahren zu können, und als später Meldungen eintrafen, die von einem Bürgerkrieg in Deutschland berichteten, schlossen sich ihnen fast alle übrigen an. So stellten die Truppen im Februar 1198 bei der Vorbereitung auf eine Konfrontation mit einem ägyptischen Heer, das sich vom Sinai her näherte, unversehens fest, daß ihre Anführer sie im Stich gelassen hatten, und gerieten in Panik. Es folgte eine überstürzte Flucht Richtung Norden in den sicheren Hafen Tyrus, wo zum Glück ihre Schiffe lagen, und eine Woche später befanden sie sich bereits auf dem Rückweg. Falls dieses zweite deutsche Unternehmen sich vom ersten überhaupt unterschied, dann nur dadurch, daß es als ein noch größerer Fehlschlag endete.

11

Der vierte Kreuzzug

(1198–1205)

Das waren die Männer, die so viel frömmer waren als wir elenden Griechen, so viel gerechter und genauer im Befolgen der Gebote Christi, [... die] das Kreuz auf ihren Schultern trugen, die oft auf dieses Kreuz und die heilige Schrift den falschen Eid geschworen, sie würden Christenländer ohne Blutvergießen durchziehen, nicht nach links abweichen, nicht nach rechts abbiegen, weil sie nur gegen die Sarazenen ihre Hand gewaffnet hätten und ihr Schwert nur mit dem Blut der Zerstörer Jerusalems färben wollten. Ja, als Schwätzer, als Verfertiger leerer Worte erwiesen sie sich in Wahrheit! [...] Im Namen des Kreuzes stürzten sie ruchlos das Kreuz und schauderten nicht davor zurück, wegen einer Handvoll Gold und Silber das gleiche Zeichen, das sie auf der Schulter trugen, mit den Füßen zu zertreten! Sie steckten Perlen in ihre Taschen und verwarfen Christus, die wertvollste Perle; sie, die reinste und heiligste, warfen sie den schmutzigsten Tieren vor! So sind nicht die Ismaeliten!

Niketas Choniates[1]

Ende des zwölften Jahrhunderts herrschte in Europa Verwirrung. Die Kaiserreiche waren führungslos, im Osten wie im Westen, das normannische Sizilien für immer untergegangen. Deutschland zerfleischte sich in Bürgerkriegswirren über die Frage der Nachfolge auf dem Kaiserthron, und England und Frankreich waren nach dem Tod von Richard Löwenherz im Jahre 1199 mit ähnlichen Problemen beschäftigt, wenn sich diese auch weniger gewalttätig äußerten. Von den Leuchten der Christenheit war nur einer Herr der Lage, nämlich Papst Innozenz III., der den päpstlichen Thron 1198 bestiegen und unverzüglich einen weiteren Kreuzzug angekündigt hatte. Der Mangel an gekrönten Häuptern, welche diesen hätten anführen können, beunruhigte ihn nicht. Frühere Erfahrungen hatten gezeigt, daß Könige und Fürsten, die – und das taten sie in schöner Regelmäßigkeit – nationale Rivalitäten und endlose Streitereien über Vorrang und Protokoll anzettelten, sich eher als Last denn als Nutzen erwiesen. Ein paar bedeutende Adlige würden seinem Zweck daher viel trefflicher dienen. Innozenz war noch dabei, sich nach geeigneten Kandidaten umzusehen, da erhielt er einen Brief des Grafen Tibald von der Champagne.

Tibald war der jüngere Bruder Heinrichs von der Champagne, des Grafen von Troyes, welcher seit seiner Heirat mit Amalrichs Tochter Isabella im Jahre 1192 bis zu seinem versehentlichen Sturz aus dem Palastfenster in Akko 1197 das Königreich Jerusalem regiert hatte, ohne je zum König gekrönt worden zu sein. Tibald hatte Heinrich nicht nach Palästina begleitet, doch als Enkel von Ludwig VII. und Neffe sowohl von Philipp II. August als auch Richard Löwenherz lag ihm das Kreuzfahrertum im Blut. Er war energisch und ehrgeizig, und als der berühmte Prediger Fulk von Neuilly, der Frankreich auf der Suche nach Unterstützung für eine neue Expedition nach Osten durchstreifte, sich anläßlich eines Ritterturniers auf Ecri an der Aisne an ihn und seine Bekannten wandte, sagte er sofort zu. Und nachdem er Papst Innozenz die Nachricht gesandt hatte, daß er das Kreuz nehme, kam kein anderen Anführer mehr in Frage.

Es war allen klar, daß ein sehr schwieriges Unterfangen vor ihnen lag. Bevor er Palästina verließ, hatte Richard Löwenherz verlauten lassen, die größte Schwachstelle des moslemischen Ostens sei Ägypten, und zukünftige Feldzüge sollten deshalb dort ausgetragen werden. Das bedeutete, daß das neue Heer den Seeweg wählen mußte und eine Anzahl Schiffe benötigte, für die es nur eine Quelle gab: die Republik Venedig. Und so traf in der ersten Fastenwoche des Jahres 1201 eine Gruppe von sechs Rittern, angeführt von Gottfried von Villehardouin, Marschall der Champagne, in Venedig ein. Sie trugen ihre Bitte anläßlich einer außerordentlichen Zusammenkunft des Großen Rates vor, und eine Woche später erhielten sie die Antwort: Die Republik Venedig werde die Transportmittel für viereinhalbtausend Ritter und deren Pferde, neuntausend Junker und zwanzigtausend Fußsoldaten zur Verfügung stellen sowie Nahrungsmittel für neun Monate. Man rechne mit Kosten von 85 000 Silbermark. Dazu werde Venedig fünfzig voll ausgerüstete Galeeren auf eigene Kosten bereitstellen, unter der Bedingung, daß man die Hälfte aller eroberten Gebiete erhalte.

Diese Antwort wurde Villehardouin und seinem Anhang durch den Dogen Enrico Dandolo übermittelt. In der ganzen Geschichte Venedigs findet sich keine verblüffendere Gestalt. Wie alt er war, als er am 1. Januar 1193 auf den Dogenthron gelangte, läßt sich nicht genau ermitteln; die Überlieferung besagt, er sei damals fünfundachtzig und bereits erblindet gewesen, doch dies erscheint unglaubwürdig angesichts der Tatkraft – ja des Heldenmuts –, die er zehn Jahre später auf den Mauern von Konstantinopel an den Tag legte. Aber selbst wenn er 1193 erst Mitte siebzig war, hätte er den vierten Kreuzzug mit über achtzig Jahren mitgemacht! Als ergebener, ja fast fanatischer Patriot stand er den größten Teil seines Lebens im Dienste Venedigs und gehörte 1172 der Gesandtschaft an, die sich im Rahmen der fehlgeschlagenen venezianischen Friedensmission zu Kaiser Manuel Komnenos begab.

Stammt der Verlust seines Augenlichts aus jener Zeit? Seinem späteren Namensvetter, dem Chronisten Andrea Dandolo, zufolge erbosten Enricos Arroganz und Verstocktheit Manuel Komnenos derart, daß er ihn verhaften und teilweise blenden ließ; nach einer zeitgenössischen und deshalb vielleicht zuverlässigeren Quelle, einem Anhang der *Altino-Chronik,* machte sich die nächste venezianische Gesandtschaft indes erst dann auf den Weg nach Konstantinopel, nachdem die drei Botschafter der vorherigen sicher und unversehrt zurückgekehrt waren. Dies und was wir über Manuels Charakter wissen, dazu der Mangel an weiteren Hinweisen auf ein Vorkommnis, das in Venedig einen Aufschrei hätte hervorrufen müssen, falls es sich tatsächlich so zugetragen hätte, deuten darauf hin, daß die Schuld diesmal nicht kaiserlicher Mißbilligung zugeschoben werden kann. Nach einer weiteren Annahme soll Dandolo während seines Aufenthalts in Konstantinopel in eine Keilerei verwickelt gewesen und in deren Verlauf an den Augen verletzt worden sein.[2] Dies erscheint in Anbetracht der in der Altino-Chronik erwähnten Umstände aber ebenfalls unwahrscheinlich, und schließlich war er damals alles andere als ein jugendlicher Raufbold, sondern ein altgedienter Diplomat um die Fünfzig. Dreißig Jahre später besteht zumindest am Sachverhalt jedoch kein Zweifel mehr. Gottfried von Villehardouin, der ihn gut kannte, versichert uns: »Er hatte schöne Augen im Kopf und konnte doch gar nichts sehen, denn er hatte das Gesicht durch einen Hieb auf den Kopf verloren.«[3]

Zum Glück für die Nachwelt berichtet Villehardouin nicht nur ausführlich über den vierten Kreuzzug, sondern auch über die Verhandlungen, die ihm vorangingen. Niemand hätte sich besser dazu geeignet, und wenige seiner Zeitgenossen hätten es besser gekonnt. Sein Stil zeichnet sich durch Klarheit und Flüssigkeit aus, und in der Einleitung liefert er uns eine lebhafte Schilderung der venezianischen Demokratie in voller Aktion. Zunächst beriet sich der Doge Dandolo mit dem großen Rat:

> Dann versammelte er wohl zehn Tausend in der Marcus-Kirche, der schönsten, die es geben kann, und sagte ihnen, sie möchten eine heilige Messe hören und Gott bitten, sie über das Gesuch der Botschafter zu berathen. [...] Als die Messe gelesen war, entbot der Doge den Botschaftern, sie sollten das ganze Volk demüthig ersuchen, daß es in den Abschluß dieses Vertrages willige. [...] Gottfried von Ville-Hardouin, der Marschall von Champagne, übernahm das Wort nach Übereinkunft und dem Willen der andern Gesandten und sprach zu ihnen [...] Darauf warfen sich die sechs Gesandten unter vielen Thränen auf den Knieen, und der Doge und alle anderen brachen in Thränen der Rührung aus und riefen mit e i n e r Stimme, und streckten ihre Hände hoch, und sprachen: »Wir willigen ein! Wir willigen ein!« Da entstand ein so großes Geschrei und ein so großer Lärm, als ob die Erde einstürzen sollte.[4]

Tags darauf wurden die Verträge abgeschlossen. Villehardouin vermerkt am Rande, daß man Ägypten in der Übereinkunft nicht als unmittelbares Ziel erwähnte. Er gibt keine Erklärung dafür ab, doch dürften er und seine Mitverantwortlichen fast sicher – und mit gutem Grund, wie sich herausstellen sollte – befürchtet haben, daß eine solche Nachricht bei den einfachen Soldaten kaum auf Gegenliebe stoßen würde; für diese bestand das rechtmäßige Ziel eines Kreuzzugs einzig in Jerusalem, und sie sahen keinen Grund, anderswo Zeit zu verlieren. Zudem bedingte ein Feldzug nach Ägypten eine gefährliche Landung an einer feindlichen Küste, ganz im Gegensatz zum friedlichen Ankerplatz im christlichen Akko und der Möglichkeit, sich von der Reise zu erholen, bevor man in den Kampf zog. Auf dieses Täuschungsmanöver ging man auf venezianischer Seite gewiß sehr bereitwillig ein, denn auch dort galt es etwas zu verbergen. Soeben verhandelte nämlich eine venezianische Delegation in Kairo über ein äußerst einträgliches Handelsabkommen, und sie dürfte im Verlauf dieser Gespräche eine Garantie abgegeben haben, daß Venedig sich an keinem Angriff auf ägyptisches Hoheitsgebiet beteiligen werde.

Solche Erwägungen durften indes die Pläne für den Kreuzzug nicht beeinflussen, denn dieser konnte ja durchaus noch größeren Gewinn bringen. So kam man überein, daß sich alle Kreuzfahrer zum Fest des Heiligen Johannes, am 24. Juni des Jahres 1202, in Venedig einfinden sollten.

Auf welche Weise genau Enrico Dandolo gedachte, das fränkische Kreuzfahrerheer von Ägypten abzubringen, werden wir nie erfahren. Möglicherweise sorgten er und seine Agenten selbst teilweise dafür, daß sich die Ägyptenpläne im Westen so rasch herumsprachen; sicher ist, daß diese in erstaunlich kurzer Zeit allgemein bekannt waren. Doch falls er gehofft hatte, daß die Reaktion in der Bevölkerung auf diese Neuigkeit die Führung dazu bewegen könnte, ihre Meinung zu ändern, irrte er. Es waren vielmehr die Gefolgsleute, die sich anders besannen. Viele sagten sich endgültig vom Kreuz los, nachdem sie das beabsichtigte Ziel vernommen hatten; weitaus mehr beschlossen, dessenungeachtet nach Palästina zu reisen, und organisierten selbst einen Transport von Marseille nach einem der apulischen Häfen. Am Tag des vereinbarten Treffens in Venedig umfaßte die Armee, die im Lido zusammenkam, nicht einmal ein Drittel der erwarteten Menge.

Wer sich wie geplant eingefunden hatte, mußte die Situation als äußerst beschämend empfinden. Venedig hat seinen Teil des Abkommens eingehalten; dort lag die Flotte, sowohl Kriegs- als auch Transportgaleeren, wie »niemals ein Christenmensch eine größere und schönere sah«,[5] allein sie hätte einem dreimal so umfangreichen Heer genügt, wie es jenes war, das sich eingefunden hatte. Nachdem sich ihre Zahl so drastisch reduziert hatte, bestand für die Kreuzfahrer keine Hoffnung, Venedig die versprochene Summe bezahlen zu können. Als ihr Anführer, der Markgraf Bonifaz von Montferrat (Tibald war im Jahr zuvor kurz nach Villehardouins Rückkehr gestorben) reichlich verspätet in Venedig eintraf, fand er die ganze Expedition gefährdet. Nicht nur weigerte sich Venedig rundweg, auch nur ein einziges Schiff auslaufen zu lassen, bis das Geld bereitstehe, sondern man sprach sogar davon, dem wartenden Heer die Verpflegung zu sperren, eine Drohung, die um so schwerer wog, als die Mehrheit der Kreuzfahrer auf den Lido beschränkt und es ihnen strikt untersagt war, auch nur einen Fuß in die Stadt zu setzen. Diese letzte Maßnahme war nicht als Beleidigung gedacht; es handelte sich vielmehr um eine übliche Sicherheitsvorkehrung, wie sie anläßlich solcher Gelegenheiten getroffen wurden, um Aufruhr oder den Ausbruch einer Seuche zu verhindern. Zur Hebung der Stimmung trug sie indes nicht gerade bei. Bonifaz leerte seine persönliche Schatztruhe, viele Junker und Grafen taten es ihm gleich, und Mann für Mann im Heer wurde bedrängt, soviel zu geben, wie er nur konnte. Dennoch lag die Gesamtsumme schließlich trotz der Menge miteingerechneter Gold- und Silberteller noch immer um 34 000 Mark unter dem geschuldeten Betrag.

Solange noch Beiträge eintrafen, ließ der alte Dandolo die Kreuzfahrer im ungewissen. Kaum aber war sicher, daß er nichts mehr erwarten konnte, rückte er mit einem Angebot heraus: Die venezianische Stadt Zara (Zadar) sei kürzlich an den König von Ungarn gefallen; sollte das fränkische Heer sich nun bereit erklären, Venedig bei der Rückeroberung behilflich zu sein, bevor es zum eigentlichen Kreuzzug aufbrach, könnte man die Begleichung der Schuld gegebenenfalls hinausschieben. Das zynische Angebot sprach für sich, und sobald Papst Innozenz davon vernahm, sandte er eine dringliche Mitteilung, in der er dessen Annahme rundheraus verbot. Den Kreuzfahrern aber, das sah er später ein, blieb gar keine Wahl.

Nun folgte eine weitere jener feierlichen Zusammenkünfte im Markusdom, die Enrico Dandolo trotz seines Alters so wunderbar zu inszenieren wußte. Vor einer Gemeinde, die alle führenden Franken einschloß, wandte er sich an seine Untertanen. Auch Villehardouin war dabei und gibt seine Ansprache wie folgt wieder:

> »Edle Herren, Ihr seid mit den besten Männern von der Welt für die größte Sache, welche jemals unternommen worden ist, verbündet. Ich bin ein alter und schwacher Mann, und ich hätte wohl Ruhe nöthig und bin am Leibe krank, aber ich weiß, daß Niemand Euch so gut berathen und anführen kann, als ich, der ich Euer Oberhaupt bin. Wenn Ihr genehmigen wollt, daß ich das Kreuz nehme, um Euch zu wahren und zu leiten, und daß mein Sohn an meiner Statt bleibe, um das Land zu schützen, so würde ich mitgehen, und mit Euch und den Kreuzfahrern leben und sterben.«
>
> Als sie dies hörten, riefen sie alle mit einer Stimme: »Wir bitten Euch um Gott, daß Ihr es thut, und daß Ihr mit uns kommt.« [...]
>
> Er stieg sodann von der Kanzel herab, ging vor den Altar, und ließ sich unter vielen Thränen auf die Kniee nieder; dann nähte man ihm das Kreuz vorn an einen großen wollenen Hut, denn er wollte, daß alle Leute es sehen könnten.[6]

Und so stach die Flotte mit dem Heer des vierten Kreuzzuges am 8. Oktober 1202 in Venedig in See. Die 480 Schiffe, angeführt von der Galeere des Dogen – sie »war ganz purpurroth und ein Zelt von purpurner Seite war über ihm aufgespannt; vor ihm waren vier silberne Trompeten, welche trompeteten, und Pauken, welche große Freude machten[7] –, begaben sich weder auf den Weg nach Ägypten noch nach Palästina. Knapp eine Woche später hatte man Zara erobert und geplündert. Der Kampf, der beinahe unmittelbar im Anschluß daran zwischen den fränkischen und venezianischen Soldaten über die Verteilung der Beute entbrannte, verhieß wenig Gutes für die Zukunft. Der Friede konnte aber schließlich wiederhergestellt werden, und beide Parteien bezogen in verschiedenen Stadtteilen Winterquartier. Inzwischen hatte Papst Innozenz von den Geschehnissen erfahren. Erzürnt belegte er kurzerhand die ganze Expedition mit dem Kirchenbann. Obwohl er ihn später auf die Venezianer beschränkte, läßt sich kaum sagen, der Kreuzzug habe unter guten Vorzeichen begonnen.

Doch es sollte noch schlimmer kommen. Zu Beginn des neuen Jahres erhielt Bonifaz durch Boten ein Schreiben Philipps von Schwaben; dieser war, wie wir wissen, nicht nur Barbarossas Sohn und Bruder Kaiser Heinrichs VI., dessen Tod fünf Jahre zuvor dem Westen einen leeren Kaiserthron beschert hatte, sondern auch Schwiegersohn des in Konstantinopel abgesetzten und geblendeten Kaisers Isaak II. Angelos. Was war geschehen? Im Jahr zuvor war Isaaks jüngerer Sohn, ein weiterer Alexios, aus dem Gefängnis entkommen, wo man ihn zusammen mit seinem Vater festgehalten hatte, und an den Hof Philipps von Schwaben als dem für ihn naheliegendsten Zufluchtsort geflohen. Dort hatte er sich mit Bonifaz kurz vor dessen Abreise nach Venedig getroffen, und dort dürften die drei den Plan ausgeheckt haben, den Philipp Bonifaz nun in seinem Brief in aller Form unterbreitete: Sollte das Kreuzfahrerheer den jungen Alexios nach Konstantinopel begleiten und ihn dort anstelle seines unrechtmäßig herrschenden Onkels auf den Thron setzen, würde dieser Alexios IV. Angelos die nachfolgende Eroberung Ägyptens finanzieren und zusätzlich zehntausend eigene Soldaten zur Verfügung stellen, später fünfhundert Ritter auf seine Kosten im Heiligen Land unterhalten und zudem die Ostkirche der Obrigkeit Roms unterstellen.

Aus Bonifaz' Sicht hatte der Plan viel für sich. Abgesehen von scheinbar längerfristigen Vorteilen für den Kreuzzug selbst und der Möglichkeit, den noch ausstehenden Betrag an Venedig zahlen zu können, witterte er die Möglichkeit beträchtlicher persönlicher Bereicherung. Und der alte Doge Dandolo, dem er die Idee darlegte – und für den das Ganze wahrscheinlich nicht völlig überraschend kam –, ging mit wahrer Begeisterung darauf ein. Der Bann hatte ihn in keiner Hinsicht geläutert; es war nicht das erste Mal, das Venedig sich päpstlichen Wünschen widersetzt hatte, und es würde auch nicht das letzte Mal sein. Frühere militärische und diplomatische Erfahrungen hatten dazu geführt, daß er nur wenig Zuneigung für Byzanz hegte. Zudem hatte der jetzige Kaiser Alexios III. ihm nach seinem Amtsantritt bei der Erneuerung der Venedig von seinem Vorgänger bewilligten Handelsbewilligungen untragbare Schwierigkeiten bereitet. Der Wettbewerb mit Genua und Pisa wurde immer härter; sollte Venedig seine angestammte Position auf den Ostmärkten behaupten können, war entschiedenes Handeln angesagt. Und nicht zuletzt würde das Vorhaben zusätzlich einen willkommenen Aufschub des Ägyptenfeldzuges mit sich bringen.

Das Kreuzfahrerheer ging bereitwilliger auf die Planänderung ein, als vielleicht erwartet wurde. Ein paar weigerten sich zwar rundheraus und machten sich auf eigene Faust nach Palästina auf; die Mehrheit aber war sehr gewillt, sich auf ein Vorhaben einzulassen, welches den Kreuzzug zu stärken und zu bereichern sowie zugleich die Einheit der Christenheit wiederherzustellen versprach. Seit der großen Kirchenspaltung – und auch schon davor – war Byzanz im Westen unbeliebt. Das Ostreich hatte bis dahin wenig bis gar nichts zu den Kreuzzügen beigetragen und, so glaubte man allgemein, die christliche Sache verschiedentlich sogar verraten. Des jungen Alexios' Angebot zur aktiven Unterstützung kam als willkommene Abwechslung und war nicht zu verschmähen. Und schließlich muß es unter den materialistisch Eingestellten viele gegeben haben, welche die Hoffnungen ihres Anführers auf persönliche Bereicherung teilten. Ein durchschnittlicher Franke wußte so gut wie nichts über das Byzantinische Reich, aber alle kannten die Mär von dessen unermeßlichem Reichtum seit ihrer Kindheit. Und für jedes Heer, ob nun das christliche Kreuz seine Fahne zierte oder nicht, bedeutete eine sagenhaft reiche Stadt nur eines: Plünderung und Beute.

Der junge Alexios traf gegen Ende April persönlich in Zara ein, und wenige Tage später stach die Flotte in See. Unterwegs machte sie Zwischenhalt in Durazzo und auf Korfu, und hier wie dort empfing ihn die Bevölkerung als den rechtmäßigen Kaiser des Ostens. Am 24. Juni 1203, auf den Tag genau ein Jahr nach der Versammlung in Venedig, ging die Flotte vor Konstantinopel vor Anker. Die Kreuzfahrer kamen aus dem Staunen nicht heraus. Villehardouin berichtet:

> Nun könnt Ihr glauben, daß diejenigen, welche Constantinopel noch nicht gesehen hatten, es viel ansahen, denn sie konnten sich nicht denken, daß es in der ganzen Welt eine so reiche Stadt geben könnte, als sie diese hohen Mauern und stattlichen Thürme, mit denen sie rings herum eingeschlossen war, sahen und die schönen Paläste und hohen Kirchen, deren es so viele gab, daß man es nicht glaubt, wenn man es nicht mit eigenen Augen gesehen hat, und endlich die Länge und Breite dieser Königin unter allen Städten! Und glaubt nur, daß da kein Mann so kühn war, daß ihm nicht die Haut geschaudert hätte; und das war kein Wunder, denn seit Erschaffung der Welt war eine so große Sache von Niemand unternommen worden.[8]

Alexios III. hatte genügend Warnungen vor der bevorstehenden Expedition erhalten und doch bezeichnenderweise keinerlei ernsthafte Vorkehrungen zum Schutze der Stadt getroffen. Die Werften lagen verlassen da, seit sein einfältiger Bruder den byzantinischen Schiffbau sechzehn Jahre zuvor sozusagen ganz Venedig überantwortet hatte, und laut Niketas Choniates, der als ehemaliger kaiserlicher Sekretär über genügend Kontakte verfügte, um über die Vorgänge informiert zu sein, hatte er seinem ersten Admiral (der zugleich sein Schwager war) erlaubt, Anker, Segel und Takelage der wenigen noch verbliebenen Schiffe zu verkaufen, welche nun als nutzlose Klötze im Hafenbecken vor sich hin faulten. Halbbetäubt sahen er und sein Volk von den Mauern herab zu, wie die riesige Kriegsflotte sich ihren Weg zur Bosporusmündung bahnte.

Da sie es nicht besonders eilig hatten, mit der Belagerung zu beginnen, legten die Eindringlinge zunächst an der asiatischen Küste der Meerenge in der Nähe der kaiserlichen Sommerresidenz von Chalkedon an, um ihre Vorräte aufzustocken. »Die Gegend war schön und reich und fruchtbar an allen Gütern«, schreibt Villehardouin, »und das eben geerntete Getreide befand sich in Mühlen auf den Feldern; soviel jeder davon nehmen wollte, nahm er, denn sie waren dessen sehr benöthigt.«[9] Sie wehrten dort mit Leichtigkeit den halbherzigen Angriff eines kleinen griechischen Reitertrupps ab – die Reiter flohen nach dem ersten Schlag, doch hatten sie wahrscheinlich nur die Aufgabe eines Spähtrupps zu erfüllen – und verfuhren später ebenso ohne Umschweife mit einem Abgesandten des Kaisers. Falls, so teilten sie ihm mit, sein Herr willens sei, den Thron an seinen Neffen abzutreten, würden sie letzteren bitten, ihm zu verzeihen und ihm eine großzügige Abfindung zu geben. Falls nicht, bräuchte er keine weiteren Boten zu senden, sondern solle sich um seine Verteidigung kümmern.

Bald nach Sonnenaufgang am Morgen des 5. Juli überquerten sie den Bosporus und landeten unterhalb Galata am nordöstlichen Ufer des Goldenen Horns. Als Handelsniederlassung, die zur Hauptsache von ausländischen Kaufleuten bewohnt wurde, besaß Galata keine Stadtmauer; die einzige größere Befestigung war ein großer, runder Turm, dem jedoch lebenswichtige Bedeutung zukam, denn darin befand sich die riesige Winde für die schwere Kette, die in Notfällen dazu diente, den Zugang zum Horn zu versperren.[10] Zu seiner Verteidigung stand eine beachtliche Kampfeinheit bereit, an deren Spitze erstaunlicherweise der Kaiser persönlich stand. Vielleicht – obwohl angesichts der allgemeinen Mutlosigkeit, die sich in Byzanz seit Beginn der Herrschaft der Angeloi ausgebreitet hatte, kaum wahrscheinlich – hätte sich die Verteidigung unter anderer Führung besser geschlagen; alle wußten, wie sich Alexios III. des Thrones bemächtigt hatte, und sein Charakter trug wenig dazu bei, Liebe oder Loyalität hervorzurufen. Doch der Anblick der gut hundert Schiffe, die rasch und präzis Männer, Pferde und Ausrüstung ausluden – Effizienz gehörte zu den venezianischen Stärken –, hätte sie wohl in jedem Fall mit Schrecken erfüllt, und kaum hatte die erste Welle von Kreuzfahrern ihre Lanzen zum Angriff gesenkt, suchten sie ihr Heil in der Flucht – auch diesmal mit Kaiser Alexios an der Spitze.

Die Garnison im Turm von Galata schlug sich tapferer und hielt ganze vierundzwanzg Stunden stand, doch am darauffolgenden Morgen mußte auch sie sich ergeben. Die venezianischen Seeleute lösten die Winde und die riesige, über vierhundert Meter lange Eisenkette, die die Einfahrt zum Goldenen Horn überspannte, versank donnernd im Wasser. Die Flotte brach herein und zerstörte die wenigen seetüchtigen Schiffe, die sie im Hafenbecken vorfand. Zur See hatte man auf der ganzen Linie gesiegt.

Aber Konstantinopel gab nicht auf. Die Nordmauern an der Küste des Goldenen Horns konnten es zwar von der Stärke und Pracht her nicht mit den gewaltigen Schutzwällen auf der dem Land zugewandten Seite aufnehmen, ließen sich aber dennoch nach Kräften verteidigen. Allmählich gewann die byzantinische Verteidigung Mut und Entschiedenheit zurück, an denen es ihr zuvor so auffallend gemangelt hatte. In seiner ganzen neunhundertjährigen Geschichte war Konstantinopel noch kein einziges Mal fremden Eindringlingen in die Hände gefallen; vermutlich hatte man dies bis dahin überhaupt für unmöglich gehalten.

Nun aber setzte die Stadt, sich der drohenden Gefahr endlich in vollem Ausmaß bewußt, auf Widerstand.

Der einsetzende Ansturm richtete sich gegen den schwächsten Punkt der byzantinischen Verteidigung: gegen die Seeseite des Blachernenpalastes, in der Ecke, welche die Landbefestigung mit der Mauer an der Küste des Goldenen Horns im äußersten Nordwesten der Stadt bildete. Der Angriff setzte am Donnerstagmorgen, dem 17. Juli, gleichzeitig von der Land- und der Seeseite her ein. Die venezianischen Schiffe lagen, vollbepackt mit schwerster Belagerungsmaschinerie, tief im Wasser; Katapulte und Schleudern standen auf den Vorderdecks, gedeckte Laufstege und Sturmleitern baumelten sturmbereit an Tauen zwischen den Rahen. Die fränkische Armee, die vom Land her angriff, wurde zu Beginn von den Streitäxte schwingenden Angelsachsen und Dänen der Warägergarde zurückgeschlagen; die venezianischen Truppen entschieden die Schlacht – und nicht zuletzt Enrico Dandolo persönlich.

Die »Heldenthat« des alten Dandolo schildert kein beliebiger, voreingenommener Lobredner der Republik Venedig, sondern ein Augenzeuge: Gottfried von Villehardouin höchstpersönlich. Er berichtet, daß die Seeleute noch immer zögerten, anzulegen und an Land zu gehen, obwohl ihre Schiffe sich dem Ufer schon so weit genähert hatten, daß diejenigen, welche die Sturmleitern bemannten, bereits von Mann zu Mann mit den Verteidigern kämpften, und fährt fort:

> Nun sollt Ihr eine wunderbare Heldenthat hören! nämlich der Doge von Venedig, welcher ein alter Mann und stockblind, stand ganz bewaffnet am Bug seiner Galeere, und hatte die Fahne des heiligen Markus vor sich; und er rief den Seinen zu, sie sollten ihn ans Land setzen, wo nicht, so sollten sie es an Leib und Leben büßen. So thaten sie also; sie lassen die Galeere stranden, springen heraus und tragen die Fahne des heiligen Markus zu Lande vor ihm her. Und wie die Venetianer die Fahne des heiligen Markus am Lande sahen, und die Galeere ihres Herzogs vor ihnen gestrandet, da hält sich jeder für beschimpft, und alle eilen ans Land.[11]

Der Angriff gewann an Stoßkraft, und die Verteidiger mußten bald einsehen, daß sie keine Chance mehr hatten. Nach wenigen Stunden ließ Dandolo seinen fränkischen Verbündeten mitteilen, daß sich nicht weniger als fünfundzwanzig Türme in der Mauer bereits in venezianischer Hand befänden. In der Zwischenzeit strömten seine Männer durch Mauerbreschen in die Stadt und steckten die Holzhäuser in

Brand, und bald stand das ganze Blachernenviertel in Flammen. Am Abend stahl Kaiser Alexios III. sich klammheimlich aus der Stadt. Seine Lieblingstochter und ein paar weitere Frauen sowie zehntausend Pfund in Gold und einen Beutel mit Edelsteinen ausgenommen, ließ er alles zurück, auch seine anderen Kinder und seine Frau; sie hatten mit ihrem künftigen Los allein zurechtzukommen.

Byzanz stand also in dieser tiefsten Krise seiner Geschichte ohne kaiserliches Oberhaupt da. Es mag erstaunlich erscheinen, daß man nach einer eilig einberufenen Staatsratssitzung den alten Isaak Angelos aus dem Gefängnis holte und ihn wieder auf den Kaiserthron setzte. Sein Bruder hatte dafür gesorgt, daß er noch weniger sah als Dandolo, auch hatte er sich als hoffnungslos inkompetenter Herrscher erwiesen. Aber er war der legitime Kaiser, und ohne Zweifel glaubte man in Byzanz, mit seiner Wiedereinsetzung sämtliche Gründe für die Einmischung der Kreuzfahrer aus der Welt zu schaffen. In gewisser Weise traf das zu; allein es gab da noch die bindenden Versprechen des jungen Alexios gegenüber Bonifaz und Dandolo. Isaak war verpflichtet, sie zu bestätigen und sich gleichzeitig damit einverstanden zu erklären, seinen Sohn zum Mitkaiser zu ernennen. Erst da anerkannten die Franken und Venezianer ihn offiziell und zogen sich nach Galata auf der anderen Seite des Goldenen Horns zurück, um dort auf den versprochenen Lohn zu warten.

Am 1. August 1203 erhielt Alexios IV. Angelos Seite an Seite mit seinem Vater die Krone und übernahm die eigentliche Herrschaft. Sogleich bereute er die Zugeständnisse, die er im Frühling in Zara so unbesonnen eingegangen war. Nach den Ausschweifungen seines Onkels war die kaiserliche Schatzkammer leer, und die neuen Steuern, die er gezwungenermaßen erhob, stießen beim Volk, das nur allzu genau wußte, wohin sein Geld floß, auf offene Empörung. Und die Geistlichkeit – seit eh und je eine gewichtige politische Kraft in Konstantinopel – zeigte sich schockiert, als er sich ihres Kirchensilbers zu bemächtigen und dieses einzuschmelzen begann, und vollends erbost, als sie von seinem Plan vernahm, die byzantinische Kirche dem verhaßten Papst in Rom zu unterstellen. Der Herbst verging, der Winter kam, und seine Unbeliebtheit nahm stetig zu. Und die fortwährende Anwesenheit der Franken, deren Gier unersättlich schien, verstärkte die Spannung noch. So trafen eines Nachts ein paar von ihnen beim Bummel durch die Stadt im sarazenischen Viertel hinter der Irenenkirche auf eine kleine Moschee; sie plünderten sie und brannten sie bis auf die

Grundmauern nieder. Die Flammen breiteten sich in Windeseile aus, und zwei Tage und Nächte lang wütete in Konstantinopel die verheerendste Feuersbrunst seit der Herrschaft Justinians fast siebenhundert Jahre zuvor.

Als Kaiser Alexios IV. von einem kurzen, erfolglosen Feldzug gegen seinen flüchtigen Onkel zurückkehrte, fand er seine Hauptstadt über weiteste Teile in Trümmern vor und sein Volk in einem praktisch offenen Aufruhr gegen die Fremden. Die Lage war zum Zerreißen gespannt; und als ein paar Tage danach eine Delegation von drei Kreuzfahrern und drei Venezianern vorstellig wurde, um die sofortige Zahlung der geschuldeten Summe zu verlangen, konnte er dagegen nichts ausrichten. Laut Villehardouin – der, wie vorauszusehen, unter ihnen war – entkamen die Gesandten sowohl auf dem Weg zum Palast als auch auf dem Rückweg nur knapp einem Lynchkommando. Er schreibt: »Nun begann der Krieg, und man fügte sich Schaden zu, wo man konnte, zu Wasser und zu Lande.«[12]

Dabei wollten weder die Kreuzfahrer noch Byzanz einen Krieg. Die Bevölkerung von Konstantinopel hatte mittlerweile nur noch ein Ziel vor Augen: diese unzivilisierten Raubmörder ein für allemal loszuwerden, die ihre geliebte Stadt zerstörten und sie obendrein aussaugten. Die Franken ihrerseits hatten nicht vergessen, weshalb sie ihre Heimat verlassen hatten, und den Zwangsaufenthalt bei einem, ihrer Ansicht nach, kraftlosen und verweichlichten Volk längst satt, wo sie doch eigentlich die Ungläubigen hätten bekämpfen sollen. Selbst wenn Byzanz seine Schuld vollumfänglich beglich, würden sie keinen wesentlichen Nutzen daraus ziehen, sondern konnten höchstens den ihrerseits bei Venedig ausstehenden Betrag begleichen.

Der Schlüssel zu dieser ganzen unmöglichen Angelegenheit lag, kurz gesagt, bei Venedig, genauer gesagt, bei Enrico Dandolo. Ihm stand es frei, seiner Flotte, wann immer er wollte, den Befehl zum Auslaufen zu geben. Hätte er dies getan, wären die Kreuzfahrer erleichtert und Byzanz entzückt gewesen. Bis dahin hatte er sich mit der Begründung geweigert, die Franken würden ihre Schulden niemals begleichen können, bevor sie ihrerseits die von Alexios und seinem Vater Isaak versprochenen Mittel erhielten. In Wirklichkeit jedoch brachte er für diese Schuld inzwischen nur noch geringes Interesse auf – kaum mehr als für den Kreuzzug selbst. Ihm stand Größeres vor Augen: der Sturz des Byzantinischen Reichs und die Besetzung des Thrones in Konstantinopel mit einer Marionette Venedigs.

Und so erhielt Dandolos Rat an seine fränkischen Verbündeten, als die Aussicht auf ein friedliches Abkommen schwand, einen neuen Unterton. Er erklärte, Isaak und Alexios hätten die Freunde, denen sie immerhin die gemeinsame Krone verdankten, bedenkenlos hintergangen, und von ihnen sei nichts mehr zu erwarten. Falls die Kreuzfahrer jemals zu ihrem Anteil kommen wollten, müßten sie sich diesen deshalb mit Gewalt holen. Ihre moralische Rechtfertigung dafür sei vollkommen; die treulosen Angeloi hätten keinen weiteren Anspruch auf ihre Loyalität. Einmal in der Stadt und mit einem gekrönten Kaiser aus den eigenen Reihen, könnten sie ihre Schulden gegenüber Venedig begleichen, ohne darunter zu leiden, und hätten noch immer mehr als genug, um den Kreuzzug zu finanzieren. Hier sei die Gelegenheit; sie sollten sie jetzt ergreifen, denn sie würde nie mehr wiederkehren.

Auch in Konstantinopel herrschte allgemein Einigkeit darüber, daß Kaiser Alexios IV. gehen müsse; am 25. Januar 1204 fand sich eine große Menge Senatoren, Geistlicher und Leute aus dem Volk in der Hagia Sophia ein, um ihn für abgesetzt zu erklären und einen Nachfolger zu wählen. Während ihrer Beratungen, die sich drei Tage lang zäh und ergebnislos hinzogen, bevor ein widerwilliger Niemand namens Nikolaus Kanabos bestimmt wurde, nahm die einzige wirklich einsatzfähige Gestalt auf der byzantinischen Bühne das Recht in ihre Hand.

Alexios Dukas trug wegen seiner Augenbrauen, die schwarz und struppig über dem Nasenrücken zusammenwuchsen, den Spitznamen Murzuphlos und stammte aus einem Adelsgeschlecht, das bereits mehrere Kaiser und Kaiserinnen hervorgebracht hatte. Er bekleidete am Hof das Amt des ersten Kämmerers und und genoß als solcher das Recht auf unbeschränkten Zutritt zu den kaiserlichen Gemächern. Mitten in der Nacht stürzte er in das Gemach des schlafenden Kaisers Alexios IV., weckte ihn mit der Nachricht, sein Volk habe sich gegen ihn erhoben, auf und bot ihm die, wie er behauptete, einzige Möglichkeit zur Flucht an. Er führte ihn, in einen langen Mantel gehüllt, durch eine Seitenpforte aus dem Palast zu einer vereinbarten Stelle, wo seine Mitverschworenen schon auf ihn warteten. Sie legten den unglücklichen Jüngling namens Alexios IV. sogleich in Eisen und steckten ihn in ein Verlies, wo er, nachdem er zwei Vergiftungsanschläge überlebt hatte, schließlich erdrosselt wurde. Fast zur selben Zeit kam auch sein geblendeter Vater Isaak ums Leben. In der ihm eigenen Naivität, die sein ganzes Werk kennzeichnet, schreibt Villehardouin Isaaks Ableben einer plötzlichen Erkrankung zu, die ihn ereilt habe, als er vom Schicksal seines Sohnes erfuhr; Villehardouin scheint nicht auf den Gedanken gekommen zu sein, daß eine so zweckdienliche Krankheit auch mit künstlichen Mitteln herbeigeführt worden sein könnte.[13]

Kaum waren seine Rivalen aus dem Weg geräumt und Nikolaus Kanabos wieder in der Versenkung verschwunden, aus der er gar nicht erst hätte auftauchen sollen, ließ sich Alexios Dukas in der Hagia Sophia als Alexios V. zum Kaiser krönen. Sogleich begann er jene Führungseigenschaften an den Tag zu legen, an denen es dem Reich so lange gemangelt hatte. Zum ersten Mal seit Ankunft der Kreuzfahrer wurden Mauern und Türme richtig bemannt, und Tag und Nacht mühten sich Bautrupps im Schweiße ihres Angesichtes ab, um sie zu verstärken und zu erhöhen. Eines war den Franken klar: Es würde keine Verhandlungen mehr geben, geschweige denn weitere Zahlungen an eine Schuld, für die der neue Kaiser sich ohnehin nicht verantwortlich fühlte. Ihre einzige Chance lag in einem Großangriff auf die Stadt, und da Alexios V. nicht nur widerrechtlich den Thron an sich gerissen, sondern sich obendrein als Mörder entlarvt hatte, fühlten sie sich moralisch in einer noch stärkeren Position als gegen Alexios IV., immerhin einen rechtmäßigen Kaiser und ehemaligen Verbündten.

Ein Großangriff auf die Stadt: Für eben dies trat der alte Doge Enrico Dandolo seit Monaten ein, und man scheint ihn nach dem Staatsstreich Alexios' V. seitens der Venezianer wie auch der Kreuzfahrer als Anführer der gesamten Expedition anerkannt zu haben. Zwar bemühte sich Bonifaz von Montferrat, seinen Einfluß aufrechtzuerhalten; mit der Kaiserkrone in Reichweite, war dies für ihn wichtiger denn je. Doch ihn verband zuviel mit dem abgesetzten Kaiser, und nun, da Alexios IV. nicht mehr war, fand er sich in zunehmendem Maß diskreditiert. Abgesehen davon unterhielt er Verbindungen zu Genua – und Dandolo wußte davon.

Anfang März begann eine Reihe Ratsversammlungen im Lager von Galata. Sie befaßten sich weniger mit der Planung des Angriffs – dessen Erfolg man scheinbar trotz der Verbesserungen, die Alexios V. an den Befestigungsanlagen hatte vornehmen lassen, voraussetzte – als mit der zukünftigen Reichsverwaltung nach dem Sieg. Man kam überein, daß das Kreuzfahrerheer sowie die venezianischen Truppen je sechs Bevollmächtigte für einen Ausschuß zur Wahl des neuen Kaisers ernennen sollten. Falls – was man annahm – dieser sich für einen Franken entschied, sollte der Patriarch ein Venezianer sein; und umgekehrt. Dem Kaiser würde ein Viertel der Stadt und des Reichs zufallen sowie die beiden Hauptsitze, der Blachernenpalast am Goldenen Horn und der alte Palast am Marmarameer. Die verbleibenden drei Viertel sollten halbiert werden und die eine Hälfte an Venedig und die andere als Lehen an die Kreuzritter gehen. Was den venezianischen Teil betraf, wurde der Doge ausdrücklich von der Abgabepflicht an den Kaiser entbunden. Die Gesamtbeute sollte an einen bestimmten Ort geschafft und redlich verteilt werden. Schließlich mußten sich die Parteien verpflichten, Konstantinopel für mindestens ein Jahr nicht zu verlassen, das hieß frühestens im März 1205.

Der Angriff erfolgte am Freitag morgen, dem 9. April. Er richtete sich wieder gegen den Mauerabschnitt am Goldenen Horn, wo Dandolo und seine Leute sich neun Monate zuvor hervorgetan hatten. Diesmal aber scheiterten sie. Die neuen, höheren Mauern und Türme ließen sich von den venezianischen Mastkörben aus nicht mehr erklettern und erwiesen sich als nützliche Rampen, von denen aus die byzantinischen Katapulte Verheerung unter den Belagerern anrichten konnten. Im Verlauf des Nachmittags begannen die Angreifer, Männer, Pferde und Kriegsausrüstung wieder einzuschiffen und sich nach Galata in Sicherheit zu bringen. Die folgenden zwei Tage wurden darauf verwandt, die Schäden zu beheben. Am Montag wiederholten sie den Angriff. Diesmal banden die venezianischen Truppen ihre Schiffe paarweise zusammen, um auf diese Weise doppelt soviel Gewicht gegen die Türme schleudern zu können wie beim ersten Mal. Bald kam auch ein starker Nordwind auf, der die Schiffe viel schneller die Küste hoch und den Mauern entgegentrieb, als es die Ruderer je vermocht hätten, und die Belagerer konnten unter dem Sichtschutz von Notdächern arbeiten, die sich von einem Mast zum andern spannten. Es dauerte nicht lange, und zwei Türme waren überwältigt und besetzt. Fast gleichzeitig brachen die Kreuzfahrer eines der Tore auf und strömten in die Stadt.

Alexios, der die Verteidiger kühn und entschieden angeführt hatte, galoppierte durch die Straßen und gab sein Äußerstes, um die Bevölkerung aufzumuntern und wieder zu sammeln. Dazu schreibt Niketas:

> Aber die Leute folgten nicht seinen aufmunternden Worten, sie gehorchten nicht seinem Schelten [...] Dukas sah, daß alles umsonst war. Er fürchtete auch, gefangen zu werden, und wollte nicht wie ein Stück Brot auf dem Tisch vor den Kinnladen der Lateiner liegen. Darum begab er sich in den Großen Palast. Er holte die Kaiserin Euphrosyne, die Gattin des Kaisers Alexios (III.), und ihre Tochter Eudokia, zu der er schon früher in Liebe entbrannt war – denn er jag-

> te seit seinem ersten Bart unersättlich immer neuen Liebesgenüssen nach und hatte zwei rechtmäßige Gattinnen gesetzwidrig verstoßen –, bestieg mit ihnen den Kahn und verließ die Stadt, nachdem er zwei Monate und 16 Tage Kaiser gewesen war.[14]

Die drei suchten Zuflucht in Thrakien bei Exkaiser Alexios III., wo Alexios V. und Eudokia ordnungsgemäß heirateten und der Kaiser seine Truppen für den Gegenangriff um sich zu scharen begann.

Nachdem die Mauern überwunden waren, setzte ein grauenhaftes Blutbad ein; selbst Villehardouin war entsetzt. Erst bei Einbruch der Dunkelheit riefen die vom Morden und Schänden müden Eroberer zu einer Waffenruhe auf und zogen sich in ihr Lager auf einem der größeren Plätze der Stadt zurück.

> In der Nacht legten einige Leute in der Gegend des Lagers des Markgrafen Bonifacius von Montferrat Feuer zwischen ihm und den Griechen an. Die Stadt fing gleich Feuer und brannte die ganze Nacht und den folgenden Tag bis zum Abend. Dies ist die dritte Feuersbrunst, welche in Constantinopel ausbrach, seitdem die Franken ins Land kamen, und es brannten damals mehr Häuser nieder, als es in den drei größten Städten des Königreiches Frankreich giebt.[15]

Nach diesem Ereignis verloren auch die wenigen Verteidiger, die ihre Waffen noch nicht gestreckt hatten, den Kampfgeist. Als die Kreuzfahrer am nächsten Morgen erwachten, fanden sie allen Widerstand in der Stadt am Ende.

Doch für die Bevölkerung von Konstantinopel ging die Tragödie nun erst richtig los. Nicht umsonst hatten die Heere so lange vor den Toren der reichsten Stadt der Welt ausgeharrt. Nun, da sie über sie verfügten und ihnen traditionsgemäß drei Tage der Plünderung zustanden, fielen die Soldaten wie die Heuschrecken darüber her. Seit Jahrhunderten hatte Europa keine derartige Ausmaße annehmende Orgie an Brutalität und Vandalismus erlebt; nie zuvor in der Geschichte wurde soviel Schönheit, soviel herausragendes handwerkliches Können innerhalb so kurzer Zeit mutwillig zerstört. Unter den Augenzeugen befand sich Niketas Choniates – hilflos und entsetzt, kaum fähig zu glauben, daß Menschen, die sich als Christen bezeichneten, solcher Ungeheuerlichkeiten fähig waren:

Was soll ich als erstes, was als letztes aufzählen von dem, was diese blutbesudelten Männer zu tun sich vermaßen? O welche Schändung, als sie die verehrten Ikonen zu Boden schleuderten, als sie die Reliquien derer, die für Christus gelitten, auf abscheuliche Orte warfen! Wovor einem schaudert, wenn man davon bloß hört, das mußte man damals sehen: das göttliche Blut, ausgegossen auf die Erde, den Leib Christi, gestreut in den Staub! Diese Vorläufer und Vorboten des Antichrist, die damals schon die gotteslästerlichsten Untaten verbrachen, die jener einst tun soll, raubten die wertvollen Gefäße und Behältnisse des Heiligen, zerbrachen sie und steckten sie in ihre Taschen oder stellten sie als Brotkörbe und Trinkbecher auf ihre eigenen Tische [...] Die Freveltaten, die sie in der Großen Kirche verübten, sind kaum zu glauben. Der Altartisch, aus lauter edlen, im Feuer aneinandergefügten Stoffen, ein einziger vielfarbiger Gipfel der Schönheit, der auf der ganzen Welt als außerordentlich galt und bewunderndes Staunen erregte, wurde von den Plünderern zerstückt und verteilt [...] Als sie, gleich als wäre das auch eine Beute, die allerheiligsten Geräte und Gefäße von unübertrefflicher Kunst und Schönheit und aus seltenen Stoffen, das gediegene, mit Gold überzogene Silber, welches den Sims des Bemas (Vimas) sowie den herrlichen Ambo und die Pforten zierte und noch vieles andere schmückte, aus der Kirche fortschaffen wollten, führten sie Maulesel und Packtiere bis zum Allerheiligsten vor und beluden sie schwer. Als einige Tiere auf dem blinkenden Steinboden ausglitten, zogen sie die Schwerter und erstachen sie, so daß die heilige Stätte nicht nur von dem Unrat der Tiere, sondern auch von dem vergossenen Blut befleckt wurde. [...] Nicht daß etwa hier mehr Abscheuliches geschah, und dort weniger, sondern einmütig verübten alle überall die ärgsten Gotteslästerungen. Hätten etwa jene Schandbuben, die so gegen Gott wüteten, ehrwürdige Frauen, heiratsfähige Mädchen, Bräute Gottes, die sich der Jungfräulichkeit geweiht, verschonen sollen? [...] In den Gassen war Weinen und Jammern, die Straßen erfüllte Klagen und Geheul, aus den Kirchen tönte Wehgeschrei. Männer seufzten, Frauen schrien, überall wurden Leute verschleppt, versklavt, gezerrt, aus den Armen ihrer Lieben gerissen.[16]

Und diese Männer, so fährt er fort, trugen das Kreuz auf ihrer Schulter, das Kreuz, auf das sie geschworen hatten, ohne Blutvergießen durch christliche Länder zu ziehen, ihre Waffen nur gegen Ungläubige zu führen und sich der Fleischeslust zu enthalten, bis ihre heilige Aufgabe erfüllt sei.

Konstantinopel erlebte seine dunkelste Stunde – noch dunkler vielleicht als die, welche fast genau zweihundertfünfzig Jahre später den endgültigen Fall an das Osmanenreich brachte. Doch nicht all seine Schätze gingen gingen für immer verloren. Während Franzosen und Flamen sich dem Wahn der Massenzerstörung hingaben, behielt man auf venezianischer Seite einen klareren Kopf und erkannte Schönheit und Wert, wo man sie erblickte. Auch diese Eroberer machten Beute, raubten und plünderten – indes zerstörten sie nicht. Vielmehr sandten sie alles, dessen sie sich bemächtigen konnten, nach Venedig, angefangen bei den vier gewaltigen Bronzepferden, die seit der Zeit Konstantins des Großen über dem Hippodrom gethront hatten und von nun an fast die ganzen folgenden achthundert Jahre lang von ihrer Plattform über dem Hauptportal des Markusdoms für die Piazza darunter eine ähnliche Funktion erfüllten.[17] Auch die Nord- und Südfassade des Markusdoms sind förmlich übersät mit Skulpturen und Reliefs, die zur gleichen Zeit nach Venedig verfrachtet wurden, drinnen hängt im nördlichen Querschiff die wunderbare Ikone der Madonna Nikopeia (der »Siegesbringerin«), welche die Kaiser auf dem Weg in die Schlacht vor sich her zu tragen pflegten, und die südliche Schatzkammer beherbergt eine der größten Sammlungen byzantinischer Kunst überhaupt: ein weiteres Denkmal venezianischer Raubgier.

Nach drei Schreckenstagen kehrte wieder einigermaßen Ordnung ein. Wie zuvor vereinbart, wurde sämtliches Diebesgut – oder der Teil, der sich nicht erfolgreich verstecken ließ – in drei Kirchen zusammengetragen und sorgfältig aufgeteilt: ein Viertel für den zukünftigen Kaiser, drei Viertel zu gleichen Teilen zwischen dem Frankenheer und Venedig. Direkt danach überreichten die Kreuzfahrer Enrico Dandolo den geschuldeten Betrag. Nach Erledigung dieser Formalitäten zur allgemeinen Zufriedenheit schritten beide Parteien zur nächsten Aufgabe: zur Wahl des neuen Kaisers von Byzanz.

Bonifaz von Montferrat hatte in einem vezweifelten Versuch, sein verlorenes Ansehen wiederzugewinnen und seiner Kandidatur Nachdruck zu verleihen, Kaiserin Margaret, die Witwe Isaaks II. Angelos, ausfindig gemacht, und sich mit ihr verheiratet. Er hätte sich die Mühe sparen können, denn Dandolo weigerte sich rundheraus, ihn auch nur in Erwägung zu ziehen. Und da die Franken uneins, die Venezianer indes einer Meinung waren, bereitete es ihm keine Schwierigkeiten, die Wahl zugunsten des pflegeleichten und fügsamen Grafen Balduin von Flandern und Hennegau zu beeinflussen, dessen Krönung am 16. Mai 1204 in der Hagia Sophia vollzogen wurde; es war die dritte Kaiserkrönung innerhalb eines Jahres. Obwohl der neu ernannte Patriarch Tommaso Morosini[18] aus Venedig noch nicht eingetroffen war und deshalb den Krönungsgottesdienst nicht persönlich abhalten konnte, hätten unter den Anwesenden wohl nur wenige bestritten, daß der neue Kaiser sein Amt ausschließlich der Republik Venedig verdankte.

Auch suchte sich diese die Rosinen aus. Gemäß der Vereinbarung mit den Kreuzfahrern standen ihr drei Achtel Konstantinopels und des Byzantinischen Reichs zu, dazu das Recht auf freien Handel im gesamten Reichsgebiet, von dem Genua und Pisa unerbittlich ausgeschlossen werden sollten. In Konstantinopel erhob Dandolo Anspruch auf den ganzen Stadtteil um die Hagia Sophia und den Patriarchensitz bis zum Goldenen Horn; daneben forderte er für die Republik Venedig all jene Gebiete, die der Stärkung ihrer Herrschaft über das Mittelmeer dienten und ihr eine lückenlose Kette von Kolonien und Häfen von der heimischen Lagune bis zum Schwarzen Meer verschafften. Dazu gehörten Ragusa (Dubrovnik) und Durazzo, die Westküste des griechischen Festlandes und die Ionischen Inseln sowie der ganze Peleponnes, Euböa, Naxos und Andros; die Haupthäfen des Hellesponts und des Marmarameers (Gallipoli, Rhaidestos und Heraklea), die thrakische Küste, Adrianopel und schließlich, nach kurzen Verhandlungen mit Bonifaz, die so überaus wichtige Insel Kreta. Der venezianische Anspruch auf die Häfen und Inseln war absolut, was das griechische Festland betraf, ließ Dandolo deutlich werden, daß Venedig als Handelsrepublik kein Interesse daran habe, mehr als die wichtigen Häfen zu besetzen. Er trat die Verantwortung für alle übrigen Gebiete nur allzu gerne ab.

Und so erwies sich zweifelsfrei die Serenissima Venedig, und nicht etwa die Franzosen oder Flamen – oder gar Kaiser Balduin, der eine reine Galionsfigur blieb –, als eigentliche Nutznießerin des vierten Kreuzzugs, und sie verdankte diesen Erfolg fast ausschließlich Enrico Dandolo. Seit dem Tag vier Jahre zuvor, als die fränkischen Gesandten am Rialto eingetroffen waren, um Venedig um Hilfe für ihr heiliges Unternehmen anzugehen, hatte er jede neue Wendung in einen Vorteil für seinen Stadtstaat verwandelt. Auf seine Schachzüge hin wurde Zara zurückerobert, dann Ägypten von einem Angriff verschont – und damit Venedigs wirtschaftliche Interessen in der arabischen Welt gewahrt – sowie das fränkische Heer geschickt weiter nach Konstantinopel gelenkt, wobei diesem gleichzeitig die scheinbare Entscheidungsverantwortung überlassen blieb. Dort angekommen, stärkte sein Vorpreschen den ersten Sturm auf die Stadt entscheidend; sein gekonntes Intrigieren führte zum Sturz der Angeloi und machte eine zweite Belagerung notwendig, nach der Konstantinopel erobert wurde. Sodann prägte er mit diplomatischem Geschick einen Vertrag, welcher der Republik Venedig mehr einbrachte, als diese je zu hoffen gewagt hätte, und den Grundstein für ihr Handelsweltreich legte. Und obwohl Dandolo die byzantinische Krone für sich ausschlug – sie anzunehmen hätte in Venedig unüberwindliche konstitutionelle Schwierigkeiten nach sich gezogen und vielleicht die Republik vernichtet –, ja nicht einmal dem Wahlgremium beitreten wollte, sorgte er dafür, daß sein Einfluß auf die Entscheidung (man wählte unter seiner Schirmherrschaft im alten Kaiserpalast, den er sich zeitweilig angeeignet hatte) eine Mehrheit für die venezianische Seite erbrachte, und sicherte so den Erfolg seines Kandidaten. Schließlich gelang es ihm auch noch, Venedig aus dem Feudalsystem herauszuhalten, indem er die neugewonnenen Herrschaftsgebiete nicht als kaiserliche Lehen, sondern als rechtmäßig eroberten Besitz übernahm, während er die Franken gleichzeitig dazu ermunterte, das Reich zu feudalisieren, ein Schritt, von dem er wußte, daß er Zerfall und Uneinigkeit nach sich ziehen und damit ein Wiedererstarken verhindern würde, welches der venezianischen Expansion schaden konnte. Für einen blinden, fast neunzigjährigen Greis wahrhaft bemerkenswerte Errungenschaften.

Und selbst da ruhte er noch nicht. Außerhalb ihrer Hauptstadt setzten die griechischen Reichsuntertanen den Widerstand fort. Alexios V. konnte keine Schwierigkeiten mehr bereiten: Kurz nach seiner Eheschließung hatte sein Schwiegervater Alexios ihn geblendet; im Jahr darauf nahmen ihn die Franken gefangen, schleppten ihn nach Konstantinopel und stürzten ihn von der Theodosiossäule mitten in der Stadt zu Tode. Doch, wie wir im nächsten Kapitel erfahren werden, begründete ein anderer Schwiegersohn Alexios' III. in Nikäa ein Exilreich, zwei der Komnenen taten dasselbe in Trapezunt, und in Epiros erhob sich ein unehelich geborener Angelos zum unabhängigen Despoten. Auf allen Seiten hatten also die ehemaligen Kreuzfahrer hart zu kämpfen, um sich durchsetzen zu können, und nirgends so heftig wie in der von Venedig neuerworbenen Stadt Adrianopel, wo Kaiser Balduin im Jahre 1205, kurz nach Ostern, den Bulgaren in die Hände fiel und es dem alten Dandolo, der entschlossen an seiner Seite gekämpft hatte, oblag, ein vernichtetes Heer zurück nach Konstantinopel zu führen; über eine Verwundung ist nichts bekannt, doch sechs Wochen später war er tot. Sein Leichnam wurde erstaunlicherweise nicht nach Venedig gebracht, sondern in der Hagia Sophia begraben, und dort ist sein

Grabstein auf der Galerie über dem südlichen Seitenschiff noch immer zu besichtigen.

Er hatte sich um das Wohl seiner Stadt verdient gemacht, und es verblüfft einigermaßen, daß sie dem effizientesten ihrer Dogen nie ein Denkmal setzte. Doch im größeren Zusammenhang gesehen, auf das Weltgeschehen bezogen, wirkte er verheerend. Wenn sich nicht sagen läßt, er habe dem Kreuzrittertum einen schlechten Ruf eingebracht, so nur deshalb, weil diese so genannte Abfolge von Raubzügen im vorangegangenen Jahrhundert bereits als eines der dunkelsten Kapitel in die Geschichte der Christenheit eingegangen war. Und doch übertraf der vierte Kreuzzug, falls er diese Bezeichnung überhaupt verdient, die anderen noch an Treulosigkeit und Falschheit, an Brutalität und Gier. Konstantinopel war im zwölften Jahrhundert nicht nur die reichste Stadt der Welt, sondern auch intellektuell und künstlerisch von höchstem Rang, Schatzkammer des klassischen europäischen Erbes, sowohl des griechischen wie des römischen. Die Plünderung fügte der abendländischen Kultur einen größeren Verlust zu als jene Roms im fünften Jahrhundert während der Völkerwanderung oder der Brand der Bibliothek von Alexandria, den die Soldaten des Propheten Mohammed im siebten Jahrhundert verursachten – vielleicht den schlimmsten je auf einen Schlag versetzten Verlust in der Geschichte.

Auch politisch läßt sich der Schaden kaum abschätzen. Obwohl die lateinische Herrschaft am Bosporus weniger als sechzig Jahre dauerte, gewann das Byzantinische Reich nie wieder seine alte Kraft oder einen nennenswerten Teil seiner verlorenen Herrschaftsgebiete zurück. Ein starkes und wohlhabendes Byzanz unter einer entschlossenen und kraftvollen Führung – an der es im folgenden Jahrhundert nicht mangelte – hätte jedoch dem türkischen Vorrücken vielleicht noch rechtzeitig Einhalt zu gebieten vermocht; nun aber lag das Reich wirtschaftlich verkrüppelt und territorial verstümmelt darnieder, unfähig, sich gegen den osmanischen Vormarsch zu wehren. Es gibt kaum eine schlimmere Ironie in der Geschichte als die Tatsache, daß das Schicksal der östlichen Christenheit – und mit ihr eines beträchtlichen Teils von Europa, der rund fünfhundert Jahre unter moslemischer Herrschaft verblieb – von Männern besiegelt wurde, die unter dem Banner Christi kämpften. Diese Männer hat Enrico Dandolo im Namen der Republik Venedig befördern lassen, angetrieben, ermutigt und schließlich auch angeführt; und im gleichen Maß wie Venedig den Hauptnutzen aus der Tragödie zog, tragen diese Republik und ihr großartiger alter Doge auch die Hauptlast der Schuld an den Verwüstungen, die sie über die Welt brachten.

12

Das Reich im Exil

(1205–1253)

Es ist weniger der Unterschied im Glauben, welcher die griechischen Herzen gegen dich kehrt, als der Haß auf die Lateiner, von dem ihr Geist erfüllt ist, und zwar durch die zahlreichen schweren Übel, die der griechischen Bevölkerung immer wieder von ihnen angetan wurden und die sie weiterhin Tag für Tag erduldet.

Barlaam von Kalabrien an Papst Benedikt XII., um 1340

Neben Doge Dandolo, der sich jetzt stolz »Herr eines Viertels und eines halben Viertels des Römischen Reichs« nannte, gab Kaiser Balduin eine beklagenswerte Figur ab. Da weitere drei Achtel des Reichs als kaiserliche Lehen an die fränkische Ritterschaft verteilt worden waren, blieb ihm gerade noch ein Viertel des Territoriums, über das seine unmittelbaren Vorgänger geherrscht hatten. In der Hauptsache handelte es sich um Thrakien – allerdings ohne die wichtige, an Venedig gefallene Stadt Adrianopel – und den Nordwesten Kleinasiens sowie einige Inseln in der Ägäis wie Lesbos, Samos und Chios. Doch selbst dieses drastisch verkleinerte Patrimonium war umkämpft. Vor allem Bonifaz von Montferrat, der sich des Thrones allzu sicher gewesen und wütend darüber war, daß man ihn übergangen hatte, schlug die anatolischen Ländereien, die ihm angeboten wurden, zornig aus und nahm sich statt dessen Thessalonike; er machte die Stadt zum Sitz eines Königreichs, welches große Teile Makedoniens und Thessaliens umfaßte. Irgendwie gelang es ihm auch, die Oberherrschaft über die kleinen fränkischen Herrscher zu gewinnen, die sich im Süden aufgeschwungen hatten, namentlich über den Burgunder Otto de la Roche in Böotien und Attika (dem sogenannten Herzogtum Athen) sowie den Franzosen Wilhelm von

Champlitte auf dem Peloponnes, auf den schon bald das Haus Villehardouin folgen sollte.

Es versteht sich beinahe von selbst, daß die neuen Herrscher in den ehemaligen byzantinischen Gebieten durchweg verhaßt waren. Ökonomisch fanden keine großen Umwälzungen statt. Abgesehen davon, daß die Steuern künftig an eine lateinische Grundbesitzerfamilie statt eine griechische gezahlt wurden, gestaltete sich das provinzielle und ländliche Leben beinahe so wie eh und je. Was Moral und Gesinnung betraf, hatte sich das Klima jedoch vollkommen verändert. Die fränkischen Feudalherren gebärdeten sich tyrannisch und arrogant, und sie machten aus ihrer Verachtung für die Menschen, die sie nicht nur für unterworfen, sondern auch für minderwertig hielten, keinen Hehl; außerdem setzten sie als unbeugsame Bewahrer der römischen Kirche den lateinischen Ritus überall durch, wo es eben möglich war. Die arme Landbevölkerung konnte dagegen nichts ausrichten. Mürrisch, widerwillig und mit Bitterkeit im Herzen schickte sie sich in das Unvermeidliche. Der Adel dagegen zeigte sich längst nicht so unterwürfig. Viele griechische Adlige verließen angewidert das Land ihrer Vorfahren und zogen in einen der Nachfolgestaaten von Byzanz, wo der nationale Geist und der orthodoxe Glaube noch lebendig waren.

Der größte, mächtigste und bedeutendste dieser Staaten war das sogenannte Reich von Nikäa, wo Theodor I. Laskaris, ein Schwiegersohn Alexios' III., 1206 als Kaiser anerkannt und zwei Jahre später gekrönt wurde. Es erstreckte sich über einen mehr als dreihundert Kilometer breiten Gürtel in Westanatolien von der Ägäis bis zur Schwarzmeerküste. Nach Norden und Westen grenzte es an das Lateinische Reich, nach Süden und Osten an das Seldschukensultanat. Zwar blieb Nikäa nominell Hauptstadt – und wurde 1208 Patriarchensitz, wonach alle Kaiserkrönungen dort stattfanden –, doch Theodors Nachfolger Johannes III. Vatatzes verlegte seine Hauptresidenz in die strategisch viel günstiger gelegene lydische Stadt Nymphaion (Kemalpasa), so daß das Reich den größten Teil seines siebenundfünfzigjährigen Exils von Konstantinopel praktisch von dort aus regiert wurde und nicht von Nikäa.

Den beiden anderen Nachfolgestaaaten kam weniger Bedeutung zu. Wegen ihrer jeweiligen geographischen Lage an der Adriaküste und an der Südostküste des Schwarzen Meeres lagen sie zu weit abseits, um auf den Gang der Dinge nachhaltig Einfluß nehmen zu können. Auch ging ihnen das besondere Prestige ab, welches der Patriarchensitz Nikäa verlieh. Das Despotat Epiros (um den späteren Namen zu verwenden) wurde kurz nach der Einnahme Konstantinopels von einem gewissen Michael Komnenos Dukas gegründet; er gilt als unehelicher Sohn *Sebastokrator* Johannes Angelos Dukas' (Sohn der Kaisertochter Theodora und damit Enkel Alexios' I. Komnenos) und ist dadurch ein Vetter Isaaks II. und Alexios' III. In Anbetracht der geschichtlichen Ereignisse überrascht es nicht, daß weder er noch sein Vater sich je Angelos genannt haben. Von seiner Hauptstadt Arta aus kontrollierte er die ganze Nordwestküste Griechenlands und einen Teil Thessaliens. Dieses Herrschaftsgebiet sollte sein Halbbruder Theodor, der ihm 1215 nachfolgte, schon bald beträchtlich erweitern, indem er der lateinischen Seite neun Jahre später Thessalonike abnahm, sich umgehend zum Kaiser krönen ließ und so mit Johannes Vatatzes von Nikäa um diesen Titel rivalisierte. Die Rivalität währte indes nicht lange: 1242 zwang Johannes Vatatzes Theodors Sohn Johannes, auf den Kaisertitel zu verzichten und statt dessen fortan den eines Despoten zu führen; vier Jahre danach annektierte er Thessalonike.

Das Kaiserreich von Trapezunt entstand anders als jene von Nikäa und Epiros nicht als Folge des Falls von Konstantinopel. Es war bereits im April 1204, also nur wenige Tage nach der Katastrophe, von Alexios und David Komnenos gegründet worden, Enkeln Kaiser Andronikos' I. über seinen Sohn Manuel und eine mit ihm verheiratete georgische Prinzessin; sie hatte ihre beiden Kinder nach dem Sturz Andronikos' 1185 zur Sicherheit nach Georgien bringen lassen, wo sie am Königshof erzogen wurden. Im Bestreben, die Dynastie der Komnenen im Gegensatz zu den Angeloi zu erhalten, hatten Alexios und David im April 1204 mit Hilfe der georgischen Königin Thamar Trapezunt erobert. Noch im selben Jahr zog David die Schwarzmeerküste entlang westwärts und nahm mit einem Heer aus georgischen und anderen Söldnern Paphlagonien bis Heraklea ein, doch der größte Teil dieses Territoriums ging dem Reich schon bald wieder verloren. Die meiste Zeit seiner 257jährigen Geschichte – das Reich von Trapezunt blieb nach der Wiedergewinnung von Konstantinopel erhalten und fiel erst 1461 an das Osmanenreich – bestand es aus einem schmalen, kaum sechshundert Kilometer langen Küstenstreifen zwischen dem Pontischen Gebirge und dem Meer.

Als Herrscher eines Reichs, das allgemein als byzantinisches Exil galt, hatte Theodor I. Laskaris von Nikäa Anfangsschwierigkeiten zu meistern, die eine schwächere Persönlichkeit nicht bewältigt hätte. Abgesehen von seinen Rivalen in Epiros und Trapezunt, von wo David Komnenos im Herbst 1204 mit besorgniserregender Schnelligkeit westwärts eilte, schossen auf seinem eigenen Gebiet kleine griechische Fürstentümer wie Pilze aus dem Boden: eines in Philadelphia, ein weiteres im Mäandertal, ein drittes in der unbedeutenden kleinen Stadt Sampson in der Nähe von Milet. Als dieses schlimme Jahr sich dann dem Ende zuneigte, überquerte zudem ein von Balduin, dessen Bruder Heinrich und Graf Ludwig von Blois geführtes Frankenheer den Bosporus und durchstreifte Kleinasien. Zwar hatte sich Theodor verpflichtet, außer der Verwaltung auch das Heer wiederaufzubauen, doch war dieses zu dem Zeitpunkt noch völlig unvorbereitet. Am 6. Dezember 1204 erlitt es bei Poimanenon (heute vermutlich Eski Manyas), etwa sechzig Kilometer südlich des Marmarameeres, denn auch eine vernichtende Niederlage, und die Franken erhielten dadurch die Kontrolle über die gesamte Küstenregion Bithyniens bis nach Brussa (Bursa). Wären sie nur hundert Kilometer weiter bis Nikäa marschiert, hätten sie Theodors Kaiserreich vielleicht schon kurz nach seiner Entstehung vernichtet. Er hatte jedoch Glück, denn sie mußten ihren Feldzug wegen einer bedrohlichen Balkankrise überstürzt abbrechen.

Nun sollte Balduins Arroganz sich rächen. Die griechischen Landbesitzerfamilien in Thrakien, die vorerst bereit gewesen waren, die fränkische Oberherrschaft zu akzeptieren, fühlten sich inzwischen als Menschen zweiter Klasse. Sie rebellierten, konnten sich der Hilfe des Bulgarenzars Kalojan versichern und boten ihm die Kaiserkrone für den Fall an, daß er die Lateiner aus Konstantinopel vertreibe. Nichts konnte Kalojan gelegener kommen. Zu Anfang des Jahres 1204 war er zwar von einem Gesandten Innozenz' III. bereits zum König (jedoch nicht zum Kaiser) gekrönt worden und hatte die römische Oberhoheit anerkannt, doch hatte dies seine Besorgnis über die Ausweitung des lateinisches Machtbereichs auf die gesamte Halbinsel nicht vermindert. Ihm lag ebensoviel daran wie der byzantinischen Bevölkerung, das Land von der Kreuzfahrerpest zu befreien. Zu Beginn des Jahres 1205 marschierten die Zarentruppen los; am 14. April vernichteten sie das fränkische Heer vor Adrianopel. Ludwig von Blois kam um, Balduin geriet in Gefangenschaft; er starb kurze Zeit später, ohne die Freiheit wiedererlangt zu haben. So war schon ein Jahr nach dem Fall Konstantinopels die lateinische Macht wieder gebrochen. In Kleinasien blieb einzig die Kleinstadt Pegae (Karabiga) an der Südküste des Marmarameers in fränkischer Hand.

Endlich konnte Theodor I. Laskaris ernsthaft an die Gestaltung seines neuen Staates denken. Dabei diente ihm das alte Byzanz in jeder

Hinsicht als Muster, denn er zweifelte nicht daran, daß seine Landsleute früher oder später in ihre angestammte Hauptstadt zurückkehren würden. Soweit er ehemalige Höflinge und Staatsbeamte aufspüren konnte, setzte er sie wieder in ihre alte Funktion ein. Auch berief er Bischöfe und andere bedeutende Kirchenleute aus dem Exil nach Nikäa zurück. Und nach dem Tod des Patriarchen, der sich hartnäckig geweigert hatte, sein Refugium in Didymoteichos zu verlassen, überließ er ihnen die Wahl des Nachfolgers. Sie fiel auf Michael Autorianos. Dieser krönte und salbte Theodor in der Osterwoche des Jahres 1208 zum Basileus.

Nun gab es also zwei Ostkaiser und zwei Patriarchen: je einen lateinischen in Konstantinopel und einen griechischen in Nikäa. Frieden konnte zwischen ihnen nicht herrschen, denn der eine wie der andere war entschlossen, seinen Konkurrenten aus dem Weg zu schaffen. Balduins Bruder und Nachfolger Heinrich von Hainault hatte zwar in den ersten anderthalb Jahren seiner Regierungszeit alle Hände voll mit dem Bulgarenzar Kalojan zu tun, der im Sommer 1206 mit seinem Heer Adrianopel geplündert, den größten Teil Thrakiens angegriffen hatte und bis vor die Mauern Konstantinopels marschiert war, doch dann fiel dieser am 26. Oktober 1207 mitten in den Vorbereitungen zur Belagerung von Thessalonike dem Mordanschlag eines kumanischen Stammesführers zum Opfer, so daß Heinrich den Druck auf seinen Erzfeind verstärken konnte.[1] Er setzte sich indes nicht sogleich in Marsch, da er sich wie Theodor zunächst mit dem Aufbau einer Regierungs- und Verwaltungsordnung beschäftigen mußte. 1209 überwand er dann – mit einiger Mühe – seine Kreuzfahrerskrupel und schloß ein Militärbündnis mit dem Seldschukensultan Kaichosrau von Ikonion, der im Heranwachsen eines neuen griechischen Staates im westlichen Kleinasien ebenfalls eine Provokation und Bedrohung sah.

Kaichosrau, in dessen Streitmacht jetzt auch ein fränkisches Kontingent kämpfte, war schon im Begriff, gegen Nikäa zu Feld zu ziehen, als ein unerwarteter Besucher bei ihm vorsprach: Exkaiser Alexios III. Dieser war gegen Ende des Jahres 1204 Bonifaz in die Hände gefallen und hatte danach in dessen Burg Montferrat etliche Jahre als Gefangener zugebracht. 1209 oder 1210 war er jedoch von seinem Vetter Michael, dem Despoten von Epiros, ausgelöst worde und hatte sich in der leisen Hoffnung auf den Weg nach Ikonion gemacht, der Sultan würde ihm wieder zu seinem Thron verhelfen. Daß Kaichosrau im Augenblick nicht das geringste Interesse daran hatte, den griechischen Kaiser wieder einzusetzen, sondern ihn vielmehr gänzlich zu verderben trachtete, verdient kaum der Erwähnung. Aber er begriff auf der Stelle, daß Alexios im diplomatischen Spiel für ihn ein brauchbares Pfand darstellte, bot er ihm doch die Möglichkeit, als Anwalt eines legitimen Herrschers gegen einen usurpatorischen Emporkömmling aufzutreten. So marschierte er mit seinen Truppen im Frühjahr 1211 mit dem vorgeschobenen Ziel, Theodor zu stürzen und durch Alexios zu ersetzen, in das Reichsgebiet von Nikäa ein. Da die beiden Streitmächte, deren Kern jeweils ein Kontingent lateinischer Söldner bildete, etwa gleich stark waren, kam es zu mehreren verbissen ausgetragenen Kämpfen, die aber keine Entscheidung brachten. Zum letztenmal schlug man sich am Mäander in der Nähe von Antiochia; dabei wurde Kaichosrau I. vom Pferd gestoßen und getötet – wenn man griechischen Quellen glauben darf, von Kaiser Theodor persönlich im Zweikampf. Daraufhin suchte sein Seldschukenheer das Heil in der Flucht. Alexios III. geriet in Gefangenschaft und verschwand bis zum Ende seines Lebens in einem Kloster.

Dieser Sieg trug Theodor zwar kaum territorialen Gewinn ein, beseitigte aber seinen letzten griechischen Rivalen und entlastete ihn, da Kaichosraus Nachfolger Kaikawus sich von Anfang an verhandlungsbereit zeigte, zumindest vorübergehend von der seldschukischen Bedrohung. Er konnte sich militärisch nun ganz auf die Kreuzfahrer konzentrieren. Bei diesem Gegner war ihm indes weniger Erfolg beschieden. Am 15. Oktober 1211 erlitt sein Heer am Rhyndakos (Fluß) erneut eine Niederlage gegen Heinrich von Hainault, dessen Streitmacht anschließend gegen Pergamon und Nymphaion marschierte. Doch vermochte die lateinische Seite, mittlerweile von Bulgarien im Hintergrund einmal mehr hart bedrängt, aus ihrem Vorteil keinen Profit zu ziehen. Ende 1214 schlossen die rivalisierenden Kaiser den Friedensvertrag von Nymphaion; danach sollte Heinrich die Nordwestküste Kleinasiens bis Adramyttion (heute Edremit) im Süden behalten und das übrige Gebiet bis zur seldschukischen Grenze, einschließlich des gerade von den lateinischen Truppen eroberten Territoriums, an Theodor fallen.

Mit diesem Vertrag begann die Blütezeit Nikäas. Endlich machten die Kreuzfahrer dem jungen Reich die Existenz ganz offiziell nicht mehr streitig. Außerdem war die Westgrenze jetzt genauso sicher wie die zum Osten hin. Fast gleichzeitig setzte der Niedergang des Lateinischen Reiches ein. Der verwitwete Kaiser Heinrich wurde gegen seine Überzeugung zu einer dynastischen Heirat mit einer bulgarischen Prinzessin gezwungen und dadurch in das unentwirrbare Labyrinth der Balkanpolitik verstrickt. Am 11. Juni 1216 starb er plötzlich im Alter von erst vierzig Jahren in Thessalonike. Als weitaus fähigster der lateinischen Herrscher von Konstantinopel hatte er in knapp zehn Jahren einen hoffnungslosen Fall in ein funktionierendes Staatsgebilde umgewandelt, im Unterschied zu seinem unerträglichen Bruder Balduin die Rechte und Religion seiner griechischen Untertanen respektiert und sogar einen Ausgleich mit Nikäa zuwege gebracht. Hätten seine Nachfolger auch nur über einen Bruchteil seiner Fähigkeiten verfügt, wäre wohl nie wieder ein griechischer Kaiser auf den Thron gelangt.

Heinrich von Hainault hatte zwar zwei Ehefrauen gehabt, war aber kinderlos gestorben. So wählten die fränkischen Adligen in Konstantinopel den Mann seiner Schwester Jolante, seinen Schwager Peter von Courtenay, zum Nachfolger. Der noch in Frankreich weilende Thronfolger brach in den ersten Wochen des Jahres 1217 nach Osten auf. Er hatte gehofft, in Rom von Papst Honorius III. in aller Form zum Kaiser gekrönt zu werden, und machte aus seiner Enttäuschung keinen Hehl, als der Papst aus Furcht, Peter könnte auch noch Ansprüche auf die Krone des Westreichs erheben, falls die Zeremonie im Petersdom stattfände, darauf beharrte, diese in San Lorenzo vor der Stadtmauer durchzuführen. Ein oder zwei Wochen später setzte Peter in Begleitung einer venezianischen Flotte und eines fünfeinhalbtausend Mann starken Heers nach Durazzo über, mit dem Ziel, die Stadt aus der Hand Theodor Dukas', des Despoten von Epiros, zurückzuerobern. Doch das Unternehmen endete in einem Fiasko: Durazzo erwies sich als uneinnehmbar, und Peter wurde mitsamt einem Großteil seiner Leute in den albanischen Bergen gefangengenommen. Man warf ihn in ein Verlies in Epiros und hörte nie wieder etwas von ihm.

Kaiserin Jolante, die in weiser Voraussicht mit ihren Kindern den Seeweg gewählt hatte, gelangte ohne Zwischenfall nach Konstantinopel; dort brachte sie kurz darauf einen Sohn namens Balduin zur Welt. Ihr Erstgeborener, der Markgraf Philipp von Namur, hatte sich kategorisch geweigert, mit ihr in den Osten zu ziehen, und so regierte sie bis zu ihrem Tod im Jahre 1219. Sie führte die Versöhnungspolitik ihres Bruders mit Nikäa fort und bekräftigte sie, indem sie ihre Tochter Maria mit Theodor Laskaris als dritter Ehefrau verheiratete. Diese Neuigkeit wurde in Epiros mit Entsetzen aufgenommen. Theodor Dukas, der sich mit der Gefangennahme – und möglicherweise Ermordung – Peters von Courtenay nicht zufriedengeben wollte, zeigte sich immer weniger geneigt, Theodor Laskaris als den rechtmäßigen Basileus anzuerkennen.

Dukas' Stern ging schnell auf. Moralisch war seine Position allerdings zwielichtig, da er die ersten fünf Jahre nach dem Fall Konstantinopels mit Theodor I. Laskaris auf nikäischem Reichsgebiet verbracht und ihm nach der Kaiserkrönung einen Treueeid geleistet hatte. Schließlich hatte er sich erst auf dessen dringendes Ersuchen hin mit seinem Bruder Michael in Arta zusammengetan. Seitdem hatte sich die Situation völlig verändert. Im Friedensvertrag von 1214 zwischen Nikäa und den Franken sah Theodor Dukas einen unverzeihlichen Verrat. Das weitere Handeln des Kaisers, der seine Zeit überwiegend auf den Kampf gegen das Reich von Trapezunt verwendet hatte, statt auf die Wiedereroberung Konstantinopels hinzuarbeiten, hatte Dukas' Loyalität aufs äußerste strapaziert. Die Vermählung der lateinischen Prinzessin mit Theodor I. Laskaris brachte das Faß schließlich zum Überlaufen.

So lautete jedenfalls die offizielle Version. In Wirklichkeit war es längst nicht so kompliziert. Theodor Dukas wollte sich schlicht und einfach nicht mit dem Despotat Epiros begnügen. Im Unterschied zu seinem unehelichen Bruder war er der rechtmäßige Sohn *Sebastokrator* Johannes Angelos Dukas' und Enkel Kaiser Alexios' I. Komnenos. Da also das Blut der Familien Komnenos, Angelos und Dukas in seinen Adern floß – er betonte dies, indem er sich immer mit allen drei Namen nannte –, konnte er den Kaiserthron also mit viel mehr Recht beanspruchen als Theodor Laskaris.[2] Sein Ehrgeiz richtete sich erst einmal auf Thessalonike. Doch war dies nur die zweite Stadt im Reich, und so stellte ihre Einnahme für Theodor Angelos Dukas Komnenos nur den ersten Schritt auf das eigentliche Ziel dar: Konstantinopel.

Thessalonike hatte keine guten Zeiten mehr erlebt, seit sich Bonifaz von Montferrat nach dem vierten Kreuzzug dort festgesetzt hatte. Er selbst war 1207 im Kampf gegen Bulgarien gefallen, und seitdem regierte seine Witwe das Königreich an der Stelle ihres Sohnes Demetrios. Die Rückkehr vieler Ritter in ihre Heimatländer hatte das Land zusätzlich geschwächt. Obwohl immer noch wichtigster Vasall des lateinischen Reichs, konnte es sich zudem seit der Regentschaft Kaiserin Jolantes nicht mehr so fest auf die Unterstützung durch Konstantinopel verlassen wie zur Zeit Heinrichs von Hainault. Als Theodor Dukas 1218 in Thessalien und Makedonien einmarschierte, lief Thessalonikes Zeit als unabhängiger Kreuzfahrerstaat ab. Der Despot traf jedoch auf erbitterten Widerstand; die Stadt fiel erst im Herbst 1224 nach einer langen, mühseligen Belagerung. Mit ihr fiel auch das lateinische Königreich. Theodor war nun alleiniger Oberherr über das Gebiet zwischen Adria und Ägäis, welches Epiros, Ätolien, Arkanien, Thessalien und fast ganz Makedonien umfaßte. Kurze Zeit später – der genaue Zeitpunkt ist nicht bekannt – wurde er, in offener Auflehnung gegen Kaiser Theodor Laskaris, vom Bischof von Ochrid (der mit dem Patriarchen von Nikäa in Fehde lag) zum Römischen Kaiser gekrönt.

Hatte noch gut eine Generation zuvor nur ein einziges Reich existiert, so gab es jetzt deren drei: zwei griechische und ein lateinisches; das vierte lauerte drohend in nicht allzu weiter Ferne, denn das zweite bulgarische Reich wurde immer mächtiger. Zar Kalojan hatte den vierten Kreuzzug und das anschließende Durcheinander auf dem Balkan genutzt, um seine Herrschaft auf Teile Thrakiens und Makedoniens auszudehnen. Sein Neffe Boril war dagegen vom Glück weniger begünstigt gewesen; sein Vetter Johannes II. Asen hatte ihn 1218 gestürzt und geblendet. Johannes hatte es ebenfalls auf Konstantinopel abgesehen. Das Lateinische Reich war von den vier Mächten das schwächste, besonders seit es 1225 auf das Gebiet unmittelbar im Norden und Westen Konstantinopels und einen schmalen Landstreifen in Kleinasien südlich des Marmarameers begrenzt war. Kaiserin Jolante war 1219 gestorben; ihr Sohn Robert, der ihr auf den Thron folgte, war ein schwacher, kraftloser Junge – ein glaubwürdiger Zeuge namens Aubrey von Trois-Fontaines beschreibt ihn als *quasi rudis et idiota* (unerfahren und stümperhaft) – und weder Theodor noch Johannes Asen oder Johannes Vatatzes (der inzwischen das Reich von Nikäa von seinem Schwiegervater Theodor I. Laskaris geerbt hatte) auch nur annähernd gewachsen.

Theodor I. Laskaris war ein fähiger Herrscher gewesen, der mehr geleistet hat, als man 1205 für möglich gehalten hätte. Er hinterließ keine Söhne, und die Wahl Johannes Vatatzes', des Mannes seiner älteren Tochter Irene, zum Nachfolger schien eine reine Formalität. Doch seine beiden noch lebenden Brüder waren nicht einverstanden; sie begaben sich sogleich nach Konstantinopel und überredeten den jungen Kaiser Robert, zu ihren Gunsten militärisch einzugreifen. Robert ließ sich in der ihm eigenen Dummheit darauf ein. Er erreichte nichts, als daß sein Heer von Vatatzes' Truppen bei Poimanenon aufgerieben wurde. Theodor I. Laskaris hatte dort etwa zwanzig Jahre zuvor eine ähnliche, wenn auch längst nicht so vernichtende Niederlage durch ein lateinisches Heer erlitten. Robert hatte sich noch nicht von diesem Schlag erholt, als ein paar Monate später die Nachricht von der Eroberung Thessalonikes eintraf. Das gab ihm den Rest. Fortan überließ er sich den Freuden des Lebens, machte sich unterschiedslos an griechische wie an fränkische Frauen heran, raubte, was in Kirchen und Klöstern an Schätzen noch übrig war, und versuchte kaum noch die Reste seines Reichs zu regieren. Schließlich ließ er sich von der Tochter eines französischen Ritters aus dem niederen Adel betören, der in der Schlacht von Adrianopel gefallen war. Die beiden heirateten heimlich, und sie zog im Blachernenpalast ein. Das ging nun aber seinen Gefolgsleuten entschieden zu weit. Eines Nachts stürmten sie ins kaiserliche Schlafgemach und schlitzten der armen Frau Nase und Lippen auf, so daß man sie kaum noch erkennen konnte. Dann ergriffen sie ihre Mutter und ertränkten sie. Charakteristischerweise unternahm Robert nichts dagegen, sondern floh sogleich nach Rom, wo er bei Papst Gregor IX. offiziell Beschwerde einlegte. Gregor zeigte wenig Verständnis, sondern legte ihm nahe, nach Konstantinopel zurückzukehren. Er kam jedoch nur bis Clarenza (Killini) in der Morea, wo er im Januar 1228 starb.

Robert hinterließ keine legitimen Kinder. Da sein Bruder und Nachfolger Balduin II. erst elf Jahre alt war, mußte erneut jemand für die Regentschaft gefunden werden. Zunächst fiel die Wahl der Adligen Konstantinopels auf Roberts Schwester Maria; sie war nach dem Tod ihres Ehemannes, Kaiser Theodor Laskaris, in die Hauptstadt zurückgekehrt. Allein, sie starb bereits nach wenigen Monaten, so daß die Suche von neuem anhob. Da trat als etwas überraschender Anwärter Johannes Asen von Bulgarien auf den Plan. Er schlug eine dynastische Heirat zwischen seiner Tochter Helena und Balduin vor, wollte das Reich unter seinen Schutz stellen und alle eroberten Gebiete, einschließlich Thessalonike, zurückerstatten. Doch die Adligen schlugen dies rundweg aus und wandten sich statt dessen an den berühmtesten Kreuzfahrer seiner Zeit: den ehemaligen König von Jerusalem, Anführer des fünften Kreuzzuges und päpstlichen Marschall Johannes von Brienne.[3]

Die Sache hatte allerdings einen Haken: Der um 1150 geborene Johannes war mittlerweile fast achtzig Jahre alt, wenn auch offenbar noch ausgesprochen rüstig; zumindest hatte seine dritte Frau Berengaria von Kastilien eine Tochter von erst vier Jahren. Gegen seine Laufbahn kam niemand anders auf. 1210 hatte er, bereits im hohen Alter von sechzig Jahren, die junge Königin Maria von Jerusalem geheiratet. Diese starb zwei Jahre später im Kindbett, woraufhin Johannes die Regentschaft für seine unmündige Tochter Isabella antrat und praktisch als König regierte, bis sie 1225 Friedrich II., den Römischen Kaiser des Westens, heiratete. Unmittelbar nach der Vermählung setzte dieser neue Schwiegersohn ihn mit der Begründung ab, mit der Heirat Isabellas habe er keinen gesetzlichen Anspruch mehr auf den Thron. Außer sich vor Wut floh Johannes nach Rom und legte Papst Honorius den Fall vor. Honorius zeigte Verständnis für ihn. Zwar konnte er ihm das Königreich nicht zurückerstatten, ernannte ihn jedoch zum Statthalter seines toskanischen Patrimoniums. Als zwei Jahre später Gregor IX. auf den päpstlichen Thron gelangte und fast gleichzeitig von kaiserlichen Truppen angegriffen wurde, eilte ihm Johannes sofort zu Hilfe.

Und nun kam also plötzlich und unerwartet die Berufung nach Konstantinopel. Anfänglich war Johannes nicht sehr geneigt, dem Ruf zu folgen. Doch als Gregor darauf bestand – denn hier bot sich schließlich eine einmalige Gelegenheit, den päpstlichen Einfluß auf das Lateinische Reich zu mehren –, ließ er sich überreden. Er stellte jedoch mehrere Bedingungen, um seine Zukunft für die Zeit nach Balduins Volljährigkeit abzusichern: Der junge Kaiser sollte sofort seine vierjährige Tochter Maria heiraten und diese stattliche Ländereien als Mitgift erhalten; für sich selbst beanspruchte er für den Rest des Lebens den Titel Basileus; nach seinem Tod sollte Balduin ihm nachfolgen und im Alter von zwanzig Jahren, falls dann noch nicht zum Kaiser gekrönt, das Reich von Nikäa und sämtliche fränkischen Besitzungen in Kleinasien erhalten. Johannes brach dennoch nicht sogleich nach Konstantinopel auf. Erst Anfang des Jahres 1229 stimmten die Adligen seinen Bedingungen zu. Und bevor er Italien verlassen konnte, mußte erst noch eine Schlacht gegen den verhaßten Mann seiner Tochter geschlagen werden. Im Herbst 1231 erschien er endlich am Goldenen Horn. Wenige Tage später wurde er in der Hagia Sophia zum Kaiser gekrönt.

Während dieses dreijährigen Interregnums hatten sich jedoch die Machtverhältnisse auf dem Balkan grundlegend verändert. Kaiser Theodor Dukas von Epiros, der in seiner Hauptstadt Thessalonike abwartete, erschien Konstantinopel, wo es zur Zeit nicht einmal einen Regenten gab, schutzloser denn jemals zuvor. Auf der anderen Seite mußte er mit Bulgarien rechnen. Vor nur ein, zwei Jahren hatte er mit Zar Johannes Asen einen Friedensvertrag geschlossen und dieser dem Lateinischen Reich dessenungeachtet kurz darauf die Rückgewinnung Thessalonikes angeboten. Dem Mann war also nicht zu trauen. Wie sollte er zudem mit einer solchen Bedrohung im Norden sein angestammtes Erbe überhaupt zurückerobern? Da gab es nur eine Lösung: die bulgarische Gefahr mußte verschwinden. Und so überschritt Theodor Dukas zu Beginn des Frühjahrs 1230 mit seinem Heer die Grenze.

Johannes Asen spielte die empörte Unschuld und zog den Eindringlingen mit dem Text des Friedensvertrags auf den Standarten entgegen. Im April 1230 kam es an der Maritza, in der Nähe der zwischen Adrianopel und Philippopel gelegenen Ortschaft Klokotnika, zur Schlacht.

Sie dauerte nicht lange. Trotz seiner Kühnheit und seiner Selbstsicherheit und obwohl die Kette seiner Siege niemals abgerissen war, mußte Theodor erkennen, daß er seinen Meister gefunden hatte. Sein Heer wurde geschlagen, er selbst geriet in Gefangenschaft. Sein Bruder Manuel durfte zwar in Thessalonike bleiben und weiterhin den Titel Despot führen, aber nur weil eine Tochter Asens ihn zum Manne nahm. Manuel fuhr – zur großen Erheiterung Johannes Vatatzes' und seiner nikäischen Untertanen – fort, seine Dekrete mit der Kaisern vorbehaltenen roten Tinte zu unterzeichnen. Abgesehen davon war er offensichtlich eine Marionette seines Schwiegervaters und gab sich wenig Mühe, etwas anderes darzustellen.

Das Lateinische Reich war vor dem sicheren Untergang verschont geblieben, und zwar durch ein Volk, dem man unlängst die kalte Schulter gezeigt hatte. Die Dankbarkeit, die man dort verspürt haben dürfte, wurde jedoch dadurch getrübt, daß man mit Entsetzen mitansehen mußte, wie Johannes Asen mit seinem Heer, ohne auf Widerstand zu stoßen, durch Thrakien, Makedonien und Albanien marschierte und sich mühelos Theodors einstigen Herrschaftsbereich aneignete. Schließlich gehörte der ganze nördliche Balkan von der Adria bis zum Schwarzen Meer zu Bulgarien. Eine Inschrift in der Kirche der Vierzig Märtyrer in Johannes Asens Hauptstadt Trnowo verzeichnet stolz seine Eroberungen: Er erhob nun Anspruch auf den Titel eines Herrn über alle Länder zwischen Durazzo und Adrianopel. Lediglich Konstantinopel und die unmittelbar angrenzenden Städte befanden sich noch in fränkischer Hand, »und auch diese beugen sich meiner Herrschaft, denn sie haben keinen Kaiser außer mir und gehorchen meinem Willen, weil dies Gottes Wille war«. Selbst im theoretisch unabhängigen Serbien vermochte er Theodors Schwiegersohn Stephan Radoslaw durch Stephan Wladislaw, einen eigenen Schwiegersohn, zu ersetzen. Der Bulgarenzar war jedoch nicht der einzige, der vom Ausgang der Schlacht an der Maritza bei Klokotnika profitierte. Fern in seinem Palast in Nymphaion rieb sich im stillen auch Johannes Vatatzes die Hände. Einen Augenblick hatte es in der Tat ausgesehen, als könnte Theodor Dukas ein ernsthafter Rivale werden und Konstantinopel eher an Thessalonike als an Nikäa fallen. Diese Gefahr war nun ein für allemal gebannt.

Die gänzliche Eliminierung des vierten Streiters im Kampf um die Oberherrschaft führte unweigerlich zu einer radikalen Neuorientierung der übrigen drei. Johannes Asen machte nun den lateinischen Herrschern am Bosporus keinerlei diplomatische Angebote mehr; er sah nun in Vatatzes einen weit nützlicheren Bundesgenossen, dies besonders, seit er eine noch viel weiter reichende Entscheidung ins Auge gefaßt hatte: die Loslösung von der römischen Kirche. In Bulgarien hatte das westliche Christentum trotz Kalojans Übertritt nie richtig Fuß fassen können; die alte byzantinische Tradition herrschte dort weiter vor. Außerdem ließ sich jeder Angriff gegen das Lateinische Reich sehr viel leichter rechtfertigen, wenn der Zar dabei keine Glaubensgenossen angreifen mußte. Ein Streit mit Papst Gregor bot ihm im Jahre 1232 den Vorwand, auf den er gewartet hatte. Es kam zum Bruch. Mit der rasch erfolgten Zustimmung des Patriarchen von Nikäa, dem sich auch jene von Jerusalem, Alexandria und Antiochia anschlossen, wurde das orthodoxe bulgarische Patriarchat mit Sitz in Trnowo wieder ins Leben gerufen; drei Jahre später unterzeichnete Johannes Asen in Gallipoli einen Bündnisvertrag mit Nikäa, der in Lampsakos durch die Heirat seiner Tochter Helena – die Ehe mit Balduin war sieben Jahre zuvor nicht zustande gekommen – mit Johannes Vatatzes' Sohn Theodor II. Laskaris besiegelt wurde. Im Spätsommer des Jahres 1235 standen die vereinigten orthodoxen Streitmächte vor den Mauern von Konstantinopel und belagerten die Stadt zu Wasser und zu Lande.

Wieder einmal war die lateinische Herrschaft bedroht. Trotz seines Greisenalters soll Johannes von Brienne wie ein Tiger für die Verteidigung des Reichs gekämpft haben; venezianische Schiffe und Soldaten leisteten ihm dabei unschätzbare Dienste. Als jedoch im darauffolgenden Jahr die Belagerung wieder aufgenommen wurde, wäre Konstantinopel mit Sicherheit dem Untergang geweiht gewesen, hätte Zar Johannes Asen, dem eines Morgens bewußt wurde, daß ein starkes griechisches Reich Bulgarien weit gefährlicher sein würde als ein erschöpftes lateinisches, nicht plötzlich einen Sinneswandel durchgemacht. Er ließ die Belagerung einstellen und schickte sogar eine Gesandtschaft nach Nikäa, um Kaiserin Helena zurückzuholen. Im Sommer 1237 ging er noch weiter und erlaubte einer ansehnlich großen kumanischen Gemeinde, die vor den mongolischen Stämmen in das untere Donaubecken (Walachei) geflüchtet waren, durch sein Territorium zu ziehen und in Balduins Dienste zu treten; Johannes von Brienne war im vergangenen März im Alter von beinahe neunzig Jahren gestorben. Im Herbst desselben Jahres führte Johannes Asen ein aus Bulgaren, Kumanen und Lateinern bestehendes Heer gegen Tzurulon, eine Schlüsselfestung Nikäas in Thrakien.

Noch während dieser Belagerung brach das Unheil herein. Boten brachten die Nachricht, daß Trnowo von einer fürchterlichen Seuche heimgesucht werde, die bereits die Zarin, einen ihrer Söhne und den gerade eingesetzten Patriarchen dahingerafft habe. Johannes Asen erblickte darin ein Gottesurteil. Er gab die Belagerung (welche die Kumanen und die lateinischen Verbündeten erfolgreich fortsetzten) auf und schloß Frieden mit Vatatzes; er bereitete ihm nie wieder Schwierigkeiten. Nach einiger Zeit sah er sich wieder nach einer Frau um. Es gelang seinem Gefangenen Theodor Dukas von Thessalonike – den er vor kurzem hatte blenden lassen, weil dieser sich gegen ihn verschworen hatte –, ihn zu einer Heirat mit seiner Tochter Irene zu überreden. Was Johannes Asen sich von einer solchen Heirat versprach, bleibt etwas unklar; für Theodor lagen die Vorteile jedoch auf der Hand. Als Schwiegervater des Zaren kam er sogleich frei und gelangte unerkannt nach Thessalonike; dort setzte er seinen Bruder Manuel ab und an seiner Statt den eigenen Sohn Johannes auf den Thron und sprach ihm den Titel Kaiser wieder zu.

Das Jahr 1241 wurde zum Schicksalsjahr in der Geschichte der rivalisierenden Reiche. Noch bevor es sich dem Ende zuneigte, lagen drei Protagonisten im endlosen Kampf um Konstantinopel im Grab: Johannes Asen von Bulgarien, Manuel von Thessalonike und Papst Gregor IX., ein gewaltiger und standhafter Kämpfer für das Lateinische Reich. Von noch größerer Bedeutung war jedoch, daß im gleichen Jahr die mongolischen Stämme unter ihrem Führer Batu Khan durch Mähren und Ungarn ins Donaubecken einfielen. Dadurch konnte sich Bulgarien keine weiteren Abenteuer im Osten mehr leisten, und damit verschwand eine weitere einst furchtbare Nation praktisch von der Bildfläche. Thessalonikes Macht war schon bei Klokotnika zerbrochen. Das Lateinische Reich, nach und nach so geschrumpft, daß es sich schließlich fast auf Konstantinopel beschränkte, hatte einzig aufgrund der Uneinigkeit der ihm feindlich gesinnten Mächte überlebt. Von denen aber war nur noch eine übrig: das Reich von Nikäa, dessen Herrscher Johannes Vatatzes mit wachsender Zuversicht die Rückeroberung der alten Hauptstadt betrieb.

Zunächst galt es aber noch das Problem Thessalonike zu lösen. Obwohl dieses sogenannte Reich in militärischer Hinsicht keine Bedrohung mehr darstellte, erhob es von Rechts wegen weiterhin Ansprüche auf Konstantinopel, was natürlich nicht toleriert werden konnte. Vatatzes wußte, daß Kaiser Johannes von Thessalonike eine schwache frömmelnde Galionsfigur war, die am liebsten in ein Kloster eingetreten wäre. Somit lag die eigentliche Macht wieder in den Händen Theodors, der trotz seiner Blindheit so ehrgeizig war wie je. Also lud Johannes Vatatzes gegen Ende des Jahres 1241 Theodor Dukas als Gast nach Nikäa ein. Der Alte stimmte zu, und man empfing ihn mit allen Ehren. Erst als er sich verabschieden wollte, wurde ihm höflich bedeutet, man könne ihn leider nicht ziehen lassen, und hielt ihn praktisch als Gefangenen fest. Dabei blieb es, bis Vatatzes ihn im folgenden Sommer mit einem stattlichen Heer zurück nach Thessalonike begleitete und dann dort als Unterhändler zum Abschluß eines Vertrags zu seinem Sohn sandte. Johannes von Thessalonike begnügte sich fortan wie schon Manuel vor ihm mit dem Titel Despot und anerkannte die Oberhoheit von Nikäa.

Während Vatatzes sich noch in Thessalonike aufhielt, traf die Nachricht ein, mongolische Verbände seien in seldschukische Gebiete Kleinasiens eingedrungen und stünden bereits an der Schwelle seines eigenen Herrschaftsgebietes. Für die nächsten Jahre sah die Situation tatsächlich sehr düster aus, besonders nach dem Juni 1243, als die Eindringlinge Sultan Kaichosrau II. in der Schlacht von Kösedag schlugen und ihn danach für tributpflichtig erklärten. Als Vasall des Sultans ereilte den Kaiser von Trapezunt ein ganz ähnliches Schicksal; er mußte dem mongolischen Khan Gefolgschaft schwören. Angesichts dieser gemeinsamen Bedrohung verbündete sich Vatatzes mit Kaichosrau. Diese Vorsichtsmaßnahme erwies sich indes als unnötig, denn die mongolischen Verbände zogen wieder ab, ohne nikäisches Gebiet zu berühren; nun aber war Vatatzes' Position gegenüber seinen Nachbarn so stark wie noch nie.

1244 konnte er sie noch weiter ausbauen. Kaiserin Irene, seine erste Frau und Tochter seines Vorgängers Theodor I. Laskaris, war gestorben. Johannes heiratete nun Konstanze, eine natürliche Tochter Friedrichs II. Friedrich hatte nichts gegen seinen entfernten Verwandten Balduin; da er aber am weitgehend griechisch geprägten Hof zu Palermo aufgewachsen war, kannte und verstand er die griechische Bevölkerung, beherrschte ihre Sprache perfekt und zeigte Verständnis für ihr langes Exil von ihrer rechtmäßigen Hauptstadt. Er freute sich somit über diese Verbindung. Von der zwölfjährigen Konstanze läßt sich dies kaum behaupten. Sie wurde noch einmal getauft, diesmal auf den byzantinischen Namen Anna, und dann mit einem Mann vermählt, der vierzig Jahre älter war als sie und dessen schamloses Verhältnis mit einer ihrer eigenen Hofdamen allgemein bekannt war. Papst Innozenz IV. war über diese Heirat genauso entsetzt wie der Patriarch von Nikäa davon, wie Johannes Vatatzes mit seiner unglücklichen jungen Frau umsprang. Die Freundschaft zwischen den beiden Herrschern Johannes und Friedrich berührte all dies jedoch nicht.

Da die Mongolen abgezogen waren und ein schwer erschüttertes Sultanat zurückließen, konnte Vatatzes sich wieder auf den Balkan konzentrieren. Auch das bulgarische Reich hatte durch diesen jüngsten Barbareneinfall erheblichen Schaden erlitten. Der Tod von Zar Koloman und Johannes Asens zwölfjährigem Sohn sowie die Thronbesteigung dessen noch jüngeren Halbbruders Michael im Jahre 1242 rührten die Gewässer noch weiter auf, in denen Vatatzes munter zu fischen gedachte. Im Herbst des gleichen Jahres hatten seine Truppen Serres eingenommen und von dort aus das ganze Gebiet zwischen den Flüssen Strymon und Maritza und dazu noch einen großen Teil Westmakedoniens besetzt. Er selbst befand sich noch in seinem Lager bei Melnik am Strymon, als eine Abordnung der Bürgerschaft Thessalonikes mit einem Vorschlag an ihn gelangte. Der Despot Johannes hatte zwei Jahre zuvor das Zeitliche gesegnet und sein Vater Theodor dessen jüngeren Bruder Demetrios an seine Stelle gesetzt. Doch Demetrios erwies sich als so wankelmütig und ausschweifend, daß ein Großteil des Volkes bald genug von ihm, ja überhaupt von der ganzen Familie bekam. Nun boten diese Abgesandten Kaiser Johannes Vatatzes an, sich kampflos zu ergeben, sofern er ihrer Stadt weiterhin die alten Rechte und Privilegien garantiere. Etwas Besseres hätte Vatatzes sich kaum wünschen können. Im Dezember zog er in Thessalonike ein, schickte den alten Theodor auf ein Landgut ins Exil und nahm Demetrios als Gefangenen mit nach Kleinasien; als europäischen Vizekönig setzte er seinen entfernten Verwandten Andronikos Palaiologos ein.

Bevor er sich Konstantinopel zuwenden konnte, gab es jedoch noch einen anderen Feind zu besiegen. Etwa neun Jahre zuvor hatte sich die Region Epiros von Thessalonike gelöst und unter Michael II., einem unehelichen Sohn des Staatsgründers Michael I., wieder als unabhängiges Despotat eingerichtet. Auch Epiros hatte von der mongolischen Eroberung Bulgariens profitiert und einen großen Teil des von Zar Johannes Asens Truppen 1230 eroberten Territoriums zurückgewonnen. Bei Ochrid und Prilap grenzte es nun an das Reich von Nikäa. Johannes Vatatzes griff Epiros nicht an, denn ein Krieg konnte sich in solch wildem, unzugänglichem Bergland jahrelang hinziehen. Vielmehr schloß er 1249 mit Despot Michael einen Freundschaftsvertrag, den er durch die Verlobung seiner Enkelin Maria, einer Tochter Helena Asens und Theodors II. Laskaris, mit Michaels Sohn Nikephoros besiegelte.

So wäre alles in bester Ordnung gewesen, hätte nicht der alte Querulant Theodor Dukas seinen Neffen Michael II. überredet, vom Vertrag zurückzutreten und erneut die Waffen gegen das Reich von Nikäa zu erheben. Dessen Truppen nahmen daraufhin 1251 Prilap ein und stießen bis zum Axios (Wardar) vor. Kaiser Johannes Vatatzes brauchte nun nicht mehr auf eine Gelegenheit zu warten. Mit dem größten Heer, das er ausheben konnte, setzte er einmal mehr nach Europa über und zwang den Despoten 1253 zur Kapitulation. Michael hatte nun Grund genug, seine Torheit zu bedauern; er mußte nicht nur das gerade erworbene Gebiet abtreten, sondern auch den Landstrich Westmakedoniens, den er dem bulgarischen Zaren abgenommen hatte, und zudem noch einen Teil Albaniens. Sein Sohn Nikephoros wurde als Geisel an den Hof seines zukünftigen Schwiegergroßvaters mitgenommen, auf daß er sich in Zukunft anständig benehme. Und auch der alte, blinde und unausstehliche Theodor Dukas mußte die Reise über das Marmarameer antreten, um seine Tage – reichlich verdient – im Gefängnis zu beschließen.

13

Die wiedergewonnene Stadt

(1253–1261)

Wenn wir die Stadt trotz des Widerstandes der Verteidigung gerade wieder in Besitz genommen haben [...] so ist das einzig jener göttlichen Macht zu verdanken, welche auf der einen Seite (wenn es ihr denn gefällt) gerade die Städte, die am schwächsten erscheinen, uneinnehmbar macht und auf der anderen Seite diejenigen schwächt, die für unbesiegbar gelten. Wir sind so oft daran gescheitert, Konstantinopel einzunehmen (obwohl wir der Verteidigung zahlenmäßig überlegen waren), weil Gott uns kund tun wollte, daß die Einnahme der Stadt sein Gnadengeschenk sei. Diese Gnade hat er unserer Herrschaft vorbehalten. Dadurch schulden wir ihm ewig Dankbarkeit, und da er die Stadt in unsere Hände gegeben hat, läßt er uns auch hoffen, die Provinzen zurückzugewinnen, die wir mit ihr verloren haben.

Kaiser Michael VIII. Palaiologos an sein Volk, zitiert nach Georgios Pachymeres

Das Lateinische Reich war altersschwach. Schon 1236 hatte sich der inzwischen neunzehnjährige Balduin in einem verzweifelten Versuch, Geld und Soldaten aufzutreiben, nach Italien aufgemacht und Papst Gregor IX., das Gewissen der westlichen Christenheit aufgerüttelt, um Konstantinopel vor den drohenden barbarischen Schismatikern zu retten; doch die Reaktion war halbherzig ausgefallen. Obwohl Johannes von Brienne 1237 starb, blieb Balduin fast vier Jahre lang weg und behauptete, seine Rückkehr habe sich durch die Regelung persönlicher Angelegenheiten in Frankreich und die gezielten Machenschaften Friedrichs II. verzögert. Erst Anfang 1240 kehrte er an den Bosporus zurück, gerade rechtzeitig, um sich in der Osterwoche zum Kaiser krönen zu lassen. Mit ihm traf ein etwa dreißigtausend Mann starkes

Heer ein. Als die Soldaten jedoch feststellten, daß er sie nicht bezahlen konnte, zerstoben sie in alle Winde. Auf den chronischen Geldmangel ging auch eine andere Entscheidung zurück, die sich katastrophal auf die Moral der griechischen wie der lateinischen Bevölkerung in Konstantinopel auswirkte: Venedig wurde als Pfand das bedeutendste Heiligtum der Stadt zugesprochen, nämlich die Dornenkrone, die Christus am Kreuz getragen haben soll. Doch als der Kaiser die Krone übergeben sollte, brachte er es nicht übers Herz. So nutzte Ludwig der Heilige von Frankreich die Gelegenheit, und die kostbare Reliquie gelangte auf dem Seeweg nach Paris, wo er ihr zu Ehren die Sainte-Chapelle erbauen ließ.[1]

Man kann es Balduin nicht verübeln, daß er offensichtlich am Westen Gefallen fand. An den europäischen Höfen vorzusprechen war selbst für einen Bittsteller weit angenehmer als ein Leben im düsteren, umlauerten Konstantinopel. 1244 brach er erneut auf. Diesmal suchte er zunächst Friedrich II. auf (den er bat, seine guten Beziehungen zu nutzen, um den gegenwärtigen Waffenstillstand mit Johannes Vatatzes zu verlängern), danach Graf Raimund in Toulouse, Innozenz IV. in Lyon (mit dem er 1245 am großen Konzil teilnahm, wo man den bereits zweimal gebannten Friedrich für abgesetzt erklärte) sowie Ludwig den Heiligen in Paris und begab sich sogar nach London, wo König Heinrich III. ihm allerdings nur widerwillig eine kleine Geldsumme übergab. Doch Konstantinopel war mittlerweile nicht mehr zu retten. Als der beklagenswerte Kaiser im Oktober 1248 zurückkehrte, sah er sich in einem solchen finanziellen Engpaß, daß er das Blei vom Dach des Kaiserpalastes verkaufen mußte. Er hätte damals gewiß selbst nicht geglaubt, daß er noch volle dreizehn Jahre regieren sollte. Dazu wäre es indes wohl auch nicht gekommen, wenn sein Feind in Nikäa am Leben geblieben wäre. Aber Johannes Vatatzes starb am 3. November 1254 in Nymphaion im Alter von etwas über sechzig Jahren, und mit seinem Sohn Theodor II. Laskaris als Nachfolger ging viel vom Schwung, den Johannes in Gang gebracht und gehalten hatte, verloren.

Es entbehrt nicht der tragischen Ironie, daß Johannes III. Vatatzes nicht mehr im Triumph in Konstantinopel einziehen konnte, obwohl er als einzelner mehr als alle anderen für die Rückeroberung, die schließlich doch noch stattfand, geleistet hat. In den letzten zehn Jahren seines Lebens verschlechterte sich sein Gesundheitszustand ständig; die epileptischen Anfälle, an denen er seit je litt, traten immer häufiger und heftiger auf und beeinträchtigten ihn zeitweilig schwer. So kam es zum Beispiel 1253 zu einer Anklage gegen den besonders fähigen, noch jungen Heerführer Michael Palaiologos wegen angeblicher Verschwörung. Der Chronist Georgios Akropolites, dessen Berichte die griechische Hauptquelle für die Zeit des Reichs im Exil darstellen, schreibt, die Anklage habe sich einzig auf ein Gespräch zweier Privatleute gestützt, von denen der eine später alles für ein Mißverständnis erklärte. Dennoch ordnete Vatatzes an, der Sache weiter nachzugehen. Michael sollte seine Unschuld schließlich durch ein Gottesurteil unter Beweis stellen, indem er ein glühendes Eisen anfaßte – ein westlicher Brauch, der bis dahin in Byzanz völlig unbekannt gewesen war. Zum Glück für alle Beteiligten wurde der Fall niedergeschlagen.[2] Innerhalb eines Monats änderte dann Johannes III. seine Meinung vollkommen und ernannte den jungen Heerführer zum »Großkonnetabel« (auch dies eine westliche Errungenschaft), dem alle lateinischen Kaufleute unterstanden. Zu diesem Zeitpunkt hatten indes schon alle am Hof begriffen, daß der Kaiser geistig verwirrt war.

Trotzdem war Johannes Vatatzes ein bedeutender Herrscher, ja wahrscheinlich einer der bedeutendsten in der byzantinischen Geschichte. Sein Vorgänger Theodor I. Laskaris hatte ihm einen kleinen, aber lebensfähigen Staat byzantinischen Zuschnitts hinterlassen, der sich verteidigen konnte und über eine funktionierende Verwaltung verfügte; ihm gelang es dann, das Territorium zu verdoppeln. Als das Reich dann zweiunddreißig Jahre später an seinen Sohn Theodor II. überging, erstreckte sich seine Oberhoheit fast über die gesamte Balkanhalbinsel und große Teile der Ägäis, und seine Rivalen waren entweder geschwächt oder vernichtet. Es sah ganz danach aus, als könnte das Reich von Nikäa das Ziel, um dessentwillen es gegründet worden war, endlich erreichen.

Nicht weniger hatte er innenpolitisch geleistet. Enteignete Grundbesitzer, die ihm nach Kleinasien gefolgt waren, wurden mit Ländereien jener entschädigt, die auf das Lateinische Reich gesetzt hatten. An den Grenzen des Herrschaftsgebiets – die er stärker befestigen ließ, als sie es je zuvor waren – siedelte er seine Soldaten nach alter byzantinischer Tradition zur Belohnung für militärische Dienste nach ihrer aktiven Dienstzeit als kleine Landbesitzer an. Vor allem die Kumanen, die vor den Mongolen hatten fliehen müssen, waren entzückt, in Thrakien oder Makedonien, Phrygien oder im Mäandertal eine Heimstatt zu finden, und scharten sich daher auf seinen Ruf bereitwillig um seine Standarten. Alle Bevölkerungsschichten wurden unterschiedslos ständig daran erinnert, daß sie in einem Provisorium lebten und daß es galt, Opfer zu bringen, bis Konstantinopel wieder in ihrer Hand war. Importe aus dem Ausland, besonders aus Venedig, wurden untersagt; in Gewerbe und Landwirtschaft versuchte man möglichst autark zu werden. Vatatzes ging mit gutem Beispiel voran, indem er ein Landgut gewinnträchtig bewirtschaften ließ. Zum Beweis dafür, was eine bedachte und effiziente Haushaltführung leisten kann, wurde vom Erlös aus dem Verkauf von Eiern die sogenannte »Eierkrone« erworben, ein juwelengeschmücktes Diadem, das Kaiserin Irene, Johannes' erster Frau, in aller Öffentlichkeit überreicht wurde.

Dieses Diadem hatte sich Irene redlich verdient, denn sie war ihrem Ehemann durchaus ebenbürtig. Gemeinsam ließen die beiden zahlreiche Krankenasyle, Waisenhäuser und andere karitative Einrichtungen bauen, sie beschenkten Kirchen und Klöster und setzten sich unermüdlich für die Armen ein. Sie förderten auch die Kunst und die Literatur und legten damit den Grundstein für die aufsehenerregende kulturelle Erneuerung während der Regierungszeit ihres Sohnes Theodor, als Nikäa eine Generation lang das Zentrum byzantinischer Kultur war wie Konstantinopel in den vergangenen Jahrhunderten. In der Folge verehrte und liebte das Volk sein Kaiserpaar aufrichtig. Nur die Behandlung seiner zweiten Frau spricht gegen Johannes. Ansonsten scheint er durchweg jene »freundliche, sanfte Seele« gewesen zu sein, als die sein Freund Georgios Akropolites ihn bezeichnet. Es überrascht daher auch nicht, daß er schon bald nach seinem Tod heiliggesprochen und im Reich als Heiliger verehrt wurde. Kaiser Johannes Vatatzes wurde im Kloster Sosandra in der Nähe von Nymphaion beigesetzt.

Obwohl Johannes Vatatzes die Rückeroberung Konstantinopels nicht mehr erlebt hat, wußte er auf dem Totenbett, daß der Tag, auf den er hingearbeitet hatte, nicht mehr fern sein konnte, wenn er auch Zweifel am Durchhaltevermögen seines einzigen Sohnes und Nachfolgers verspürt haben dürfte. Nicht, daß der junge Theodor II. Laskaris – der seinen kaiserlichen Namen von seiner Mutter Irene übernahm – sich des Thrones als unwürdig erwiesen hätte. Erzogen von Nikephoros Blemmydes, dem wohl überragendsten Gelehrten dieser Zeit, war er zu einem Intellektuellen herangereift, der im Verlauf seines kurzen Lebens ein ganzes Korpus literarischer, theologischer und wissenschaftlicher Werke verfaßte, ohne sich durch diese Interessen je von den Regierungsgeschäften ablenken zu lassen. Für seine größte Schwäche konnte er nichts: Er hatte nämlich seines Vaters Epilepsie, in weit schwererer Form, geerbt. Was für Vatatzes – abgesehen von den letzten Jahren – kaum mehr als eine gelegentliche Unpäßlichkeit gewesen war, erwies sich für den Sohn als erhebliche Behinderung, die mit zunehmendem Alter sein Urteil trübte, ihm die Energie raubte und ihn oft körperlich niederwarf. War dies schon zu Hause gefährlich genug, so konnte es sich im Feld geradezu katastrophal auswirken. Trotzdem führte er mehrere Kriegszüge erfolgreich gegen das bulgarische Reich, das nach den Verlusten vor acht Jahren seine frühere Macht wiederzuerringen versuchte, und bewies dabei großen persönlichen Mut und verblüffend viel militärisches Geschick.

Theodor II. war ein starker und unerbittlicher Herrscher. Da er dem Adel instinktiv mißtraute, überging er ihn wenn immer möglich und stützte sich statt dessen auf eine kleine Gruppe Zivilbeamter niederer Herkunft unter der Leitung seines *Protovestiarios* Georgios Muzalon und dessen Brüder Theodor und Andronikos. Den Klerus verärgerte er, indem er einen weltfremden bigotten Asketen namens Arsenios zum Patriarchen ernannte und auf diese Weise mit einem Schlag den alten Traum seines Vaters von der Wiedervereinigung mit Rom vernichtete. In der Außenpolitik scheint er sich abwartend verhalten zu haben. Schon bald kündigten sich Schwierigkeiten an, doch der zum Angriff bereite Seldschukensultan wurde durch einen neuen Mongoleneinfall dazu gezwungen, statt anzugreifen, bei Kaiser Theodor um Unterstützung gegen die Eindringlinge zu ersuchen.

Bulgarien mußte, nach einem zweiten Feldzug 1255/56, einen Friedensvertrag unterzeichnen. Die Beziehungen besserten sich weiter, als Zar Michael Asen 1256 ermordet wurde und im Jahr darauf der Bojare Konstantin Tich seine Nachfolge antrat; denn dieser löste sogleich seine Ehe auf, um Theodors Tochter Irene zu heiraten. Eine weitere dynastische Heirat, vorgesehen schon für das Jahr 1249, aber erst sieben Jahre später feierlich begangen, fand zwischen Irene Laskaris' und Johannes Vatatzes' Enkelin Maria und Nikephoros, dem Sohn Michaels II. von Epiros statt.

Diese Ehe sollte das Band zwischen Epiros und Nikäa festigen. Leider hatte sie jedoch den gegenteiligen Effekt, da Theodor unklugerweise im letzten Augenblick als Bedingung Durazzo und die makedonische Stadt Serwia gefordert hatte. Die Mutter des Bräutigams, die ihren Sohn ins Lager der Kaiserlichen an der Maritza begleitet hatte, mußte zustimmen, da sie sonst in Gefangenschaft geraten wäre. Als sie mit der Kunde zurückkam, daß man sie gezwungen habe, zwei höchst bedeutende Städte des Despotats preiszugeben, wurde in verständlicher Wut sogleich ein Feldzug gegen Thessalonike eingeleitet, wobei das Despotat Epiros zusätzlich um serbische und albanische

Unterstützung nachsuchte. Innerhalb weniger Tage stand Makedonien unter den Waffen.

Zweifellos war Michael Palaiologos der geeignete Feldherr für eine solche Situation. Der Kaiser war ihm jedoch alles andere als gewogen. Er und Michael kannten einander von Kindesbeinen an. Sie hätten verschiedener nicht sein können. Theodor, der intellektuelle und durch seine Krankheit eher introvertierte Thronfolger, erkannte in dem glänzenden und gutaussehenden Aristokraten, der viele Fähigkeiten zu besitzen schien, die ihm fehlten, den Konkurrenten. Außerdem hatte er von seinem Vater das instinktive Mißtrauen gegenüber Michael übernommen, das ans Pathologische grenzte, wenn er aufgebracht war. Etwas früher in diesem Jahr hatte er ihn, ohne offensichtlichen Grund, des Hochverrats angeklagt, so daß Michael, der um sein Leben fürchtete, im Seldschukensultanat Zuflucht suchte, wo er das christliche Söldnerheer des Sultans gegen die mongolischen Eindringlige befehligte. Michael hatte Theodor daraufhin Treue geschworen und dieser ihm seinerseits mit einem feierlichen Eid für die Zukunft Sicherheit gelobt. Doch erst nach einigem Zaudern übertrug er ihm nun den Oberbefehl, und selbst danach konnte er seinen Argwohn nicht völlig überwinden. Da er wohl fürchtete, Michael könnte sich gegen ihn wenden, überließ er ihm so wenig Truppen, daß damit nichts auszurichten war. Zwar kämpften sie tapfer und gelangten sogar bis Durazzo, allein sie vermochten die Flut aus Epiros nicht aufzuhalten. Im Frühsommer stand Nikephoros' Heer vor den Toren Thessalonikes, und Michael Palaiologos, der erneut in Ungnade fiel und bald darauf mit dem Kirchenbann belegt wurde, mußte fortan in einem nikäischen Gefängnis schmachten.

Warum hatte sich Michael kampflos ergeben? Wahrscheinlich weil er – wie sich herausstellen sollte, zu Recht – Theodor von seiner Unschuld zu überzeugen hoffte. Vielleicht ahnte er auch, daß Theodor nur noch kurze Zeit zu leben vergönnt war; sollte es aber zu Streitigkeiten um die Nachfolge kommen, war es für ihn besser, in Nikäa als auf dem Balkan zu sein. Wie dem auch sei, die führenden Familien Nikäas betrachteten die Behandlung eines herausragenden Feldherrn des Reichs zu einer Zeit, da seine Anwesenheit in Thessalonike unbedingt erforderlich gewesen wäre, als durch nichts gerechtfertigt und fühlten sich in der Überzeugung bestärkt, daß der Basileus die Regierungsgeschäfte nicht mehr verantwortungsvoll führen könne. Dieser hatte seine Feindseligkeit ihnen gegenüber von Beginn seiner Regierung an nicht verhehlt, und die Behandlung Michael Palaiologos' kam ihnen als jüngstes Beispiel seiner Impulsivität und Unzuverlässigkeit gelegen. Obwohl von der Verwaltung weitgehend ausgeschlossen, waren sie immer noch in den höheren Rängen des Heers und der Flotte stark vertreten. Sie hätten es daher wohl wohl auf einen Militärputsch ankommen lassen, wäre Theodor II. Laskaris nicht plötzlich und ihnen höchst erwünscht im August 1258 im Alter von sechsunddreißig Jahren seiner Krankheit erlegen.

Theodors und Helenas Sohn Johannes war noch ein Kind.[3] Daher hatte Theodor mit dem für ihn typischen mangelnden Fingerspitzengefühl für die öffentliche Meinung den verhaßten Georgios Muzalon zum Regenten bestimmt und auf dem Totenbett die führenden Mitglieder des Adels sowohl diesem wie Johannes gegenüber Treue schwören lassen. Doch sie achteten den ihnen im Weg stehenden *Protovestiarios* und seinen Anhang als zu gering. Im Verlauf der Bestattungsfeierlichkeiten für den verstorbenen Kaiser im Sosandrakloster neun Tage nach seinem Tod fielen sie über ihn und einen seiner Brüder am Hochaltar her, ermordeten sie und zerstückelten die Leichen. Es kam zu einer Palastrevolution, in deren Verlauf der eilig befreite Michael Palaiologos, höchstwahrscheinlich der Kopf dieser Verschwörung, an die Stelle des Ermordeten trat.

Michael zählte damals vierunddreißig Jahre und stellte gewiß in vielerlei Hinsicht die richtige Wahl dar. Er stammte aus einer altbekannten Familie – ein Nikephoros Palaiologos hatte während der Regierungszeit Michaels VII. im elften Jahrhundert als Statthalter von Mesopotamien gedient –, verfügte über verwandtschaftliche Verbindungen mit den drei kaiserlichen Geschlechtern Dukas, Angelos und Komnenos, und seine Frau Theodora war eine Großnichte Johannes Vatatzes'.[4] Seine bisherige Laufbahn war allerdings nicht ganz so makellos verlaufen; immerhin war er wegen Hochverrats angeklagt gewesen und zum Sultan geflohen, ganz zu schweigen von seiner jüngsten Haft. Diese Umstände waren jedoch allgemein bekannt, und es störte sich offenbar niemand ernstlich daran. Dagegen hätte seine Komplizenschaft – um es einmal dabei bewenden zu lassen – im Mordfall Muzalon schon ein düsteres Licht auf seine Persönlichkeit werfen müssen. Georgios Muzalon war indes allgemein derart verhaßt gewesen, daß nur wenige Michael seine Tat ernsthaft zur Last legten. Beim Heer war er nach wie vor sehr beliebt – vor allen Dingen bei den von ihm befehligten lateinischen Söldnern – und auch beim Klerus gut angesehen. Sogar Theodor Laskaris' schwankende Haltung ihm gegenüber legte man nun zu seinen Gunsten aus. Er erhielt sogleich den Titel *Megas Dux* (Großherzog) und wurde kurz darauf auf Drängen des Klerus zum Despoten ernannt. Im November 1258 hob man ihn schließlich auf den Schild und rief ihn zum Mitkaiser aus; die Krönung fand Weihnachten in Nikäa statt. Als erstes erhielten er und Theodora die von Edelsteinen schweren Reichsdiademe aufgesetzt, und dann erst legte man dem jungen Johannes IV. eine dünne Perlenkette auf den Kopf.

Nur wenige der bei der gemeinsamen Krönung Anwesenden dürften daran gezweifelt haben, daß Michael VIII. Palaiologos sein Volk wieder in die angestammte Hauptstadt führen würde. Bevor dies jedoch geschehen konnte, galt es einen Feind zu besiegen. Zu Beginn des Jahres 1258 war nämlich der natürliche Sohn Friedrichs II., Manfred von Sizilien, in Epiros eingefallen, hatte Korfu besetzt und mehrere Küstenstädte, unter anderem Durazzo, Awlona und Butrinto, eingenommen. Der Despot Michael von Epiros, der seinen Makedonienfeldzug nicht abbrechen wollte, da der Fall Thessalonikes unmittelbar bevorzustehen schien, verbündete sich statt dessen mit Manfred gegen Nikäa, gab ihm die Hand seiner ältesten Tochter Helena und überließ ihm die eroberten Gebiete gewissermaßen als ihre Mitgift. Manfred griff sofort zu und überstellte als Zeichen seines guten Willens seinem Schwiegervater vierhundert bewaffnete Ritter aus Deutschland. Schon bald danach schloß sich dem neuen Bündnis Wilhelm von Villehardouin an, der lateinische Fürst von Achäa im Norden des Peloponnes, der Michaels zweite Tochter Anna zur Frau nahm. Das eigentliche Ziel des Feldzugs stellte natürlich Konstantinopel dar. Doch dies setzte die Einnahme Thessalonikes als der europäischen Hauptstadt des Reichs von Nikäa voraus.

Zum Zeitpunkt seiner Thronbesteigung schien also praktisch das ganze griechische Festland gegen Michael angetreten zu sein. Noch vor Ablauf des Jahres 1258 hatte er Gesandte an die drei Bundesgenossen in der Hoffnung geschickt, sie von ihrem feindseligen Vorhaben abzubringen. Außerdem war eine Delegation nach Rom, das den Hohenstaufen stets unversöhnlich feindlich gesonnen war, mit dem bekannten Lockruf nach einer Vereinigung von Ost- und Westkirche unterwegs. Allein, es war zu spät für diplomatische Lösungen; die Gesandten kamen mit leeren Händen zurück, was Michael schon befürchtet hatte. Zum Glück hatte er als Alternativmaßnahme im selben Herbst eine Großstreitmacht mit beträchtlichen ungarischen und serbischen Kontingenten sowie den üblichen Regimentern aus kumanischen und türkischen Söldnern zum Balkan entsandt. Sie stand unter dem Oberbefehl seines Bruders, *Sebastokrator* Johannes Palaiologos', sowie des Großdomestikos Alexios Strategopulos. Zu Beginn des Jahres 1259 befahl er ihnen, gegen den Feind vorzurücken.

Michael von Epiros weilte mit seinen Truppen immer noch im Winterquartier bei Kastoria. Völlig unvorbereitet flohen sie in die Hafenstadt Awlona, die sich noch in der Hand Manfreds befand. Dort bat Michael seine Verbündeten dringend um Hilfe; nicht vergeblich, denn Manfred sandte sogleich eine weitere Reiterabteilung, und Fürst Wilhelm eilte persönlich an der Spitze eines großen Heers von Achäa herbei. Den Zahlen kann man bekanntlich nicht trauen. Wenn man jedoch die Truppen der westlichen Verbündeten insgesamt auf 45 000 Mann schätzt, dürfte man der Wahrheit wohl recht nahe kommen. Sie waren der Streitmacht, die Johannes Palaiologos zur Verfügung stand, der ihnen nach Norden bis Pelagonia (Bitolj oder Monastir) entgegenzog, mit ziemlicher Sicherheit zahlenmäßig überlegen. Dort prallten dann einige Wochen später – das genaue Datum ist unbekannt, vermutlich jedoch im Frühsommer – die beiden Heere aufeinander.

Die Koalition brach beinahe sofort auseinander. Johannes hatte Befehl von seinem Bruder erhalten, die Uneinigkeit zwischen den drei Heeren auszunutzen, was er auch mit bemerkenswertem Erfolg tat. Eine glänzende Guerillataktik besorgte den Rest. Der Despot Michael und sein Sohn Nikephoros ließen sich ohne den geringsten Anhaltspunkt weismachen, ihre Verbündeten wollten sie an den Feind verraten; sie entwichen im Schutz der Dunkelheit aus dem Lager, flohen beinahe mit Mann und Maus und suchten schließlich auf Kephallonia Zuflucht. Ein anderer Sohn Michaels von Epiros, der sogenannte Bastard Johannes, den Villehardouin wegen seiner unehelichen Geburt verhöhnt hatte, lief aus gekränktem Stolz zur Streitmacht Nikäas über. Als es zur Schlacht kam, sah sich Johannes Palaiologos als Anführer eines einigen disziplinierten Heers nur noch der französischen und deutschen Reiterei Villehardouins und Manfreds gegenüber. Sie war den kumanischen Bogenschützen schutzlos ausgeliefert. Manfreds Ritter ergaben sich und gerieten in Gefangenschaft; dasselbe widerfuhr dann auch Villehardouin, den man in der Nähe von Kastoria in einem Heuhaufen aufgestöbert und nur an seinen vorstehenden Schneidezähnen erkannt haben soll. Johannes marschierte anschließend mit seinen Leuten weiter durch Thessalien, während Alexios Strategopulos direkt nach Epiros zog und mit seinen Truppen die Hauptstadt Arta einnahm. Damit war der Sieg vollständig.

Um die Gunst der Stunde zu nutzen, marschierte Kaiser Michael zu Beginn des Jahres 1260 dann persönlich an der Spitze der Truppen auf

Konstantinopel zu. Über diesen Feldzug ist leider kaum etwas bekannt. Die Hauptquellen (Akropolites auf der einen, Pachymeres und Gregoras auf der anderen Seite) sprechen von den Ereignissen so unterschiedlich, daß man zuweilen kaum glauben kann, daß in ihren Berichten vom selben Feldzug die Rede ist. Michael war es anscheinend gelungen, eine führende lateinische Persönlichkeit bestechen zu lassen, damit sie auf ein verabredetes Signal hin eines der Stadttore öffnete. Als dieser Mann jedoch im fraglichen Augenblick dazu nicht in der Lage war, schwenkte er auf einen anderen Plan um und griff Galata am jenseitigen Ufer des Goldenen Horns, Konstantinopel direkt gegenüber, an. Doch auch hier wurde er herb enttäuscht. Ohne einsatzbereite Flotte ließ sich die große Eisenkette, die das Horn absperrte, nicht durchbrechen.[5] Zudem leistete die lateinische Bevölkerung in Galata, unterstützt von vielen weiteren, die jeden Morgen von Konstantinopel hinüberruderten, mehr Widerstand, als Michael erwartet hatte. Nach kurzer Zeit beschloß er, keine Zeit auf eine Operation zu verschwenden, die ihm selbst im Falle eines Erfolgs keinen großen Vorteil eintrug, und blies zum Rückzug.

Den armen Balduin, der zitternd in Konstantinopel der Dinge harrte, konnte der Abzug von Michael Palaiologos und seinem Heer nicht trösten; seit den Ereignissen in Pelagonia war ihm klar, daß die Rückeroberung der Stadt nur noch eine Frage der Zeit war und daß diese Frist ablief. An Verbündeten, von denen er einst Hilfe erwartet hatte, waren nur noch der Kirchenstaat und die Republik Venedig übriggeblieben. Papst Alexander IV. aber reagierte auf seine Hilferufe nicht; blieb also nur noch die Republik Venedig, die sich für das Lateinische Reich stets mehr verantwortlich gefühlt hatte als alle anderen und deren Flotte von dreißig Schiffen immer noch vor den Zufahrten zum Goldenen Horn und im Bosporus kreuzte. Bei der verzweifelten Suche nach Mitteln, mit denen er seine Verteidigungsanlagen zu verstärken gedachte, gelang es Balduin, einen weiteren Kredit von den Kaufleuten am Rialto loszueisen, indem er seinen Sohn Philipp als Sicherheit zur Verfügung stellte. Doch schon bald geriet auch die Unterstützung durch Venedig ins Wanken, denn Michael Palaiologos benötigte unbedingt eine Flotte und nahm daher mit Venedigs Erzrivalen Genua Verhandlungen auf.[6] Am 13. März 1261 kam in Nymphaion ein Vertrag zustande, nach dem Genua als Gegenleistung für seine Hilfe im bevorstehenden Kampf alle bisher Venedig zugestandenen Handelsvorteile, ein eigenes Viertel in Konstantinopel und den übrigen bedeutenden Häfen des Reiches sowie freier Zugang zu denen am Schwarzen Meer in Aussicht gestellt wurden. Für Genua bedeutete dies eine historische Übereinkunft, welche die Grundlage für das genuesische Handelsreich im Osten legte. Für Byzanz aber sollte sie sich letztlich als Katastrophe erweisen, da die beiden seefahrenden Republiken allmählich die Reste der byzantinischen Seestreitmacht aufsogen und auf seinem Rücken ihre jahrhundertealte Rivalität weiter ausfochten. Doch das war Zukunftsmusik. Im Frühjahr des Jahres 1261 muß Michael und seinem Volk das Bündnis mit Genua wie ein Geschenk des Himmels vorgekommen sein.

Nach all den Verträgen und Bündnissen, all der Zwietracht und dem Blutvergießen, all den heroischen Träumen und enttäuschten Hoffnungen der vergangenen sechzig Jahre kam es dann beinahe zufällig zur Wiedergewinnung Konstantinopels. Im Hochsommer des Jahres 1261 hatte Michael Palaiologos den inzwischen zum Cäsar ernannten Feldherrn Alexios Strategopulos mit einem kleinen Heer nach Thrakien entsandt, um sicherzustellen, daß es an der bulgarischen Grenze ruhig blieb; zudem sollte er vor den Mauern Konstantinopels etwas mit dem Säbel rasseln und dabei die Verteidigungsanlagen unter die Lupe nehmen.[7] Als Alexios Selymbria erreichte, hörte er von der griechischen Bevölkerung, die lateinische Garnison sei auf venezianischen Schiffen zwecks eines Angriffs auf die nikäische Insel Daphnusia unterwegs, einen nützlichen Stützpunkt, von dem sich die Zufahrt vom Schwarzen Meer in den Bosporus kontrollieren ließ.[8] Sie setzte ihn zudem von einem Hintertürchen in den Befestigungsmauern in Kenntnis, durch welches Bewaffnete leicht in die Stadt gelangen konnten. Der nach Michaels Rückzug aus Galata im September 1260 für ein Jahr geschlossene Waffenstillstand mit dem Lateinischen Reich war theoretisch zwar immer noch in Kraft. Doch die Lateiner hatten ihn bereits durch ihren Angriff auf Daphnusia gebrochen, und Alexios Strategopulos wollte die günstige Gelegenheit auf keinen Fall ungenützt verstreichen lassen. Noch in derselben Nacht schlich sich eine kleine Abteilung seiner Leute unbemerkt in die Stadt ein, überrumpelte ein paar Wachen und warf sie kurzerhand von der Brüstung. Dann öffneten sie lautlos eines der Tore. Im Morgengrauen des 25. Juli 1261 ergoß sich dann das übrige Heer nach Konstantinopel. Es traf auf keinen nennenswerten Widerstand.[9]

Balduin, der im Blachernenpalast schlief, erwachte vom Tumult und ließ auf der Flucht um sein Leben Kaiserkrone und Zepter zurück. Zu Fuß durcheilte er die Stadt von einem Ende zum anderen und entging mit knapper Not der Gefangennahme, obwohl er am Arm verwundet war. Irgendwie gelangte er bis zum Großen Palast und fand im kleinen Hafen Bukoleon ein Handelsschiff vor, auf dem er zusammen mit dem venezianischen *Podestà* und einigen anderen nach Euböa entkam; Euböa befand sich in lateinischer Hand.[10] Unterdessen setzten Alexios Strategopulos und seine Leute das ganze venezianische Viertel in Brand. Als die Seefahrer nach ihrer Rückkehr von Daphnusia ihre Häuser zerstört und die Zurückgebliebenen verängstigt und dichtgedrängt am Kai wiederfanden, verging ihnen die Lust auf einen Gegenangriff. Es blieb ihnen nichts anderes übrig, als nach Venedig zurückzusegeln. Griechische Chroniken berichten triumphierend, unter der verbliebenen fränkischen Bevölkerung habe sich überall Panik ausgebreitet. Einige hätten, als Mönche und Nonnen verkleidet, in Klöstern Zuflucht gesucht, um der Rache der Soldaten des Cäsars zu entgehen, andere sich verborgen, wo immer sie ein Versteck fanden, manche, so heißt es, sogar in den Kloaken.

Ihre Ängste waren allerdings überflüssig, denn es kam nicht zu einem Massaker. Nach und nach wagten sie sich aus ihren Verstecken hervor und begaben sich – viele unter dem Gewicht ihrer kostbaren Habe strauchelnd – zum Hafen, wo die dreißig venezianischen Schiffe auf sie warteten und zudem ein großes Schiff, das unlängst von Sizilien eingetroffen war. Über ihre Zahl gibt es keine Angaben; alles in allem mögen es tausend gewesen sein. Kaum waren alle an Bord, machte sich auch diese Flotte auf den Weg nach Euböa. Anscheinend hatte man sich nicht einmal Zeit genommen, Proviant an Bord zu nehmen, denn es wird berichtet, daß viele der Flüchtlinge verhungerten, noch bevor sie ihr Ziel erreichten.

Kaiser Michael schlief in dreihundert Kilometer Entfernung in seinem Lager bei Meteorion in Kleinasien, als die kaiserlichen Boten eintrafen. Laut Akropolites weckte ihn seine Schwester Eulogia, indem sie ihn an den Zehen kitzelte, und überbrachte ihm die Frohbotschaft. Zunächst glaubte er ihr kein Wort. Erst als man ihm die von Balduin zurückgelassenen Regalien übergab, war er von der Wahrheit der Nachricht überzeugt.[11] Er traf sofort Vorbereitungen, und schon drei Wochen später, am 15. August 1261, zog er als der »neue Konstantin« (wie er sich selbst als zweiten »Gründer« Konstantinopels nannte) offiziell in die Hauptstadt ein. Der Einzug glich jedoch in keiner Weise einem Triumph. Da er sich der ungeheuren historischen und symbolischen Bedeutung des Ereignisses bewußt war, wollte er die Rückkehr als einen Akt der Danksagung begehen. Nachdem er die Stadt durch das Goldene Tor betreten hatte, hielt er inne, um die eigens zu diesem

Anlaß von seinem Großlogotheten, dem Chronisten Georgios Akropolites, verfaßten Gebete zu hören. Dann schritt er hinter der großen Ikone der Hodegetria (der Wegweiserin) her – von der es allgemein hieß, der Evangelist Lukas habe sie eigenhändig gemalt – den traditionellen Weg die Mesé entlang durch die ganze Stadt bis zur Hagia Sophia, wo Patriarch Arsenios eine zweite Krönungszeremonie vornahm. Diesmal wurden Michael und Theodora jedoch alleine gekrönt und ihr kleiner Sohn als ihr Erbe ausgerufen.

Was aber, so ist man zu fragen geneigt, geschah mit Johannes Laskaris, Michaels zehnjährigem Mitkaiser? Michael hatte ihn, vernachlässigt und verdrängt, einfach in Nikäa zurückgelassen. Gut vier Monate später blendete man ihn – an Weihnachten; an eben diesem Tag wurde er elf Jahre alt.[12]

Das Lateinische Reich von Konstantinopel war von Anfang an eine Mißgeburt. Das erbärmliche Ergebnis von Verrat und Gier leistete in den fünfundsiebzig Jahren seines Daseins nichts und erwarb sich keinerlei Ruhm. Nach 1204 gab es keine territorialen Gewinne mehr; es schrumpfte vielmehr schon bald auf die unmittelbare Umgebung der Stadt, die bei seiner Entstehung zerstört und verwüstet worden war. Angesichts all dessen ist es ein Wunder, daß es überhaupt noch so lange bestand. Von den sieben lateinischen Oberhäuptern hatte nur Heinrich von Hainault – sieht man einmal von dem über achtzigjährigen Johannes von Brienne ab – mehr als Mittelmaß aufzuweisen, und keines scheint auch nur den bescheidensten Versuch unternommen zu haben, seine griechischen Untertanen zu verstehen, geschweige denn ihre Sprache zu lernen. Im Lauf der Zeit zogen immer mehr fränkische Ritter wieder in den Westen zurück; die Verbündeten wandten sich ab, und die Staatskasse leerte sich. Der Untergang vollzog sich ebenso schimpflich wie der Beginn. In einer einzigen Nacht wurde es von einer Handvoll Soldaten übermannt, während die Verteidigung in eine Aktion von beinahe unglaublicher Zwecklosigkeit verwickelt war.

Hätten sich die Missetaten dieser Karikatur eines Reichs auf das eigene Gebiet beschränkt, ließe sich mit einem flüchtigen Blick darüber hinwegsehen, und uns wäre ein langes und unerbauliches Kapitel dieses Buches erspart geblieben. Leider war dem nicht so. Sein dunkles Vermächtnis hat sich nicht nur auf Byzanz, sondern auf die gesamte Christenheit ausgewirkt, ja vielleicht sogar auf die Weltgeschichte, denn das griechische Reich hat sich vom Schaden, den es während jener schicksalhaften Jahre ideell und materiell erlitt, nie wieder erholt und auch nie wieder seine einstige Moral zurückerlangt. Byzanz verlor nicht nur die nach der katastrophalen Niederlage von Mantzikert noch verbliebenen Gebiete; viele wunderschöne Bauwerke lagen in Schutt und Asche, herrlichste Kunstwerke waren zerstört oder in den Westen geschafft. Fortan konnte die byzantinische Bevölkerung zwar noch immer voll Stolz auf ihre ruhmreiche Vergangenheit zurückblicken, in die Zukunft dagegen nur noch mit Furcht und zitternden Knien.

Und noch etwas hatte sie eingebüßt. Vor der lateinischen Eroberung hatte ihr Reich eine unteilbare Einheit dargestellt, unter einem einzigen Basileus, der über ihnen stand, halbwegs im Himmel und den Aposteln gleich. Nun aber war diese Einheit zersprungen. Ein so großartiges Gebilde ließ sich nicht länger aufrechterhalten. Es gab die Kaiser von Trapezunt, die immer noch störrisch in ihrem winzigen byzantinischen Mikrokosmos am Ufer des Schwarzen Meeres auf ihre Unabhängigkeit pochten; und es gab die Despoten von Epiros, die nach wie vor um die Wiedererlangung der Macht ihrer Frühzeit kämpften, jederzeit Feinde Konstantinopels willkommen hießen und einen dauernden Herd der Opposition darstellten. Wie hätte denn ein derart zerstückeltes griechisches Reich seine lange erfüllte Funktion weiterhin ausüben können, nämlich als letztes großes Bollwerk des Christentums im Osten gegen den vordrängenden Islam zu dienen?

Aber auch die Christenheit hat sich durch den vierten Kreuzzug verändert. Schon seit langem gespalten, polarisierte sie sich nun. Jahrhunderte vor und nach dem großen Schisma von 1054 waren die Beziehungen zwischen den Kirchen des Westens und des Ostens mal höflich distanziert, dann wieder schneidend scharf gewesen, die Differenzen aber im Grunde theologischer Natur. Nach der Eroberung Konstantinopels durch die Kreuzfahrer aus dem Westen änderte sich dies grundlegend. Die byzantinische Bevölkerung betrachtete jene Barbaren, die ihre Gotteshäuser und Altäre entweiht, ihre Heimstätten geplündert und Frauen, Männern und Kindern gleichermaßen Gewalt angetan hatten, nicht mehr als Christen. Es gab noch mehrere Versuche, die orthodoxe Kirche gewaltsam mit Rom zu vereinigen. Einigen, etwa dem von Michael Palaiologos im Jahre 1274, war sogar kurzzeitig Erfolg beschieden. Solcher Erfolg konnte indes nicht von Dauer sein, weil letztlich jeweils das, vor dem diese Bemühungen schützen sollten, der griechischen Bevölkerung immer noch akzeptabler erschien als die Vorstellung, sich Rom zu unterwerfen. Lieber der Sultansturban als der Kardinalshut, sollten sie später sagen, und zwar in allem Ernst.

14

Bedrohung durch Anjou

(1261–1270)

Michael Palaiologos, der Schismatiker, der den Namen Kaiser usurpierte, [...] hat die Kaiserstadt Konstantinopel und das ganze Reich eingenommen und Kaiser Balduin samt der dort ansässigen lateinischen Bevölkerung vertrieben [...] Wir sind bereit, mit Gottes Hilfe die fromme Aufgabe zu erfüllen, das edle Glied, welches durch das Schisma vom Leib unser aller Mutter, der Heiligen Römischen Kirche, abgetrennt worden ist, wiederaufzunehmen.

Zweiter Vertrag von Viterbo, 27. Mai 1267

Der Basileus weilte wieder in der Hauptstadt. Der Jubel der kleinen griechischen Bevölkerung, die noch im eroberten Konstantinopel verblieben war, dauerte bis weit in die Nacht hinein. Alle Glocken läuteten feierlich, während die Nonnen und Mönche in kleinen Gruppen von Kirche zu Kirche und Kloster zu Kloster eilten, um sie alle wie für ein großes Kirchenfest zu schmücken. Michael Palaiologos blieb indes all diesen Feierlichkeiten fern. Der Anblick der Stadt, von der aus er nun regieren sollte, hatte ihn tief bewegt. Überall sah er Zerstörung: Kirchen lagen in Schutt und Asche, Paläste waren geschleift, einst blühende Wohnviertel nur noch ein Durcheinander verkohlter und versengter Balken. Selbst von jenen Häusern, die der Brandschatzung von 1204 entgangen waren, hatte man später viele beschädigt und ihre Balken zum Anfeuern verwendet. Nirgendwo Zeichen des Wiederaufbaus. Die Trümmer lagen noch dort, wo sie sich ursprünglich aufgetürmt hatten, vor über einem halben Jahrhundert. Nach der Krönung zog sich Michael diskret in den Großen Palast am Bosporus zurück, um über die gewaltigen Probleme, die auf ihn zukamen, nachzudenken; den Blachernenpalast, der neuer war und viel mehr Annehmlichkeiten bot, hielt er durch die Residenz der lateinischen Herrscher für verunreinigt.[1]

Als vordringlichste Aufgabe erschien ihm nun die Verteidigung der Stadt. Schließlich befand sich Griechenland immer noch überwiegend in fränkischer Hand. Epiros und Thessalien, obwohl griechisch, verhielten sich weiterhin feindselig, ebenso Serbien und Bulgarien. Venedig und Genua kontrollierten die byzantinischen Gewässer und fast das gesamte östliche Mittelmeer. Papst Urban IV. – ein gewisser Jacques Pantaléon, Sohn eines Lederhändlers aus Troyes und ehemals lateinischer Patriarch von Jerusalem, der zwei Wochen nach der Rückeroberung Konstantinopels den Papstthron bestiegen hatte – würde den Zusammenbruch des Lateinischen Reichs im Osten kaum kampflos hinnehmen und König Manfred, der nun wieder in Sizilien war, sicher nur auf eine Gelegenheit zu einer neuen Offensive warten. Ein Bündnis einiger oder all der genannten Mächte im Westen und auf dem Balkan konnte bei effizienter Organisation und kluger Führung das wiedergewonnene Reich durchaus schon im Entstehen wieder vernichten. Es galt daher als erstes, die Stadtmauern an der Land- und Seeseite einer sorgfältigen Prüfung unterziehen und die Schwachstellen beseitigen zu lassen. Der schwächste Mauerabschnitt befand sich, wie Michael sehr wohl wußte, am Ufer des Goldenen Horns. Dort waren die Kreuzfahrer 1203 und 1204 durchgebrochen. Letztlich würde man die innere Brüstung vollständig erneuern müssen, um einer angreifenden Flotte ein doppeltes Bollwerk in den Weg zu stellen. Für den Augenblick aber beschied man sich mit einer drei Meter hohen Holzwand über die gesamte sieben Kilometer lange Mauer hinweg. Sie wurde mit Häuten überzogen, damit sie wenigstens nicht sofort Feuer fing.

Am sichersten war natürlich, dem Feind schon die Einfahrt in das Goldene Horn zu verwehren. Also wurde die große Eisenkette erneuert, die einst quer vor dem Zugang gelegen und so eine Barriere gegen feindliche Schiffe gebildet hatte. Da sie aber keinen absoluten Schutz bot, konnte sie eine starke und schlagkräftige Flotte natürlich nicht ersetzen; dies erklärt die intensive Schiffsbautätigkeit in den ersten Monaten nach der Rückeroberung. Vorerst mußte das neue Reich sich ganz auf die genuesische Kolonie, die einzigen westlichen Verbündeten, verlassen. Michael überließ ihnen den früheren Palast des venezianischen Oberhauptes und mahnte sie immer wieder an ihre Verpflichtungen aus dem erst wenige Monate alten Vertrag von Nymphaion.[2]

Als nächstes stand der Umzug der Regierung an, keine leichte Aufgabe, denn die byzantinische Bürokratie war kompliziert und nicht selten unbeweglich. Die verschiedenen Abteilungen in einer weitgehend zerstörten Stadt unterzubringen – ganz zu schweigen von den Bediensteten

– war eine furchteinflößende Aufgabe und nur zu bewältigen, da Konstantinopels Bevölkerung erheblich geschrumpft war. Ein Teil davon hatte die Stadt beim Eintreffen der Kreuzfahrer verlassen; während der fränkischen Herrschaft zogen dann nach und nach noch viele weitere weg. Diesen Aderlaß machte zwar zwangläufig eine beträchtliche Anzahl Eingewanderter aus dem lateinischen Westen wieder wett, doch hatten sich diese nun überwiegend davongemacht, so daß ganze Bezirke still und verlassen dalagen. Eine der ersten kaiserlichen Maßnahmen bestand darin, ehemalige Flüchtlinge nach Konstantinopel zurückzurufen und, im Jahre 1262, eine ganz neue Gemeinde von *Zakones* zu bilden; so hießen jene, die aus der Gegend um Monemvasia im Südosten des Peloponnes stammten, den der Fürst von Achäa Byzanz soeben in aller Form überlassen hatte.

Unterdessen arbeitete das griechische Heer intensiv an einem ehrgeizigen Wiederaufbauprogramm. Zwar stand die Beschaffung von Wohnraum im Vordergrund, doch konzentrierte man sich auch auf die verwüsteten Kirchen und Klöster; Michael war sich ihrer großen Bedeutung für die öffentliche Moral bewußt. Die lateinische Bevölkerung, die darin lediglich Denkmäler einer verabscheuten Häresie erblickte, hatte ihnen wenig Respekt erwiesen, das Blei von den Dächern genommen, die Mosaiken und Fresken verunstaltet und ihre Schätze und heiligen Gefäße gestohlen. Nun förderte die Wiedererwekkung des religiösen Lebens den byzantinischen Patriotismus und Nationalstolz zugleich. Zudem sicherte sich Michael damit uneingeschränkt die kirchliche Unterstützung für seine Politik. Er vergaß aber auch nicht die Bedeutung weltlicher Bauwerke, Gerichtsgebäude und Theater, Marktplätze und Foren. Sich selbst und dem, was er getan hatte, setzte er ein auffälliges Denkmal in Form der hochaufragenden Säule mit der Statue seines Namenspatrons vor der Apostelkirche, und dieser zu Füßen ließ er ein Standbild seiner selbst anbringen, mit einem Modell Konstantinopels in der Hand, um es traditionsgemäß unter den Schutz des Erzengels zu stellen. Ihm lag daran, daß die Bevölkerung nicht vergaß, wie sehr er sich um die Stadt verdient gemacht hatte.

Michael Palaiologos hatte Papst Urban richtig eingeschätzt; doch er wollte ihn sich nicht unnötig zum Feind machen. Nach seiner ersten Krönung in Nikäa hatte er pflichtschuldig eine Gesandtschaft an den Heiligen Stuhl geschickt, um ihm offiziell seine Thronbesteigung kundzutun. Ebenso handelte er nun nach seiner zweiten. Den beiden Gesandten – zwar waren sie Griechen, doch hatten beide Balduins

Sekretariat angehört – gab er reiche Geschenke für den Papst mit auf den Weg. Hatte er indes darauf gehofft, auf diese Weise wenigstens dessen ärgsten Zorn zu beschwichtigen, wurde er enttäuscht. Auch wenn es schwerfällt, Pachymeres' Bericht Glauben zu schenken, demzufolge einer der Boten bei lebendigem Leibe gehäutet worden und der andere gerade noch mit dem Leben davongekommen sein soll, dürften man sie äußerst unfreundlich empfangen haben.

Mittlerweile drängte der von Balduin aufgestachelte Urban auf einen neuen Kreuzzug, um Konstantinopel für den Westen zurückzugewinnen. Die Genuesen hatte er schon exkommuniziert, weil sie sich mit dem Ostreich zusammengetan hatten. Die Venezianer dagegen gewährten ihm, wie vorherzusehen, ihre volle Unterstützung; sie erboten sich sogar, alle, die ihre Waffen gegen den Kaiser des Ostens erheben wollten, kostenlos überzusetzen. Zu Urbans Enttäuschung kam jedoch nirgendwo wirkliche Begeisterung auf. Der für das vergangene Jahrhundert so typische Kreuzzugseifer war verraucht. In Frankreich wies Ludwig zu Recht darauf hin, der Zweck von Kreuzzügen liege im Kampf gegen Ungläubige und nicht gegen Mitangehörige des christlichen Glaubens, auch wenn das Schisma sie trenne. In Deutschland bestanden seit dem Tod Friedrichs II. im Jahre 1250 unklare Verhältnisse. Das Königreich Aragon blickte lüstern nach Sizilien, zeigte ansonsten aber keine weitergehende Interessen. Um England scheint sich der Papst überhaupt nicht bemüht zu haben, obwohl man sich dort an den Kreuzzügen intensiv beteiligt hatte. Blieb also nur noch Friedrichs Sohn Manfred, der nur auf eine solche Gelegenheit gewartet zu haben scheint. Abgesehen von den reichen Gebieten, die lockten, würde ein Bündnis mit Rom höchstwahrscheinlich die Anerkennung seines Throns durch den Papst einbringen, auf die er schon so lange hoffte. So unternahmen er und Balduin alles Erdenkliche, um eine Versöhnung herbeizuführen. Aber vergeblich. Für Urban, der den Haß seines Vorgängers auf die Hohenstaufen in vollem Maße übernommmen hatte, kam eine solche Allianz von vornherein nicht in Betracht. Er wußte nur allzu genau, daß Manfred in bezug auf Konstantinopel eigene Ziele verfolgte. Ja, und selbst wenn Balduin wiedereingesetzt würde: Der Gedanke, daß er seine Rückkehr Manfred zu verdanken hätte, war unerträglich.

Kaiser Michael Palaiologos, der bereits über einen gewaltigen Spionageapparat verfügte, war über dieses Buhlen um den Papst genau unterrichtet und verfolgte es mit Besorgnis. Er bemühte sich seit langem erfolglos um eine Übereinkunft mit Manfred. Im Sommer 1262 machte er erneut einen Vorstoß. Konstanze, Manfreds Halbschwester, die Johannes Vatatzes geheiratet und als byzantinische Kaiserin den Namen Anna angenommen hatte, lebte immer noch am Kaiserhof. Michael bot nun tatsächlich an, sich von seiner Frau Theodora scheiden zu lassen und Anna zu ehelichen. Die historische Forschung, weder die alte noch die heutige, kann sich dieses absonderliche Angebot nur gewunden erklären. Zwar hätte eine solche Heirat die beiden Herrscher einander in der Tat nähergebracht, am Hof indes zu Recht einen Riesenskandal ausgelöst und sehr wahrscheinlich den Bann über Michael seitens des Patriarchen Arsenios nach sich gezogen, der bereits öffentlich angeprangert hatte, was der Kaiser dem kleinen Johannes Laskaris angetan hatte. Georgios Pachymeres will den wahren Grund in Michaels »brennender Liebe« zu Anna sehen. Grundsätzlich spricht nichts gegen diese Auffassung. Michael – der bereits zwei uneheliche Töchter hatte – könnte sehr wohl dem Zauber einer Frau erlegen sein, die, soweit das zu beurteilen ist, wohl erheblich mehr zu bieten hatte, als ihre Behandlung durch ihren verstorbenen Gatten vermuten läßt. Aber keine andere Quelle stützt diese Theorie und auch nicht die Tatsache, daß Anna zu ihrem Bruder zurückkehrte, nachdem Michael am vereinten Widerstand Kaiserin Theodoras – sie spürte kein Verlangen, ihre Tage im Kloster zu beschließen –, des Patriarchen und auch Annas selbst gescheitert war und das Projekt fallenlassen mußte. Manfred ließ daraufhin seinerseits den Cäsar Alexios Strategopulos frei, welchen der Despot von Epiros gefangengenommen und ihm dann auf sein Ersuchen hin übergeben hatte. Michaels langersehntes politisches Bündnis aber blieb ein Traum.

Seine Enttäuschung hielt sich jedoch in Grenzen. Es gab in der näheren Umgebung noch manches zu tun, wenn er das Reich in den Grenzen von vor 1204 wiederherstellen wollte. Er begann damit auf dem Peloponnes. 1262 entließ er Fürst Wilhelm von Achäa aus dem Verlies, in dem er seit seiner Gefangennahme nach der Schlacht von Pelagonia schon drei Jahre lang schmachtete, und erhielt dafür die bedeutenden Festungen Monemvasia, Mistra, Maina, Geraki und das Gebiet Kinsterna: ein wichtiger erster Schritt zur Wiedereinführung der kaiserlichen Gewalt auf der Halbinsel. Dann gelobten er und Wilhelm feierlich, nie mehr gegeneinander Krieg zu führen. Diese Übereinkunft wurde durch Wilhelms Patenschaft für Michaels und Theodoras Sohn Konstantin besiegelt; außerdem erhielt Wilhelm Rang und Titel eines Großdomestikos des Reichs.

Fast erübrigt sich die Bemerkung, daß der Eid, kaum abgelegt, auch schon gebrochen wurde. Schon im Mai 1262 verbündete sich Wilhelm in Theben mit Venedig gegen Byzanz. Und schon zwei Monate später war er mit von der Partie, als Papst Urban, Balduin, Venedig und sämtliche lateinischen Feudalherren auf dem Peloponnes in Viterbo ein Abkommen schlossen, welches unter anderem Wilhelm auch von seinen Verpflichtungen gegenüber den »griechischen Schismatikern« entband.[3] Für Michael Palaiologos stellte dies eine unannehmbare Provokation dar. Zu Beginn des Jahres 1263 plünderte eine Reichsflotte aus neun Schiffen die sich in fränkischer Hand befindlichen Inseln Kos, Naxos und Paros, griff Oreos und Karystos an den beiden Enden Euböas an und fuhr schließlich weiter zum südöstlichen Teil der Morea, wo sie einen großen Teil der lakonischen Küste besetzte. Unterdessen setzte ein etwa fünfzehntausend Mann starkes Heer – ein Drittel davon seldschukische Söldner – unter dem Befehl von Kaiser Michael Palaiologos' Halbbruder *Sebastokrator* Konstantin auf genuesischen Schiffen direkt nach Monemvasia über und marschierte von dort Richtung Norden, um Lakedaimon, das antike Sparta, zu belagern. Wilhelm von Achäa eilte in heller Aufregung nach Korinth, um seine Mitfürsten zu mobilisieren. Da brach Konstantin die Belagerung ab und führte das Heer in Eilmärschen durch den Peloponnes zur achäischen Hauptstadt Andravida.

Für den Moment sah es aus, als sei ganz Achäa dem Untergang geweiht. Einzig dem kühlen Kopf und dem Mut eines Griechen namens Johannes Katavas, dem Wilhelm das Kommando übertragen hatte, war die Rettung der Lage zu verdanken. Trotz seines vorgeschrittenen Alters und einer schlimmen Gicht scharte er die dreihundert Mann starke Garnison um sich und führte sie zu einem Engpaß in der Nähe des griechischen Lagers. Dort zeigte sich nach kurzer Erkundung, daß die Eindringlinge immer noch von ihrer langen Reise ausruhten. Da gab er sofort Befehl zum Angriff. Konstantin und seine Leute hatten ihre Waffen nicht zur Hand und konnten keinen nennenswerten Widerstand leisten. Viele wurden niedergemacht, die übrigen flohen in die umliegenden Wälder. Ihr Anführer Konstantin kam gerade noch mit dem Leben davon und gelangte quer durch den Peloponnes nach Mistra zurück.

Nur einen Monat später brach von der kleinen Insel Spetse eine gemischte Flotte aus achtundvierzig teils byzantinischen, teils genuesischen Schiffen südwärts nach Monemvasia auf, wo sie auf eine erheblich kleinere venezianische Streitmacht aus zweiunddreißig Galeeren traf. Es gibt keine genauen Angaben über den Verlauf der nachfolgenden Schlacht. Sie endete jedoch mit einer gewaltigen Niederlage der Genuesen. Deren Flotte – über die Hälfte der Besatzung hatte sich geweigert, den Kampf aufzunehmen – wurde schmählich zerschlagen; sie verloren einen ihrer Admiräle und, einem Bericht zufolge, rund tausend Mann.[4] Es sollten Jahre vergehen, bis sie wieder eine ernstzunehmende Macht im östlichen Mittelmeer darstellten. Noch mehr ins Gewicht fiel die Tatsache, daß sie sich Kaiser Michaels Achtung verscherzten, der ihre Patrouillendienste finanzierte und für sein Geld mehr verlangte.

Michael hatte indes noch mehr Grund zur Unzufriedenheit. Seit dem Vertragsabschluß von Nymphaion und der Vertreibung der venezianischen Kolonie waren massenhaft genuesische Kaufleute nach Konstantinopel geströmt. Sie betrieben den Handel dort so aggressiv, daß sie die einheimischen Geschäfte ernsthaft bedrohten. Im vollen Wissen um die Notwendigkeit ihrer Schiffe für Byzanz erhöhten sie ihre Umschlagspesen auf griechische Waren immer weiter. Die daraus entstehende Feindseligkeit nahm rasch gefährliche Ausmaße an. Eingedenk dieses Umstandes und aus verständlicher Verärgerung über das genuesische Verhalten befahl Kaiser Michael im Herbst 1263 der restlichen Flotte von etwa sechzig Galeeren die Heimkehr. Dies bedeutete jedoch nicht das Ende des Vertrags von Nymphaion. Kurze Zeit später sandte Genua als Ersatz eine Anzahl anderer Schiffe, worauf er sich, eher ungnädig, einließ. Doch die halbherzige Versöhnung sollte nicht lange vorhalten. Im folgenden Jahr wurde eine Verschwörung aufgedeckt und Guglielmo Guercio, der genuesische *Podestà,* in Konstantinopel verräterischer Beziehungen zu Manfred von Sizilien angeklagt. Vom Kaiser persönlich mit dem unwiderlegbaren Beweis der Verschwörung gegen Konstantinopel konfrontriert, bekannte er sich sofort schuldig, woraufhin er und all seine Landsleute aus der Stadt verbannt wurden. Genau drei Jahre nach Abschluß des Vertrags von Nymphaion fand das byzantinische-genuesische Bündnis ein schmähliches Ende.

Michael Palaiologos benötigte nun dringlicher Freunde als je zuvor. Manfred hatte auf sein Anklopfen nicht reagiert. König Ludwig war zu sehr mit seinen eigenen Kreuzzugsangelegenheiten beschäftigt, um sich groß um Byzanz kümmern zu können. Blieb also noch Papst Urban. Zwar hegte dieser Michael gegenüber nach wie vor feindselige Gefühle, doch diese Feindseligkeit beruhte nicht auf einer persönlichen Animosität – wie etwa bei Manfred –, sondern entsprang einfach dem ihn natürlich erscheinenden Verlangen, Konstantinopel wieder Rom untertan zu sehen. Außerdem verschlechterten sich seine Beziehungen zu den Hohenstaufen zusehends; er durchschaute Manfreds langfristige Absichten durchaus und würde, was wiederum Michael sehr wohl wußte, einen häretischen griechischen Kaiser am Bosporus dem König von Sizilien vorziehen. Es sah so aus, als ließe sich da ein Geschäft machen.

Zu der Zeit hielt sich in Konstantinopel ein gewisser Nikolaus auf, der lateinische Bischof von Crotone in Kalabrien. Wie der Großteil der kalabresischen Bevölkerung war er griechischer Herkunft. Seit vielen Jahren hielt er regelmäßig Kontakt mit Byzanz und hatte früher schon mit Johannes Vatatzes und Theodor Laskaris korrespondiert. Einen besseren Unterhändler hätte sich Michael nicht wünschen können, und so brach dieser im Frühjahr 1263 mit einem Schreiben an den Papst nach Rom auf, in dem Michael auf eine mögliche Wiedervereinigung der beiden Kirchen anspielte. Ob darin auch von einem Bündnis gegen Manfred die Rede war, läßt sich nicht mehr feststellen. Es erzielte jedoch die gewünschte Wirkung. Im Antwortschreiben vom 18. Juli teilte Urban seine Absicht mit, vier Franziskaner als Päpstliche Legaten nach Konstantinopel zu senden, versehen mit der Vollmacht, in seinem Namen die Wiedervereinigung zu besiegeln. Und in der Erwartung, Kaiser Michael und Wilhelm von Achäa schon bald als Glaubensbrüder zu sehen, beschwor er beide, alle Feindseligkeiten künftig zu unterlassen.

Damit verlangte er jedoch zuviel. Wenn Michael die Ostkirche der römischen Oberhoheit unterstellte, dann bitte nach seinen Vorstellungen. Er war nach wie vor fest entschlossen, die Lateiner aus Griechenland zu vertreiben. Anfang Oktober nahm er daher den Krieg gegen Wilhelm unter dem Vorwand wieder auf, das Nichterscheinen der versprochenen Legaten könne nur bedeuten, daß der Papst seine Meinung geändert habe. Da die Reise von Rom nach Konstantinopel gut und gern drei Monate oder gar länger dauern konnte, dürfte diese Rechtfertigung damals niemanden überzeugt haben. Als die angekündigten Franziskaner im kommenden Frühjahr immer noch nicht eingetroffen waren, stand des Kaisers Sache allerdings besser da. Wie sich herausstellen sollte, besagte dies jedoch nicht mehr viel.

Erneut führte *Sebastokrator* Konstantin ein Heer durch den Peloponnes gegen die achäische Hauptstadt Andravida. Und wieder zogen lateinische Truppen ihm entgegen. Etwa fünfzehn Kilometer vor Andravida stießen die Heere bei der Kleinstadt Sergiana aufeinander. Kaum hatte die Schlacht begonnen, da stürzte der Großkonnetabel

Michael Kantakuzenos – er stand Konstantin zwar im Rang nach, übertraf ihn jedoch bei weitem an Fähigkeit und Mut – vom Pferd und wurde in Stücke gehauen. Dieser Anblick übermannte Konstantin. Er verließ sogleich das Schlachtfeld und führte das Heer nach Nordlakonien, um dort die relativ unbedeutende Festung Nikli zu belagern. Hier erwartete ihn allerdings eine weitere Katastrophe. Die fünftausend seldschukischen Söldner, die im vergangenen halben Jahr keinen Sold erhalten hatten, forderten plötzlich ihren Lohn und liefen, als sie ihn nicht bekamen, geschlossen zum Feind über.

In dieser Situation ließ der jämmerliche Konstantin unter dem fadenscheinigen Vorwand, er sei krank, die Reste seines Heers im Stich und kehrte nach Konstantinopel zurück, wo er, wie es ihm gebührte, in völlige Vergessenheit geriet. Auf der anderen Seite nutzte Wilhelm von Achäa die Gunst der Stunde zum Angriff und stieß mit seinem Heer im südlichen Peloponnes auf byzantinisches Territorium vor. Er errang, vor allem dank der Unterstützung der übergelaufenen Türken, einen glänzenden Sieg über die griechischen Streitkräfte und gelangte bis Mistra. Dort endlich vermochten die Griechen erfolgreich Widerstand zu leisten. Sie konnten Wilhelms Heer jedoch nicht daran hindern, die Gegend bis direkt vor Monemvasia zu verwüsten, bevor sich dieses wieder nach Nikli zurückzog.

Zum Glück für Michael Palaiologos machte Wilhelm dort halt. Trotz der militärischen Erfolge hatte der Krieg auch weite Landstriche griechischen Territoriums schwer geschädigt und einen Großteil der Bevölkerung ruiniert; außerden gab es viele Menschenleben zu beklagen.[5] Wilhelm lag soviel an einem Friedensschluß, daß er ernsthaft den Antrag einer Heirat seiner Tochter und Erbin Isabella mit Andronikos Palaiologos, Michaels ältestem noch lebendem Sohn, erwog, obwohl in diesem Fall das ganze Fürstentum nach seinem Tod an das Byzantinische Reich gefallen wäre. Erst unter dem Druck seiner lateinischen Vasallen, die ihre Güter ungern, vielleicht sogar schon zu ihren Lebzeiten, an Byzanz verlieren wollten, brach er diese Verhandlungen schließlich ab.

Für Kaiser Michael, der um ein Haar die ganze Morea ergattert hätte, ohne auch nur einen Mann zu opfern oder einen Pfeil zu verschwenden, muß diese Entscheidung einen schweren Schlag bedeutet haben. Frustriert, gedemütigt und immer noch ohne Freunde, blieb ihm keine andere Wahl, als sich erneut an Rom zu wenden. Da er noch vor kurzem Rom völlig unbegründet des Irrglaubens bezichtigt hatte – Urban hatte daraufhin den Krieg um Achäa zum Kreuzzug hochstilisiert –, wußte er, daß weitere Vorschläge von seiner Seite kaum auf geneigte Ohren treffen würden. Seine einzige Hoffnung bestand darin, Urban etwas vorzuschlagen, was dieser unmöglich zurückweisen konnte:

> An den ehrwürdigen Vater der Väter, den hochheiligen Papst des alten Rom, den Vater unserer Majestät, den Herrn Urban, den obersten und unantastbaren Pontifex des Apostolischen Stuhls [...]
>
> Oft sind in der Vergangenheit Legaten und Nuntii hin und her gesandt worden, allein, sie konnten nicht zueinander finden, da sie über unwissende Dolmetscher miteinander kommunizierten und dadurch nur selten zur echten Wahrheit gelangten. Dadurch kam es zu einem ständig anwachsenden Haß zwischen Brüdern, zum Erkalten der Liebe und zur Vernebelung des wahren Glaubens [...].
>
> Aber eine Stimme aus dem Westen rührte unser Herz, und da kam Nikolaus in unser Reich, der ehrwürdige Bischof von Crotone. Er war es, der uns alles enthüllte, eines nach dem andern, und nun erkennen wir, daß die Heilige Römische Kirche von Gott ist und sich von der unseren im göttlichen Glaubensdogma nicht unterscheidet, sondern dieses beinahe genauso wie wir empfindet und preist. Wir ehren und glauben darum an die Sakramente der Römischen Kirche und halten an ihnen fest. Der Mutter unserer Kirche sollen daher in allen Dingen alle Völker, alle Patriarchate und alle Nationen in Demut, Gehorsam und Liebe zu dieser Kirche untertan sein kraft der Macht Eurer Durchlaucht.

Selbst dieser notwendigerweise abgekürzte Auszug aus dem Brief vermag hinreichend zu erklären, warum der Papst den Köder ohne weiteres schluckte. Daß der byzantinische Kaiser sich als treuen und gehorsamen Diener der römischen Kirche bekannte, hieß auch, daß Manfred seine Träume von Konstantinopel fahren lassen mußte. Außerdem beschränkte sich Kaiser Michael nicht auf die Frage der Wiedervereinigung der Kirche; er erbot sich sogar, den Kreuzzug ins Heilige Land, der Urban immer noch am Herzen lag, aktiv zu unterstützen. Die päpstliche Antwort vom 23. Mai 1264, adressiert an »Palaiologos, den erlauchten griechischen Kaiser«, bediente sich des gleichen aufwendigen, stellenweise salbungsvollen Tons. Auch diesmal wurde der Brief Nikolaus von Crotone anvertraut, der darin als Leiter einer päpstlichen Gesandtschaft, zu der außerdem die Franziskaner Gerard von Prato und Rainerius von Sens gehörten, mit allen Vollmachten ausgestattet wurde.[6]

Die Gesandtschaft traf im Hochsommer ein, und sogleich wurden Verhandlungen aufgenommen. Hatte der Papst jedoch die Hoffnung gehegt, er könnte die Bedingungen diktieren, wurde er schnell enttäuscht. Michaels Verhandlungsführer erklärten vorweg, daß sie keinerlei Entscheidungen fällen dürften, und beharrten vielmehr darauf, daß alle zur Diskussion stehenden Probleme, politische wie kirchliche, zuerst von einem allgemeinen Konzil beraten werden müßten. Die Päpstlichen Legaten mußten sich dem wohl oder übel beugen: eine bedeutende Konzession, und wie sich herausstellen sollte, auch eine fatale. Denn bevor ein solches Konzil zusammentreten konnte, starb Papst Urban IV. am 2. Oktober 1264 in Perugia.

Noch intensiver als die Rückkehr von Byzanz in den Schoß der lateinischen Sphäre hatte Papst Urban in den letzten Jahren seines Lebens sein Erzfeind Manfred von Sizilien beschäftigt. Bei ihrem Streit ging es zunächst nicht um eine persönliche Feindschaft. Die uralte Rivalität zwischen dem Papsttum und dem Römischen Westreich hatte die politische Szene in Italien tief gespalten und zwei feindliche Lager entstehen lassen: die Guelfen, im großen und ganzen die Partei des Papstes, und die Ghibellinen, welche die Hohenstaufen unterstützten und von diesen unterstützt wurden. Doch Urban verabscheute Manfred auch persönlich. Besonders erbitterte ihn, daß dieser seinem eigenen sechs Jahre alten Neffen Konradin 1258 das Königreich Sizilien abgenommen hatte (zu dem der größte Teil Süditaliens gehörte und dessen Hauptstadt inzwischen Neapel war) und dadurch sein Herrschaftgebiet bis an die Südgrenze des Kirchenstaates erweitert hatte. Der Regno, wie das Königreich allgemein hieß, stand traditionell unter päpstlicher Oberherrschaft, und seit Manfreds Staatstreich hielt man von päpstlicher Seite Ausschau nach einem genehmeren Fürsten, um ihn zu ersetzen. Man hatte schon mehrere in Betracht gezogen, unter anderem auch Edmund von Lancaster, den Sohn Heinrichs III. von England, sich aber schließlich für Karl, Graf von Anjou und der Provence, den jüngeren Bruder König Ludwigs von Frankreich, entschieden.

Keine zwei Brüder könnten wohl verschiedener sein als diese beiden. Im Unterschied zum heiligmäßigen Ludwig verkörperte Karl geradezu den Archetyp eines jüngeren Sohnes, der dem Schicksal das Mißgeschick seiner Geburt nicht verzeihen kann. Kalt und grausam, nur auf sich bedacht und von Ehrgeiz zerfressen, wünschte er sich nichts sehnlicher, als im Namen des Papstes Manfreds Königreich zu übernehmen. Der neue Papst, Klemens IV. – wieder ein Franzose –, setzte fort, was

Urban begonnen hatte. Karl akzeptierte das Angebot ganz offiziell. Seine Frau Beatrice, die seine Ambitionen teilte, verpfändete zur Finanzierung des Feldzuges ihren Schmuck. Ludwig gab nur widerstrebend seine Zustimmung. Pfingsten 1265 traf der neue König in Rom ein. Es war typisch für Karls Größenwahn, daß er sich sofort im Lateranpalast breitmachte. Er war von Natur selbstherrlich, von einem unerschütterlichen Selbstbewußtsein durchdrungen, auserwähltes Werkzeug des Allmächtigen zu sein. Gegen sein aus dreißigtausend Kreuzfahrern bestehendes Heer – Papst Klemens hatte den Krieg kurzerhand zum Kreuzzug erklärt – hatte Manfred keine Chance; am 26. Februar 1266 ging er in der Schlacht bei Benevento kämpfend unter. Seinen Leichnam fand man erst drei Tage später. Ein christliches Begräbnis verwehrte ihm Karl, und so wurde er unter einer Brücke bei Benevento verscharrt; die französischen Soldaten schleuderten beim Vorbeigehen je einen Stein auf den Grabhügel. Seine Frau Helena von Epiros wurde mitsamt ihren drei kleinen Kindern in Nocera eingekerkert. Von allen vieren sind drei nie wieder aufgetaucht. Ein Sohn befand sich dreiundvierzig Jahre später immer noch dort. Karl war nicht der Mann, der sich auf Risiken einließ.

1268 stellte er dies noch deutlicher unter Beweis. In einem letzten, verzweifelten Versuch, das Familienerbe zu retten, marschierte Konradin von Deutschland aus Richtung Süden. Am 23. August zerschmetterten Karls Streitkräfte sein Heer bei Tagliacozzo. Konradin geriet in Gefangenschaft, wurde in einem Schauprozeß des Verrates für schuldig erklärt und auf dem Marktplatz von Neapel enthauptet. Er war gerade sechzehn Jahre alt.

Nach der Schlacht bei Tagliacozzo ging die Herrschaft über Süditalien endgültig von deutscher in französische Hand über. Nun waren Karl und die Guelfen die Oberherren, so wie in den vergangenen zehn Jahren Manfred und die Ghibellinen. Michael Palaiologos, der die Ereignisse von Konstantinopel aus aufmerksam verfolgte, war von diesem Wechsel alles andere als angetan. Schon mit Manfred hatte er sich genug schwergetan, und er fürchtete, daß es mit Karl noch viel schlimmer werden könnte. Die weiteren Ereignisse sollten ihm schon bald recht geben. Sechzehn Jahre lang zog sich sein Kampf mit dem König von Sizilien hin, ein Duell, das sein Leben fortan völlig bestimmte.

Karl fuhr fort, wie er begonnen hatte. Er saß noch nicht ein Jahr auf dem Thron, als er bereits durch obskure diplomatische Machenschaften die Insel Korfu und einen Teil der Küste von Epiros eingenommen hatte, ein hervorragendes Sprungbrett für einen Vorstoß auf byzantinisches Gebiet oder nach Makedonien. Im Mai 1267 setzte er nach wochenlangen Beratungen am Papsthof in Viterbo mit Klemens, Wilhelm von Achäa und dem abgesetzten Kaiser Balduin – dieser hatte seine Hoffnung, wieder auf den Thron zu gelangen, immer noch nicht aufgegeben – sein Siegel unter zwei Verträge, die seine künftigen Absichten noch deutlicher machten. Im ersten ging es um die Vermählung von Wilhelms Tochter Isabella – früher einmal für Michaels Sohn Andronikos Palaiologos vorgesehen – mit seinem Sohn Philipp von Anjou und damit die Erbschaft des Fürstentums Achäa nach Wilhelms Tod. Der zweite gipfelte in nichts geringerem als dem detaillierten Entwurf seiner Pläne für die Wiederherstellung des Lateinischen Reichs am Bosporus, und sein Inhalt soll hier kurz wiedergegeben werden.

Karl, der König von Sizilien, verpflichtete sich oder seine Erben, Balduin binnen sechs oder allerhöchstens sieben Jahren tausend Reiter zur Verfügung zu stellen. Im Gegenzug wollte Balduin ihm die Oberherrschaft über das Fürstentum von Achäa überlassen, alle Ägäisinseln mit Ausnahme von Lesbos, Samos, Chios und Kos, ein Drittel der zu erwartenden Eroberungen außer Konstantinopel und den vier oben genannten Inseln, jedoch einschließlich Epiros', Albaniens und Serbiens, sodann das Königreich Thessalonike, falls Hugo, Herzog von Burgund (den Balduin im vergangenen Jahr damit belehnt hatte), seiner Verpflichtung nicht nachkommen sollte, und schließlich den Kaiserthron für den Fall, daß Balduin und sein Sohn Philipp von Courtenay ohne legitime Erben starben. Venedig würde alle früheren Rechte im Reich zurückerhalten und Philipp von Courtenay zur Besiegelung des Bündnisses mit Karls Tochter Beatrice verheiratet werden, sobald sie das heiratsfähige Alter erreichte.

Ein in jeder Hinsicht verblüffendes Dokument. Zwar konnte Karl einen direkten Anspruch auf den Kaiserthron nicht durchsetzen; dafür sorgten Balduin und Papst Klemens (dem angesichts der Geschwindigkeit, mit der Karl seine Position ausbaute, leicht beklommen zumute wurde), aber der Vertrag sicherte ihm genau besehen auf Anhieb ein kleines Reich im östlichen Mittelmeerraum, das ihm die Möglichkeit eröffnete, zu Wasser und zu Land gegen Konstantinopel vorzugehen – während er als Gegenleistung nichts als vage Versprechungen auf eine dürftige Verstärkung in ferner Zukunft beisteuerte. Kein Wunder, daß Michael Palaiologos es mit der Angst zu tun bekam, als er davon erfuhr, denn nun war auch er ernsthaft bedroht. Falls es Karl von Anjou gelang, seine Pläne durchzusetzen, konnte auch er sich sehr schnell, wie Balduin vor ihm, als Kaiser in einer belagerten Stadt wiederfinden.

Obwohl der Tod Papst Urbans zwangsläufig zu einem Stillstand in den Verhandlungen über die Wiedervereinigung der Kirchen geführt hatte, war sich Michael darüber im klaren, daß er seine Beziehungen zum Papsttum nach der Schlacht bei Benevento unbedingt weiter verbessern mußte. So nutzte er die erstbeste Gelegenheit zur Wiederaufnahme der Korrespondenz mit Rom. Klemens IV. erwies sich jedoch von Anfang an als weit weniger umgänglich als sein Vorgänger. Er lehnte ein Konzil, wie die griechischen Verhandlungspartner es vorgeschlagen hatten, kategorisch ab, da die »Reinheit des Glaubens nicht in Zweifel gezogen werden« dürfe; die Frage nach dem Hervorgehen des Heiligen Geistes aus dem Vater und dem Sohn *(filioque)* stehe ebensowenig zur Diskussion wie etwa jene der Verwendung gesäuerten Brotes oder die kirchliche Rechtsprechung, ja, um es kurz zu machen, jede andere theologische oder liturgische Differenz, welche die Ost- und Westkirche in den vergangenen Jahrhunderten getrennt habe.[7] Statt dessen sandte Klemens dem Kaiser einen Text des »Glaubensbekenntnisses«, das bedingungslos anzunehmen sei, bevor jeder weitere Fortschritt in Frage komme. Der Brief endete mit den Worten:

> Wir nutzen die Gelegenheit dieses Sendschreibens, um zu erklären, daß wir weder dem Recht gegenüber jenen entsagen (was wir auch nicht dürften), die sich über Unterdrückung seitens Eurer Majestät beklagen, noch davon Abstand nehmen werden, diese Sache auf anderen Wegen zu verfolgen, die der Herr uns zur Errettung der Seelen weisen wird.

Auch wenn nicht ganz deutlich wird, ob dieser letzte Satz auf einen göttlichen Auftrag des angevinischen Heers anspielt oder nicht, war die darin enthaltene Drohung eindeutig.

Ebenso stand außer Frage, daß die Wiedervereinigung der Kirche kein Thema war, solange der Papst auf seiner Position beharrte. Die große Mehrheit des orthodoxen Klerus war ohnehin dagegen. Wollte man ihn überhaupt dafür gewinnen, dann gewiß nicht auf der Grundlage der vorgeschlagenen Bedingungen. Also erwähnte Michael den Klerus in seinem Antwortschreiben klugerweise gar nicht erst und hob sein Versprechen hervor, am Kreuzzug ins Heilige Land teilzunehmen – für den er auch die unschätzbare Hilfe des Königs von Armenien in Aussicht stellte. Doch ließ sich Klemens dadurch nicht beschwichtigen. Als er im November 1268 starb, standen die beiden Parteien noch genauso weit auseinander wie zuvor.

Indes war selbst ein unkooperativer Papst immer noch besser als überhaupt kein Papst. Karl übte auf die Kurie einen so starken Einfluß aus, daß der Papstthron volle drei Jahre lang unbesetzt blieb, was ihn instand setzte, Byzanz gegenüber, ja nach allen Seiten hin, ohne Einschränkung seitens Roms nach eigenem Gutdünken zu schalten und zu walten. Inzwischen hatte Michael glücklicherweise zwei Verbündete gewonnen. Ende 1267 war ein neues Abkommen mit Genua zustande gekommen. Danach durften all jene genuesischer Herkunft, die nach dem Vorfall mit Guercio vertrieben worden waren, wieder zurückkehren, und er überließ ihnen erneut den gesamten Bezirk Galata auf der gegenüberliegenden Seite des Goldenen Horns.[8] In den ersten Wochen des folgenden Jahres unterzeichnete er einen weiteren Vertrag: mit Genuas Erzrivalin Venedig.

Schon 1264 hatte Michael Gesandte an den Rialto geschickt und ein Jahr später Venedig etliche Privilegien in Aussicht gestellt, die zwar nicht ganz den einstigen Zustand wiederherstellten, doch zumindest eine erhebliche Verbesserung der aktuellen Situation bedeuteten; damals hatte Venedig den Vertrag nicht unterschrieben. Da es im byzantinischen Osten immer noch rumorte und die Zukunft des Reichs ungewiß war, wollte man sich nicht festlegen. Vier Jahre später sah alles ganz anders aus. In der Zwischenzeit hatte sich gezeigt, daß die venezianischen Schiffe den Angriffen der türkischen und albanischen Seeräuber, die das östliche Mittelmeer unsicher machten, hilflos ausgeliefert waren, da Venedig in der Levante über keinen geeigneten Stützpunkt verfügte. Auch herrschte tiefe Beunruhigung über Karls Einnahme von Korfu und eines Teils der Küste von Epiros, von deren bedeutenden Stützpunkten aus er die ganze Adria blockieren konnte. Gegenüber solchen Erwägungen fielen Maßnahmen wie der zweite Vertrag von Viterbo kaum ins Gewicht. Im November 1267 entsandte der Doge Renier Zeno daher zwei seiner erfahrensten Diplomaten, mit einer Vollmacht zur Vertragsunterzeichnung versehen, an den Bosporus, und diese unterschrieben den erwähnten Vertrag am 4. April 1286 doch noch; knapp drei Monate später wurde er in Venedig ratifiziert.

Er blieb leider nur fünf Jahre in Kraft. Doch sicherte Venedig immerhin zu, in diesem Zeitraum Byzanz nicht anzugreifen, den Feinden des Reichs keinerlei Hilfe zu gewähren und ihre griechischen Gefangenen in Kreta, Modone und Korone, den drei Hauptstützpunkten, die ihnen in griechischen Gewässern verblieben waren, freizulassen. Als Gegenleistung wollte der Kaiser venezianische Siedlungen dort und anderswo respektieren und venezianischen Kaufleuten wieder gestatten, sich überall im Reich ungehindert niederzulassen, zu reisen und Handel zu treiben, ohne um Erlaubnis bitten zu müssen oder durch Zölle belastet zu werden. Es fehlten nur zwei Konzessionen: Venedigs Drei-Achtel-Anteil an Konstantinopel und dem Byzantinischen Reich – der in der Praxis jedoch immer mehr zu einem bloßen Anspruch verkommen, ökonomisch dagegen kaum von Belang war – sowie das Exklusivrecht, das Venedig einst genossen hatte; denn Kaiser Michael bestand darauf, daß Genua seine Rechte behielt. Die Gefahren der alten Politik, der einen Republik auf Kosten der anderen den Vorzug zu geben, wollte er nicht noch einmal heraufbeschwören. Künftig würden beide frei miteinander wetteifern; allerdings war ihnen eigens untersagt, einander im Bosporus oder im Schwarzen Meer anzugreifen. Von dieser Konkurrenz konnte Byzanz profitieren, ohne die jeweils weniger begünstigte Seite seinen Feinden in die Arme zu treiben.

Aber wenn Michaels militärische und diplomatische Position nun stärker war als in der ganzen Zeit seit der Rückeroberung von Konstantinopel, so verstärkte sich die seines Feindes noch schneller. Denn Karl von Anjou rüstete, nun aller päpstlicher Fesseln ledig, ganz offen zum Krieg gegen das griechische Reich. Überall im Regno arbeiteten die Werften auf Hochtouren. Nahrungsmittel, Geld, Truppen und Nachschub jeder Art wurden eilig in die Morea geschafft, die Karl zum eigentlichen Brückenkopf für seinen Feldzug zu machen gedachte. Um einem möglichen Leck in der strategischen Informationskette vorzubeugen, wurde der gesamte Handelsverkehr zwischen Italien und Griechenland untersagt. Karl bemühte sich zudem intensiv darum, die europäischen Fürsten als Verbündete zu gewinnen: Bela IV. von Ungarn, Stephan Urosch I. von Serbien und auch den mit Irene, der Schwester des geblendeten und eingekerkerten Johannes von Laskaris verheirateten Zaren Konstantin Tich von Bulgarien; Irene sorgte dafür, daß er nie vergaß, was Michael ihrem Bruder angetan hatte.[9] Fest entschlossen, nichts dem Zufall zu überlassen, sandte Karl von Anjou sodann Boten an den seldschukischen Sultan, den König von Armenien und den mongolischen Khan. Im August 1269 wurde ein Handelsvertrag mit der mit Byzanz verbündeten Republik Genua geschlossen, was den erbosten Kaiser Michael in seiner wiederholt geäußerten Ansicht bestärkte, daß den Genuesen nicht zu trauen sei. (Ein ähnliches Ansinnen an Venedig schlug fehl.) Unterdessen hatte Exkaiser Balduin einen Vertrag mit Theobald von der Champagne, König von Navarra, unterzeichnet, in dem er ihm ein Viertel aller künftigen Eroberungen versprach, allerdings nicht auf Kosten der bereits mit Karl, dem Herzog von Burgund und der Republik Venedig getroffenen Vereinbarungen. Damit stand Michael Palaiologos nun praktisch ganz West- und Mitteleuropa gegenüber, und die Lage sah für ihn und Byzanz entsprechend trostlos aus.

Es hatte keinen Sinn, weiter nach potentiellen Verbündeten Ausschau zu halten, denn es gab keine mehr. Michael mußte von nun an ganz auf sein diplomatisches Geschick setzen. Nur eine Hoffnung blieb noch: die Unberechenbarkeit König Ludwigs von Frankreich. Von diesem gläubigen Katholiken und älteren Bruder Karls von Anjou war an sich keine Rettung zu erwarten. Michael wußte aber, daß er die Vorbereitungen für einen neuen Kreuzzug fast abgeschlossen hatte und wie immer, wenn es um einen solchen ging, an nichts anderes mehr denken konnte. So eilten denn byzantinische Gesandte mit einem Schreiben ihres Herrn nach Paris. Darin hieß es, der Basileus würde sich gerne dem Unternehmen gegen die arabischen Ungläubigen in Nordafrika anschließen und auch ein starkes Militärkontingent beisteuern; leider bestehe jedoch die Gefahr eines Angriffs durch den Bruder seiner Majestät, ein Ereignis, welches, wenn es dazu käme, beide Seiten davon abhalten müßte, sich in dem Maße auf den Kreuzzug zu konzentrieren, wie es ihm gebühre. Eine zweite Gesandtschaft im Frühling des Jahres 1270 kündigte an, der Kaiser von Byzanz sei bereit, mitsamt dem Klerus und dem Volk in den Schoß der römischen Kirche zurückzukehren und in bezug auf die Auseinandersetzung mit Karl sich bedingungslos Ludwigs persönlicher Entscheidung zu unterwerfen.

Ludwig antwortete umgehend. In Ermangelung eines Papstes werde er sogleich die Kurie von diesem Vorschlag in Kenntnis setzen und ihr empfehlen, darüber möglichst bald zu beraten und einen erfahrenen Prälaten nach Konstantinopel zu schicken. Bald darauf traf der Bischof von Albano am Bosporus ein. Er kam mit genauen Anweisungen: Das Glaubensbekenntnis, das dem früheren Brief von Papst Klemens beigegeben war und unmißverständlich die Forderung nach dem päpstlichen Primat enthielt, müsse in jeder griechischen Kirche und jedem Kloster verteilt, allen Kirchenführern im Reich zur Unterschrift vorgelegt und die unterschriebenen Dokumente zur Verwahrung nach Rom zurückgesandt werden. Bis dahin habe in Konstantinopel ein Konzil stattzufinden, auf dem dieses Bekenntnis verlesen und von Kaiser, Patriarch, Klerus und Volk öffentlich angenommen werde.

Auch dieses zweite Mal ging Michael nicht auf diese Bedingung ein. Er dankte dem Bischof von Albano für seine Mühen und entließ ihn wieder in den Westen. Gleichzeitig schickte er eine dritte Gesandtschaft an König Ludwig. Ihr gehörten zwei erfahrene Kirchenmänner an: der Chartophylax der Hagia Sophia Johannes Bekkos und der Erzdiakon des byzantinischen Klerus Konstantin Meliteniotes; sie waren mit üppigen Geschenken beladen. Doch schon am Kap Passero vor der Südostspitze Siziliens erfuhren sie, daß die Kreuzfahrer bereits nach Tunis aufgebrochen waren. Als sie Anfang August dort ankamen, trafen sie Ludwig schwer typhuskrank an. Erst nach gut zwei Wochen fühlte er sich imstande, sie zu empfangen, und auch da konnte er nur noch flüsternd den Wunsch nach Frieden zwischen seinem Bruder Karl und Kaiser Michael zum Ausdruck bringen. Am 25. August, dem Tag darauf, starb er. Nur mit Versprechungen in Händen kehrte die griechische Gesandtschaft zurück, gerade als Karl von Anjou mit seiner Flotte in Tunis einlief.

Warum gab Karl, als er seinen Bruder Ludwig tot vorfand und den alleinigen Oberbefehl über das Heer übernahm, den Kreuzzug nicht sogleich auf, um sich geradewegs nach Konstantinopel zu begeben? Vielleicht aus Loyalität zu Ludwig, obwohl dies von seinem Charakter her unwahrscheinlich ist. Eher standen die Aussichten für diesen bereits begonnenen Feldzug auf einen Erfolg so gut, daß es töricht gewesen wäre, ihn nicht zu Ende zu führen. Diese Annahme wird noch durch dem Umstand gestützt, daß Karls Heer kurz darauf dem Emir von Tunis eine gewaltige Niederlage zufügte. Im November setzte es nach Sizilien über, um im Hafen von Trapani zu überwintern. Noch nie war Karl von Anjous Macht so gefährlich und Michael Palaiologos' Stellung so bedroht gewesen wie zu dem Zeitpunkt, da Karls Heer und Flotte kampfbereit und seine Moral wie auch die seiner Truppen durch den triumphalen Sieg gehoben waren und durch Ludwigs Tod die letzte Instanz wegfiel, die ihm Hindernisse in den Weg hätte stellen können. Es sah so aus, als könne jetzt nur noch ein Wunder den Kaiser von Byzanz retten.

Und dann ereignete sich dieses Wunder tatsächlich. Kaum hatte Karls Flotte Trapani erreicht, erhob sich am 22. November einer der schlimmsten Stürme, der je über Westsizilien hinwegfegte. Sämtliche seiner achtzehn größten Kriegsschiffe blieben nur noch als Trümmerhaufen zurück und die vielen kleineren Schiffe ebenfalls. Tausende von Menschen und Pferden, die noch an Bord waren, gingen zugrunde. Ungeheure Mengen an Vorräten versanken unwiederbringlich im Meer. Innerhalb weniger Stunden waren Karls Heer und Flotte praktisch vernichtet. Kaiser Michael VIII. Palaiologos brach beim Eintreffen der Nachricht in Tränen aus. Wieder einmal hatte die heilige Muttergottes, die Beschützerin Konstantinopels, die Stadt gerettet. Karl von Anjou würde Byzanz nun etliche Jahre lang nicht mehr ernsthaft bedrohen können.

15

Einheit auf wackligen Füßen

(1270–1282)

Dafür, daß wir den Gefahren, die uns bedrängt haben, so geschickt entronnen sind, wird uns kein Tadel treffen [...] Vielmehr werden wir das Lob aller Besonnenen und Klugen ernten. Nur eine Überlegung hat mich bewogen, die Vereinigung zu suchen: das dringende Bedürfnis, die Gefahren abzuwenden, die uns bedrohen [...] Und doch hätte ich mich niemals auf diese Sache einlassen sollen.

Michael Palaiologos, zitiert nach Georgios Pachymeres

Ende August des Jahres 1271 währte die papstlose Zeit der westlichen Kirche dank den Ränkespielen Karls von Anjou bereits zwei Jahre und neun Monate: das längste Interregnum in der Geschichte des Papsttums. Und niemand weiß, wie lange sie noch angedauert hätte, hätte der *Podestà* von Viterbo, wo das Konklave stattfand, nicht die etwas drastische Maßnahme ergriffen und das Dach über dem Palast entfernen lassen, in dem sich die Kardinäle versammelt hatten. Der Schritt zeigte die gewünschte Wirkung, und am 1. September wurde Teobaldo (oder Tedaldo) Visconti, Erzdiakon von Lüttich zum neuen Papst gewählt. Die Nachricht erreichte ihn in Palästina, wohin er Prinz Eduard von England, den zukünftigen König Eduard I., begleitet hatte. Er bestieg das erste verfügbare Schiff und nahm in Rom den Namen Gregor X. an.

Papst Gregors Reise in den Osten hatte einen unauslöschlichen Eindruck in ihm hinterlassen. Sein Interesse für das Gelobte Land erlosch nie, und er erhob die Wiedereroberung Jerusalems zum obersten Ziel seiner Regentschaft. Indes bezweifelte er zutiefst, daß sich dieses Ziel ohne die Unterstützung des Byzantinischen Reichs jemals würde erreichen lassen, weshalb er der Überwindung der Spaltung zwischen den beiden Kirchen noch größere Bedeutung zumaß als seine beiden Vorgänger. Noch vor seiner Abreise aus Palästina hatte er in herzlichstem Ton an Kaiser Michael Palaiologos geschrieben und seinem Wunsch nach einer Vereinigung Ausdruck gegeben, und im Oktober 1272 reichte er eine persönliche Einladung an ihn nach, dem großen Konzil beizuwohnen, das nach seinem Vorschlag 1274 in Lyon stattfinden sollte. In der Zwischenzeit, regte er an, könnten die beiden Parteien sofort einen zwanglosen Meinungsaustausch aufnehmen, um vor Konzilbeginn so viele Fragen wie möglich zu klären. Dem Schreiben fügte er eine Kopie von Papst Klemens' »Glaubensbekenntnis« hinzu. Doch im Gegensatz zu seinem Vorgänger war er Realist. Da er die Schwierigkeiten, mit denen Michael zu kämpfen haben würde, viel klarer erkannte, als dies Klemens jemals vermochte, und sich der Kürze der zur Verfügung stehenden Zeit bewußt war, verlangte er keine vollständige und eindeutige Unterwerfung seitens der Geistlichkeit, der Klöster und der Kirche, sondern gab zu verstehen, die Anerkennung des päpstlichen Primats seitens der Bischöfe würde bereits genügen. Und die Anweisungen an seine Gesandten hinsichtlich möglicher Formulierungen in diesem Bereich enthüllen noch mehr. Sie lauteten:

> »Wir, die wir uns freiwillig dieser Kirche unterwerfen, werden das römische Primat anerkennen und hinnehmen« [...] ist der Wortlaut »wir anerkennen« nicht haltbar, können an seiner Statt auch die folgenden Worte oder aber ihnen gleichwertige akzeptiert werden: »Aus diesem Grunde stimmen wir, der Kaiser, mit der Wahrheit des katholischen Glaubens überein« [...] Falls indes der Wortlaut »wir stimmen überein« auch nicht haltbar ist, können an dessen Stelle die folgenden Worte oder ihnen gleichwertige gesetzt werden: »Wir wünschen diesen Glauben anzuerkennen, ihn anzunehmen und vereint zu sein mit [...] der heiligen römischen Kirche, unserer Mutter [...] im Bekenntnis des Glaubens und uns dieser römischen Kirche zu unterwerfen (und) ihren Vorrang anzuerkennen.[1]

Da er wußte, daß er Gregor mit Ausflüchten oder Verzögerungen unweigerlich in Karls Lager treiben würde, antwortete Michael ihm freundlich. Er versicherte, die Unterhandlungen mit seinen Legaten hätten bereits begonnen und er selbst stelle die Frage der Kirchenunion allen anderen Staatsangelegenheiten voran. Seine Repräsentanten würden selbstredend am kommenden Konzil teilnehmen; er bitte ihn nur um päpstlich gesichertes Geleit für sie, für den Fall, daß Karl »von seinem Haß auf Frieden geleitet versuche, dieses göttliche Werk zunichte zu machen, auf daß es unvollendet bleibe«. Eine wohlbedachte Vorsichtsmaßnahme: Michael wußte sehr gut, daß der König von Sizilien imstande war, dafür zu sorgen, daß die byzantinische Delegation beim Durchqueren seines Herrschaftsgebietes spurlos verschwand, und ihn dann zu beschuldigen, er habe niemanden losgeschickt.

Der Papst teilte offenbar seine Befürchtungen. Zumindest kam er dem Gesuch sofort nach und wies den Abt von Monte Cassino an, die kaiserlichen Gesandten bei ihrer Ankunft im Regno in Empfang zu nehmen und nach Rom zu geleiten. Gleichzeitig fuhr er fort, Karl von Anjou bei jedem Kontakt einzuschärfen, daß es seine moralische Pflicht sei, auf die angestrebte Union hinzuarbeiten, und nicht, sie zu vereiteln. Karl wandte ein, er habe eine eigene moralische Pflicht. Gemäß den Bedingungen des zweiten Vertrags von Viterbo aus dem Jahre 1267 sei er verpflichtet, seinen Feldzug innerhalb von sieben Jahren zu unternehmen, mit anderen Worten vor Mai 1274. Gregor aber bat ihn um einen Aufschub von einem Jahr, und Karl, der mit der Wiederaufrüstung der Flotte nach der Katastrophe von Trapani noch immer nicht zum Abschluß gekommen war, willigte nicht allzu widerstrebend ein.

Trotz der guten Dienste des Abtes von Monte Cassino und der Zurückhaltung Karls gestaltete sich die Reise nach Lyon für die griechischen Gesandten nicht angenehm. Kaum waren sie im März 1274 aus dem Goldenen Horn ausgelaufen, gerieten sie vor dem Kap Maleas in einen Seesturm, bei dem eines ihrer beiden Schiffe zerstört wurde und sämtliche Insassen, unter ihnen der Schatzmeister Nikolaus Panaretos und der Hauptdolmetscher Georgios Berrhoiotes, umkamen. Ebenfalls verloren waren all die phantastischen Geschenke des Kaisers für den Papst, unter denen sich mehrere unschätzbar wertvolle Goldikonen und eine kostbare golddurchwirkte und mit Perlen bestickte Altardecke befanden, die Kaiser Michael Palaiologos sieben Jahre zuvor der Hagia Sophia hatte überreichen lassen.

Als die drei Gesandten, die den Sturm heil überstanden hatten, nämlich der ehemalige Patriarch Germanos,[2] Theophanes, der Metropolit von Nikäa, sowie der Großlogothet Georgios Akropolites, schließlich Ende Juni in Lyon eintrafen, tagte das Konzil bereits seit sieben Wochen. In der Kathedrale Saint-Jean (die insgesamt heute noch aussieht wie 1274) saßen die führenden Geistlichen der westlichen Christenheit dicht an dicht, unter ihnen das vollständige Kardinalskollegium und der ehemalige lateinische Patriarch von Konstantinopel, der

Venezianer Pantaleone Giustiniani: eine Kirchgemeinde von insgesamt rund fünfzehnhundert Personen. Obwohl man sämtliche Katholiken unter den regierenden Monarchen eingeladen hatte, war nur einer gekommen, und zwar König Jakob I. von Aragon; Karl von Anjou glänzte durch Abwesenheit. Am 24. Juni wurden die drei Gesandten Michaels in einer feierlichen Prozession zum päpstlichen Palast geleitet, wo der Papst sie empfing und ihnen den Friedenskuß gab. Sie überreichten ihm ihrerseits mehrere Schreiben von Kaiser Michael Palaiologos und dessen Sohn Andronikos sowie dem orthodoxen Bischof. Es fanden weder Verhandlungen noch ein Meinungsaustausch statt. Fünf Tage später jedoch, am 29. Juni, hielt Papst Gregor persönlich eine zweisprachige Messe zur Feier der bevorstehenden Union ab, und die kirchlichen Gesandten nahmen aktiv an den liturgischen Handlungen teil; das Evangelium, die Lesung und auch das Glaubensbekenntnis wurden sowohl in lateinischer als auch in griechischer Sprache vorgetragen, drei etwas hervorgehobene Wiederholungen des *Filioque* eingeschlossen. Dies war das Wort, von dem mehr als von jedem anderen erwartet werden mußte, daß es in den byzantinischen Hälsen steckenblieb; falls es auch bei diesem Anlaß geschah, gelang es den Gesandten, ihr Unbehagen zu verbergen.

Schließlich wurde die Union am 6. Juli formell vollzogen. Nach einer Predigt des Kardinalbischofs von Ostia (des zukünftigen Papstes Innozenz) und einigen Begrüßungsworten seitens Papst Gregors wurde Michaels Schreiben in lateinischer Übersetzung verlesen. Es enthielt das vollständige »Glaubensbekenntnis« – und zwar mit dem *Filioque* –, anerkannte das päpstliche Primat und bat einzig darum, daß die byzantinische Kirche ihr Glaubensbekenntnis beibehalten dürfe, das auf die Zeit vor dem Schisma zurückgehe, sowie jene östlichen Riten, die nicht im Widerspruch zu den Beschlüssen der ökumenischen Konzile stünden. Danach folgten die beiden anderen Briefe. Darin zeigten die griechischen Bischöfe sich ebenfalls einverstanden mit der Union, merkten aber an, bei deren Zustandekommen werde der gegenwärtige Patriarch von seinem Amt zurücktreten, sie indes würden dem Papst »alle Rechte, die er vor dem Schisma besaß«, einräumen: ein reichlich unbestimmtes Zugeständnis angesichts der Tatsache, daß die meisten päpstlichen Ansprüche sich erst aus den Ereignissen von 1054 ergeben hatten. Zuletzt leistete der Großlogothet Georgios Akropolites im Namen von Michael Palaiologos den Eid, der im Wortlaut den Ausführungen im Brief entsprach; Gregor sang das *Te Deum* und hielt eine Predigt, in der er seiner Freude über die Versöhnung Ausdruck gab; dann wurde noch einmal das Glaubensbekenntnis in lateinischer und griechischer Sprache gesungen, und die Feier ging zu Ende. Damit waren nach zweihundertzwanzig Jahren die Ost- und die Westkirche wieder miteinander verbunden.

Zumindest erweckte es den Anschein.

Im Verlauf des Sommers 1274 herrschte Ruhe am Bosporus; erst mit der Rückkehr der kaiserlichen Gesandten im Spätherbst begannen Volk und Klerus die volle Bedeutung der Geschehnisse zu begreifen. Die Anerkennung des päpstlichen Primats war schlimm genug, auch wenn – wie Michael immer wieder in Erinnerung rief – Dauer und Mühsal einer Reise von Rom nach Konstantinopel wohl ausreichten, um sicherzustellen, daß die Patriarchen im Grunde genommen nichts von ihrer Unabhängigkeit einbüßten. (Wann, so fragte er, würde der Papst sich denn nach Konstantinopel begeben, um den Vorrang vor den griechischen Bischöfen zu demonstrieren, und wie oft würde jemand wohl das Meer überqueren, um einen Appell nach Rom zu befördern?) Doch der Verrat – und um nichts weniger handelte es sich in den Augen vieler Laien und Geistlicher – ging weit über derlei Fragen hinaus. Das Byzantinische Reich hatte sich seit je als Theokratie verstanden und dessen Kaiser als Statthalter Gottes auf Erden, den Aposteln gleich. Mehr noch als der Patriarch galt er als Symbol für den Glauben seines Volkes. Dennoch war er nicht allmächtig. Mit welchem Recht, fragten sie, hatte er einer Änderung des eigentlichen Grundpfeilers ihres Glaubens, des orthodoxen Glaubensbekenntnisses, zugestimmt? Es war langsam und unter Mühen aus den sieben großen ökumenischen Kirchenkonzilien hervorgegangen und konnte strenggenommen nur im Rahmen eines weiteren Konzils geändert werden, dem alle fünf Patriarchen beizuwohnen hätten. Also hatte der Kaiser bei Licht besehen das Kirchenrecht mißachtet und ganz unkanonisch eine westliche Fassung des – seinerseits unkanonischen – Glaubensbekenntnisses übernommen. Gewiß hatte er mit seinem Vorgehen auch Maria, die Muttergottes und Schutzpatronin von Konstantinopel, zutiefst beleidigt. Vor nur siebzig Jahren aber hatte Konstantinopel sich diesen Schutz schon einmal verscherzt, und an die Folgen konnte sich die ganze erwachsene Bevölkerung deutlich erinnern. Welche neue Drangsal war nun zu erwarten?

Michaels Unterwerfung bedeutete auch einen harten Schlag für ihren Nationalstolz. Jahrhundertelang hatten sie herablassend nach Westen geblickt, wo die Leute in ihren Augen nicht nur ketzerisch, sondern auch roh und unkultiviert, barbarisch und ungeschliffen waren, und die siebenundfünfzig Jahre dauernde lateinische Besetzung ihrer Stadt, während der eine Reihe halbzivilisierter Raubmörder sie wechselweise unterdrückt und dann wieder gönnerhaft behandelt hatte, gab ihnen keine Veranlassung, ihre Meinung zu ändern. Nach nur dreizehn Jahren Freiheit sahen sie sich einmal mehr unter das fränkische Joch gezwungen, und sie waren nicht bereit, sich ohne Protest zu beugen.

Zu ersten Kundgebungen in den Straßen und Gassen scheint es nach einer Sondermesse am 16. Januar 1275 gekommen zu sein, in der man die feierliche Zeremonie von Lyon in der Kapelle des Kaiserpalastes wiederholte. Noch mehr erhitzten sich dann die Gemüter, als der bekannte Unionist Johannes Bekkos – dem wir das letzte Mal begegneten, als er, damals *Chartophylax* der Hagia Sophia, vier Jahre zuvor zu den wichtigsten Gesandten gehörte, die der Kaiser zu Ludwig dem Heiligen von Frankreich entsandte – auf den Patriarchenthron erhoben wurde. Nie mehr, seit den Tagen Photios' mehr als vierhundert Jahre zuvor, war die Kirche derart bitterlich entzweit gewesen. Und die Trennung zog so scharfe Kreise, bis in die kaiserliche Familie hinein, daß Michael seine Schwester Eulogia – inzwischen Nonne geworden –, die sich als entschiedene Gegnerin seiner Politik bekannte, festnehmen ließ. Es gelang ihr jedoch kurze Zeit später zu entkommen; sie flüchtete nach Bulgarien, wo sie und ihre Tochter Maria, die 1272 den bulgarischen Zaren Konstantin Tich geheiratet hatte (er in zweiter Ehe), ein Bündnis mit den Mameluken in Ägypten ins Auge faßten, um, so hofften sie, mit deren Hilfe Michael schließlich vom Thron zu stürzen.

Zum Glück wurde aus diesem Vorhaben nichts. Mit größerer Besorgnis registrierte der Kaiser die Reaktion Nikephoros' I. von Epiros, der einige Jahre zuvor die Nachfolge seines Vaters Michael angetreten hatte, sowie seines Bruders Johannes, des Bastards von Thessalien. Die beiden machten ihr Hoheitsgebiet weitgehend, wenn nicht gar ausschließlich, aus politischen Gründen zur Hauptzufluchtsstätte für all diejenigen, welche die Union weiterhin bekämpften. Johannes ging noch weiter; er erhob sich zum Fürsprecher der Orthodoxie und berief später, am 1. Mai 1277, sogar eine »Synode« flüchtiger Mönche ein, um einen formellen Bann über den Kaiser, den Patriarchen und den Papst auszusprechen.

Hatte Michael für einmal die Stimmung seines Volkes verkannt? Bis zu einem gewissen Grad vielleicht. Zutiefst überzeugt, daß die ergriffene Maßnahme die einzige Möglichkeit war, um Byzanz vor einer weiteren, möglicherweise katastrophalen lateinischen Invasion zu bewahren, muß er gehofft haben, seine Untertanen zu einer ähnlich realistischen Sichtweise bewegen zu können. Aber er wußte auch, daß dies durchaus mißlingen konnte und er die Folgen würde tragen müssen. Aus seiner Sicht der Dinge hatte er gar nicht anders handeln können. In den ersten Wochen aufflammender Proteste widerstrebte es ihm, die Drahtzieher zu bestrafen; erst als alle Überzeugungsversuche fehlschlugen, rang er sich zur Gewaltanwendung durch. Einmal entschlossen, gab es kein halbherziges Vorgehen: Wer gegen die Kirchenunion war und nicht dazu schwieg, wurde eingesperrt, des Landes verwiesen oder geblendet; andere wurden gefoltert, und wieder andere mit der Beschlagnahmung ihres ganzen Besitzes bestraft. In den Klöstern, die den Widerstand lenkten, wurde besonders hart verfahren: Einem gefährlich redegewandten Mönch namens Meletios schnitten die Häscher kurzerhand die Zunge heraus.

Die Kirchenunion mit Rom beraubte den sizilianischen König Karl von Anjou und den lateinischen Titularkaiser Philipp von Courtenay – dessen Vater Balduin 1273 gestorben war – aller moralischen Rechtfertigung für die beabsichtigte Invasion, und damit war das Byzantinische Reich vorübergehend gerettet. Sie legitimierte Michael Palaiologos' Anspruch auf Konstantinopel aus westlicher Sicht und räumte sogar den päpstlichen Widerstand gegen sein Vorhaben aus, das begonnene Werk zu vollenden und die letzten Überbleibsel lateinischer Besatzung auf der Balkanhalbinsel zu beseitigen. Doch sowohl der Kaiser wie das Volk mußten dafür einen hohen Preis bezahlen.

Lange bevor die kaiserlichen Gesandten eintrafen, um an den Unionsfeierlichkeiten teilzunehmen, war Michaels jüngster Balkanfeldzug bereits in vollem Gang; seine Truppen hatten den strategischen Hafen Butrinto in Albanien und die Festung Berat im Landesinnern besetzt und die Truppen Karls von Anjou nach Durazzo und Awlona an der Adriaküste zurückgedrängt. In seinem Schrecken entsandte König Karl soviel Verstärkung wie möglich, doch die Abwehr genuesischer Truppen und ihrer ghibellinischen Verbündeten, die unablässig sizilianische wie auch apulische und kalabrische Küstenstädte angriffen, hielt ihn zu sehr auf Trab, als daß er selbst einen echten Angriff hätte unternehmen können, und er mußte schwere Verluste hinnehmen, sowohl an Menschen als auch an Territorium. Auch im folgenden Jahr hielt Michael den Druck aufrecht. Unter dem Befehl seines Bruders, des Despoten Johannes Palaiologos, griff eine Streitmacht Johannes den Bastard von Thessalien an, und gleichzeitig wurde eine Flotte von dreiundsiebzig

Schiffen ausgesandt, um die lateinischen Truppen aufzureiben und jede mögliche Hilfe für sie abzufangen.

Johannes der Bastard war vollkommen überrumpelt und fand sich unversehens in seiner Burg Neopatrai im Belagerungszustand. Es war indes nicht das erste Mal, daß er in der Klemme saß. In dunkler Nacht seilte er sich über die Mauer ab und gelangte, als Stallknecht verkleidet, der nach einem entlaufenen Pferd sucht, ohne Verdacht zu erregen durch das griechische Lager. Drei Tage später erreichte er Theben, wo das lokale Oberhaupt, Herzog Jean I. de la Roche, ihm dreihundert Reiter lieh. Mit ihnen eilte er nach Neopatrai zurück und fiel dem griechischen Heer in den Rücken. Der Despot Johannes Palaiologos tat alles, um seine Leute zu sammeln, doch Panik bemächtigte sich ihrer, und sie flohen.

Dieser Sieg – durch Kühnheit und Einfallsreichtum Johannes' des Bastards noch gesteigert, der mit der geliehenen Reiterei das kaiserliche Heer nicht nur geschlagen, sondern auch der Lächerlichkeit preisgegeben hatte – bewirkte, daß die lateinischen Herzöge neuen Mut faßten. Rasch zogen sie einige venezianische Schiffe von Euböa und Kreta ab, ergänzten sie durch sämtliche weiteren, deren sie habhaft werden konnten, und griffen die griechische Flotte bei Demetrias am Golf von Volos an. Zuerst schien das Glück den Angreifern hold; viele griechische Seeleute wurden verwundet, andere stürzten ins Meer. Doch da traf gerade noch rechtzeitig Johannes der Despot aus Thessalonike mit einem vor Ort zusammengezogenen Landheer ein, und das Blatt begann sich zu wenden.[3] Am Abend befanden sich fast alle fränkischen Anführer in Gefangenschaft, und alle, bis auf zwei, lateinischen Schiffe waren gekapert worden. Michael Palaiologos machte, als er die Nachricht von den zwei Schlachten erhielt, kein Geheimnis daraus, daß der Sieg in seinen Augen die Niederlage bei weitem überwog. Sein Bruder Johannes der Despot allerdings vertrat die gegenteilige Ansicht. Für ihn wog selbst der jüngste Triumph das Verhalten seiner Soldaten bei Neopatrai nicht auf. Kaum befand er sich wieder in Konstantinopel, legte er seine Befehlsgewalt nieder und kehrte als gebrochener Mann ins Zivilleben zurück. Sein rechtmäßiger Nachfolger wäre der *Protostrator* Alexios Philanthropenos gewesen, der die Flotte bei Demetrias befehligt hatte.[4] Er bedurfte jedoch der Erholung von den Verletzungen, die er sich in der Schlacht zugezogen hatte, und so fiel Michaels Wahl auf einen abtrünnigen Italiener, der uns nur als Licario bekannt ist.

Soweit wir wissen, gehörte er einer bekannten veronesischen Familie an, die lange Zeit auf der Insel Euböa ansässig war, und erregte wegen einer unschicklichen Liaison mit Felisa dalle Carceri, der Witwe eines der lateinischen Herrscher, deren Mißfallen. 1271 bot er dem Reich seine Dienste an. Für seinen ersten Sieg – die Eroberung der Festung Karystos – erhielt er zum Lohn Euböa als kaiserliches Lehen und mußte im Gegenzug versprechen, dem Reich mit zweihundert Rittern weiterhin zur Verfügung zu stehen. In den folgenden Jahren durchkämmte er außer dem Städtchen Chalki ganz Euböa nach Feinden und eroberte ein paar weitere Inseln. So wurden Skyros, Skopelos, Skiathos und Amorgos dem Venezianer Filippo Ghisi abgenommen und dieser in Ketten nach Konstantinopel gebracht; Kea, Serifos und Astipaläa folgten bald darauf, ebenso Santorin und Thirasia. Lemnos ergab sich, dank der Entschlossenheit der herrschenden Familie Navagaioso erst nach dreijähriger Belagerung.

Nun schien der Weg frei für die letzte Eroberung auf Euböa, wo sich nur noch die Hauptstadt Chalkis in lateinischen Händen befand. Eine Schlacht vor den Mauern endete mit der Gefangennahme von Felisas Bruder Giberto da Verona, einem der Beherrscher der Insel, sowie Jean de la Roche, dem Herzog von Athen-Theben. Doch noch bevor Licario seinen Erfolg ausweiten konnte, traf Jeans Bruder Jacques de la Roche, Statthalter von Nauplia, mit einem großen Heer ein und mit ihm beinahe gleichzeitig die Nachricht, daß die byzantinische Streitmacht seitens Johannes' des Bastards eine weitere schwere Niederlage erlitten habe. Chalkis, entschied Licario, würde also warten müssen. Er kehrte mit seinen Soldaten und den Gefangenen nach Konstantinopel zurück, wo der Kaiser ihn in den Rang eines *Megas Dux* erhob, was soviel hieß wie Befehlshaber über alle lateinischen Söldner im Reich: ein Amt, das Michael zuvor persönlich innehatte. Für Giberto da Verona erwies sich dieser Schreck als zu groß: Als er den niedersten seiner ehemaligen Vasallen herausgeputzt in seiner eigenen kostbaren offiziellen Robe und auch noch vertraulich in das kaiserliche Ohr flüstern sah, erlag er auf der Stelle einem Schlaganfall. Jean de la Roche hatte mehr Glück, er wurde für 30 000 Soldi freigekauft, doch starb auch er bald darauf.

Was Licario angeht, so verschwindet sein Name ebenso plötzlich aus den Chroniken, wie er auftauchte. Es findet sich weder ein Hinweis darauf, wann und wie er gestorben ist – was sicher der Fall gewesen wäre, wäre er in einer Schlacht gefallen –, noch, daß er in Ungnade fiel. Wir können also annehmen, daß auch er eines natürlichen Todes starb, wahrscheinlich in Konstantinopel. Er erlebte die Eroberung von Chalkis nicht und kam auch nicht dazu, die ihm rechtmäßig zustehende Herrschaft über seine Heimatinsel anzutreten. Dennoch verdient er, auf diesen Seiten erwähnt zu werden, und zwar als einer der besten Admirale seiner Zeit wie als eine der Hauptfiguren in Michael Palaiologos' langem Kampf um die Rückgewinnung des ehemaligen Reichsgebiet auf dem Balkan.

Der anhaltende Kriegszustand auf dem Balkan und in der Ägais stellte einen Quell echter Betrübnis für Papst Gregor dar. Doch er war, wie bereits erwähnt, Realist und wußte daher, daß er ihn nicht verhindern konnte. 1275 gelang es ihm immerhin, eine einjährige Waffenruhe zwischen Michael und Karl von Anjou zu vereinbaren, in der Hoffnung, daß die beiden diese Zeit dazu nutzten, die einzige militärische Handlung in Erwägung zu ziehen, der er seinen Segen erteilen würde, nämlich einen neuen Kreuzzug. Es verblüfft nicht wenig, zu vernehmen, daß Michael in diesem Zusammenhang vorschlug, die Kreuzzugsheere sollten, statt den Seeweg zu nehmen, der Route des ersten Kreuzzugs folgen, also durch den Balkan nach Konstantinopel und dann, nach der Überquerung des Bosporus, weiter durch Kleinasien und Syrien nach Palästina ziehen. Ein solcher Plan klingt in der Tat gefährlich. Von allem anderen abgesehen drohte dabei ernsthaft die Gefahr, daß die lateinischen Truppen Konstantinopel erneut angriffen. Indes hätte er auch zur Rückgewinnung Anatoliens aus türkischer und mongolischer Gewalt führen können, wobei allerdings nicht die geringste Garantie bestand, daß die wiedereroberten Gebiete auch an die rechtmäßige Oberhoheit zurückgelangen würden. Die Vorstellung, noch mehr lateinische Emporkömmlinge auf Reichsgebiet einherstolzieren zu sehen, kann Michael keine Freude bereitet haben.

Und doch: War es andererseits nicht sinnvoller, sich dieser Kreuzfahrer zu bedienen, wo sie doch ohnehin kommen würden? Es bestand zumindest die Möglichkeit, Anatolien ein für allemal von den Ungläubigen zu befreien, und wann würde sich eine solche Gelegenheit noch einmal bieten? Und hatte nicht sein Ahne Alexios Komnenos die Heere des ersten Kreuzzugs auf ähnliche Weise benutzt, und mit beachtlichem Erfolg? Michael muß lange und gründlich nachgedacht haben, bevor er seinen Vorschlag äußerte. Papst Gregor aber war sofort Feuer und Flamme. Der Gedanke, die bedeutenden christlichen Städte – selbst Antiochia – zurückzugewinnen, mußte bei ihm Anklang finden. Gleichzeitig würden auf diese Weise den Heeren all die Gefahren einer langen und unbequemen Seereise erspart bleiben. Seine Begeisterung schlug so hoch, daß er eine persönliche Begegnung mit Kaiser Michael in Brindisi zum frühestmöglichen Zeitpunkt nach Ostern 1276 anregte, oder, sollte dieser zögern – was anzunehmen war –, anbot, persönlich den Fuß über die Grenze des Regno zu setzen und jenseits der Adria, in Awlona, mit ihm zusammenzukommen.

Doch am 10. Januar, drei Monate vor dem vereinbarten Treffen, starb Papst Gregor X. in Arezzo, und obwohl sein sanfter und friedliebender Nachfolger Innozenz V. den engen Kontakt mit Byzanz aufrechterhielt, war er ein gutes Stück weniger erpicht auf einen Kreuzzug und weder an einer Landexpedition noch an einem Treffen mit dem byzantinischen Kaiser interessiert. So wurden beide Pläne fallengelassen. Es war das letzte Mal in der Geschichte, daß eine vereinte Christenheit – im Prinzip – die Möglichkeit gehabt hätte, die Türken aus Anatolien zu vertreiben und diesen Landstrich nach zweihundert Jahren dem Byzantinischen Reich wieder einzuverleiben. Die Gelegenheit kehrte aus Gründen, die am Ende dieses Kapitels nur allzu klar sein werden, nie wieder.

Papst Innozenz (Pierre de Tarentaise) war ebenfalls Franzose. Seine Wahl wirkte sich entsprechend positiv auf die Stimmung Karls von Anjou aus, der schamlos zu seinen Gunsten intrigiert hatte und nun sofort an den päpstlichen Hof eilte. Er konnte es Michael nicht verzeihen, daß er ihn in Lyon überlistet hatte; auch hatte er aus seinem Abscheu über Papst Gregors Politik der guten Beziehungen mit Byzanz nie einen Hehl gemacht. Seine Absichten in bezug auf Konstantinopel hatten an Bestimmtheit nichts eingebüßt, und als er herausfand, daß der neue Papst dafür ebensowenig Sympathie aufbrachte wie sein Vorgänger, biß er vor Wut in sein Zepter – dies wird uns jedenfalls sowohl von Pachymeres als auch vom zeitgenössischen sizilianischen Chronisten Bartolomeo von Neocastro berichtet. Aber Innozenz starb nach einem Pontifikat von fünf Monaten, sein Nachfolger Hadrian V. nach nur fünf Wochen, und die Amtszeit des ihm folgenden Johannes XXI. dauerte gerade sieben Monate; dann fiel die Decke seines neuen Arbeitszimmers im Palast in Viterbo herunter und erschlug ihn.[5] Erst im November 1277 gelang es dem Kardinalskollegium endlich, nach einem sechs Monate währenden vierten Konklave in eineinhalb Jahren, den endlosen Machenschaften Karls von Anjou zu trotzen und einen Papst zu wählen, der lange genug herrschte, um die päpstliche Politik nachhaltig zu prägen.

Giovanni Gaetano Orsini, der den Namen Nikolaus III. annahm, war Mitglied einer der mächtigsten römischen Familien. Als solches hatte er wenig Geduld mit Karls ständiger Einmischung in päpstliche

Angelegenheiten und noch weniger mit dessen unverhohlenen Herrscheransprüchen. Jahrelang hatte der König von Sizilien seinen Titel Senator von Rom dazu benutzt, die Papstwahlen zu beeinflussen – oder dies zu versuchen –, und französische wie italienische Kardinäle bestochen, damit sie für seine Kandidaten stimmten, und ebenso das Reichsvikariat in der Toskana zur Förderung seiner politischen Ambitionen auf der italienischen Halbinsel. Binnen weniger Wochen nach seiner Wahl hatte der neue Papst ihn zum Verzicht auf beide Ämter gezwungen. Auch untersagte er es Karl kategorisch, seine Pläne für einen Angriff auf Konstantinopel weiterzuverfolgen. Dieses letzte Verbot gründete nicht auf einer besonderen Sympathie für Michael Palaiologos oder das Byzantinische Reich; Nikolaus betrachtete Ost und West vielmehr als zwei gegnerische Mächte, zwischen denen der Heilige Stuhl das Gleichgewicht hielt und dafür sorgte, daß keine zu mächtig wurde. Doch Michael waren Papst Nikolaus' diesbezügliche Ansichten gleichgültig; ihm genügte es, seinen Feind gedemütigt und sein Reich endlich frei von jener Bedrohung zu sehen, die es so sehr überschattet hatte.

In einer Hinsicht allerdings blieb der Papst so unerbittlich wie seine Vorgänger: Er bestand darauf, daß Byzanz nach der Annahme der kirchlichen Union in Lyon den Beweis erbrachte, daß diese Union auch tatsächlich vollzogen und die griechische Kirche bereit war, in allen Dingen dem Diktat Roms Gehorsam zu leisten, dies sowohl in der Liturgie als auch hinsichtlich der Doktrin. Michael hatte bereits ein großes Stück auf diesem Weg zurückgelegt. Nach der Zeremonie in Lyon hatte er auch deren Wiederholung im Januar 1275 in Konstantinopel zugestimmt, welche die ersten Aufstände verursachte, und im April 1277 leisteten er und sein Sohn Andronikos – Mitkaiser seit 1272 – im Blachernenpalast in Anwesenheit des Patriarchen, des obersten Klerus und des Päpstlichen Legats weitere Eide, welche die in ihrem Namen von Georgios Akropolites in Lyon geleisteten festschrieben. Danach unterzeichneten sie mehrere Dokumente, in denen die entsprechenden Punkte in lateinischer Sprache bestätigt wurden. Dazu gehörten das *Filioque,* die Lehre vom Fegefeuer, die sieben Sakramente, wie sie in Rom versehen wurden, die Verwendung ungesäuerten Brotes in der heiligen Messe und natürlich das päpstliche Primat mit dem Recht auf Berufung auf den Heiligen Stuhl. Damit wäre im Grunde alles in Ordnung gewesen, hätten sich die griechischen Geistlichen nicht geweigert, entsprechende persönliche Bekenntnisse abzulegen, wo doch schon das vom Patriarchen Johannes Bekkos in ihrem Namen abgefaßte gemeinsame Schreiben hinsichtlich mehrerer Kernfragen zweideutig geblieben war. Ein paar Monate später versuchte eine Synode in der Hagia Sophia ihre Aufrichtigkeit zu belegen, indem sie Nikephoros I. von Epiros und Johannes den Bastard von Thessalien für deren Festhalten an der Orthodoxie mit dem Kirchenbann belegte, worauf, wie erwähnt, Johannes seinerseits ein entsprechendes Urteil über Michael Palaiologos, Johannes Bekkos und Papst Nikolaus III. sprechen ließ; doch für die Kurie in Rom blieb die Aufrichtigkeit der griechischen Kirche in Konstantinopel nach wie vor höchst fragwürdig.

Papst Nikolaus III. gedachte die Angelegenheit ein für allemal aus der Welt zu schaffen. Er besaß indes nur einen Bruchteil der Geduld, die Gregor X. gezeigt hatte, und nichts von dessen diplomatischem Fingerspitzengefühl. Im Frühjahr 1279 entsandte er unter der Leitung von Bischof Bartholomäus von Grosseto eine neue Gesandtschaft mit einer ganzen Reihe kategorischer Forderungen nach Konstantinopel. Laut der ersten hatten »der Patriarch und der gesamte übrige Klerus in jeder Festung, jedem Dorf und an jedem anderen Ort, einzeln und gemeinsam, die Wahrheit des Glaubens und das Primat der römischen Kirche durch einen Eid anzuerkennen, sich ihm zu unterwerfen und es zu beschwören [...] bedingungslos und ohne Hinzufügung«; dann folgte der Text des geforderten Eides in seiner ganzen Länge. Zweitens hatten »jene, die das Amt eines Predigers versehen, ihre Gemeinde öffentlich und sorgfältig im wahren Glauben zu unterweisen und mit ihr das Glaubensbekenntnis unter Anfügen des *Filioque* zu beten«. Um sicherzustellen, daß dies geschah, hatten die päpstlichen Gesandten alle größeren Städte im Reich persönlich aufzusuchen und von allen, die sie in Kathedralen, Kirchen und Klöstern antrafen, einzeln und ordnungsgemäß bezeugt, das Glaubensbekenntnis sowie die Anerkennung des päpstlichen Primats einzuholen. Davon mußten sie jeweils eine unterzeichnete Kopie nach Rom schicken, und erst dann konnten sich die griechischen Geistlichen um die Bestätigung der Ämter bemühen, die sie innehatten. Bis dahin galten all diese Ämter als unkanonisch besetzt und wurden von Rom nicht anerkannt. Papst Nikolaus wies besonders Michaels frühere Bitte ab – die der Patriarch in seinem Schreiben wiederholt hatte –, daß den griechischen Gemeinden erlaubt werden solle, an ihren alten Riten aus der Zeit vor dem Schisma festzuhalten: »Einheit des Glaubens«, schrieb er, »gestattet keine Vielfältigkeit unter den Gläubigen oder im Glauben.« Zu guter Letzt tat er noch seine Absicht kund, einen Kardinalslegaten mit offiziellem Amtssitz in Konstantinopel zu bestimmen.

Michael, der immer wieder versichert hatte, Konstantinopel werde von einer ständigen päpstlichen Vertretung verschont bleiben, kam dieser letzte Punkt besonders ungelegen, doch geriet seine Stellung, was Rom anbelangte, auch insgesamt mehr und mehr ins Wanken. Seine eigene Kirche – deren Mitglieder die Union mehrheitlich ohnehin nie gewollt hatten – machte keinen Hehl aus ihrer Wut über die andauernden Belästigungen durch einen Papst nach dem anderen, und er wußte, daß er das Mögliche bereits erreicht hatte und sie nicht weiter bedrängen konnte. Erschwerend wirkte sich zudem eine erst kurz zuvor ausgetragene ernsthafte Meinungsverschiedenheit mit Johannes Bekkos aus, in deren Folge dieser den Rücktritt eingereicht und sich in das Manganenkloster zurückgezogen hatte. Es gelang Michael zwar, diese unangenehme Tatsache vor den päpstlichen Gesandten zu verbergen, indem er ihnen mitteilte, der Patriarch habe sich lediglich für eine wohlverdiente Ruhepause dorthin begeben, und andererseits Bekkos überredetete, den Schein zu wahren und sie an seinem Zufluchtsort zu empfangen, aber er wußte zu genau, daß nicht die geringste Möglichkeit bestand, Roms Forderungen zu erfüllen. Er konnte einzig alles ihm Mögliche tun, um sie nicht mehr zu verärgern als nötig, und einmal mehr versuchen, Zeit zu gewinnen. Dazu aber benötigte er die Unterstützung der Kirche. Er zitierte also den höheren Klerus in seinen Palast und sprach offen wie nie zuvor:

> Ihr wißt alle, mit welchen Schwierigkeiten das gegenwärtige Abkommen zustande gekommen ist [...] Ich bin mir bewußt, daß ich vielen unter euch Gewalt angetan und viele Freunde verletzt habe, auch Mitglieder meiner eigenen Familie [...] Ich ging davon aus, daß die Angelegenheit damit beendet sei und Rom keine weiteren Forderungen mehr stellen würde [...] Doch dank bestimmten Leuten, die entschlossen sind, Zwietracht zu säen, verlangen sie nun weitere Beweise für die Union. Das ist der Zweck ihrer gegenwärtigen Mission. Ich wollte euch im voraus darüber in Kenntnis setzen, damit ihr, wenn ihr die Gesandten hört, nicht übermäßig beunruhigt seid, oder aber mich des Unglaubens verdächtigt, wenn ihr mein Verhalten ihnen gegenüber seht.
>
> So wahr Gott mein Zeuge ist, werde ich keinen Akzent, kein Jota an unserem Glauben ändern. Ich gelobe, das Glaubensbekenntnis unserer Vorfahren hochzuhalten und mich nicht nur Rom zu wider-

setzen, sondern allen, die es in Frage stellen. Wenn ich die Gesandten freundschaftlich empfange, kann euch das nicht schaden. Ich bin der Ansicht, daß wir sie freundlich behandeln sollten, damit wir uns nur nicht noch mehr Schwierigkeiten zuziehen. Denn dieser neue Papst ist uns nicht so wohlgesinnt wie Gregor.

Seine Worte zeigten Wirkung. Die griechischen Prälaten hörten sich Bischof Bartholomäus ruhig an, und es gelang ihnen, höflich zu bleiben. Aber die geforderten Eide verweigerten sie beharrlich. Das äußerste, was Kaiser Michael Palaiologos tun konnte, war die Abgabe einer weiteren schriftlichen Erklärung ähnlich jener zwei Jahre zuvor, aber diesmal verweigerten viele, die das erste Mal noch unterschrieben hatten, ihre Zustimmung, so daß er eine Anzahl Bischöfe erfinden und deren Unterschrift fälschen mußte, damit das Dokument auch nur einigermaßen eindrucksvoll wirkte. Um die Gesandten von seiner Aufrichtigkeit zu überzeugen, hatte er sie zwischendurch in das kaiserliche Gefängnis geführt, wo sie sich persönlich ein Bild von der Behandlung machen konnten, die denjenigen zuteil wurde, die sich der Kirchenunion widersetzten; unter ihnen befanden sich auch Mitglieder der kaiserlichen Familie. Am 1. September wiederholten er und Andronikos schließlich in ihrer Gegenwart ihre früheren Eide sowohl mündlich wie schriftlich.

Mehr zu tun, stand nicht in seiner Macht. Mochten Bartholomäus und seine Mitgesandten von den guten Absichten Michaels und seines Sohnes Andronikos überzeugt sein oder nicht, was den griechischen Klerus anging, können sich ihre schon bestehenden Zweifel nur bestätigt haben. Was immer die Dokumente, die sie mitnahmen, auch besagten, die wahre kirchliche Einheit blieb ein Trugbild. In den byzantinischen Herzen bestand das Schisma so stark wie eh und je.

Weder gelang es Papst Nikolaus, das Byzantinische Reich aus vollem Herzen wieder in den Schoß der römischen Gemeinde zurückzuführen, noch glückte es ihm, dieses mit Karl von Anjou auszusöhnen. Wohl hatte er Karl untersagt, die angedrohte Invasion zu starten, aber seine wiederholten Bemühungen, einen Friedensvertrag zwischen den beiden rivalisierenden Herrschern zustande zu bringen, ignorierten sie beide – Karl von Anjou, weil er in bezug auf Konstantinopel noch immer dunkle Absichten hegte, und Michael Palaiologos, weil ein Vertrag ihm möglicherweise die Hände in bezug auf seine Balkanpolitik gebunden hätte, wo der inoffizielle Krieg gegen die Regenten von Achäa, Epiros und Thessalien inzwischen reichen Profit abwarf.

Wilhelm von Achäa war am 1. Mai 1278 gestorben, ein Jahr nach dem Tod seines Schwiegersohnes und Erben Philipp von Anjou. Karl von Anjou hatte dadurch gemäß dem aus dem Jahre 1267 stammenden Vertrag von Viterbo das Fürstentum und mit ihm die Oberherrschaft über das gesamte osteuropäische Gebiet geerbt, das sich noch unter lateinischer Herrschaft befand. Für Michael Palaiologos bedeutete diese Entwicklung keinen Grund zur Sorge, im Gegenteil: Fortan würde Achäa, statt über ein eigenes Oberhaupt zu verfügen, das als Brennpunkt für die Loyalität der Bevölkerung dienen konnte, nur eines von vielen Gebieten sein, das einem fremden und abwesenden Gebieter unterstand, und bei diesem erregte es – angesichts seiner Konzentration auf Konstantinopel – praktisch kein Interesse. Die Habgier und Korruptheit der Vögte, die Karl von Anjou in seinem Namen als Statthalter entsandte, führte bei der griechischen wie der lateinischen Lokalbevölkerung zu einer offenen Revolte, und so konnten die kaiserlichen Truppen, die von ihren beiden Hauptlagern in Monemvasia und Mistra aus arbeiteten, die Wiedereroberung der Morea sogar noch schneller als zuvor vorantreiben.

Karl von Anjou kümmerte dies herzlich wenig. Die Häfen und Anlegestellen auf dem Peloponnes hätten ihm nur im Falle eines Seekriegs gegen Byzanz genutzt, und da er nicht über genügend Schiffe verfügte und versäumt hatte, mit Venedig – wo man im Gegenteil 1277 einen neuen Vertrag mit Michael abgeschlossen hatte – eine diesbezügliche Übereinkunft zu treffen, bestand dazu gar nicht die Möglichkeit. Der Angriff mußte vom Land her erfolgen. Der Papst hatte einen solchen zwar verboten, aber er war schon über sechzig und würde nicht ewig leben. Abgesehen davon war Karl von Anjou auch bereit, ihm nötigenfalls zu trotzen. War es erst einmal soweit, würde seine Streitmacht die Via Egnatia benutzen müssen, jene von alters her bekannte Route durch die Balkanhalbinsel, was wiederum einen Brückenkopf in Albanien oder im nördlichen Epiros erforderte. Auch dieses Gebiet geriet nun unter zunehmenden byzantinischen Druck. Daher schloß Karl von Anjou am 10. April 1279 ein Abkommen mit Nikephoros I. von Epiros, in dem sich dieser als Gegenleistung für militärische Unterstützung gegen Byzanz zum Vasallen Karls von Anjou, des Königs von Sizilien, erklärte und ihm ein paar wichtige Festungen abtrat.

Während der folgenden eineinhalb Jahre ergoß sich ein steter Strom von Männern und Pferden über die Adria, wo sie von Hugo dem Roten von Sully, einem der zuverlässigsten Feldherren Karls, zu einer Kampftruppe vereinigt wurden. Mit ihnen trafen auch Unmengen von Waffen und Belagerungsmaschinen sowie eine weitere, kleine Schar Pioniere, Ingenieure und Zimmerleute ein, um die technische Unterstützung zu gewährleisten. Der Tod Papst Nikolaus' III. – der im August 1280, äußerst gelegen, eintrat – bedeutete das Ende des päpstlichen Bannes, und im Spätherbst desselben Jahres zog ein Heer von rund achttausend Mann, darunter zweitausend Berittene und ein großer Verband sarazenischer Bogenschützen, ostwärts quer durch Albanien der byzantinischen Festung Berat entgegen. Auf ihrem hohen Felsen, der das westliche Ende der Via Egnatia beherrschte, stellte Berat das erste Glied in der Kette der Festungsbauten dar, die Sully über die ganze Halbinsel gespannt zu schmieden gedachte, und er gab sofort Befehl, sie zu belagern. Ihrer Bedeutung entsprechend verfügte die Siedlung über eine gut ausgerüstete Garnison; doch die Größe der angevinischen Streitmacht machte nur allzu deutlich, daß sie sich nicht so einfach entmutigen lassen würde, und so entsandte der dortige Befehlshaber Boten nach Konstantinopel mit der dringenden Bitte um Verstärkung.

Sie fanden den Kaiser im Zustand großer Besorgnis. Noch immer erhitzten sich die Gemüter über der Frage der Kirchenunion, und wer immer dagegen war, hatte ihm nicht vergeben. Und viele von ihnen, so fürchtete er, konnten Karls Feldzug durchaus als Möglichkeit betrachten, ihn ein für allemal loszuwerden. Auch traute er der venezianischen Kolonie nicht besonders, die sich nach Abschluß des Vertrags von 1277 in Konstantinopel wieder gebildet hatte und deren Umfang stetig wuchs, obwohl Venedig die Übereinkunft zwei Jahre später gekündigt hatte. Falls Berat fiel, konnte Karl von Anjou innerhalb weniger Wochen in Thessalonike stehen; und wie sahen dann die Aussichten für Konstantinopel aus? Michael betraute seinen Neffen Michael Tarchaneiotes, Sohn seiner Schwester Maria, mit dem Befehl über die besten Truppen, die es einzuberufen gab, und ordnete für die ganze Stadt eine durchgehende Nachtwache an. Zumindest in jener Nacht dachte niemand an die Kirchenunion: Aus den tausend Kirchen erscholl die alte byzantinische Liturgie; die Menschen beteten für die Rettung ihres Reichs.

Die Belagerung dauerte den ganzen Winter hindurch; Karl hielt seinen Befehlshaber mit einem gleichmäßigen Nachrichtenfluß auf Trab, ermunterte ihn stets zu noch größeren Anstrengungen und befahl ihm im Dezember sogar, Berat im Sturm zu nehmen. Doch die vortreffliche Verteidigungslage machte die Ausführung einer solchen Anordnung unmöglich. So verwüsteten Sullys Leute das Umland in der Hoffnung, die griechische Garnison auf diese Weise auszuhungern und zur Aufgabe zu bewegen. Die ganze Zeit über verteidigte sich diese jedoch zäh und wurde im März 1281 schließlich mit dem Anblick des Befreiungsheers belohnt, das sich vom Horizont her näherte. Noch willkommener waren – denn inzwischen herrschte ernstlich Knappheit – die im Schutze der Dunkelheit auf dem Asounes (Lium) in den Ort hereintreibenden, mit Lebensmitteln beladenen Flöße. Unterdessen verschanzten sich Feldherr Tarchaneiotes – den Michael angewiesen hatte, offene Feldschlachten zu vermeiden – und seine Streitmacht in der bergigen Umgebung und warteten auf ihre Gelegenheit zum Eingreifen.

Sie brauchten nicht lange zu warten. Ein oder zwei Tage später beschloß der am feuerroten Haarschopf leicht erkennbare Hugo von Sully, die byzantinischen Stellungen persönlich auszukundschaften. Kaum war er in Begleitung einer fünfundzwanzig Mann starken Eskorte aus dem Lager geritten, brach das Pferd unter ihm von einem Pfeil getroffen zusammen, und er fand sich von einem Trupp türkischer Söldner umzingelt. Ein paar seiner Begleiter konnten entwischen und galoppierten mit der Nachricht in das Lager zurück. Dort geriet Karls Heer in Panik und machte sich aus dem Staub, die byzantinischen Soldaten sowie die Garnison von Berat hart auf den Fersen. Die wie immer schwer bewaffneten lateinischen Reiter waren gut geschützt gegen die kaiserlichen Bogenschützen, aber ihre armen, langsamen Pferde wurden eins nach dem andern zu Fall gebracht, so daß sich bis zum Abend die Mehrheit des Heers, darunter fast alle Befehlshaber, in byzantinischer Hand befand. Die Gefangenen, zu denen auch Sully gehörte, wurden nach Konstantinopel zurückgebracht und mußten, wie üblich, in einem Triumphzug mitmarschieren.

Später ließ Michael Palaiologos den Sieg auf der Palastmauer malerisch festhalten; kein Wunder, war es doch der größte, den Byzanz seit Pelagonia und der Rückgewinnung Konstantinopels aus lateinischer Herrschaft errungen hatte. Zudem befanden sich nun als direkte Folge davon das gesamte albanische Binnenland sowie Nordepiros bis Janina unter byzantinischer Kontrolle. Für Karl von Anjou aber bedeuteten diese wenigen, schicksalhaften Stunden tiefste Erniedrigung, vor Freund wie Feind. Gleichzeitig gingen damit zwei Jahre harter Arbeit – ganz zu schweigen von den hohen Auslagen – für die Aufrüstung seiner Expeditionstruppen verloren, und seinen lange gehegten Traum von einem Reich im Osten mußte er auf unbestimmte Zeit vertagen.

Doch aufgeschoben ist nicht aufgehoben. Karl gab seinen Traum keineswegs auf. Wenn überhaupt etwas, zeigte die Katastrophe von Berat einzig die Wirkung, daß sich Karls Entschiedenheit, Michael Palaiologos zu vernichten, noch verstärkte. Trotz der Verluste war seine Lage auch keinesfalls hoffnungslos, und sie hatte sich durch die Wahl des Franzosen Simon de Brie im Februar 1281, sechs Monate nach dem Tod Papst Nikolaus' III., auf den Papstthron noch deutlich verbessert.[6] Simon, der den Namen Martin IV. annahm, hatte am Hof Ludwigs des Heiligen gedient und später als Päpstlicher Legat wesentlich dazu beigetragen, Karl für den Griff nach der Krone Siziliens den Weg zu ebnen. Als fanatischer Patriot, der allem Italienischen zutiefst mißtraute, war er dem französischen Königshaus treu ergeben und machte kein Geheimnis aus seiner Bereitschaft, das Pontifikat den Interessen Frankreichs zu unterwerfen. Fortan konnte Karl seine Expansionspolitik also betreiben, ohne Schwierigkeiten seitens Roms befürchten zu müssen.

Das erste Ziel dieser Politik war Venedig. Seit Berat stand ein weiterer Feldzug gegen Konstantinopel auf dem Landweg außer Frage. Jede neue Streitmacht würde den Seeweg nehmen müssen, und das wiederum konnte nur mit Unterstützung der venezianischen Flotte geschehen. Die jüngsten Bemühungen Karls, die Serenissima dafür zu gewinnen, hatten zwar aufgrund des venezianisch-byzantinischen Vertrags von 1277 nie zu etwas geführt, doch die vier inzwischen verstrichenen Jahre hatten zu einem deutlichen Wandel in der venezianischen Einstellung geführt. Am Rialto erkannte man den Vertrag schon bald als praktisch wertlos. Venedigs Handelsverkehr nahm stetig ab, venezianische Kaufleute wurden als Menschen zweiter Klasse behandelt und ihre vertraglich zugesicherten Rechte ignoriert. Aber das Schlimmste aus ihrer Sicht war, daß der genuesische Handel gedieh und sich in vollem Maße eben jener Privilegien erfreute, die Venedig vorenthalten wurden. 1279 hatte der Doge den Vertrag widerrufen, und seither waren die Beziehungen zwischen Venedig und Byzanz sozusagen auf den Gefrierpunkt gesunken. 1281 entschloß man sich in Venedig schließlich zum Frontwechsel. Der Vertrag, den Karl, der lateinische »Kaiser« Philipp von Courtenay und die Vertreter der Republik Venedig am 3. Juli in Orvieto unterzeichneten, sah für das Frühjahr 1283 einen Seefeldzug gegen Konstantinopel vor, an dem alle drei Regenten persönlich teilnehmen würden, also Karl (oder sein ältester Sohn), Philipp und der Doge Giovanni Dandolo. Eine venezianische Flotte von mindestens vierzig bewaffneten Galeeren würde die Lagune bis spätestens 1. April verlassen und sich zwei Wochen später mit den von Karl von Anjou und Philipp von Courtenay bereitgestellten Transportschiffen in Brindisi treffen.

Papst Martin gehörte nicht zu den Unterzeichnern des Vertrags, doch die Tatsache, daß dessen Abschluß im päpstlichen Palast in Orvieto stattgefunden hatte, genügt als Beweis dafür, daß er seine begeisterte Unterstützung genoß. Überdies verhängte er nur drei Monate später, nämlich am 18. Oktober, plötzlich ohne erkennbaren Grund den Kirchenbann über den byzantinischen Kaiser:

> Wir erklären, daß Michael Palaiologos, welcher griechischer Kaiser genannt wird, als Anhänger des griechischen Schismas und fortwährender griechischer Häresie den Bannstrahl auf sich gezogen hat [...] Wir verbieten daher allen Personen königlichen, prinzlichen, herzoglichen, markgräflichen und gräflichen sowie jedwelchen anderen höheren Ranges oder Standes, sodann allen Siedlungen, Festungen und anderen Orten ausdrücklich, mit diesem Michael Palaiologos Bündnisse einzugehen oder Verbindungen irgendwelcher Art zu vereinbaren, die ihnen als Vorschlag unterbreitet werden könnten, solange er unter dem Bann steht [...] Ferner soll sein Hoheitsgebiet dem Kirchenbann ausgesetzt werden, und ihm alles Hab und Gut genommen werden, das er von welcher Kirche auch immer besitzt. Darüber hinaus soll er, nach unserem Gutdünken, weitere, geistliche Strafen erleiden; und jedes bestehende Bündnis [...] erklären wir für null und nichtig.

Dieses Urteil wurde ein Jahr später zweimal erneuert, aber Michael platzte schon vorher der Kragen. Nie zuvor hatte ein Basileus soviel für das Papsttum getan wie er. Er wie auch sein Sohn Andronikos hatten der römischen Kirche zweimal den Treueeid geleistet und jeden einzelnen Abschnitt ihres Glaubensbekenntnisses akzeptiert, selbst das *Filioque*. Er hatte das Äußerste getan, um die byzantinischen Geistlichen ebenfalls dazu zu bewegen – und dabei einen Bürgerkrieg und seinen Thron riskiert; und er hatte dabei sogar beachtliche Erfolge erzielt. Doch statt ihn dafür zu belohnen, verhängte eben diese lateinische Kirche nun den Bann über ihn, machte in einem einzigen verantwortungslosen Augenblick die Arbeit von zwanzig Jahren zunichte – und zwar nicht nur seine, sondern auch die von mindestens sechs Päpsten – und ließ ihn in der Auseinandersetzung mit seinen Feinden im Stich. Merkwürdig, daß Michael die Union selbst unter diesen Umständen nicht preisgab, sondern sich nach wie vor als an seinen Eid gebunden betrachtete; aber es bestand natürlich die Möglichkeit, daß Martins Nachfolger den Bann aufhob. Indes gab er Anweisung, den Namen des Papstes von den Diptychen zu streichen – den Listen jener Personen, deren man im Gebet durch Namensnennung laut gedachte –, und setzte gleichzeitig alle getroffenen Vorkehrungen aus, mit denen der Bevölkerung die lateinischen Riten aufgezwungen werden sollten. Auch unternahm er sämtliche Anstrengungen, um sich mit der griechischen Kirche wieder auszusöhnen, sah es doch ganz danach aus, als benötigte er deren Unterstützung in den kommenden Anfechtungen mehr denn je.

Karl von Anjou war nun der mächtigste Regent in Europa. Außer seinen Königreichen Sizilien (einschließlich ganz Süditalien) und Albanien gebot er über Achäa, die Provence, Forcalquier, Anjou und Maine, war Lehnsherr über Tunis sowie Senator von Rom. Der König von Frankreich war sein Neffe, jener von Ungarn und der Titularkaiser von Konstantinopel zählten zu seinen Schwiegersöhnen. Auch in diplomatischer Hinsicht hatte er alle Vorsichtsmaßnahmen getroffen. Er verfügte über Bündnisverträge mit Serbien, Bulgarien, dem griechischen Oberhaupt von Epiros und – aufgrund ihrer Flottenübermacht auf dem Mittelmeer am entscheidendsten – mit der Republik Venedig. Der Papst tanzte nach seiner Geige und hatte überdies zuvorkommenderweise einen Eroberungskrieg zu einem Kreuzzug erhoben. Seine Lektion aus der Niederlage im Jahr zuvor hatte er gelernt, und nun bereitete er einen Marinefeldzug vor, der alles übertraf, was er bisher geplant hatte. Zu diesem Zweck hatte er über das ganze Herrschaftsgebiet vernichtend hohe Steuern verhängt, zu denen zusätzlich ein zehnter Teil für den Kreuzzug kam, und brachte dadurch einen beträchtlichen Teil der Bevölkerung an den Rand des Elends. Die so eingetriebenen Mittel erlaubten ihm ohne weiteres, über die im Vertrag von Orvieto vorgesehene Flottengröße hinauszugehen: So ließ er dreihundert Schiffe in Neapel, der Provence und seinen adriatischen Häfen bauen und gab weitere hundert in Sizilien in Auftrag, eine Flotte, die ausreichte, um rund zwanzigtausend Ritter samt Pferden zu transportieren, ganz abgesehen von der Belagerungsmaschinerie, den Vorschlaghämmern, Äxten, Seilen, Pechkesseln, mehreren tausend Eisenstangen und Hakken sowie der ganzen übrigen Ausrüstung, die er für den Erfolg des ehrgeizigsten Feldzuges seiner Laufbahn für nötig hielt.

Auf der gegnerischen Seite fanden sich Michael Palaiologos, die Republik Genua und ein in diesem Zusammenhang neuer Name: König Peter III. von Aragon. Er war verheiratet mit Konstanze von Sizi-

Istanbul: Hagia Sophia, mit den nach der türkischen Eroberung hinzugefügten Minaretten *(Sonia Halliday Photographs)*.

Istanbul, Hagia Sophia: Maria mit dem Kinde, neben ihr Kaiser Johannes II. Komnenos und Kaiserin Piriska-Irene von Ungarn. Mosaik im Südteil der Empore *(e. t. archive)*.

Istanbul, Erlöserkirche des Choaraklosters (Kariye Camii): Theodor Metochites bringt Christus seine Kirche dar. Mosaik, um 1320 *(e. t. archive)*.

Kaiser Manuel I. Komnenos und Kaiserin Maria von Antiochia *(Giraudon)*.

Syrien: Kreuzfahrerburg Krak des Chevaliers, um 1140 *(Sonia Halliday Photographs)*.

Anatolien: Seldschukische Baukunst am Beispiel einer Brücke in Batman, 13. Jahrhundert *(Sonia Halliday Photographs)*.

Die heilige Katharina mit dem betenden Marschall Boucicault, aus dem Stundenbuch des Boucicault *(Musée Jacquemart-André, Paris/Giraudon)*.

Kaiser Friedrich I. Barbarossa
(Bibliothek des Vatikans, Rom/Sonia Halliday Photographs).

Kaiser Manuel II. Palaiologos, 1391–1425
(Bibliothèque Nationale, Paris/Giraudon).

Zeichnung eines türkischen Janitscharen von Gentile Bellini, Ende 14. Jahrhundert *(British Museum, London)*.

lien, einer Tochter König Manfreds, hielt sich daher für den rechtmäßigen Erben der Hohenstaufen und verabscheute das Haus Anjou entsprechend, hatte dieses sich doch in seinen Augen ein Königreich angeeignet, das eigentlich ihm zustand. Seit seiner Thronbesteigung im Jahre 1276 wirkten er und sein brillanter italienischer Kanzler Johannes von Procida auf Karls Umsturz hin. Ein aragonischer Gesandter hatte Michael zweimal heimlich in Konstantinopel aufgesucht und war dann beide Male nach Sizilien weitergereist, mit großzügigen Mengen byzantinischen Goldes versehen, das er darauf verwendete, Öl ins Feuer der Unzufriedenheit zu gießen.[7] Ende 1280 bemühte sich König Peter kaum noch, seine aggressive Absicht zu verbergen. Mag sein, daß er und Michael Palaiologos völlig unterschiedliche Beweggründe hatten, doch was ihre Einstellung gegenüber Karl von Anjou betraf, waren sie sich einig.

Peter von Aragon und Johannes von Procida leisteten gute Arbeit. In Süditalien, wo er sich alles in allem als fähiger und gewissenhafter Herrscher erwiesen hatte, war Karl nicht unbeliebt, doch in Sizilien stets verhaßt gewesen, und die lähmenden Steuern, die er im Laufe der vergangenen Jahre für eine Sache erhoben hatte, der die Bevölkerung wenig Sympathie entgegenbrachte – viele waren griechischer Abstammung und hatten deutlich mehr übrig für Byzanz –, machten die Insel zu einem fruchtbaren Boden für Subversion. Als daher Karls Armada an Ostern 1282 im Hafen von Messina vor Anker lag, indes seine Büttel durch Güter und Gehöfte zogen, um – ohne Entschädigung – Korn, Trockenfutter, Pferde, ja sogar ganze Rinder- und Schweineherden zu beschlagnahmen, um das Heer auf der langen Reise zu ernähren, standen die anti-angevinischen Gefühle kurz vor der Zündung.

Der verhängnisvolle Funke sprang am Ostermontag, dem 30. März, vor der Kirche Santo Spirito, die in Palermo noch heute steht. Wie üblich drängten sich auf dem Platz davor die Menschen im Genuß der Frühlingssonne und in Erwartung der Glocken, die zur Abendmesse riefen. Da tauchte ein offensichtlich betrunkenes Trüppchen angevinischer Soldaten auf, und einer namens Drouet begann eine Sizilianerin zu belästigen. Deren Mann fiel, als er dies bemerkte, in rascher Wut über ihn her und erstach ihn. Seine Kameraden stürzten voller Rachedurst herzu – und sahen sich umzingelt. Auch ihrer entledigte man sich unverzüglich. Und als die Vesperglocken erklangen, rannten die Leute schon durch die Stadt und riefen einander zum Aufstand gegen ihren Unterdrücker auf. *Moranu il Franchiski!* schrien sie in sizilianischem

Dialekt: Tod den Franzosen! Sie schrien nicht umsonst. Die ganze Nacht hindurch wurde gemordet und gequält. Sie zerrten dominikanische und franziskanische Ordensbrüder und -schwestern aus den Klöstern und befahlen ihnen, das Wort *ciciri* auszusprechen, was ihrer Meinung nach nur jemand mit italienischer Muttersprache fertigbrachte. Wer dazu nicht in der Lage war, wurde an Ort und Stelle niedergemacht. Die Zahl der Opfer belief sich auf gut zweitausend. Am folgenden Morgen gab es in Palermo niemanden französischer Herkunft mehr unter den Lebenden.

Und schon breitete sich der Aufstand auf der ganzen Insel aus. Ende April erreichte er Messina, wo die siebzig angevinischen Schiffe im Hafen angezündet wurden. Einmal mehr sah sich Karl von Anjou gezwungen, den Feldzug gegen Byzanz aufzuschieben; er beorderte sämtliche zweihundert Schiffe, die noch in den Festlandhäfen lagen, nach Messina und schleuderte den Rebellen unverzüglich die ganze Streitmacht entgegen, die er für die Eroberung Konstantinopels zusammengezogen hatte. Zugleich ging er daran, ein weiteres Heer auszuheben, führte dieses am 25. Juli persönlich über die Straße von Messina und belagerte die Stadt. Diese Belagerung dauerte den ganzen Sommer über an – ohne Erfolg. Am 30. August landete Peter von Aragon mit einem Riesenheer in Trapani, und am 2. September zog er in Palermo ein, wo er zum König von Sizilien ausgerufen wurde. (Ohne Zweifel hätte er eine angemessene Krönungsfeier vorgezogen, doch der französische Erzbischof von Palermo war umgebracht worden, und sein Kollege aus Monreale geflohen.) Zwei Wochen später erschienen seine Gesandten bei Karl von Anjou in dessen Lager außerhalb von Messina.

Karl befand sich nun in einer hoffnungslosen Situation. Das Tempo, in dem Peters Truppen ungehindert vorrückten, stellte dessen Beliebtheit auf der Insel klar unter Beweis. Auch war erkenntlich, daß die aragonesischen Truppen, sowohl zu Wasser wie zu Lande, den angevinischen mehr als gewachsen waren. Blieb er mit seinen Verbänden, wo er war, um ihnen wenn immer möglich standzuhalten, bestand die Gefahr, daß die Flotte eine Blockade errichtete und ihn zwischen dem vorrückenden Landheer und der noch immer nicht eroberten Stadt Messina festnagelte, ohne daß ihm die geringste Möglichkeit gegeben war, sich über die Meerenge zurückzuziehen. Das einzig Vernünftige war, auf das Festland zurückzukehren, solange dazu noch die Möglichkeit bestand, die unbeschäftigten Truppen wieder zu sammeln und für das kommende Jahr eine neue Invasion zu planen, vielleicht an einem leichter zugänglichen Küstenstrich. Mit aller Würde, die er aufbrachte, teilte er Peters Gesandten mit, er sei bereit, sich vorübergehend zurückzuziehen, weise aber klar sämtliche Ansprüche ihres Herrn auf die Insel zurück. Die Räumung setzte sofort ein und ging mit dem Vorrücken des aragonesischen Heeres immer rascher vonstatten; dennoch blieben reichlich Gepäck und Vorräte zurück, zusammen mit einer Anzahl bedauernswerter Soldaten, welche das triumphierende Volk von Messina mit aller Genugtuung massakrierte, bevor es König Peter von Aragon am 2. Oktober die Tore öffnete.

Michael Palaiologos und das byzantinische Volk sahen in der Sizilianischen Vesper und dem sich daraus ergebenden Wegfall Karls von Anjou als ernsthafte Bedrohung für ihr Reich wenn nicht noch ein Wunder, so doch ein weiteres Zeichen dafür, daß der Allmächtige auf ihrer Seite stand. Weder Michael noch sonst jemand aus Byzanz war an dem Zwischenfall vor der Kirche Santo Spirito direkt beteiligt gewesen oder für die folgenden Ereignisse verantwortlich, doch er hatte mit diplomatischen Intrigen und großzügigen finanziellen Zuwendungen an die sizilianischen Rebellen ohne Zweifel viel dazu beigetragen, den Boden dafür zu ebnen. In der autobiographischen Notiz, die er am Ende des Lebens für seinen Sohn Andronikos verfaßte, sah er denn auch keinen Grund zu übergroßer Bescheidenheit:

> In Sizilien hegte man nichts als Verachtung für die restlichen Truppen des barbarischen Königs und hatte den Mut, die Waffen zu erheben und sich aus der Sklaverei zu befreien. Und würde ich heute zu behaupten wagen, daß Gott ihre Befreiung plante und dies durch meine Hand erreichte, so wäre dies nichts als die Wahrheit.

Doch selbst damit waren seine Sorgen noch nicht zu Ende. Kaum hatte er erkannt, daß Byzanz nicht mehr unmittelbar von Karls Truppen bedroht war, zog er zu einem Feldzug gegen die Türken aus, die seine Inanspruchnahme durch den Westen gründlich dazu genutzt hatten, den Druck an den Ostgrenzen zu verstärken; und sobald er aus Anatolien zurückgekehrt war, galt es zu einer weiteren Kampagne gegen Johannes den Bastard von Thessalien aufzubrechen, die er zudem persönlich befehligen mußte, weil sein Bruder, der *Sebastokrator*, sowie mehrere andere führende Feldherren nicht mehr lebten. Entschlossen, Johannes ein für alle Male zu beseitigen, wandte er sich ohne Zögern an seinen mongolischen Schwiegersohn Nogay, Khan der Goldenen Horde, und dieser sandte ihm unverzüglich viertausend Tataren zu Hilfe.[8]

Aber Kaiser Michael stand inzwischen im neunundfünfzigsten Lebensjahr, und die Anstrengungen forderten ihren Tribut. Er verließ Konstantinopel in sichtbar schlechter körperlicher Verfassung. Kaiserin Theodora versuchte ihn davon zu überzeugen, daß es besser wäre, zumindest bis zum Frühjahr in Konstantinopel zu bleiben, doch er hörte nicht auf sie und schiffte sich Ende November in Selymbria, an der Nordküste des Marmarameeres, ein – und geriet direkt in einen heftigen Sturm, bei dem das Schiff offenbar einigen Schaden nahm, so daß er im nur rund dreißig Kilometer entfernten Rhaedestum (Tekirdag) wieder an Land gehen mußte. Von dort setzte er die Reise zu Pferd fort, doch es ging ihm so schlecht, daß er sie im thrakischen Örtchen Pachomios abbrach. Er legte sich zu Bett und starb am Freitag, dem 11. Dezember 1282, nachdem er Andronikos, seinen Sohn und Mitkaiser, zum Kaiser ernannt hatte.

Dessen erste Entscheidung als Alleinherrscher war gleichzeitig eine seiner klügsten. Ohne zu zögern gab er Anweisungen, und diese wurden noch in derselben Nacht ausgeführt. Den Leichnam seines Vaters brachte man im Schutz der Dunkelheit an einen entfernten Ort und schaufelte Erde darauf, um ihn vor wilden Tieren zu schützen, doch es gab weder eine Grabstätte, noch fand eine Zeremonie statt. Gregoras berichtet, Andronikos habe aus Verachtung für Michaels Verrat an der Kirche so gehandelt (fügt jedoch hinzu, in allen anderen Dingen habe es nie einen pflichtgetreueren Sohn gegeben); der wahre Beweggrund dürfte indes viel eher das Bestreben gewesen sein, den Leichnam vor Schändung zu bewahren. Andronikos machte sich keine Illusionen über den Grad an Beliebtheit, den sein Vater in Konstantinopel die letzten Jahre über genossen hatte. Zudem war Michael, der dem römischen Glauben nie abgeschworen hatte, aus orthodoxer Sicht – trotz des päpstlichen Bannstrahls – als Ketzer gestorben, und allein schon deshalb stand ein Staatsbegräbnis ganz außer Frage. Es war anzunehmen, daß die Kirche ihm ein christliches Begräbnis verweigern würde, und da konnte es nur von Vorteil sein, wenn man ihr dazu gar nicht erst Gelegenheit gab. So blieb der Leichnam mehrere Jahre an der Stelle liegen, an der man ihn verscharrt hatte; viel später ließ Andronikos die sterblichen Überreste seines Vaters in ein nahe gelegenes Kloster in Selymbria bringen. Bei Licht besehen aber erhielt der Kaiser, während dessen Regierungszeit Konstantinopel zurückgewonnen werden konnte und der das Reich vor der beinahe sicheren Vernichtung durch die vereinten westeuropäischen Streitkräfte bewahrt hatte, letzten Endes als Belohnung nichts anderes als die postume Exilierung; er kehrte nie wieder in seine Hauptstadt zurück.

Heute verbinden wir den Namen Michael Palaiologos vor allen Dingen mit der Wiedereroberung Konstantinopels. Dafür gebührt ihm jedoch, wie wir gesehen habe, kaum Anerkennung. Die lateinischen Herrscher lagen bereits in den letzten Zügen und hätten auf keinen Fall viel länger auszuharren vermocht, und er war nicht einmal persönlich anwesend, als die Truppen die Stadt betraten. Nun war er aber auch kein eigentlicher Soldaten-Kaiser; die meisten blutigen Schlachten, die während seiner Regierungszeit stattfanden, wurden ohne ihn geschlagen. In jungen Jahren hatte er sich als hervorragender Feldherr bewiesen, doch nach der Thronbesteigung übertrug er die Kampfführung zumeist anderen und übernahm das Kommando nur dann selbst, wenn es unbedingt nötig war. Nicht daß es ihm an der nötigen Kühnheit gefehlt hätte; die damaligen Umstände riefen jedoch erst in zweiter Linie nach militärischer Aktion; an erster Stelle war Diplomatie gefragt – und auf diesem Gebiet war er ein Meister, vielleicht der fähigste, den Byzanz je hervorbrachte. Angesichts der Gegnerschaft fast sämtlicher europäischer Mächte wußte niemand besser, wann zu handeln und wann eine Ausflucht angebracht war, wann er unerbittlich zu bleiben und wann er nachzugeben hatte, wann es ein Bündnis einzugehen und wann eine Heirat zu arrangieren, wann es zu drohen, wann zu schmeicheln und wann zu schmieren galt. Um die Sicherheit des Byzantinischen Reichs zu gewährleisten, war er zu jedem Opfer bereit – sogar zur Preisgabe der unabhängigen orthodoxen Kirche. Und doch hinterließ er nicht nur das Reich gesicherter denn je, sondern auch die Kirche so frei, wie sie es immer gewesen war.

Nun könnte man argumentieren, er habe eben Glück gehabt; aber das trifft auf die meisten herausragenden Persönlichkeiten zu, und Michael Palaiologos war ein herausragender Kaiser. Doch ebenso wie sie alle hatte auch er Fehler. Er war verschlagen und doppelzüngig, und obwohl er zweifellos behaupten würde, er habe stets mit dem Rücken an der Wand gekämpft und daher kaum eine andere Wahl gehabt, bleibt der Umstand bestehen, daß man ihm weder vor noch nach der Thronbesteigung jemals wirklich zu trauen schien. Ohne jähzornig zu sein, konnte er, einmal in Zorn geraten, grausam und absolut gnadenlos reagieren. Die Terrorherrschaft, mit der er seinen Beschluß zur Kirchenunion in Konstantinopel durchsetzte, war selbst nach byzantinischen Maßstäben furchteinflößend. Auch neigte er zu Gefühllosigkeit: Einmal abgesehen vom Mord an Georgios Muzalon und dessen Bruder, versetzte die Art, wie er den minderjährigen Kaiser Johannes Laskaris behandelte, all seinen Zeitgenossen mitsamt seiner Familie einen

Schock und verursacht uns heute noch Übelkeit. Dennoch wächst, je mehr wir über ihn lesen, in uns die Überzeugung, daß, wenn überhaupt, wohl nur wenige seiner Vorgänger das Reich mit so sicherer Hand durch diese besonders gefährliche Zeit der byzantinischen Geschichte hätten lenken können. So kann man sagen, daß bei allem Glück, das Michael vielleicht begünstigte, auch die Bevölkerung von Byzanz Glück hatte: weil sie einen Kaiser hatte, wie sie ihn gerade am dringendsten benötigte.

Ihren unmittelbaren Nachkommen erging es weniger gut. Michael hatte Byzanz wirtschaftlich mit seiner Bestechungs- und Beschwichtigungspolitik an den Rand des Bankrotts gebracht und militärisch den türkischen und mongolischen Völkerstämmen mit seiner Rückkehr nach Konstantinopel und seiner anhaltenden Inanspruchnahme durch Europa in Anatolien mehr oder weniger freie Hand gelassen und dadurch ermöglicht, ihre Eroberungen zu festigen und sogar auszudehnen. Auch in dieser Hinsicht hätte er darauf beharrt, daß ihm nichts anderes übrigblieb, daß ihm weder genügend Truppen noch genügend Material zur Verfügung stand, um gleichzeitig an zwei Fronten zu kämpfen, und daß von Westen die größere Gefahr drohte. Kurzfristig betrachtet, traf dies zu. Doch jener Teil der byzantinischen Bevölkerung, der sich Gedanken darüber machte, wußte genau, daß die größte Bedrohung für das Reich vom Osten ausging. Die moslemischen Streitkräfte vertraten eine viel schlimmere, wenn auch weniger unmittelbar bedrohliche feindliche Macht, als die Truppen König Karls von Anjou dies jemals hätten darstellen können. Mit Nikäa als Hauptstadt hätte die byzantinische Macht ausgereicht, um das Gleichgewicht im westlichen Kleinasien zu gewährleisten, besonders da sich das seldschukische Sultanat nie mehr wirklich von der Niederlage erholte, die ihm 1243 in Kösedag von den Mongolen beigebracht worden war; die Verlegung der Regierung zurück nach Konstantinopel erwies sich in dieser Hinsicht schon fast als katastrophal.

Doch all dies war nicht neu. Byzanz stand seit eh und je am Schnittpunkt zweier Kontinente und hatte stets sowohl nach Osten als auch nach Westen zu blicken, und jeder Basileus, der diesen Titel verdiente, mußte sich wohl oder übel jeweils auf eine der beiden Richtungen konzentrieren. Daher lassen sich andere Handlungsmöglichkeiten für Michael schwer beurteilen. Und wenn es um Schuldzuweisungen geht, müssen wir alle anderen einbeziehen: die Mächte im Westen und unter diesen besonders die griechisch-orthodoxen Gebieter auf der Balkanhalbinsel, die von ihrem Ehrgeiz derart geblendet waren, daß sie die lauernde Gefahr nicht erkannten, die nicht nur ihnen, sondern der ganzen Christenheit drohte und von der sie ein starkes und vereintes Byzanz vielleicht hätte bewahren können.

16

Katalanen im geschrumpften Kaiserheer
(1282–1311)

Während einem zwanzigjährigen Kriege war Schiff oder Lager ihr Vaterland geworden; Waffen waren ihr einziges Handwerk und Eigenthum, Tapferkeit die einzige Tugend, welche sie besaßen; die Frauen hatten den furchtlosen Charakter ihrer Geliebten und Gatten eingesogen; man erzählte sich, daß die Katalonier mit einem einzigen Schwertstreiche Roß und Reiter spalten könnten, und schon dieses Gerücht war eine mächtige Waffe.

E. Gibbon, *Die Geschichte des Verfalles und Unterganges des römischen Weltreiches,* Kap. 62

Als Kaiser Andronikos II. Palaiologos nach Konstantinopel zurückkehrte, hatte er vor allem eine Absicht: die Union von Lyon zu widerrufen und wieder die volle Unabhängigkeit der orthodoxen Kirche zu verkünden. Als Mitkaiser war er gezwungen gewesen, die Politik seines Vaters zu unterstützen, aber er hatte sie innerlich stets verabscheut. Von tiefgläubiger Natur und erfüllt von der typisch byzantinischen Besessenheit für Theologie – die stetige Konzentration auf kirchliche Angelegenheiten erwies sich im Laufe seiner Regentschaft als eine seiner Hauptschwächen –, konnte er nie vergessen, daß sein Vater Michael unter dem kirchlichen Bannstrahl gestorben und daher, nach seiner Überzeugung, zu ewiger Verdammnis verurteilt war. Er selbst gedachte auf keinen Fall dasselbe Schicksal zu erleiden, und kaum befand er sich wieder in der Hauptstadt, widerrief er seine früheren, der römischen Kirche geleisteten Treueeide in aller Form. Der Patriarch Johannes Bekkos, neben dem verstorbenen Kaiser Michael Hauptverfechter der Kirchenunion, wurde seines Amtes enthoben und in eine Klosterzelle gesperrt und der ehemalige, inzwischen aber alte und sehr gebrechliche Patriarch Joseph auf einer Tragbahre ins Patriarchat zurückgebracht und feierlich wiedereingesetzt. Alle, Kirchenleute wie Laien, die Michael Palaiologos aufgrund ihres Glaubens hatte einkerkern und verstümmeln lassen, wurden durch die Straßen geführt und für das erlittene Martyrium gepriesen. In der Hagia Sophia wurde ein Sondergottesdienst zur Reinigung und Wiedereinweihung durchgeführt, gerade so wie einundzwanzig Jahre zuvor nach dem lateinischen Abzug.

Allein, nur allzu schnell schlug die Feierstimmung in Zorn um: Rufe nach Vergeltung wurden laut und Forderungen nach Prozeß und Verurteilung für jene, die ihre Kirche betrogen hatten. Am lautesten und nachdrücklichsten ertönten diese seitens einer schismatreuen Gruppierung, der sogenannten Arseniten; ihr Name bezieht sich auf den ehemaligen Patriarchen Arsenios, welcher Kaiser Michael VIII. Palaiologos für sein Vergehen an Johannes Laskaris mit dem Bann belegt hatte und der 1267 schließlich abgesetzt worden war. Obwohl Arsenios seit vielen Jahren tot war, weigerten sie sich hartnäckig, seine Nachfolger Joseph und Johannes Bekkos anzuerkennen, und für besonders extreme Sektenmitglieder galt noch immer Johannes Laskaris als der rechtmäßige Kaiser. In Michael sahen sie einen von der Kirche geächteten, rechtswidrigen Throninhaber und sein Sohn, der von Joseph gekrönt worden war, hatte in ihren Augen ebensowenig Anspruch auf den Titel.

Andronikos tat sein Möglichstes, um sie zu besänftigen; er stellte ihnen in Konstantinopel eine eigene Kirche zur Verfügung und ernannte mit dem Bischof von Sardes sogar einen der ihren zu seinem persönlichen Beichtvater. Als nach dem Tod des Patriarchen Joseph Anfang 1283 jedoch als Nachfolger ein Laiengelehrter aus Zypern – er nahm den Namen Gregorios II. an – gewählt wurde, statt, wie erwartet, einer der ihren, erhitzten sich die arsenitischen Gemüter erneut. Um sie zu beschwichtigen, berief Gregorios unmittelbar nach seiner Wahl in der Blachernenkirche eine Synode ein. Dort wurden zwei seiner Kollegen, die Patriarchen von Alexandria und Antiochia, aufgefordert, ihre früheren pro-unionistischen Erklärungen zu widerrufen – woraufhin der Patriarch von Antiochia sein Amt sogleich niederlegte und nach Syrien floh –, und von Kaiserin Theodora ein öffentliches Bekenntnis zum griechisch-orthodoxen Glauben verlangte sowie das feierliche Versprechen, für ihren verstorbenen Ehemann Michael niemals ein christliches Begräbnis zu fordern.

Diese Maßnahmen trugen denn auch viel dazu bei, die Orthodoxen zu beschwichtigen, vermochten indes bei den Arseniten das Eis nicht zu brechen. Deshalb gab Andronikos 1284 die Erlaubnis, den Leichnam des im Exil verstorbenen Patriarchen Arsenios nach Konstantinopel zu bringen und in einem eigens errichteten Schrein im Kloster des heiligen Andreas beizusetzen. Sechs Jahre später machte Andronikos eine noch denkwürdigere Geste, indem er den geblendeten Johannes Laskaris persönlich in seinem Kerker in Dakibyze am Marmarameer aufsuchte, wo dieser seit neunundzwanzig Jahren schmachtete. Georgios Pachymeres' Bericht über ihre Unterredung ist leider sehr kurz und hält nur fest, daß Andronikos Johannes für die Mißhandlungen, die ihm Kaiser Michael Palaiologos zugefügt hatte, um Vergebung bat und ihn fragte, ob er irgend etwas tun könne, um sein Leben angenehmer zu gestalten, sowie abschließend bat, ihn, Andronikos, als rechtmäßigen Kaiser des Byzantinischen Reichs anzuerkennen. Vermutlich tat Georgios Pachymeres gut daran, die Antwort des Gefangenen nicht aufzuzeichnen.

Patriarch Gregorios II. war zu diesem Zeitpunkt bereits wegen Ketzerei verurteilt und zum Rücktritt gezwungen worden, und nach einer längeren Unterbrechung war es Andronikos endlich gelungen, die Wahl eines ehemaligen Eremiten vom Berg Athos namens Athanasios zu sichern. Nach Ansicht des frommen Kaisers war die entschieden asketische Haltung des neuen Patriarchen genau das, was die Kirche zur Ablenkung von den unerwünschten politischen Themen benötigte, die sie seit so langer Zeit beherrschten. Die Kirchenleute hielten ihn dagegen höchstens für einen ungewaschenen Fanatiker, der im härenen Gewand und in Sandalen umherzog und seine Zeit darauf verwandte, sie für ihre Weltlichkeit und ihren Reichtum zu züchtigen. Und als er Maßnahmen zu ergreifen begann, um die reicheren Kirchen und Klöster ihrer Kostbarkeiten zu berauben, machten sie keinen Hehl aus ihrer Feindseligkeit; Athanasios wurde angegriffen, ja gelegentlich auf offener Straße mit Steinen beworfen, so daß er sich schließlich ohne Leibwache nicht mehr hervorwagte. Als Andronikos im Sommer 1293 von einem langen Aufenthalt in Kleinasien zurückkehrte, wo er sich über die Verwaltung und Verteidigung der rasch dahinschwindenden byzantinischen Hoheitsgebiete informiert hatte, erwartete ihn bereits eine Abordnung führender Geistlicher und verlangte die Absetzung des Patriarchen. Andronikos widersetzte sich der Forderung, so gut er konnte, aber die Opposition war zu stark, und so legte Athanasios im Oktober sein Amt nieder, allerdings erst nachdem er eigenhändig eine Bulle verfaßt hatte, in der er über all seine Feinde und all jene, die an der Verschwörung gegen ihn beteiligt gewesen waren, den Bann verhängte.

Dieses Dokument versteckte er bezeichnenderweise im Kapitell einer Säule auf der Nordgalerie der Hagia Sophia, wo es erst einige Jahre später entdeckt wurde – und natürlich beträchtlichen Wirbel verursachte.

In all dieser Zeit wurde die politische Situation des Reichs immer hoffnungloser. Der letzte Silberstreifen am Horizont hatte sich 1284 abgezeichnet, als der verwitwete Andronikos sich zum zweiten Mal verheiratete, und zwar mit Jolante, der Tochter Wilhelms V., des Markgrafen von Montferrat.[1] Dieser Wilhelm nannte sich noch immer »König von Thessalonike« – ein Titel, der auf den vierten Kreuzzug zurückging – und trat diesen nun als Teil von Jolantes Mitgift an seinen neuen Schwiegersohn ab. Obwohl die Frage in den vergangenen Jahren nicht im Mittelpunkt gestanden hatte, war es für Andronikos – der Wilhelm in Wahrheit reichlich dafür entschädigte – doch klar von Belang, daß hinsichtlich der Stellung der zweiten Stadt im Reich keinerlei Ungewißheit herrschte. Überdies wußte er, daß er Thessalonike im Falle eines Angriffs kaum zu Hilfe eilen könnte, hatte er doch im Hinblick auf den Zustand der Reichsfinanzen bereits beschlossen, die bewaffneten Truppen auf ein Minimum zu stutzen.

Sparmaßnahmen drängten sich in der Tat unumgänglich sowohl im militärischen als auch in anderen Bereichen auf. Und doch fällt es selbst angesichts der fast täglich schrumpfenden asiatischen Hoheitsgebiete schwer, zu glauben, daß Andronikos so unverantwortlich handeln konnte. Der Verlust Anatoliens hatte Byzanz bereits vor langer Zeit seiner traditionellen Quelle für die Streitkräfte beraubt; schon seit vielen Jahren mußten sie auf fremde Söldner bauen. Nun beging Andronikos aber nicht nur den Fehler, deren Anzahl auf ein schon fast selbstmörderisches Minimum herabzusetzen, sondern er löste auch die erfahrenen Söldnerregimenter auf und verpflichtete an ihrer Statt einen buntgemischten Haufen Herumstreicher und Flüchtlinge, deren vergleichsweise niedrige Kosten den Mangel an Disziplin oder Erfahrung nicht zu ersetzen vermochten. Die Flotte schaffte er ganz ab – zum offensichtlichen Entzücken Genuas, wo man nun einen weit höheren Preis für den Beistand verlangen und in der Zwischenzeit die Energie darauf verwenden konnte, die eigenen Interessen in Konstantinopel, im Schwarzen Meer und in der Ägais zu verfolgen, ohne daß Byzanz sich einmischte. Auch profitierte Genua – wie die Türken, die nun, da sie endlich die Mittelmeerküste erreicht hatten, eine eigene Flotte aufzubauen begannen und für den Schiffsbau und die Navigation dringend auf erfahrene

Berater angewiesen waren – von den Tausenden mittellosen Seeleuten, die verzweifelt Arbeit suchten.

Die türkischen Kräfte bildeten keine vereinte Streitmacht mehr wie zur Blütezeit des seldschukischen Sultanats. Tatsächlich hatte die Niederlage, die Sultan Kaikosru II. 1243 bei Kösedag durch die mongolischen Verbände erlitten hatte, seiner Macht in Anatolien ein Ende gesetzt, und seit der Eroberung Bagdads durch Hulagu im Jahre 1258 und der darauffolgenden Zerstörung des Abbasiden-Kalifats war das seldschukische Sultanat nichts anderes als ein mongolischer Vasallenstaat. Inzwischen war eine Anzahl türkischer Volksstämme, gemeinsam mit unzähligen turkonomadischen Sippen aus Persien und Mesopotamien, vor den vorrückenden mongolischen Truppen Richtung Westen geflohen und hatte sich im Niemandsland an der Grenze zum Byzantinischen Reich niedergelassen. Als das Sultanat dann zusammenbrach, setzten sie Byzanz mit regelmäßigen kriegerischen Einfällen unter Druck, und diesen stand das Reich, dessen Stellung in Kleinasien sich seit der Restauration im Jahre 1261 nie mehr gefestigt hatte, mehr oder weniger hilflos gegenüber. Die Streifzüge nahmen zudem bald das Gesicht des traditionellen islamischen Dschihad an, des Heiligen Kriegs gegen die Ungläubigen, und wurden auch als solcher gerechtfertigt; von da war es nur noch ein kleiner Schritt, bis die Beteiligten sich als Ghazis, Glaubenskrieger, sahen. Während der zweiten Hälfte des dreizehnten Jahrhunderts war ihre Zahl stetig gestiegen, und zu Beginn des vierzehnten vermochten sich nur noch einige der wenige größeren Festungsiedlungen, darunter Nikäa, Nikomedia, Sardes, Brussa, Philadelphia, Lopadium (Ulubad) und Magnesia sowie ein paar isolierte Häfen wie Ania (Kusadasi) und Heraklea am Schwarzen Meer, gegen sie zu behaupten; abgesehen von diesen belagerten Enklaven war ganz Anatolien unter der türkischen Flut begraben worden. Auch im Westen verschlechterte sich die Lage schnell. Als König Karl von Anjou 1285 starb und der Thron an seinen Sohn Karl II. ging, der zu jenem Zeitpunkt Gefangener Peters von Aragon war, verbreitete sich in Konstantinopel zwar eine gewisse Freude; aber vier Jahre später wurde der junge König Karl von Anjou befreit, und es stellte sich heraus, daß er Byzanz ebenso feindlich gesinnt war – und für das Reich eine ebenso große Bedrohung darstellte – wie vor ihm sein Vater. 1291, in dem Jahr, als Akko als letztes Kreuzfahrerkönigreich fiel, schlug er Nikephoros I. von Epiros ein Bündnis vor, das durch die Eheschließung seines Sohnes Philipp und Nikephoros' Tochter Thamar gefestigt werden sollte.[2] Für einmal reagierte Andronikos rasch und entsandte die Überreste seines

Heers, unterstützt von der genuesischen Flotte, zum Angriff auf die epirotische Hauptstadt Arta. Zu Beginn war dieser Feldzug erstaunlich erfolgreich; es gelang nicht nur, Janina wieder zu gewinnen, sondern auch Durazzo, bevor zum Rückzug geblasen wurde; aber das geplante Bündnis ließ sich nicht verhindern. Bei seiner Heirat mit Thamar im Jahre 1294 wurde Philipp zum Oberherrn über alle griechischen Besitztümer seines Vaters ernannt und erhielt den Titel Fürst von Tarent. Fortan mußte Epiros als neapolitanisches Lehen betrachtet werden. Obwohl diese zweite angevinische Bedrohung Konstantinopels noch kaum Form angenommen hatte, war sie bereits spürbar.

In Serbien hatte unterdessen Stephan Milutin unter dem Namen Stephan Urosch II. als neuer Herrscher im Jahre 1282 den Thron bestiegen.[3] Und noch bevor das Jahr zu Ende ging, hatte er Karl von Anjou Unterstützung zugesagt, sich mit Epiros verbündet, Byzanz den Krieg erklärt und dann Skopje mit seiner Streitmacht erobert und zur serbischen Hauptstadt erhoben. Damit gab es für Andronikos einen weiteren Grund zur Sorge. Skopje war ein strategischer Stützpunkt und beherrschte die Straße Richtung Süden nach Thessalonike und Nordgriechenland. Überdies war bekannt, daß zwischen Milutin und einer Tochter Johannes Dukas' von Thessalien eine Art ehelicher Beziehung bestand. Ein serbisch-thessalisches Bündnis aber stellte nicht nur für Thessalonike eine ernsthafte Bedrohung dar, sondern für die ganze Westroute von der Balkanhalbinsel bis hin zur Adria.

Schließlich entschloß sich Andronikos, der die militärische Schwäche auf byzantinischer Seite klar erkannte, im Jahre 1297 für eine diplomatische Lösung. Als er vernahm, daß Milutins einzige rechtmäßige Frau vor kurzem gestorben war, schlug er als deren Nachfolgerin seine Schwester Eudokia vor, die Witwe Johannes' II. von Trapezunt. Für einen serbischen Herrscher war die Aussicht, Schwager des byzantinischen Kaisers zu werden, unwiderstehlich, und Milutin nahm das Angebot mit Freuden an. Schwierigkeiten gab es erst, als Andronikos in der Angelegenheit bei Eudokia vorsprach; sie wollte von der Sache nämlich absolut nichts wissen. Falls, so wandte sie ein, ihr Bruder glaube, sie sei bereit, mit einem lüsternen Barbaren zu leben, der schon mindestens eine Frau hatte, dann irre er sich gründlich; im übrigen sei allgemein bekannt, daß der ihr zugedachte Ehemann gerade in eine glühende Affäre mit seiner eigenen Schwägerin verstrickt sei, und diese sei, nebenbei bemerkt, auch noch Nonne.

Eudokia wußte, was sie wollte, und ihr Bruder kannte sie gut genug, um zu wissen, daß keine Hoffnung bestand, sie zu überreden; gleichzeitig konnte er es sich nicht leisten, vor Milutin das Gesicht zu verlieren. Es gab nur eine Lösung: Simonis, seine und Kaiserin Jolante-Irenes Tochter, mußte geopfert werden, obwohl sie erst fünf Jahre alt war und ihr zukünftiger Gatte um die vierzig. An Ostern des Jahres 1299 brachte Andronikos sein Kind persönlich nach Thessalonike, wo der Bräutigam sie erwartete, und noch in seiner Gegenwart nahm der Erzbischof von Ochrid die Trauung vor. Milutins Entzücken an Simonis, so wird berichtet, beruhte vor allen Dingen auf der Tatsache, daß sie als Mitgift das gesamte makedonische Hoheitsgebiet einbrachte, das seine Verbände bereits erobert hatten; er erklärte sich einverstanden, daß Simonis noch ein paar Jahre in der königlich-serbischen Kinderstube verblieb, bis sie alt genug war, um mit ihm zusammenzuleben. Aus Protest gegen diese Ehe trat in Konstantinopel Patriarch Johannes XII. zurück; allein, nicht einmal ihm war es gelungen, etwas eindeutig Unkanonisches an dieser Heirat zu finden, und nach einigen Monaten des Zauderns ließ er sich schließlich davon überzeugen, sein Amt wiederaufzunehmen.

Konstantinopel erlebte das Ende des dreizehnten Jahrhunderts als eine Zeit ununterbrochener Sorge, und der Beginn des vierzehnten unterschied sich davon, wenn überhaupt, dann nur zum Schlechteren hin. Michael VIII. Palaiologos hatte sich zwar nicht besonderer Beliebtheit erfreut, war aber wenigstens stark und entschlossen aufgetreten; dagegen erwies sich sein Sohn Andronikos, einmal ganz abgesehen von seiner krankhaften Religiosität, als immer schwächer und untauglicher, unfähig, dem sich beschleunigenden Untergang des Reichs Einhalt zu gebieten. Bereits im Jahre 1292 war eine Verschwörung gegen ihn aufgedeckt worden, und als deren Anführer hatte sich sein eigener Bruder Konstantin entpuppt; Andronikos hielt sich zu dem Zeitpunkt in Kleinasien auf. Der Rebell wurde in den Kerker geworfen und schmachtete dort volle zwölf Jahre bis zu seinem Tod, aber es keimten ständig neue Intrigen auf, und im Herbst 1295 zettelte Alexios Philanthropenos, der oberste Befehlshaber der Streitkräfte und Held der zwanzig Jahre zurückliegenden Schlacht bei Demetrias, ermuntert durch ein paar siegreiche Scharmützel gegen türkische Stämme, einen Aufstand an. Doch auch dieser führte zu nichts; von einigen seiner Getreuen verraten, wurde Alexios gefangengenommen und geblendet. Andronikos, der ihn gemocht und ihm vertraut hatte, war von diesem Verrat zutiefst erschüttert und erholte sich nie mehr ganz davon.

Und als hätte es dort nicht schon genug eigene Schwierigkeiten gegeben, wurde Konstantinopel zu allem Übel auch noch zu einem der Hauptschauplätze für die Meinungsverschiedenheiten zwischen Genua und Venedig. Im Juli 1296 – nur wenige Wochen nachdem der Obelisk, den Michael Palaiologos hatte aufstellen lassen, schicksalsträchtig bei einem Erdbeben eingestürzt war – segelte eine Flotte von fünfundsiebzig venezianischen Schiffen die Bosporusmündung hoch und setzte im Rahmen eines hinterhältigen Angriffs auf die genuesische Kolonie in Galata die Hafengebäude und die Lagerhäuser am Ufer in Brand. Die Reichsgarnison eilte zu Hilfe, worauf die venezianischen Überfalltruppen das Feuer auf die Stadt selbst lenkten, indem sie die Stadtmauer zum Marmarameer hin entlangsegelten und sämtliche griechischen Häuser in Reichweite niederbrannten. Unverzüglich entsandte Andronikos eine Abordnung nach Venedig, die scharfen Protest dagegen einlegte, aber die Genuesen in Galata verplemperten keine Zeit mit diplomatischen Feinheiten. Im Dezember setzten sie zum Gegenangriff an, zerstörten die wichtigsten venezianischen Gebäude und brachten sämtliche führenden venezianischen Persönlichkeiten in Konstantinopel um.

Nun war die Reihe an Venedig. Im darauffolgenden Sommer traf eine weitere Flotte ein und brachte ein persönliches Schreiben des Dogen mit. Darin stand, Andronikos habe die genuesische Kolonie zu ihrem Verhalten angestachelt; daher sei er für den entstandenen Schaden verantwortlich, und Venedig erwarte volle Wiedergutmachung. Wäre ihm nur Zeit geblieben, hätte Kaiser Andronikos wahrscheinlich gezahlt, um weitere Zwischenfälle zu verhindern. Allein, bevor er reagieren konnte – und scheinbar noch bevor die große Kette hochgezogen werden konnte, um ihnen den Zugang zu versperren –, bogen die venezianischen Schiffe in das Goldene Horn ein; sie legten vor dem Blachernenpalast an und zündeten eines der auf den Strand gezogenen Schiffe des Kaisers an. Schließlich kehrten sie mit zahllosen genuesischen Gefangenen nach Venedig zurück. Fast zu selber Zeit durchbrach eine weitere venezianische Flotte die genuesische Blockade auf dem Bosporus und segelte zum Schwarzen Meer; dort belagerte sie den Krimhafen Kaffa (Feodosia) und hielt ihn gegen den wütenden Angriff örtlicher tartarischer Sippen, bis der nahende Winter sie zum Abzug zwang.

1299 unterzeichneten Venedig und Genua, zur hellen Empörung von Byzanz, ein separates Friedensabkommen; dennoch bestand die Republik Venedig nach wie vor auf Wiedergutmachung und und fiel im Sommer 1302 zum dritten Mal innerhalb von sieben Jahren in Konstantinopel ein. Auch diesmal gelang es ihren Schiffen, zum Goldenen Horn vorzudringen. Wieder legten diese Feuer an alle byzantinischen Gebäude in ihrer Reichweite, und wieder sahen sich die ihrer Flotte beraubten byzantinischen Streitkräfte außerstande, ihnen Einhalt zu gebieten. Diesmal jedoch besetzten die venezianischen Truppen, nachdem sie so große Verheerungen angerichtet hatten, wie sie nur konnten, zusätzlich die Insel Prinkipio (Büyükada) im Marmarameer. Sie diente damals als riesiges Lager für griechische Flüchtlinge aus Anatolien, die durch das türkische Vorrücken heimatlos geworden waren; nun drohten die Venezianer diese Flüchtlinge zu massakrieren oder in die Sklaverei zu verschleppen, falls Andronikos nicht zahle, was er ihnen schulde. Gegen eine derart schamlose Erpressung machtlos, gab Andronikos nach – und willigte gleichzeitig in einen Zehnjahresvertrag ein, in welchem er Venedig all seine Privilegien in Konstantinopel bestätigte.

Das Jahr 1302 erwies sich für Byzanz in vielerlei Hinsicht als wahres Schreckensjahr. Kaum war der Winter vorbei, mußten die byzantinischen Streitkräfte unter der Führung von Andronikos' Sohn Michael IX. – seit acht Jahren Mitkaiser seines Vaters – bei Magnesia in Karien eine demütigende Niederlage seitens der Türken hinnehmen.[4] Michael ließ die noch verbliebenen Überreste seiner Truppen – von denen sich, der Gerechtigkeit halber sei dies angefügt, die meisten ihrerseits davongemacht hatten – im Stich und kam knapp mit dem Leben davon. Dann erfolgte der venezianische Einfall, und nur wenige Wochen später, am 27. Juli, traf eine byzantinische Formation, die zur Hauptsache aus alanischen Stammesangehörigen bestand – die ebenso auf Reichsgebiet geflohen waren wie vor ihnen die Kumanen, als die Mongolen das Donautal überrollten –, direkt außerhalb von Nikomedia auf ein doppelt so starkes türkisches Heer unter dem Kommando eines Lokalemirs namens Osman. Die Schlacht, die daraufhin entbrannte, forderte keinen besonders hohen Blutzoll; den sich zurückziehenden Griechen und Alanen gelang es überwiegend, nach Nikomedia zurückzukehren. Osmans Weg indes erschien nun klar absehbar, und sein Vorrücken ließ sich nicht mehr aufhalten. Seine Leute drängten südwestwärts die Südküste des Marmarameers entlang. Sie verwüsteten praktisch die ganze Provinz Bithynien, fegten über die Troas hinweg und zogen dann weiter bis Adramyttion an der Ägäis. Sie verschwendeten keine Zeit auf die stark befestigten Städte Nikomedia, Nikäa, Brussa und Lopadium; sie blieben unversehrt und boten einem großen Teil der von ihren geplünderten und zerstörten Heimstätten vertriebenen Landbevölkerung Zuflucht. Pachymeres entwirft ein trauriges – und heute leider allzu bekanntes – Bild der Lage:

In den Straßen wimmelte es von Menschen und Tieren, die verwirrt hin und her rannten wie die Ameisen. Nicht eine einzige Seele fand sich in der ganzen Menge, die nicht wenigstens den Verlust eines Elternteils zu beklagen hatte. Hier war eine Frau, die um ihren Gatten weinte, dort eine Mutter, die um ihre Tochter trauerte, dort ein Bruder, der seinen Bruder suchte; wo man nur hinblickte, fanden sich Frauen und Männer, ihrer Liebsten beraubt. Der Anblick dieses wimmelnden Haufens von solchen, die innerhalb der Mauern Zuflucht gefunden hatten, und solchen die noch draußen waren, und wieder anderen, welche die kläglichen Überreste ihres Lebens und ihres Besitzes hinter sich her schleiften, mutete elend an. Selbst die Gefühllosesten konnten den Berichten von kranken Kindern, verzweifelten Frauen, Alten und Behinderten, die die Straßen säumten, nicht trockenen Auges lauschen [...] Die Gewaltsamkeit dieser Greuel läßt sich nichts anderem als dem Zorn des Himmels zuschreiben, ihr Ende hängt von seiner Gnade ab.

Dies sind die Umstände, unter denen der Name Osman erstmals in der Geschichte auftaucht. Seine Laufbahn begann er Ende des dreizehnten Jahrhunderts als Gebieter über eines der kleinsten Ghazi-Emirate in Anatolien, und nach ihm benannte sich später jene außergewöhnliche Dynastie, die dem Osmanischen Reich den Namen gab.

Und ebenfalls in diesem schicksalhaften Jahr 1302 erhielt Kaiser Andronikos Palaiologos von Roger de Flor, dem Anführer der großen katalanischen Truppe, eine Mitteilung.

Bei dieser katalanischen Truppe handelte es sich im Kern um spanische Berufssöldner – hauptsächlich, aber längst nicht ausschließlich aus Katalonien –, die Peter von Aragon 1281 für seine Feldzüge in Nordafrika und auf Sizilien angeworben hatte. In der jüngeren Vergangenheit hatten sie für Peters Sohn Friedrich gegen dessen Bruder Jakob, König von Aragon, und Karl II. von Anjou gekämpft.[5] Diese beiden Herrscher hatten jedoch am 31. August 1302 in Caltabellotta auf Sizilien einem Friedensvertrag zugestimmt, der endlich die Unabhängigkeit der Insel anerkannte, und so mußten sich die katalanischen Söldner – die nicht nach Spanien zurückkehren konnten, wo König Jakob sie verständlicherweise als Verräter betrachtete – nach einer neuen Beschäftigung umsehen.

Roger de Flor war ein Abenteurer von der Art Robert Guiscards, eine jener auffallenden Gestalten, um die sich nur zu leicht Legenden ranken. Er soll ein Sohn Richards von der Blume gewesen sein, jenes außergewöhnlich gutaussehenden deutschen Falkners Friedrichs II., der nach des Kaisers Tod sowohl dessen Sohn Manfred als auch dessen Enkel Konradin ergeben gedient hatte. Aber 1268 war Richard in der Schlacht bei Tagliacozzo gefallen.[6] Der siegreiche Karl von Anjou aber ließ Konradin köpfen und sämtliche Besitztümer derer, die ihn unterstützt hatten, beschlagnahmen. So fand sich Richards Witwe in Palermo all ihrer Mittel beraubt. Es gelang ihr, ein Schiff zu finden, das sie mit ihren beiden kleinen Söhnen nach Brindisi brachte. Dort – und nun wird die Legende besonders blumig – soll sie ausgerechnet vor einem Bordell, von ihren Anstrengungen entkräftet, niedergesunken sein, woraufhin die Prostituierten sie aufhoben und ihr zu essen gaben; daß sie sich ihnen bald darauf anschloß, geschah vielleicht ebensosehr aus Dankbarkeit wie aus anderen Beweggründen.

Über den älteren ihrer beiden Söhne ist uns nichts bekannt; vom jüngeren heißt es, er habe, obwohl inzwischen erst acht Jahre alt, auf einem Schiff der Templer angeheuert. Das nächste Mal hören wir im Jahre 1291 von ihm; da hatte er das Mittelmeer schon über zwanzig Jahre befahren, Seeräuberbanden bekämpft – und seinen Namen Rutger von der Blume latinisiert. Als Roger de Flor gebot er über ein eigenes Schiff, das er sehr passend *Falke* nannte. Im selben Jahr erlebte Akko, die letzte Bastion der Kreuzfahrerstaaten, die entscheidende Belagerung durch die Mameluken.[7] Als dienender Tempelbruder setzte Roger zunächst all seine Kräfte für deren Verteidigung ein, kehrte indes, als er die Hoffnungslosigkeit der Lage erkannte, zu seinem Schiff zurück. Dort sah er sich unvermutet einer Schar Frauen gegenüber, die ihre Kinder und sich selbst mit allen Mitteln dem widerlichen Schicksal zu entreißen versuchten, das sie erwartete, falls sie den Ungläubigen in die Hände fielen. Nun verhieß Roger für sie Rettung in letzter Minute. Es wollten aber ihrer so viele an Bord, daß Roger de Flor wählen konnte, und er gab jenen den Vorzug, die Gold und Edelsteine mitgebracht hatten, und auch in diesen Fällen nahm er seinen Vorteil rücksichtslos wahr. Das Schiff füllte sich rasch bis zu drangvoller Enge, und als der Kapitän seine Fahrgäste in Zypern ausgeladen hatte und Kurs auf den Heimathafen Marseilles nahm, war er ein reicher Mann.

Aber die Strafe folgte auf dem Fuße. Als der Großmeister des Templerordens von seinem Verhalten erfuhr, wurde Roger aus dem Orden ausgestoßen und bei Papst Bonifaz VIII. als Dieb und Abtrünniger gebrandmarkt.

Er floh auf dem Landweg nach Genua, wo er die Familie Doria dazu überreden konnte, ihn mit einem neuen Schiff, namens *Olivetta*, auszurüsten. Damit begann er eine waschechte Seeräuberlaufbahn, und diese vervielfachte seinen Reichtum im Laufe weniger Jahre. Erst dann bot er Friedrich von Sizilien seine Dienste an – und wurde auf Anhieb zum Admiral ernannt. Roger bewies sich bald zu Wasser wie zu Land als Draufgänger, und rasch schloß sich ihm eine ergebene Gefolgschaft an; so entstand die katalanische Truppe.

Dieser Mann also sandte gegen Ende des Jahres 1302 zwei Boten zu Kaiser Andronikos Palaiologos und bot ihm für die Dauer von neun Monaten die Dienste seiner Truppe an. Trotz der ins Auge springenden persönlichen Vorteile eines solchen Angebots – es brachte ihn wirkungsvoll außer Reichweite der Templer und des Papstes, die seinen Verrat nicht vergessen hatten – verlangte er wie üblich einen stolzen Preis. So sollten seine Leute den Sold von vier Monaten im voraus erhalten, und zwar den doppelten Satz dessen, was in Byzanz die Söldner normalerweise erhielten; für sich forderte Roger den Titel *Megas Dux*, damals der fünfthöchste in der byzantinischen Hierarchie, dazu die Hand der kaiserlichen Nichte Maria, Tochter des Zarenpaars Irene und Johannes III. Asen von Bulgarien; Corberàn d'Alet, sein Oberbefehlshaber, sollte den Titel eines Reichsmajordomus erhalten.

Andronikos, der sehr wohl wußte, daß ihm nicht viel anderes übrigblieb, ging auf all diese Bedingungen ohne weiteres ein, und im September 1302 traf eine Flotte von neununddreißig Kampf- und Transportschiffen am Goldenen Horn ein. Sie brachte aber nicht nur die rund zweieinhalbtausend Söldner – über die Hälfte davon Berittene –, sondern zur leichten Bestürzung des Kaisers auch deren Frauen und Kinder: insgesamt wohl an die sechseinhalbtausend Personen. Roger und seine Braut Maria heirateten kurz darauf nach orthodoxem Ritus. Die Angehörigen der katalanischen Truppe benahmen sich jedoch sehr ungesittet. Zwischen ihnen und ansässigen Genuesen entbrannte ein Streit, und falls man den spanischen Chroniken glauben darf, mußte Roger in der Hochzeitsnacht das Brautbett verlassen, um draußen die Ordnung wiederherzustellen. Aus derselben Quelle stammt die geschätzte Zahl der genuesischen Opfer, und sie ist mit dreitausend Toten nun eindeutig weit übertrieben. Dennoch befand Andronikos den Schaden für genügend hoch, um auf einem raschen katalanischen Abzug aus Konstantinopel zu bestehen. Schon wenige Tage später überquerten die Söldner, die Frauen und die Kinder das Marmarameer Richtung Kyzikos, das zu dem Zeitpunkt gerade unter türkischer Belagerung stand.

Da endlich bewies die katalanischen Kampftruppe ihren Wert. Im Frühjahr 1303 befand sich das türkische Heer auf der ganzen Linie auf dem Rückzug. Gleichzeitig ging Andronikos jedoch ein Licht auf: Er hatte Truppen losgeschickt, deren Kontrolle ihm aus der Hand geglitten war. Bis dahin hatten alle Söldner im Reich unter griechischem Kommando gestanden, den Befehlen des Kaisers oder eines seiner Feldherren unterstellt. Dagegen zeigten die Katalanen vor ihren byzantinischen Arbeitgebern geringen Respekt. Sie fällten ihre eigenen Entscheidungen und befolgten ihre eigenen Schlachtpläne; gab es Beute, behielten sie diese für sich. Auch stiftete ihre unerträgliche Arroganz ständig Unzufriedenheit bei ihren Bündnispartnern, und es dauerte nicht lange, bis die fünfhundert alanischen Söldner, die mit ihnen auf einer Seite kämpften, herausbekamen, daß die Katalanen doppelt soviel Sold erhielten wie sie. Es kam zur Meuterei, gefolgt von einer Massenfahnenflucht, und als die Katalanen Pegae erreichten, wo sich das Hauptquartier Mitkaiser Michaels IX. befand, hatten sie auf griechischer Seite bereits soviel Feindseligkeit erregt, daß dieser die Tore vor ihnen verschloß. Aber für Pegae interessierten sie sich ohnehin nicht; ihr Augenmerk richtete sich vielmehr auf Philadelphia.

Philadelphia (Alaschehir), damals ein bedeutender Grenzort und Militärstützpunkt, wurde ebenfalls gerade belagert, allerdings nicht von osmanischen Türken, sondern von Angehörigen des ihnen zum damaligen Zeitpunkt noch überlegenen karamanischen Stammes. Die katalanischen Söldner verloren keine Zeit. Obwohl gerade ein kräfteraubender Marsch von nahezu zweihundert Kilometern hinter ihnen lag, griffen sie schon im Morgengrauen des Tages nach ihrem Eintreffen an. Die karamanischen Verbände kämpften tapfer, doch zeigten ihre Pfeile auf den eisernen Rüstungen der Europäer kaum Wirkung. Um die Mittagszeit lagen, spanischen Chroniken zufolge, wohl achtzehntausend aus ihren Reihen tot auf dem Schlachtfeld; die übrigen, unter ihnen der Emir selbst, waren geflohen. Roger de Flor hätte sich hier eine ideale Gelegenheit geboten, seinem Sieg Nachdruck zu verschaffen. Angenommen, seine Leute hätten den Feind bis tief in karamanisches Gebiet hinein verfolgt, wäre die Niederlage für den Emir noch deutlicher ausgefallen und hätte den Weg für die byzantinische Wiedereroberung Anatoliens ebnen können. Doch Roger unternahm nichts dergleichen. Statt dessen führte er sein Heer an die Küste zurück, um mit der Flotte Verbindung aufzunehmen, die die Zwischenzeit, wie er angenehm überrascht feststellte, dazu genutzt hatte, Chios, Lemnos und Lesbos zu besetzen.

In weniger als zwei Jahren hatte sich der ehemalige Pirat zum Mitglied der kaiserliche Familie gemausert, sowohl über die osmanischen wie über die karamanischen Türken entscheidende Siege errungen und dadurch einen Großteil des Südwestzipfels von Kleinsasien gesichert. Nach diesen Triumphen lag es erst recht nicht mehr in seiner Absicht, selbstlos für Byzanz zu kämpfen. Natürlich nahm er weiterhin mit Freuden das Geld des Kaisers in Empfang, aber die Erfahrungen der vergangenen Monate hatten längst neue Hoffnungen in ihm geweckt, nämlich auf ein eigenes, unabhängiges Königreich in Anatolien, wo das Land fruchtbar war, das Klima so mild wie nirgendwo und der einzige Feind schwach und uneins. Fortan übte er, wo immer er hinkam, absolute Autorität aus, ja er erlaubte sich sogar, jedermann in Byzanz, der ihn in irgendeiner Form beleidigte, ob im zivilen, militärischen oder kirchlichen Bereich, zu bestrafen – wenn es sein mußte, mit dem Tod.

Anfang 1304 ließ sich Roger de Flor auf einen ehrgeizigen Feldzug im Osten ein. Der Grund ist nicht ganz klar, denn er muß sehr wohl gewußt haben, daß er damit den Osmanen ebenso wie den Karamanen ermöglichte, sich nach Kräften umzuformieren und aufzurüsten. Dennoch zogen er und seine Truppe zu Beginn des Frühjahrs los und erreichten Mitte August die »Eisentore« des Taurus, einen Einschnitt so schmal, daß die Maultiere erst von ihrer Last befreit werden mußten, bevor sie im Gänsemarsch hindurchgeführt werden konnten; es hätte keinen geeigneteren Ort für einen Hinterhalt geben können. Klugerweise sandte der erfahrene Roger berittene Späher aus, und tatsächlich lag ein türkisches Heer dahinter auf der Lauer. Einmal mehr entbrannte ein furchtbarer Kampf. Und einmal mehr siegte die katalanische Truppe auf der ganzen Linie. Doch legten sie dort eine Pause ein. Verschiedene jüngere Befehlshaber drängten Roger, weiter vorzurücken, über den Euphrat nach Syrien, doch ihr Anführer wollte nichts davon wissen und gab Befehl zur Umkehr.

Weshalb? Der Chronist Ramón Muntaner, der Roger auf diesem Feldzug begleitete, berichtet, es seien Kuriere des Kaisers eingetroffen mit der Order, sofort zurückzukehren. Roger de Flor hatte jedoch die Stufe, da er kaiserlichen Befehlen bedingungslos nachkam, längst hinter sich. Ihm mißfiel vielmehr, daß die Expedition ihn immer weiter weg führte. Falls es in Konstantinopel zu einer Krise kam, mußte er in der Lage sein, diese zu seinem Vorteil zu nutzen. Zudem hatte er große Mengen kostbarer Beute in Magnesia zurückgelassen und begann sich darum zu sorgen. Und wie stand es überhaupt mit dem Sold für ihn und seine Leute? Trotz ihres ungebärdigen Benehmens und ihrer anmaßenden Haltung Byzanz gegenüber standen sie theoretisch noch immer in kaiserlichem Dienst, und inzwischen schuldete Andronikos ihnen nahezu ein Jahresgehalt. Und nicht zuletzt hatte Roger, auch wenn er ein noch so gewissenloser Abenteurer war, unnötige Risiken nie gemocht; immer wieder ließ er in dieser Phase seiner Laufbahn Vorsicht walten und hielt impulsivere Getreue von waghalsigen Plänen ab. Auf der anatolischen Hochebene, die sie zu überqueren hatten, wies er nachdrücklich darauf hin, daß nur noch wenige Wochen sie vom Einbruch des Winters trennten und sie umkehren müßten, solange es noch ein Durchkommen gebe.

Und das taten sie schließlich auch, mußten jedoch feststellen, daß in ihrer Abwesenheit ein Trupp unter der Führung eines griechischen Ritters namens Attaliotes die Stadt Magnesia an sich gerissen hatte und damit auch all ihre darin angehäuften Schätze. Unverzüglich begannen sie mit der Belagerung. Doch noch bevor etwas Entscheidendes geschehen konnte, traf eine weitere, dringendere Botschaft von Andronikos ein: Theodor Swetoslaw, der Usurpator, der die mongolischen Völkerstämme aus Bulgarien vertrieben und einen Großteil des Landes – mitsamt den byzantinischen Häfen am Schwarzen Meer – unter seiner Herrschaft vereint hatte, war in Thrakien eingefallen und bedrohte bereits Konstantinopel. Aus eigener Kraft konnte Kaiser Andronikos nichts ausrichten. Einzig mit katalanischer Unterstützung bestand Hoffnung, die Hauptstadt zu retten. Es handelte sich um einen Appell, dem Roger Beachtung schenken mußte, denn er erkannte auf einen Blick, daß Theodor eine neue, gefährliche Komplikation darstellte und sich als schwerwiegendes Hindernis für seine längerfristigen Pläne erweisen konnte, falls er sich nicht jetzt ein für allemal mit ihm befaßte. Magnesia, tapfer verteidigt, würde später an die Reihe kommen. Er führte seine Truppe durch die Troas und über die Meerenge nach Gallipoli, und dort schlugen sie ihr Lager auf.

Ab hier herrscht über die zeitliche Abfolge der Ereignisse Ungewißheit. Sowohl die griechischen als auch die spanischen Quellen machen widersprüchliche – und äußerst einseitige – Angaben zum Geschehen, und sie sind unmöglich alle miteinander in Einklang zu bringen. Im Laufe des Winters 1304/05 scheint von Mitkaiser Michael Palaiologos die Nachricht eingetroffen zu sein, daß er der Dienste Roger de Flors nun doch nicht bedürfe; bald darauf kam Roger zu Ohren, Michael habe eine Anordnung an die byzantinischen Truppen erlassen, laut der dem *Megas Dux* nicht mehr zu gehorchen sei. Es gibt weder Erklärungen noch Hinweise, wie die bulgarische Krise so rasch und offensichtlich ohne Schwierigkeiten beigelegt werden konnte. Man fragt sich daher unwillkürlich, ob es überhaupt je eine solche gab oder ob das Ganze nichts weiter als eine Erfindung war, um Roger und seine Truppe aus dem Osten zurück in eine Gegend zu holen, wo Byzanz ein Auge auf sie haben konnte.

Wie dem auch sei, für Roger erwies es sich als günstig, daß er sich in der Nähe von Konstantinopel befand, als zu Beginn des Jahres 1305 eine Flotte von neun spanischen Schiffen im Goldenen Horn auftauchte. Sie stand unter dem Befehl eines gewissen Berenguer d'Entença, eines alten Waffenbruders aus der Zeit des sizilianischen Feldzugs, den Jakob II. von Aragon nun als Sonderboten zu Andronikos sandte. Der Grund für sein Kommen bleibt indes, einmal abgesehen von der mitgebrachten Verstärkung, um die nicht gebeten worden, die indes willkommen war, im Dunkeln; das von den Genuesen unverdrossen verbreitete Gerücht, er sei an einer geheimen Verschwörung beteiligt, mit dem Ziel, die lateinische Herrschaft wieder zu errichten, bestätigten die folgenden Ereignisse nicht, während Gregoras' Behauptung, er sei von Andronikos eingeladen worden in der Hoffnung, ihn gegen Roger ausspielen zu können, fast absurd klingt. Er wurde indes mit allen Ehren empfangen und erhielt bald darauf den Titel *Megas Dux,* während Roger de Flor in den Rang eines Caesaren befördert wurde.

Rogers Ehrung war zugegebenermaßen bis zu einem gewissen Grad verdient; die katalanische Truppe hatte mindestens drei entscheidende Schlachten gegen türkische Truppen in Anatolien geschlagen, ganz abgesehen von einer Unzahl Scharmützel, aus denen sie fast immer siegreich hervorgegangen war. Aber der Ehrentitel war auch zur Besänftigung gedacht. Zweifellos hatte Mitkaiser Michael IX. erkannt, daß er sich Roger mit seiner Handlungsweise zur Zeit der bulgarischen Krise zu einem ebenso unnötigen wie gefährlichen Gegner gemacht hatte. Auch stand inzwischen der Sold für die Truppe seit über einem Jahr aus, und ihre beiden Befehlshaber nahmen im Verlauf ihrer hitzigen Verhandlungen mit Andronikos immer drohendere Töne an. Dieser konnte leider wie üblich nur wenig dagegen unternehmen. In der kaiserlichen Schatzkammer gähnte ein Loch. Vor kurzem erst war er zu einer erneuten Geldentwertung gezwungen worden, und der Goldgehalt des *Hyperpyron,* dessen Name ironischerweise »hochveredelt« bedeutete, lag nun unter zwanzig Prozent des ehemaligen Anteils, und Roger weigerte sich erzürnt, mit etwas abgespeist zu werden, das er verständlicherweise als Blech bezeichnete. Berenguer d'Entença zeigte seine

Empörung noch deutlicher: er gab das Speisegeschirr aus Gold und Silber zurück, auf dem ihm seine Mahlzeiten gereicht wurden – wenn auch, falls wir Pachymeres glauben dürfen, erst nachdem er es auf unflätigste Weise benutzt hatte –, ging an Bord seines Flaggschiffs und nahm Kurs auf das Heerlager in Gallipoli; in Sichtweite des Blachernenpalastes schleuderte er seine neuen Insignien demonstrativ ins Meer.

Schließlich kam es zu einer Übereinkunft, allerdings erst nachdem Andronikos Rogers Forderung, den ganzen byzantinischen Teil Anatoliens als Lehen zu erhalten, entsprochen hatte. Im Frühjahr 1305 setzten sich die Angehörigen der katalanischen Truppe Richtung Asien in Bewegung. Da beschloß Roger, bevor er seine neuen Ländereien aufsuchte, Michael IX., den er nie persönlich kennengelernt hatte und der sich zu jener Zeit in Adrianopel aufhielt, einen offiziellen Besuch abzustatten. Er wußte, daß der Mitkaiser die Katalanen nicht mochte und ihnen sogar noch stärker mißtraute als sein Vater. Rogers wahrer Beweggrund für diesen Besuch könnte daher sehr wohl im Wunsch bestanden haben, die Beziehungen zwischen ihm und Michael zu verbessern oder zumindest einen gewissen Grad an Verständigung zu erreichen, nachdem ihm dies mit Andronikos so gründlich mißlungen war.[8] Maria, die ein Kind erwartete, und auch ihre Mutter Irene rieten ihm dringend, sich nicht unbesonnen und schutzlos in die Höhle des Löwen zu begeben, aber er hörte nicht auf sie. Am 23. März 1305 brach er mit einer Eskorte von dreihundert Berittenen und tausend Fußsoldaten zu Michaels Hauptquartier auf.

Roger wurde in Adrianopel ehrenvoll empfangen und blieb über eine Woche dort: sicher ein eindeutiges Zeichen dafür, daß er darin mehr als nur einen Höflichkeitsbesuch sah. Vielleicht spielte Michael vorsätzlich auf Zeit, um genügend Verstärkung für die ihm gebührend erscheinende Behandlung der Katalanen mobilisieren zu können. Wir wissen es nicht. Sicher aber ist, daß Roger de Flor am 5. April, am Vorabend seiner Abreise nach Gallipoli, ermordet wurde. Pachymeres, der sich zum Zeitpunkt der Tat allerdings im hundertfünfzig Kilometer entfernten Konstantinopel aufhielt, gibt als Mörder Georgios Girkon an, den alanischen Häuptling, dessen Sohn bei Kyzikos während der Auseinandersetzungen zwischen den Katalanen und Alanen getötet worden war und der schon lange einen besonderen Haß gegen ihn hegte. Weiter berichtet er, der Mord habe sich am Eingang zu den Privatgemächern der Mitkaiserin Rita-Maria von Armenien zugetragen; wer Roger dorthin bestellt haben soll, erklärt er allerdings nicht. Westliche Quellen –

angesichts der Lage möglicherweise verläßlicher – weisen die Tat zwar ebenfalls Georgios Girkon zu, behaupten indes, sie sei während eines Abschiedsbanketts verübt worden, das Michael Roger zu Ehren veranstaltete: Michael habe sich wie üblich gegen das Ende hin zurückgezogen und seinen Gäste überlassen, wie lange sie noch weiter zechen wollten. Da seien die Türen plötzlich krachend aufgeflogen und schwerbewaffnete alanische Söldner in die Halle gestürzt. Umzingelt, in der Minderheit und sicher auch angeheitert, blieb den katalanischen Gästen keine Chance, zu entkommen. Roger de Flor wurde zusammen mit allen anderen meuchlings umgebracht.

Von einem Bündnis zwischen Byzanz und der katalanischen Truppe konnte nun keine Rede mehr sein. Fortan herrschte der offene Kriegszustand.

Kaum hatte die Neuigkeit das katalanische Lager in Gallipoli erreicht, stellte die Truppe die Verschiebung nach Asien ein. Wer die Meerenge bereits überquert hatte, wurde zurückgerufen, und die Halbinsel, auf der Gallipoli liegt, zum spanischen Hoheitsgebiet erklärt. Dann rückte die Truppe durch Thrakien vor und rächte sich bitter für die Ermordung ihres Anführers. Um die erheblichen Verluste von Adrianopel auszugleichen, rekrutierte sie türkische und bulgarische Verbände, und es dauerte nicht lange, bis sie wieder ihre ehemalige Größe erreicht hatte. Michael IX., von der Entwicklung der Dinge – an der er mindestens teilweise persönlich die Schuld trug – ernsthaft beunruhigt, unternahm das Äußerste, um ihrem Vormarsch Einhalt zu gebieten, doch sein erbärmliche Heer wurde in der Nähe der Festung Apros bei Rhaidestos (Tekirdag) von der katalanischen Truppe förmlich zermalmt, und er selbst entkam, nachdem er sich im Kampf eingesetzt hatte, nur knapp mit dem Leben.

Die Provinz Thrakien lag direkt an der Route, die vom Westen nach Konstantinopel führte, und hatte im Lauf der Jahrhunderte viel Mühsal erlitten. Awarische und hunnische, gepidische und bulgarische, skythische und slawische Stammesheere waren ebenso über sie hinweggefegt wie die christlichen Kreuzfahrer, und sie war immer wieder verwüstet worden. Nun folgte also die in ihrem Stolz verletzte katalanische Truppe, und sie gehörte zu den schlimmsten. Einmal mehr kam es zu unzähligen Massakern und anderen entsetzlichen Greueltaten, und es hatte fast den Anschein, als sollte nicht ein einziger Mensch in Thrakien am Leben bleiben. Gehöfte und Dörfer, da und dort ganze Städte, wurden verlassen, zu Tausenden strömten die Flüchtlinge voller Panik nach

Konstantinopel und ließen ihre Felder brennend und die Hütten schwelend hinter sich. Adrianopel und Didymoteichos blieben unbezwingbar, aber ihre Garnisonen wagten den Ausfall nicht. Wieder einmal bot eines der reichsten und fruchtbarsten Gebiete im ganzen Byzantinischen Reich den Anblick einer Wüste.

Nun sind Wüsten für die, welche sie erobern, ebenso karg wie für jene, die sie bewohnen; also wandte sich die katalanische Truppe im Sommer 1308 nach Westen, Richtung Thessalonike. Es gelang ihnen nicht, die Stadt zu erobern, aber sie zerstörten mehrere kleinere Ortschaften und plünderten und brandschatzten die Klöster auf dem Berg Athos; danach fielen sie über Thessalien her, und 1310 zogen sie weiter Richtung Süden nach Böotien, wo sie in den Dienst Walters von Brienne traten, des französischen Herzogs von Athen und Theben. Dieser hatte schon lange ein Auge auf Thessalien geworfen, und mit ihrer Hilfe gelang es ihm mühelos, den jungen und kränklichen Johannes II. Dukas in die Knie zu zwingen.[9] Allerdings dauerte es nicht lange, bis Walter seinerseits feststellte, daß die Angehörigen der katalanischen Truppe gefährliche Angestellte waren, die sich leichter anheuern als entlassen ließen. Am 15. März 1311 vernichteten sie sein eigenes Heer am Ufer des Kephissos; er fiel und mit ihm der größte Teil seiner Ritter. Die siegreiche katalanische Gemeinde zog daraufhin nach Athen, wo sie ein eigenes Herzogtum errichtete, das siebenundsiebzig Jahre bestehen sollte.

Damit verschwindet sie aus unserer Geschichte. In knapp zehn Jahren hatten ihre Angehörigen Byzanz fast ebensoviel Schaden zugefügt wie die türkischen Stämme im Laufe von hundert. Und Byzanz hatte sie sogar dafür bezahlt; um sie bezahlen zu können, mußte Andronikos eine Geldentwertung vornehmen und dem ohnehin bedrückten Volk noch höhere Steuern auferlegen. Es dauerte Generationen, bis die Schäden behoben waren, die sie in Thrakien aus Rache über die schmähliche Ermordung ihres Anführers und seiner Eskorte angerichtet hatten, und die Flut der Flüchtlinge, die sie vertrieben, löste in Konstantinopel fast eine Hungersnot aus. Hätten sie sich auf ihre Vereinbarungen mit Andronikos konzentriert und die türkischen Stämme zurückgedrängt, statt eigene Gebietsansprüche zu verfolgen, wäre es ihnen vielleicht gelungen, die Laufrichtung des Islams zu wenden und damit die Geschichte der Levante zu ändern. Aber ach, es kam anders, und sie versetzten dem Byzantinischen Reich, das zu retten sie doch gekommen waren, fast aufs Jahr genau hundert Jahre nach dem vierten Kreuzzug einen weiteren lähmenden Schlag, von dem es sich nie mehr ganz erholen konnte.

17

Großvater und Enkel Andronikos
(1307–1341)

Der Teufel ist immer noch darauf aus, den Menschen Leid anzutun, wie seit Bestehen der Welt. Wenn er ihnen auch nicht immer das ganze Ausmaß an Schaden zufügt, das er im Sinn hat, so gelingt ihm dies doch zu einem großen Teil.

Andronikos II. an seinen Enkel Andronikos III. nach dem Fall von Konstantinopel

Sosehr das erste Jahrzehnt des vierzehnten Jahrhunderts aus byzantinischer Sicht durch das Auftauchen der katalanischen Truppe überschattet wurde, stellte diese doch keineswegs das einzige Problem dar, mit dem der glücklose Andronikos II. Palaiologos fertig werden mußte. Im Westen lauerte Theodor Swetoslaw immer noch bedrohlich, zumindest bis 1307. In diesem Jahr überließ Andronikos ihm die Häfen am Schwarzen Meer, die er schon erobert hatte, und ebenso die Hand Theodoras, der Tochter Rita-Marias und Michaels IX. Dann eroberten Philipp von Tarent (Sohn Karls II. von Anjou) und die katholischen Albaner gemeinsam Durazzo, und schließlich griff noch ein weiterer westeuropäischer Fürst in den Kampf ein: Karl von Valois, der Bruder des französischen Königs Philipp des Schönen. Er hatte sich 1301 mit Katharina von Courtenay, der Enkelin Kaiser Balduins, verheiratet. Nun machte er sich die Wiederherstellung des Lateinischen Reichs zur Aufgabe. Dazu versicherte er sich der Unterstützung von Papst Klemens V. – dieser hatte bereits pflichtschuldigst den Bannstrahl gegen Andronikos geschleudert – und traf Abmachungen mit Venedig, dem zu diesem Zeitpunkt von seinem Schwiegervater bereits etwas enttäuschten Milutin von Serbien und 1308 sogar mit der katalanischen Truppe. Im selben Jahr starb jedoch Katharina, und da nun die Erbfolge an ihre Tochter Katharina von Valois überging, stand Karl plötzlich ganz ohne Anspruch da, dies besonders, nachdem Philipp von Tarent sich nach der Scheidung von seiner ersten Frau Thamar 1313 mit Katharina von Valois verheiratet hatte. Und obwohl seine Ränke letztlich zu nichts führten, bereitete auch er dem Kaiser von Byzanz in den ersten Jahren des Jahrhunderts schlaflose Nächte.

Im Osten drangen nach dem Abzug der katalanischen Truppe aus Anatolien im Jahre 1304 die Türken immer weiter vor. Im selben Jahr nahm der Stamm der Aydin Ephesos ein, 1307 eroberte Osman die Festung Trikkokia, wodurch die Kommunikation zwischen Nikomedia und Nikäa unterbrochen wurde, und 1308 versetzten die Karamanen mit der Einnahme Ikonions nach über zweihundert Jahren dem schon lange serbelnden Seldschukensultanat den Todestoß. Im Jahre 1309 erlitt Byzanz einen weiteren Verlust. Die schon seit geraumer Zeit praktisch von der genuesischen Kolonie beherrschte Insel Rhodos fiel den Rittern des Johanniterordens in die Hände.[1] Das Reich schien mit jedem Tag zu schrumpfen, so als habe der Kaiser die Hoffnung längst aufgegeben, den türkischen Vormarsch noch aufhalten zu können.

In der Hauptstadt Konstantinopel machten die Arseniten immer mehr Schwierigkeiten. Der schwache Trost, den ihnen im Jahre 1293 die Abreise des fanatisch für die Reinheit der Lehre eintretenden Athanasios bereitet haben dürfte, schwand dahin, als er auf Drängen des Kaisers hin zehn Jahre später wieder eingesetzt wurde.[2] 1304 verhielten sie sich dann so widerspenstig, daß Andronikos, nachdem alle seine Appelle an das Gute in ihnen sich als nutzlos erwiesen hatten, eine bewaffnete Wache vor ihrem Kloster in Mosele postierte. Als im Jahr darauf erneut ein Anschlag auf sein Leben gerade noch rechtzeitig aufgedeckt wurde und sich herausstellte, daß der Kopf der Verschwörung, ein gewisser Johannes Drimys, enge Verbindungen zu den Arseniten unterhielt, ließ Andronikos das Kloster ein für allemal schließen; viele der Insassen wurden festgenommen. Um diese Zeit begann die Bewegung allerdings schnell an Boden zu verlieren. Johannes Laskaris, blind und gefangen, erschien als Kandidat für den Thron nicht mehr so interessant wie zwanzig Jahre zuvor. Außerdem war inzwischen der größte Teil des alten Reichs Nikäa an die Türken gefallen. 1309 zog sich Athanasios – der angeblich ganz Byzanz als ein großes Kloster ansah – wieder in sein eigenes kleines zurück, diesmal für immer. Sein Nachfolger Niphon machte sich sogleich daran, das seit fünfzig Jahren währende arsenitische Schisma zu beseitigen und gelangte innerhalb eines Jahres ans Ziel. Am 14. September 1310 wurde die orthodoxe Kirche kraft einer höchst eindrucksvollen Feier in der Hagia Sophia in aller Form wiedervereinigt.

Dies muß für Andronikos eine große Entlastung bedeutet haben. Doch noch im selben Jahr sah er sich einer neuen Feindin gegenüber, nämlich Kaiserin Irene, der früheren Jolante von Montferrat. Aus dem elfjährigen Mädchen, das er geheiratet hatte, war eine äußerst ehrgeizige und eigenwillige Frau geworden, und die Spannungen zwischen beiden hatten ständig zugenommen. Die Lage spitzte sich zu, als Irene vorschlug, das Reich nach dem Tod ihres Mannes nicht an Michael, dessen Sohn von seiner ersten Frau Anna von Ungarn, zu übergeben, sondern unter alle vier Söhne aufzuteilen – und von denen waren die drei jüngeren natürlich ihre Kinder. Wie vorherzusehen, lehnte Andronikos dieses Ansinnen rundweg ab. Daraufhin bezichtigte ihn die Kaiserin, seinen Erstgeborenen vorzuziehen, und zog mit ihren drei Knaben von Konstantinopel nach Thessalonike, wo sie nicht nur ihre Kindheit verbracht hatte, sondern auch ihrer nunmehr sechzehnjährigen Tochter Simonis – die Andronikos 1299 als Fünfjährige an den serbischen Herrscher Stephan Urosch II. verschachert hatte – viel näher war. Dort blieb sie sieben Jahre lang bis zu ihrem Tod und wiegelte unablässig jeden, der ihr ein Ohr lieh, gegen ihren Ehemann auf.

Aber nicht nur sie, sondern auch ihr Stiefsohn, der Mitkaiser Michael IX., residierte in Thessalonike; er muß kurz nach ihr dort eingetroffen sein. Obwohl erst Mitte Dreißig, waren ihm alle Illusionen über das Leben bereits gründlich vergangen. Als zwar tapferer, aber völlig untalentierter Soldat hatte er den Großteil seines Erwachsenenlebens im Feld verbracht, ohne auch nur eine bedeutende Schlacht zu gewinnen. Abgesehen von wenigen unbedeutenden Siegen über Bulgarien im Jahre 1304 war seine Laufbahn von Niederlagen bestimmt, anfangs in Kleinasien und später auf dem Balkan. Sein jüngstes Debakel hatte ihm ein etwa zweitausendköpfiges türkisches Heer bereitet, welches sich zunächst der katalanischen Truppe angeschlossen hatte und dann, während diese nach Griechenland weiterzog, in Thrakien geblieben war, das ganze Gebiet zwei Jahre lang terrorisiert, sich alles genommen, was es dort noch zu holen gab, und die Verkehrswege unsicher gemacht hatte. Zu Beginn des Jahres 1311 führte Michael ein Heer gegen diese marodierenden Türken: mit dem üblichen katastrophalen Ergebnis. Daraufhin wurde er des Kommandos endgültig enthoben und zog sich ins Privatleben zurück.

Mit seiner armenischen Frau Maria (ihren ursprünglichen Namen Rita hatte sie dem Brauch entsprechend durch den angesehenen, byzantinischen ersetzt) hatte Michael vier Kinder. Andronikos, das älteste, ein intelligenter und auffallend gutaussehender Jüngling, wurde im

Februar 1316 im Alter von neunzehn Jahren zum Mitkaiser gekrönt. Somit teilten sich nun drei Kaiser den Thron, was die Nachfolge mindestens zwei Generationen lang hätte sichern müssen. Der junge Andronikos zeigte jedoch schon bald Anzeichen gefährlicher Instabilität. Er trank, spielte, trieb sich in schlechter Gesellschaft herum, machte heimlich Schulden bei den genuesischen Kaufleuten in Galata und war auch noch ein bekannter Frauenheld. Ein Jahr nach der Krönung wurde er der Adligen Adelheid von Braunschweig-Grubenhagen angetraut und scheint etwas ernsthafter geworden zu sein, doch nach der Geburt eines Kindes (das früh starb) verlor er den Halt erneut und nahm sein altes Lotterleben wieder auf, falls er es denn überhaupt je aufgegeben hatte.

Allmählich begann sein Betragen seinen Angehörigen ernstlich Sorgen zu bereiten. Aber erst 1320 spitzte die Lage sich wirklich bedrohlich zu. Da er eine seiner Liebhaberinnen der Untreue verdächtigte, legte er dem ihm unbekannten Rivalen in der Nähe ihres Hauses einen sorgfältig geplanten Hinterhalt. Ob sein Bruder Manuel tatsächlich dieser Rivale war oder nur zufällig im falschen Augenblick vorbeikam, weiß kein Mensch. Er wurde jedenfalls angegriffen und umgebracht. Michael IX. trauerte noch um den Tod seiner Tochter Anna, als ihm diese Nachricht übermittelt wurde.[3] Ohnehin bereits krank, war dieser Schock zuviel für ihn. Er verfiel zusehends und starb am 12. Oktober in Thessalonike. Der aufgebrachte Kaiser Andronikos II. enteignete seinen Enkel und bestimmte Michaels Bruder Konstantin als Erben des byzantinischen Throns.

Da kam es zum Bürgerkrieg.

Der alte Kaiser Andronikos II. war nunmehr sechzig Jahre alt: in byzantinischen Tagen ein beträchtliches Alter. Während seiner beinahe vierzigjährigen Regierungszeit hatte sich die Situation zusehends verschlechtert. Glücklicherweise stand ihm als Berater (und später Großlogothet) der Schriftsteller und Gelehrte Theodor Metochites zur Seite. Er diente ihm ergeben von 1290 bis zum Ende seiner Herrschaft. Doch selbst Theodor konnte den Verfall nicht aufhalten. Thrakien war verwüstet, Kleinasien praktisch verloren. In Ermangelung einer Seestreitmacht oder Handelsflotte lagen der Handel sowie die Lebensmittelversorgung in den Händen der sich unaufhörlich zankenden venezianischen und genuesischen Kaufleute. Jahr für Jahr erhöhten sich die Steuern; der Erlös wurde jedoch nicht für die Wiederbewaffnung, sondern für Tribute ausgegeben – Schutzgelder an katalanische und türkische

Banden, die man in der Hoffnung zahlte, daß sie das Reichsgebiet in Ruhe ließen. Als der junge Andronikos sich der Anordnung seines Großvaters widersetzte und in Adrianopel die Fahne der Rebellion aufpflanzte, war es also kein Wunder, daß in Konstantinopel viele, insbesondere junge Adlige und solche, die Land besaßen, sich begeistert um ihn scharten.

Die rechte Hand des jungen Kaisers war Johannes Kantakuzenos, ein führendes Mitglied der Militäraristokratie. Sein Vater war Statthalter der Morea gewesen, er selbst ein bedeutender Landbesitzer im Reich, der große Güter in Makedonien, Thrakien und Thessalien besaß. Er war ein oder zwei Jahre älter als Andronikos und von Kind an eng mit ihm befreundet. Johannes sollte die politische Szene von Byzanz über weite Strecken des Jahrhunderts beherrschen: als graue Eminenz, Großdomestikos, aufständischer Rebell und Kaiser. Daß er außerdem eine umfangreiche, detaillierte Reichsgeschichte der Jahre zwischen 1320 und 1356 schrieb, die zum großen Teil auf persönlichen Erinnerungen an Menschen und Ereignisse beruht und in der er häufig Originaldokumente zitiert, ist für die Nachwelt mindestens ebenso wichtig. Natürlich hat er sie bis zu einem bestimmten Grad zu seinen Gunsten geschönt; dennoch darf man sie nicht übergehen; denn Kantakuzenos war der überragende Feldherr und Staatsmann seiner Zeit.

Von denen, die Andronikos III. ebenfalls unterstützten, stand ein gewisser Syrgiannes Palaiologos an Bedeutung Johannes Kantakuzenos kaum nach. Mütterlicherseits war er entfernt mit der kaiserlichen Familie verwandt, während sein Vater kumanischer Herkunft war. Er erwies sich, wie sich noch zeigen wird, allerdings als unzuverlässiger Verbündeter. Sowohl er als auch Johannes hatten eine Statthalterschaft in Thrakien gekauft – der Ämterkauf gehörte nicht zu den unbedeutendsten Mißständen, die unter den Palaiologoi aufblühten – und sofort begonnen, Unzufriedenheit unter den dort Ansässigen zu schüren, die ohnehin unter der immer größer werdenden Last der Reichssteuern stöhnten. Ostern 1321 schloß sich ihnen der junge Kaiser an; wenn man Gregoras Glauben schenken kann, war eine seiner ersten Amtshandlungen die Befreiung dieser Provinz von jeglicher Steuer. Durch derlei Maßnahmen und weitere ausgefallene Versprechungen gewann er sehr schnell die nötige Unterstützung. Syrgiannes marschierte gegen Konstantinopel, wo sich der alte Andronikos aus Furcht, der Aufstand könnte sich ausbreiten, rasch verhandlungsbereit zeigte. Am 6. Juni 1321 einigten sich beide Seiten auf eine Teilung des Reichs. Wie schon bisher sollte Andronikos II. am Bosporus herrschen und Andronikos III. in Adrianopel.

Als Kaiserin Irene zwei Jahre zuvor einen nämlichen Vorschlag unterbreitet hatte, war die Reaktion Entsetzen gewesen. Daß er nun so bereitwillig akzeptiert wurde, deckt überdeutlich auf, wie sehr sich die Stellung des alten Andronikos in der letzten Dekade verschlechtert hatte. Um wenigstens den Anschein von Einigkeit zu wahren, bestand er darauf, für die Außenpolitik allein verantwortlich zu sein. Doch beinahe von Anfang an beschritt sein Enkel offen und ohne Rücksicht einen eigenen diplomatischen Weg. Schon bald gab es praktisch zwei unabhängige Reiche, die eine völlig unterschiedliche Politik verfolgten und einander öfter entgegenstanden, als daß sie sich einig waren.

Unter diesen Umständen konnte der Friede nicht lange bestehen. Zu Beginn des Jahres 1322 brachen die Feindseligkeiten offen aus. Den Anlaß dazu scheint seltsamerweise Syrgiannes geboten zu haben. Er war indes schon immer eifersüchtig auf Johannes Kantakuzenos gewesen, den er mit Recht für den besonderen Günstling des jungen Kaisers hielt. Nun veranlaßte ihn diese Eifersucht dazu, die Seiten zu wechseln. Gleich nach seinem Eintreffen in Konstantinopel begab er sich zum alten Andronikos und stachelte ihn dazu auf, seinem Enkel eine Lektion zu erteilen. Dies erwies sich jedoch als aussichtslos. Denn in Thrakien und Makedonien erfreuten die Rebellen sich zu großer Beliebtheit. Schon bald stellte sich heraus, daß der alte Kaiser höchstwahrscheinlich auch jene Gebiete, über die er noch herrschte, verlieren würde, falls er sich weiterhin gegen die Rebellen stellte. Im Juli 1322 trafen die beiden Kaiser erneut eine Übereinkunft. Nun war nicht mehr die Rede von einer Teilung, sondern es hieß, beide würden das ganze Reich gemeinsam regieren, und Andronikos III. wurde wieder zum einzigen Erben erklärt; Andronikos II. sollte die Obergewalt und ein Vetorecht gegen alle politischen Entscheidungen seines Enkels erhalten.

Diesmal hielt der Friede immerhin fünf Jahre. Innerhalb dieses Zeitraumes wurde zunächst am 2. Februar 1325 Andronikos III. zum zweiten Mal in der Hagia Sophia gekrönt. Am 6. April 1326 nahmen die türkischen Osmanen nach siebenjähriger Belagerung Brussa ein und erhoben es zu ihrer Hauptstadt.[4] Noch bedrohlicher als diese Katastrophe war die Nachricht, daß Johannes Palaiologos, Neffe Andronikos' II. und Statthalter von Thessalonike, sich offen vom Reich lossagte. Er war mit Irene Metochites verheiratet und somit ein Schwiegersohn des Großlogotheten Theodor; während dieser seinem Herrn die Treue hielt, stellten sich seine beiden Söhne, die das Kommando über die bedeutenden Militärstützpunkte Melnik und Strumika führten, sofort hinter die Rebellion. Johannes ersuchte sodann den serbischen König Stephan Dechanski (Urosch III.), dem er seine und Irenes Tochter Maria zur Frau gegeben hatte, um Unterstützung und begab sich deswegen eigens an den serbischen Hof.

Hätte er ein Bündnis mit König Stephan zustande gebracht, wäre Byzanz vielleicht eine neue, große Gefahr erstanden. Großvater und Enkel hätten möglicherweise vorübergehend ihre Rivalität vergessen und gemeinsame Sache gegen den Feind gemacht. Aber Johannes Palaiologos starb plötzlich und unerwartet kurz nach seiner Ankunft in Skopje. Es bestand nun keine unmittelbare Gefahr mehr. Im Herbst des Jahres 1327 brach zum dritten Mal in einem Zeitraum von nicht einmal sieben Jahren Bürgerkrieg aus. Diesmal kämpften die beiden Kaiser nicht allein. Stephan Dechanski, dessen Frau Maria immerhin Großnichte des Kaisers war, schlug sich auf die Seite Andronikos' II. Der Bulgarenzar Michael III. Sisman hatte sich von seiner ersten Frau, einer Schwester Stephans, getrennt, um Theodora zu heiraten, eine Schwester Andronikos' III. und nach dem Tod ihres ersten Mannes Theodor Swetoslaw verwitwet, und willigte nur zu gern in ein Bündnis mit seinem neuen Schwager ein. Wie bei den früheren Aufständen kam es auch diesmal kaum zu ernsthaften Gefechten; sie waren auch gar nicht nötig, denn der junge Andronikos, der immer häufiger zu jenen ausgefallenen Versprechungen und Geschenken griff, die ihm in der Vergangenheit so gute Dienste geleistet hatten, wurde überall, wo er erschien, bejubelt. Im Januar 1328 begab er sich mit Johannes Kantakuzenos nach Thessalonike. Dort bereitete man ihm einen rauschenden Empfang als Basileus. Fast alle anderen wichtigen Städte und Festungen in Thrakien und Makedonien sicherten ihm ihre Unterstützung zu.

Während dieser Zeit traf er in aller Ruhe Vorbereitungen für den Marsch auf die Hauptstadt direkt nach dem Frühjahrsregen. Kurz vorher erhielt er jedoch beunruhigende Nachrichten: Zar Michael III. hatte unerklärlicherweise die Seiten gewechselt und dreitausend bulgarische Reiter zur Verteidigung von Konstantinopel entsandt. Nun zögerte Andronikos III. keinen Augenblick mehr. An der Spitze einer Vorhut eilte er ostwärts, fing die bulgarischen Reiter ab, bevor sie Stellung bezogen hatten, und erreichte mit dem Hinweis, andernfalls handle er dem Bündnis zuwider, dem sein Herr vor einem knappen Jahr beigetreten sei, daß deren Befehlshaber den sofortigen Abzug befahl. Nachdem er dann Michael in einer wütenden Botschaft an seine Vertragsverpflichtungen erinnert hatte, wartete er das Eintreffen seines übrigen Heeres ab.

Der Abzug der Bulgarentruppe war nicht der einzige Schlag, den der alte Andronikos im Frühjahr 1328 verkraften mußte. Venedig und Genua nutzten wieder einmal die Gunst der Stunde für ihre üblichen Tricks und betrachteten ohne Rücksicht auf die Leiden der griechischen Bevölkerung Konstantinopel und die Wasserwege darum herum als häufigstes Schlachtfeld. Den ganzen April hindurch riegelte eine venezianische Flotte von fünfzig Schiffen Galata und die Einfahrt zum Bosporus ab, wodurch die Stadtbevölkerung an den Rand des Hungerns geriet. Denn nach den Bürgerkriegsjahren, in denen die gegnerischen Heere die fruchtbaren Felder Thrakiens zertrampelt hatten, war die Landwirtschaft beinahe zum Erliegen gekommen und der übliche Nachschub an Nahrungsmitteln aus den westlichen Provinzen auf dem Landweg unterbrochen. Nun traf dieser nicht einmal mehr auf dem Seeweg ein. Was es noch zu erstehen gab, war unerschwinglich teuer und unerreichbar für eine Bevölkerung, die von Steuern ausgeblutet war und deren Wirtschaft schon seit langem nicht mehr funktionierte. Die Beliebtheit des alten Kaisers nahm immer mehr ab, und seine Autorität schwand mit jedem Tag noch mehr dahin.

Unter solchen Umständen erfolgte die Einnahme der Stadt durch seinen Enkel ohne nennenswerten Widerstand. Am Abend des 23. Mai 1328 schlichen Andronikos III. und Johannes Kantakuzenos an der Spitze eines vierundzwanzig Mann starken Trupps mit Sturmleitern zu einer bestimmten Stelle der Großen Bastion gegenüber dem Romanostor. Komplizen in der Stadt ließen Taue herab, die Leitern wurden hochgezogen, und nach ein paar Minuten standen die ersten Leute des jungen Kaisers innerhalb der Mauern und öffneten ihren Kameraden das Tor. Es kam weder jemand um, noch gab es Plünderungen, nicht einmal Verletzte. Der alte Andronikos, aus dem Schlaf gerissen, geriet anfangs in Panik. Seine Befürchtungen bewahrheiteten sich indes nicht. Von ihm wurde einzig die Abdankung verlangt. Er durfte seine kaiserlichen Titel und Insignien behalten und, falls er dies wünsche, weiterhin im Blachernenpalast wohnen. Dann wurde eine Abordnung zur Befreiung des Patriachen Esajas losgeschickt, der sich im Jahr zuvor Andronikos' Weisung, seinen Enkel aus der Kirche auszuschließen, widersetzt hatte und daraufhin im Manganenkloster festgesetzt worden war. Die Rückkehr in seinen Palast habe er, so berichtet Gregoras, nicht etwa, wie zu erwarten war, in Begleitung von bedeutenden Kirchenleuten angetreten, sondern mit einer Musikantentruppe, Komödianten und Tänzerinnen, von denen ihn eine bald so sehr zum Lachen gebracht habe, daß er beinahe vom Pferd gefallen sei.

Außer dem alten Kaiser, den man besser endgültig von Aufgaben entbunden hätte, für die er sich nicht eignete, war der einzige Leidtragende sein Großlogothet Theodor Metochites. Da kein anderer Sündenbock zur Verfügung stand, machte man diesen harmlosen Gelehrten allein verantwortlich für die Fehler seines Herrn. Man konfiszierte nahezu sein gesamtes Eigentum. Sein Haus wurde geplündert und niedergebrannt und er zunächst ins Exil geschickt; später durfte er immerhin wieder nach Chora in das Erlöserkloster zurückkehren, das er vor Jahren auf eigene Kosten hatte restaurieren und ausschmücken lassen.[5] Dort, ganz in der Nähe der Stelle, an der die Landmauer an das Ufer des Goldenen Horns stößt, nur einen Steinwurf vom Blachernenpalast entfernt, verbrachte er seine letzten Lebensjahre und starb im März 1332.

Er überlebte Andronikos II. um einen Monat. Nach der Abdankung blieb der alte Kaiser noch zwei Jahre in Konstantinopel. Dann wurde auch er in ein Kloster abgeschoben, wo er den Namen Antonios erhielt. Am 13. Februar 1332 speiste er noch einmal mit seiner Tochter Simonis, die er als Fünfjährige mehr als dreißig Jahre zuvor mit dem inzwischen verstorbenen Stephan Milutin von Serbien hatte trauen lassen. Wenige Stunden nach dem Essen verschied er, im Alter von dreiundsiebzig Jahren; er hatte beinahe ein halbes Jahrhundert lang regiert. Selten in seiner tausendjährigen Geschichte hätte Byzanz ein starkes und entschlossenes Oberhaupt mehr benötigt. Selten hatte es ein schwächeres erlebt. Wäre Andronikos II. mehr Staatsmann als Frömmler gewesen, hätte er die Initiative ergriffen, anstatt darauf zu warten, daß sich alles von selbst regelte, hätte er nur halb so viel diplomatisches Geschick wie sein Vater, halb so viel Mut wie sein Sohn oder Energie wie sein Enkel besessen, dann hätte er möglicherweise die katalanische Truppe und den Sturz des Seldschukensultanats nutzen, ja vielleicht sogar den Niedergang des Reichs aufhalten können. Doch er strebte weder ein Ideal an, noch hatte er offenbar ein klares politisches Ziel vor Augen und ließ das Reich steuerlos von einer Katastrophe in die nächste schliddern, bis Andronikos III. – der trotz all seiner Fehler wußte, was er wollte und, bereit war, dafür zu kämpfen – ihm sachte, aber entschlossen die Regierung aus der Hand nahm. Die Bevölkerung in ihrem Unglück, belagert, dem Verhungern nahe und von sinnlosen Steuern zu Boden gedrückt, war froh, daß sie ihn endlich los war.

Andronikos III. war nun einunddreißig Jahre alt. In den vergangenen zehn Jahren war er schließlich doch noch erwachsen geworden. Freilich widmete er sich mit seinen tausend Jägern, tausend Hunden und tausend Falken weiter den Freuden der Jagd etwas zu sehr. Auch waren nicht alle begeistert von seiner Vorliebe für Turniere, ein Zeitvertreib, den das italienische Gefolge seiner zweiten Frau Anna von Savoyen, einer Tochter von Graf Amadeus V., in byzantinischen Hofkreisen wieder eingeführt hatte.[6] Immerhin lagen nun die schlimmsten Exzesse seiner Jugend hinter ihm. Obwohl man bei ihm stets mit unverantwortlichen und rücksichtslosen Aktionen rechnen mußte – nie vermochte er seine gefährliche Schwäche, Versprechungen zu machen, die er nicht einhalten konnte, zu überwinden –, erwies er sich als unerschrockener Soldat und insgesamt als gewissenhafter Herrscher. Mit Sicherheit stellte er seinen Großvater weit in den Schatten.

Und vor allem: Er hatte Glück. Während seiner dreißigjährigen Regierungszeit stand ihm ein Mann von außerordentlichen politischen und militärischen Fähigkeiten zur Seite, der ihm unerschütterlich treu ergeben war. Johannes Kantakuzenos war nicht nur Freund und Berater des Kaisers, sondern im wahrsten Sinne des Wortes sein guter Geist. So wie er als treibende Kraft hinter der jüngsten Rebellion stand, lenkte er auch nach deren Gelingen die Geschicke des Reichs. Kantakuzenos schlug alle Titel aus – selbst den des Regenten und Mitkaisers, die ihm Andronikos zum Dank angeboten hatte – und bekleidete offiziell kein Staatsamt außer dem des Großdomestikos, also des Oberbefehlshabers. Dennoch gab es in Konstantinopel keine Zweifel, wer die Macht wirklich in Händen hielt.

Und doch ging die Initiative für eine der ersten und zugleich bedeutendsten Entscheidungen seiner Regierung vermutlich von Andronikos und nicht von Johannes Kantakuzenos aus. Er war sich völlig im klaren darüber – wie übrigens auch das Volk und damit die Leidtragenden –, daß die Rechtsordnung im Reich völlig korrumpiert war. Wie schon erwähnt, konnten Johannes Kantakuzenos und Syrgiannes Palaiologos ihre Statthalterschaft in Thrakien mit Leichtigkeit kaufen. Sogar der Großlogothet Theodor Metochites, dessen Integrität unbestritten und der moralphilosophisch sehr versiert war, hatte ohne Skrupel hohe Staatsämter gekauft und verkauft. Etwa dreißig Jahre zuvor hatte Andronikos II. einen Anlauf genommen, um das Problem anzugehen, sich jedoch wie meist nicht durchsetzen können. Nun stellte sich ein knappes Jahr, nachdem er als einziger Kaiser auf dem Thron saß, sein Enkel der Herausforderung. 1329 ließ er einen Gerichtsstand schaffen, den »obersten römischen Gerichtshof«. Dieser bestand aus vier Richtern, zwei Klerikern und zwei Laien, die im Prinzip die oberste Appellationsinstanz bildeten, als solche die Oberaufsicht über das Rechtswesen im ganzen Reich ausüben und ihr Augenmerk besonders auf Fälle von Korruption und Steuerhinterziehung hoher Ämter richten sollte. In abgelegenen Gebieten wurden Gerichte mit vergleichbarer Machtfülle eingesetzt. Leider erwies sich das System nicht durchweg als erfolgreich. Die Korruption, hat sie einmal Fuß gefaßt, ist bekanntlich nur schwer auszurotten; schon 1337 wurden anläßlich eines Gerichtstags in der Hagia Sophia unter dem Vorsitz des Kaisers und des Patriarchen drei von den vier obersten Richtern der Bestechung überführt, abgesetzt und ins Exil geschickt. Doch die Ernennung der Nachfolger erfolgte auf dem Fuße. Die Institution blieb bis zum Untergang von Byzanz bestehen.

Auf internationalem Parkett erbrachte Andronikos' Politik der Nichtbeschwichtigung schon sehr schnell Ergebnisse. Noch im Monat des Staatsstreichs marschierte Zar Michael von Bulgarien in Thrakien ein, wie schon des öfteren in der Vergangenheit; diesmal jedoch schlug Andronikos zurück, indem er mit seinen Truppen sofort in dessen Territorium einfiel, wo sie eine bulgarische Festung einnahmen. Und als Michael es zwei Monate später noch einmal versuchte, sah er sich erneut einem byzantinischen Heer gegenüber. Das Ergebnis dieser Konfrontation war ein Friedensvertrag, der weitere Gewaltakte für die nächsten beiden Jahre verhinderte und vielleicht noch länger gehalten hätte, wäre das bulgarische Heer nicht am 28. Juli bei Welbaschd (Kjustendil) von den Serben unter Führung von Stephan Dechanski vernichtend geschlagen worden. Michael wurde in der Schlacht schwer verwundet und starb bald darauf in Gefangenschaft. Stephan setzte seinen Neffen Johannes Stephan auf den bulgarischen Thron; die arme Theodora mußte ihr Heil in der Flucht suchen.[7]

Andronikos kam das Mißgeschick seiner Schwester indes gelegen, bot es ihm doch einen geeigneten Vorwand, sich in die bulgarischen Angelegenheiten einzumischen. Angeblich um sie zu rächen, zog er aus und nahm mit seinen Truppen die Schwarzmeerhäfen Mesembria und Anchialos ein, die sein Großvater vor etwa einem Vierteljahrhundert zusammen mit mehreren Festungen an der Reichsgrenze Bulgarien überlassen hatte. Sie ließen sich jedoch nicht lange halten, denn im Jahr darauf brachen in beiden slawischen Staaten Palastrevolutionen aus. In Bulgarien wurden Johannes Stephan und seine Mutter Anna Dechanski verjagt und durch Johannes Alexander, einen Neffen Michaels III. Sisman, ersetzt, während in Serbien Stephan Dechanski, der anscheinend seinen Sieg nicht in bewährter Weise zu seinem Vorteil genutzt hatte, von einer Gruppierung Adliger ermordet wurde und sein Sohn Stephan Duschan seine Stelle einnahm. Die beiden neuen Herrscher schlossen ein Bündnis, das sie durch die Heirat zwischen Stephan Duschan und Helena, Johannes Alexanders Schwester, festigten. Einträchtig begannen sie – Serbien in Makedonien, Bulgarien in Thrakien – an der Realisierung ihres Traums zu arbeiten: den Basileus zu stürzen und ein Großslawisches Reich in Konstantinopel zu etablieren. Johannes Alexanders Truppen eroberten im Handstreich die umstrittenen Schwarzmeerhäfen zurück, während Stephans Heer immer weiter nach Süden auf byzantinisches Territorium marschierte. Die inneren Schwierigkeiten des Byzantinischen Reichs und vor allem das Überlaufen von Syrgiannes Palaiologos in das serbische Lager 1334 begünstigten sein Vorrücken.

Syrgiannes ist schwer einzuschätzen. Wie erwähnt, Aristokrat von der Mutter her und väterlicherseits Kumane, war er ein enger, intimer Freund des Kaisers und seines Großdomestikos gewesen, dazu hochintelligent und anscheinend ungewöhnlich charmant. Doch schien er weder Treue noch Loyalität zu kennen. Schon einmal hatte er Andronikos verraten – als er während des Bürgerkriegs zu dessen Großvater übergelaufen war. Schon bald danach beteiligte er sich an einer Verschwörung zur Ermordung des alten Kaisers und wurde zu lebenslanger Haft verurteilt, nachdem Andronikos III. die Macht ergriffen hatte, jedoch wieder freigelassen und offiziell begnadigt, dies auf nachdrücklichen Wunsch von Johannes Kantakuzenos, und sodann verblüffenderweise zum Statthalter von Thessalonike ernannt. Dort gab es gleich wieder Probleme; er intrigierte gegen Kantakuzenos und schmeichelte sich bei Kaiserin Rita-Maria ein – die sich nach dem Tod ihres Mannes, Michael IX., in Thessalonike niedergelassen hatte –, bis sie ihn an Sohnes Statt annahm. Nach ihrem Tod 1333 stellte sich bald heraus, daß Syrgiannes erneut eine Verschwörung anzettelte, diesmal gegen den Kaiser und vermutlich mit dem Ziel, sich selbst auf den Thron zu setzen. Ob er damals schon mit Stephan Duschan in Kontakt stand, ist nicht bekannt. Doch da Thessalonike zu nah an der serbischen Grenze lag, um dort im Notfall Zuflucht zu suchen, wollte Andronikos nichts dem Zufall überlassen. Syrgiannes wurde unter strengem Arrest zur Aburteilung nach Konstantinopel gebracht. Bevor es jedoch dazu kam, entfloh er über das Goldene Horn nach Galata und von dort über Euböa und Thessalien nach Serbien. Stephan Duschan empfing ihn herzlich und übertrug ihm den Oberbefehl über ein Heer, das im

Frühjahr 1334 Kastoria und dazu mehrere benachbarte Festungen einnahm.

Andronikos und Johannes Kantakuzenos eilten nach Makedonien, fest entschlossen, Syrgiannes ein für allemal zu vernichten. Da sie jedoch unsicher waren, ob ihr eilig zusammengestelltes Heer der Aufgabe gewachsen wäre, griffen sie zu einem Trick. Sie trugen einem ranghohen Offizier namens Sphrantzes Palaiologos[8] einen Plan vor, nach dem er zum örtlichen Statthalter über mehrere Kleinstädte im Umkreis Thessalonikes ernannt werden sollte, um einen wohlschmeckenden Köder für Syrgiannes abzugeben; dieser würde gewiß sogleich versuchen, Sphrantzes auf seine Seite zu ziehen. Darauf sollte Sphrantzes zum Schein eingehen, um sein Vertrauen zu gewinnen und ihn dann um so leichter festnehmen und seiner Bestrafung zuführen zu können.

Alles lief ab wie geplant, außer daß im kritischen Augenblick Sphrantzes seinen Auftrag übertrieb und, anstatt Syrgiannes gefangenzusetzen, ihn sofort umbrachte. Für diesen Ungehorsam wurde er zwar verwarnt, bald darauf jedoch in den Rang eines Großstratopedarchen erhoben, womit eine beträchtliche Erhöhung seiner Bezüge einherging.[9] Diese Ausgabe bezahlte der Kaiser gern; denn nur einen oder zwei Monate später, im August 1334, traf er Stephan Duschan unweit von Thessalonike an der Grenze. Dabei kamen sie überein, daß als Gegenleistung für das Versprechen byzantinischer Hilfe gegen Ungarn, die von Syrgiannes eingenommenen Festungen an das Reich zurückfallen sollten.

Und Andronikos benötigte sie dringend, denn Stephan ließ keine Zweifel daran, daß alle anderen Eroberungen der letzten beiden Jahre – dazu gehörten auch Ochrid, Prilap, Strumika und sogar Wodena (Edessa) – in serbischer Hand verblieben. Damit ging ein großer Teil Makedoniens für immer verloren. Es war dies der Anfang vom Ende.

In Kleinasien ging es noch schneller auf den Untergang zu. Als Ende Mai 1329 Berichte in Konstantinopel eintrafen, die türkischen Osmanen unter Orhan hätten eine Blockade über Nikäa verhängt, setzten Andronikos III. und Johannes Kantakuzenos mit einem etwa viertausend Mann starken Heer über die Meerenge nach Chalkedon über und marschierten südostwärts entlang der Küste des Marmarameers. Am Morgen des dritten Marschtages erspähten sie das türkische Heerlager in den Hügeln oberhalb des kleinen Ortes Pelekanos (Manyas). Das Heer war nicht nur strategisch viel günstiger postiert, sondern erschien ihnen auch doppelt so groß wie das eigene. Doch nach einem kurzen

Kriegsrat beschloß man, sich zu stellen und zu kämpfen, falls Orhan von oben angreifen würde. Und dies tat er. Am 10. Juni kam es zur Schlacht. Der Kampf tobte den ganzen Tag über bei glühender Sonne; gegen Abend sah es so aus, als sollten die byzantinischen Truppen, die zwei große Angriffe der Türken abgewehrt hatten, die Oberhand behalten. Sie hatten allerdings schon schwere Verluste erlitten. Außerdem wußten sie, daß Orhan, der bewußt einen Teil seines Heers aus dem Kampf herausgehalten hatte, am nächsten Tag wieder angreifen würde. Aus diesem Grund riet Kantakuzenos zu einem unauffälligen und ehrenvollen Rückzug im ersten Morgengrauen.

Und so geschah es. Leider scherten wie so oft einige jüngere, wenig erfahrene Soldaten, von den ständigen Belästigungen der türkischen Bogenschützen zur Raserei gebracht, aus den Reihen aus, um sie zu vertreiben. Sich der großen Gefahr einer solchen Aktion voll bewußt, wandte Kantakuzenos sein Pferd und galoppierte ihnen nach. Einen Moment später tat Andronikos, der ihn nicht bemerkt hatte, es ihm nach. Was sie befürchtet hatten, war eingetreten. Sie fanden die Heißsporne umzingelt. Im nun folgenden erbitterten Kampf traf Andronikos ein Pfeil am Oberschenkel. Mit knapper Not erreichte er die Hauptmasse des Heers – sein blutüberströmtes Pferd brach bei der Ankunft tot zusammen – und kehrte am folgenden Tag auf einer Bahre nach Konstantinopel zurück. Da es sich nicht um eine schwere Wunde handelte, wäre alles gut gewesen, hätten nicht einige Soldaten beim Anblick der Bahre angenommen, er sei gefallen. Sie gerieten in Panik, und mit äußerster Mühe konnte Johannes Kantakuzenos, der selbst nur um Haaresbreite entkommen war, die Ordnung halbwegs wiederherstellen, bevor die nachstürmenden Türken sie vor den Mauern von Philokrene erneut zum Kampf zwangen.

In der Schlacht von Pelekanos kam es zum ersten persönlichen Aufeinandertreffen eines byzantinischen Kaisers und eines osmanischen Emirs. Zwar stellte sie keine Katastrophe in der Größenordnung von Mantzikert dar, doch unmißverständlich machte sie klar, daß der türkische Vormarsch in Kleinasien sich nicht mehr aufhalten ließ. Bedurfte es dafür noch eines Beweises, sollte er schon bald erbracht werden: Nikäa, noch siebzig Jahre früher die Hauptstadt, fiel am 2. März 1331, Nikomedia sechs Jahre später. Außer ein oder zwei Ägäisinseln verblieben dem Byzantinischen Reich in Asien nur vereinzelte, isolierte Städte, welche die Türken zu erobern nicht für nötig befunden hatten, wie etwa Philadelphia (Alaschehir) und Herklea am Schwarzen Meer. Sie waren jedoch allesamt nicht von strategischer Bedeutung, und ihr Zusammenbruch, wie allgemein bekannt, nur eine Frage der Zeit. Da sich nun die asiatische Küste des Marmarameers ganz in seiner Gewalt befand, konnte Orhan eine Seestreitmacht aufbauen, mit der er die europäische Küste fortan fast ununterbrochen attackierte.

In Anbetracht der Lage im Süden und Osten blieben Andronikos noch drei Hoffnungsschimmer. Zum einen hatte er mit den Türken diplomatische Beziehungen aufgenommen. Im August 1333 setzte er unter dem Vorwand, der belagerten Stadtbevölkerung Mut zusprechen zu wollen, nach Nikomedia über. Tatsächlich jedoch traf er sich heimlich mit Orhan zu Gesprächen über einen möglichen Friedensvertrag. Dabei ließ er sich darauf ein, dem Emir einen jährlichen Tribut zu zahlen, wofür dieser die letzten byzantinischen Besitzungen in Asien in Ruhe zu lassen versprach. Zum zweiten zeigte sich deutlich, daß Emir Orhan keineswegs jener halb wahnsinnige, fanatische Barbar nach landläufiger Vorstellung war, sondern, wie bereits sein Vater Osman, ein vernünftiger, zivilisierter Mensch. Er hatte weder versucht, der Christenheit in den eroberten Ländern den Islam aufzuzwingen, noch Vergeltung an denen verübt, die Widerstand geleistet hatten, sondern nach der Einnahme Nikäas vielmehr allen, welche die Stadt zu verlassen wünschten, dies gestattet; sie durften sogar Ikonen und Reliquien mitnehmen. (Nur wenige hatten bemerkenswerterweise von diesem Angebot Gebrauch gemacht.) Sein Hauptziel bestand in der Errichtung eines Staates gemäß dem Auftrag seines sterbenden Vaters, in dem Gerechtigkeit, Bildung und der moslemische Glaube gepflegt werden sollten, der jedoch zugleich Menschen aller Rassen und Bekenntnisse duldete. Konversion und Eroberung galten ihm demgegenüber als untergeordnet; sie würden sich früh genug von allein einstellen, denn die Zeit arbeitete, wie er wußte, für ihn.

Das dritte und letzte, woran Andronikos eine gewisse Hoffnung knüpfte, war eine deutliche Stärkung der byzantinischen Macht in der Ägäis. Vom ersten Augenblick seiner Inthronisierung an hatte er mit dem Wiederaufbau der Flotte begonnen, und bereits innerhalb weniger Jahre sorgten byzantinische Schiffe dafür, daß man auf den Inseln die Hand des Reichs wieder spürte. Daß Chios im Jahre 1329 gegen die genuesische Familie Zaccaria rebellierte – diese hatte die Insel ein Vierteljahrhundert lang regiert – und in den Schoß von Byzanz zurückkehrte, war nicht zuletzt diesem Umstand zu verdanken. Als fast ebenso bedeutend betrachtete er die Festlandstadt Neuphokäa an der nördlichen Einfahrt zur Bucht von Smyrna (Izmir); dorthin begab sich Andronikos von Chios gegen Ende desselben Jahres, um ein Treuegelöbnis entgegenzunehmen.[10] Leider gab es abgesehen von Genua noch andere westliche Mächte, die sich im östlichen Mittelmeer engagierten. Von den Johanniterrittern in ihrer Burg auf Rhodos, über die venezianischen Kolonien, die Lusignans auf Zypern und andere Familien wie die Zaccaria – etliche solcher Familien herrschten seit dem vierten Kreuzzug auf einzelnen Inseln – verfolgten sie alle ihre eigenen Interessen.[11] An einem war ihnen jedoch gleichermaßen gelegen: der Erlösung der Küstengebiete von den Raubzügen der türkischen Emirate.

Es überrascht daher nicht, daß bald der Gedanke an eine große christliche Liga aufkam, den Papst Johannes XXII. in Avignon begeistert aufgriff.[12] Deren Heer sollte zunächst mit den moslemischen Piraten abrechnen und dann als regelrechter Kreuzzug durch Kleinasien in das Heilige Land weiterziehen. Doch da gab es ein Problem: Welche Rolle sollte Byzanz dabei übernehmen? Während Venedig und die Ritter, welche sich vor allem für den Zug stark machten, die byzantinische Teilnahme begrüßten, blieb der Papst in dieser Beziehung unbeugsam. Solange das Reich im Schisma verharre, machte er geltend, könne es der Liga nicht angehören.

Das alte Lied. Selbst nach dem Debakel, welches auf das Konzil von Lyon gefolgt war, wollten die Päpste immer noch nicht begreifen, daß sich das Schisma nicht durch einen Federstrich des Kaisers beenden ließ. Andronikos III. hätte vermutlich einer Wiedervereinigung keine unübersteigbaren Schranken entgegengesetzt, aber er würde sicher nicht die Fehler seines Urgroßvaters wiederholen und diese Union von oben gewaltsam einführen wollen. Und überhaupt interessierte ihn die Haltung des Papstes nicht sehr. Er hielt nichts von Kreuzzügen, seine Untertanen hatten ebenfalls nie etwas davon gehalten, und die Geschichte hat beiden recht gegeben. Andronikos konzentrierte sich vor allem auf innere Angelegenheiten: die Verteidigung von Konstantinopel und Byzanz, Ziele, für welche, wie er sehr wohl wußte, die westlichen Nationen nicht viel übrig hatten. Ihm jedenfalls bereiteten genuesische Unternehmungen weit mehr Ungemach als türkische: Nur sechs Jahre nach dem Verlust von Chios beglichen sie die Rechnung im Herbst 1335 mit der Eroberung von Lesbos. Andronikos reagierte postwendend und befahl die sofortige Zerstörung ihrer Verteidigungsanlagen von Galata. Dann brach er mit Johannes Kantakuzenos in die Ägäis auf, um ein neues Bündnis mit Umur Pascha, dem Emir von Aydin, auszuhandeln.

Umur, bekannt als »Löwe Gottes« und Held eines großen Epos der türkischen Literatur, war ein typischer Ghazi, das heißt »Streiter für den Glauben«, der sein Leben der Terrorisierung der Christenheit geweiht hatte.[13] In erster Linie betraf dies genuesische und venezianische Glaubensangehörige sowie die Johanniter auf den ägäischen Inseln sowie, in den Jahren 1332 und 1333, auch auf Euböa und dem griechischen Festland. Da Genua ihm besonders verhaßt war, griff er die byzantinischen Vorschläge gerne auf, woraufhin eine vereinigte byzantinisch-türkische Flotte 1336 Lesbos zurückgewann. Später stellte Umur, wie noch zu sehen sein wird, eine beträchtliche Anzahl gut ausgebildeter Soldaten für die europäischen Feldzüge des Kaisers zur Verfügung. Doch diese Verhandlungen führten zu mehr als bloß einem Bündnis; vielmehr entstand eine lebenslange Freundschaft zwischen Umur Pascha und Johannes Kantakuzenos, und sie sollte sich in den kommenden Jahren als bedeutender erweisen, als die beiden es sich je hätten träumen lassen.

Der einzige größere Geländegewinn, den Andronikos und Johannes Kantakuzenos erzielten, gab es in Thessalien und Epiros zu verzeichnen – und auch dieser Erfolg sollte wieder zerrinnen. Schon 1318 waren die letzten herrschenden Vertreter der in diesen beiden griechischen Gebieten mächtigsten Dynastien innerhalb weniger Monate gestorben: Johannes II. von Thessalien auf unspektakuläre Weise und Thomas von Epiros ermordet, wie schon berichtet, von seinem Neffen Nikolaus Orsini, mit dem sich Anna, die Ehefrau seines Opfers und Schwester Andronikos' III., verehelichte, womit er Thomas nicht nur auf dem Thron nachfolgte.[14] Nach Johannes' Tod zerfiel Thessalien. Das Gebiet erbeuteten zum größten Teil katalanische und venezianische sowie verschiedene einheimische Adelsfamilien, die sich dort holten, was es noch zu holen gab. Lediglich die Ecke zwischen Trikkala und Kastoria im Nordwesten wurde von ihrem Oberhaupt, einem gewissen Stephan Gabrielopulos Melissenos, in Frieden regiert; er führte den Titel *Sebastokrator* und war daher vermutlich vom Kaiser dazu ermächtigt. Als er 1333 ebenfalls starb, sah auch dieses Gebiet anarchische Zustände auf sich zukommen. Andronikos, der sich damals gerade in Makedonien aufhielt, und Michael Monomachos, der Statthalter von Thessalonike, retteten jedoch die Situation. Beide eilten mit ihren Truppen in die bedrohte Region, vertrieben Johannes Orsini, den Despoten von Epiros, der seinen Bruder Nikolaus ermordet hatte, und stellten in Windeseile die byzantinische Herrschaft im Süden bis an die Grenze des katalanisch beherrschten Territoriums wieder her.[15]

Der Wiedergewinnung Thessaliens für Byzanz mußte früher oder später jene von Epiros nach sich ziehen. Die Orsini waren nie als legitime Herrscherfamilie allgemein anerkannt worden. Das nachfolgende innenpolitische Gerangel und die unablässigen Angriffe von außen hatten das einst blühende Despotat an den Rand des Zusammenbruchs gebracht. Zu den führenden Personen in der bereits mächtigen probyzantinischen Partei in Arta gehörte auch Anna Palaologina, die Ehefrau des vertriebenen Johannes Orsini.[16] Ermuntert durch die jüngsten Ereignisse in Thessalien, vergiftete sie 1335 ihren Ehemann – der dritte Mord an einem Orsini durch nahe Verwandte innerhalb von siebzehn Jahren – und übernahm selbst die Regierung anstelle ihres siebenjährigen Sohnes Nikephoros. Als Andronikos zwei Jahre darauf in diese Gegend kam, um einen albanischen Aufstand niederzuschlagen, sandte Anna Boten zu ihm nach Berat mit dem Vorschlag, ihn auch im Namen ihres Sohnes Nikephoros als Oberherrn anzuerkennen und dafür weiter in Epiros zu regieren. Andronikos paßte beides nicht. Epiros hielt sich nun schon seit mehr als hundertdreißig Jahren als unabhängiges Despotat. Künftig, darauf bestand er, müsse es von einem ihm direkt unterstellten byzantinischen Statthalter verwaltet werden. An Ort und Stelle ernannte er für diesen neuen Posten einen engen Freund und Waffengefährten, *Protostrator* Theodor Synadenos, einen der Anführer des Staatsstreichs gegen seinen Großvater neun Jahre zuvor. Anna, ihr Sohn und ihre zwei kleinen Töchter erhielten ein Gut in Thessalonike, um künftig im – wenigstens bequemen – Exil zu leben.

Wie so oft nicht nur in der byzantinischen Geschichte verlief indes nicht alles nach Plan. Unvermutet verschwand der junge Nikephoros, entführt durch epirotische Adlige. Dabei hatten höchstwahrscheinlich jene westlichen Mächte die Hand im Spiel, bei denen ein Interesse am Fortbestand des unabhängigen Despotats bestand. Der Junge gelangte zunächst nach Italien und kam schließlich an den Hof Katharinas von Valois, der Fürstin von Tarent und lateinischen Titularkaiserin von Konstantinopel.[17] Dort blieb er bis zum Herbst 1338. In diesem Jahr begab sich Katharina mit ihm zu ihrem Landsitz in Achäa – Achäa gehörte zum Gebiet, über welches ihr Ehemann Philipp gebot – und benutzte ihn als Galionsfigur, um eine antibyzantinische Erhebung in Epiros anzuzetteln. Schon nach kurzer Zeit hatte sie damit Erfolg. Der Statthalter Theodor Synadenos wurde verhaftet und eingekerkert. Zu Beginn des Jahres 1339 kehrte der junge Nikephoros in aller Form nach Epiros zurück; in der Küstenfestung Thomokastron fand seine Einsetzung statt.

Doch dieser Revolte war nur kurzzeitig Erfolg beschieden, denn sie fand außerhalb von Arta, Janina und ein oder zwei anderen Städten keine Unterstützung. Andronikos erschien 1340 erneut, an seiner Seite wie gewöhnlich Johannes Kantakuzenos. Arta wurde erfolgreich belagert, und noch lange vor Jahresende eine Generalamnestie verkündet und Statthalter Synadenos wieder auf freien Fuß gesetzt. Anschließend ritt Johannes Kantakuzenos nach Thomokastron. Dort ließ sich, trotz Anwesenheit einer angevinischen Flotte, Nikephoros rasch dazu bringen, seine Ansprüche aufzugeben und nach Thessalonike zurückzukehren. Als eine Art Entschädigung wurde ihm der wohlklingede Titel *Panhypersebastos* verliehen und die Hand von Johannes' Tochter Maria Kantakuzena angetragen. Für einen noch nicht dreizehnjährigen Knaben ging ein ereignisreiches Jahr zu Ende.

Zu Beginn des Frühjahrs von 1341 feierte Andronikos, der sich immer noch in Thessalonike aufhielt, die Vermählung seiner Kusine Irene Palaiologina mit Johannes Kantakuzenos' ältestem Sohn Matthäus, wodurch die beiden Familien sich noch enger miteinander verbanden. Kurz danach kehrte er mit Johannes nach Konstantinopel zurück, mitten in das Dickicht einer neuen Krise. Diesmal handelte es sich jedoch um eine ganz besonderer Art, die sich nur in Byzanz ereignen konnte. Ausgelöst wurde sie durch ein Grüppchen orthodoxer Einsiedler überwiegend vom Berg Athos: den Hesychasten.

Der Hesychasmus – das griechische Wort bedeutet Ruhe, Stille – war nichts Neues. Schon im Frühchristentum hatte in der orthodoxen Kirche ein starkes Brauchtum mystischer Askese eingesetzt, deren Anhängerschaft ihr Leben in einsamer stiller Meditation verbrachte. Zwischen 1330 und 1340 trat dann ein Wandermönch namens Gregor von Sinai im Ostmittelmeerraum auf und verkündete, durch die Befolgung bestimmter Techniken sei es möglich, das göttliche, ungeschaffene Licht zu sehen, das Jesus bei seiner Verklärung auf dem Berg Tabor umstrahlte. Seine Lehre fand besonderen Widerhall auf dem Berg Athos, der schon bald zum Zentrum der Hesychasmusbewegung wurde, aber sie entfachte leider auch die uralte byzantinische Leidenschaft für Haarspaltereien, zumal die empfohlenen psychosomatisch wirksamen Techniken, wie etwa das Senken des Kinns auf die Brust, die Nabelschau, die Atemregulierung sowie die endlos gemurmelte Wiederholung des sogenannten »Jesus-Gebets«, spöttische Kritik geradezu herausforderten.[18]

Die Opposition gegen den Hesychasmus führte ein orthodoxer Mönch aus Kalabrien namens Barlaam an. Aufgrund seiner bemerkenswerten Bildung und Belesenheit hatte er schon früh die Aufmerksamkeit Johannes Kantakuzenos' auf sich gezogen und von ihm einen Lehrstuhl an der Universität Konstantinopel vermittelt bekommen. 1339 sandte man ihn sogar in geheimer Mission nach Avignon zum Papst, um die byzantinische Vorstellung von einer Vereinigung der Kirchen darzulegen. Nach seiner Rückkehr ließ er sich jedoch im Übereifer auf eine öffentliche Debatte mit Nikephoros Gregoras ein, dem größten Gelehrten seiner Zeit, und dieser kanzelte ihn gehörig ab. Daß er nun eine heftige Kampagne gegen Praktiken in die Wege leitete, die für ihn reinen Aberglauben, und zwar häretischen Aberglauben darstellten, mag zum Teil auch eine Kompensation dieser Schmach gewesen sein. Aber auch die hesychastische Bewegung stand im Genuß eines erfolgreichen Vorkämpfers: des Theologen Gregor Palamas. Er verfaßte das umfassende Manifest »Triaden zur Verteidigung des heiligen Hesychasmus«. Dieses Dokument, hinter das sich in der Folge all seine Mitbrüder auf dem Berg Athos stellten, enthielt beweiskräftige Ausführungen und trug – zumal Johannes Kantakuzenos stark mit der Bewegung sympathisierte – besonders dazu bei, daß Andronikos ein Kirchenkonzil einberief, auf dem die Angelegenheit Klärung finden sollte.

Das Konzil fand am 10. Juni 1341 in der Hagia Sophia unter dem Vorsitz des Kaisers statt. Es dauerte nur einen Tag lang und endete mit einem überwältigenden Sieg der Hesychasten. Barlaam wurde mitsamt seinen Werken verurteilt. Gregor Palamas und sein Gefolge verhielten sich ihm gegenüber betont großzügig, umarmten ihn und beglückwünschten ihn zu den ausgezeichneten Darlegungen. Er dagegen gab zwar zunächst seine Irrtümer zu, beschwerte sich dann jedoch lautstark über die Entscheidung und jammerte, die Untersuchung sei von Anfang an gegen ihn gerichtet gewesen. Im weiteren zog er sich gedemütigt und diskreditiert nach Kalabrien zurück, wo er, laut Kantakuzenos, in seiner tiefen Enttäuschung vom orthodoxen Glauben abkam und in die römische Kirche eintrat. Er beendete seine wechselvolle Laufbahn als Bischof von Gerace.

Nach der Abreise der Konzilsmitglieder klagte Andronikos über Erschöpfung und zog sich zur Erholung in das Kloster Hodegon zurück, wo er am folgenden Tag einen heftigen Fieberanfall erlitt.[19] Es ging ihm in den nächsten vier Tagen immer schlechter, und am 15. Juni 1341 starb er. Er hat sich als guter Herrscher erwiesen, als ein weit besserer denn sein Großvater, der ihn mit allen Mitteln vom Thron fernzuhalten versucht hatte. Trotz der überbordenden Jugendsünden war er zu einem energischen, arbeitsamen und – außer wenn die Jagdlust ihn überkam – gewissenhaften Kaiser gereift. Die von ihm veranlaßten Gesetzesreformen und Maßnahmen gegen die Korruption trugen ihm die Dankbarkeit der Bevölkerung ein, besonders weil er sie nicht nur einleitete, sondern auch durchsetzen ließ. Stets mehr Soldat und Tatmensch als Diplomat oder Staatsmann, hatte er das Glück, daß ihm während seiner gesamten Regierungszeit Johannes Kantakuzenos zur Seite stand, und er war klug genug, seinem Rat zu folgen.

Sein Unglück und das seiner Nachfolger bestand darin, daß sie auf den Thron gelangten, als das Reich bereits dem Untergang geweiht war. Die Eroberungen auf dem Balkan, weniger ein Ergebnis der militärischen Stärke von Byzanz als der inneren Schwierigkeiten der gegnerischen Staaten, waren nicht von Dauer und außerdem unbedeutend im Vergleich zum endgültigen Verlust Anatoliens an die türkischen Osmanen, welche dadurch in Sichtweite Konstantinopels vorrückten. Der Niedergang ist ihm nicht anzulasten, und er konnte ihn auch nicht aufhalten. Trotzdem erreichte er mehr, als man gemeinhin wohl für möglich hielt. Die Partnerschaft zwischen ihm und dem Großdomestikos Johannes Kantakuzenos (denn um eine solche handelte es sich) trug viel dazu bei, den Lebensmut einer niedergeschlagenen und demoralisierten Bevölkerung zu heben und sie auf die noch viel schwereren künftigen Prüfungen vorzubereiten.

18

Bürgerkrieg

(1341–1347)

Nichts trägt mehr zur Zerstörung eines Staatswesens bei, ob Republik oder Monarchie, als der Mangel an weisen oder intelligenten Menschen. Hat eine Republik viele Bürger oder eine Monarchie viele Diener mit ausgezeichneten Eigenschaften, erholt sie sich rasch von den Verlusten, die ihr ein Ungemach bereitet hat. Fehlt es jedoch an solchen Menschen, fällt sie in tiefste Schande. Deshalb beklage ich den gegenwärtigen Zustand des Reichs, das nun, nachdem es in der Vergangenheit so viele hervorragende Menschen hervorgebracht hat, so unfruchtbar geworden ist, daß den Regierenden von heute nichts gegeben ist, was sie über die von ihnen Regierten erhebt.

Johannes Kantakuzenos zu Gesandten Kaiserin Annas

Noch bevor der Leichnam Andronikos' III. Palaiologos ins Grab gesunken war, zeigte sich klar, daß der verstorbene Kaiser einen katastrophalen Fehler gemacht hatte: das Versäumnis nämlich, eine eindeutige Verfügung über seine Nachfolge zu treffen. Zweifellos stand Johannes, dem älteren seiner beiden Söhne von Anna, der drei Tage nach dem Tod des Vaters seinen neunten Geburtstag beging, das Erbe rechtmäßig zu. Aber Andronikos hatte ihn überraschenderweise nicht zum Mitkaiser proklamiert oder gar gekrönt. Johannes Kantakuzenos strebte den Kaiserthron offenbar nicht an. Obwohl öfter von Andronikos aufgefordert, diesen mit ihm zu teilen, hatte er stets abgelehnt. Seine Loyalität gegenüber dem kleinen Johannes und Kaiserin Anna steht wohl außer Frage. Andererseits hatte er die Geschicke des Reichs dreizehn Jahre lang mehr oder weniger gelenkt und kam daher gar nicht auf die Idee, dies künftig zu lassen. So zog er fast selbstverständlich in den Kaiserpalast um und setzte sich mit ganzer Kraft für die Aufrechterhaltung von Gesetz und Ordnung sowie den reibungslosen Übergang der Macht ein.

Diese Aufgabe gestaltete sich allerdings schwieriger, als er erwartet hatte. Seine enge Verbundenheit mit dem verstorbenen Kaiser hatte bitteren Neid erregt. Eine Blüte im Verborgenen, solange Andronikos lebte, wagte sich diese nun ans Tageslicht. Am meisten Grund zum Groll hatte vermutlich Kaiserin Anna, die aus Erfahrung wußte, daß ihr Ehemann die Gesellschaft seines Großdomestikos der ihren vorgezogen hatte. Außerdem gab es da noch Patriarch Johannes Kalekas. Er hatte seine Laufbahn ohne Aufstiegsmöglichkeiten als verheirateter Priester begonnen und verdankte seine Förderung ausschließlich Kantakuzenos.[1] Dieser hatte sich zunächst der Form halber für seine Wahl zum Metropoliten von Thessalonike eingesetzt und ihm dann den Weg auf den Patriarchenthron geebnet. Doch Kalekas' Ehrgeiz erwies sich als stärker denn seine Dankbarkeit. Hatte Andronikos ihn nicht schon zweimal zum Regenten bestimmt, bevor er ins Feld zog? Und bewies dies nicht ganz klar, daß er auch jetzt die Regentschaft übernehmen sollte?

Johannes Kantakuzenos hätte dagegen leicht einwenden können, daß er ja, da er den Kaiser auf seinen Feldzügen immer begleitete, früher als Regent gar nicht in Frage gekommen und die gegenwärtige Situation mit vergangenen nicht vergleichbar sei. Weit mehr Sorgen bereitete ihm aber das Verhalten eines andern früheren Günstlings: Alexios Apokaukos. Dieser abenteuerliche Emporkömmling dunkler Herkunft, der keinen Anspruch auf adlige Geburt geltend machte, hatte mit Johannes Kantakuzenos, Theodor Synadenos und Syrgiannes Palaiologos zu den führenden Getreuen Andronikos' III. im Machtkampf gegen seinen Großvater gehört und war Kantakuzenos seither verbunden, denn dieser hatte ihn gefördert, sich mit ihm angefreundet und ihm zu beträchtlicher Machtfülle und immensem Reichtum verholfen. So hatte er ihm auch unlängst seine gegenwärtige, der eines Großadmirals vergleichbare Stellung verschafft, die unter anderem den Oberbefehl über die neue Flotte mit sich brachte, um den Hellespont gegen türkische Marodeure abzuschirmen. Bei Andronikos' Tod hatte Apokaukos zunächst diese Verbindung für sich zu nutzen gehofft und seinen Gönner ständig gedrängt, die Krone zu nehmen, stehe sie ihm doch zu, sich selbst aber bereits als den gesehen, welcher dem neuen Kaiser war, was dieser dem alten gewesen.

Johannes Kantakuzenos blieb jedoch eisern. Er fühlte sich dem Haus Palaiologos verpflichtet, das er nach achtzig Jahren und drei Kaisern –

ja vier, zählt man den glücklosen Michael IX. mit – für ausreichend legitimiert hielt. Den Thron selbst zu besteigen, bedeutete in seinen Augen Ursupation, und an eine solche war nicht zu denken. So kehrte sich Apokaukos gegen seinen alten Gönner und begann auf seinen Sturz hin zu arbeiten. Anna, Kalekas und Johannes Kantakuzenos ließen sich, um die Staatsgeschäfte in Gang zu halten, auf einen fragilen Modus vivendi ein.

Wie lange das so weitergegangen wäre, ist fraglich. Schon nach einem Monat wurde das dritte Mitglied dieses Dreierbundes wieder einmal zur Verteidigung des Reichs aufgerufen. Den Tod eines Basileus nahmen die Nachbarstaaten fast immer zum Anlaß, sich zu rühren, und noch verlockender erschien ihnen ein Interregnum. Schon sehr bald gingen die drei Hauptfeinde von Byzanz wieder zum Angriff über: serbische Truppen marschierten auf Thessalonike, bulgarische konzentrierten sich an der Nordgrenze, und türkische plünderten die Küstengebiete von Thrakien. Um dieser dreifachen Bedrohung begegnen zu können, mußte Johannes Kantakuzenos auf eigene Kosten Truppen ausheben; Mitte Juni verließ er mit ihnen Konstantinopel – mit verblüffendem Erfolg. Bei ihrer Rückkehr in die Hauptstadt im September waren die Ordnung wiederhergestellt und Verträge mit Stefan Duschan, Johannes Alexander und Emir Orhan unter Dach und Fach. Wie als Belohnung traf zudem eine Delegation aus der Morea ein, um Byzanz die Oberhoheit über Achäa anzutragen, da der dortige Feudaladel äußerst aufgebracht war über die Entscheidung Katharinas von Valois, die Regierungsgeschäfte dem Florentiner Bankhaus Acciaiuoli zu übertragen.

Diese Entwicklung kam Johannes Kantakuzenos sehr gelegen. Befand sich Achäa wieder in byzantinischer Hand, würde das katalanische Fürstentum in Südgriechenland sich wohl oder übel auf Verhandlungen einlassen müssen und dadurch die Stellung des Reichs auf der Balkanhalbinsel unschätzbar an Stärke gewinnen. Doch wie die Dinge sich entwickelten, wäre es für ihn besser gewesen, man hätte ihm diesen Vorschlag niemals unterbreitet. Die nachfolgenden Verhandlungen zwangen ihn, am 23. September mit seinen Truppen erneut nach Thrakien zu ziehen, und während dieser zweiten unumgänglichen Abwesenheit von Konstantinopel schlugen seine Gegner zu. Unter Alexios Apokaukos' Führung erklärte eine Gruppe hochgestellter Persönlichkeiten des Reichs, unter ihnen auch Kaiserin Anna, die inzwischen davon überzeugt war, daß Kantakuzenos sich gegen sie und ihren Sohn verschworen habe, der Patriarch und sogar Kantakuzenos' Schwiegervater, der Bulgare Andronikos Asen, den Großdomestikos zum Reichsfeind. Eine aufgebrachte Menge ließ sich rasch zusammentrommeln – in Konstantinopel war das noch nie schwer gewesen –, sie marschierte zu seinem Palast, plünderte ihn und legte ihn in Schutt und Asche. Dann wurden auch die Landgüter verwüstet oder konfisziert, und nun endlich konnte sich Patriarch Kalekas zum Regenten ausrufen, während Apokaukos, in den Rang eines *Megas Dux* erhoben, zudem noch zum Stadtpräfekten ernannt wurde. Kantakuzenos' Mutter und andere Familienangehörige standen bald unter Hausarrest, und dann ging die Jagd los auf alle, die zu ihnen hielten und sich noch nicht davongemacht hatten. Kaiserin Anna sandte Johannes Kantakuzenos eine eigenhändig unterschriebene Verfügung in das bei Didymoteichos, knapp vierzig Kilometer südlich von Adrianopel, aufgeschlagene Lager, mit der sie ihn des Kommandos enthob und das Heer auflöste.

Damit gingen die Verschworenen indes zu weit. Sie hatten den Frevel begangen, sich die Abwesenheit ihres Opfers im Dienste des Reichs für ihre persönlichen Interessen zunutze zu machen, und als die Boten in Didymoteichos eintrafen, stellte sich das Heer geschlossen hinter Johannes Kantakuzenos. An Ort und Stelle riefen die Soldaten ihn am 26. Oktober 1341 zum Basileus aus. Er aber zeigte sein altes Widerstreben und wies darauf hin, daß der junge Johannes, obwohl noch ungekrönt, rechtmäßiger Kaiser sei. Es gibt keinen Anlaß zur Vermutung, daß dies nicht seiner wahren Meinung entsprach. Hätte ihn nach dem Thron gelüstet, wäre er wohl nach Andronikos' Tod leicht in dessen Besitz gekommen. Dort, wo er in seiner Chronik die dennoch erfolgte Annahme zu rechtfertigen sucht, findet sich eine merkwürdige Passage. Bei der Beschreibung der Zeremonie seiner Investitur – bei der auf seine Anordnung hin Kaiserin Anna und Johannes V. noch vor ihm und seiner Frau Irene genannt worden seien – betont er, die eilig herbeigeschafften Festgewänder hätten ihm nicht gepaßt, das Untergewand sei ihm viel zu eng und der Überwurf um einiges zu groß gewesen.

Wie es auch um seinen Ehrgeiz tatsächlich gestanden haben mag, er war nun in traditioneller Manier, wenn auch zum ersten Mal seit Jahrhunderten wieder vom Heer, zum Kaiser ausgerufen worden. Und da ihn das gegenwärtige Regime in Konstantinopel auf keinen Fall anerkennen würde, konnte dies nur eins bedeuten: Bürgerkrieg. Wenige Tage nach seiner Einsetzung traf die Nachricht vom Kirchenbann seitens des Patriarchen ein, und am 19. November fand die Krönung von Johannes V. in der Hagia Sophia statt. Damit waren die Fronten klar.

Die Zeichen standen indes nicht gut für Johannes Kantakuzenos. Seit Jahren schon hatte sich sowohl in Konstantinopel als auch in den Provinzen die Kluft zwischen dem Proletariat und der Aristokratie vertieft. Durch das erbarmungslose Vorrücken Byzanz feindlich gesinnter Heere ergoß sich ein ständig anschwellender Flüchtlingsstrom aus den eroberten Gebieten in die Hauptstadt, und die Lage der Armen gestaltete sich immer verzweifelter. Die reichen Gutsbesitzerfamilien dagegen, die ihre Steuern nur selten wirklich bezahlten und die allgemeine Korruption, die wenigstens bis vor kurzem nicht einzudämmen gewesen war, in vollem Maß für sich genutzt hatten, waren relativ ungeschoren davongekommen. Auf diese Weise hatte sich der noch vorhandene Reichtum des verarmenden Reichs zunehmend in der Hand weniger Adelsfamilien konzentriert, während die Mehrheit der Bevölkerung dieser Entwicklung voller Empörung und Wut zusah.

In den meisten westlichen Gesellschaften war in den größeren und kleineren Städten allmählich ein geschäftiges Bürgertum von Handwerkern und Kaufleuten aufgeblüht und bildete einen nützlichen Puffer zwischen Reichen und Armen. Da in Byzanz diese Entwicklung nicht stattgefunden hatte, konnte eine wirtschaftliche Polarisierung nicht ausbleiben, die sich immer mehr von ihrer häßlichen Seite zeigte. Indem er Besitzlose aufstachelte und auf das Eigentum Johannes Kantakuzenos' lenkte, setzte Alexios Apokaukos gefährliche Kräfte frei. Bei der Plünderung des Palastes kamen Reichtümer zum Vorschein, wie sie die Armen noch nie zu Gesicht bekommen hatten, und in den Residenzen der nunmehrigen Kaisermutter Kantakuzena sowie denen der Adligen, wo es ähnlich zuging, fanden sich – mit Johannes' Unterstützung – angesammelte ungeheure Mengen an Nahrungsmitteln aller Art, dazu Gold, Silber und Juwelen. All das konnte Apokaukos, der zum ersten Mal für seine bescheidene Herkunft dankbar gewesen sein dürfte, für sich nutzen, indem er sich zum Vorkämpfer der Erniedrigten und Enteigneten gegen die Macht des Reichtums und der Privilegien aufschwang, die Johannes Kantakuzenos vertrat.

Das Wüten wirkte ansteckend und breitete sich in Windeseile aus. Als am Tag nach Johannes' Einsetzung die Nachricht in Adrianopel bekannt gemacht wurde, löste sie wie ein Funke eine ähnliche Revolte wie in Konstantinopel aus. Der dortige Adel stellte sich erwartungsgemäß auf Kantakuzenos' Seite, doch das Volk erhob sich sofort und zog plündernd und brandschatzend durch die Straßen; die Adligen, die nicht sofort ergriffen wurden, flohen um ihr Leben. Die Regentschaft übernahm ein Volksrat, den Apokaukos anerkannte; er sandte als offiziellen Vertreter seinen Sohn Manuel nach Adrianopel. Binnen weniger Wochen stand ganz Thrakien unter Waffen. Die Besitzenden verbargen sich entweder oder machten sich auf und davon. In Thessalonike verliefen die Ereignisse noch dramatischer. Der Statthalter, Johannes' alter Freund Theodor Synadenos, bot heimlich an, die Tore zu öffnen, wurde jedoch vertrieben, bevor er die Tat ausführen konnte. Eine politische Partei, deren Mitglieder sich Zeloten nannten, riß die Macht an sich und ging gegen alle vor, die sich ihr widersetzten. Auch dort versuchte Apokaukos seine Autorität zur Geltung zur bringen, indem er seinen Sohn Johannes als Titularstatthalter sandte. Doch die Zelotenpartei überging ihn weitgehend und regierte Thessalonike in den folgenden sieben Jahre praktisch wie eine unabhängige Republik.

Zu diesem Zeitpunkt muß Johannes Kantakuzenos der Verzweiflung nahe gewesen sein. Noch vor einem guten Monat im Besitz einer einzigartigen Stellung in Konstantinopel, ausgestattet mit nahezu unbegrenzter Machtbefugnis, von einzelnen politischen Gegnern abgesehen, allgemein respektiert und im Bewußtsein bemerkenswerter militärischer und diplomatischer Erfolge sowie in der Erwartung der baldigen Kapitulation der Morea, was ganz Griechenland vielleicht in den Schoß von Byzanz zurückgebracht und das Schicksal des Reichs noch einmal gewendet hätte, galt er nun als Gesetzesbrecher, stand unter dem Kirchenbann und war als Feind des Reichs verurteilt, in dessen Dienst er sein Leben gestellt hatte. Seinen Palast hatte man zerstört, die darin angesammelten Besitztümer gestohlen und seine Landgüter konfisziert. Seine Mutter hatte man ebenfalls aus ihrem Palast vertrieben und enteignet; sie ertrug die ihr angetane Schmach nicht und starb wenige Wochen später. Sodann ließen ihn die engsten Freunde im Stich, unter ihnen, wie er jetzt erfuhr, auch Theodor Synadenos, wußten sie doch, daß alle, die mit ihm in Verbindung gebracht werden konnten, die Beschlagnahme ihres Eigentums und höchstwahrscheinlich Haft und Tod erwarteten. Sein Name war zum Symbol geworden für die Ausbeutung der Armen durch die Reichen – ein Übel, gegen das er sein Lebtag eher angekämpft hatte. Natürlich war nicht zu leugnen, daß er sehr reich und nun doch noch Kaiser war, wenn ihm die feierliche Krönung auch fehlte, aber er hatte sich immerhin nicht mit allen Mitteln auf den Kaiserthron gebracht. Die erzwungene Annahme der Krone aber diente jetzt dazu, seinem Ansehen beim legitimen Kaiser zusätzlich zu schaden. Dabei geriet Johannes Kantakuzenos' Loyalität dem jugendlichen Johannes V. gegenüber selbst jetzt noch nicht ins Wanken.

Er benötigte indes vor allen Dingen Verbündete. Deshalb sandte er eine Eilbotschaft an seinen alten Freund Umur, den Emir von Aydin. Doch dieser war fern, und die Zeit drängte. Da wandte er sich nach langem Zögern an Stephan Duschan. Da er wußte, daß Stephan Byzanz seit je feindlich gesinnt und ein solcher Schritt daher unpopulär war, stellte er vor seinem Aufbruch nach Serbien den Truppenangehörigen frei, ob sie ihm folgen wollten oder nicht. Nicht besonders überrascht vernahm er, daß nur rund zweitausend sich ihm anschließen würden. In seiner augenblicklichen Lage konnte er andererseits nicht wählerisch sein. Er rief sich in Erinnerung, daß er und Stephan sich bei ihrer ersten Begegnung acht Jahre zuvor an der Grenze zu Serbien erstaunlich gut vertragen hatten, und beim zweiten Zusammentreffen im Juli 1342 in Pristina bei Skopje sogar noch besser. Natürlich gedachte Stephan die inneren Schwierigkeiten des Reichs für sich zu nutzen, und hätte Johannes Kantakuzenos seinem Anspruch auf einen Großteil von Byzantinisch-Makedonien nachgegeben, wäre er vermutlich noch besser gefahren. Dennoch versprach Stephan seinem neuen Freund Schutz und Beistand und stellte ihm als Beweis seiner guten Absicht eine Söldnertruppe zur Unterstützung auf dem Rückweg nach Didymoteichos zur Verfügung. Dies erwies sich in der Tat als sehr nützlich, denn bereits in Serres sah sich das Heer einer Straßenblockade gegenüber. Es blieb nichts anderes übrig, als die Stadt zu belagern. Während dieser Belagerung wütete eine heimtückische Seuche unter den Truppen, und etwa fünfzehnhundert der besten Soldaten fielen ihr innerhalb weniger Wochen zum Opfer. Nur unter größten Schwierigkeiten konnte sich der Rest bis zur serbischen Grenze durchkämpfen. Zu allen anderen Bedrängnissen kam nun hinzu, daß Johannes Kantakuzenos von Didymoteichos und damit von Irene und allen Familienangehörigen abgeschnitten war.

Dank Stephan Duschan überlebte er den Rest des Jahres 1342. Kurz vor Weihnachten erhielt er endlich die Nachricht, auf die er wartete: Umur war im Anmarsch. Sowie er Johannes' Hilferuf erhalten, hatte er seine Flotte aufgerüstet und sie, kaum lag sie bereit, durch die Ägäis nach Norden in die Mündung der Maritza gelenkt. Von dort waren seine Leute nach Didymoteichos marschiert – wo die Bevölkerung trotz der exponierten Lage zu Kantakuzenos hielt –, hatten die Festungsanlagen verstärkt und eine Garnison stationiert. Wegen der grimmigen Kälte mußte Umur zwar seine Absicht, durch Thrakien zu marschieren, um sich mit seinem alten Freund zu vereinigen, aufgeben. Doch auch so war seine Hilfe unschätzbar, denn die Großzügigkeit, Bereitwilligkeit und Schnelligkeit seines Handelns verlieh Kantakuzenos die moralische Rückenstärkung, der er so dringend bedurfte.

Das Blatt begann sich allmählich zu wenden. Noch im selben Winter, 1342/43, schlug sich die Provinz Thessalien auf seine Seite, und im Frühjahr kam es zu einer ähnlichen freiwilligen Unterstellung mehrerer bedeutender Städte Makedoniens. Der nun ernstlich beunruhigte Apokaukos traf mit einer Flotteneinheit in Thessalonike ein, verließ die Stadt jedoch ein oder zwei Wochen später in aller Eile wieder, als Umurs Flaggschiff mit einer zweihundert Schiffe umfassenden Flotte im Schlepptau am Horizont auftauchte. Diesmal kamen Johannes Kantakuzenos und Umur zusammen und belagerten mit ihren Truppen gemeinsam Thessalonike. Zwar erwies sich die Stadt für sie als zu stark und widerstand, doch mit Unterstützung der sechstausend Leute von Umur gelang der Durchbruch nach Didymoteichos, wo Johannes Kantakuzenos und Irene Asen einander nach fast einjähriger Trennung wieder in die Arme schließen konnten.

In Konstantinopel sank, da die Nahrungsmittel immer knapper wurden, die Moral schnell. Daß Johannes Kantakuzenos Hilfe gefunden und dadurch Erfog hatte, war schlimm genug, jedoch noch schrecklicher erschien Kaiserin Anna und ihrem Gefolge der Gedanke, daß eine türkische Streitmacht ihre europäischen Provinzen unsicher machte. Wo immer Umurs Trupen durchzogen, erregten sie Angst und Schrekken. Selbst die bedauernswerten Menschen in Thrakien und Makedonien mit ihren schon in der Vergangenheit über alle Maßen schlimmen Erfahrungen mit Invasionsheeren hatten noch selten solche Brutalität erleiden müssen. Johannes Kantakuzenos war nicht der erste, durch den türkische Soldaten in diese Gegend kamen. Die katalanische Truppe hatte sie fünfunddreißig Jahre zuvor dort eingeführt und ebenso Kaiserin Annas Ehemann Andronikos III. in seinem langen Machtkampf mit seinem Großvater. Und vor kurzem hatte die Kaiserin selbst Kontakt mit Emir Orhan aufgenommen, dieser jedoch den Annäherungsversuch zurückgewiesen, da er sich von ihrem Rivalen mehr erhoffte. Um so mehr schreckte sie nun die Vorstellung, daß diese heidnischen Barbaren sich nicht mehr auf Asien beschränkten und schon fast vor den Toren ihrer Hauptstadt standen. Im Sommer 1343 sandte sie daher einen ihrer savoyischen Ritter mit einem dringenden Hilferuf an Papst Klemens VI. nach Avignon, worin sie ihm nicht nur ihre eigene Unterwerfung unter die römische Kirche anbot – sie war schließlich im römisch-katholischen Glauben erzogen worden –, sondern auch die ihres Sohnes Johannes, sodann jene von Alexios Apokaukos und, am überraschendsten, von Johannes Kalekas, dem Patriarchen von Konstantinopel.

Zumindest im Hinblick auf die beiden letztgenannten log sie mit Sicherheit. Und da sie ahnte, daß der Papst die Lüge durchschaute, schickte sie kurz danach zwei weitere Appelle an Venedig und Genua. Dabei wußte sie sowohl, daß diese beiden Republiken umsonst keinen Finger rührten, als auch, daß sie aus dem Reichsschatz, den zwei Bürgerkriege in rascher Folge aufgezehrt hatten, die mit Sicherheit geforderten Subsidien nicht würde bezahlen können. Und so verpfändete sie im August 1343 gegen die Summe von 30 000 venezianischen Dukaten die byzantinischen Kronjuwelen an die Serenissima. Sie konnten nie wieder ausgelöst werden.

Und es brachte ihr nicht einmal etwas ein. Weder von Avignon noch Genua oder Venedig traf Hilfe ein. Und während ihr Feind seine Position festigte, fielen etliche ihrer Anhänger, denen sie besonders vertraute, von ihr ab. So lief 1344 Johannes Vatatzes, ein tüchtiger Feldherr in Thrakien, zu Johannes Kantakuzenos über; ein, zwei Monate später brach ihr auch der Statthalter von Adrianopel, Alexios Apaukos' Sohn Manuel, die Treue, und Adrianopel kapitulierte zu Beginn des folgenden Jahres. Alexios selbst verging allmählich alle Zuversicht. Er verließ das Haus nicht mehr ohne Leibwächter und hielt ein vollständig bemanntes und mit Vorräten beladenes Schiff im Goldenen Horn bereit, um sich jederzeit rasch davonmachen zu können. Alle, denen er nicht mehr traute, das heißt, praktisch alle Reichen, wurden verhaftet und für sie ein Teil des großen Konstantinpalastes, der längst verlassen und zerfallen war, in ein Gefängnis umgewandelt.

Und dort fand Apokaukos den Tod. Bei einer seiner regelmäßigen Inspektionen der Bauarbeiten bemerkten am 11. Juni 1345 einige Gefangene während ihres Hofgangs auf dem Innenhof, daß er sich ein Stück von seiner Leibwache entfernte, um etwas mit einem seiner Gehilfen zu besprechen. Sie sahen ihre Chance gekommen. Ein Trüppchen, zu dem auch sein Neffe gehört haben soll, fiel über ihn her. Sie schlugen zuerst mit Steinen auf ihn ein und fanden dann eine schwere hölzerne Keule. Schließlich griffen sie zur Axt eines Arbeiters und schlugen ihrem Opfer den Kopf ab, spießten ihn auf und erhoben ihn, stolz auf ihre Tat, über die Gefängnismauer. Die Leibwache stob in Panik davon. Die Urheber der Tat blieben an Ort und Stelle, denn sie wußten, daß sie das Bauwerk gegen eine Strafexpedition durchaus würden verteidigen können. Doch in Wirklichkeit rechneten sie nicht ernsthaft damit. Aus ihrer Sicht hatten sie der Allgemeinheit einen Dienst erwiesen, indem sie das Reich von einem allseits verhaßten Tyrannen befreiten. Mußte man sie also nicht eher als Retter feiern und mit Glückwünschen und Belohnungen überhäufen?

Was Kaiserin Anna, als sie die Neuigkeit vernahm, schließlich veranlaßte, lag zwischen den beiden Extremen. Auf ihren Befehl hin sollte *Panhypersebastos* Isaak Asen alle Gefangenen wieder nach Hause zurückkehren lassen und ihnen garantieren, daß sie keine Maßnahmen mehr zu befüchten hätten. Leider führte Isaak Asen – wie Johannes Kantakuzenos in seiner Chronik bemerkt, vom Gewicht seiner Arbeitslast niedergedrückt – den Befehl nicht aus. Tags darauf aber stachelte ein Apokaukos-Anhänger eine Gruppe Matrosen dazu auf, den Tod ihres Herrn zu rächen. Sie besaßen Waffen, die Gefangenen aber nur, was sie an Wurfgeschossen und Baugerät fanden. Einige von ihnen, unter ihnen die Mörder, konnten sich in die benachbarte Kirche Nea flüchten und entkamen, etwa zweihundert wurden massakriert, viele von ihnen praktisch auf der Schwelle des Kirchenportals.[2]

Die Ermordung Alexios Apokaukos' war trotz all seiner Fehler ein schwerer Schlag für die Regentschaft, aber noch lange nicht ihr Ende. Für Johannes Kantakuzenos blieb noch viel zu tun, bis er im Triumph in Konstantinopel Einzug halten konnte. Nebenbei hatte sich für ihn noch ein neues Problem ergeben: Stephan Duschan wandte sich gegen ihn. Entschlossen, ganz Makedonien zu gewinnen, belagerte der Herrscher von Serbien Serres, und Kantakuzenos mußte einen Zweifrontenkrieg führen. Auch gab es in Thessalonike einen großen Rückschlag. Dort hatte der Titularstatthalter Johannes Apokaukos, um seine Autorität zu festigen, zwar den Anführer der Zeloten ermorden lassen, die Regierungsgewalt an sich gerissen und, als er vom Tod seines Vaters erfuhr, Kantakuzenos öffentlich seine Unterstützung und die Kapitulation der Stadt angeboten, doch leider reagierten die Zeloten zu rasch: Lange bevor Johannes Kantakuzenos oder sein Sohn Manuel – er befehligte Berrhoia (heute Werija) – Thessalonike erreichten, wurden Johannes Apokaukos und über hundert seiner Anhänger gefangengesetzt, nacheinander von den Festungsmauern gestürzt und unten vom zornigen Volk zerstückelt, das bereits die Straßen verwüstet und alle Adligen totgeschlagen hatte, die es aufspüren konnte. Schon bald hatten die Zeloten Thessalonike wieder so fest im Griff wie vorher.

Erneut mußte Johannes Kantakuzenos in letzter Not nach einem Verbündeten Ausschau halten. Stephan Duschan hatte ihn verraten, Emir

Umur, der ihm unverbrüchlich die Treue hielt, 1344 eine katastrophale Niederlage erlitten: Die überfällige Liga des Papstes hatte sich schließlich doch noch auf den Weg gemacht, die Hafenstadt Smyrna erobert und Umurs Flotte zerstört. Zwar unternahm er im Jahr darauf zur Unterstützung seines alten Freundes einen kurzen Feldzug in Thrakien, doch erwies seine Hilfe sich nun als viel weniger wirkungsvoll als früher. Bei seinem Nachbarn, dem nun in Libyen ansässigen Emir von Saruchan, sah die Sache vielversprechender aus; er schien nicht abgeneigt, auch hatte er schon einmal Truppenverbände bereitgestellt. Wollte Johannes Kantakuzenos sich indes den Weg zurück in die Hauptstadt freikämpfen, brauchte er Hilfe in größerem Umfang. In den ersten Wochen des Jahres 1345 trat er darum in Kontakt zu Orhan.

Kantakuzenos hegte wohl in politischer und religiöser Hinsicht ebenso viele Vorbehalte gegen die türkischen Ungläubigen wie seine Landsleute, doch hatte er sich persönlich immer recht gut mit ihnen arrangiert. Er selbst berichtet, daß er Türkisch lernte, und daß er ihre Sprache einigermaßen beherrschte, dürfte sie gefreut haben, zumal die meisten griechischen Adligen dieser Zeit es nicht einmal ansatzweise versuchten. Mit Orhan wurde er rasch ebenso gut Freund wie mit Umur, und sie kamen sich vielleicht noch näher, denn Orhan und Theodora, die zweite der drei Töchter von Johannes Kantakuzenos und Irene Asen, verliebten sich bald leidenschaftlich ineinander. Gregoras behauptet, als Gegenleistung für Theodoras Hand habe Orhan versprochen, ihrem Vater mitsamt seinem Heer als treuer Vasall zu dienen. Die Vermählung fand 1346 in Selymbria statt. Theodora hielt an ihrem christlichen Glauben fest und setzte sich später unermüdlich für die christliche Bevölkerung des Emirats, Freie wie Sklaven, ein.

In dasselbe Jahr fielen indes auch andere, düstere Ereignisse. Am Ostersonntag wurde Stephan Duschan in Skopje vom serbischen Erzbischof, den er jüngst in den Rang eines Patriarchen erhoben hatte, als König von Serbien und Griechenland gekrönt. Deutlicher hätte er seine Ambitionen nicht kundtun können. Als bewußte Antwort auf diese Herausforderung ließen sich nur fünf Wochen später, am 21. Mai, am Fest der Heiligen Konstantin und Helena, Johannes Kantankuzenos und Irene Asen in Adrianopel vom Jerusalemer Patriarchen Lazaros die in aller Hast von einem einheimischen Goldschmied hergestellten Kaiserkronen aufs Haupt setzen; damit bestätigte Johannes Kantakuzenos die vor nunmehr fünf Jahren erfolgte Investitur und Proklamation. Doch er ließ Matthäus, den ältesten Sohn, nicht zum Mitkaiser krönen, sondern behielt diese Position Annas mittlerweile vierzehnjährigem

Sohn Johannes Palaiologos vor, dem in seinen Augen nach wie vor legitimen Monarchen.

Zwei Tage vor der Krönung kam es in Konstantinopel zu einem verhängnisvollen Ereignis: Im Ostteil der Hagia Sophia, die nun seit über achthundert Jahren stand, stürzte ohne vorherige Anzeichen ein Teil der Mauern ein. Für das überaus abergläubische Volk von Byzanz hätte es kein schlimmeres Omen geben können: Selbst Gott wandte sich nun von ihnen ab. Die Popularität des Patriarchen, mit der es nie zum Besten gestanden hatte, sank auf den Nullpunkt. Gegen Ende des Jahres dürfte es in der ganzen Hauptstadt nicht mehr viele gegeben haben, die nicht insgeheim die Rückkehr Johannes Kantakuzenos' erwarteten.

Schließlich war auch dieser soweit. Seine Komplizen in der Stadt warteten mit ausgearbeiteten Plänen. Danach sollte er am 1. Februar 1347 in Konstantinopel einziehen. Aber selbst zu dem Zeitpunkt wäre die Operation noch um ein Haar mißglückt. Für seinen Marsch auf Konstantinopel – er näherte sich der Stadt von Selymbria aus mit tausend Landsknechten – hatte er bewußt eine unwegsame Nebenroute gewählt, um kein Aufsehen zu erregen. Dadurch zog sich dieser länger hin als erwartet, so daß der Trupp schließlich einen Tag später als verabredet vor den Mauern erschien. In seiner Chronik der Ereignisse gesteht Johannes Kantakuzenos, er habe furchtbare Panik gehabt, seine Freunde könnten nicht zur Stelle sein; durch Zufall seien aber auch sie am Abend vorher nicht zum Tor vorgedrungen und daher ebenfalls um einen Tag später eingetroffen. Und so schlüpfte Johannes Kantakuzenos spätabends am 2. Februar durch eine Bresche im zugemauerten Goldenen Tor und betrat Konstantinopel nach fünfeinhalb Jahren erstmals wieder; seine Tausendschaft folgte ihm auf dem Fuß.

Im Morgengrauen ließ er seine Truppe vor dem Blachernenpalast aufmarschieren und bat die Kaiserin höflich wie immer um eine Audienz.

Anna von Savoyen wußte, daß sie verspielt hatte, und unternahm hastig alles mögliche, um den Rückkehrer günstig zu stimmen. Noch am Tag zuvor hatte sie eine Bischofssynode einberufen und den Patriarchen abgesetzt. Aber nach fünf Jahren der täglichen Einflüsterungen seitens Apokaukos' und im Wissen um die rauhen Methoden, wenn es um die Macht ging, war sie davon überzeugt, Kantakuzenos wolle sie und ihre vier Kinder beseitigen. Daher weigerte sie sich strikt, ihn in den Palast einzulassen. Erst als einige seiner Anhänger, von denen viele während ihrer Regentschaft gefangengenommen und gefoltert worden waren, die Geduld verloren und das Gebäude zu erstürmen begannen, schlug sich die Wache – die das Schicksal der Kaiserin unter keinen Umständen teilen wollte – auf die andere Seite und öffnete die Tore entgegen ihren Anordnungen.

Fünf Tage später, am 8. Februar, einigten die beiden Parteien sich. Zehn Jahre lang sollten Johannes VI. Kantakuzenos und Annas Sohn Johannes V. Palaiologos gemeinsam regieren, Kantakuzenos allerdings in erster Position, und danach beide den gleichen Status erhalten. Alle politischen Gefangenen, so hieß es weiter, würden freikommen, Vergeltungsmaßnahmen weder hüben noch drüben stattfinden und die Eigentumsverhältnisse auf den Stand vor dem Bürgerkrieg zurückgestuft. Kurz, der gesamte Vertrag war sehr vernünftig, so vernünftig, daß man sich fragt, warum sich die beiden dazu nicht schon sechs Jahre früher durchgerungen hatten.

Nur eine Person war von der Generalamnestie ausgenommen. Der Expatriarch Johannes Kalekas, Kantakuzenos' erbittertster Feind, der ihn 1341 exkommuniziert hatte, trotzte immer noch allen Versuchen zur Versöhnung, dies nicht nur, weil er Regent für Johannes Palaiologos und damit Titularoberhaupt des abgelösten Regimes gewesen war; seinen Stolz hatte außerdem die von Kaiserin Anna veranlaßte Absetzung noch am Vorabend der Rückkehr Johannes Kantakuzenos' verletzt. Dies ließ sich aber weder Kantakzenos ankreiden, noch waren die Gründe dafür ausschließlich oder auch nur in erster Linie politischer Natur, sondern direkt ein Ergebnis seiner fortgesetzten Gegnerschaft zum Mönch Gregor Palamas und der umstrittenen Lehre des Hesychasmus.

Denn trotz des Konzils in der Hagia Sophia wütete der Streit immer noch. Fast gleichzeitig mit dem Abtreten Barlaams 1341 von der Bühne war nämlich eine neue Figur aufgetreten: der Mönch Gregor Akindynos. Sehr versiert in westlicher Scholastik hatte er den inzwischen in Verruf geratenen Kalabresen als treibende Kraft des Hesychasmus ersetzt. Seine Rhetorik besaß soviel Überzeugungskraft, daß man es schon zwei Monate nach dem ersten Konzil 1341 für nötig hielt, wieder eins abzuhalten – ebenfalls unter dem Vorsitz von Johannes Kantakuzenos –, welches zum selben Ergebnis kam; ein zweites Mal wurde Palamas entlastet und Akindynos verurteilt. Dieses Konzil fand im August, also eben zu der Zeit statt, da sich der Patriarch um die Regentschaft bemühte, so daß er sich beharrlich weigerte, die Ergebnisse zu respektieren, die unter dem Vorsitz seines Erzrivalen zustande gekommen waren. Statt dessen machte er gemeinsame Sache mit Akindynos und anderen, und auch Kaiserin Anna schloß sich ihnen an.

Von diesem Zeitpunkt an setzte das Hin und Her im Hesychasmusstreit einen typisch byzantinischen Kontrapunkt zum Bürgerkrieg. Gerade weil Johannes Kantakuzenos die Hesychasten begünstigte, stellte sich Kalekas gegen sie, und weil Gregor Palamas die Regentschaft Kantakuzenos' unterstützte, machte sich Gregor Akindynos für den Patriarchen stark. Während die Regentschaft noch relativ unangefochten blieb, sahen sich die Hesychasten unausgesetzt Angriffen gegenüber. 1343 wurde Palamas verhaftet und ins Gefängnis gesteckt, 1344 mit dem Kirchenbann belegt. Als sich Kantakuzenos' Sieg abzeichnete, schlug auch das religiöse Pendel auf die andere Seite aus: Palamas kam frei, Kalekas wurde, als Risikofaktor, abgesetzt. Diese Kurzanalyse vereinfacht natürlich zwangsläufig; so gehörte etwa Nikephoros Gregoras, ein leidenschaftlicher, ja sogar fanatischer Gegner des Hesychasmus, politisch zur Gefolgschaft Kantakuzenos', und es gab zweifellos viele, die den Hesychasmus befürworteten, politisch jedoch eindeutig für Anna und Johannes Palaiologos eintraten. Im allgemeinen aber zeichnete sich eine klare Kampflinie klar ab: eine perfekte Demonstration dafür, wie in der byzantinischen Geschichte politische und religiöse Belange niemals Hand in Hand gingen, sondern sich unausweichlich verhedderten.

Aufgrund dieser Tendenz hatte Patriarch Kalekas denn auch den Hesychasmusstreit für seine politischen Ziele nutzen können. Dem setzten jedoch sein Sturz und die Machtergreifung seitens Johannes Kantakuzenos' ein Ende, und daher ist der Rest seines Schicksals rasch erzählt. Eine Ende Februar unter dem gemeinsamen Vorsitz von Anna und Johannes abgehaltene Synode, an der teilzunehmen Kalekas sich erwartungsgemäß weigerte, bestätigte seine Absetzung in Abwesenheit und die Lehre Gregor Palamas'. Akindynos mußte aus Konstantinopel fliehen und starb bald darauf im Exil. Der neue Patriarch Isidor Bucharis – natürlich ein hesychastischer Mönch – setzte seinen alten Freund Palamas als Erzbischof von Thessalonike ein (obwohl die Stadt immer noch in der Hand der Zeloten war), hob den Bann über Johannes Kantakuzenos in aller Form auf und krönte ihn schließlich am 21. Mai 1347, genau ein Jahr nach seiner ersten Krönung in Adrianopel, zum zweiten Mal, diesmal in der Blachernenkirche. Eine Woche später wurden in derselben Kirche Helena, die jüngste Tochter von Irene und Johannes VI., und der mittlerweile fünfzehnjährige Mitkaiser Johannes V. getraut.[3]

Krönungen und Hochzeiten gelten gemeinhin als erfreuliche Ereignisse. Diese beiden Feiern umwehte jedoch ein Hauch der Trauer. Traditionsgemäß hätten sie in der Hagia Sophia stattfinden müssen. Doch diese war ja im Jahr zuvor teilweise eingestürzt und nicht mehr benutzbar. Und auch die Kronjuwelen standen nicht zur Verfügung; sie lagen als Pfand in Venedig. Die bei den Feierlichkeiten Anwesenden stellten zu ihrem Kummer fest, daß ein Ersatz aus Glas zum Einsatz kam, während bei den anschließenden Festmählern der Wein in Zinnkrügen und die Speisen auf irdenen Tellern und Platten serviert wurden. Alles Gold und Silber, welches früher die Augen der Gäste so geblendet hatte, war fort: verkauft, um einen ganz und gar überflüssigen Bürgerkrieg zu finanzieren.

19

Der Kaiser wider Willen

(1347–1354)

Wir sind nämlich einer so jämmerlichen Schwäche verfallen, daß wir, weit davon entfernt, das Joch anderen aufzubürden, alles tun müssen, um es von uns selbst fernzuhalten [...] Wir wollen deshalb dafür sorgen, daß uns die Freunde wieder schätzen und unsere Feinde wieder fürchten. Wenn wir aber verzweifeln und uns verächtlicher Trägheit überlassen, werden wir schon bald in Knechtschaft geraten. Es gibt keinen Mittelweg. Entweder retten wir das Reich, indem wir unsere alten Tugenden erneuern; oder wir verlieren es und leben unter der Herrschaft unserer Eroberer. Trefft daher einen edlen Entschluß und handelt um Eures Ruhmes, Eurer Sicherheit, Eurer Freiheit und Eures Leben willen.

Johannes Kantakuzenos, in einem Spendenaufruf an das Volk, 1347

Hätte, schrieb Nikephoros Gregoras, Johannes Kantakuzenos nicht den Fehler begangen, die Häresie Gregor Palamas' zu unterstützen, müßte man ihn unter die großen byzantinischen Kaiser einreihen. Hinsichtlich der Häresie dürfte er sich irren; trotzdem ist deutlich zu sehen, was er meint. Johannes VI. war ein geradliniger und tatkräftiger Mann von großer Klugheit und mit einer seltenen politischen Weitsicht. Hätte er nach dem Tod Andronikos' III. im Jahre 1341 sofort und deutlich Anspruch auf den Thron erhoben, hätte sich der Niedergang des Reichs vielleicht aufhalten und möglicherweise sogar ein neuer Aufschwung einleiten lassen. Aber sechs Jahre später war der durch den Bürgerkrieg entstandene Schaden so groß, daß eine Gesundung nicht mehr möglich war. Kantakuzenos hatte das Pech, ein gespaltenes, bankrottes Reich zu erben, das schwer angeschlagen war und sich

Angriffen von allen Seiten ausgesetzt sah. Als er dann endlich unangefochten die höchste Gewalt antrat, scheint ihm das letzte erforderliche Gran an stählerner Härte gefehlt zu haben, um seinen Willen durchzusetzen, obwohl er doch schon so lange intensiv über den politischen und wirtschaftlichen Zusammenbruch nachgedacht hatte und sich über die notwendigen Maßnahmen zur Genesung völlig im klaren war.

Pech hatte er auch noch in anderer Hinsicht. So zum Beispiel als Zeitgenosse Stephan Duschans, des selbsternannten Kaisers von Serbien und Griechenland. Duschan ging als der eigentliche Gewinner aus dem Bürgerkrieg hervor. Er spielte brillant eine Seite gegen die andere aus und nutzte die Schwäche der Gruppe um Anna wie der Anhängerschaft Kantakuzenos' gleichermaßen zu seinem Vorteil. Nach der Einnahme von Serres im September 1345 war er praktisch Herr über ganz Makedonien mit Ausnahme von Thessalonike. Nur einen Monat später konnte er sich in einem an den Dogen von Venedig gerichteten Dokument als *fere totius imperii romani dominus* bezeichnen, als Herr fast über das ganze Römische Reich. Wie schon aus diesem Titel hervorgeht, war Duschan nicht geneigt, sich mit Makedonien zu begnügen. In den folgenden Jahren sollte er auch noch Albanien und Epiros, Akarnanien und Ätolien und schließlich Thessalien in seine Macht bringen. All dies erreichte er mit nur wenigen kurzen Belagerungen und ohne eine große Schlacht schlagen zu müssen. Bei seinem Tod im Jahre 1355 erstreckte sich das von ihm beherrschte Gebiet von der Adria bis zur Ägäis und von der Donau bis zum Golf von Korinth und damit das Vielfache dessen, was Byzanz verblieben war.

Während dieser Zeit war er fast selbst zum Griechen geworden. Sein Volk stand längst nicht mehr im Ruf, barbarisch zu sein. Schon Theodor Metochites hatte sich anläßlich eines Besuchs der serbischen Hauptstadt 1298 in diplomatischer Mission nicht nur vom Luxus am Hof tief beeindruckt gezeigt, sondern auch vom unverkennbar byzantinischen Geschmack; und in dem halben Jahrhundert danach hatte sich die Hellenisierung rasant fortgesetzt. Duschan regierte den südlichen Teil des Reichs von Griechenland aus, während sein Sohn, der spätere Stephan Urosch V., noch ein Kind, nominell über die serbischen Länder im Norden herrschte. Er sprach fließend Griechisch, legte die Verwaltung in die Hände griechischer Beamter und verlieh ihnen griechische Titel. Er verschmähte auch nicht die Übernahme griechischer Einrichtungen: So bildete zum Beispiel das *Syntagma,* das Gesetzbuch des byzantinischen Kanonikers Matthäus Blastares, die Grundlage für einen großen Teil des neuen Gesetzbuches, das er 1349 verbreiten ließ, um sein neues Reich rechtlich auf gesunde Füße zu stellen.

Es steht außer Frage, daß Stephan Duschan letztlich den Thron in Konstantinopel anstrebte. Und er hätte diesen auch sicher gewonnen, wäre da nicht jene grundlegende Schwäche Serbiens gewesen: Seit je von Land umgeben, verfügte dieses Königreich auch nach der Eroberung von Küstengebieten über keine nennenswerte Flotte. Je prekärer indes die Lage von Byzanz wurde, desto mehr stand die Behauptung der Landmauern von Konstantinopel im Vordergrund. Obwohl der Bürgerkrieg wütete, war diese gewaltige Bastion daher immer noch so uneinnehmbar wie je. Nur vom Meer her konnte man also die Stadt erfolgreich angreifen. Ohne Flotte blieb Stephan Duschan die Eroberung von Konstantinopel ebenso verwehrt wie seinem mächtigen Vorgänger Symeon über vierhundert Jahre zuvor. Immer wieder suchte Stephan daher für den entscheidenden Angriff das Bündnis mit Venedig. Aber die Republik wies das Ansinnen ebenso getreulich stets zurück. Es lag nicht in ihrem Interesse, an die Stelle des schwachen Byzantinischen Reichs ein mächtiges Serbisches zu setzen.

Doch Stephan Duschan stand weder am Beginn noch am Ende der Mißgeschicke Johannes' VI. Im ersten Jahr seiner Regierung mußte er gegen einen Feind antreten, der weit bedrohlicher war als alle Balkanrivalen zusammen. Denn im Frühjahr 1347 wütete in Konstantinopel der Schwarze Tod, höchstwahrscheinlich von Schiffen eingeschleppt, die der pestbefallenen genuesischen Kolonie Kaffa auf der Krim, die dazu noch von den Mongolen belagert wurde, entflohen waren. Konstantinopel mußte im Laufe der Jahrhunderte viele solcher Heimsuchungen erdulden, aber nie eine so bösartig ansteckende. Obwohl die byzantinischen Quellen nichts Gegenteiliges enthalten, müssen wir nicht blind dem zeitgenössischen Chronisten aus der italienischen Stadt Este glauben, der behauptet, in Konstantinopel seien der Pest acht Neuntel der Gesamtbevölkerung zum Opfer gefallen; auch wenn es weniger waren, dürfte den Menschen, deren Lebenswille bereits durch zwei Bürgerkriege innerhalb einer Generation geschwächt war, die Pest wie der letzte Beweis ihrer schon lange gehegten Befürchtung erschienen sein: daß Maria, die Gottesmutter und ihre Schutzpatronin, sie nach über tausend Jahren nun endgültig verlassen hatte.

Weniger dramatisch als das Vorrücken des serbischen Kaisers oder die Ausbreitung des Schwarzen Todes, aber für Johannes Kantakuzenos genauso beunruhigend war die allgemeine Situation im Reich. Einst hatte es sich von der Straße von Gibraltar bis nach Mesopotamien erstreckt; jetzt beschränkte es sich auf die einstige Provinz Thrakien mit den beiden lebenswichtigen Städten Adrianopel und Didymoteichos und ein paar Inseln in der nördlichen Ägäis (allerdings ohne Chios, das 1346 wieder in genuesische Hand gefallen war). Zu diesen Rumpf kam nach 1350 noch die Stadt Thessalonike hinzu, die sich in dem Jahr endlich von der Zeloten-Herrschaft befreite. Allein, sie stellte nur noch eine winzige byzantinische Enklave im Herrschaftsgebiet Stephan Duschans dar und war nur vom Meer her zugänglich.

Ökonomisch sah es noch katastrophaler aus. Der Bürgerkrieg hatte das bebaute Land Thrakiens in eine Wüste verwandelt, in der keine Landwirtschaft mehr möglich war und wo außerdem ständig türkische Banden marodierten, während an der Küste unablässig Piraten aus den Emiraten Kleinasiens ihr Unwesen trieben. Was an Nahrungsmitteln erhältlich war, wurde von genuesischen Schiffen, die den Nachschub nach ihrem Gutdünken unterbinden konnten, vom Schwarzen Meer her eingeführt. Auch der Handel war zum Stillstand gekommen. Gregoras berichtet, die genuesische Kolonie in Galata habe an Zöllen im Jahr rund 200 000 *Hyperpyra* kassiert, Konstantinopel dagegen am Goldenen Horn nur deren 30 000 eingenommen; zudem habe diese Münze täglich an Wert verloren. Größere Ausgaben der Regierung ließen sich nur noch durch Aufrufe zu Spenden oder Darlehen finanzieren, welche dann allerdings nur zu oft für andere Zwecke ausgegeben wurden als angekündigt. Als um 1350 Symeon, der Großherzog von Moskau, eine ansehnliche Menge Gold für die Erneuerung der kurz zuvor eingestürzten Hagia Sophia sandte, verschwand diese großzügige Spende für einen christlichen Zweck fast augenblicklich in den Taschen von Muselmanen, da sie nämlich für die Rekrutierung türkischer Söldner verwendet wurde.

Zuerst machte sich Kaiser Johannes VI. Kantakuzenos an die Konsolidierung der dem Reich noch verbliebenen Gebiete. Sein jüngster Sohn Andronikos war dem Schwarzen Tod zum Opfer gefallen. Dem älteren der beiden überlebenden Söhne, Matthäus, wurde die Verantwortung für das ausgedehnte thrakische Gebiet zwischen Didymoteichos und Christopolis an der serbischen Grenze übertragen, dem jüngeren, Manuel, etwas später die Morea unterstellt, die von da an als autonomes Despotat galt. Es besteht die Tendenz zur Annahme, Johannes habe durch diese Ernennungen nur zwei potentiell eigenwillige Prinzen sinnvoll beschäftigen wollen. Doch solch eine Interpretation scheint weder ihm noch ihnen gerecht zu werden. Johannes wußte, daß Stephan Duschan nicht eher Ruhe geben würde, als bis er diese beiden Gebiete seiner Herrschaft einverleibt hatte. Ebensogut wußte er, wie leicht bestimmte Gebiete des Reichs unter Druck wegbrechen konnten. Seit dem Bürgerkrieg gab es nur noch wenige byzantinische Persönlichkeiten in der Oberschicht, auf die man sich verlassen konnte. Indem Johannes seinen Söhnen diese Posten übertrug, gab er also zwei für das Rumpfreich lebenswichtige Gebiete Leuten in die Hand, denen er trauen konnte.

Als nächstes wandte er sich Galata und der genuesischen Kolonie zu, die das Reich gleichzeitig erpreßten und ökonomisch ausbluteten. Aber dagegen war nichts auszurichten ohne eine Flotte aus Handels- und Kriegsschiffen, für deren Bau jedoch kein Geld zur Verfügung stand. Wieder erging ein Appell um finanzielle Unterstützung an die Reichen – dieser Ausdruck ist fortan indes nur noch relativ zu verstehen, da es wirklichen Reichtum nicht mehr gab. Das Echo war indes gering, denn sie hatten inzwischen ihre Vermögen größtenteils verloren und waren außerdem zu verzagt und apathisch, um noch mehr Opfer zu bringen. Nur mit äußerster Anstrengung vermochte der Kaiser für sein Vorhaben die völlig unzureichende Summe von 50 000 *Hyperpyra* loszueisen. Des weiteren gab es Probleme mit den Zöllen. Es ging nicht an, daß die jährlichen Einnahmen in Galata fast das Siebenfache jener Konstantinopels betrugen. Um diesem Zustand abzuhelfen, verordnete Johannes eine drastische Senkung der Importtarife, so daß die Westküste des Goldenen Horns für fremde Schiffe wieder attraktiver war als die Ostküste.

Natürlich protestierten die Genuesen heftig. Als diese Proteste nichts fruchteten, scheuten sie sich nicht, Gewalt anzuwenden. Im August 1348 segelten sie mit einigen ihrer Schiffe über das Goldene Horn, spürten die neuen byzantinischen Schiffe auf und steckten sie in Brand. Johannes Kantakuzenos hielt sich gerade in Thrakien auf, doch Kaiserin Irene stachelte zusammen mit ihrem jüngeren Sohn Manuel und Nikephoros, dem Ehemann ihrer Tochter Maria, die gesamte Bevölkerung in Konstantinopel zum lebhaftem Widerstand an.[1]

Man zündete die genuesischen Lagerhäuser an der Küste an und schoß mit Katapulten riesige Felsbrocken und brennende Ballen nach Galata hinüber. Die Kampfhandlungen zogen sich wochenlang hin, lange genug für die Genuesen, um weitere Schiffe und Kriegsgerät von Chios herbeizuschaffen und ihrerseits auf ihren größten Kriegsschiffen riesige Katapulte aufzustellen. Auf einem erbauten sie sogar einen gewaltigen Belagerungsturm, der die Seemauern Konstantinopels überragte. Als er fertig war, zogen sie ihn mit neun kleineren Schiffen über das Horn und beschossen die Mauern heftig. Einmal sah es sogar so aus, als könnten sie in die Stadt eindringen.

Aber sie hatten Konstantinopel unterschätzt. Die Einheimischen kämpften wie die Löwen um ihre Stadt. Gregoras berichtet, man habe sogar den Sklaven Waffen gegeben und ihnen beigebracht, mit Pfeil und Bogen umzugehen. Schließlich brach der ganze Turm zusammen, und die Angreifer mußten sich unter schweren Verlusten nach Galata zurückziehen. Am folgenden Tag sandten sie Unterhändler zu Irene, um Friedensverhandlungen zu führen. Doch nun war das byzantinische Blut in Wallung geraten. Am 1. Oktober kehrte Johannes zurück. Er ordnete eine Erweiterung des Schiffsbauprogrammes an und ließ verlauten, das Geld dafür werde, notfalls unter Zwang, nicht nur von der Bevölkerung in der Stadt, sondern in ganz Thrakien eingetrieben werden. Das Holz aus den thrakischen Wäldern mußte, so wird berichtet, mit großen Ochsenkarren transportiert werden, da Byzanz nicht über geeignete Schiffe verfügte und die Seewege ohnehin von Genua kontrolliert wurden.

In Galata war man unterdessen intensiv mit dem Bau größerer Verteidigungsanlagen beschäftigt. Die Mauern zum Goldenen Horn – sie erstreckten sich an der Ostküste des modernen Galata bis zu den Atatürk-Brücken – wurden aufgestockt und verstärkt sowie außerdem zwei aufeinander zulaufende Mauern errichtet. Sie verliefen zu einem trutzigen Dreieck die Hügel hoch. Wo sie zusammenkamen, zog man einen stattlichen Rundturm hoch, den sogenannten Christusturm oder Turm von Galata, der heute noch steht.[2] Im Verlauf dieser Arbeiten ließ Genua von Zeit zu Zeit den Wunsch nach Friedensverhandlungen laut werden, doch die Boten wurden in Konstantinopel nicht einmal angehört. Die byzantinische Flotte nahm rasch Gestalt an, und man war entschlossen, sie einzusetzen. Zu Beginn des Frühjahrs 1349 war sie vollendet: neun ansehnliche Schiffe und etwa hundert kleinere, von denen wohlhabende Familien etliche auf eigene Kosten hatten erbauen und ausrüsten lassen. Anfang März verließ die erste Abteilung die Werft am Marmarameer und segelte zur Mündung des Goldenen Horns. Am Abend des 5. März gelang es ihr dort, eines der größten genuesischen Schiffe aufzubringen und in Brand zu setzen. Vor dem Hintergrund der nachfolgenden Ereignisse erscheint dieser anfängliche Triumph jedoch als reine Glücksache. Kaum trafen nämlich die übrigen byzantinischen Schiffe am nächsten Tag ein, ereignete sich eine Katastrophe. Es zeigte sich, daß weder die Kommandeure noch die Mannschaften auch nur über die primitivsten Regeln der Seefahrt Bescheid wußten. Was tatsächlich passiert ist, liegt im Dunkeln. Traf die Flotte im Augenblick, als sie um die heutige Serail-Spitze in das Goldene Horn einbog, eine plötzliche Böe? Das zumindest behaupten Johannes Kantakuzenos und ein anderer Augenzeuge, der glühende byzantinische Patriot Alexios Makrembolites. Allein dies vermag nicht zu erklären, was danach geschah. Nach zeitgenössischen Quellen – obwohl griechischen – brach auf allen Schiffen gleichzeitig Panik aus, so daß Soldaten und Matrosen sich gemeinsam wie Lemminge in die Fluten stürzten, bevor sie überhaupt mit dem Feind in Berührung gekommen waren. Die verdutzten Genuesen hielten das Ganze zunächst für eine Finte und sahen erst beim Entern, daß die byzantinischen Schiffe tatsächlich verlassen waren. Sie brauchten sie nur noch nach Galata abzuschleppen.

Es stellt sich die Frage, ob es wirklich so einfach gewesen sein kann. Ob es tatsächlich keine andere Erklärung für einen so ungewöhnlichen Ausbruch von Massenhysterie, für Panik vor dem Feind in so gigantischem Umfang gibt. Und falls doch, was der Grund gewesen sein könnte. Wenn allerdings die Ursache des ganzen Debakels wirklich ein plötzlicher Windstoß war, der die unerfahrenen Seeleute überrumpelte – warum befahlen dann die Kommandeure der Mannschaft nicht, die Segel einzuholen, so daß sie den Sturm heil überstanden? Das wird sich wohl nicht mehr klären lassen. Keinen Zweifel gibt es dagegen über das, was folgte. Vom einen Augenblick zum anderen wimmelte es im Meer von zappelnden Männern, die zum Teil durch das Gewicht ihrer Rüstung unter Wasser gezogen, zum Teil von der Strömung nach Galata getrieben wurden, wo die Genuesen kurzen Prozeß mit ihnen machten. Nur eine verhältnismäßig geringe Zahl konnte sich an die heimische Küste retten.

Aber das war noch nicht das Ende der Geschichte. Irgendwie übertrug sich die Panik auf jene, die das Ereignis von der Stadt aus mitansahen:

> Auf jedem Fleckchen innerhalb und außerhalb der Mauern und Tore drängten sich die Menschen. Mit einer Trommel oder Trompete hätte man sie vielleicht mit etwas Kampfesmut erfüllen können. Statt dessen standen sie leichenstarr da, bis sie sich plötzlich umwandten und zu fliehen begannen, wobei sie sich gegenseitig niedertrampelten, während die Feinde sich verwundert und staunend dies Schauspiel ansahen und die Katastrophe eher beklagten als über den Sieg zu frohlocken. Denn sie spürten, daß da ein böser Dämon die Hand im Spiel haben mußte, wenn Menschen ihr Leben so freiwillig opferten, obwohl sie von niemandem verfolgt wurden.[3]

Dasselbe widerfuhr den Soldaten, die in den Osten von Galata geschickt worden waren, um von hinten anzugreifen. Als sie sahen, was geschah, warfen sie ihre Waffen weg und flohen. In seiner langen Geschichte hat Byzanz weit schwerere Niederlagen als die vom 6. März 1349 erlitten, aber vermutlich keine so schimpfliche.

Als eine oder zwei Wochen später Bevollmächtigte aus Genua eintrafen, um einen Friedensvertrag auszuhandeln, zeigten sich diese recht gnädig, erklärte Genua sich doch bereit, Byzanz eine Kriegsentschädigung von über 100 000 *Hyperpyra* zu zahlen. Weiter bot man an, das Gebiet hinter Galata zu räumen, welches die genuesische Kolonie illegal besetzt hielt, und versprach als letztes, Konstantinopel nie wieder anzugreifen. Byzanz brauchte praktisch keine Gegenleistung zu erbringen. Kein Wunder, daß die Gesandten mit Geschenken überschüttet und mit einer aufwendigen Feier verabschiedet wurden: Johannes und seine Untertanen konnten weit mehr behalten, als sie erwartet, das heißt, als sie verdient hatten.

Durch den Erfolg dieser Verhandlungen aufgerichtet, verdrängte Johannes Kantakuzenos jede Erinnerung an die Katastrophe rasch. Entschlossen, das Ansehen von Byzanz in der Welt wieder herzustellen, und ungeachtet des Popularitätsverlustes, mit dem er rechnen mußte, erlegte er dem Volk weitere Steuern auf und ließ mit dem Wiederaufbau der Flotte erneut beginnen. Diesmal sorgte er für eine gründliche Ausbildung der Offiziere und Mannschaften, denen sie anvertraut wurde. Schon bald war ihm auch mehr Glück beschieden. Noch im selben Jahr vermochte er die Genuesen, die endlich begriffen zu haben schienen, daß Galatas Gedeihen großenteils vom guten Willen seitens des Reichs abhing, zur Rückgabe der Insel Chios zu bewegen, die sie während des Bürgerkrieges wieder an sich gebracht hatten. Im September verlängerte er auch den 1342 von Kaiserin Anna und Johannnes V. mit Venedig ausgehandelten Friedensvertrag um fünf Jahre.

Als nächstes galt es, Thessalonike dem Byzantinischen Reich wieder einzugliedern. Nach dem Blutbad von 1345 hatten die Zeloten die Zügel noch straffer angezogen. Sie waren den Thronansprüchen Johannes' V. zwar durch Lippendienste (mehr aber auch nicht) nachgekommen, hatten denjenigen Johannes Kantakuzenos' aber eine klare Absage erteilt und Gregor Palamas, der 1347 zum Erzbischof ernannt worden war, die Ausübung seines Amtes verwehrt. Sie gingen jedoch zu weit, als sie offen darüber diskutierten, die Stadt Stephan Duschan zu übergeben. Stephan, der sie (vielleicht etwas übereilt) beim Wort nahm, erschien mit einem Heer vor den Toren der Stadt. Zu Beginn des Jahres 1350 wurden die inzwischen hoffnungslos zerstrittenen Zeloten von ihren Anhängern abgesetzt zugunsten von Alexios, dem Sohn des alten Theodor Metochites, der kein Geheimnis aus seiner Unterstützung der legitimen Regierung machte. Nun hielt Johannes Kantakuzenos seine Stunde für gekommen. Er sandte umgehend seinen ältesten Sohn Matthäus an der Spitze einer gewaltigen Streitmacht nach Thessalonike – es zählten dazu auch 20 000 türkische Reiter, die ihm sein Schwiegersohn Orhan, der Ehemann Theodoras, zur Verfügung gestellt hatte –, während er selbst und Mitkaiser Johannes V. auf dem Seeweg nachfolgten. Daß Orhans Truppen unvermutet nach Kleinasien zurückbeordert wurden, hätte den ganzen Feldzug um ein Haar vereitelt; als Matthäus jedoch das Mündungsgebiet des Strymon erreichte, traf er dort auf eine Flotte türkischer Piraten, die sich ihm bereitwillig anschlossen. Mit ihrer Unterstützung zogen die beiden Kaiser im Herbst 1350 feierlich in Thessalonike ein, wo ihnen die überwältigende Mehrheit der Bevölkerung einen herzlichen Empfang bereitete. Gregor Palamas folgte ihnen bald darauf. Die verbliebenen Zeloten wurden entweder ins Exil oder zur Aburteilung nach Konstantinopel geschickt.

Kantakuzenos ließ Johannes V. in Thessalonike zurück und zog mit seinem Heer mehrere Wochen lang durch Makedonien und Thrakien, wobei sie Berrhoia, Edessa und mehrere kleinere Festungen eroberten. Erst zu Beginn des Jahres 1351 kehrte er nach Konstantinopel zurück, wo der Hesychasmusstreit wieder aufgeflammt war. Die Abwesenheit von Gregor Palamas, ihrem Sprecher und Anführer, hatte – da die Angelegenheit ohnehin noch längst nicht vergessen war – die Gegenpartei zu einem neuen Angriff ermutigt. An ihrer Spitze stand nun, nach dem Tod von Johannes Kalekas und Gregor Akindynos, der Historiker Nikephoros Gregoras, den Bischof Matthäus von Ephesos und andere wichtige Kirchenleute unterstützten. Wie für Byzanz typisch, färbte die Kontroverse mittlerweile auf zahlreiche andere Themen ab, die im Grunde nichts damit zu tun hatten, und verpestete dadurch die gesamte Politik und Verwaltung. Um die Frage ein für allemal zu entscheiden, trat am 28. Mai 1351 im Blachernenpalast ein drittes Konzil zusammen, dem wie bei den vorangegangenen wiederum Johannes Kantakuzenos vorstand. Beide Kontrahenten, sowohl Gregor Palamas, der eiligst von Thessalonike angereist kam, wie Nikephoros Gregoras, sprachen mit Engagement und verteidigten in aller Ausführlichkeit ihre Überzeugungen. Aber die Auseinandersetzungen endeten, wie man allgemein vorausgesehen hatte, mit einer Rechtfertigung der Hesychasten auf der ganzen Linie. Auf einem vierten und abschließenden Konzil im Juli wurden die Ergebnisse bestätigt. Und am 15. August überreichte Johannes Kantakuzenos dem Patriarchen Kallistos anläßlich einer feierlichen Zeremonie in der Hagia Sophia eine Schrift mit detaillierter Ausführung der Beschlüsse und der Aufforderung, alle, die dagegen waren, mit dem Kirchenbann zu belegen. Dieses Dokument wurde, wenn man Gregoras glauben kann, von Johannes V. Palaiologos nach seiner Rückkehr von Thessalonike im darauffolgenden Jahr nur widerwillig gegengezeichnet.

Der bedauernswerte Gregoras hat diese Niederlage nie verwinden können und seinem alten Freund Kantakuzenos nicht verziehen, was er immer noch als Verrat ansah. Vor allen Dingen kam der Kirchenbann für ihn als bitterer Schlag, da er erst kurz zuvor die Ordensgelübde abgelegt hatte. Im Chorakloster, das er die folgenden drei Jahre nicht verlassen durfte, produzierte er zahlreiche Pamphlete, worin er Palamas, die Hesychasten und alles, wofür diese eintraten, anprangerte. 1354 kam er zwar frei, doch war ihm sein Gerechtigkeitssinn zum Verhängnis geworden: Der einst erste Historiker und Theologe seiner Zeit war zu einem hoffnungslos Besessenen verkommen, der die Sympathie all seiner ehemaligen Freunde und Anhänger verlor. Mit Sicherheit hat er indes das Schicksal, das ihm nach seinem Tod etwa fünf Jahre später bereitet wurde, nicht verdient. Sein Leichnam soll nämlich durch die Straßen Konstantinopels geschleift worden sein. Man kann nur froh sein, daß er nicht lange genug lebte, um noch von der so ganz anderen Behandlung zu erfahren, die man seinem Erzfeind Gregor Palamas zukommen ließ: Dieser wurde 1368 kanonisiert und genießt seitdem in der Ostkirche Verehrung als Heiliger.

Da Ende 1349 die Tinte der Verträge mit Venedig und Genua kaum getrocknet war, könnte man Johannes Kantakuzenos nachsehen, daß er annahm, seine Schwierigkeiten mit den beiden mächtigen seefahrenden Republiken seien ausgeräumt. Allein, diese konnten den Verlokkungen, die der Handel im Gebiet des Schwarzen Meers bot, nicht widerstehen. Schon bald führte ihr Rivalisieren erneut zu regelrechten Kriegshandlungen. Die Nähe Galatas zu Konstantinopel zwang Byzanz, jeweils der einen von ihnen Unterstützung zu gewähren und am Ende fast unausweichlich auf der Verliererseite zu stehen. Als zum Beispiel im Mai 1351 eine venezianische Flotte in das Goldene Horn einlief, um Galata anzugreifen, und die Genuesen aus Wut, daß Byzanz ihnen nicht sofort zu Hilfe eilte, ihre Katapulte in Stellung brachten und riesige Felsbrocken über die Mauern schossen, stellte sich Johannes Kantakuzenos widerstrebend auf die Seite Venedigs. Die venezianischen Schiffe zogen jedoch unmittelbar danach ab, und Byzanz sah sich allein dem genuesischen Zorn ausgeliefert. Nur drei Monate später nahm auf ihrem Weg nach Galata eine genuesische Flotte die Hafenstadt Herklea an der Nordküste des Marmarameers ein und plünderte sie. Zwar verlief die Weiterfahrt an Konstantinopel vorbei und durch den Bosporus ohne Zwischenfälle – Byzanz hatte klugerweise alle anderen größeren und kleineren Städte gewarnt –, doch im Schwarzen Meer wandte sie sich nach Nordwesten und verheerte in ähnlicher Weise ohne triftigen Grund Sozopolis.

Inzwischen wurde man auch in Venedig zusehends nervöser, denn im vergangenen November hatte Genua Euböa besetzt, eine der wertvollsten venezianischen Kolonien. Die Initiative dazu war eindeutig von Genua ausgegangen, und man schien dort auch entschlossen, die Insel zu halten. Zum Glück stand Venedig ein weiterer potentieller Verbündeter zur Verfügung: König Peter von Aragon. Da ihm an einer Schwächung von Genuas Einfluß im westlichen Mittelmeer lag, versprach er Venedig eine Flotte von sechsundzwanzig hochgerüsteten Kriegsschiffen unter der Bedingung, daß die Republik zwei Drittel ihres Unterhalts bestreiten würde. Nun bot Johannes Kantakuzenos seinerseits zwölf Schiffe zu denselben Bedingungen zusätzlich an. Der Vertrag enthielt die Klauseln, daß Galata im Falle des Sieges dem Erdboden gleichgemacht werden, etliche genuesische Inseln an Byzanz zurückfallen und die byzantinischen Kronjuwelen, die seit beinahe sieben Jahren in Venedig verpfändet lagen, nach Konstantinopel zurückkehren sollten.

Die diplomatischen Verhandlungen, die diesen Übereinkünften vorangegangen waren, und die militärischen Vorbereitungen, die auf sie folgten, verzögerten sich. Der Vertrag mit Aragon kam erst im Juli 1351 endgültig zum Abschluß. Um eben diese Zeit aber vernahm Johannes Kantakuzenos, daß Venedig versuche, mit Stephan Duschans Unterstützung, Mitkaiser Johannes V., der sich noch immer in Thessalonike aufhielt, gefügig zu machen. Anscheinend hatten sie ihm ein »Darlehen« von 20 000 Dukaten angeboten, wenn er ihnen Tenedos überließ, die strategisch hochbedeutende Insel, die die Einfahrt in den Hellespont beherrschte.[4] Da Kantakuzenos Konstantinopel nicht verlassen konnte, machte sich Kaiserin Anna sogleich auf den Weg nach Thessalonike, um ihrem Sohn den Rücken zu stärken und Stephan Duschan von einer so gefährlichen Politik abzubringen. Sie erzielte einen Erfolg auf der ganzen Linie, womit ein weiterer Bürgerkrieg abgewendet war, doch verbesserte der Vorfall nicht gerade die Aussichten auf das neue Bündnis mit Venedig.

In der Folge trafen die beiden rivalisierenden Flotten erst Anfang 1352 im Marmarameer aufeinander. Beide Seiten hatten ihr Geschick hervorragenden Admirälen anvertraut. Venedig und Byzanz dem Venezianer Niccolò Pisani, Genua Paganino Doria, einem Angehörigen jener Familie, welche die Geschichte dieser Republik mehr als fünfhundert Jahre lang mitbestimmte. Am 13. Februar standen sich beide am Eingang des Bosporus unter den Mauern von Galata gegenüber. Da Paganino Doria in diesen Gewässern zu Hause war, konnte er sich einen Stellungsvorteil verschaffen. Er ließ seine Schiffe so auffahren, daß die Angreifer sich ihnen nicht nähern konnten, ohne die eigenen Linien gefährlich zusammenzudrängen. Niccolò Pisani erkannte die Falle sogleich. Das Meer wogte stürmisch, die Tage waren kurz – ein Angriff daher reine Torheit. Doch der Befehlshaber aus Aragon wollte nicht hören. Bevor Pisani ihn daran hindern konnte, ließ er die Taue kappen und stieß gegen die Genuesen vor. Den venezianischen und byzantinischen Schiffen blieb nichts andres übrig, als ihm zu folgen.

Die nachfolgende Schlacht entwickelte sich sehr rasch zu einem direkten Schlagabtausch zwischen Venedig und Genua. Byzanz zog sich schon zu Beginn zurück, ohne mit dem Feind in Berührung gekommen zu sein. Aragon hielt trotz der anfänglichen Tollkühnheit nicht viel länger stand. Also mußten die beiden führenden Seemächte jener Zeit die Entscheidung unter sich ausmachen. Und dies taten sie auch, wildentschlossen, wobei keine der anderen etwas vergab. Schon bald brach Feuer aus, das sich bei dem stürmischen Wind rasch über beide Flotten ausbreitete. Trotzdem kämpften sie beim Licht ihrer eigenen brennenden Schiffe bis weit in die Nacht hinein weiter. Schließlich mußten die Venezianer, da sie gegen Wind und Strömung anzukämpfen hatten, aufgeben. Sie hatten den Großteil ihrer Galeeren verloren und etwa fünfzehnhundert ihrer besten Kämpfer, eine erschreckend hohe Zahl auf einen Schlag. Und da erst vier Jahre seit dem Schwarzen Tod vergangen waren, der sechs Zehntel der gesamten Bevölkerung dahingerafft hatte, wog die Katastrophe um so schwerer. Doch als der Tag heraufdämmerte und die Wasseroberfläche unter den Wrackteilen und unzähligen Leichen kaum noch zu sehen war, mußte Doria feststellen, daß er beinahe ebenso schwere Verluste erlitten hatte. Diese verhehlte er selbst seinen Mitbürgern in Galata, um einer allgemeinen Panik vorzubeugen.

Gewiß, er war nach außen hin klarer Sieger. Doch hatte dieser Sieg mehr gekostet als manche Niederlage.

Für Johannes Kantakuzenos galt es schlicht und einfach eine Niederlage einzustecken. Weder Venedig noch Aragon gelüstete nach einer Fortsetzung des Kampfes. Die Überlebenden segelten, nachdem sie die schwer beschädigten, ihnen noch verbliebenen Schiffe notdürftig repariert hatten, zurück in den Westen. So blieb Johannes Kantakuzenos nichts anderes übrig, als mit Genua erneut einen Friedensvertrag auszuhandeln. Dieser kam im Mai zustande, gerade zu der Zeit, als Johannes V. Palaiologos nach seinem verlängerten Aufenthalt in Thessalonike nach Konstantinopel zurückkkehrte. Der mittlerweile zwanzigjährige Mitkaiser beschied sich nicht länger damit, sich fraglos den Anordnungen seines Schwiegervaters zu fügen. Schon vor einiger Zeit war den beiden überlebenden Söhnen von Kantakuzenos und Irene die Regierung wichtiger Reichsgebiete anvertraut worden, und Kaiserin Anna, seine Mutter, herrschte seit kurzem über Makedonien und dessen Hauptstadt. Es wurde also Zeit, daß auch er seine Ansprüche anmeldete.

Kantakuzenos war sich über die Ambitionen des Schwiegersohnes und Mitkaisers sowie über die Gefahr eines Bürgerkriegs, falls sie nicht befriedigt würden, völlig im klaren und bot ihm den größeren Teil Thrakiens an, der strategisch von einiger Bedeutung war, da man von dort aus die Zufahrtswege nach Konstantinopel beherrschte. Johannes ließ sich bereitwillig darauf ein. Doch umfaßte das fragliche Gebiet auch die große Stadt Didymoteichos und den überwiegenden Teil der Apanage, die Kantakuzenos bereits seinem Sohn Matthäus gewährt hatte. Zum Ausgleich ließ er Matthäus Adrianopel samt Umgebung zuteilen. Aber dieser fühlte sich benachteiligt und grollte seinem Schwager Johannes, der jetzt zu allem Übel auch noch sein unmittelbarer Nachbar war.

Als erster brach den brüchigen Frieden überraschenderweise Johannes Palaiologos. Vielleicht um einem Angriff Matthäus' zuvorzukommen, überschritt er im Sommer 1352 die Grenze zu dessen Gebiet und belagerte mit seinem Truppen Adrianopel. Matthäus wandte sich sofort an seinen Vater, und dieser eilte ihm an der Spitze einer ansehnlichen türkischen Streitmacht zu Hilfe, die ihm Emir Orhan unter dem Befehl seines Sohnes Suleiman Pascha zur Verfügung stellte. Johannes bat Serbien und Bulgarien um Unterstützung, woraufhin Stephan Duschan viertausend Reiter entsandte. Zwar blieb Adrianopel letztlich verschont, doch erwies sich dies als vergleichweise geringer Trost. Entscheidend war, daß Byzanz schon wieder einen inneren Krieg führte, und noch ominöser, daß Johannes Kantakuzenos mit einem Heer von Ungläubigen gegen seine christlichen Landsleute auszog. Nach der Belagerung von Adrianopel hatte man Suleimans Türken gestattet, die Nachbarstädte und Dörfer zu plündern und zu terrorisieren. Zumindest aus der Sicht der Opfer, aber auch weitgehend in den Augen der Öffentlichkeit war dies im Namen Johannes Kantakuzenos' geschehen.

Diese Auffassung hielt sich auch, als ein paar Monate später dieselben Türken ein vereinigtes serbisch-bulgarisches Heer auf der zugefrorenen Maritza vernichteten. Sie kämpften in diesem Fall ganz klar als offiziell angeheuerte Söldner gegen einen auswärtigen Feind. Das war etwas ganz anderes als ihre früheren Greueltaten. Dennoch fiel infolge seiner Verbindung mit ihnen, ob vorsätzlich oder rein zufällig, auf das Ansehen Johannes Kantakuzenos' für immer ein Schatten. Und selbst in Konstantinopel schwand dieses mehr und mehr dahin. Im Volk rief man sich in Erinnerung, daß er nicht der kaiserlichen Familie entstammte. Auch wenn er sich nicht gewaltsam auf den Thron gebracht hatte, war er doch eigentlich nur eine Art Reichsverweser. Sollte also Johannes V., der nun erwachsen war, wirklich weiterhin nur geteilte Macht ausüben, und zwar mit einem Mann, der dem Reich in den letzten Jahren doch fast nur Katastrophen eingehandelt hatte?

Um diese Zeit hatte Johannes VI. Kantakuzenos wahrscheinlich das Interesse an der Macht bereits verloren. Schon seit 1341 besaß er ein Stück Land vom Vatopedikloster auf dem Berg Athos und hatte 1350 dem Manganenkloster eine reiche Stiftung vermacht. Auch schwärmte er öfter von den Annehmlichkeiten des Klosterlebens. Von Anfang an hatte er außerdem die legitimen Ansprüche Johannes' V. Palaiologos unterstützt, den er nach dem Tod Andronikos' III. leicht hätte beseitigen können – wozu viele seiner Freunde geraten hatten. Doch hatte Johannes Palaiologos nicht soeben bewiesen, daß ihm nicht zu trauen war? Und hatte er sich nicht als ernsthafte Bedrohung für das Überleben des Reichs entpuppt – als williges Werkzeug in der Hand Venedigs, Bulgariens und Stephan Duschans? Als einer, der weder die Gefahren, die diese verkörperten, begriff, noch stark genug war, ihren Schmeicheleien zu widerstehen? Im April 1353 entschloß sich Johannes VI. Kantakuzenos auf den Rat einer Körperschaft von Getreuen in Konstantinopel zu einem Schritt, den er sechs Jahre zuvor bei seiner Krönung als unvorstellbar erachtet hätte. Im Rahmen einer feierlichen Zeremonie im Blachernenpalast erklärte er Johannes V. in aller Form für abgesetzt und ernannte seinen Sohn Matthäus an seiner Statt zum Mitkaiser.

Dazu ließ er verlauten, die Palaiologoi seien damit keineswegs enterbt und Andronikos, der Sohn von Helena Kantakuzena und Johannes Palaiologos, bleibe weiterhin Erbe. Dann schickte er seine Tochter und seinen glücklosen Schwiegersohn mitsamt ihren Nachkommen ins Exil auf die Insel Tenedos.

Nicht zum ersten Mal indes hatte er die Stärke der Opposition unterschätzt. Patriarch Kallistos, ein unerschütterlicher Parteigänger Johannes' V., weigerte sich rundweg, Matthäus zu krönen. Statt dessen schleuderte er den Bannstrahl gegen Kantakuzenos, gab sein Amt auf und zog sich in sein Kloster zurück. Wenige Tage später setzte er heimlich nach Galata über und gelangte mit genuesischer Hilfe nach Tenedos, wo Helena und Johannes V. ihn herzlich empfingen. Mittlerweile wurde ein gewisser Philotheos, der vorher Bischof von Heraklea gewesen war, zu seinem Nachfolger gewählt, natürlich ein begeisterter Anhänger Kantakuzenos'. Aber erst im Februar 1354 wurden Matthäus und Irene schließlich gekrönt. Und auch diesmal fand die Zeremonie nicht, wie erwartet, in der Hagia Sophia statt, sondern in der Blachernenkirche.

Keinen Monat später, am 2. März, wurden weite Teile Thrakiens von einem schweren Erdbeben heimgesucht. Hunderte von Städten und Dörfern gingen zugrunde. Viele der Überlebenden starben in den Schneestürmen und darauffolgenden sintflutartigen Regenfällen an den Unbilden der Witterung und Unterkühlung. In der einst prächtigen Stadt Gallipoli – deren Bevölkerung zum Glück großenteils über das Wasser entkommen konnte – stand kaum noch ein Haus. Die Katastrophe, an sich schon entsetzlich genug, verschlimmerte sich aber noch durch das Gebaren der Türken, und zwar nicht nur der marodierenden Banden, die sich in Thrakien festgesetzt hatten, sondern auch der etwas disziplinierteren Truppen Suleiman Paschas in Kleinasien. Ihm selbst bot sich im übrigen genau die Gelegenheit, auf die er gewartet hatte. Als die Schreckensnachrichten in Pegae eintrafen, brach er sofort in die betroffenen Gebiete auf, und veranlaßte alle türkischen Familien, die er auftreiben konnte, mit ihm zu ziehen, um sich in den nunmehr verlassenen Städten anzusiedeln. Der größte Teil von ihnen begab sich in die Ruinen von Gallipoli, wohin ihnen kurze Zeit später noch viele ihrer Landsleute folgten. Innerhalb weniger Monate machten sie die Stadt wieder bewohnbar und bauten die Mauern wieder auf. Wo einst eine rein griechische Bevölkerung gelebt hatte, war nun eine rein türkische ansässig.

Für Byzanz erwies sich diese erste türkische Ansiedlung in Europa als eine weit größere Kalamität als das Erdbeben. Die verwüsteten Gebiete würden sich früher oder später erholen, dagegen schien Gallipoli, die wichtigste Durchgangsstation für Reisende von Thrakien nach Kleinasien, für immer verloren. Als Johannes VI. Kantakuzenos offiziell deren Rückgabe forderte, beschied ihn Suleiman, die Stadt sei ihnen durch Allahs Willen in die Hände gefallen; sie zurückzugeben wäre eine sündhafte Undankbarkeit. Schließlich hätten seine Landsleute sich ihrer nicht mit Gewalt bemächtigt, sondern lediglich einen Ort besetzt, den die frühere Bevökerung aufgegeben habe. Johannes lag so viel an der Rückgabe Gallipolis, daß er die zunächst in Aussicht gestellte Entschädigungssumme vervierfachte. Doch der Pascha ließ sich nicht erweichen. Dann appellierte Johannes Kantakuzenos an Orhan, der sich zu einem Gespräch über diese Angelegenheit in der Nähe von Nikomedia bereiterklärte. Als Kantakuzenos dort eintraf, fand er indes nur die Nachricht vor, der Emir sei plötzlich erkrankt und könne die Reise nicht antreten.

Allmählich muß Johannes Kantakuzenos sich von Gott verlassen vorgekommen sein. Stärker als jemals zuvor dürfte er sich danach gesehnt haben, seine weltlichen Sorgen hinter sich zu lassen und sich, bevor es zu spät war, einem Leben des Gebets und der Kontemplation zu widmen, wonach ihn verlangte, um Frieden mit seinem Schöpfer zu machen und die ihm noch verbleibenden Jahre in Ruhe zu verbringen. Im Sommer setzte er in der schwachen Hoffnung, mit seinem Schwiegersohn doch noch zu einer Übereinkunft zu kommen, nach Tenedos über. Aber die Inselbevölkerung wollte nicht einmal seine Schiffe versorgen, und Johannes Palaiologos weigerte sich im Wissen, daß die Zeit für ihn arbeitete, rundweg, ihn zu empfangen. Gekränkt kehrte er nach Konstantinopel zurück, um die weitere Entwicklung, die er nicht mehr in der Hand hatte, abzuwarten.

Die Ereignisse ließen nicht lange auf sich warten. Am 21. November 1354 verließ Johannes Palaiologos heimlich Tenedos in einer dunklen mondlosen Nacht bei heftigem Regen. Günstige Winde brachten ihn rasch durch den Hellespont und dann in das Marmarameer. In den ersten Stunden des 22. lief sein Schiff in Konstantinopel ein, und er betrat die Stadt, immer noch im Schutze der Dunkelheit, unbeobachtet. Einmal innerhalb der Mauern, machte er seine Anwesenheit sofort bekannt, so daß die Menge sich im Morgengrauen in den Straßen sammelte und seinen Namen skandierte. Schon nach kurzer Zeit entlud sich ihre Wut. Zum zweiten Mal wurde der Familiensitz der Kantakuzenoi geplündert und ging in Flammen auf. Den Häusern vieler seiner Getreuen erging es nicht besser. Ein Teil der Aufständischen bemächtigte sich des Arsenals, andere marschierten zum Blachernenpalast. Johannes V. aber richtete sich vorübergehend im alten Kaiserpalast gegenüber der Hagia Sophia ein.

Von dort aus sandte er am 24. November an seinen Schwiegervater einen Boten und schlug ihm ein Treffen vor. Bei den folgenden Verhandlungen zeigte er ganz überraschend Verständnis für Kantakuzenos' Lage. So bestand er nicht etwa darauf, daß dieser abdankte, sondern schlug vor, wie früher gemeinsam zu regieren, während Matthäus bis zu seinem Tod weiterhin von Adrianopel aus über sein Gebiet herrschen könne. Johannes VI. müßte zwar die Festung am Goldenen Tor übergeben, die er jüngst wieder hatte aufbauen und verstärken lassen und wo er ein Regiment katalanischer Söldner untergebracht hatte, sollte jedoch Kaiser bleiben und im Blachernenpalast residieren, während er sich im Privatpalast von Theodor Metochites, einer weitläufigen, großartigen Anlage in der Stadt, niederlassen werde.

Damit war die unmittelbare Krise bewältigt. Die beiden Kaiser legten einen feierlichen Eid ab, die getroffenen Abmachungen einzuhalten. Zahlreiche Probleme blieben jedoch ungelöst. So zum Beispiel die Tatsache, daß die türkische Besiedlung in Thrakien fortdauerte; ein anderes stellte die zunehmende Unbeliebtheit Johannes Kantakuzenos' dar, die ihm selbst keineswegs entging. Ebenso wußte er, daß seine Getreuen, durch die offene Feindseligkeit entmutigt, die ihnen in der Stadt entgegenschlug, rasch von ihm abfielen. Etwa eine Woche lang ertrug er all dies, so gut es ging. Nach einer besonders heftigen Demonstration traf er schließlich eine Entscheidung, die er schon länger ins Auge gefaßt hatte. Am 4. Dezember setzte er im Blachernenpalast feierlich das Diadem ab, zog die mit goldenen Adlern bestickten Purpurstiefel und kaiserlichen Gewänder aus und hüllte sich statt dessen in eine schwarze Mönchskutte. Kaiserin Irene tat es ihm gleich. Sie trat als Nonne in das Kyria-Martha-Kloster ein, das nach 1270 von Maria Palaiologina gegründet worden und wo ihre Schwiegermutter Theodora Kantakuzena bestattet war. Johannes Kantakuzenos zog sich zuerst ins Manganenkloster zurück und trat später in ein kleineres, unlängst von seinem alten Freund und Anhänger Johannes Charsianeites gestiftetes Kloster ein, das den Namen des Gründers trug.

Johannes Kantakuzenos hieß als Mönch fortan Joasaph. Er hatte die Geschicke des Reichs praktisch ein Vierteljahrhundert lang bestimmt –

wenn auch nur sieben Jahre als Kaiser –, und er wachte noch zehn weitere darüber. Er blieb noch neunundzwanzig Jahre am Leben und starb schließlich im Jahre 1383. Nur sehr selten, und dann auch nur, wenn es nicht anders ging, griff er noch in die Politik ein. Die ersten Jahre nach seiner Abdankung widmete er sich hauptsächlich der Vollendung seines Geschichtswerks, das er 1356 abschloß. Danach wandte er sich der Theologie zu und verfaßte eine lange, detailliert untermauerte Verteidigung der hesychastischen Lehre.

Viele, die sich mit dieser historischen Epoche befaßten, unter ihnen auch Edward Gibbon, haben seine Aufrichtigkeit in Zweifel gezogen. Sie fragen sich, ob seine Abdankung wirklich ganz so freiwillig erfolgte, wie er vorgibt, oder ob er in Wirklichkeit nicht von seinem ehrgeizigen Schwiegersohn vom Thron vertrieben worden sei. Die Annahme ist nicht zwingend. Immerhin war er sein ganzes Leben hindurch ein tiefreligiöser Mensch und hat mindestens fünfzehn Jahre lang von einem solchen Abgang geträumt. Die Demütigungen und Enttäuschungen, die er zuletzt erfahren mußte, würden hinlänglich erklären, daß er schließlich den Schritt vollzog, der ihm schon so lange vorschwebte. Die Bevölkerung sah ganz offensichtlich keine Verwendung mehr für ihn. Mit seinem Schwiegersohn Johannes V., dessen Anrecht auf den Thron weit größer war als sein eigenes, bestand eine gütliche Einigung, und dieser hatte mittlerweile seine Fähigkeiten vielfach unter Beweis gestellt. Wenn er denn jemals ernsthaft abdanken wollte, dann war dies der richtige Augenblick.

Nur wenige Kaiser haben für das Wohl von Byzanz so schwer gearbeitet, und bei kaum einem treten so wenige persönliche Throngelüste zutage. So hätte er nach 1330 gewiß ohne weiteres Mitkaiser Andronikos' III. werden und nach dessen Tod auf den Thron gelangen können. Doch hat er dies immer abgelehnt. Dann aber wurde das Reich vom Bürgerkrieg zerrissen, und nun nahm er das Diadem doch, wenn auch offenbar nur widerstrebend. Es ist anzunehmen, daß er überzeugt war, Johannes V. Palaiologos setze mit dem von ihm losgetretenen Krieg gegen Matthäus die Zukunft von Byzanz aufs Spiel, und sonst niemals seinen Sohn an dessen Stelle zum Mitkaiser ernannt hätte. Leider besann er sich zu spät auf eine klare Linie des Handelns. 1341 hätte das Reich sich vielleicht noch zusammenhalten und der Bevölkerung dreizehn elende Jahre ersparen lassen. 1353 war der Schaden bereits zu weit fortgeschritten.

Vom Glück war Johannes Kantakuzenos gewiß nicht begünstigt. Johannes' V. Tollkühnheit, der Hesychasmusstreit, der Schwarze Tod, das türkische Wüten, die genuesischen und venezanischen Ambitionen: ohne diese Beschwernisse wäre die Situation viel leichter zu meistern gewesen. Alles zusammen machte ihm die Bewältigung seiner Aufgabe unmöglich. Die größte Last stellte allerdings das bankrotte Reich selbst dar. Es war moralisch so bankrott wie finanziell. Nicht nur herrschte im Staatsschatz Ebbe, vielmehr hatte auch das Volk alle Zuversicht verloren. Das alte Selbstbewußtsein war dahin und damit auch der Wille, die einstige Größe zurückzugewinnen. Eine mitreißende, offene Persönlichkeit hätte sie vielleicht noch einmal zum Handeln bewegen können, aber Johannes Kantakuzenos war, obwohl weiser Staatsmann und glänzender Feldherr, in erster Linie Gelehrter und Intellektueller. Letztlich konnte er die Massen nicht begeistern, und sie wandten sich denn auch nach und nach von ihm ab. Fünfunddreißig Jahre Dienst am Reich sind ihm übel vergolten worden. Man kann sich nur schwer vorstellen, daß Johannes Kantakuzenos und Irene Asen nicht erleichtert aufgeatmet haben, als sie die Staatsgewänder gegen das rauhe Klostergewand eintauschten.

20

Vasall des Sultans

(1354–1391)

Der Zar wählte ein himmlisches und nicht ein irdisches Königreich. Er gründete eine Kirche in Kosovo. Und versah sie nicht mit einem Boden aus Marmor, sondern legte Scharlach und Seide auf den Grund. Dorthin berief er den Patriarchen von Serbien und zwölf bedeutende Bischöfe. Dann reichte er den Soldaten das Abendmahl und den Gefechtsbefehl. Noch in der Stunde, da der Prinz seinen Soldaten Befehl erteilte, griffen die Türken Kosovo an.

Aus dem Kosovo-Zyklus

Der Abgang Kaiser Johannes VI. Kantakuzenos' bestätigte allen christlichen Oberhäuptern, daß Byzanz sich am Rande des Zusammenbruchs befand. Fragte sich nur, an welche Macht das Reich fallen würde. Bereits vier Monate vor der eigentlichen Abdankung hatte der venezianische Gesandte in Konstantinopel seiner Regierung berichtet, Byzanz sei drauf und dran, sich den Erstbesten unterzuordnen, die dies verlangten; vier Monate später machte der venezianische Doge den Vorschlag, Byzanz so rasch wie möglich zu annektieren, um es vor der osmanischen Flut zu retten.

Nun gab es jedoch zu diesem Zeitpunkt eine Macht in Osteuropa, die sowohl Venedig als auch die Türken an Stärke übertraf: das Reich Stephan Duschans, welches neben Serbien, Makedonien und einem Großteil von Bulgarien das ganze griechische Festland bis zum Golf von Korinth umfaßte und einzig Attika, Böotien und den Peloponnes ausschloß. Sein Leben lang war Stephan Duschan von nur einem Gedanken besessen gewesen, nämlich über sein serbisches Reich vom Kaiserthron in Konstantinopel aus zu herrschen. Um dies zu erreichen, hatte er im Laufe der Zeit mit jedem europäischen Herrscherhaus verhandelt, das sich als nützlich hätte erweisen können, aber auch mit den türkischen Emiren und selbst dem Papst, dem er den üblichen Unionsköder hinhielt. Und vielleicht hätte er sein Ziel sogar erreicht – und darüber hinaus die Geschichte Europas verändert –, wäre er nicht im besten Alter einer heimtückischen Krankheit erlegen. Er starb im Dezember 1355 im Alter von sechsundvierzig Jahren, ohne seine Nachfolge klar geregelt zu haben.

Sogleich begann das serbische Reich zu zerfallen. Sein Sohn Stephan Urosch V., der für die alte serbische Region im Norden verantwortlich gewesen war, während Duschan die griechischen Ländereien von »Rumänien« regiert hatte, verfügte weder über das Durchsetzungsvermögen noch über die nötige Autorität, um zu verhindern, daß verschiedene andere Familienmitglieder, ja selbst Angehörige des niederen Hofstaates sich zu unabhängigen Regenten ernannten.[1] Nach nur gerade einem Jahr war es, als hätte es das »Serbisch-Griechische Reich« nie gegeben: für Byzanz eine fast wundersame Rettung. Byzanz aber war – und in Konstantinopel wußte man dies – zu schwach, um daraus Nutzen zu ziehen. Johannes V. Palaiologos unternahm nichts, um die ehemaligen byzantinischen Hoheitsgebiete zurückzuerobern, und Nikephoros II., der abgesetzte Despot von Epiros, welcher in dieser Hinsicht einen entschiedenen Angriff wagte, hatte nur wenig erreicht, als er 1358 in einer Schlacht fiel. Bei Lichte besehen, bedeutete Stephan Duschans Tod nichts weiter, als daß eine Bedrohung durch eine andere ersetzt wurde; denn der Zusammenbruch des serbischen Reichs bot den Türken genau die Gelegenheit, auf die sie gewartet hatten. Nun gab es in Europa keine Macht mehr, die imstande gewesen wäre, ihrem Vorrücken Widerstand entgegenzusetzen.

Obwohl bereits seit vierzehn Jahren Mitkaiser, war Johannes V. erst dreiundzwanzig – und eine ganz andere Persönlichkeit als sein Schwiegervater. Hatte Johannes VI. Kantakuzenos den osmanischen Türken gegenüber ohne die geringste Scham eine Besänftigungspolitik verfolgt und sogar die Ehe seiner Tochter Theodora mit Emir Orhan zugelassen, zeigte sich Johannes V. Palaiologos in diplomatischen Belangen unnachsichtig. Er glaubte – zu Recht, wie sich herausstellte –, die Welt sei letztlich nicht groß genug für beide, ein byzantinisches und ein türkisches Großreich, also galt es das letztgenannte aus dem Weg zu schaffen. Das bedeutete Krieg, und Krieg bedingte beim gegenwärtigen Zustand des Reichs ein großes christliches Bündnis gegen die Ungläubigen. Das Zeitalter der Kreuzzüge mochte vorbei sein, und Versuche, derartige Bündnisse zu schließen, waren in den vergangenen Jahren nicht gerade von Erfolg gekrönt gewesen. Dennoch war es Papst Klemens VI. 1344 trotz seines Exils in Avignon gelungen, ein Bündnis gegen Umur von Aydin zustande zu bringen, und nun, da die Türken in Europa festen Fuß gefaßt hatten, würde der Westen einsehen, daß es politisch wie religiös notwendig war, entschieden zu handeln, solange noch Zeit dazu war.

Gerade ein Jahr nach seiner Thronbesteigung, am 15. Dezember 1355, entsandte Kaiser Johannes eine Delegation mit einem Schreiben an Klemens' Nachfolger, Papst Innozenz VI., nach Avignon. Es enthielt einen ausführlich ausgearbeiteten Plan, gemäß dem der Papst unverzüglich fünfhundert Ritter, tausend Fußsoldaten, fünfzehn Transportschiffe und fünf Kriegsschiffe nach Konstantinopel schicken sollte; sie alle würden sechs Monate lang unter dem persönlichen Befehl von Kaiser Johannes kämpfen, und zwar nicht nur gegen die Türken, sondern auch gegen seine griechischen Feinde auf dem Balkan. Während dieser Zeit würde ein Päpstlicher Legat in Konstantinopel residieren und dort die Zusammenkünfte herausragender, der Kirchenunion wohlgesinnter Geistlicher überwachen. Der Kaiser stellte dem Papst mit an Sicherheit grenzender Wahrscheinlichkeit Massenkonvertierungen in Aussicht, so daß der Unterwerfung des Reichs unter den Heiligen Stuhl nichts mehr im Wege stehen werde. Und als weiteren Beweis seiner guten Absicht würde er, Kaiser Johannes, seinen damals fünfjährigen, zweitgeborenen Sohn Manuel nach Avignon schicken; sollte es ihm selbst, aus welchen Gründen auch immer, nicht gelingen, den in diesem Schreiben übernommenen Verpflichtungen nachzukommen, stehe es Seiner Heiligkeit frei, den Jungen nach seinem Begehren aufzuziehen, ihn im katholischen Glauben zu erziehen und ihn später nach seinem Willen zu verheiraten; auch würde Manuels älterer Bruder Andronikos, der zukünftige Thronfolger, intensive Unterweisung in lateinischer Sprache und Literatur erhalten sowie die Gründung dreier lateinischer Kollegien sicherstellen, damit die Söhne der Adelsfamilien im Reich in den Genuß ähnlicher Erleuchtung kämen. Sollte er, der Kaiser, sich aus irgendeinem Grund als unfähig erweisen, die erhofften Massenkonvertierungen zuwege zu bringen, dann würde zumindest er selbst sich der römischen Kirche unterwerfen. Sollte ihm dagegen Erfolg beschieden sein, würde er den Heiligen Stuhl um zusätzliche Unterstützung mit ehrgeizigerem Ziel ersuchen: um nichts geringeres nämlich als eine stattliche christliche Streitmacht, um die Türken nach Zentralasien zurückzudrängen. Auch dieses Heer würde er persönlich befehligen und dabei den Titel »Oberbefehlshaber und Standartenträger der Heiligen Mutterkirche« führen.

Dieses außerordentliche Sendschreiben erreichte Avignon im Juni 1356. Papst Innozenz VI., ein vernünftiger, realistischer Franzose, scheint es nicht zu ernst genommen zu haben. Er sandte eine freundliche Antwort zurück, in welcher er seiner Freude darüber Ausdruck verlieh, daß Johannes bereit sei, seine Kirche zurück in den Schoß Roms zu führen, ging jedoch auf keinen der so ausführlich abgehandelten Vorschläge auch nur mit einem Wort ein. Klar, daß er weder massenweise Bekehrungen erwartete, noch die Absicht hatte, christliche Heere zu entsenden; was ihn indes interessierte, war die mögliche Konvertierung des Kaisers selbst. Daher gab er seine Bereitschaft zu verstehen, ihm zwei päpstliche Sonderlegaten zu senden, durch deren Vermittlung er ihn, Kaiser Johannes, als gläubigen Sohn in Christo mit Freuden in die Heilige Kirche aufnehmen werde.

Bei beiden päpstlichen Legaten handelte es sich um Bischöfe. Der eine war ein Karmeliter namens Peter Thomas, der andere, Wilhelm Conti, ein Dominikaner. Sie trafen im April 1357 in Konstantinopel ein, und Johannes hieß sie herzlich willkommen; allein, sie erreichten nur wenig. Die Behauptung des Verfassers von Peter Thomas' Heiligenlegende, wonach es diesem gelungen sei, Johannes zu bekehren, wird durch spätere Ereignisse umfassend widerlegt.[2] Vielmehr gaben beide Bischöfe ihr Bemühen bald auf, da sie erkannten, daß die wirkliche Situation nicht im entferntesten mit der im Brief angedeuteten übereinstimmte. Conti kehrte zu seiner Gemeinde zurück, und Peter Thomas begab sich weiter nach Zypern, wo er bald darauf zum Apostolischen Legaten im Osten ernannt wurde. Johannes V. konnte von Glück reden, daß er so glimpflich davonkam. Hätte der Papst seinen Brief ernst genommen, ihm wie gewünscht das Heer gesandt, dann aber auch auf Erfüllung der kaiserlichen Versprechungen gepocht, wäre er in eine äußerst schwierige Lage geraten. Wohl traf es zu, daß es in Konstantinopel eine recht große Gruppe gab, die der Kirchenunion nicht abgeneigt war; darunter befand sich auch Demetrios Kydones, der bekannte Gelehrte und Übersetzer der Schriften des Thomas von Aquin, welcher um eben diese Zeit tatsächlich der römischen Kirche beitrat. Aber die überwiegende Mehrheit der einflußreichen byzantinischen Bevölkerung, ob weltlich oder kirchlich, hielt an ihrem alten Glauben fest. So hatte Patriarch Kallistos, der sein Amt nach der Abdankung seines Feindes Johannes VI. wieder übernahm, erst vor kurzem sowohl beim bulgarischen als auch beim serbischen Patriarchat die Anerkennung der Oberhoheit Konstantinopels erreicht. Angesichts dieser Tatsachen fällt es schwer zu glauben, Kaiser Johannes V. Palaiologos könnte ernsthafte Hoffnungen auf eine Kirchenunion gehegt haben. Und sollte es dennoch so gewesen sein, zerschlugen sie sich wohl spätestens im Sommer 1357.

Doch bleibt das Schreiben Kaiser Johannes Palaiologos' an den Papst aus einem Grund erzählenswert, nämlich als Beispiel für seine grundlegende Unzuverlässigkeit, für seine Neigung, aus einem plötzlichen Impuls heraus zu handeln, ohne die notwendigen Überlegungen über die möglichen Konsequenzen anzustellen. Sein Schwiegervater Johannes Kantakuzenos hatte schon immer geahnt, daß Johannes nicht der Mann war, das Los eines Reichs in die Hände gelegt zu bekommen, welches sich unmittelbar drohender Vernichtung von außen sowie Aushöhlung und Verfall von innen ausgesetzt sah.

In all dieser Zeit breitete sich die osmanische Herrschaft in Thrakien aus. Die Eroberung Gallipolis durch die Truppen von Orhans Sohn Suleiman im Jahre 1354 hatte ihnen den nötigen Brückenkopf verschafft, und ihr Vorrücken setzte fast unmittelbar danach ein. Bald scharten sich auch die türkischen Freibeuterbanden unter ihrer Fahne, die einst einem Hilferuf Johannes' VI. Kantakuzenos an die Emire von Aydin und Saruchan gefolgt waren, gemeinsam mit anderen, von ihnen unabhängig eingetroffenen Korsaren. Schon 1359 erreichte eine Vorhut die Mauern von Konstantinopel. Glücklicherweise war sie nicht groß genug, um eine unmittelbare Bedrohung darzustellen; doch das weniger gut geschützte und vom Bürgerkrieg erschöpfte Thrakien erwies sich als leichte Beute. 1361 fiel Didymoteichos, 1362 Adrianopel. Von jeder Stadt und jedem Dorf, das sie einnahmen, verschleppten die türkischen Eindringlinge einen großen Teil der einheimischen Bevölkerung in die Sklaverei nach Kleinasien und nahmen deren Stelle ein. Ebenfalls 1362 starb Orhan. Seine Nachfolge als Emir – sein Sohn Suleiman war zwei Jahre zuvor gestorben – trat Murad, ein anderer Sohn, an, der sich bald als energischer und ehrgeiziger sowohl als sein Vater als auch als sein älterer Bruder erwies. Er zog mit seinen Truppen nicht nur in Thrakien, sondern auch in Bulgarien zu Felde, und sie eroberten 1363 Philippopel. Dort übte er großen Druck auf den bulgarischen Zaren Johannes Alexander aus, um ihn zur Kollaboration gegen Byzanz zu zwingen.

Als die Kunde über ihre Unterhandlungen in Konstantinopel eintraf, verlor Johannes keine Zeit. Er vereinte die wenigen Schiffe und Leute, die ihm 1364 zur Verfügung standen, unter seinem Kommando, brach zu einem Vergeltungsangriff gegen die bulgarischen Schwarzmeerhäfen auf und besetzte Anchialos. Strategisch nützte ihm diese Maßnahme wenig, doch dürfte sie um der psychologischen Wirkung willen, welche das Ergebnis auf die Bevölkerung hatte, gerechtfertigt gewesen sein. Mochte das Reich auch dem Untergang geweiht sein, hatte es doch bewiesen, daß es gelegentlicher Siege noch immer mächtig war. Als der Kaiser zurückkehrte, flammten seine Hoffnungen kurzfristig auf, denn er vernahm, daß Papst Urban V. nun doch Vorkehrungen für einen Kreuzzug treffe, der von den katholischen Königen Ludwig I. von Ungarn und Peter I. von Zypern angeführt werden sollte und dem sich mit Begeisterung auch sein Vetter Graf Amadeus VI. von Savoyen angeschlossen habe.[3] Doch statt gegen die türkischen Verbände zu marschieren, zog dieses Heer schließlich nach Ägypten, wo es im Oktober 1365 eine schmähliche Niederlage erlitt. Einmal mehr mußte sich Kaiser Johannes V. Palaiologos nach Verbündeten umsehen. Den Versuch, Serbien zu gewinnen – oder vielmehr das, was davon übrig war –, hatte er bereits unternommen und den Patriarchen Kallistos als persönlichen Vermittler entsandt. Dieser war tatsächlich mit Stephan Duschans Witwe zusammengekommen, leider jedoch direkt danach gestorben, ohne eine wirkliche Übereinkunft erzielt zu haben, und die unvermeidlichen, wenn auch völlig unbegründeten Gerüchte, es sei Gift im Spiel gewesen, trugen auch nicht gerade zur Verbesserung der Atmosphäre bei. Genua wie Venedig waren Byzanz zwar freundlich gesinnt, aber ähnlich schwach. Papst Urban V. und Peter von Zypern hatten ihr Pulver verschossen und sich damit höchst lächerlich gemacht. Blieb noch Ludwig der Große, König von Ungarn. Klug genug, war er rechtzeitig vom Ägyptenfeldzug zurückgetreten; und da er wie so viele religiöse Eiferer schismatische Bewegungen weit mehr verabscheute als Unglauben, hatte er sich zu seinem eigenen heiligen Krieg entschlossen: nicht gegen die türkischen Ungläubigen, sondern gegen das christliche Bulgarien. 1365 besetzte ein ungarisches Heer die Grenzprovinz Vidin, und als Folge davon strömten zahllose franziskanische Missionare in die Gegend, welche sich unverzüglich an die mehr oder weniger erzwungene Bekehrung der Lokalbevölkerung machten.

Dies waren denkbar schlechte Voraussetzungen für die Aufnahme diplomatischer Verhandlungen. Dennoch scheint sich Johannes V. gedacht zu haben, Ludwig lasse sich möglicherweise – unter geeigneten Umständen – dazu überreden, ihm zu helfen, und er beschloß, sich persönlich nach Ungarn zu begeben. Ein solcher Schritt war beispiellos. Daß ein byzantinischer Kaiser an der Spitze eines Eroberungsheers die eigenen Reichsgrenzen überschritt, war oft vorgekommen, doch noch nie in der ganzen byzantinischen Geschichte hatte ein Basileus Konstantinopel in der Rolle eines Bittstellers im christlichen Westen verlassen. Johannes hätte indes wohl eingewendet, die Lage sei ja auch noch nie derart hoffnungslos gewesen. Er vertraute das Reich seinem ältesten Sohn Andronikos an und segelte in Begleitung seiner beiden jüngeren Söhne Manuel und Michael im Laufe der ersten, rauhen Wochen des Jahres 1366 Richtung Norden, zuerst die Schwarzmeerküste entlang und dann die Donau aufwärts nach Buda. Ludwig bereitete ihm einen gebührenden Empfang; aber er hatte sich bereits mit dem Papst beraten, und kaum kamen die Gespräche in Gang, machte er seinen Standpunkt deutlich. Der Konversion stand erste Priorität zu: Erst nachdem der Kaiser und mit ihm das Reich sich Rom unterworfen hätten, werde man militärische Unterstützung überhaupt in Erwägung ziehen. Diesmal wußte Johannes, daß er keine bindende Zusage machen konnte, aber selbst wenn: Ludwig hätte ihm wohl kaum geglaubt. Er ließ seine beiden Söhne als Geiseln zurück (wenn auch aus nicht ganz klar ersichtlichem Grund) und machte sich traurig auf die Rückreise.[4] Da aber fand er den Weg versperrt und sah sich selbst als eigentlichen Gefangenen in Bulgarien, wo man die Aussicht eines Bündnisses zwischen Byzanz und Ungarn verständlicherweise höchst beunruhigt zur Kenntnis nahm.

Erst einmal in der byzantinischen Geschichte hatte eine fremde Macht einen Kaiser gefangengenommen, nämlich Romanos Diogenes nach der Schlacht von Mantzikert fast dreihundert Jahre zuvor. Aber Romanos war seinen seldschukischen Feinden in die Hände gefallen, dann mit Rücksicht und Höflichkeit behandelt und nach einer Woche wieder freigelassen worden. Kaiser Johannes V. Palaiologos jedoch wurde von seinen christlichen Nachbarn festgehalten, vom bulgarischen Zaren Johannes Alexander – immerhin Schwiegervater seines ältesten Sohnes Andronikos – ignoriert und sechs Monate lang in einem kleinen Kaff an der Grenze zurückgehalten. Eine derartige Behandlung des wahren römischen Kaisers, des Statthalter Gottes auf Erden, wäre in früheren Zeiten absolut undenkbar gewesen. Nichts könnte deutlicher veranschaulichen, wie tief Byzanz gesunken war. Und als Johannes endlich freikam, hatte er dies nicht etwa dem Zaren zu verdanken, sondern merkwürdigerweise seinem Vetter Amadeus von Savoyen.

Nach der fehlgeschlagenen Expedition von 1365 hatte Amadeus beschlossen, einen kleinen Kreuzzug auf eigene Faust zu unternehmen, und war im Mai 1366 mit fünfzehn Schiffen und rund tausendsiebenhundert Soldaten von Venedig nach Konstantinopel gesegelt in der festen Absicht, Johannes gegen die Türken beizustehen. Bei der Einfahrt in den Hellespont schloß sich ihm Johannes' Schwager Francesco Gattilusio an, der mit Maria verheiratete genuesische Herrscher über Lesbos. Ohne lange zu fackeln, griffen die beiden mit ihren Truppen die Stadt Gallipoli an, und es gelang ihnen, sie nach zwei Tage dauernden, heftigen Kämpfen zurückzuerobern. Die Wirkung dieses Sieges auf die byzantinische Moral kann man sich leicht vorstellen. Zwölf Jahre lang war Gallipoli ein türkischer Brückenkopf und der erste moslemische Vorposten auf dem europäischen Kontinent gewesen, und alle weiteren Vorstöße hatten dort ihren Ausgang genommen; fortan würde es Murad viel mehr Schwierigkeiten bereiten, sein Heer in Thrakien zu verstärken. Dennoch fanden in Konstantinopel die peinlichsten Debatten darüber statt, ob den römisch-katholischen Soldaten Zutritt zur Stadt gewährt werden solle oder nicht; es ist weitgehend dem beschwichtigenden Einfluß Demetrios Kydones' zu verdanken, daß am 2. September die Tore schließlich geöffnet wurden.

Vermutlich erfuhr Amadeus erst zu diesem Zeitpunkt von der Gefangenschaft seines Vetters – es sei denn, er hätte die Neuigkeit bereits zuvor von Francesco vernommen. Er verwandte einen Monat auf die nötigen Vorbereitungen; dann segelte seine Flotte die Schwarzmeerküste hoch, nahm die Häfen Mesembria und Sozopolis im Namen von Byzanz in Besitz und belagerte Warna, wo ihr Anführer dem Zaren in Trnovo gleichzeitig ein Ultimatum stellte. Nachdem Zar Johannes Alexander in der Person des Kaisers von Byzanz eine derart wertvolle Geisel in der Gewalt hatte, drängt sich uns die Frage auf, weshalb er als Lösegeld nicht die Rückgabe der eroberten Hafenstädte verlangte; aber Bulgarien war militärisch und wirtschaftlich inzwischen derart geschwächt, daß Amadeus ihn daraufhin höchstwahrscheinlich einfach dazu gezwungen hätte. Also erteilte der Zar Kaiser Johannes die Erlaubnis, sein Hoheitsgebiet zu durchqueren, und dieser traf kurz vor Weihnachten 1366 in Amadeus' Lager in Mesembria ein. Die beiden verbrachten den ganzen Winter an der Küste und kehrten erst im Frühjahr 1367 nach Konstantinopel zurück.

Und warum schoben sie die Rückkehr so lange hinaus? Vor allen Dingen deshalb, weil es eine ernsthafte Angelegenheit zu besprechen gab. Amadeus war mittlerweile verzweifelt knapp bei Kasse. Sollten die Städte Gallipoli, Mesembria und Sozopolis in byzantinischem Besitz verbleiben, benötigten sie eine starke Besatzung, und derartige Garnisonen kosteten viel, an Truppen wie auch an finanziellen Mitteln. Ihm erschien es nur recht und billig, daß Byzanz zumindest einen Beitrag zu deren Unterhalt leisten und Soldaten für einen weiteren Feldzug gegen Bulgarien bereitstellen sollte. Sodann galt es noch eine bedeutendere Angelegenheit zu erörtern. Als Gegenleistung für den päpstlichen Segen für seinen Feldzug hatte Amadeus nämlich verprochen, einmal mehr das Thema Kirchenunion aufzugreifen, und in der Person des ehemaligen Bischofs Paulus von Smyrna – der kurz zuvor in den Rang des lateinischen Patriarchen von Konstantinopel erhoben worden war – auch schon einen päpstlichen Gesandten mitgebracht. Vorbereitende Gespräche zu einem so heiklen Thema wurden gewiß weit besser außerhalb der Treibhausatmosphäre in Konstantinopel geführt.

Als er am Bosporus eintraf, stand Kaiser Johannes' Entschluß fest. Er konnte seinem Volk – geschweige denn seiner Kirche – die Union nicht aufzwingen; allein der Versuch würde ihn mit höchster Wahrscheinlichkeit den Kopf kosten. Indes konnte er sich selbst Rom unterwerfen und gleichzeitig Vorkehrungen für ein Gespräch auf höchster Ebene, also zwischen Paulus und den führenden orthodoxen Klerikern, treffen in der Hoffnung, daß auch sie mit der Zeit erkannten, wie wünschenswert es war, die Kluft zu schließen, welche die beiden Kirchen nun so lange trennte. Selbst dies sollte sich als schwierig genug erweisen. Der Patriarch Philotheos weigerte sich kategorisch, auch nur das geringste mit einem Mann zu verhandeln, der Anspruch auf seinen Titel erhob.[5] Immerhin wandte er nichts dagegen ein, daß Johannes seinen Schwiegervater, den Mönch Joasaph (und ehemaligen Kaiser Johannes VI. Kantakuzenos), für welchen der Patriarch stets wärmstens eingetreten war, zum Vertreter der orthodoxen Kirche ernannte.

Diese Ernennung ist weniger verwunderlich, als es vielleicht den Anschein hat. Jahrhundertelang ist man davon ausgegangen, Johannes Kantakuzenos habe die Jahre nach seiner Abdankung in strenger klösterlicher Abgeschiedenheit in seine theologischen Studien vertieft verbracht und sei nur anläßlich der seltenen Gelegenheiten in Erscheinung getreten, die seine Anwesenheit zwingend erforderten. Tatsächlich aber scheint er, vor allen Dingen nach der Wiedereinsetzung seines alten Freundes Philotheos als Patriarch im Jahre 1364, eine zunehmend bedeutendere Rolle in Staatsangelegenheiten gespielt zu haben. Philotheos beschreibt ihn als eine »Stütze der Regierung, ihren größten Ratgeber und eigentlichen Vater der kaiserlichen Familie«[6] und deutet damit an, daß das Ausmaß seiner Macht inzwischen wohl mit dem vergleichbar war, welches er als Kaiser genossen hatte.

Die Gespräche begannen im Juni 1367. Aus byzantinischer Sicht waren sie bemerkenswert erfolgreich. Johannes Kantakuzenos betonte, die Ostkirche begehre die Union ebenso innig wie die Westkirche, doch könne man die bestehenden Uneinigkeiten nur im Rahmen eines wirklich ökumenischen Konzils beilegen, dem der Papst, die Patriarchen, die Erzbischöfe und die Bischöfe beider Seiten beiwohnten – und eben dies hatte Rom niemals akzeptiert. Es gebe, fuhr er fort, keinen anderen Weg. Wie Michael VIII. Palaiologos fast hundert Jahre zuvor auf so tragische Weise bewiesen habe, lasse sich die Kirchenunion nicht im Handstreich von oben erzwingen; der Kaiser habe keine Kontrolle über die Seelen seines Volkes. Es scheint, als hätte Paulus einiger Überzeugungsarbeit bedurft, aber schließlich erklärte er sich mit einem Konzil im vorgeschlagenen Rahmen in zwei Jahren in Konstantinopel einverstanden. Bis dahin würde er in den Westen zurückkehren, mit Graf Amadeus und Vertretern des orthodoxen Klerus aus Kirchen und Klöstern; diese würden eine Art Vorhut für den Kaiser bilden, dessen Eintreffen man zu einem späteren Zeitpunkt erwarte.

Etwas früher im selben Jahr hatte Papst Urban V. einen Versuch unternommen, den Papstsitz wieder nach Rom zu verlegen. Dem Unterfangen war zwar kein Erfolg beschieden – schon bald darauf mußte er auf Beharren der französischen Kardinäle nach Avignon zurückkehren, wo der päpstliche Hof bis ins Jahr 1377 bleiben sollte –, aber die byzantinischen Gesandten reisten in jenem Sommer nicht nach Frankreich, sondern nach Italien, und er empfing sie in Viterbo mit großer Freundlichkeit. Sie begleiteten ihn in das verarmte und halbzerstörte Rom und wohnten am 16. Oktober seinem feierlichen Einzug in die Stadt bei. Danach aber machte sich zunehmend Niedergeschlagenheit unter ihnen breit. Es stellte sich nämlich bald heraus, daß Patriarch Paulus in Konstantinopel auf eigene Faust verhandelt hatte und Papst Urban nicht die mindeste Absicht hegte, ein ökumenisches Konzil einzuberufen, geschweige denn einem solchen beizuwohnen. Warum, so seine Frage, sollte man über Glaubensfragen reden, die beim Heiligen Stuhl bereits als unbezweifelbare Wahrheit galten? Am 6. November unterzeichnete er dreiundzwanzig Briefe an all jene höhergestellten Personen, die möglicherweise an einer Kirchenunion interessiert waren; er wies darin auf die Bedeutung der Rückkehr in den Schoß der Gemeinde seitens Byzanz und den vom Kaiser zugesicherten persönlichen Rombesuch hin, erwähnte indes in keinem dieser Schreiben ein Konzil, nicht einmal als entfernte Möglichkeit. Und noch weniger konnte von einem internationalen Kreuzzug in der Art, wie Johannes Palaiologos ihn sich erhofft hatte, die Rede sein.

Doch Johannes V. hielt sein Versprechen. Wieder überließ er seinem ältesten Sohn – den er inzwischen als Andronikos IV. Palaiologos zum Mitkaiser hatte krönen lassen – die Regentschaft in Konstantinopel und brach im Frühsommer 1369 mit seinem Schwager Franceso Gattilusio sowie Demetrios Kydones und einigen weiteren Ergebenen, deren Einstellung klar prowestlich war, im Gefolge auf, jedoch ohne einen einzigen Vertreter der orthodoxen Hierarchie; sie hatten sich einhellig geweigert, etwas mit einem Unterfangen zu tun zu haben, dessen Vorstellung sie schon kaum ertrugen. In Neapel verbrachte er einige Tage als Gast der Königin von Sizilien, um sich von der Reise zu erholen, und bereitete sich auf die bevorstehenden Verhandlungen vor. Dann segelte er nach Rom weiter, wo Urban sich kurz darauf ebenfalls hinbegab. Dort unterzeichnete er am Donnerstag, dem 18. Oktober 1369, feierlich ein Schriftstück, in dem er sich zum katholischen Glauben bekannte und sich der »Heiligen Römischen Kirche und ihrem Vater, dem Papst«, unterwarf, und beglaubigte dieses mit seinem goldenen Reichssiegel. Und am Sonntag darauf huldigte er dem Pontifex Maximus in Anwesenheit der gesamten Kurie auf den Stufen des Petersdoms, indem er vor ihm niederkniete und ihm die Füße, die Hände und schließlich die Lippen küßte. Danach fand im Dom ein Hochamt statt.

Die Tat war vollbracht. Es blieb indes eine Einzeltat, nur für den Kaiser persönlich und für niemanden sonst verbindlich. Weder konnte von einer Union der beiden Kirchen die Rede sein, zwischen denen nach wie vor derselbe Abgrund klaffte, noch von eine Konzil oder von militärischem Beistand gegen die Türken. Abgesehen von einer gefährlichen Schwächung seiner Stellung in Konstantinopel hatte der einzig wahre römische Kaiser mit seiner öffentlichen Selbsterniedrigung nichts bewirkt. Und es erwartete ihn eine weitere, unendlich viel größere Demütigung, von der er noch nichts ahnte.

Seit einiger Zeit führte Kaiser Johannes V. Palaiologos einen Briefwechsel mit Andrea Contarini, dem Dogen von Venedig. Die Serenissima sei sich, so schrieb dieser, der gegenwärtigen finanziellen Schwierigkeiten des Byzantinischen Reichs durchaus bewußt; dennoch halte er einen Hinweis auf die Kronjuwelen für angebracht, welche Kaiserin Anna von Savoyen 1343 gegen ein Darlehen von 30 000 Dukaten verpfändet habe. Der Zins steige rasch an, und falls sie nicht bald eingelöst würden, bleibe der Republik keine andere Wahl, als sie zu verkaufen; dann sei auch die Wiedergutmachung für den Schaden an venezianischem Besitz in Konstantinopel zu leisten; es handle sich dabei um 25 663

Hyperpyra, und davon seien erst 4500 bezahlt. In seiner Antwort legte Kaiser Johannes einmal mehr die Umstände seiner Schwierigkeiten dar und bat um Verständnis – nicht ganz erfolglos, wurde er doch während seines Aufenthalts in Rom mit einem Schreiben belohnt, in dem das zwei Jahre zuvor abgelaufene Abkommen zwischen Venedig und Byzanz ab Februar 1370 für weitere fünf Jahre erneuert und ihm gestattet wurde, die Schadenersatzzahlung in jährlichen Raten zu begleichen. Auch erklärte sich Venedig einverstanden, die Kronjuwelen noch für einige Zeit in der Schatzkammer von San Marco zu behalten. Indes legte Contarini Kaiser Johannes nahe, auf der Rückreise in Venedig haltzumachen, damit sie die offenstehenden Fragen auf freundschaftliche Weise erörtern könnten.

Nachdem die Reichsdeputation Rom im März 1370 verlassen und erneut einen kurzen Zwischenhalt in Neapel eingelegt hatte, traf sie Anfang Mai in Venedig ein. Nach den sonst üblichen Gepflogenheiten hätte man diesen allerersten Besuch eines byzantinischen Kaisers in der Lagunenstadt mit einem Pomp gefeiert, den kein anderer Staat aufbringen konnte, doch Byzanz hatte sein Ansehen verloren. Obwohl Kaiser Johannes den Schein so gut wie möglich zu wahren suchte, ließ sich die Tatsache, daß er und sein Reich hochverschuldet waren, nicht verbergen; in Venedig aber hielt man nicht viel von Armut. Er wurde kühl und mit einem Minimum an Zeremoniell empfangen. In den Verhandlungen mit dem Dogen hob sich dann die Stimmung, denn Johannes unterbreitete Contarini sogleich ein Angebot, von dem er wußte, daß er es nicht ablehnen konnte. Schon seit vielen Jahre hatte die Republik ein Auge auf die Insel Tenedos an der Einfahrt zum Hellespont geworfen. Nun bot er ihnen an, diese abzutreten, wenn er dafür die Kronjuwelen zurückerhielt sowie sechs Kriegsgaleeren und 25 000 Dukaten in bar, davon 4000 sofort, hatte er inzwischen doch eingestanden, daß seine Mittel nicht reichten, um nach Hause zurückzukehren. Contarini willigte strahlend ein.

Doch dann nahm die Katastrophe ihren Lauf. Entsetzt über die Aussicht, daß eine derart wertvolle Beute ihrem Erzfeind in die Hände fallen sollte, übte die genuesische Kolonie in Konstantinopel Druck auf den Regenten Andronikos Palaiologos aus, und dieser weigerte sich rundweg, die Insel abzutreten. Daß eine von ihm erst kurz zuvor getroffene Übereinkunft für null und nichtig erklärt wurde, versetzte Johannes in eine unmögliche Lage. Da es ihm an ausreichenden Mitteln zur Weiterreise fehlte, sah er sich in Venedig gefangen. Er sandte einen verzweifelten Hilferuf an seinen Sohn und beschwor ihn, etwas an kirchlichem Grundbesitz oder gar vom Kirchenschatz zu verkaufen, um seine Freilassung zu erlangen, doch Andronikos gab sich von einem derart gottlosen Ansinnen schockiert und rührte keinen Finger. Die Rettung erfolgte schließlich seitens des zweitältesten Sohnes Manuel, den Johannes kurz zuvor zum Statthalter von Thessalonike ernannt hatte. Manuel verließ die Stadt im tiefsten Winter und eilte, mit reichlich Gold- und Silberschätzen ausgerüstet, über die Via Egnatia nach Venedig, um die Freilassung seines Vaters zu erwirken und gleichzeitig für ein weiteres Darlehen zu bürgen. Dank ihm und nur dank ihm konnte Kaiser Johannes im März 1371 Venedig mit 30 000 Dukaten und genügend Nahrungsmitteln für die Heimreise verlassen; sie dauerte sieben Monate. Er erreichte Konstantinopel erst Ende Oktober, nach einer zweijährigen Abwesenheit, in der er, trotz seiner Konversion zum römisch-katolischen Glauben, rein nichts erreicht hatte.

Weitere schlechte Nachrichten erwarteten ihn. Da die Türken in Europa festgestellt hatten, daß es ihnen zu einem Angriff auf Konstantinopel noch nicht reichte, waren sie abgeschwenkt und in Makedonien einmarschiert. König Vukaschin, der mächtigste der serbischen Herrscher, unter denen nun das Reich Stephan Duschans zerteilt war, und sein Bruder Johannes Ugljescha, der Despot von Serres, hatten eilig eine gemeinsame Streitmacht mobilisiert und waren ihm entgegengezogen; am 26. September 1371 trafen die beiden Heere bei Chernomen an der Maritza, etwa dreißig Kilometer westlich von Adrianopel aufeinander. Es kam zur ersten richtigen Schlacht seit der türkischen Invasion in Europa, und sie endete mit der völligen Vernichtung der serbischen Truppen. Sowohl Vukaschin wie Johannes Ugljescha fielen, und das Wasser der Maritza färbte sich rot vom Blut ihrer dahingeschlachteten Gefolgsleute.

Es war eine Katastrophe nicht nur für Serbien, sondern auch für Byzanz, ja für die ganze Christenheit. Nun gab es keine Schranke mehr, die die Eindringlinge daran hinderte, Serbien, Makedonien und Griechenland zu überrennen. Die wenigen Überlebenden des serbischen Adels wurden zwar nicht völlig enteignet, doch waren sie fortan nichts weiter als Vasallen ihrer türkischen Oberherren und verpflichtet, die Oberhoheit des osmanischen Sultans (so betitelte Murad sich mittlerweile) anzuerkennen, ihm Tribut zu zahlen und, als größte Demütigung, ihm auf Befehl militärischen Beistand zu leisten. Einer dieser Vasallen, Vukaschins Sohn Marko Kraljevich,[7] sollte seltsamerweise zum gefeiertsten serbischen Volkshelden werden; seines Namens wird noch immer gedacht, und man pflegt ihn in Serbien anläßlich der nur zu häufig auftretenden militärischen Gewaltausbrüche stets zu beschwören.[8]

Was Byzanz selbst betraf, gab es eine kleine Konsolidierung: Manuel Palaiologos hatte die Gunst der Stunde genutzt, war mit dem Heer von seiner Basis in Thessalonike aus losgezogen und hatte Ugljeschas Hoheitsgebiete samt der Stadt Serres besetzt; doch er konnte sich nicht lange behaupten. Unterdessen blieb seinem Vater aufgrund der sich zunehmend verschlechternden Finanzlage nichts anderes übrig, als die eine Hälfte der Klosterbesitzungen in dem noch übriggebliebenen Restreich zu enteignen. Den Klöstern gab man zu verstehen, daß sie ihre Ländereien zurückbekämen, sobald die Situation sich bessere; doch sie verbesserte sich nicht. Im Gegenteil, bald darauf sah die Regierung sich zu noch härteren Maßnahmen gezwungen, und Johannes selbst blickte immer trüber in die Zukunft. 1373 waren aus ihm wie dem bulgarischen Zaren türkische Vasallen, und damit innerhalb von zwanzig Jahren nach der ersten festen osmanischen Niederlassung in Europa alle drei Hauptmächte auf dem Balkan zu Kolonien des Sultans geworden.

Da sich die Quellen aus jener Zeit, sofern es sie denn gibt, über dieses Thema ausschweigen, ist der Wortlaut des Pakts zwischen Johannes V. Palaiologos und Murad nicht ganz klar. Es scheint, als hätten die Verhandlungen zwischen den beiden Ende 1372, also etwa ein Jahr nach Johannes' Rückkehr, begonnen und ungefähr drei Monate später zu einem Ergebnis geführt. Johannes' Beweggrund dürfte die reine Verzweiflung gewesen sein. Nun, da die Türken sowohl Serbien als auch Bulgarien kontrollierten, war jeder wirkungsvolle Kreuzzug – bereits zuvor unwahrscheinlich – ausgeschlossen. Das Byzantinische Reich, auf dem Landweg von Europa abgeschnitten, vermochte inzwischen nicht einmal mehr den Anschein von Widerstand zu erwecken. Durch das Bündnis mit dem Sultan mochte Johannes hoffen, einen Teil der Trümmer zu retten. Murad konnte es immerhin vielleicht gelingen, die Banden türkischer Marodeure in Makedonien und Thrakien bis zu einem gewissen Grad unter Kontrolle zu bringen und ihm gegen seinen Sohn Andronikos den Rücken zu stärken, der ihm zunehmend Sorge bereitete.

Aber Vasall zu sein brachte auch unangenehme Pflichten mit sich; im Mai 1373, also nur wenige Monate nach Unterzeichnung des Vertrags, fand sich Johannes V. Palaiologos in Anatolien wieder, wo er an der Seite des Sultans kämpfte. Dies allein muß schon Demütigung genug gewesen sein. Doch bald erreichte ihn aus Konstantinopel die Nachricht, daß Andronikos (der seinem Vater die wachsende Zuneigung für Manuel verübelte) seine Abwesenheit dazu benutzt hatte, um einen offenen Aufstand zu inszenieren – wobei er sich merkwürdigerweise mit Murads seinerseits unzufriedenem Sohn Saudschi verbündete, der sich ebenfalls gegen seinen Vater erhob. Glücklicherweise mißlang der Aufstand; die beiden Rebellen wurden schnell zur Strecke gebracht. Der erzürnte Murad ließ seinen Sohn Saudschi blenden – der Unglückliche starb bald darauf – und verlangte von Johannes, auf einer ähnlichen Strafe sowohl für Andronikos wie für dessen Sohn zu bestehen, der nichts mit der Revolte zu tun hatte. Sosehr Johannes ein solch brutales Vorgehen haßte, er wußte, daß er sich nicht weigern konnte; dennoch traf er heimlich Vorkehrungen, so daß man den Opfern gegenüber eine gewisse Gnade walten ließ. Sie verloren das Augenlicht nicht völlig, aber sie wurden in Konstantinopel eingekerkert und Andronikos ging seines Rechts auf die Thronfolge verlustig. Seine Stellung als gesetzmäßiger Thronfolger übernahm formell der inzwischen dreiundzwanzig Jahre alte Manuel, den man eiligst aus Thessalonike herbeorderte und am 25. September zum Mitkaiser krönte.

Nur drei Jahre später sollte Kaiser Johannes V. Palaiologos seine Nachsicht bereuen. Im März 1376 traf ein Geschwader von zehn venezianischen Schiffen mit Gesandten des Dogen in Konstantinopel ein. Nun, da Andronikos aus dem Weg geräumt sei, merkten sie an, gebe es keinen Grund, die sechs Jahre zuvor getroffene Übereinkunft nicht umzusetzen. Als Gegenleistung für Tenedos sei Venedig zu einer weiteren Zahlung von 30 000 Dukaten und der Rückgabe der Kronjuwelen bereit. Dazu würde der Inselbevölkerung Glaubensfreiheit garantiert und deren griechischer Teil unter der Oberherrschaft des Patriarchen von Konstantinopel verbleiben. Zudem, so versprachen sie, sollte die kaiserliche Flagge auch weiterhin über der Insel wehen, Seite an Seite mit dem Wappen von San Marco.

Johannes Palaiologos willigte nur zu gerne ein; wie jedoch zu erwarten war, sah die genuesische Kolonie von Konstantinopel die Sache ganz anders. Einmal mehr war man dort entschlossen, zu verhindern, daß Tenedos in venezianischen Besitz überging; und einmal mehr gedachte man des Verbündeten Andronikos. Im Juli 1376 gelang es, dessen Flucht aus dem Gefängnis zu arrangieren. Nachdem er heimlich nach Galata überführt worden war, nahm er Kontakt mit Murad auf, der – unter den Umständen etwas verblüffend – ihn mit einem gemischten Truppenverband aus Berittenen und Fußsoldaten versorgte. Dann erzwang er sich nach einer einmonatigen Belagerung den Zugang zur Hauptstadt. Johannes und die übrigen Familienmitglieder konnten sich ein paar Tage in der Festung des Goldenen Tores halten, mußten aber bald aufgeben. Andronikos hatte das Vergnügen, sie dem Kerker im Anemas-Turm zu übergeben, den er selbst erst vor kurzer Zeit verlassen hatte.[9] Eine seiner ersten Amtshandlungen nach der Machtübernahme bestand darin, Genua die Insel Tenedos offiziell zu übertragen; es ist anzunehmen, daß dies zu den Bedingungen für die Fluchthilfe gehörte. Ein Jahr später, am 18. Oktober 1377, ließ er sich als Andronikos IV. Palaiologos zum Kaiser krönen und seinen Sohn Johannes VII. zum Mitkaiser.

Allein, Genua gelangte nie in den Besitz dieses Lohns. Der byzantinische Statthalter auf Tenedos weigerte sich, seine Insel abzutreten. Mit um so größerer Freude überließ er sie kurz darauf der Republik Venedig, die unverzüglich eine Flotte entsandte, um einzufordern, was sie verständlicherweise als das ihr Zustehende betrachtete. Um seine guten Absichten zu beweisen, mußte Andronikos einen genuesischen Versuch, die Insel mit Gewalt zurückzuerobern, unterstützen. »Aus diesem Grund«, schreibt Demetrios Kydones, »rüstet er sich mit Munition und Schiffen und ist gezwungen, Soldaten anzuwerben, was ihm noch mehr Mühe bereitet als das Fliegen.«[10] Doch der Versuch scheiterte erwartungsgmäß. Sultan Murad zog aus der Angelegenheit größeren Nutzen. Er mochte Andronikos nicht, den er erst vor kurzem zu blenden befohlen hatte, und unterstützte ihn bei dem jüngsten Aufstand nur unter einer Bedingung – die sofort erfüllt wurde: Rückgabe von Gallipoli, das Amadeus von Savoyen zehn Jahre zuvor erobert hatte. So gelangte dieser überaus wichtige Brückenkopf Ende 1377 wieder unter seine Kontrolle; damit waren erneut alle türkischen Herrschaftsgebiete in Europa mit denen in Kleinasien vereint, was ihm den Rücken für seinen nächsten Vorstoß unermeßlich stärkte.

Die gefangenen Herrscher, Vater und Sohn, siechten drei Jahre im Anemas-Turm dahin. Wie sie freikamen, ist nicht ganz klar. Der Impuls scheint von ihnen ausgegangen zu sein, wobei möglicherweise Venedig auf ähnliche Weise in die Angelegenheit verwickelt war wie Genua in die Flucht Andronikos'. Es gelang ihnen auf alle Fälle, irgendwie über den Bosporus zu entkommen und den einzigen sich bietenden Zufluchtsort zu erreichen: Murads Lager bei Chrysopolis. Dort angekommen, versprach Manuel, der die Verhandlungen geführt zu haben scheint, Murad als Gegeleistung für seine und seines Vaters Wiedereinsetzung einen höheren Tribut und bei Bedarf zusätzliche militärische Unterstützung sowie – ein besonders demütigendes Angebot – die Stadt Philadelphia und damit den letzten noch verbliebenen byzantinischen Vorposten in Kleinasien. Man wurde sich schnell einig. Die Türken stellten ihnen ein Heer, Venedig, wo man den unverbesserlich progenuesischen Andronikos nur allzu gerne los war, sandte ihnen eine kleine Flotte, und am 1. Juli 1379 zogen Johannes V. und Manuel II. durch das Charisiostor wieder in ihre Hauptstadt ein. Andronikos floh zu seinen genuesischen Freunden in Galata; seine Mutter, Kaiserin Helena Kantakuzena, sowie deren Vater, den Mönch Joasaph und ehemaligen Kaiser Johannes VI. Kantakuzenos nahm er als Geiseln mit, da er die beiden der Komplizenschaft bei den Vorkehrungen für Johannes' und Manuels Flucht verdächtigte.

Während des folgenden Jahres herrschte Bürgerkrieg zwischen den Gefolgsleuten Johannes' V. und Andronikos' IV., zwischen Konstantinopel und Galata, wobei die eine Seite von Venedig und die andere von Genua Unterstützung erhielt. Murad spielte eine fragwürdige Rolle; vordergründig unterstützte auch er die rechtmäßigen Herrscher, doch da es ganz in seinem Interesse lag, Byzanz gespalten zu sehen, könnte er durchaus auch Andronikos von Zeit zu Zeit heimlich geholfen haben, und wenn auch nur, um die Feindseligkeiten in Gang zu halten. Die Festung Galata mußte eine lange, schmerzliche Belagerung über sich ergehen lassen, und die Kämpfe dauerten fast zwei Jahre, bevor die Kriegsparteien im April 1381 eine Übereinkunft trafen. Gemäß dieser wurde Andronikos wieder als Thronerbe – mit seinem Sohn Johannes als Nachfolger – eingesetzt und ihm für die Zeit bis zum Antritt des Erbes ein kleines Gebiet an der Nordküste des Marmarameers mit der Haupstadt Selymbria überlassen, zu dem auch Panidos, Rhaidestos und Heraklea gehörten.

Zur Zeit, da diese Übereinkunft getroffen wurde, befand sich Manuel mit Murad auf einem Feldzug, und über seine Reaktion darauf ist uns nichts überliefert. Mehr als irgend jemand hatte er sich um seinen Vater verdient gemacht: ihn in Venedig losgekauft und zurückgebracht, die Gefangenschaft in Konstantinopel mit ihm geteilt und – im deutlichen Gegensatz zu seinem Bruder – stets treu ergeben an seiner Seite gekämpft. Nachdem man ihm acht Jahre zuvor offiziell die Thronfolge übertragen hatte, ärgerte er sich mit gutem Grund, daß dies nun rückgängig gemacht wurde, besonders unter den herrschenden Umständen. Aber er war ohnehin wütend und konnte Johannes seinen feigen Defätismus nicht verzeihen. Wenn es sein mußte, war er durchaus bereit, für

Murad gegen dessen moslemische Feinde in Anatolien zu kämpfen, den türkischen Anspruch auf die Balkaninsel zu akzeptieren, weigerte er sich dagegen kategorisch, denn er hielt diese nach wie vor für verteidigungswürdig. Im Herbst 1382 zog er in Thessalonike ein, allein nicht mehr als Statthalter im Namen seines Vaters, sondern provokativ als Herrscher von eigenen Gnaden, unwillig, weiterhin in diesen anhaltenden Familienzwist verwickelt zu sein, für den Menschenleben, Geld und Material verschwendet wurden, statt sie gegen die ungläubigen Invasoren einzusetzen. Er hatte Glück, daß der unsägliche Andronikos IV. nach einem letzten Aufstand gegen seinen Vater Johannes im Juni 1385 starb und er damit wieder zum rechtmäßigen Thronfolger dessen wurde, was von Byzanz noch übrig war.

Das Jahr 1381, das diesen jüngsten Ausbruch eines mörderischen Zwistes beendete, setzte noch einem weiteren und viel länger andauernden Konflikt ein Ende, nämlich jenem zwischen Venedig und Genua. Stand am Anfang noch der Streit um Tenedos, war der Konflikt bald allgemeiner Natur geworden, und die letzte Kampfrunde war auf italienischem Boden und in italienischen Hoheitsgewässern (dem Tyrrhenischen Meer, der Adria und sogar in der venezianischen Lagune) ausgetragen worden. Mittlerweile hatten die beiden Republiken ihr Mütchen jedoch gekühlt, so daß sie das Vermittlungsangebot Amadeus' von Savoyen erschöpft und dankbar annahmen. Gewonnen hatte niemand; nach vier Jahren der Verwüstung und des Blutvergießens fanden beide Parteien sich politisch ziemlich genau am selben Punkt wie zuvor, was der am 23. August unterzeichnete Vertrag von Turin bestätigt: Er sah die Weiterführung des Handels auf dem Mittelmeer und in der Levante durch beide Republiken gemeinsam, Seite an Seite, vor. Die Insel Tenedos sollte neutral, ihre Befestigungsanlage zerstört, die Bevölkerung nach Kreta und Euböa umgesiedelt und ihre Neutralität von Amadeus persönlich garantiert werden. Und zu guter Letzt versprachen sowohl Venedig als auch Genua als Zeichen ihres guten Willens, alles in ihrer Macht Stehende zu unternehmen, um das Römische Reich zum katholischen Glauben zu bekehren.

Doch was genau für ein Reich? In Wahrheit gab es schon lange kein Reich mehr, sondern vier Kleinstaaten unter der Herrschaft von vier sogenannten Kaisern und einem Despoten. Nach 1383 gehörten sie zwar alle dem Hause Palaiologos an, doch blieb ein jeder unabhängig von den andern drei, wenn auch nicht von seinem türkischen Oberherrn. Johannes V. regierte weiterhin in Konstantinopel, nun aber als Vasall des osmanischen Sultans und wenig mehr denn eine Marionette in den Händen Venedigs und Genuas. Andronikos IV. und sein Sohn, Mitkaiser Johannes VII., herrschten, in noch stärkerem Maß vom türkischen Wohlwollen abhängig, über die Nordküste des Marmarameers. Manuel II. gebot über Thessalonike und Theodor I., vierter Sohn Helena Kantakuzenas und Johannes' V., über das Despotat Morea mit der Hauptstadt Mistra.

Diese letzte Bestallung erfordert eine Erklärung. Während über dreißig Jahren hatte Manuel Kantakuzenos, ein Sohn Irene Asens und Johannes' VI. Kantakuzenos, den Süden Griechenlands mit außerordentlichem Erfolg verwaltet, doch als er 1380 starb, ohne Nachkommen zu hinterlassen, ernannte Johannes V. kurzerhand Theodor zum Nachfolger. Der alte Exkaiser, der sich noch von den Entbehrungen erholte, die er im Zuge der langen, entbehrungsreichen Belagerung von Galata als Geisel erlitten hatte, erhob keinen Einspruch und beschloß sogar, sich selbst in Mistra niederzulassen.[11] Allein einer seiner Enkel, der das Despotat als legales Leibgedinge seiner Familie ansah, warb türkische Söldner und Prinzen aus dem Lokaladel an, die in seinem Namen dafür kämpfen sollten. Schließlich gelang es Theodor, sich als Herrscher durchzusetzen, obwohl auch ihm nichts anderes übrigblieb, als die Abhängigkeit vom Sultan zu akzeptieren. Unter seiner Herrschaft entwickelte die Morea sich zur stärksten und wohlhabendsten Bastion im wankenden Byzantinischen Reich.

An allen anderen Fronten zerfiel dieses Reich zusehends. Von seinem Stützpunkt Thessalonike aus führte Manuel Palaiologos, der noch immer seinen Traum verfolgte, Makedonien und Thessalien wieder unter byzantinische Herrschaft zu bringen, ein entschlossenes Nachhutgefecht, und im Sommer und Herbst 1383 trug er mehrere ermutigende Siege gegen die Invasoren davon – tatsächlich waren sie so ermutigend, daß sie seinem Vater ernsthafte Schwierigkeiten im diplomatischen Verkehr mit dem Sultan verursachten. Im Hinblick auf die osmanische Flut waren solche Triumphe allerdings vergleichsweise gering. Eine bedrohliche türkische Streitmacht – durch die zahlreichen Kontingente der besiegten christlichen Länder noch um ein Vielfaches vergrößert – war flußaufwärts den Wardar entlang vorgerückt und hatte 1380 bereits Ochrid und Prilap erobert, bevor sie Richtung Nordwesten nach Albanien vorstieß. Weiter östlich überrannte ein weiteres von Murads Heeren Bulgarien, eroberte 1385 Serdika und rückte im darauffolgenden Jahr bis nach Nis vor. 1386 unterwarfen sich die Klöster des Berges Athos gemeinsam dem Sultan. Blieb nur noch Thessalonike, und Thessalonike befand sich nun in großer Gefahr. Serres, nur etwa hundert Kilometer entfernt, war im September 1383 gefallen, und sobald seine Eroberer genug hatten vom Plündern und Brandschatzen, stand zu befürchten, daß sie ihre Aufmerksamkeit auf die letzte große christliche Stadt lenken würden, die sie von Kontantinopel noch trennte. Mitte Oktober stellte der türkische General Khaireddin (»Fackel des Glaubens«) Thessalonike ein Ultimatum: Kapitulation oder Massaker. Manuel Palaiologos handelte unverzüglich. Er rief die Bevölkerung auf dem Hauptplatz zusammen und ermahnte sie in einer langen und bewegenden Rede, den Ungläubigen mit aller Kraft zu widerstehen. Dann begann man die Befestigungsanlagen zu verstärken.

Theassalonike hatte nur deshalb so lange überlebt, weil Murad mangels Flottenstärke keine wirkungsvolle Blockade zustande brachte. Nichts wäre für das christliche Europa leichter gewesen, als der belagerten Stadt über den Seeweg Verstärkung und Proviant zukommen zu lassen und ihr so ein beinahe unbegrenztes Aushalten zu ermöglichen, und zusammen hätten Manuel und Theodor vielleicht sogar Nordgriechenland vereinen und vor dem Sultan retten können. Allein, es traf keine Hilfe ein, und während die Monate vorbeizogen, sah Manuel, wie er zusehends die Unterstützung im Volk verlor und immer mehr Leute offen für die Kapitulation eintraten. Trotzdem harrte Thessalonike dreieinhalb Jahre aus. Doch im Frühjahr 1387 stand die allgemeine Moral auf dem Tiefpunkt und machte eine Fortführung des Widerstandes unmöglich. Manuel aber weigerte sich nach wie vor zu kapitulieren und brach am 6. April, die Kraftlosigkeit und Verzagtheit der Stadt und der Menschen darin verwünschend, nach Lesbos auf und überließ sie ihrem Schicksal. Drei Tage später öffneten sie die Tore, wodurch sie dem Blutvergießen und der Brandschatzung entgingen, denen sie unausweichlich zum Opfer gefallen wären, hätten sie bis zum Ende gekämpft.

Die drei Jahre nach dem Fall von Thessalonike dürften im Leben Manuels die traurigsten gewesen sein. Sein großer Feldzug war gescheitert, er selbst von seinen thessalischen Untertanen im Stich gelassen worden, und die Beschwichtigungspolitik seines Vaters hatte sich als richtig erwiesen. Noch eine Demütigung erwartete ihn auf Lesbos, wo Francesco Gattilusio ihm den Zutritt nach Mytilene verweigerte, so daß er mitsamt seinem Gefolge gezwungen war, das Lager auf dem offenem Feld unter der sengenden Sonne aufzuschlagen. Von Lesbos reiste er weiter zu einer anderen, kaum gastfreundlicheren Insel – vermutlich Tenedos – und dann auf Betreiben einer türkischen Delegation, die eigens mit einer Freundschaftsnote an ihn entsandt worden war, an den osmanischen Hof in Brussa. Seine erste Begegnung mit dem Sultan nach seinem fehlgeschlagenen Serbien- und Makedonienfeldzug und dem Verlust von Thessalonike muß für ihn schmerzlich gewesen sein, kam sie doch einem Eingeständnis seiner Niederlage gleich und bedeutete das Ende all seiner Hoffnungen auf eine erfolgreiche christliche Gegenoffensive auf dem Balkan. Aber Murad bereitete ihm einen herzlichen Empfang, behandelte ihn mit ausgesuchter Höflichkeit und legte ihm nahe, nach Konstantinopel zurückzukehren und mit seinem Vater Frieden zu schließen.

Nun, da Manuel den Kampf aufgegeben hatte, gab es tatsächlich keinen Grund mehr für die beiden Herrscher, ihre Differenzen aufrechtzuerhalten. Aber Johannes, dessen einziges Ziel darin bestand, Murad Byzanz und insbesondere sich selbst gewogen zu halten, hatte der Ungehorsam seines Sohnes gründlich erschreckt, und er wollte ihn dafür in irgendeiner Weise büßen lassen, bevor es zur offiziellen Aussöhnung kam. Deshalb verbannte er ihn auf die Insel Lemnos; Manuel, der erschöpft und zutiefst entmutigt war und ohnehin nicht wußte, wohin er sonst gehen sollte, scheint das Urteil klaglos hingenommen zu haben.

Manuel Palaiologos befand sich noch immer auf Lemnos im Exil, als Serbien im Sommer 1389 den letzten heroischen Versuch unternahm, das osmanische Joch abzuschütteln. Nach der Katastrophe an der Maritza hätte niemand für möglich gehalten, daß dieses Volk überhaupt je wieder als Nation kämpfen würde; dennoch schlossen sich eine Handvoll serbischer Bojaren, obwohl sie schwach und uneins waren und das ruhmreiche, wenn auch kurzlebige Reich Stephan Duschans nichts mehr als eine blasse Erinnerung, zu einem Bund zusammen, um dem türkischen Vormarsch entgegenzutreten, und zwar unter der Führung eines gewissen Lazar Hrebelianovich, der 1371 nach dem Tod Stephan Uroschs V. die Kontrolle über Nordserbien an sich gerissen hatte. Ebenfalls dazu gehörte Vuk Brankovich, Herrscher über den südlichen Distrikt Kosovo, und später kam noch Prinz Tvrtko von Bosnien dazu. Nachdem Murad hatte nach Anatolien zurückkehren müssen, erzielte dieser Bund zwischen 1386 und 1388 bemerkenswerte Erfolge und besiegte die Türken in einer Anzahl Scharmützel und sogar in ein oder zwei regelrechten Schlachten. Aber 1389 kam Murad mit mehreren neuen Regimentern aus Asien auf den Balkan zurück; und im Frühsommer befand sich diese Streitmacht auf der Ebene von Kosovo, dem »Amselfeld«, auf dem Vormarsch.

Die Schlacht auf dem Amselfeld vom 15. Juni 1389 hat Eingang in die serbische Volkstradition gefunden und den Stoff für die Heldenlieder des Kosovo-Zyklus geliefert, eines der größten mittelalterlichen Epen; Zar Lazar ging wie zuvor schon Marko Kraljevich als Nationalheld in die Geschichte ein. Die wahren Ereignisse indes, soweit sie sich aus der Legende herauslösen lassen, sind nicht besonders erbaulich. Es stand schlecht um die serbische Moral. Unter den Anführern herrschte Uneinigkeit, und überall sprach man von Verrat: Lazar selbst beschuldigte noch am Vorabend der Schlacht in einer Rede offen seinen eigenen Schwiegersohn Milosch Obravich der Tätigkeit für den Feind. Murad dagegen verbrachte zwar den größten Teil der Nacht im Gebet, gab sich aber so siegessicher, daß er Befehl erließ, Burgen, Städte und Dörfer zu schonen: die Burgen würde er später benötigen, und er sah keinen Grund, sich zukünftige Untertanen unnötig zu Feinden zu machen.

Tags darauf ließ er sein Heer in der gewohnten Schlachtordnung aufstellen. Er befehligte persönlich die zentralen Einheiten, in denen sich sein janitscharisches Eliteregiment und seine persönliche Reitergarde befand; zu seiner Rechten stand sein älterer Sohn Bajasid mit den europäischen Truppen, zu seiner Linken der jüngere, Jakob, mit den asiatischen Regimentern. Anfangs wandte sich das Schicksal gegen sie. Ohne sich um einen ersten Vorstoß von zweitausend türkischen Bogenschützen zu kümmern, unternahm die serbische Reiterei einen massiven Angriff und durchbrach die linke türkische Flanke. Da wendete Bajasid unverzüglich und ließ seine Leute auf die gefährdete Stelle zugaloppieren, um den Bedrängten zu Hilfe zu kommen, während er gleichzeitig mit seiner schweren Eisenkeule um sich schlug. Nach diesem Gegenangriff gewann das türkische Heer allmählich die Oberhand, doch liefen die überlebenden Serben erst, nachdem Vuk Brakonvich gegen Abend mitsamt zwölftausend Mann das Feld geräumt hatte, auseinander.

Ob Brankovichs Treuebruch Bestandteil einer geheimen Abmachung mit Murad war, werden wir nie wissen; falls es eine solche gab, blieb Murad keine Zeit mehr, sie zu enthüllen. Er fand den Tod. Die genauen Umstände sind ebenfalls unklar; doch scheint ihn Milosch Obravich umgebracht zu haben, aus Zorn, daß sein Schwiegervater ihn öffentlich verdächtigt hatte und um seine Loyalität zu beweisen. Nach der am ehesten wahrscheinlich klingenden Version schützte er vor, zum Feind überzulaufen, worauf er Murad vorgeführt wurde; er verneigte sich vor ihm, aber nur um ihm, noch bevor die Leibwache dies verhindern konnte, zweimal einen langen Dolch in die Brust zu stoßen, so heftig, wird uns erzählt, daß die Klinge am Rücken austrat. Unverzüglich stürzten die Wachen sich auf ihn und brachten ihn seinerseits um, doch seine Tat ließ sich nicht mehr rückgängig machen. Murads letzte Handlung bestand darin, Lazar kommen zu lassen, der schon früh in der Schlacht in Gefangenschaft geraten war, und das Todesurteil über ihn zu verhängen.

Die Nachricht von Murads Ermordung verbreitete sich im Westen, und so ging man zunächst davon aus, daß die Schlacht mit einem bedeutenden Sieg für die Christenheit geendet habe. In Paris ordnete König Karl VI. ein oder zwei Wochen später sogar einen Dankgottesdienst in der Kirche Notre-Dame an. Allmählich aber sickerten weitere Meldungen durch, und die traurige Wahrheit wurde bekannt. Die türkische Streitmacht hatte unter der herausragenden Führung ihres neuen Sultans Bajasid den Sieg davongetragen; die serbische Armee war gänzlich vernichtet worden. Die wenigen überlebenden serbischen Adligen – unter ihnen auch Lazars Sohn Stephan Lazarevich – mußten Bajasid einzeln einen persönlichen Treueeid schwören. Eine serbische Nation gab es nun nicht einmal mehr in ihrer bruchstückhaften Form. Es sollten über vierhundert Jahre vergehen, bis sie sich wieder erhob.

Ob die Schlacht auf dem Amselfeld einen anderen Ausgang genommen hätte, wenn es Zar Lazar und seinen bojardischen Gefährten sieben Jahre früher gelungen wäre, sich zu vereinen, wenn sie daraufhin Manuel Palaiologos um Hilfe gebeten hätten und sich dieser dazu durchgerungen hätte, alles ihm Mögliche in einen letzten heroischen Streich zu investieren, um dem Vormarsch der Ungläubigen ein für allemal Einhalt zu gebieten? Vielleicht – aber eher nicht; noch weniger dürfte ein Sieg zu diesem Zeitpunkt und an dieser Stelle bleibende Folgen auf die Zukunft der Balkanhalbinsel nach sich gezogen haben. Nach ein, spätestens zwei Jahren wären die Türken wieder zurückgekehrt, besser bewaffnet, besser ausgerüstet und zahlreicher. Ihre Kriegsstärke war praktisch unbeschränkt; immer neue Truppen ließen sich innerhalb weniger Wochen in Anatolien ausheben, und selbst in Europa fanden sich genügend christliche Söldner, die bereit und willens waren, für gutes Geld und die Aussicht auf Beute gegen ihre Glaubensbrüder zu ziehen. Die bittere Wahrheit ist, daß die osmanischen Streitmächte im vierzehnten und im fünfzehnten Jahrhundert, wenn überhaupt, einzig durch einen Kreuzzug mit Beteiligung aller europäischen Kräfte hätten geschlagen werden können und daß ein solcher Kreuzzug wohl oft vorgeschlagen und erörtert wurde, doch nie zustande kam. Gegen eine derartig gewaltige Übermacht gab es für den christlichen

Osten keinen Funken Hoffnung; wir können uns nur darüber wundern, daß er überhaupt so lange überlebte.

Nachdem Bajasid auf dem Amselfeld zum Sultan ernannt worden war, bestand seine erste Tat darin, den Tod seines Bruders und Mitbefehlshabers Jakob anzuordnen. Das Urteil wurde sofort vollstreckt und der jüngere Sohn Murads mit einer Bogensehne garrotiert. Im Kampf hatte er großen Mut bewiesen, und seine Truppen hatten ihn geachtet, doch diese Eigenschaften erhöhten aus Bajasids Sicht höchstens die Wahrscheinlichkeit, daß Jakob eines Tages einen Aufstand anzettelte. So begann der grausame Brauch des Brudermordes, den Bajasids Großenkel Mehmet II. gesetzlich verankerte und der die folgenden dreihundert Jahre der Geschichte des osmanischen Herrscherhauses unauslöschlich befleckte.[12]

Der Sultan hatte begonnen, wie er fortzufahren gedachte. Er besaß schier unmenschliche Kraft und Energie, war ungestüm und unberechenbar, und setzte Entscheidungen ebenso schnell um, wie er sie traf, und absolut gnadenlos gegenüber allen, die ihm im Weg standen; nicht ohne Grund hieß er im Volksmund *Yildirim* (Donnerkeil). Während seiner dreizehnjährigen Herrschaft erwies er sich zwar auch als schlauer Diplomat wie schon sein Vater vor ihm, doch fand er im Gegensatz zu Murad daran nur wenig Gefallen. Er dachte in Begriffen wie Eroberung und Reich. Der schlichte Titel eines Sultans war ihm nicht genug; er nannte sich fortan Sultan von Rum, eine alte Formel, die sich die seldschukischen Emire dreihundert Jahre zuvor angeeignet hatten, um ihren Einfluß über das »römische« Anatolien geltend zu machen. Für Bajasid bedeutete »Rum« indes viel mehr als für Alp Arslan und dessen Nachfolger. Nicht mehr bloß die ehemaligen byzantinischen Herrschaftsgebiete in Kleinasien waren inzwischen damit gemeint; jetzt umfaßte der Begriff auch das zweite Rom: die Stadt Konstantinopel.

Zum Glück für den neuen Sultan war Konstantinopel noch immer durch Zwistigkeiten innerhalb der kaiserlichen Familie in zwei rivalisierende Parteien gespalten. Der alte Kaiser Johannes V. Palaiologos regierte nach wie vor vom Blachernenpalast aus, und der unsägliche Andronikos IV. lag zwar im Grab, aber sein Sohn Johannes VII. teilte seinen Haß auf den Vater voll und ganz. Er, der sorgfältig darauf bedacht gewesen war, seinen ererbten dynastischen Anspruch zu behalten, befand sich zur Zeit der Schlacht auf dem Amselfeld in Genua, wo er um Unterstützung für einen weiteren Aufstand warb. Als er kurz darauf nach Konstantinopel zurückkehrte, erwarteten ihn dort Boten von

Bajasid. Und in der Nacht zum 13. April 1390 gelang es ihm mit Hilfe einer kleinen, vom Sultan zur Verfügung gestellten Truppe, Johannes V. zum zweiten Mal zu stürzen und am folgenden Morgen triumphierend in die Stadt einzuziehen. Einmal mehr verbarrikadierte sich Johannes V. – zusammen mit Manuel, den er erst zwei Wochen zuvor aus Lemnos zurückbeordert hatte, sowie einer Anzahl Getreuer – in der Festung des Goldenen Tors und richtete sich in einer ungewohnten Anwandlung von Mut darauf ein, einer Belagerung standzuhalten.[13]

Manuel aber schlich sich davon, um Hilfe zu suchen. Die ersten beiden Versuche, seinen Vater zu retten, schlugen fehl, aber am 25. August kehrte er mit zwei Galeeren aus Rhodos zurück, die ihm die Johanniterritter geliehen hatten, dazu je einer aus Lemnos, Christopolis und – was irgendwie erstaunt – aus Konstantinopel selbst sowie vier weiteren, kleineren Schiffen unbekannter Herkunft. Zum Glück lag die Festung des Goldenen Tores nur wenige hundert Meter von der Küste des Marmarameers entfernt und verfügte über einen eigenen Hafen, zu dem sich die kleine Flotte ohne Schwierigkeiten Zugang verschaffte. Die Kampfhandlungen dauerten drei Wochen, doch am Samstag, dem 17. September, unternahmen der alte Kaiser Johannes V. und seine Leute überraschend einen Ausfall, überrumpelten Johannes VII. und vertrieben ihn aus der Stadt.

Endlich versöhnt, kehrten Vater Johannes V. und Sohn Manuel II. triumphierend in den Blachernenpalast zurück. Ihr Sieg hatte allerdings seinen Preis. Bajasid im fernen Anatolien sah in dem mißlungenen Versuch, Johannes VII. auf dem Thron bringen, weniger eine politische Niederlage denn eine persönliche Beleidigung. Wütend verlangte er, daß Manuel unverzüglich mit ihm ins Feld ziehe und sämtlichen Tribut mitbringe, den man ihm inzwischen schulde. Eine ähnliche Aufforderung erging an Johannes VII., dem er beinahe ebenso zürnte. Wie die Dinge lagen, blieb den beiden jungen Herrschern trotz gegenseitiger Abneigung nichts anderes übrig, als zu gehorchen; ebensowenig konnten sie sich noch im gleichen Herbst Bajasids Befehl widersetzen, an der Belagerung von Philadelphia teilzunehmen. Und so kam es, daß sich nicht nur einer, sondern gleich zwei römische Herrscher aktiv daran beteiligten, die Kapitulation der letzten noch verbliebenen byzantinischen Festung in Kleinasien zu erzwingen.[14] Von allen Demütigungen, die dem untergehenden Reich zugefügt wurden, war dies gewiß eine besonders zynische.

Bald darauf stellte Bajasid Kaiser Johannes V. ein weiteres, noch herrischeres Ultimatum, nämlich die Festung des Goldenen Tores – die

Johannes im Jahr zuvor die Krone, wenn nicht sogar das Leben gerettet hatte – zu schleifen. Bei Ungehorsam sollte Manuel, der noch immer in Bajasids Lager zurückgehalten wurde, unverzüglich eingekerkert und geblendet werden. Einmal mehr blieb dem Kaiser nichts anderes übrig, als sich zu fügen. Dies war jedoch die letzte Schmach, die er zu erleiden hatte. Bei Wintereinbruch zog er sich in seine Privatgemächer zurück und legte sich mit dem Gesicht zur Wand zu Bett. Er starb am 16. Februar 1391, im Alter von achtundfünfzig Jahren.

Als Basileos hatte er, wenn wir seine Krönung im November 1341 als Beginn seiner Herrschaft betrachten, bis auf wenige Monate ein halbes Jahrhundert lang regiert: die längste Regentschaft in den ganzen elfhundert Jahren byzantinischer Geschichte. Und nehmen wir die Abdankung Kaiser Johannes Kantakuzenos' als den Beginn seiner Herrschaft, so währte diese immer noch fast siebenunddreißig Jahre, eine Amtsdauer, die auch Alexios I. und Manuel I. Komnenos erreichten, jedoch nur sein Urgroßvater Andronikos II. Palaiologos sowie, im zehnten Jahrhundert, Konstantin VII. Porphyrogennitos übertrafen. Wie auch immer, sie dauerte auf jeden Fall zu lang. In einer der schlimmsten Zeiten seiner Geschichte wurde das Byzantinische Reich von einem Kaiser regiert, der weder intelligent noch weitblickend war und im Grunde genommen keine einzige Eigenschaft besaß, die ein erfolreicher Staatsmann braucht. Bereits 1355 legte er mit seinen ausgefallenen Angeboten an Papst Innozenz einen fast unglaublichen Mangel an politischem Verständnis an den Tag und folgte danach immer wieder irgendeiner plötzlichen Marotte, fast jedesmal mit katastrophalen Folgen. Hätte einer seiner Vorgänger sich auf eine entscheidende diplomatische Mission nach Ungarn begeben – die eine lange, mühsame Reise mitten im Winter bedingte –, ohne vorher Kunde darüber einzuziehen, wie man ihn empfangen würde und wie es um die Erfolgsaussichten stand? Wäre einer derart überstürzt nach Venedig gesegelt, im vollen Wissen um seine hohe Verschuldung bei dieser Republik, scheinbar jedoch ohne einen Gedanken daran, daß er im Falle eines Scheiterns der Verhandlungen nicht einmal genügend Geld für die Rückreise besaß? Mußte je einer viermal gerettet werden: einmal an der Grenze zu Bulgarien, einmal in Venedig und zweimal in seiner eigenen Hauptstadt Konstantinopel? Demütigungen wie diese, überwiegend selbstverschuldet, brachten Johannes V. weniger Mitleid denn Spott ein – und schadeten seinem Ruf in Westeuropa viel mehr als jene, die ihm der osmanische Sultan zufügte.

Kaiser Johannes' V. Palaiologos zum Ende hin passiver Gehorsam gegenüber seinen türkischen Oberherren steht in dramatischem Gegensatz zur aggressiven Politik seiner frühen Jahre. Obwohl er in den letzten Jahren wirklich ohne Einfluß war, unfähig gegen seine eigene Behandlung auch nur zu protestieren, geschweige denn, sich ihr zu widersetzen, läßt sich doch die Kernfrage nicht ganz umgehen: Könnte sein Leistungsausweis nicht wenigstens etwas erbaulicher aussehen? Hätte er nicht ein oder zwei Kontingente entsenden können, um die serbischen Truppen zu unterstützen, die sich an der Maritza und auf dem Amselfeld so tapfer gegen eine so große Übermacht schlugen? Natürlich nicht, könnte er erwidert haben, und überhaupt, seht euch doch an, was ihnen widerfuhr; war es wirklich Zeit für selbstmörderisches Heldentum? Und war er nicht als Vasall des Sultans mit seinem Eid an ihn gebunden? Diesem Argument können wir nichts entgegensetzen. Doch drängt sich die Frage auf: Wie hätten Basileios der Makedonier oder dessen Namensvetter, der Bulgarenschlächter, sich in dieser Lage verhalten? Was hätten Alexios Komnenos oder sein Sohn Johannes II. oder gar Michael Palaiologos unter ähnlichen Umständen unternommen? Wären sie alle so zögerlich gewesen wie Johannes V. Palaiologos?

Was wir von den anderen Herrschern wissen, läßt vermuten, daß sie sich anders verhalten – oder dies zumindest versucht – hätten. Doch wäre es ihnen damit gelungen, das Reich in einem besseren Zustand zurückzulassen? Es scheint unwahrscheinlich. Im letzten Jahrzehnt des vierzehnten Jahrhunderts hatte die osmanische Eroberung Osteuropas eine Dynamik erlangt, die nicht mehr zu kontrollieren war. Von den christlichen Feinden des Sultans waren Serbien und Bulgarien regelrecht vernichtet worden. Blieb nur noch Byzanz übrig; ein derart gestutztes Byzanz jedoch, so verarmt und mutlos, daß das einst strahlende Oströmische Reich kaum mehr zu erkennen war. Und doch gab es, obwohl dem Untergang geweiht, den Kampf nie auf. Drei weitere christliche Kaiser sollten in Konstantinopel noch regieren, alle drei entschieden und mutig. Dank ihnen hatte Byzanz noch weitere sechs Jahrzehnte Bestand – und ging am Ende kämpfend unter.

21

Appell an Europa

(1391–1402)

Schließ die Tore der Stadt und regiere darin,
denn alles außerhalb der Mauern ist mein.

Sultan Bajasid zu Manuel II.

Innerhalb weniger Tage nach Antritt der Thronfolge zeigte der neue Kaiser Manuel II., aus welchem Holz er geschnitzt war. Es bestand, wie er wußte, ernstlich die Gefahr, daß Bajasid als Oberherr von Byzanz seinen Bruder zum Basileos ernennen würde, und dieses Risiko konnte er nicht eingehen. Als ihn die Nachricht vom Tod seines Vaters erreichte, befand er sich noch immer als Geisel in der Macht des inzwischen in seine Hauptstadt Brussa zurückgekehrten Sultans. Unverzüglich begann Manuel Pläne zu schmieden, und in der Nacht zum 7. März 1391 entwischte er aus dem Lager und machte sich heimlich auf den Weg zur Küste, wo ein Schiff ihn erwartete, um ihn über das Marmarameer nach Konstantinopel zu bringen.

In der Hauptstadt hieß man ihn begeistert willkommen. Dem verstorbenen Kaiser trauerte niemand nach. Falls Johannes V. je die Achtung des Volkes besessen hatte – dessen Liebe mit Sicherheit ohnehin nie –, so war diese längst verpufft. Weder als Herrscher noch als Mensch besonders eindrucksvoll, hatte er in den vergangenen fünfundzwanzig Jahren dem Sultan gegenüber eine immer unterwürfigere Haltung eingenommen und Byzanz im Westen zu einem Objekt der Lächerlichkeit und der Verachtung gemacht. Am schwersten wog, daß er die orthodoxe Kirche verraten hatte, deren Hauptstütze er hätte sein sollen. Zu alledem bildete Manuel II. einen erfrischenden Gegensatz. In den besten Jahren – zur Zeit seiner Thronbesteigung war er gut vierzig Jahre alt – war er seiner Erscheinung nach durch und durch ein Kaiser; Bajasid selbst hatte einmal angemerkt, sein kaiserliches Blut lasse sich allein schon an seiner Haltung erkennen, und zwar auf den ersten Blick. Er erfreute sich ausgezeichneter Gesundheit und besaß scheinbar grenzenlos viel Energie; kurz, er schien viel mehr von mütterlicher als von väterlicher Seite mitbekommen zu haben. Wohl war er kein Chronist wie sein Großvater Johannes Kantakuzenos – leider, es wäre zu schön gewesen, denn die Quellen über diese schlimme Zeitspanne in der byzantinischen Geschichte sind beklagenswert spärlich –, doch teilte er dessen Liebe zur Literatur ebenso wie auch die traditionelle byzantinische Leidenschaft für Theologie: Demetrios Kydones spricht ihn in seinen Briefen als »den Philosophenkaiser« an. Nichts ergötzte ihn mehr als das Verfassen von Abhandlungen und Erörterungen zu Fragen der christlichen Doktrin, je ausgefallener, desto besser. Dennoch blieb er ein Mann der Tat. Zweimal, 1371 und 1390, war er seinem immer hilfloser agierenden Vater zu Hilfe geeilt und beide Male mit durchschlagendem Erfolg. In besseren Zeiten hätte er vielleicht Großes erreicht.

Doch die Umstände ließen wenig Spielraum für Glanz und Gloria. Der Kaiser von Byzanz war inzwischen nichts weiter als ein schwacher und im Grunde genommen hilfloser Vasall des osmanischen Sultans; und der Sultan, der wahrscheinlich viel lieber den weitaus nachgiebigeren Johannes VII. auf dem Thron in Konstantinopel gesehen hätte, geriet außer sich über die stille Beharrlichkeit, mit der Manuel sich diesen ohne seine Befugnis angeeignet hatte. Als Reaktion darauf erlegte er dem glücklosen Byzanz weitere Demütigungen auf: Als erstes sollte künftig ein ganzes Stadtviertel ausschließlich türkischen Kaufleuten vorbehalten bleiben, die zudem nicht mehr der byzantinischen Rechtsprechung unterstanden, sondern deren Angelegenheiten ein von ihm persönlich bestimmter *Qadi* (Richter) regelte. Die zweite Strafe bestand darin, Manuel im Mai 1391, zwei Monate nachdem er den Thron als Alleinherrscher bestiegen hatte, erneut nach Anatolien zu beordern, wo er sich an einem weiteren Feldzug, diesmal an die Schwarzmeerküste, beteiligen mußte: eine an sich schon unangenehme Pflicht, die sich durch die Gesellschaft seines Neffen Johannes VII. (den anzusprechen er sich kaum überwinden konnte), vor allem aber durch die Trostlosigkeit und das Ausmaß der Zerstörung der Gegend, durch die sie marschierten, noch verschlimmerte. An seinen Freund Kydones schrieb er:

> Die Ebene (in der wir lagern) liegt verlassen da; denn die Bevölkerung ist in die Wälder, in die Höhlen und auf die Berge geflohen, beim Versuch, dem zu entrinnen, dem sie nicht entkommen können: einem Gemetzel, das unmenschlich und roh ist und jeglicher formaler Rechtfertigung entbehrt. Niemand wird verschont – weder Frauen noch Kinder, weder Kranke noch Alte.[...]

> Es gibt viele Städte in dieser Gegend, doch fehlt ihnen allen das eine, ohne das sie niemals wirkliche Städte sein können; es gibt keine Leute dort [...]. Und wenn ich mich nach den Namen der Städte erkundige, erhalte ich stets die Antwort: »Wir haben diese Orte zerstört und die Zeit hat ihre Namen zerstört.« [...]
> Mir aber am unerträglichsten ist, an der Seite dieser Leute zu kämpfen, wo sie zu stärken gleichzeitig uns zu schwächen bedeutet.[1]

Mitte Januar 1392 kehrte Kaiser Manuel II. nach Konstantinopel zurück. Und am Samstag, dem 10. Februar, fand die Trauung mit Helena Dragasch statt, einer Tochter des serbischen Prinzen Konstantin von Serres und wie Manuel Vasall des Sultans. Der Hochzeit folgte tags darauf die gemeinsame Krönung. Sie war nicht unbedingt nötig, denn Manuel war bereits neunzehn Jahre zuvor gekrönt worden, doch sah er – und das mit gutem Grund – in einer Zeremonie nach orthodoxem Ritus mit allem Pomp und Luxus das optimale Stärkungsmittel für die Moral des Volkes. Auch würde es sie daran erinnern, wofür der Name Byzanz stand: für die außerordentliche Kontinuität, mit der dreizehnhundert Jahre lang, seit den Tagen Roms, ein kaiserliches Oberhaupt ohne Unterbrechung auf das andere gefolgt war – wenn auch manchmal im Exil –, und damit für die Tatsache, daß er, was immer für Gefahren ihn auch erwarten, welche Demütigungen ihn ereilen sollten, der höchste blieb unter allen christlichen Herrschern, den Aposteln gleich und Gottes eigener, gesalbter Statthalter auf Erden.

Dies war die Botschaft, die an jenem kalten Februartag an die zahlreich versammelte Gemeinde in der Hagia Sophia erging, als der Patriarch Antonios das kaiserliche Diadem gemessen auf das Haupt des Basileos senkte und Kaiser Manuel dann seinerseits Kaiserin Helena krönte. In jenem Augenblick, da das Gold der Mosaike im Kerzenlicht erglomm, die Weihrauchwolken sich zur weitgespannten Kuppel emporkräuselten und die Krönungshymne in der großen Basilika widerhallte, schien es kaum eine Rolle zu spielen, daß die echten Insignien noch immer als Pfand in Venedig lagen, oder daß der Kaiser, dessen Halbgöttlichkeit so hoch gepriesen wurde, in Wirklichkeit erst vor einem Monat von einem Feldzug im Namen des ungläubigen Sultans zurückgekehrt war, und auch nicht, daß der Sultan, der inzwischen fast ganz Osteuropa beherrschte, praktisch vor den Toren der Hauptstadt stand. So unwürdigen Überlegungen gab sich der Archimandrit Ignatios von Smolensk mit Sicherheit nicht hin; er hinterließ einen geradezu verzückten Bericht über die Vorgänge, denen beizuwohnen er das

Glück hatte. Und noch weniger scheinen sie jenen anonymen Byzantiner gestört zu haben, der mit nahezu derselben Begeisterung die feierliche Pracht beschreibt, mit der das neugekrönte Paar in den Palast zurückkehrte, wo es sich seinem jubelnden Volk auf dem Thron präsentierte.

Eineinhalb Jahre lang genoß Manuel nach seiner Krönung eine vergleichsweise friedliche Zeit, aber im Juli 1393 rief ein ernsthafter Aufstand in Bulgarien gegen Bajasid umgehend nach Vergeltung, und im darauffolgenden Winter ließ dieser seine wichtigsten christlichen Vasallen in sein Lager nach Serres kommen. Zu ihnen gehörten außer Kaiser Manuel II. sein Bruder Theodor, Despot der Morea, dann sein Schwiegervater Konstantin Dragasch, sein Neffe Johannes VII. und Stephan Lazarevich aus Serbien. Doch keiner wußte, daß Bajasid die anderen ebenfalls dorthin beordert hatte. Erst als sie sich versammelten, erkannten sie, daß sie ihm ganz und gar ausgeliefert waren. Manuel war überzeugt, daß ein allgemeines Massaker geplant war und Bajasid seine Anordnungen nur darum widerrief, weil der mit den Hinrichtungen betraute Eunuch – möglicherweise Ali Pascha, der Sohn Khaireddins, des Eroberers von Thessalonike – sich weigerte oder irgendwelche Ausflüchte machte. Er sah darin ein weiteres Beispiel für die abrupten Stimmungswechsel seines Oberherrn, dafür, wie seine blindwütige Wut plötzlich in übertriebene Freundlichkeit und Höflichkeit umschlagen konnte:

> Zuerst tat er seine Wut mit Greueltaten kund, die er an unseren Gefolgsleuten beging, indem er ihnen die Augen eindrückte und die Hände abhackte [...] und nachdem er seinen vernunftlosen Geist auf diese Art beruhigt hatte, versuchte sich er auf sehr einfältige Weise mit mir – den er verletzte und mit einer Unzahl von Ungerechtigkeiten entehrt hatte – zu versöhnen, indem er mir Geschenke machte und mich dann nach Hause sandte, gerade so wie man Kinder, die weinen, nachdem sie bestraft wurden, mit Zuckerwerk beruhigt.

Gab es einen besseren Beweis dafür, daß Bajasid mittlerweile nicht mehr ganz zurechnungsfähig und daher so gefährlich war wie noch nie? Nachdem er seine Vassallen erneut ingrimmig vor den Folgen gewarnt hatte, die jeglicher Ungehorsam in Zukunft haben werde, ließ er sie schließlich ziehen, abgesehen von Theodor, der ihn auf einen Feldzug nach Thessalien begleiten mußte und den er unter starken Druck setzte, Monemvasia, Argos und weitere Festungen auf dem Peloponnes an ihn abzutreten. Der Unglücksrabe gab nach; zum Glück entwischte er jedoch bald darauf in sein eigenes Hoheitsgebiet, die Morea, wo er sein Versprechen sofort widerrief. Inzwischen kehrte Manuel II., noch immer tief erschüttert über die Gewißheit – an der er bis an sein Lebensende festhielt –, daß er nur knapp dem Tod entronnen war, so rasch wie möglich nach Konstantinopel zurück.

Bald darauf traf eine neue Order Bajasids ein. Diesmal weigerte sich Manuel rundweg. Das Erlebnis in Serres hatte ihn zu einem unvermeidlichen Schluß kommen lassen: Die Zeit der Beschwichtigungspolitik war abgelaufen. Sie mochte bei Murad Erfolge erzielt haben, der trotz gelegentlicher Anfälle von Barbarei ein vernünftiger Mann gewesen war, mit dem man sich zivilisiert unterhalten konnte. Bajasid jedoch hatte sich als unstet und äußerst unzuverlässig erwiesen. Manuels erster Impuls war doch richtig gewesen. Die einzige Überlebenschance lag im Widerstand. Inzwischen war er sich allerdings auch der Tragweite seiner Entscheidung bewußt. Seine Weigerung, der Aufforderung des Sultans nachzukommen, ließ sich nur als Akt offener Herausforderung verstehen, als Loslösung aus früherer Knechtschaft und somit als Kriegserklärung.

Nur eine Überlegung ermöglichte es ihm, einen solchen Schritt in Erwägung zu ziehen: Mochte Bajasid seine Absicht, ihn zu vernichten auch noch so entschlossen verfolgen, die türkische Streitmacht noch so groß und ihre Belagerungsmaschinerie auch noch so gewaltig sein, er vertraute nach wie vor auf die Unbezwingbarkeit Konstantinopels. Erst zweimal war die Stadt an fremde bewaffnete Kräfte gefallen, nämlich 1203 während des vierten Kreuzzugs und noch einmal 1204, und bei beiden Gelegenheiten erfolgte der Angriff vom Meer her, gegen die relativ schwachen Befestigungsanlagen entlang der Küste des Goldenen Horns. Ein solches Unterfangen lag für Bajasid, der noch immer über keine taugliche Flotte verfügte, jedoch nicht im Bereich des Möglichen. Er konnte einzig vom Land her angreifen, von Westen her, und obwohl die Festung des Goldenen Horns vor kurzem hatte geschliffen werden müssen, standen die Landmauern so stark wie eh und je, schon seit fast tausend Jahren; längst schon hatte man in Byzanz den Überblick über die Anzahl der Möchtegern-Eroberer verloren, die enttäuscht und wütend über ihre Ohnmacht kehrtgemacht hatten, oft ohne auch nur einen einzigen Pfeil abzuschießen.

Manuel bekam bald Gelegenheit, seine Theorie zu überprüfen. Im Frühjahr 1394 zog ein gewaltiges türkisches Heer gegen die Hauptstadt, und zu Herbstbeginn herrschte Belagerungszustand. Bajasid hatte eine vollständige Blockade befohlen, und obwohl es einem einzelnen Schiff gelang, diese zu durchbrechen – merkwüdigerweise einem venezianischen Handelsschiff, das Anfang 1395 mit einer dringend benötigten Ladung Korn eintraf –, wurden die Vorräte eine Zeitlang verzweifelt knapp. Alle Felder außerhalb der Mauern, die aber ohnehin nicht erreichbar waren, lagen verwüstet; als einziges standen der Bevölkerung zum Anbau die Grundstücke und Gärten in der Stadt selbst zur Verfügung. Manches Häuschen wurde um des Feuerholzes willen geopfert, damit man Brot backen konnte. Zum Glück entspannte sich die Lage allmählich. Die Blockade wurde zwar nicht aufgehoben – in der einen oder anderen Form hielt sie noch acht Jahre an, mit weiteren gelegentlichen Angriffen auf die Mauern –, doch ließ der Druck dennoch etwas nach, weil der unberechenbare Bajasid das Interesse an der Belagerung verlor und sich in andere Unternehmen verwickelte, die schnelleren Lohn versprachen. Dies ermöglichte Manuel endlich, einen Teil seiner Zeit der Diplomatie zu widmen, denn er wußte sehr wohl, daß für sein Reich ohne fremde Bündnisse auf die Dauer keine Überlebensaussichten bestanden.

In dem zu Ende gehenden Jahrhundert hatte nicht nur Johannes VI. Kantakuzenos, zu seinem Nachteil, entdecken müssen, wie schwierig es doch war, die Oberhäupter des Westens von etwas im Grunde genommen Offensichtlichem zu überzeugen: daß nämlich die Gefahr, der Byzanz sich gegenübersah, sie fast ebenso sehr bedrohte. Im letzten Jahrzehnt des vierzehnten Jahrhunderts begannen ihnen die türkischen Vorstöße auf dem Balkan indes wirklich Sorgen zu bereiten. Bulgarien fiel mit der Eroberung der Hauptstadt Trnovo im Juli 1393 endgültig, ebenso erging es Thessalien im Lauf der folgenden zwei Jahre. Weiter südlich, in Attika und der Morea, war die an sich schon verworrene Lage etwa zwanzig Jahre zuvor durch den Einfall eines Trupps von Abenteurern aus Navarra noch komplizierter geworden; sie hatten sich zu Todfeinden des Despoten Theodor und der Familie Acciajuoli gemacht, welche unlängst Athen aus katalanischer Hand erobert hatte. Binnen kurzem stand die ganze Gegend unter Waffen, und der türkische Veteran Evrenoz-Beg erkannte seine Chance. Die navarresischen Verbände unterstützten ihn begeistert, und so brachten sie Theodor bei Korinth eine Niederlage bei, brachen in die Morea ein und bemächtigten sich zweier byzantinischer Festungen mitten im Despotat. Dann, am 17. Mai 1395, kämpfte ein Heer unter der Führung von Mircea dem Älteren der Walachei, mit Unterstützung König Sigismunds, des

Schwiegersohns Ludwigs I. von Ungarn, bei Rovine gegen die Türken. Mehrere serbische Prinzen kämpften als Vasallen an der Seite Bajasids, so Stephan Lazarevic, der legendäre Held Marko Kraljevich und auch Manuels Schwiegervater Konstantin Dragasch; obwohl die Schlacht unentschieden ausging, mußte in der Folge jedoch auch Mircea die türkische Oberhoheit anerkennen.

All diese Ereignisse hinterließen im Westen einen tiefen Eindruck. Von Sigismund, dessen Königreich am direktesten betroffen war, erging ein allgemeiner Aufruf an die christlichen Herrscher, und diesmal reagierten sie darauf. Ebenso die beiden riavlisierenden Päpste Bonifaz IX. in Rom und Benedikt XIII. in Avignon. Der französische Ritterstand war besonders begeistert von der Aussicht auf ein Unternehmen, das sich dank den Päpsten zu einem Kreuzzug entwickelt hatte; nicht weniger als zehntausend, dazu weitere sechstausend aus Deutschland schlossen sich Sigismunds sechzigtausend Ungarn und den zehntausend von Mircea in der Walachei ausgehobenen Söldnern an. Weitere fünfzehntausend kamen aus Italien, Spanien, England, Polen und Böhmen. Manuel selbst hinderte die Blockade daran, einen strategischen Beitrag zu leisten, obwohl er im Februar 1396 ein formelles Abkommen mit Sigismund getroffen und versprochen hatte, zehn Galeeren zu bewaffnen. Dagegen übernahmen die genuesischen Kolonien auf Lesbos und Chios sowie die Johanniter auf Rhodos die Verantwortung für das Donaudelta und die Schwarzmeerküste. Sogar Venedig sandte, nach langem Zögern und nachdem man wie immer abgewartet hatte, bis erkennbar war, womit den Eigeninteressen am besten gedient war, eine kleine Flotte, die den Hellespont überwachen und die lebenswichtige Verbindung zwischen dem Kreuzfahrerheer und Konstantinopel aufrechterhalten sollte.

Dieses riesige Heer – mit ziemlicher Sicherheit umfaßte es mehr als hunderttausend Mann – sammelte sich in Buda und brach im August 1396 auf, das Donautal hinunter. Es liegt in der Natur der Sache, daß Kreuzzüge von Anfang an durch ein Übermaß an religiösem Fanatismus behindert sind; die feurigen jungen Kreuzfahrer sahen sich als Helden des vergangenen Rittertums, die jeden Widerstand überwanden, um vor die Tore des Heiligen Grabes zu gelangen. Und sollte selbst der Himmel herabstürzen, so rühmten sie sich, konnten sie ihn auf den Spitzen ihrer Lanzen emporheben. König Sigismunds anhaltende Versuche, Disziplin und Umsicht durchzusetzen, erwiesen sich als vergeblich. Der Feldzug ließ sich gut an; der bulgarische Prinz Stracimir öffnete die Stadttore von Vidin, ungeachtet seines Bajasid geleisteten Vasallenschwurs. Doch weiter donauabwärts, in Rahova, verhieß ein sinnloses Massaker an der Lokalbevölkerung nicht Gutes für die Zukunft. Ungefähr einen Monat nach dem Abmarsch erreichten die Kreuzritter Nikopolis, das sie sofort belagerten. Und dort holte Sultan Bajasid, der seinen Zunamen Donnerkeil wieder einmal unter Beweis stellte, sie ein.

Am Morgen des 25. September glaubte ein Trupp französischer Ritter auf einem nahe gelegenen Hügel eine kleine versprengte Abteilung der türkischen Reiterei zu entdecken und ging im Galopp zum Angriff über. Leider stand Bajasids Hauptmacht in Sichtweite im Tal dahinter, und die Franzosen fanden sich unversehens umzingelt. Die Türken machten kurzen Prozeß mit ihnen. Danach stürmten sie den Berg hinab und fielen über die anderen, völlig überrumpelten Kreuzfahrer her. Es folgte ein Massaker. Von den Gefangenen wurde der französische Anführer, Graf Johannes von Nevers, aufgrund seines Standes verschont, denn als Sohn des Herzogs von Burgund würde er ein gutes Lösegeld erzielen; einige weitere Gefangene hatten ähnliches Glück. Viele andere, gewiß mehrere zehntausend, wurden vor Bajasids Augen enthauptet. Weitere entkamen, unter ihnen König Sigismund und Philibert von Naillac, der Großmeister der Johanniterritter, und es gelang ihnen, venezianische Schiffe aufzutreiben, die sie in den Westen zurückbrachten. Ein Deutscher, der in Gefangenschaft geraten, aber offenbar seiner außerordentlichen Jugend wegen der Hinrichtung entgangen war, berichtete, wie er und weitere dreihundert Überlebende sich während der Durchfahrt durch die Dardanellen von den Bänken erhoben und den besiegten König verspotteten.[2]

Auf seltsame Weise erwies sich der deprimierende Feldzug, der als Kreuzzug von Nikopolis in die Geschichte einging, als so etwas wie ein Meilenstein, handelte es sich dabei doch nicht nur um den letzten großen, internationalen Kreuzzug, sondern gleichzeitig um die erste Kraftprobe zwischen den katholischen Nationen des Westens und dem osmanischen Sultanat.[3] So betrachtet, verhieß er der Christenheit nichts Gutes für die Zukunft.

Die Jahre 1395 und 1396 hatten Konstantinopel Erleichterung verschafft. Bajasid war anderweitig beschäftigt gewesen, die nun spürbar halbherzige Blockade ermöglichte, beträchtliche Mengen an Nahrungsmitteln und anderen nötigen Nachschub in die belagerte Stadt einzuschleusen. In den ersten Wochen des Jahres 1397 kehrte er jedoch zurück, entschlossen, die Stadt im Sturm zu nehmen, falls sie sich der

Übergabe verweigerte. Zum Glück erwies sich Manuels Vertrauen in die Befestigung als gerechtfertigt, ja so sehr, daß der Sultan offenbar irgendwann einen abschätzenden Blick auf die weit weniger beeindrukkende Anlage von Galata warf; indes bildeten dort genuesische und byzantinische Kontingente für einmal eine gemeinsame Front und hielten die Festungsmauern erfolgreich gegen jeden Angriff. Bajasid, der sein Unternehmen um keinen Preis abzubrechen gedachte, lenkte seine Aufmerksamkeit nun auf den Bosporus: Und die Verteidiger von Galata verfolgten mit Bestürzung, wie an der gegenüberliegenden Küste eine feste Burg entstand – eine Burg, von der Teile bis in die Gegenwart überlebt haben und die heute den Namen Anadolu Hisar trägt.[4]

Beunruhigender als alles, was mit der materiellen Verteidigung zusammenhing, sah es für Manuel mit der moralischen Verfassung der Menschen innerhalb der Stadtmauern aus. Konstantinopel war wieder abgeriegelt, die Vorräte schwanden rasch dahin, und Meldungen über Hungertote wurden immer alltäglicher. Viele der Ärmeren schlichen sich in ihrer Verzweiflung nachts aus der Stadt und überquerten den Bosporus, denn an der asiatischen Küste durften sie auf Nahrung, Obdach und einen freundlichen Empfang seitens der Türken hoffen. Auch war es ein offenes Geheimnis, daß der Sultan wiederholt angeboten hatte, sowohl die Belagerung als auch die Blockade aufzuheben, falls das Volk sich einverstanden erklärte, Johannes VII. als seinen rechtmäßigen Herrscher anzuerkennen. Eine Anzahl Getreuer des Johannes gab es in der Stadt schon lange, und wahrscheinlich betrachteten mittlerweile noch viele weitere nach fast drei Jahren voller Bedrängnis und Entbehrung den Wechsel vom Neffen zum Onkel als geringen Preis für den Frieden.

Als der Frühling kam, grenzte Manuels Unruhe an Panik. König Sigismund hatte ihm einen weiteren Feldzug versprochen, doch schien es zunehmend unwahrscheinlicher, daß er Wort halten würde; und so traf Manuel im März die Vereinbarung, daß Konstantinopel unter den Schutz der Republik Venedig gestellt werde, falls er zu einer überstürzten Abreise genötigt sein sollte. Diese entsandte ihrerseits am 7. April drei Galeeren, »zur Erleichterung des Kaisers und« – ein seltenes Anzeichen von Einsicht – »der Genuesen von Pera [Galata]«, und verhieß weitere, sobald diese gerüstet werden könnten. Tatsächlich erwiesen sich derartige Notmaßnahmen aber als unnötig. Kaiser Manuel II. behielt die Nerven, und bald darauf verlor Bajasid angesichts der Tatsache, daß die Befestigungsanlagen von Konstantinopel wirklich zu stark waren und es für ihn nichts daran zu rütteln gab, einmal mehr das Interesse an der Belagerung. Dennoch ließ er nicht ganz davon ab; obwohl die Lebensmittelzufuhr etwas einfacher wurde, litten die Leute weiterhin Not. Eineinhalb Jahre später, im September 1398, wies der Senat von Venedig seine im Marmarameer stationierte Flotte ferner an, sich bereit zu halten, um Konstantinopel gegen einen möglichen türkischen Seeangriff von Gallipoli aus zu verteidigen. Manuel selbst stand weiterhin unter großem Druck. Dukas berichtet, er habe dauernd dasselbe Gebet gemurmelt:

> O Herr Jesus Christus, laß nicht geschehen, daß die große Zahl christlicher Völker zu hören bekommt, in den Tagen Kaiser Manuels habe es sich zugetragen, daß die Stadt mit all ihren heiligen und ehrwürdigen Monumenten des Glaubens den Ungläubigen ausgeliefert wurde.

Doch er befolgte auch den stetig wiederholten venezianischen Ratschlag und verdoppelte seine Bemühungen um Hilfe von außen. Es war keine leichte Aufgabe; jegliches Feuer der Leidenschaft für einen Kreuzzug, das einst unter den Herrschern Westeuropas geflackert haben mochte, war in Nikopolis endgültig erstickt worden. Manuel sah die Dinge jedoch in einem anderen Licht. Seiner Ansicht nach hatte der jüngste Feldzug, so verheerend er geendet, gerade gezeigt, was die Christenheit zu leisten vermochte, wenn sie sich darauf einstellte, den Kampf und die Mühe auf sich zu nehmen. Jeder weitere Kreuzzug würde klar aus den gemachten Fehlern lernen und konnte deshalb sehr wohl zum Erfolg führen, wo der vorangegangene gescheitert war, was hieße, daß die Ungläubigen nach Asien zurückgetrieben und die dunklen Schatten, die seit so langer Zeit drohend über Osteuropa hingen, sich vielleicht für immer heben würden. Also machten sich seine Gesandten in den Jahren 1397 und 1398 auf den Weg zum Papst und zu den Höfen von England, Frankreich und Aragon sowie zum Großfürsten von Moskau, während der Patriarch Antonios entsprechende Delegationen an den polnischen Königshof und zum Metropoliten von Kiew schickte.

In Rom tat Papst Bonifaz IX., an dessen Herzen die Niederlage von Nikopolis noch immer nagte, seine Bereitschaft kund, alles zu unternehmen, um zu beseitigen, was er als bedenklichen Fleck auf seinem Ruf betrachtete. Mit dem ihm allgegenwärtigen Gedanken an eine mögliche Kirchenunion veröffentlichte er zwei päpstliche Bullen, eine im April 1398 und die andere im März 1399, und rief die Nationen des

Westens auf, an einem neuen Kreuzzug teilzunehmen oder andernfalls Mittel zur Verteidigung Konstantinopels zur Verfügung zu stellen. Denen, die dem Ruf folgen wollten, verhieß er vollen Ablaß. Zudem sollten in allen Kirchen Sammelbüchsen aufgestellt werden. Karl VI. von Frankreich, den eine von Manuels Onkel Theodor Palaiologos Kantakuzenos angeführte Gesandtschaft im Oktober 1397 aufsuchte, reagierte noch befriedigender. Im Jahr zuvor war er Oberherr von Genua und dessen Kolonien geworden, ja Johannes VII. hatte sogar versucht, ihm gegen 25 000 Goldflorin und ein Schloß in Frankreich seinen Anspruch auf die byzantinische Krone zu verkaufen, und daher war ihm das Schicksal der bedrohten Stadt alles andere als gleichgültig.[5] Zwar konnte er Theodor keine sofortige militärische Hilfe anbieten, doch er versprach ihm, dies so bald wie möglich nachzuholen, und überreichte ihm zum Beweis seines guten Willens 12 000 Goldfrancs als Unterstützung für den Kaiser.

Die byzantinische Abordnung erreichte im Sommer 1399 England; der Zeitpunkt hätte leider ungünstiger kaum sein können. Im Juni und Juli hielt sich König Richard II. überwiegend in Irland auf, und bei seiner Rückkehr nach England mußte er feststellen, daß das Land sich gegen ihn erhoben hatte. (Im August wurde er dann von Heinrich Bolingbroke, dem künftigen Heinrich IV., gefangengesetzt, im September entthront und im folgenden Februar aller Wahrscheinlickeit nach ermordet – obwohl es durchaus möglich ist, daß er vor Kummer starb.) Er befand sich folglich in einer noch viel mißlicheren Lage als Manuel. Dennoch fand er Zeit, die byzantinischen Abgesandten zu empfangen, seiner Besorgnis Ausdruck zu verleihen, die vorgschlagene Sammlung von Mitteln vollumfänglich gutzuheißen – in die St.-Pauls-Kathedrale kam eine Opferbüchse – sowie die sofortige Anzahlung von 3000 Mark oder 2000 Pfund Sterling anzuordnen. (Daß die ganze Summe später von einem genuesischen Mittelsmann veruntreut wurde, darf man ihm nun wirklich nicht anlasten.)

Karl VI. erwies sich als ein Mann von Wort: 1399 kam er seiner Verpflichtung, ein Heer in den Osten zu entsenden, nach. Es stand unter dem Kommando Jean le Maingres, des energischsten französischen Soldaten jener Tage und besser bekannt als Marschall Boucicault. Er hatte drei Jahre zuvor bei Nikopolis gekämpft, war gefangengenommen und fast ein ganzes Jahr später freigekauft worden; nun verlangte ihn nach Rache. Ende Juni brach er mit sechs Schiffen und rund zwölfhundert Mann in Aigues Mortes auf. Sie segelten mit vielen Zwischenhalten, um weitere Rekrutierungen vorzunehmen, Richtung Osten und liefen schließlich, nachdem sie sich ihren Weg durch die türkische Blokkade im Hellespont gebahnt hatten, im September in Konstantinopel ein. Manuel hieß sie erleichtert willkommen und ernannte Boucicault zum Großkonnetabel. Gemeinsam beteiligten sie sich an mehreren Scharmützeln auf beiden Seiten des Bosporus, doch Boucicault erkannte sofort, daß alledem keine wirkliche Bedeutung zukam. Ein Heer, das etwas Nennenswertes gegen die Türken ausrichten wollte, mußte weit größer sein und war nur auf eine Art zu beschaffen: indem Kaiser Manuel die Reise nach Paris auf sich nahm, um sich persönlich beim König von Frankreich für seine Sache zu verwenden.

Manuel willigte sehr erfreut ein; doch es gab ein Problem: Wer würde während seiner Abwesenheit auf das Reich aufpassen? Am ehesten drängte sich als Kandidat Johannes VII. auf, allein schon deshalb, weil dieser seinen Anspruch auf den Thron mit Sicherheit wieder geltend machen würde, falls Manuel jemand anders bestimmte. Onkel und Neffe sprachen indes seit Jahren nicht mehr miteinander. Da griff Boucicault ein. Er begab sich geradewegs zu Johannes nach Selymbria und überredete ihn zur Versöhnung. Dann kehrten die zwei zusammen nach Konstantinopel zurück, wo der Familienzwist, der die Beziehungen schon seit fünfundzwanzig Jahren vergiftete, rasch beigelegt war. Gemäß den getroffenen Vereinbarungen würde Johannes während Manuels Abwesenheit als Kaiser regieren und nach dessen Rückkehr Thessalonike zugesprochen erhalten. Daß diese Stadt sich zu jenem Zeitpunkt in türkischem Besitz befand, übersah man dabei geflissentlich, handelte es sich doch, wie man zuversichtlich hoffte, um einen vorübergehenden Zustand.

Also verließ Kaiser Manuel am 10. Dezember 1399 Konstantinopel in Begleitung von Boucicault, Kaiserin Helena und ihren zwei kleinen Söhnen, dem siebenjährigen Johannes und seinem damals wahrscheinlich nicht mehr als vier, fünf Jahre alten Bruder Theodor. Die Tatsache, daß Helena mit den Kindern nicht in Konstantinopel blieb, sondern in der Morea bei Manuels Bruder, zeigt deren wahre Gefühle Johannes VII. gegenüber deutlich genug; die Versöhnung war gut und recht, doch falls der Regent sich entschloß, Schwierigkeiten zu machen, bestand zumindest nicht die Gefahr, daß er die kaiserliche Familie als Geisel nahm. Doch selbst da fühlte Manuel sich noch nicht ganz ruhig. Wenn Bajasid nun einen Überraschungsangriff auf den Peloponnes unternahm? Die ersten Wochen des Jahres 1400 wurden auf die Planung einer möglichen Flucht und Zuflucht der kaiserlichen Familie in einem der venezianischen Häfen Modone oder Corone verwandt. Erst als ihre

Zukunft abgesichert war, reiste Manuel nach Venedig ab, wo er und Boucicault im April eintrafen.

Dort trennten sich die beiden. Der Marschall begab sich direkt nach Paris, um alles für Manuels Ankunft vorzubereiten; Manuel blieb einige Tage in Venedig, bevor er seine Reise über Padua, Vicenza, Pavia und Mailand fortsetzte, wo Herzog Gian Galeazzo Visconti, der dortige Herrscher, ihm zu Ehren ein großes Festmahl veranstaltete, ihn mit Geschenken überhäufte und ihm versprach, sich persönlich nach Konstantinopel zu begeben, sofern sich die anderen Herrscher als kooperativ erwiesen. All dies bildete einen starken Kontrast zur Behandlung, die 1370 Johannes V. in Venedig erfahren hatte; Manuel wurde auf seiner Reise durch Italien nun in jeder Stadt, durch die er zog, mit Beifall empfangen und gefeiert. Der Gegensatz erstaunt jedoch nicht völlig. Johannes hatte Venedig als hochverschuldeter Bittsteller besucht; sein Sohn aber wurde als Held betrachtet. Endlich hatte Italien die türkische Gefahr erkannt, und man betrachtete die großgewachsene vornehme Gestalt, die direkt von der Front kam, als Hauptverteidiger des Christentums und potentiellen Retter Europas.

Noch etwas aber war im Lauf der vergangenen Jahre geschehen: Italien hatte die griechische Literatur und Philosophie entdeckt, und zwar mit Begeisterung. Griechisch war bis kurz vor der Jahrhundertwende in Italien praktisch eine tote Sprache gewesen. Petrarca hatte ein griechisches Manuskript von Homer besessen, das er regelmäßig mit Ehrfurcht küßte, von dem er jedoch kaum ein Wort verstand.[6] Das Studium des Griechischen geriet erst richtig in Schwung, als 1396 Manuel Chrysoloras, ein Schüler von Demetrios Kydones, auf den neugegründeten Lehrstuhl für Griechisch in Florenz berufen wurde. Dann aber breitete sich das Feuer rasch aus. Zu Beginn des Jahres 1400 zog Chrysoloras nach Mailand – in Florenz blieben ein kleiner, aber begeisterter Kreis des Griechischen mächtiger Gelehrter sowie die erste je in Italien erschienene griechische Grammatik zurück – und war zur Stelle, um den Kaiser bei seiner Ankunft zu begrüßen. Und so fand Manuel in Mailand wie auch sonst überall gebildete Leute vor, die auf griechische Kultur erpicht waren und an seinen Lippen hingen. Und er, der Gelehrte und Intellektuelle, enttäuschte sie nicht.

Am 3. Juni 1400, drei Wochen vor seinem fünfzigsten Geburtstag traf Manuel Palaiologos in Paris ein. König Karl VI. erwartete ihn in Charenton mit einem wunderbaren Schimmel für den Einzug in die Stadt. Einem Mönch des Klosters Saint-Denis, der alles, was geschah, mitansah, fiel bei dieser Gelegenheit besonders die Gewandtheit auf, mit der Manuel direkt von einem Pferd auf das andere wechselte:

> Dann setzte sich der Kaiser, in seine kaiserliche Robe aus weißer Seide gehüllt, auf den Schimmel, den ihm der König für seine Reise angeboten hatte, wobei er ihn behende bestieg, ohne sich herabzulassen, einen Fuß auf den Boden zu setzen. Und obwohl alle seine Wohlgestalt zur Kenntnis nahmen, den stattlichen Brustkorb und die noch festeren Arme, die indes von einem langen Bart voller weißer Haare verdeckt wurden, achteten sie auch auf die Anmut seines Antlitzes und erklärten ihn der kaiserlichen Herrschaft für in der Tat würdig.[7]

Manuel ritt in der Mitte eines prachtvollen Zuges zum alten Louvre, wo ein ganzer Flügel neu ausgestattet worden war, um ihn aufzunehmen. Verschwenderische Vergnügungen standen ihm zu Ehren bereit. Karl VI. nahm ihn persönlich mit auf die Jagd, man lud ihn an die Sorbonne ein, um mit den größten Gelehrten des Landes zusammenzutreffen, und brachte ihm von allen Seiten die einem Kaiser gebührende Verehrung und Achtung entgegen. Doch konnten alle Feiern und Feste nicht über die Tatsache hinwegtäuschen, daß es ihm nicht gelang, sein Hauptziel zu erreichen. Es fanden zwar verschiedene Sitzungen mit dem König und seinem Rat statt, in deren Verlauf sich diese auch einverstanden erklärten, ihm für die Dauer eines Jahres ein weiteres Heer von zwölfhundert Mann, wieder unter Boucicaults Kommando, zur Verfügung zu stellen, allein das war nutzlos, wie er und der Marschall sehr wohl wußten. Gegen die türkische Streitmacht konnte einzig ein Kreuzzug aller Nationen im großen Stil zum Erfolg führen. Einen solchen in Erwägung zu ziehen, weigerte sich König Karl indes offensichtlich.

Der Situation ebenfalls nicht zuträglich war die Tatsache, daß Karl nur wenige Wochen nach Manuels Ankunft von einem seiner periodischen Anfälle von Geisteskrankheit heimgesucht wurde, worauf alle Verhandlungen ausgesetzt werden mußten. Inzwischen stand Manuel jedoch in brieflichem Kontakt mit den Königen von Kastilien und Aragon, die beide ermutigend von Hilfe sprachen, indes den ins Auge gefaßten Umfang dieser Hilfe gleichzeitig im Ungewissen ließen. Daneben nahm er mit einem gewissen Peter Holt Verbindung auf, Prior vom Orden des heiligen Johannes, um die Möglichkeit eines Englandbesuchs abzuklären. Ein solcher, so Peter Holts Antwort, würde sich nicht ganz problemlos gestalten: Richard II., mit dem Manuel zuvor in Briefwechsel gestanden habe, sei im vorangegangenen Jahr vom gegenwärtigen Herrscher, König Heinrich IV., abgesetzt worden; Heinrich sei im Augenblick damit beschäftigt, einen Aufstand in Schottland niederzuschlagen; überdies seien die Beziehungen zwischen England und Frankreich, obwohl augenblicklich Friede zwischen ihnen herrsche, wie gewöhnlich stark angespannt, und es sei bei weitem nicht sicher, daß Seine Majestät einen noch so vornehmen Herrscher zu empfangen wünsche, der erst so kurz zuvor die Gastfreundschaft des französischen Königs genossen habe.

Zum Glück erwiesen sich all diese Befürchtungen des Priors als unbegründet; zwar mußten er und Manuel zwei Monate in Calais verbringen und warten, bis König Heinrich aus Schottland zurückgekehrt und bereit war, sie zu empfangen, doch im Dezember konnten sie dann endlich den Kanal überqueren. Sie blieben ein paar Tage in Canterbury und trafen vier Tage vor Weihnachten in London ein. Der König traf sich in Blackheath mit ihnen und geleitete sie in die Stadt. Weit davon entfernt, seinem Gast kühl zu begegnen, behandelte auch er ihn mit äußerster Verehrung und Respekt; seine Stellung im Königreich war nach wie vor unsicher – ein großer Teil des Volkes sah in ihm zu Recht den Thronräuber und wahrscheinlichen Mörder obendrein –, und er nahm mit gutem Grund an, daß es viel zur Erhöhung seines Ansehens beitragen würde, wenn man ihn als Gastgeber für den Kaiser von Byzanz sah. An Weihnachten gab er ihm zu Ehren ein Festmahl auf Schloß Eltham.[8] Wie in Paris waren auch hier alle zutiefst beeindruckt von Manuels Würde und den makellos weißen Roben, die er und sein Gefolge trugen. Unter den Anwesenden befand sich der Rechtsgelehrte Adam von Usk. »Ich dachte in meinem Herzen«, schrieb er, »wie ist es doch grausam, daß dieser große christliche Fürst aus dem fernen Osten durch die Gefahr von seiten der Ungläubigen gezwungen ward, die entlegenen Inseln des Westens zu besuchen, um Hilfe gegen sie zu suchen. Mein Gott! Wo bist Du, Roms alter Ruhm?«[9]

Manuel scheint von König Heinrich ähnlich beeindruckt gewesen zu sein:

> Und dann der König, bei dem wir gegenwärtig zu Besuch sind, der König von Großbritannien, welches, so kann man sagen, ein zweites Universum ist. Er verströmt lauter Vorzüge, und mannigfache Tugenden zieren ihn [...] Er ist überaus erhaben sowohl in Gestalt wie von Verstand; mit seiner Kraft verblüfft er alle und gewinnt mit seiner

> Klugheit Freunde. Er reicht allen eine Hand und gewährt denen, die Hilfe benötigen, jede Art Beistand. Mitten in einem doppelten Sturm, der Jahreszeit wie des Schicksals, hat er für uns einen wahren Zufluchtsort errichtet [...] erweist sich im Gespräch als äußerst angenehm, erfreut und ehrt uns und liebt uns nicht weniger [...] Er wird uns militärische Unterstützung gewähren in Form schwerbewaffneter Reiterei, von Bogenschützen, Geld und Schiffen, die das Heer überall hinbringen, wo es benötigt wird.

Nicht alle, die den König kannten, teilten die Begeisterung seines Gastes; doch Heinrich, obwohl unfähig, die militärische Hilfe zu leisten, die er so munter versprochen hatte, scheint dem Fall Byzanz zumindest echte Anteilnahme entgegengebracht zu haben. Als er vom Verschwinden der 3000 Mark vernahm, die sein Vorgänger beigesteuert hatte, ordnete er unverzüglich eine formelle Untersuchung an; und als die Unterschlagung aufgedeckt wurde, machte er den Verlust wieder wett und ließ Manuel gleichzeitig weitere 4000 Pfund überreichen, von denen es hieß, sie stammten aus den Opferbüchsen in den Kirchen – ein verblüffendes Zeugnis für die Großzügigkeit des englischen Volkes gegenüber einer Nation, die nur wenige jemals gesehen hatten und von der die große Mehrheit niemals auch nur gehört haben kann.

Nach etwa sieben Wochen in England kehrte Manuel Ende Februar 1401 nach Paris zurück. Dort hielt er sich über ein Jahr auf, und führte die Verhandlungen mit den Königen von Aragon und Portugal, dem römischen Papst und dem Gegenpapst in Avignon weiter. Gemeinsam mit Karl VI. von Frankreich, der in der Zwischenzeit vorübergehend seine geistige Klarheit wiedergewonnen hatte, scheint er sich zudem bemüht zu haben, Kontakt zum Mongolenhäuptling Timur Lenk (auch unter den Namen Timur der Lahme oder Tamerlan bekannt) aufzunehmen und ihn dafür zu gewinnen, mit seiner unermeßlichen und scheinbar unbesiegbaren Schar gegen Bajasid zu ziehen. Den ganzen Sommer über fuhr er zuversichtlich fort; mehrere seiner erhalten gebliebenen Briefe jener Zeit aus Paris zeugen davon, daß er noch immer glaubte, ein größerer, internationaler Feldzug sei in Vorbereitung. Mit Herbstbeginn klang in seinen Briefen dann zunehmend Entmutigung mit: Für den König von Aragon war es bereits zu spät im Jahr; Heinrich von England war vollauf von einem weiteren Aufstand in Anspruch genommen, diesmal in Wales; Florenz, wo Manuel Demetrios Palaiologos hingeschickt hatte, sandte zwar Sympathiebekundungen, hob jedoch hervor, man habe einen eigenen, »italienischen Bajesid« (den Milanesen Gian Galeazzo Visconti), mit dem es sich auseinanderzusetzen gelte.

Am meisten enttäuschte ihn Frankreich. Dort hätte der neue Kreuzzug geplant, organisiert und zusammengestellt werden sollen, um ihm Form und Sinn zu geben. Aber Karl VI. war mehr oder weniger handlungsunfähig – kein Mensch wußte, wann ihn der Wahnsinn wieder überkommen würde –, und infolge seiner Krankheit gab es Machtkämpfe unter den Familienmitgliedern, was die Regierung noch stärker lähmte. Im Herbst 1401 wurde Marschall Boucicault, der den neuen französischen Feldzug hätte anführen sollen, statt dessen zum Statthalter von Genua ernannt, wo er Ende Oktober eintraf. Gleichwohl wollte Manuel die Hoffnung noch immer nicht aufgeben. Einige Monate später schrieb er an Venedig und schlug vor, der Doge Michele solle die Führung übernehmen, wo Karl versagt habe; allein dieser machte Ausflüchte. Venedig, führte er aus, habe bereits beträchtliche Kosten auf sich genommen, um der »rhomäischen Christenheit« zu helfen. Jegliche weitere Unterstützung hänge von entsprechenden Beiträgen anderer westlicher Nationen ab.

Weshalb blieb der niedergeschlagene, desillusionierte Kaiser nach derartigen Niederlagen noch so lange in Europa? Gewiß nicht, weil er, wie angedeutet wurde, sich davor fürchtete, mit der Nachricht seines Scheiterns nach Konstantinopel zurückzukehren. Als gewissenhafter Mann mit unerschütterlichem Pflichtgefühl, der Frau und Kinder seit fast zwei Jahren nicht mehr gesehen hatte, dürfte er seiner Heimat keinen Tag länger ferngeblieben sein, als er es für nötig hielt. Aber er hatte nun einmal einen Entschluß gefaßt. Die Beschwichtigungspolitik seines Vater war gescheitert; Widerstand hieß die Alternative, und diesen galt es irgendwie auf die Beine zu stellen. Daher mußte er im Westen bleiben, solange auch nur die geringste Möglichkeit bestand, bei allen oder einigen Herrschern einen Sinneswandel bewirken zu können.

Wie lange er noch geblieben wäre, werden wir nie wissen. Denn im September 1402 traf Jean de Chateaumorand, den Boucicault mit einem Ersatzheer von ungefähr dreihundert Franzosen in Konstantinopel zurückgelassen hatte, mit Neuigkeiten in Paris ein, welche die ganze Situation mit einem Schlag veränderten: Das Mongolenheer unter der Führung von Timur Lenk hatte die osmanische Streitmacht vernichtet. Bajasid befand sich in Gefangenschaft. Für Kaiser Manuel II. Palaiologos bestand nun kein Grund mehr, weiterhin im Westen zu verweilen. Er begann sich auf die Heimreise vorzubereiten.

22

Das Vermächtnis des Timur Lenk

(1402–1425)

Ich werde wie ein Sohn zu dir sein, wenn du mein Vater sein willst. Fortan soll es zwischen uns weder Rivalität noch Differenzen geben.

Suleiman an Johannes VII.

Fast während der gesamten Zeit, die Manuel II. Palaiologos nicht in Konstantinopel verbrachte, befand sich die Hauptstadt im Belagerungszustand. Sein Neffe Johannes VII. hatte alles Menschenmögliche getan. Er wurde tatkräftig von Chateaumorand und seinen französischen Truppen unterstützt, die von Zeit zu Zeit im Schutze der Nacht oder sobald die Belagerungstruppen in ihrer Wachsamkeit nachließen Ausfälle und Streifzüge vor die Mauern unternahmen. Ohne sie wäre Konstantinopel vermutlich schon ein halbes Jahrhundert früher gefallen, denn Bajasid konnte kaum erwarten, sein Mütchen zu kühlen. Nach einem anonymen Bericht soll er sich mit einem begierigen Blick hinüber zu den großen Kirchen und Palästen genüßlich ausgemalt haben, wie er sie im einzelnen nutzen und welcher Verwendung er sie zuführen wollte. Die Hagia Sophia gedachte er zu seiner offiziellen Residenz zu machen. Die ganze Zeit über hielt er den Druck aufrecht, und vermutlich im Sommer oder Herbst 1401 sandte er Johannes ein Ultimatum: Er habe Manuel nicht etwa zu seinem, Johannes', Vorteil, sondern allein um seines eigenen willen aus Konstantinopel vertrieben, und wenn Johannes sein, des Sultans, Freund sein wolle, müsse er sich aus der Stadt zurückziehen; dafür werde er ihn nach mit einer Provinz seiner Wahl belohnen. Tue er es nicht, werde er alles zerstören und niemanden verschonen.

Noch verfügte Byzanz über Kraft genug, den türkischen Boten eine beherzte Antwort zu erteilen:

> Geht und sagt eurem Herrn: Wir sind arm und in Not, und es gibt keine bedeutende Macht, an die wir uns wenden könnten außer

Gott, der den Machtlosen zu Hilfe kommt und über die Mächtigen siegt. Was immer du also unternehmen willst, tu es.

Doch Konstantinopel würde sich nicht ewig halten können. Als Johannes im Sommer 1402 von Manuel erfuhr, daß er nicht mit nennenswerter Hilfe des Westens rechnen könne, wußte er, daß er sich auf Verhandlungen einlassen mußte. Laut Ruy González de Clavijo, dem spanischen Gesandten am mongolischen Hof zu Samarkand, handelte er mit Bajasid auch tatsächlich aus, daß er die Stadt übergeben werde, sobald dieser die mongolischen Invasoren besiegt habe. Eine griechische Chronik aus der Bibliothek des Vatikans geht sogar noch weiter. Sie behauptet, Gesandte von Konstantinopel hätten sich mit den Schlüsseln der Stadt bereits auf dem Weg zum Osmanenlager befunden. Wie auch immer es sich verhielt, Bajasids Niederlage kam für Byzanz keinen Augenblick zu früh, und weder Manuel noch Johannes oder gar Boucicault oder Chateaumorand befreiten Konstantinopel von seinem Druck, sondern Timur Lenk.

Timur Lenk oder Timur der Lahme, auch unter dem Namen Tamerlan bekannt, wurde 1336 geboren. Als angeblicher Nachfahre von Dschingis Khan bestieg er 1369 den Thron von Samarkand. Nur dreißig Jahre später erstreckte sich das mongolische Reich von Afghanistan und Nordindien bis an die anatolische Grenze. Timurs Name war in ganz Asien gefürchtet, denn es hieß, seine Kriegsheere zerstörten alles, was ihnen in den Weg komme, und ließen nur Tod und Verwüstung zurück. Obwohl mittlerweile weit über sechzig, hatte Timur Lenk weder seine Eroberungswut noch seinen Ehrgeiz eingebüßt. Einem Feldzug, der 1400 in der Eroberung von Sebasteia gipfelte, wobei die Stadt dem Erdboden gleichgemacht und die Bevölkerung massakriert wurde, folgte zwar zunächst nichts nach, da er noch in Mesopotamien zu tun hatte. Doch im Frühjahr 1402 war er mit seinen Kriegern wieder in Kleinasien, zum letzten Kräftemessen mit dem osmanischen Sultan entschlossen.

Dazu kam es dann am Freitag, dem 28. Juli, in der Çubuk-Ebene nördlich von Ankara. Das gewaltige türkische Heer wurde von Bajasid persönlich befehligt. Er selbst ging im Zentrum seiner Eliteeinheit aus zehntausend Janitscharen in Stellung. Den linken Flügel befehligte sein Sohn Suleiman, den rechten, den fast ausschließlich europäische Regimenter bildeten, sein serbischer Vasall Stephan Lazarevich. Der entscheidende Fehler Bajasids bestand darin, daß er seine tatarischen Reiter aus Anatolien in der ersten Linie aufgestellt hatte. Da sie nicht gegen ihre Stammesgenossen kämpfen wollten, liefen sie gleich zu Anfang zum Feind über. Ein oder zwei Stunden später lagen fünfzehntausend Krieger des osmanischen Heeres, Christen und Moslems, tot auf dem Schlachtfeld. Aber Bajasid war nicht gewohnt, Schlachten zu verlieren, und wollte immer noch nicht aufgeben. Er zog sich mit seinen Söhnen, seiner Leibwache und den verbliebenen Janitscharen auf einen kleinen Hügel zurück, und dort kämpften sie weiter bis tief in die Nacht hinein, bevor auch sie einsehen mußten, daß die Situation hoffnungslos war.

Das Schicksal Mustafas, seines ältesten Sohnes, ist ungewiß. Er verschwand, und man hielt ihn für tot. Ein weiterer namens Musa geriet in Gefangenschaft. Die andern konnten entkommen. Doch der Vater floh nicht schnell genug. Er wurde von mongolischen Bogenschützen überwältigt und in Ketten zu Timur Lenks Zelt gebracht, wo dieser große Eroberer mit seinem Sohn Schach spielte.

Er erzeigte Bajasid anfangs alle Ehren, die einem gefangenen Herrscher gebühren. Doch schon bald änderte er seine Haltung. Auf dem Marsch durch Anatolien ließ er ihn angeblich in einem Eisenkäfig vor sich her befördern.[1] Manchmal demütigte er seinen Gefangenen noch mehr. Er benutzte ihn als Schemel und lebenden Steigbügel. Fast unnötig zu sagen, daß er sich, wie alle, die ihre Übermacht im Krieg noch besonders grausam zur Geltung bringen wollen, auch auf das Übelste an den Frauen verging, darunter besonders an Despina, Bajasids serbischer Ehefrau. Nach acht Monaten war Bajasids Lebenswille gebrochen. Im März 1403 erlitt er einen Schlaganfall und starb ein paar Tage darauf, vermutlich an dessen Folgen, möglicherweise aber auch, indem er Hand an sich legte.[2]

Timur Lenk dagegen war in seinem Element. Er marschierte nach der osmanischen Hauptstadt Brussa, wo seine Kriegshaufen brandschatzend, raubend und vergewaltigend durch Straßen und Gassen zogen. Dann wandten sie sich gegen Smyrna, eine Stadt, die sich seit 1344 in lateinischer Hand befand, namentlich in jener der Johanniter. Zwar kämpften die Ritter verbissen, doch im Dezember 1402 vermochten die Mauern dem Ansturm nicht mehr standzuhalten. Und von der letzten christlichen Enklave in Kleinasien blieb eine rauchende, verlassene Ruine zurück. Bis dahin waren die nicht-osmanischen Emire – von Aydin, Karaman, Saruchan und einigen weiteren Emiraten –, welche Orhans und Murads Heere vertrieben und die zum Teil im mongolischen Reich Zuflucht gesucht hatten, in ihre angestammten Gebiete zurückgekehrt. Timur Lenk stand kurz vor der Verwirklichung seines langfristigen Ziels: die osmanische Macht in Anatolien endgültig zu vernichten.

Bajasids vier Söhne standen dem zwar noch im Weg, doch sie stritten sich bereits um die Nachfolge, und ein kluges Ausspielen des einen gegen den anderen hätte ausgereicht, um einer ernsthaften Bedrohung von dieser Seite vorzubeugen.

Ein etwas längerer Aufenthalt in der Gegend, und er hätte dem osmanischen Haus vermutlich den Todesstoß versetzt. Aber wie alle Angehörigen seines Volkes war auch Timur Lenk ein Nomade; er konnte sich nie lange an einem Ort aufhalten. Im Frühjahr 1403 hielt er Ausschau nach neuen Welten, die es zu erobern galt. Er kehrte Kleinasien den Rücken und führte seine Leute wieder nach Samarkand zurück. Zwei Jahre später durchquerte er die Steppe, um China anzugreifen. Zum Glück für die Menschen dort starb er jedoch unterwegs. Laut Gibbon fiel er einem Fieber zum Opfer, das ihn nach unbesonnenem Genuß eiskalten Wasers befiel. Es gab nach seinem Tod kein Reich mit festen Grenzen und einer durchorganisierten Verwaltung, aber viel Verwüstung und Chaos. So vergingen ein paar Jahre, bis sich Bajasids Nachkommen in ihrem anatolischen Stammland wieder festsetzen konnten.

In Europa spielte sich indes eine ganz andere Geschichte ab. Da Timur Lenk den Bosporus nie überquert hatte, verblieb Rumelien – der europäische Herrschaftsbereich des Sultans – fest in osmanischer Hand. Zu der großen Anzahl türkischer Soldaten, die sich bereits dort aufhielten, gesellten sich nun aber noch Tausende auf der Flucht vor den Mongolenscharen. In den ersten Monaten waren diese Flüchtlinge nicht unwillkommen, auch nicht der byzantinischen Bevölkerung. Seit der Schlacht bei Ankara zitterte man in Europa vor den Mongolen, nicht vor den Türken. Sollten diese, was wahrscheinlich schien, sich unvermutet über den Hellespont ergießen, dann war es besser, wenn möglichst viele ihnen Widerstand entgegensetzten. Erst als sich abzeichnete, daß diese Invasion nicht stattfinden würde, blickten die christlichen Völker Osteuropas um sich und fragten sich, ob sie nun nicht vielleicht schlimmer dran waren als vorher.

Doch sie merkten schon bald, daß die große Schlacht die Lage deutlich zum Besseren gewandelt hatte: Zum einen bestand durch die Zweiteilung des Osmanischen Reichs kein geregelter Kontakt zwischen den europäischen und den asiatischen Provinzen mehr. Zum andern – und dem kam für die Bevölkerung weitaus größere unmittelbare Bedeutung zu – war die Blockade aufgehoben; nach acht Jahren verlief die Nahrungsmittelversorgung wieder in normalen Bahnen, und die Menschen konnten sich wieder um ihre Angelegenheiten kümmern, ohne sich fragen zu müssen, wo sie die nächste Mahlzeit hernehmen sollten. Und schließlich darf man die Wirkung auf die allgemeine seelische Befindlichkeit nicht unterschätzen. Zwar befand sich Byzanz immer noch in äußerster Gefahr, aber es hatte sich gezeigt, daß auch der Sultan nur ein Mensch und keineswegs unbesiegbar war. Seine Streitmacht hatte einmal eine Niederlage erlitten, also konnte dies wieder geschehen.

Selbst nachdem ihn die Nachricht von Bajasids Niederlage in Frankreich erreicht hatte, schien es Manuel nicht sonderlich eilig zu haben, nach Konstantinopel zurückzukehren. Erst am 21. November brach er in Paris auf. Eskortiert von zweihundert Leuten mit Chateaumorand an der Spitze, reiste er in Etappen gemächlich nach Genua. Dort erwartete ihn sein alter Bekannter Marschall Boucicault und gab am 22. Januar 1403 ihm zu Ehren ein großartiges Bankett. Am 10. Februar verließ Manuel Genua und erreichte am 14. März Venedig. Wo er sich dazwischen aufhielt, ist nicht überliefert, dagegen, daß er bei seinem Aufenthalt in Genua erfolglos versuchte, Dreiergespräche mit Genua und Venedig in die Wege zu leiten. Also nutzte er diese Reise vermutlich ebenfalls für Gespräche mit möglichst vielen italienischen Staaten über Schützenhilfe im Kampf gegen die Türken. Feste Zusagen erhielt er zwar nicht, doch durch die Niederlage Bajasids davon überzeugt, daß der Augenblick für einen konzertierten Angriff der europäischen Mächte günstig war, wurde er nicht müde, dies darzulegen.

Auch Venedig bereitete Manuel einen herzlichen Empfang, der nur dadurch etwas getrübt wurde, daß man ihn lieber heute als morgen wieder in Konstantinopel gesehen hätte. Die veränderte Situation im Osten würde gewiß bedeutende diplomatische Konsequenzen nach sich ziehen, und die Serenissima wollte dabei unbedingt die Hände im Spiel haben. Sie verhandelte weit lieber mit Manuel als mit Johannes VII., der seine Sympathie für Genua nicht verhehlte.

Manuel erwarteten hier weitere gute Nachrichten. Im August des vergangenen Jahres war Bajasids ältester noch lebender Sohn Suleiman in Gallipoli eingetroffen, um die osmanischen Gebiete in Europa zu übernehmen. Er erwies sich als von ganz anderem Wesen als sein Vater: tolerant, umgänglich und mit einem sicheren Instinkt für Kompromisse. Er zog den Konferenztisch dem Schlachtfeld – und beidem ein genußvolles Leben im Luxus vor. Nachdem sich das Vorgeplänkel etliche Wochen hingezogen hatte, fanden gegen Ende 1402 die eigentlichen Verhandlungen statt, an denen Suleiman persönlich, eine christliche Liga aus Gesandten von Venedig, Genua und der Ritter von Rhodos sowie Stephan Lazarevich und der lateinische Herzog von Naxos teilnahmen. Sie führten schon bald zu einem Vertrag, der zu Beginn des Jahres 1403 unterzeichnet wurde.

Als Manuel dessen Inhalt nun vernahm, wollte er seinen Ohren nicht trauen. Byzanz brauchte dem Sultan weder Vasallendienste zu leisten noch Tribute zu zahlen; vielmehr hatte Suleiman sich aus freien Stücken bereit erklärt, den byzantinischen Kaiser als Oberherrn anzuerkennen. Zum Zeichen seiner Gutwilligkeit hatte er dem Reich Thessalonike samt Umland zurückgegeben, wozu auch die thrakische Chalkidike mit dem Berg Athos gehörte, außerdem den ansehnlichen Küstenstreifen am Schwarzen Meer von der Einfahrt in den Bosporus bis nach Mesembria oder sogar Warna, und die Ägäisinseln Skyros, Skiathos und Skopelos noch obendrein. Sämtliche byzantinischen Gefangenen und auch jene der anderen unterzeichnenden Staaten sollten freikommen. Schließlich, und das war nun überhaupt kaum zu fassen, versprach Suleiman, daß türkische Schiffe ohne die Erlaubnis von Byzanz und der anderen Verbündeten weder in den Hellespont noch in den Bosporus einfahren würden. Als Gegenleistung verlangte er lediglich, Thrakien vom Palast in Adrianopel aus zu regieren.

Venedig stellte Manuel und seinen vierzig Gefolgsleuten für die Rückreise nach Konstantinopel drei Kriegsschiffe zur Verfügung, und sie stachen am 5. April in See. Manuel bestand darauf, in der Morea anzulegen, um Kaiserin Helena und die Kinder an Bord zu nehmen und sich mit seinem Bruder Theodor zu besprechen.[3] Erst am 9. Juni 1403 trafen sie endlich in Konstantinopel ein, in Begleitung von Johannes VII., der ihnen nach Gallipoli entgegengeritten kam. Seit ihrer Abreise waren genau dreieinhalb Jahre vergangen.

Als erste Amtshandlung nach seiner Rückkehr bestätigte Manuel den Vertrag mit Suleiman durch seine Unterschrift. Fast gleichzeitig flammte jedoch die alte Antipathie gegen seinen Neffen wieder auf: Er verbannte Johannes VII. nach Lemnos und enthielt ihm möglicherweise – wenn auch nicht sicher verbürgt – seine Apanage Thessalonike vor, die er ihm vor der Abreise in aller Form versprochen hatte. Johannes schickte sich jedoch nicht in sein neues Exil. Schon wenige Wochen nach seiner Ankunft auf Lemnos trat er in Kontakt zu seinem genuesischen Schwiegervater Francesco II. Gattilusio, der über die weiter nordwestlich gelegene Nachbarinsel Lesbos gebot. Mitte September stachen die beiden mit einer Flottille von sieben Schiffen in See, um Thessalonike mit Gewalt zu nehmen. Ob sie die Stadt je erreicht haben, ist nicht bekannt. Vielleicht hat schon die Nachricht ihres Aufbruchs

Manuel wieder zur Vernunft gebracht. Im Oktober einigten sich die beiden Kaiser; Johannes regierte fortan mit dem Titel »Basileus von ganz Thessalien« in Thessalonike.

Warum hat Manuel seinen Neffen wohl verbannt? Er hatte sich doch während seines langen Aufenthaltes im Westen mustergültig betragen, gewissenhaft und gut regiert und, soweit wir wissen, nicht den leisesten Versuch unternommen, seine Ansprüche auf Kosten seines Onkels durchzusetzen, sodann einen überaus günstigen Vertrag mit Suleiman ausgehandelt und dadurch die Stellung des Reichs unschätzbar gestärkt und nach der Rückkehr Manuels die erste Stelle ohne zu zögern anstandslos geräumt. Da Manuel nach dem, was wir von ihm wissen, weder ungerecht noch rachsüchtig war, dürfte er wohl nicht grundlos so gehandelt haben. Lag hier lediglich ein Zusammenstoß zweier unterschiedlicher Charaktere vor? Fand er seinen Neffen einfach nur unerträglich und hatte das Gefühl, Konstantinopel sei für beide nicht groß genug? Grollte er Johannes etwa, weil er die Stadt Bajasid hatte übergeben wollen – vorausgesetzt, daß er dies auch wirklich getan hätte –, wenn dieser Timur Lenk besiegt hätte? Oder schwebte ihm nach seinen Erfahrungen im Westen immer noch ein militärisches Vorgehen gegen die Türken vor und ödeten ihn die Bestimmungen der jüngsten Übereinkunft, so verlockend sie auch im Augenblick erscheinen mochten, schlicht an? Aber dann hätte er sie wohl kaum gleich nach seiner Rückkehr unterzeichnet.

Es gibt noch eine Reihe anderer Spekulationen, von denen keine jedoch wirklich überzeugt. Eine sieht in Johannes' Exil ein Täuschungsmanöver: den Versuch, Timur Lenk zu beschwichtigen, der nach der Schlacht bei Ankara wütend war über die seiner Meinung nach protürkische Politik von Byzanz. Eine andere führt zwei kaum bekannte zeitgenössische Quellen an, die den Tod des jungen »Basileus« Andronikos Palaiologos im Alter von sieben Jahren zum Gegenstand haben, eines mutmaßlichen Sohnes von Irene Gattilusio und Johannes VII. Bis vor kurzem ahnte niemand etwas von der Existenz dieser kleinen, schattenhaften Figur; heute aber ist die folgende Hypothese mehr oder weniger allgemein anerkannt.[4] Falls der kleine Andronikos erst nach Manuels Abreise in den Westen zur Welt kam – und es ist unwahrscheinlich, daß Manuel das Reich Johannes so lange Zeit anvertraut hätte, hätte Irene schon vorher einen Erben geboren – und vor seiner Rückkehr zum Mitkaiser gekrönt wurde, wäre Manuels Reaktion ohne weiteres verständlich. Dagegen erhebt sich vor allen Dingen folgender Einwand: Obwohl die Texte von Andronikos als Basileus sprechen, enthalten sie keinen Hinweis auf den Zeitpunkt seiner Krönung. Sollte eine solche Zeremonie während der Abwesenheit Manuels aber stattgefunden haben, wäre dies höchstwahrscheinlich auch von anderen Quellen vermerkt worden. Also wurde Andronikos wohl gar nicht in Konstantinopel gekrönt, sondern als Basileus von Thessalien, und zwar zu der Zeit, als die Familie sich in Thessalonike aufhielt. In diesem Falle würde die Begründung hinfällig.

Die Wahrheit wird wohl nicht mehr an den Tag kommen. Johannes und Irene haben sich anscheinend zufrieden in Thessalonike eingerichtet, nicht wehmütig auf die Zeit der Machtausübung in Konstantinopel zurückgeblickt, Manuel keine Schwierigkeiten mehr bereitet und viel Zeit darauf verwendet, religiöse und karitative Stiftungen um ihres Seelenheils willen zu gründen. Johannes starb im September 1408, nachdem er vorher noch die Mönchskutte übergestreift und wie sein Urgroßvater Johannes Kantakuzenos den Ordensnamen Joasaph angenommen hatte.

Als Manuel die Regierung in Konstantinopel wieder fest in Händen hielt, mußte er feststellen, daß eine außergewöhnliche Rollenumkehrung stattgefunden hatte: Noch vor ein paar Jahren hatten rivalisierende byzantinische Kaiser um die Macht gerungen, während der türkische Sultan genüßlich zu seinem nicht unerheblichen Vorteil den einen gegen den anderen ausspielte. Jetzt jedoch herrschte in den türkischen Ländern Unordnung, da dort kein Erbfolgerecht galt, und vier Söhne Bajasids sich um die osmanische Krone stritten. Manuel, der nach dem jüngsten Vertrag zumindest bis zu einem gewissen Grad seinen ehemaligen Feinden Freundschaft bezeugen mußte, sah sich unversehens und ungewollt in die Streitigkeiten verstrickt.

Die erste Runde der Auseinandersetzungen war schon vorüber, als Manuel nach Konstantinopel zurückkehrte. Isa, einer der vier kriegführenden Prinzen, der sich nach Timur Lenks Abzug in Brussa festgesetzt hatte, war von seinem Bruder Mehmed vertrieben worden und nach Konstantinopel geflüchtet, wo er vorübergehend Zuflucht bei Johannes VII. fand. Doch schon bald kehrte er nach Anatolien zurück, wurde indes erneut von Mehmed besiegt und augenblicklich umgebracht. Musa, ein weiterer Sohn Bajasids, der wie sein Vater in Gefangenschaft geraten, aber nach dessen Tod freigelassen worden war, um seinen Leichnam zur Bestattung nach Brussa überführen zu können, erklärte 1404 seinem Bruder Suleiman in Adrianopel den Krieg. Nach drei Jahren ständiger halbherziger Scharmützel setzte Suleiman mit für ihn untypischer Entschlossenheit nach Kleinasien über und eroberte in Mehmeds Abwesenheit im Frühjahr 1407 Brussa. Seine Oberherrschaft hielt sich jedoch nicht lange, denn von Mehmed aufgestachelt, fiel Musa in Thrakien ein und zwang die benachbarten christlichen Staaten, ihn zu unterstützen, so daß 1409 Suleiman zur Verteidigung seines Territoriums nach Europa zurückeilen mußte.

Diese Ereignisse mußten Manuel in der Überzeugung bestärken, daß er sich trotz aller Vorteile des Vertrages von 1403 nicht einmal in Adrianopel, geschweige denn in Anatolien, unbegrenzt auf die Freundschaft der Türken würde verlassen können. Noch weniger durfte er deshalb in seinem Bemühen nachlassen, die christlichen Staaten Europas aufzurütteln und ihren tätigen Beistand zu gewinnen. Schon im Jahre 1404 hatte er wieder Gesandtschaften nach Frankreich und Aragon geschickt. Zwei Jahre später erneuerte er seine Abmachungen mit Venedig. 1407 schrieb er erneut an den Dogen Michele Steno und bat ihn, seine Differenzen mit Genua beizulegen und einen gemeinsamen Feldzug gegen die Türken zu unternehmen; schließlich sei der Augenblick günstig, da die osmanischen Sultanate sich im Bruderkampf zerfleischten, und solch eine Chance werde sich so schnell nicht wieder ergeben. Doch Venedig ließ sich davon nicht beeindrucken. Noch im selben Jahr sandte Manuel einen seiner besten Freunde, den Gelehrten Manuel Chrysoloras, der in Florenz und Mailand sehr erfolgreich gewirkt hatte, als persönlichen Botschafter zum französischen König Karl VI. in Paris. Er hatte als Geschenk für den König eine unschätzbar wertvolle Handschrift der Werke Dionysios' des Ariopagiten im Gepäck, die in Gold und Elfenbein eingebunden war und eine ausgezeichnete Miniatur des byzantinischen Kaiserpaares und seiner drei ältesten Söhne[5] enthielt. Zwar war Karl VI. begeistert von diesem Geschenk, stellte aber leider dennoch keine Hilfe in Aussicht. Die Könige von England und Aragon, bei denen Chrysoloras ebenfalls vorsprach, verhielten sich genauso.

1407 starb nach langer Krankheit Manuels Bruder Theodor, der Despot der Morea. Er war ein glänzender Herrscher gewesen. Trotz ständiger Reibereien sowohl mit den Türken als auch mit seinen fränkischen Nachbarn – und in jüngerer Zeit zudem mit den Johannitern – hatte er seinen Herrschaftsbereich und das Ansehen seines Reichs unversehrt erhalten können. Manuel, der ihn geliebt und bewundert hatte, verfaßte einen langen, ehrenvollen Nekrolog für ihn und begab sich im Sommer 1408 persönlich nach Mistra, um ihm an seinem Grab die letzte Ehre erweisen zu können. Bei dieser Gelegenheit inthronisierte er auch seinen eigenen zweiten Sohn, der ebenfalls Theodor hieß, da sein Bruder keinen legitimen männlichen Erben hinterlassen hatte. Er hielt sich immer noch in der Morea auf, als ihn im September die Nachricht vom Tod Johannes' VII. erreichte. Sie rührte ihn jedoch nicht sonderlich auf. Da indes auch Johannes keinen Erben hinterlassen hatte, mußte die Nachfolge geregelt werden. Deswegen begab sich Manuel eiligst nach Thessalonike und setzte dort seinen dritten Sohn, den damals achtjährigen Andronikos, als Despoten ein.

Zu Beginn des Jahres 1409 kehrte er wieder nach Konstantinopel zurück und gedachte ganz offensichtlich, Thessalien und die Morea seiner unmittelbaren Herrschaft unterstellen zu können und dadurch Macht und Ansehen von Byzanz auf der griechischen Halbinsel zu stärken. Bevor er jedoch in dieser Richtung aktiv werden konnte, wurde er wieder in den Kampf um das osmanische Sultanat hineingezogen. Im Herbst dieses Jahres erschien ein verzweifelter Suleiman in Konstantinopel. Bei seiner Rückkehr nach Adrianopel hatten anscheinend gerade die Truppen seines Bruders Musa angegriffen; sie waren von der Donau her nach Thrakien eingefallen und schickten sich nun zum Marsch auf Adrianopel an. Nachdem er sich an Manuel als an seinen geliebten Vater gewendet hatte, erklärte er, dem Angriff ohne byzantinische Hilfe nicht standhalten zu können. Er machte Manuel darauf aufmerksam, daß er bei einem Sieg Musas einen weit unzuverlässigeren Nachbarn bekommen würde als ihn. Zum Beweis für seine edlen Absichten bot er ihm ein Mädchen und einen Jungen aus seiner Familie als Geiseln an und nahm eine Nichte Manuels, deren Namen wir nicht kennen, eine unehelich geborene Tochter seines verstorbenen Bruders Theodor, zur Frau.

Diese Ehe sollte indes nicht von langer Dauer sein. Aus den ersten beiden Schlachten zwischen den Brüdern im Juni und Juli 1410 ging Suleiman zwar siegreich hervor. Doch obwohl es ihm nicht an persönlichem Mut gebrach, brachte ihn letztlich ein grundlegender Mangel an Durchhaltewillen um die Macht. Während Musa im folgenden Winter seine militärische Kraft zu erneuern suchte, schottete sich Suleiman in seinem Palast ab und ergab sich dem Trunk und der Ausschweifung. Zu Beginn des Jahres 1411 ließen ihn seine Truppen im Stich, wobei viele Soldaten nicht nur an seiner Lebensweise, sondern auch an seiner christenfreundlichen Politik Anstoß nahmen, so daß Adrianopel fast kampflos fiel. Suleiman wurde am 17. Februar als Gefangener seinem Bruder Musa vorgeführt, und dieser ließ ihn auf der Stelle erdrosseln.

Für Byzanz waren dies alamierende Nachrichten. Manuel dürfte sich hinsichtlich Musas keine Illusionen gemacht haben. Dieser hatte von seinem Vater Bajasid nicht nur die gewalttätige Grausamkeit, sondern auch die rastlose Energie sowie den Christenhaß geerbt. Nachdem er die Macht in Adrianopel an sich gerissen hatte, hob er sogleich den Vertrag von 1403 auf und erklärte die Konzessionen seines Bruders für null und nichtig. Dann sandte er eine Anzahl Truppenverbände zur Belagerung von Thessalonike nach Thessalien, während er an der Spitze des Hauptheeres, welches die übliche Verwüstung zurückließ, direkt auf Konstantinopel marschierte. Offensichtlich war es ihm bis dahin auch gelungen, eine kleine Flotte zusammenzuziehen, die ungehindert durch den Hellespont und das Marmarameer segelte, um die Blockade wieder aufzunehmen.

Die Bestürzung der Bevölkerung von Konstantinopel, die sich zum dritten Mal innerhalb von zehn Jahren einer Belagerung zu Wasser und zu Lande gegenübersah, kann man sich leicht ausmalen. Immerhin mußte sie nicht die Drangsal erdulden wie in den Tagen von Bajasid. Die byzantinische Flotte war zwar schwach, aber immerhin stark genug, um die türkischen Schiffe in das Mittelmeer zu treiben, so daß die Stadt mit Nachschub versorgt werden konnte. Außerdem erwiesen sich die Landmauern trotz allem, was die Türken dagegen schleuderten, nach wie vor als uneinnehmbar. Obwohl Musa die Stadt nicht im Sturm nehmen konnte, machte er keinerlei Anstalten abzuziehen. Es läßt sich nicht sagen, wie lange das Patt angedauert hätte, hätte der Kaiser nicht auf die Geheimdiplomatie zurückgegriffen, die er meisterhaft beherrschte. Er wußte, daß es nur einen Weg gab, Musa von der politischen Bühne verschwinden zu lassen: seinen Bruder Mehmed. Deshalb sandte er 1412 heimlich Boten an dessen Hof nach Brussa.

Der Kampf zwischen Bajasids Söhnen hatte sich mittlerweile polarisiert, denn es waren nur noch zwei Konkurrenten übrig, nämlich Musa und Mehmed. Mehmed, der viel intelligenter und ausgeglichener war als sein Bruder, erschien ein Bündnis mit Byzanz ein geringer Preis dafür, sich unangefochten auf den osmanischen Thron zu setzen. Er ritt daher sogleich nach Chrysopolis, wo ihn Kaiser Manuel erwartete, um ihn nach Konstantinopel zu geleiten. Dort bewirtete er ihn drei Tage lang verschwenderisch, während eine fünfzehntausend Mann starke türkische Streitmacht über den Bosporus übersetzte. Am vierten Tag führte Mehmed dieses Heer gegen die Truppen seines Bruders, die immer noch vor den Stadtmauern lagerten. Zwar schlug der erste Angriff fehl, doch dies zeitigte keine schlimmen Folgen. Als Mehmed erkannte, daß Musas Heer stärker war als erwartet, zog er sich zurück, bevor größerer Schaden entstand, und kehrte nach Kleinasien zurück, um Verstärkung zu holen. Auch der zweite Angriff, bei dem byzantinische Truppen und ein kleines Heer Stephan Lazarevichs seine Verbände unterstützten, führte nicht zum Erfolg. Doch ließ sich Mehmed nicht so leicht entmutigen. Am 15. Juni 1413 transportierten byzantinische Schiffe ein frisches Heer für einen dritten Versuch über die Meerenge. Inzwischen hatte sich Musa viele seiner Leute zu Gegnern gemacht, wenn auch nicht wie Suleiman aufgrund seines Desinteresses, sondern wegen seiner Brutalität und Grausamkeit; so waren viele desertiert. Nach dem ersten Blick auf die große Streitmacht Mehmeds trat Musa mit dem Rest den Rückzug an. Sie wurden zurückgetrieben, über Adrianopel hinaus, und schließlich am 5. Juli in offener Feldschlacht bei Kamurlu in Serbien geschlagen. Musa hielt im Kampf aus; danach wurde er seinem Bruder vorgeführt, und dieser ließ ihn, wie er damals Suleiman, gleichfalls erdrosseln.

> Geh und sag meinem Vater, dem Römischen Kaiser, daß ich mit Gottes Hilfe und der Unterstützung meines Vaters, des Kaisers, die angestammten Besitzungen zurückgewonnen habe. Von diesem Tag an bin ich und werde ich sein Untertan sein wie ein Sohn seinem Vater. Er wird mich weder unaufmerksam noch undankbar finden. Was immer er mir befiehlt, werde ich mit größtem Vergnügen als sein Diener ausführen.

So soll nach dem Chronisten Michael Dukas die Botschaft gelautet haben, die Mehmed, jetzt unbestrittener Sultan von Rumelien und Rum, nach seinem Sieg an Manuel II. Palaiologos gesandt haben soll.[6] Mehmed wußte sehr wohl – und gab dies auch offen zu –, daß er den Sieg großenteils Manuel zu verdanken hatte. Daher bestätigte er sogleich alle einst von Suleiman eingeräumten und von Musa aufgehobenen Konzessionen. Ebenso war ihm klar, daß das Sultanat nach zehnjährigem Bürgerkrieg unbedingt Frieden benötigte, damit Recht und Ordnung wiederhergestellt und das Verwaltungssystem neu aufgebaut werden konnte. Der Friede aber ließ sich am besten durch freundschaftliche Beziehungen nicht nur zu Byzanz, sondern auch zu allen anderen christlichen Staaten auf der Balkanhalbinsel sichern, mochten sie auch noch so unbedeutend sein, also Serbien, Bulgarien, der Walachei und Griechenland. Manuel kam das natürlich äußerst gelegen. Zwar hegte er keine Illusionen über die langfristigen türkischen Absichten, doch war die Situation jetzt ohne Zweifel besser als je während der zweiundzwanzig Jahre seit seiner Inthronisierung. Außerdem war erstmals in der Geschichte eine enge persönliche Verbindung zwischen einem römischen Kaiser und einem intelligenten und friedliebenden Sultan zustande gekommen. Die Zukunft lag zwar in Gottes Hand; aber vielleicht gab es doch noch Hoffnung für Byzanz.

Manuel II. war nun dreiundsechzig Jahre, für die damalige Zeit also recht betagt, aber immer noch gesund und kraftvoll und bestrebt, seinem Sohn Johannes ein Reich zu hinterlassen, das er, wenn es auch brüchig war, doch so stabil wie eben möglich halten wollte. Die Grenzen erstreckten sich kaum noch über die Vororte Konstantinopels hinaus, aber es gab noch Thessalonike und die Morea, Gebiete, die seine Söhne Andronikos und Theodor in Händen hielten. Dem Erhalt dieser beiden Vorposten hatte er stets äußerste Bedeutung zugemessen, denn sie stellten für Konstantinopel mögliche Hilfsquellen dar und boten, wenn es wirklich hart auf hart gehen sollte, Zuflucht. Von dort aus würde der Kampf sich fortsetzen lassen, sollte Konstantinopel fallen. Bevor er starb, wollte er diese Gebiete unbedingt noch einmal aufsuchen.

Nachdem er seinem Sohn Johannes die Regierungsgeschäfte in Konstantinopel übertragen hatte, stach Manuel am 25. Juli 1414 mit vier Galeeren und zwei anderen Schiffen, die eine Anzahl von Reitern und Fußsoldaten an Bord hatten, nach Thessalonike in See. Was dieser Trupp im Schilde führte, zeigte sich schon bald, als die kleine Flotte unangemeldet Thasos anlief, eine an sich unbedeutende Insel, die damals von Giorgio Gattilusio, einem unehelichen Sohn Francescos von Lesbos, bedroht wurde. Die Wiederherstellung der byzantinischen Autorität kostete Manuel und seine Leute drei Monate. Dann erst konnten sie die Reise nach Thessalonike fortsetzen. Manuel wurde dort von seinem mittlerweile etwa vierzehnjährigen Sohn Andronikos herzlich empfangen und kümmerte sich eine Zeitlang um die Lage auf dem Berg Athos. Nachdem dies erledigt war, brach er im Frühjahr 1415 mit seiner Eskorte zum Peloponnes auf, wobei sie auch Euböa anliefen. Am Karfreitag, dem 29. März, trafen sie im kleinen Hafen Kenchreai, ein paar Kilometer von Isthmia am Saronischen Golf entfernt, ein.

Der Landeplatz war ganz bewußt gewählt, denn der eigentliche Zweck der Reise bestand nicht in Gesprächen mit seinem Sohn Theodor, sondern in der Realisierung eines Projekts, das Manuel seit seinem letzten Besuch 1408 vor Augen schwebte: dem Bau eines zehn Kilometer langen, starken Verteidigungswerkes quer durch die Landenge bei Korinth etwa auf der Linie des heutigen Kanals. Die Idee war keineswegs neu. Eine erste Palisade hatte man 480 vor Christus gegen die persischen Heere von König Xerxes errichtet und eine zweite 369. Im Jahre 253 nach Christus ließ der römische Kaiser Valerian einen solchen Verteidigungswall errichten, und der nächste entstand, auf Befehl Justinians, zu Beginn des sechsten Jahrhunderts; weit eindrucksvoller und stärker als alle zuvor, verfügte er über 153 Türme und große Festungsanlagen an beiden Enden. Manuels Aufgabe bestand also nicht darin, einen Neubau zu veranlassen, sondern eher einen Wiederaufbau. Es besagt einiges über die Arbeiter – vermutlich jener Trupp, den er von Konstantinopel mitgebracht hatte –, daß das ganze Werk in fünfundzwanzig Tagen vollendet war.[7] Wegen seiner in Meilen bemessenen Länge wurde das Bauwerk Hexamilion, also Sechsmeiler, genannt. Von nun an war, zumindest der Absicht nach, der Peloponnes, der sich damals größtenteils in griechischer Hand befand, so etwas wie eine riesige byzantinische Insel, unangreifbar von der Landseite und hoffentlich auch vom Meer her, solange man eine eigene Flotte zu dessen Verteidigung besaß. Finanziert wurde das Projekt kurzerhand durch eine der Lokalbevölkerung auferlegte Sondersteuer. Sie löste einen solchen Unwillen aus, daß es zu bewaffneten Erhebungen kam. Aber auch dies hatte Manuel einkalkuliert. Sein kleines Heer setzte sich in Marsch und schlug die Aufbegehrenden im Juli bei Kalamata. Dann erst begab sich Manuel nach Mistra, wo ihn sein Sohn Theodor schon erwartete. Er kehrte nicht vor März 1416 nach Konstantinopel zurück.

Das Hexamilion hatte Manuel klar als Verteidigungsanlage gegen Türkeneinfälle errichten lassen, ein deutliches Anzeichen dafür, daß er sich trotz seiner Freundschaft mit Mehmed keine Illusionen über die langfristige Bedrohung machte. Gegenwärtig befand sich Byzanz jedoch in Sicherheit. Mehmed war noch damit beschäftigt, in Anatolien Ordnung zu schaffen. Dort bereiteten die Emire von Aydin und Karaman Schwierigkeiten, und 1416 spitzte sich die politische Situation erneut zu, denn es kam zu einer Rebellion im Namen eines Mannes, der vorgab, Bajasids ältester Sohn Mustafa zu sein, der seit der Schlacht bei Ankara verschollen war. Die Erhebung war zwar bald niedergeschlagen, doch hatte sich die schlecht beratene Republik Venedig des Falles Mustafa angenommen und sein Entkommen nach Europa ermöglicht. Schließlich gelangte er nach Thessalonike, wo er bei dem jungen Despoten Andronikos um Gnade bat und überraschenderweise Asyl erhielt. Als Mehmed davon erfuhr, beschwerte er sich sofort bei Manuel über den himmelschreienden Bruch der Vertragsverpflichtungen. Manuel wich aus. Das Asylrecht erlaube ihm die Auslieferung

Mustafas nicht, er sei jedoch fest entschlossen, ihn für den Rest seines Lebens gefangenzuhalten, wenn der Sultan für die anfallenden Unkosten aufkommen würde. Darauf ließ sich Mehmed bereitwillig ein; der Konkurrent wurde auf Lemnos festgesetzt. Diese Lösung akzeptierten beide Seiten, so daß die Beziehungen zwischen dem Kaiser und dem Sultan nicht ernsthaft gestört waren. Dennoch hatte Manuel sich einen Vorteil verschafft, und Mehmed war sich dessen bewußt. Unabhängig davon, ob Mustafa echt war oder nicht – höchstwahrscheinlich war er es nicht –, hielt Byzanz nun jemanden in Gewahrsam, der Anspruch auf den osmanischen Thron erhob. Zur rechten Zeit ausgespielt, konnte sich dieser Trumpf als äußerst nützliches Faustpfand erweisen.

Gegen Ende des Jahres 1414 wurde ein großes Konzil nach Konstanz einberufen, um ein Schisma zu beheben, welches seit vierzig Jahren die römische Kirche spaltete, nämlich seit 1377, als Papst Gregor XI. den Papstsitz wieder von Avignon nach Rom verlegt hatte. Ein Jahr darauf war Gregor gestorben. Bei der anschließenden Papstwahl kam es zu tumultuarischen Szenen. Die römische Bevölkerung wußte ganz genau, daß im Fall eines Sieges der französischen Kardinäle und ihres Anhangs der erfolgreiche Kandidat mit ihnen nach Avignon zurückkehren würde, und das wohl für immer. Um einer solchen Katastrophe vorzubeugen, waren sie in das Konklave eingedrungen, und die erschreckten Mitglieder hatten aus Furcht um ihr Leben einen Italiener, nämlich Urban VI., gewählt, der seine Absicht kundgetan hatte, in Rom zu bleiben. Unglücklicherweise brachte er binnen weniger Wochen nach seiner Krönung die Kardinäle der französischen und italienischen Parteien so gegen sich auf, daß sie seine Wahl voll Zorn für null und nichtig erklärten und Klemens VII. zum Gegenpapst wählten. Urban, fest in Rom verschanzt, wollte sich dem nicht beugen. In der Folge zogen sich die Streitigkeiten weiter hin, und auf beiden Seiten wurden jeweils bei Bedarf neue Päpste gewählt. Der Zwist hatte an Schärfe noch nichts verloren, als Urbans dritter Nachfolger, ein achtzigjähriger Venezianer namens Angelo Correr, am 19. Dezember 1406 als Gregor XII. den Papstthron bestieg.

Knapp eine Woche später schlug er in einem Schreiben dem Gegenpapst, Klemens' Nachfolger Benedikt XIII., ein Treffen in Marseille vor, und setzte hinzu, falls Benedikt zurücktrete, werde er, Gregor, es ihm nachtun; die Kardinäle könnten dann einen neuen, unumstrittenen Papst wählen. Benedikt ging darauf ein und schlug ein Treffen in Savona vor. Doch damit setzten schon die Schwierigkeiten ein. Savona lag auf französischem Territorium und damit im Einflußbereich Benedikts. Die Reise von Rom würde lang, aufwendig und für einen Achtzigjährigen recht gefährlich sein. Der König von Neapel, dem am Erhalt des Schismas gelegen war, versuchte Rom einzunehmen und den Papst gewaltsam an der Abreise zu hindern. Zwar schlug der Versuch fehl, doch machte er Gregor klar, daß die Heilige Stadt in seiner Abwesenheit nicht sicher sein würde. Schließlich zehrten die Anstrengungen der Amtsausübung die Kräfte des Greises rasch auf; er wurde immer seniler und konnte dem Druck seiner Familie immer weniger Widerstand entgegensetzen – vor allem zwei Neffen, die bereits tief in die päpstlichen Schatztruhen gegriffen hatten und nun alles daransetzten, seine Abdankung zu verhindern.

Aus all diesen Gründen fand das Treffen in Savona nie statt. Im August 1407 begab sich Gregor dann endlich auf die Reise nach Norden, doch gelangte er am 1. November, dem verabredeten Termin, erst bis Siena. Im April des folgenden Jahres hatte er zwar immerhin Lucca erreicht, doch bewahrheiteten sich seine früheren Befürchtungen: Das neapolitanische Heer marschierte auf Rom, und die führungslose, verarmte und demoralisierte Bevölkerung kapitulierte beinahe kampflos. Nun sah die Lage noch schlimmer aus als zuvor. Beide Päpste befanden sich im Exil, und jeder bezichtigte den anderen der Falschheit. Solange das Patt währte, schien alle Aussicht auf Versöhnung rasch zu schwinden. Da von den beiden Protagonisten also nichts mehr zu erhoffen war, trat am 25. März 1409 in Pisa ein allgemeines Kirchenkonzil mit etwa fünfhundert Teilnehmern zusammen. Am 5. Juni versagte es Gregor und Benedikt als ungehorsamen und häretischen Schismatikern die Anerkennung, entband die gesamte Christenheit des Gehorsams ihnen gegenüber und rief einen allgemeinen Feiertag aus. Anschließend wählte das Konzil als einzigen Nachfolger den Erzbischof von Mailand, Kardinal Peter Philarges. Auf Kreta als bettelndes Waisenkind aufgewachsen, bestieg er als Alexander V. den Papstthron.

Man sollte annehmen, die beiden rivalisierenden Päpste wären jetzt würdevoll von der Bühne abgetreten. Daß sie dies jedoch nicht taten, lag nicht zuletzt am Konzil selbst. Keiner der beiden hatte es einberufen. Indem es sie aber vorlud und wegen ihres Nichterscheinens für ungehorsam erklärte, beanspruchte das Konzil Vorrang vor dem Papsttum, ein Prinzip, das sie auf keinen Fall absegnen konnten. Vielleicht hätte das Schisma mit etwas mehr Diplomatie, Takt und Verständnis für zwei alte Männer, die, wenn auch auf sehr unterschiedliche Weise, im Grunde bereit waren, ihre unhaltbare Position aufzugeben, ein Ende gefunden. Unter den gegebenen Umständen sahen sie indes keine andere Möglichkeit, als das Prozedere für unkanonisch zu erklären und weiterzukämpfen. Schon bald zeigte sich, daß das Konzil von Pisa nur den Effekt gehabt hatte, das Christentum statt mit zwei mit drei Päpsten zu zieren. Aber die Kardinäle zeigten keine Reue. Als Papst Alexander, der Anstrengung als einziger offensichtlich nicht gewachsen, im Mai 1410 plötzlich starb, wählten sie umgehend einen Nachfolger.

Baldassare Cossa, der sich nun unter dem Namen Johannes XXIII. in die Schar der Päpste einreihte, soll nach verbreiteter zeitgenössischer Auffassung seinen Vorgänger vergiftet haben.[8] Ob dies tatsächlich stimmt, ist zu bezweifeln. Dagegen steht fest, daß er einst Pirat war und im Grunde immer Pirat geblieben ist. Der intelligente, energische und absolut skrupellose Mann verdankte seinen kometenhaften Aufstieg in der geistlichen Hierarchie seiner Sonderbegabung für Intrigen und Erpressung. Er fügte dem Papsttum moralisch und spirituell Schaden zu, wie dies seit dem »Pornokratentum« im zehnten Jahrhundert nicht mehr vorgekommen war.[9] Schockiert berichtet der zeitgenössische Chronist Theoderich von Nimes von den in Bologna – wo Cossa einst päpstlicher Statthalter gewesen war – umlaufenden Gerüchten über sein lasterhaftes Leben. Am 29. Mai 1415 wurde er vor ein weiteres allgemeines Konzil zitiert, das seit dem vergangenen November in Konstanz tagte. Laut Gibbon sollen die skandalösesten Anklagepunkte unterdrückt worden sein. Immerhin wurde der Statthalter Gottes auf Erden noch der Piraterie, des Mordes, der Vergewaltigung, der Sodomie und des Inzests bezichtigt und erwartungsgemäß in allen Punkten für schuldig befunden. Das Konzil, das die Lektion von Pisa gelernt hatte, forderte ihn auf, das Urteil selbst zu unterschreiben.

Anfang Juli legte man Gregor XII. nahe, in Ehren abzudanken, indem man ihm versprach, er werde in der Hierarchie direkt hinter dem künftigen Papst stehen. Dieses Privileg konnte man ihm bedenkenlos gewähren, da er auf die Neunzig zuging und es also nicht zu befürchten stand, daß er es allzu lange genießen würde. Zwei Jahre später war er denn auch tot, und da zu dem Zeitpunkt der Gegenpapst Benedikt bereits abgesetzt war, wurde 1417 mit der Wahl des neuen, legitimen Papstes, Martins V., die Spaltung endgültig aufgehoben.

Manuel II. Palaiologos, der schon immer vom großen Kreuzzug geträumt hatte, welcher Byzanz ein für allemal von der osmanischen Bedrohung befreien würde, verfolgte all diese Vorgänge mit gespanntem Interesse. In den vergangenen Jahren war eine große päpstliche Initiative in dieser Sache klar unmöglich gewesen. Nun aber schien das

Konzil von Konstanz eine ideale Gelegenheit zu bieten, Manuels Befürchtungen der Öffentlichkeit kundzutun. Es trat auf Anregung von Manuels altem Verbündeten, König Sigismund von Ungarn (seit 1410 Kaiser des Westreiches), zusammen und stand auf sein Drängen hin Vertretern der West- und der Ostkirche offen. Leider war Manuels reisender Bote Manuel Chrysoloras, einer der Hauptorganisatoren des Konzils, im April 1415 in Konstanz gestorben, genau sechs Wochen vor Johannes' XXIII. Absetzung. Doch hatte Manuel umgehend zwei neue Delegierte zum Konzil entsandt, die wieder einmal die alte Frage der Vereinigung der Kirchen auf die Tagesordnung bringen und zum Zeichen seines guten Willens die Vermählung seiner Söhne Johannes und Theodor mit katholischen Prinzessinnen in Aussicht stellen sollten.

Die erneute Diskussion über die Wiedervereinigung führte indes genausowenig zu einer Entscheidung wie die vorangegangenen. Zur Vermählung der beiden Prinzen kam es jedoch wie vom Vater gewünscht. 1420 erfolgte die Eheschließung zwischen Theodor, Despot der Morea, und Cleope Malatesta von Rimini,[10] und am 19. Januar 1421 verheiratete sich Manuels ältester Sohn Johannes mit Sophia von Montferrat – allerdings nur widerstrebend. Seine erste Frau Anna von Moskau, Tochter Großherzog Basilios' I., war drei Jahre zuvor sehr jung nach vierjähriger Ehe an der Pest gestorben, und die zweite Ehe stand unter einem noch unglücklicheren Stern. Die beiden konnten offenbar kaum den gegenseitigen Anblick ertragen. Aus Angst vor der Reaktion seines Vaters hatte Johannes jedoch nicht gewagt, die Ehe auszuschlagen. Dafür gelang Sophia 1426 schließlich mit Hilfe der genuesischen Kolonie in Galata die Flucht. In ihrer Heimat trat sie schon bald in ein Kloster ein.

Die Bedeutung der zweiten Eheschließung bestand für Johannes Palaiologos im wesentlichen darin, daß sie eine gute Gelegenheit bot, ihn zum Mitkaiser zu krönen. Im Gedenken an seine eigenen früheren Schwierigkeiten wegen der umstrittenen Nachfolge hatte Manuel keinerlei Zweifel daran aufkommen lassen, daß sein ältester Sohn ihm nachfolgen sollte, diesem eine unerbittlich gründliche Unterweisung in der Kunst des Regierens angedeihen lassen und für ihn ganze Abhandlungen über die nötigen geistigen und moralischen Eigenschaften eines zur Herrschaft bestimmten Prinzen verfaßt. 1414 übertrug er ihm die Regentschaft, und 1416 begab sich Johannes zu seinem Bruder Theodor in die Morea, um sich dort in der Verwaltung weiterzubilden. Als er nach knapp zweijährigem Aufenthalt im Alter von sechsundzwanzig

Jahren wieder nach Konstantinopel zurückkehrte, war er für den Kaiserthron so gut gerüstet, wie man sich dies nur wünschen konnte.

Vom Zeitpunkt seiner Krönung an spielte Johannes VIII. eine zunehmend wichtige Rolle im politischen Geschehen, und sein Einfluß nahm ständig zu. Nirgends zeigte sich dies deutlicher als in der Beziehung zwischen Byzanz und dem osmanischen Sultan. Seit Mehmeds Machtergreifung im Jahre 1413 hatten sich beide Seiten des Friedens erfreut, doch profitierte die türkische Seite von dieser Entspannung zweifellos mehr als Byzanz. Mehmed nutzte sie mit aller Macht, um die Schäden des Bürgerkriegs zu beheben. Daher vertraten in Konstantinopel so manche jüngere Heißsporne und auch Johannes VIII. die Meinung, Byzanz müsse eine aggressivere Politik betreiben, um noch eine Überlebenschance zu haben. Zu Lebzeiten Manuels und Mehmeds war kaum eine Änderung der Lage zu erwarten: Als Mehmed 1421 um die Erlaubnis bat, von Europa aus über Konstantinopel nach Asien überzusetzen, wollte Manuel nichts davon hören, ihn gefangenzunehmen und hinterrücks zu ermorden. Er erteilte ihm nicht nur sofort die Erlaubnis, sondern gab ihm persönlich das Geleit über die Meerenge und setzte sich vor der Rückkehr mit ihm in Chrysopolis zu einem gemeinsamen Mahl nieder. Bald darauf, am 21. Mai 1421, starb Mehmed jedoch plötzlich. Die Berichte über die Todesursache sind widersprüchlich. Eine Quelle spricht von einem Jagdunfall, eine andere von einer Darmerkrankung, eine dritte deutet eine Vergiftung an. Byzanz wurde indes für den Tod nicht verantwortlich gemacht. Ein paar Wochen lang wurde er geheimgehalten, um die unausbleiblichen Probleme der Nachfolge auf ein Minimum zu reduzieren. Als die Nachricht schließlich verkündet wurde, hielt Mehmeds ältester Sohn und designierter Erbe die Macht als Murad II. bereits fest in Händen.[11]

Die Kriegstreiber in Konstantinopel machten sich unterdessen lautstark bemerkbar und warfen Manuel, der vor einer in der Stadt wütenden Pestepidemie im Peribleptoskloster Zuflucht gesucht hatte, öffentlich vor, Mehmed nicht beseitigt zu haben, als sich ihm dazu die Gelegenheit bot. Ihre Wortführer, zu denen auch sein Sohn und Mitkaiser Johannes VIII. gehörte, forderten nun, die Anerkennung Murads hinauszuzögern und den Thronanwärter Mustafa, der sich immer noch auf Lemnos in Haft befand, gegen ihn auszuspielen. Manuel dürfte diesen Gang der Dinge als Ungeheuerlichkeit empfunden haben, aber er war alt und abgekämpft. Als er sah, daß er Johannes nicht umstimmen konnte, ließ er ihm freie Hand. Nur zu bald sollten sich seine Befürchtungen bestätigen. Mustafa wurde freigelassen und setzte sich mit byzantinischer Unterstützung in Rumelien fest, weigerte sich jedoch, wie versprochen, Gallipoli dem Reich zu übergeben, indem er sich auf ein moslemisches Gesetz berief, das die Rückgabe von Eroberungen an Ungläubige untersagte. Schon bald mußten Johannes und seine Freunde begreifen, was es heißt, einem Abenteurer zu vertrauen.

Und dies war erst der Anfang. Im Januar 1422 setzten Mustafa und seine Getreuen auf genuesischen Schiffen über den Bosporus, wurden jedoch von Murads Verbänden sogleich entscheidend geschlagen und mußten zurück nach Europa fliehen. Ein oder zwei Wochen darauf rückte Murad mit einem gewaltigen Heer aus Kleinasien an und bereitete allen Hoffnungen auf den zweifelhaften Thronanwärter rasch ein Ende. Doch Mustafas Ergreifung und sofortige Hinrichtung vermochten Murads Zorn nicht zu beschwichtigen. Nun setzte er auf Krieg. Er hörte die byzantinischen Gesandten, die ihn friedlich stimmen sollten, nicht einmal an, sondern errichtete mit einem Teil des Heers um Thessalonike eine Blockade. Er selbst marschierte an der Spitze der Hauptmasse gegen Konstantinopel, nicht etwa zu einer Strafaktion, sondern mit dem festen Vorsatz, die Stadt im Sturm zu nehmen.

Die Belagerung des Jahres 1422 war mit der Bajasids nicht zu vergleichen. Dieser hatte einen Zermürbungskrieg geführt, mit dem Ziel, die Bevölkerung auszuhungern. Murad dagegen besaß nichts von der Geduld seines Großvaters. Nach dem Augenzeugen Johannes Kananos ließ er einen riesigen Erdwall direkt vor und parallel zu den Landmauern vom Marmarameer bis zum Goldenen Horn aufschütten, damit Katapulte und Belagerungsmaschinen ihre Geschosse über die Mauern auf die Verteidigungskräfte dahinter abfeuern konnten. Diese aber, Männer wie Frauen, seien mutig und entschlossen gewesen, wie immer, wenn der Stadt Gefahr drohte. Johannes sei als Oberbefehlshaber mit gutem Beispiel vorangegangen, indem er an allen Ecken und Enden energisch und tüchtig mit angefaßt und ermutigend auf alle eingewirkt habe.

Zum Glück für Byzanz war Murad offenbar abergläubisch. In seinem Gefolge befand sich ein Mann, der seine Herkunft auf den Propheten Mohammed zurückführte. Dieser hatte den Fall der Stadt für Montag, den 24. August, vorhergesagt. Daher ließ Murad im Morgengrauen dieses Tages die Mauern mit aller Macht angreifen. Obwohl der schwere Kampf sich lange hinzog, hielt die Verteidigung jedoch stand, so daß die Türken schließlich erlahmten. Sie hatten alles auf diesen einen großen Angriff gesetzt – und er war fehlgeschlagen. Nur knapp zwei Wochen später befahl Murad enttäuscht und frustriert den

Abbruch der Belagerung. Die Wachposten auf den Mauern trauten ihren Augen nicht, als die Möchtegern-Eroberer ihre Zelte abbrachen und nach und nach über die Ebene nach Westen abzogen. Nur wenige wußten, daß der alte Manuel, der aufgrund seines Alters und zunehmender Gebrechlichkeit an der Verteidigung nicht aktiv teilgenommen hatte, heimlich versucht hatte, den jüngsten Sohn Mehmeds, den dreizehnjährigen Mustafa, zu dessen Vormund ihn Mehmed testamentarisch bestimmt hatte, in Abwesenheit seines Bruders auf den Osmanenthron zu bringen, und daß Murad, als er davon vernahm, abziehen mußte, wollte er nicht erneut einen Bürgerkrieg heraufbeschwören. In den Augen der Bevölkerung von Konstantinopel gab es nur eine Erklärung: die Schutzheilige und Patronin der Stadt, die Gottesmutter, hatte sie wieder einmal gerettet.

Die geheime Förderung Mustafas war der letzte große Dienst des alten Kaisers für Byzanz. Der junge Prinz brachte es fertig, sich dem Zugriff seines Bruders zu entziehen, und traf am 30. September mit einer Truppe von Getreuen in Konstantinopel ein, um das Bündnis in aller Form zu bestätigen. Doch schon am Tag darauf erlitt Manuel, noch bevor er ihn empfangen konnte, einen schweren Schlaganfall, der ihn teilweise lähmte. Zum Glück blieb er bei klarem Verstand. Die Verhandlungen mit Mustafa mußte jedoch wegen der unmittelbaren Nachwirkungen Johannes führen, ebenso die mit der vom Franziskanerprovinzial Tonio da Massa angeführten päpstlichen Gesandtschaft, die drei Wochen zuvor mit einem Neun-Punkte-Plan zur Vereinigung der Kirchen angereist war.

Es stellte sich bald heraus, daß Johannes keine dieser beiden Angelegenheiten großes Kopfzerbrechen bereitete. Zu Beginn des Jahres 1423 wurde der junge Mustafa an seinen Bruder verraten und erdrosselt. Die Vorschläge des Papstes aber bedeuteten gegenüber den unzähligen vorhergegangenen weder Fortschritt noch Rückschritt: Sie nannten als zwingende Vorbedingung für militärische Unterstützung die »Rückkehr« der griechischen Kirche in den Schoß der römischen.

In jeder anderen Hinsicht verschlechterte sich die Situation. Zwar war Konstantinopel vorübergehend eine Atempause gegönnt, aber die Belagerung von Thessalonike dauerte an, und obwohl auf dem Seeweg spärlich Nachschub eintraf, kam der Handel praktisch zum Erliegen; bei Herannahen des Frühjahrs drohte eine Hungersnot. Manuels Sohn Andronikos litt an Elephantiasis und war handlungsunfähig.[12] Im Frühsommer veranlaßte er einen außerordentlichen und völlig unerwarteten Schritt: Mit Kenntnis und voller Billigung seines Vaters und auch seines Bruders sandte er einen Boten an die venezianischen Machthaber auf Euböa und bot Thessalonike Venedig an.

Thessalonike wurde weder verkauft noch aufgegeben. Andronikos brachte seine Gründe ungeschminkt vor. Byzanz könne die Stadt nicht mehr verteidigen, wie sie es verdiene. Er selbst sei zu krank, um in der gegenwärtigen Bedrängnis die Verantwortung zu tragen. Für den Fall, daß Venedig die Last übernehmen wolle, bitte er nur um die Erhaltung aller politischen und religiösen Einrichtungen. Venedig ließ sich Zeit mit der Entscheidung, nahm das Angebot aber schließlich an. Zwei Vertreter des Dogen begaben sich in Begleitung von sechs mit Nahrungsmitteln und anderen Vorräten beladenen Transportschiffen nach Thessalonike, um die Stadt in aller Form in Besitz zu nehmen. Am 14. September sahen die belagernden Türkentruppen machtlos zu, wie das Markusbanner über den Brüstungen aufgezogen wurde. Nach einer angemessenen Zeitspanne brach Andronikos in die Morea auf, wo er in ein Kloster eintrat und vier Jahre später starb. Venedig sandte Emissäre an Murad, um ihn offiziell von der Übergabe in Kenntnis zu setzen; er weigerte sich jedoch, sie zu empfangen.

Als das Jahr sich dem Ende zuneigte und Murad sich durchaus nicht erweichen ließ, entschloß Johannes VIII. Palaiologos sich zu einem letzten Appell an den Westen. Jetzt, so schien es ihm, mußten doch auch die letzten in Europa sehen, wie groß die Gefahr war. Jeden Tag konnte die türkische Streitmacht die Belagerung Konstantinopels wieder aufnehmen. Im gegenwärtigen Zustand konnte sich die Stadt nicht lange halten. Was aber sollte den Sultan am Vormarsch nach Westen noch hindern, wenn sie erst einmal gefallen war? Er legte die Regierungsgeschäfte seinem neunzehnjährigen Bruder Konstantin in die Hände und verlieh ihm gleichzeitig den Titel eines Despoten; dann brach er am 15. November nach Venedig auf. Dort hielt er sich gut einen Monat lang auf, wobei der Senat ihm einen bestimmten Tagessatz zur Deckung seiner Unkosten zur Verfügung stellte, doch es kam nichts dabei heraus. Die Republik wollte ihre Interessen an allen Orten selbst verteidigen: auf Euböa und in Thessalonike, in der Morea und auf den griechischen Inseln. Was Byzanz betraf, blieb alles beim alten: Sollte es Johannes gelingen, andere westliche Nationen für einen Feldzug zu gewinnen, würde die Serenissima sich bereitwillig beteiligen, andernfalls nicht.

Nach seiner Abreise von Venedig Ende Januar 1424 begab sich Johannes VIII. nach Mailand und Mantua, um mit den dortigen Herzögen Filippo Maria Visconti und Gianfrancesco Gonzaga zu verhandeln. Im Frühsommer befand er sich dann schon in Ungarn, aber auch dort wurde er enttäuscht; wie schon befürchtet, sah Sigismund keine Möglichkeit für eine wirkungsvolle Hilfe, solange Ost- und Westkirche im Schisma verharrten. Er nahm auch Johannes' Vorschlag, zwischen Ungarn und seiner alten Feindin Venedig zu vermitteln, nicht sehr wohlwollend auf. Ein niedergeschlagener und bitter enttäuschter Kaiser fuhr am Ende donauabwärts. Er traf am 1. November in Konstantinopel ein.

Die Situation hatte sich seit seinem Aufbruch vor etwa einem Jahr leicht verbessert. Mit Murad war doch noch ein Friedensschluß zustande gekommen, wenn auch zu einem hohen Preis: gegen einen saftigen jährlichen Tribut und die Rückgabe jener Gebiete an den Küsten des Marmara- und Schwarzen Meeres, die Suleiman und Mehmed Byzanz einst überlassen hatten. Aber zumindest konnte die Bevölkerung von Konstantinopel sicher schlafen, ohne die bedrohliche Wiederkehr der türkischen Belagerungsmaschinen fürchten zu müssen. Es dürfte Johannes überrascht haben, daß sein Vater immer noch lebte. Der alte Manuel hatte sich vom erlittenen Schlaganfall zwar nicht recht erholen können; er war nun bettlägerig und verfiel zusehends. Indes war er geistig immer noch klar und sorgte sich um den in seinen Augen vermessenen Ehrgeiz seines Sohnes. Er berief ihn öfter an sein Lager und legte ihm die Gefahren dar, die darin lauerten, den Sultan unnötig zu reizen und sich in der Frage der Kirchenunion zu weit vorzuwagen. Nach einer solchen Unterredung, die damit geendet hatte, daß Johannes den Raum mit zusammengebissenen Zähnen schweigend verließ, soll sich Manuel seinem alten Freund, dem Historiker Georgios Sphrantzes gegenüber dahingehend geäußert haben, daß sein Sohn in einer anderen Epoche vielleicht ein großer Herrscher geworden wäre, nun aber, da das Reich angesichts all der großen Probleme einen guten Verwalter brauche, dem Haus mit seinen grandiosen Plänen und Anstrengungen vermutlich zum Verhängnis werde.

Bald darauf legte entsprechend der Tradition der alte Kaiser das Mönchsgelübde ab, streifte eine Kutte über und nahm den Namen Matthäus an. So gekleidet, feierte er am 27. Juni 1425 seinen fünfundsiebzigsten Geburtstag. Fünfundzwanzig Tage später starb er. Noch am selben Tag wurde er in der Kirche des Pantokratorklosters beigesetzt. Seine Grabrede hielt der fünfundzwangzigjährige Mönch Bessarion, von dem vor dem Ende dieser Geschichte noch mehr zu hören sein wird. Sphrantzes berichtet, um Manuel hätten wohl mehr Menschen aufrichtig getrauert als um alle seine Vorgänger. Falls dies zutrifft, war es nicht mehr als recht und billig.

23

Die Himmel frohlocken!

(1425–1448)

Als die Metropoliten aus den Schiffen stiegen, empfing sie die Bürgerschaft nach dem Brauch und fragte: »Wie steht es um unsere Sache? Was hat das Konzil beschlossen? Haben wir uns durchgesetzt?« Da gaben sie zur Antwort: »Wir haben unseren Glauben verkauft, wahre Frömmigkeit gegen Unfrömmigkeit eingetauscht, das reine Opfer verraten und sind zu Verteidigern des ungesäuerten Brotes geworden.«

Michael Dukas

Als der zweiunddreißigjährige Johannes VIII. Palaiologos am 21. Juli 1425 alleiniger Basileus von Byzanz wurde, stellten die Mauern von Konstantinopel die Reichsgrenzen dar. Die Stadt bot nun wirklich ein düsteres Bild. Schon 1403 hatte Ruy González de Clavijo über ihre seltsame Verlassenheit angemerkt, trotz ihrer Größe und des gewaltigen Mauerrings lebten kaum noch Menschen dort, denn mitten in der Stadt befänden sich mehrere Hügel und Täler mit Getreidefeldern sowie Wein- und vielen Obstgärten, und innerhalb dieser bebauten Flächen drängten sich die Häuser wie zu Dörfern zusammen, dies sogar direkt in der Innenstadt.

Etwa ein Vierteljahrhundert später, nach drei Belagerungen und in deren Folge der Flucht vieler Hunderter von Menschen, die in der Mehrzahl nicht zurückkehrten, sowie etlichen Pestepidemien, muß die Entvölkerung noch viel drastischere Ausmaße angenommen haben. Die Zahlen lassen sich schwer schätzen. Um 1425 dürften aber höchstens noch fünfzigtausend Menschen in Konstantinopel gelebt haben, möglicherweise weit weniger.

Auch wirtschaftlich ging es Byzanz denkbar schlecht. Einst war Konstantinopel das reichste und geschäftigste Handelszentrum der staatlich organisierten Welt gewesen; im Laufe der Zeit hatten Venedig und

Genua der Stadt den Handel jedoch völlig aus der Hand genommen. Mittlerweile litten auch diese beiden Republiken unter den dauernden Kriegen und der politischen Instabilität, so daß nur noch wenige armselige Zolleinnahmen in die byzantinische Staatskasse tröpfelten. Die Geldentwertung ging unaufhaltsam weiter. Infolge der Belagerungen und des Bevölkerungsschwunds stand die Lebensmittelverteilung kurz vor dem Kollaps und brach häufig völlig zusammen. Bereits litt die Bevölkerung an chronischer Unterernährung, und ihre große Anfälligkeit für Krankheiten verursachte eine Epidemie nach der andern, welche sich jeweils ungehindert in der Stadt ausbreiteten.

Da es gleichzeitig an Menschen und Geld fehlte, konnte die Bausubstanz nicht erhalten werden. Fast alle Gebäude waren reichlich heruntergekommen, viele Kirchen nur noch leere Hüllen. Konstantins großes Hippodrom, das zusehends verfiel, diente als Polospielfeld. Der Patriarch hatte seinen Palast schon lange gegen eine wärmere und trockenere Unterkunft eingetauscht. Sogar der Blachernenpalast verrottete zunehmend. Pero Tafur, ein anderer kastilischer Reisender, berichtet am Ende der Regierungszeit Johannes' VIII.:

> Der Kaiserpalast muß einst großartig gewesen sein, spiegelt aber in seinem jetzigen Zustand genau wie die Stadt all die Übel wider, welche die Menschen erlitten haben und die sie immer noch ertragen müssen [...] Im Innern ist das Bauwerk sehr schlecht erhalten mit Ausnahme jener Teile, in denen der Kaiser, die Kaiserin und die Dienerschaft leben, allerdings schrecklich zusammengepfercht. Der Kaiser tritt so prachtvoll auf wie je, denn von den überlieferten Zeremonien ist keine aufgegeben worden; sieht man jedoch näher hin, ist er ein Bischof ohne Sitz [...] Die Stadt ist kaum noch bewohnt; sie ist in Bezirke unterteilt, und in den zum Meer hin gelegenen leben noch die meisten Menschen. Das Volk ist nicht gut gekleidet, sondern ärmlich und schäbig: Ausdruck seines schweren Loses. Und doch ist dieses nicht so schlimm, wie die Leute es verdienten, denn sie sind lasterhaft und in Sünden verstrickt.

All dies war nicht gerade eine vielversprechende Erbschaft; Johannes muß oft voller Neid an seine jüngeren Brüder gedacht haben. Der eine, der Despot Konstantin, war wohl nicht viel besser dran. Seit Manuels Tod verwaltete er ein recht kleines Gebiet im Norden von Konstantinopel, das die Zufahrtswege in die Stadt sicherte. Die Türken hatten es Byzanz jüngst als Lehen überlassen. Dazu gehörten auch die Hafenstadt Selymbria und die Schwarzmeerstädte Mesembria und Anchialos. Zwar war es strategisch nicht ohne Bedeutung, doch hatte der Kaiser es nur als Vasall des Sultans inne; man kann sich kaum ausmalen, was Johannes oder Konstantin dagegen hätten ausrichten können, wenn Murad es zurückgefordert hätte oder hindurchmarschiert wäre, um Konstantinopel wieder anzugreifen. Die anderen vier Söhne Manuels lebten alle in der Morea: unmißverständliches Anzeichen dafür, welches Gewicht dem südlichen Despotat im Denken der Palaiologoi inzwischen zukam. Die Gründe liegen klar zutage. Die Morea konnte man verteidigen, Konstantinopel nicht. Allerdings umgaben die Stadt immer noch die schützenden Landmauern, die noch nie durchbrochen worden waren und allein im letzten Vierteljahrhundert drei ernsthafte Belagerungen überstanden hatten. In dieser Zeit hatte sich die Entvölkerung jedoch erbarmungslos fortgesetzt. Tag für Tag schwand die Zahl gesunder Männer und Frauen, die die Stadt hätten verteidigen können. Noch schlimmer war der Verfall aller Zuversicht. Nur wenige intelligente Menschen glaubten wirklich noch an eine Befreiung. Westeuropa hatte sich als schwankendes Schilfrohr erwiesen; das Sultanat gebot, nach seinem kurzzeitigen Rückschlag, unter dem entschlossenen, unerbittlichen Murad II. wieder über seine frühere Stärke. Falls dessen Streitmacht Konstantinopel erneut belagerte – und das war so gut wie sicher zu erwarten –, würde man die Stadt höchstwahrscheinlich freiwillig übergeben, wenn auch nur, um dem Massaker und den Vergewaltigungen zu entgehen, die andernfalls unweigerlich folgten.

Dagegen herrschte in der Morea relative Sicherheit. Zwar hatte sie erst 1423 schwere Verwüstungen erlitten, als ein Türkenheer in Albanien einfiel und dann von Thessalien her angestürmt kam (Manuels hochgerühmtes Hexamilion stellte dabei offensichtlich kein Hindernis dar). Aber die türkischen Soldaten waren nicht lange geblieben. Danach stockte man den Wall auf und verstärkte ihn, und Venedig, von der Aussicht auf türkische Präsenz an der Adriaküste verständlicherweise nicht entzückt, versprach Hilfe für den Fall, daß sich so etwas wiederholte. Venezianische Schiffe kreuzten bereits vor den Küsten, wo sie der nach wie vor unbedeutenden türkischen Flotte mehr als Paroli bieten konnten. In der Morea saßen zwar noch einzelne französische und italienische Adelsfamilien, die über kleine Enklaven in den Bergtälern herrschten. Da jedoch von ihrer einstigen Macht nicht viel übrig war, stellten sie keine Bedrohung mehr dar, und sie bereiteten auch keine Schwierigkeiten.

Trotzdem gab es ein paar ernsthafte Probleme. Die Bevölkerung auf dem Peloponnes kämpfte, wie Manuel schon zehn Jahre zuvor geklagt hatte, offenbar gern nur um des Händels willen. Deswegen hatten die Despoten ständig alle Hände voll zu tun mit der Versöhnung der einzelnen Parteien, eine Aufgabe, die um nichts leichter wurde durch die Tatsache, daß der einheimische griechische Adel Byzanz gegenüber keinerlei Loyalität empfand und sich allem offen widersetzte, was er als fremden Einfluß betrachtete, der ihm vom fernen Konstantinopel aufgezwungen wurde. Im Vergleich zu den Verhältnissen in der Hauptstadt war die Situation in der Morea dennoch geradezu angenehm. 1425 vor die Wahl gestellt, ob sie in Konstantinopel oder Mistra leben möchten, hätten wohl nur wenige sich lange bedenken müssen.

Die an den Hängen des Taygetos-Gebirges im Südpeloponnes gelegene Stadt Mistra geht auf die 1249 auf Veranlassung Wilhelms von Villehardouin, eines Großneffen des uns bekannten Chronisten des vierten Kreuzzugs, auf der Anhöhe errichtete Festung zurück.[1] Genau zwölf Jahre später hatte er sie nach der Rückeroberung Konstantinopels während der Herrschaft Kaiser Michaels VIII. Palaiologos zusammen mit Monemvasia und Maina am Kap Matapan an Byzanz abtreten müssen. Fast das ganze folgende halbe Jahrhundert über war Mistra kaum mehr als eine kleine entlegene griechische Enklave mitten in fränkischem Territorium. Verständlicherweise residierte der byzantinische Statthalter daher lieber in Monemvasia, von wo er regelmäßigen Kontakt mit Konstantinopel unterhalten konnte. Im Laufe der Zeit dehnte sich dieses griechische Gebiet indes stetig aus, die lateinische Bevölkerung zog sich zurück, und schließlich rückte Monemvasia an die Peripherie. 1289 ließ der sogenannte Kephalos (Oberhaupt) sich in Mistra nieder. Daher hatte Kaiser Johannes VI. Kantakuzenos seinen Sohn Manuel, den ersten Despoten der Morea, 1349 nach Mistra entsandt, genau hundert Jahre nach der Gründung der Feste.

Auf Manuel und Matthäus war Theodor Palaiologos, der vierte Sohn Johannes' V. und Helena Kantakuzenas, gefolgt, und nach dessen Tod im Jahre 1407 ging das Despotat an seinen Neffen und Namensvetter Theodor II. über. Um diese Zeit stellte Mistra bereits weit mehr dar als nur eine Provinzhauptstadt, nämlich ein künstlerisches, geistiges und religiöses Zentrum wie Konstantinopel hundert Jahre früher. Die erste bedeutende Kirche entstand kurz vor 1300 und wurde ein paar Jahre später Abteikirche des großen Brontochion-Klosters, zu der dann noch ein zweites, der Muttergottes Hodegetria – der Wegweiserin –

geweihtes Gotteshaus trat. Zu dieser Zeit stand auch die Metropolitenkirche Hagios Demetrios kurz vor der Vollendung. Zwei weitere, die Pantanassa- und die Peribleptoskirche, sollten schon bald folgen, möglicherweise zur Einsetzung des Despoten Manuel. Auf ihn geht sicherlich die Sophienkirche zurück, die als Palastkapelle diente. Leider sind all diese Bauwerke völlig oder teilweise zerstört. Viele ihrer Fresken, besonders jene der Peribleptoskirche, sind jedoch immer noch atemberaubend schön.

Allein schon diese Kirchen beweisen zur Genüge, in welchem Umfang Mistra als Anziehungspunkt für die bedeutendsten byzantinischen Kunstschaffenden diente. Das gleiche gilt für die Gelehrten. Manuel und sein Bruder Matthäus – er war ab 1361 Mitdespot, überließ die Regierungsgeschäfte aber Manuel – waren hochgebildete Männer; ihr Vater Johannes, Exkaiser und einer der bedeutendsten Gelehrten seiner Zeit, besuchte Mistra regelmäßig und starb 1383 dort sogar. Es verwundert daher nicht, daß es auch andere dorthin zog, unter anderen den berühmten Metropoliten Bessarion von Nikäa und den künftigen Metropoliten Isidor von Kiew – beide spätere Kardinäle der römischen Kirche – sowie den Philosophen und Theologen Georgios Scholarios, der als Gennadios II. nach dem Fall der erste Patriarch von Konstantinopel wurde. Das größte Ereignis im Geistesleben von Mistra stellte jedoch fraglos die Ankunft des originellsten byzantinischen Denkers, Georgios Gemistos Plethon, dar.

Im Unterschied zu den übrigen kam er nicht aus freien Stücken nach Mistra. Schon in jungen Jahren war er mit den orthodoxen Kirchenoberen aneinandergeraten. Sie empörten sich über seinen mehrjährigen Aufenthalt im türkisch besetzten Adrianopel, wo er Aristoteles, die Lehre des Zoroaster (Zarathustra) und die jüdische Kabbala studiert hatte, und gerieten außer sich, als er an der Universität über Platon las, was ihnen zutiefst subversiv vorkam. Er wäre höchstwahrscheinlich wegen Häresie angeklagt worden, hätte nicht Kaiser Manuel, sein Freund und Bewunderer, ihn nach Mistra geschickt. Plethon paßte das bestens. Er wußte nur zu gut, daß Byzanz nicht nur das Erbe des Römischen Reichs angetreten hatte, sondern auch jenes der Literatur und Kultur im antiken Griechenland. Und wo einst die griechischen Gelehrten gelebt hatten, ließ sich gewiß besser leben und lehren als in einem Land, in dem in ihren Augen ein barbarisches Volk hauste. Als guter Platoniker teilte Plethon außerdem seines Meisters wiederholt geäußerte Mißbilligung der athenischen Demokratie, welcher er die spartanische Disziplin bei weitem vorzog. In Mistra, nur wenige Kilometer von den Ruinen der antiken Stadt entfernt, konnte er Sparta sozusagen hautnah spüren.

Mit Ausnahme eines Jahres in Italien verbachte Plethon den Rest des Lebens in Mistra. Zwar gehörte er auch dem Senat und dem hohen Magistrat an, doch sah er sich in erster Linie als offiziellen Hofphilosophen des Despotats, wie einst Platon in Syrakus oder sogar Sokrates: Mit seinen Jüngern in der Agora auf und ab gehend, stets vom spartanischen Ethos inspiriert, verbrachte er viel Zeit damit, einen differenzierten Plan für Reform, Verteidigung und schließliche Rettung der Morea zu entwickeln. Der Entwurf sah ein stehendes Heer griechischer Bürger vor anstelle fremder Söldner, strenge Luxusgesetze und rigorose Vorgaben zur Mäßigung und Aufopferungsbereitschaft. Der Boden sollte allen gemeinsam gehören, Import und Export streng reguliert werden; Mönche sollten zur Arbeit gezwungen werden und einen angemessenen Beitrag für die Gesellschaft leisten. Diese Reformen unterbreitete Plethon zwischen 1415 und 1418 in mehreren Memoranden offiziell Kaiser Manuel und seinem Sohn, dem Despoten Theodor, allerdings ohne Erfolg: Selbst in dieser historisch kritischen Lage erschien ihnen die angestrebte Regierungsform für das byzantinische Volk als zu autoritär oder kurz: als zu spartanisch. Dieses baute statt dessen, wie immer, auf Gott und Maria. Sollten Reformen nötig sein, dann weder auf politischem noch auf gesellschaftlichem Gebiet, sondern in den Herzen der Menschen.

Sie wären Plethons erst recht überdrüssig gewesen, hätten sie die eigentliche Zielrichtung seines Denkens gekannt. In seinem letzten Werk, über die Gesetze, das er erst gegen Ende seines Lebens fertigstellte – er starb 1452 im Alter von neunzig Jahren –, verkündete er anscheinend eine neue synkretistische Religion, die teils auf der persischen Lehre Zarathustras und teils auf dem alten griechischen Pantheon basiert. Darin werden zwar die antiken Gottheiten wieder zum Leben erweckt, wenn auch im Grunde nur symbolisch, aber einem allmächtigen Zeus untergeordnet. Leider kennen wir nur das Inhaltsverzeichnis dieses merkwürdigen Konstrukts. Alles andere wurde nach dem Tod des Autors von seinem entsetzten Freund Georgios Scholarios, dem künftigen Patriarchen, vernichtet. Obwohl Georgios Gemistos Plethon indes als Prophet starb, der in seiner Heimat nicht viel galt, wurde er in Europa hoch verehrt, vor allem im Italien der Renaissance. So gründete Cosimo de Medici zu seinen Ehren die Florentiner Akademie, und als der hochgebildete Condottiere Sigismondo Pandolfo Malatesta aus Rimini 1465 an der Spitze eines venezianischen Heers Mistra betrat, ließ er Plethons sterbliche Überreste aus seinem schlichten Grab exhumieren und überführte sie in seine Heimatstadt. Dort ruhen sie immer noch im prächtigen Grabmal, das Malatesta in der Kathedrale San Francesco eigens errichten ließ. Eine stolze Inschrift preist ihn als den »größten Philosophen seiner Zeit«.

Während der ersten fünf Jahre der neuen Regierung entwickelten sich die Verhältnisse in der Morea zufriedenstellend. 1427 leitete Johannes VIII. in Begleitung seines Bruders Konstantin und Georgios Sphrantzes' einen Feldzug, in dessen Verlauf die Flotte Carlo Toccos, des Oberhauptes von Kephallonia und Epiros, am Eingang des Golfs von Patras zerstört wurde. Nach den Vereinbarungen des Friedensvertrages trat Tocco Elis und den Hafen Klarenza (heute Killini) im Nordwestpeloponnes an Byzanz ab, und Konstantin erhielt die Hand seiner Nichte Magdalena. Zwei Jahre später entwand Konstantins Heer dem lateinischen Erzbischof Patras selbst; der Wiedereingliederung in das Despotat stimmte sogar Sultan Murad zu. 1430 war fast die ganze Morea, wenn auch mit Ausnahme der bedeutenden Häfen Korone, Modone und Nauplia, welche Venedig besaß, wieder in griechischer Hand.

Diese Fortschritte im Süden machte jedoch eine Katastrophe weiter nördlich wieder zunichte, denn im März 1430 fiel die Stadt Thessalonike an das Sultanat zurück. Die sieben Jahre unter dem Markusbanner hatten letztlich nichts genützt. Das Türkenheer hatte die Blockade aufrechterhalten. Da Venedig munter fortfuhr, die zum Zeitpunkt der Machtübertragung vereinbarten formalen Verpflichtungen zu ignorieren, nahmen die Vorbehalte der Bevölkerung stetig zu, so daß ein großer Teil den Ungläubigen am liebsten gleich die Tore geöffnet hätte. Schon bald bedauerte die venezianische Schutzmacht, die Thessalonike keineswegs wie versprochen in ein zweites Venedig verwandelte, zutiefst, das Angebot überhaupt angenommen zu haben, und jammerte, es koste sie nun jährlich sechzigtausend Dukaten – denn der Sultan forderte einen Jahrestribut. Aber sie hatte auch ihren Stolz. Als nämlich Murad am 26. März mit einer – gewiß maßlos übertrieben – geschätzten Streitmacht von hundertneunzigtausend Mann erschien und die unverzügliche Übergabe Thessalonikes forderte, antwortete die Besatzung mit einem Pfeilhagel.

Tags darauf sollen die Mönche des Vlataionklosters (das heute noch steht, direkt an der Nordmauer) eine Botschaft an Murad geschickt haben, worin sie ihm empfahlen, die Wasserzufuhr zur Stadt zu kappen. Ob sie diesen Verrat wirklich begingen, läßt sich nicht mehr klären, aber es ist höchst unwahrscheinlich; noch unwahrscheinlicher ist allerdings, daß er den Rat befolgt hätte. Denn diesmal setzte er ganz auf eine Demonstration von Brachialgewalt. Schließlich hatte er nicht umsonst ein riesiges Heer ausgehoben und ausgerüstet. Im Morgengrauen des 29. März ließ er angreifen und befehligte selbst die Einheiten vor dem östlichen Mauerabschnitt, da ihm dort die Mauer am schwächsten erschien. Etwa drei Stunden lang wüteten Katapulte, Steinschleudern und Rammböcke, während die Bogenschützen einen Hagel von Pfeilen entsandten, sobald sich ein Kopf auf der Wehrbrüstung zeigte. Die Stadtbevölkerung erkannte allmählich die Hoffnungslosigkeit der Lage und verlor immer mehr den Mut; viele verließen ihre Posten. Kurz nach neun Uhr konnten die türkischen Soldaten die erste Sturmleiter anlegen. Im nächsten Augenblick hatte einer die Brustwehr überwunden und schleuderte seinen Kameraden triumphierend das abgeschlagene Haupt eines venezianischen Wachtpostens herab zum Zeichen, daß sie ihm folgen sollten.

Die Einheimischen wußten zu gut, welches Schicksal eine Stadt erwartete, die nicht kampflos kapitulierte und den Gegner zwang, sie im Sturm zu nehmen. Die Ereignisse der folgenden zweiundsiebzig Stunden dürften die schlimmsten Befürchtungen der meisten noch übertroffen haben. Der griechische Augenzeuge Johannes Anagnostes berichtet, wie die Straßen und Gassen vom Kriegsgeschrei der Türken widerhallten, während sie mordend und plündernd durchzogen, und wie diese schrecklichen Laute sich mit dem Weinen und Klagen von Kindern mischten, die ihren Eltern, und von Alten und Jungen, denen die Liebsten entrissen wurden. Alle Kirchen wurden ausgeraubt, viele auch zerstört, die Paläste der Adligen ausgeplündert, anschließend entweder in Beschlag genommen oder in Brand gesetzt. Wie viele Menschen dem entfesselten Wüten der Männer zum Opfer fielen, ist nicht bekannt. Anagnostes schätzt die Zahl derer, welche in die Sklaverei verschleppt wurden, auf mindestens siebentausend; es handelte sich überwiegend um Frauen und Kinder.

Nach den drei üblicherweise eingeräumten Tagen gebot Murad dem Treiben Einhalt. Thessalonike war immerhin die zweite Stadt im Byzantinischen Reich. Er wünschte sie nicht in eine rauchende Ruine verwandelt zu sehen. Der Bevölkerung hatte man die gewohnte Lektion erteilt, und wer überlebt hatte, war gestraft genug. Er ließ eine allgemeine Amnestie ausrufen; eine Reihe bekannter Bürger, die in Haft saßen, kam augenblicklich frei; es hieß, Reiche wie Arme sollten nach Hause zurückkehren und bräuchten keine Repressalien mehr zu befürchten, und der christlichen Religion werde Achtung entgegengebracht. Einige Kirchen wurden indes in Moscheen umgewandelt, zum Beispiel die ehrwürdige, beinahe tausendjährige Panaghia Acheiropoietos (»nicht von Händen erbaut«).[2]

Was, ist man zu fragen geneigt, wurde aus den venezianischen Herrschaften, die geprahlt hatten, sie würden Thesalonike zu einem zweiten Venedig machen und deren Widerstand ein Grund für das Leid und Blutvergießen war? Im allgemeinen Drunter und Drüber hatten sie sich zum Hafen durchschlagen können, wo ein Schiff bereitlag, um sie zur nächsten venezianischen Besitzung, der Kolonie Euböa, zu bringen. Als sie letztlich wieder in Venedig eintrafen, zeigten sich Doge und Senat äußerst unzufrieden mit ihren Maßnahmen und klagten sie an, den Schutz der Stadt, deren Verteidigung ihnen anvertraut war, vernachlässigt zu haben. Später kamen sie ins Gefängnis. Und doch konnten sie froh sein, so billig davonzukommen, denn ihre Verbrechen waren größer, als ihre Ankläger je vernahmen.

Fern im Westen herrschte in der römisch-katholischen Kirche immer noch ein Durcheinander. Das Konzil von Konstanz hatte keine wirkliche Reformen zustande gebracht, sondern vielmehr mindestens in einer Hinsicht mehr Schaden angerichtet als Gutes bewirkt: Es hatte sich selbst zum allgemeinen Konzil erklärt, dessen Autorität direkt von Gott stamme und das folglich noch über dem Papst stehe, und das hatte den Zwist zwischen jenen, die eine solche Betrachtungsweise vertraten, und jenen, die an das absolute Primat des Papstes glaubten, gefährlich verschärft, so gefährlich, daß die Kirchendisziplin ernsthaft bedroht war. Vor allem um diese Angelegenheit ein für allemal zu klären, berief Papst Martin V. daher ein neues Konzil ein, das 1431 in Basel zusammentrat.

Kaiser Johannes VIII. sah darin einen Hoffnungsstrahl. Wie in Konstanz würden auch hier Repräsentanten aller christlichen Länder des Westens anwesend sein. Zwar hatten sie beim letzten Mal, gelinde gesagt, enttäuschend reagiert, doch war in den vergangenen fünfzehn Jahren soviel geschehen, daß sie sich nun vielleicht umstimmen ließen. Vor allen Dingen Venedig hatte in Thessalonike türkische Waffen zu spüren bekommen und war nicht nur in seinen finanziellen und strategischen Interessen schwer geschädigt, sondern, entscheidender noch, auch in seinem internationalen Ansehen. Sigismund von Ungarn hatte ebenfalls machtlos zuschauen müssen, wie die türkische Streitmacht im vergangenen Sommer von Thessalonike quer durch den Balkan nach Epiros marschierte, nach der kampflosen Preisgabe von Janina durch Albanien stürmte und so die Grenzen des Sultanats immer weiter an die ungarischen heranschob. Diesmal mußte also ein byzantinischer Appell offenere Ohren finden, und mit Venedig und Ungarn an der Spitze würden andere Mächte gewiß folgen. Johannes verfolgte auch den Konflikt bezüglich der Autorität allgemeiner Konzile mit höchstem Interesse. Sämtliche jüngsten Versuche, eine Kirchenunion herbeizuführen, waren an einem ähnlichen Problem gescheitert: Byzanz hatte auf der Abhaltung eines Konzils in Konstantinopel beharrt, indes Rom sich stets weigerte, einen solchen Vorschlag auch nur in Betracht zu ziehen. Da würde es doch unter den Konzilsteilnehmern gewiß potentielle Verbündete geben, welche die Meinung nun zu seinen Gunsten beeinflussen konnten.

Als die byzantinischen Gesandten im Sommer 1431 am päpstlichen Hof eintrafen, schlug ihnen eine gespannte Stimmung entgegen. Papst Martin war im Februar gestorben, und sein Nachfolger Eugen IV. hatte in einem verzweifelten Versuch, seine Autorität wiederzuerlangen, angeordnet, das Konzil habe Basel zu verlassen und künftige Sitzungen in Italien abzuhalten, wo er besser Einfluß nehmen konnte. Die Delegierten aber gaben zur Antwort, sie würden an Ort und Stelle bleiben. Am 18. Dezember erklärte Eugen in einer Bulle die Versammlung als aufgelöst und das Ergebnis ihrer Beratungen als null und nichtig. Diesmal bekräftigten die Delegierten die Beschlüsse von Konstanz, erklärten, auch sie stellten ein allgemeines Konzil dar – obwohl damals nur vierzehn Delegierte aus dem hohen Klerus anwesend waren – und pochten auf dessen höchste Autorität. In den folgenden beiden Jahren wogte der Streit hin und her; Johannes VIII. sah sich in dieser Zeit von beiden Seiten heiß umworben. Das Konzil drängte ihn, eine offizielle Delegation nach Basel zu entsenden, und der Papst pochte mit ebenso viel Eifer darauf, daß er nichts dergleichen unternahm. 1433 fällte der byzantinische Kaiser eine Entscheidung: er nominierte drei Gesandte als Vertretung beim Konzil. Als eine päpstliche Gesandtschaft bei ihm eintraf, um dem zu wehren, sandte er eine weitere Delegation, diesmal zu Eugen. So fuhr er fort, eine Seite gegen die andere auszuspielen, bis die Sache im Sommer 1437 ihren Höhepunkt erreichte.

Bis dahin hatte der Papst die frühere Entscheidung widerrufen und das Konzil schließlich anerkennen müssen. Aber als noch bedeutender erachtete Johannes VIII., daß er widerstrebend akzeptiert hatte, worauf Byzanz seit eh und je bestand, daß nämlich nur ein Konzil der gesamten Kirche, mit Repräsentanten aus Ost und West, eine echte Kirchenunion herbeiführen könne. Die große Mehrheit der Betroffenen sah jedoch inzwischen ein, daß Basel dafür nicht der rechte Ort war. Die letzten sechs Jahre hatten zu viel Übelwollen und Bitterkeit gebracht. Das vorgeschlagene Konzil konnte also nur Erfolg haben, wenn man ganz neu anfing. Die bornierteren unter den Konzilsteilnehmern sperrten sich dagegen; 1439 erklärten sie den Papst für abgesetzt und wählten einen Gegenpapst. Doch diese mutwillige Erneuerung der Spaltung des Papsttums kostete sie auch noch den Rest ihres Ansehens. Eine christliche Nation nach der anderen beugte sich Eugens Autorität.

Johannes VIII. hätte natürlich am liebsten gesehen, wenn das Konzil in Konstantinopel getagt hätte. Aber er mußte zugeben, daß sich dies unter den gegenwärtigen Umständen gar nicht durchführen ließ. Er akzeptierte darum bereitwillig die Entscheidung des Papstes für Ferrara und bestätigte, daß er und sein Patriarch die byzantinische Delegation persönlich anführen würden. Auf diese Frohbotschaft hin verlor Eugen keine Zeit mehr. Im September arbeiteten seine Gesandten in Konstantinopel bereits die Details aus, während andere mit Venedig um die Bereitstellung einer Flotte verhandelten, welche die byzantinische Delegation in gebührender Ausstattung nach Ferrara befördern sollte. Johannes übertrug also erneut seinem Bruder Konstantin die Regentschaft für Konstantinopel und begab sich am 27. November 1437, einem Mittwoch, auf jene historische Reise. Sein Gefolge umfaßte siebenhundert Personen, unter anderem die hochkarätigste Gruppe orthodoxer Kirchenleute, die je in den Westen gelangt ist. So befand sich dabei zunächst der fast achtzigjährige Patriarch Joseph II., der infolge eines Herzleidens gelähmt, aber bei allen beliebt war, die ihn kannten, des weiteren achtzehn Metropoliten, von denen einige die Patriarchen von Alexandria, Antiochia und Jerusalem vertraten, dann der geschliffene junge Metropolit Bessarion von Nikäa, Isidor, der Abt des Demetriosklosters in Konstantinopel, der am Konzil von Basel teilgenommen hatte und im vergangenen Jahr zum Bischof von Kiew und ganz Rußland ernannt worden war, und schließlich zwölf weitere Bischöfe. Zu den Laien zählte Georgios Scholarios, dessen Kenntnis der lateinischen Theologie und vor allem der Lehre des Thomas von Aquin, so hoffte man, die westlichen Gelehrten blenden würde, und der von allen hochgeschätzte Georgios Gemistos Plethon aus Mistra; alle waren mehr oder weniger prowestlich eingestellt. Als große Leuchte im ultraorthodoxen Lager glänzte Markos Eugenikos, der Metropolit von

Ephesos. Als einer der führenden Theologen seiner Kirche und unerbittlicher Widersacher der *filioque*-Klausel sollte er Johannes in den folgenden Monaten viel Ärger und Sorge bereiten.

Johannes nahm auch seinen Bruder Demetrios mit, dem er 1429 den Despotentitel verliehen hatte. Nicht daß er glaubte, Demetrios könnte einen brauchbaren Beitrag zur bevorstehenden Debatte beisteuern, aber er kannte bereits dessen Qualitäten als gefährlicher Intrigant und hielt es für sicherer, ihn bei sich zu haben und ein Auge auf ihn zu werfen. Die folgenden Ereignisse sollten ihm recht geben.

Die Delegation lief am 8. Februar 1438 in Venedig ein und legte vor dem Lido an. Diesmal gedachte die Republik keine Kosten zu scheuen und dem Kaiser von Byzanz einen möglichst prächtigen Empfang zu bereiten. Schon früh am folgenden Morgen fuhr der Doge Francesco Foscari hinaus, um ihn zu empfangen, und nach Georgios Sphrantzes, der der Zeremonie zwar selbst nicht beiwohnte, sich aber auf Demetrios beruft, zollte er ihm höchsten Respekt, indem er nach einer tiefen Verbeugung barhäuptig vor ihm stehenblieb, während Johannes sich nicht vom Thron erhob; nach einer gebührenden Wartezeit habe der Doge sodann auf einem etwas niedrigeren Stuhl zur Linken des Kaisers Platz genommen. Die beiden besprachen die Einzelheiten von Johannes' feierlichem Einzug in die Stadt, und Foscari kehrte anschließend zurück, um den offiziellen Empfang vorzubereiten.

Am Mittag fuhr er, wie immer in Begleitung der sechsköpfigen Signoria, in seiner Staatsgaleere Bucintoro wieder hinaus. An den Schiffsseiten hingen scharlachrote Damasttücher herab, am Heck glänzte der goldene Markuslöwe, und die Ruderer trugen goldbestickte Jacken. Kleinere Boote begleiteten das Schiff. An ihren Mastspitzen flatterten Wimpel, und an Deck spielten Musikkapellen. Nachdem das Boot längsseits an das kaiserliche Flaggschiff herangefahren war, ging Foscari an Bord und wiederholte seine Ehrenbezeugungen. Er hatte ursprünglich angenommen, daß sie nun gemeinsam im Bucintoro in die Stadt einfahren würden, doch erhob Johannes dagegen Einspruch. Seine kaiserliche Würde, wandte er ein, erfordere, daß er Venedig vom eigenen Schiff aus betrete. Man gab also Anweisung, dieses vom Lido zur Anlegestelle an der Piazzetta zu schleppen. Dort wartete die Bevölkerung praktisch geschlossen, um den hohen Gast zu begrüßen und hochleben zu lassen. Anschließend bewegte sich der Zug den Canal Grande hinauf, unter der Rialtobrücke hindurch, wo ebenfalls eine Menschenmenge mit Trompeten und Fahnen wartete, und erreichte schließlich bei Sonnenuntergang den Palast des Markgrafen von Ferrara, der für die Dauer des Besuches dem kaiserlichen Gefolge zur Verfügung gestellt war.[3]

Johannes hielt sich dort drei Wochen auf, schrieb Briefe an alle Fürsten Europas, in denen er sie drängte, das Konzil zu besuchen oder zumindest Vertreter zu entsenden. Gegen Ende des Monats brach er zum letzten Abschnitt seiner Reise auf.

Verglichen mit seinem Empfang in Venedig war Johannes' Ankunft in Ferrara eine fade Angelegenheit, zu welcher der strömende Regen nur zu gut paßte. Zwar bereitete ihm Papst Eugen einen herzlichen Empfang, aber selbst auf diesen fiel ein Schatten durch die Ankündigung, der Patriarch müsse, wenn er in ein paar Tagen eintreffe, sich vor dem Pontifex niederwerfen und ihm die Füße küssen. Der alte Joseph war ein sehr milder und sanfter Mann, aber dies erschien selbst ihm zuviel. Als ihn Johannes im voraus davon in Kenntnis setzte, wollte er erst nach der Rücknahme dieser Forderung an Land gehen. Schließlich mußte Eugen einlenken; es ist fraglich, ob das Konzil von Ferrara sonst überhaupt stattgefunden hätte. Doch stellte der Vorfall erst den Anfang zahlloser peinlicher Probleme um Protokoll und Vorrang dar. Johannes wie Eugen reagierten in Fragen ihrer Würde überempfindlich. So entstand etwa um den Standort der beiden Throne im Dom ein Zwist, der eine Weile unüberwindlich schien. Als der Schauplatz des Geschehens in den Papstpalast verlegt worden war, bestand Johannes darauf, hoch zu Roß zu seinem Thron zu reiten. Da sich dies als undurchführbar erwies, befahl er, eine Bresche in die Wand zu schlagen, damit man ihn beim Absteigen vom Pferd nicht sehen und er ohne den Fußboden zu berühren zum Thron getragen werden könne. Der Forderung wurde entsprochen und die Sitzungen bis zum Abschluß der nötigen Arbeiten ausgesetzt.

Solch Gerangel um Spitzfindigkeiten erscheint übertrieben, ja völlig lächerlich. Es gehörte allerdings seit eh und je zu den Bestandteilen des peniblen Protokolls am byzantinischen Hof. Und in Ferrara und später in Florenz verfolgte man damit einen ganz bestimmten Zweck. Wenn Johannes mit seiner Mission im Westen Erfolg haben wollte, durfte er unter keinen Umständen als Bittsteller auftreten, sondern nur als Monarch eines großen – wenn auch nicht des einzigen – christlichen Reichs, das ein zentrales Element der Christenheit darstellte, die es um jeden Preis vor türkischen Gelüsten zu bewahren galt. Der Patriarchenvertreter Sylvester Syropoulos, dessen unschätzbarer (wenn auch tendenziöser) Berichterstattung über die Geschehnisse hinter den Kulissen des Konzils die oben erwähnten Anekdoten entstammen, hielt auch folgende Bemerkung des Kaisers gegenüber dem Patriarchen vor dem Aufbruch in Konstantinopel hinsichtlich des Auftretens der griechischen Kirchenleute fest: Präsentiere sich die Kirche würdig, werde man das honorieren und es ihnen zugute kommen; verdreckt und ungepflegt jedoch, werde man sie verachten und für gar nichts halten.

Auch wenn man von den ärgerlichen Fragen der Etikette absieht, ließ sich das Konzil nicht gut an. Kaiser Johannes hatte sich ausbedungen, daß die förmliche Diskussion über die Lehre erst nach vier Monaten aufgenommen werden sollte. Da er am Konzil in erster Linie teilnahm, um die anderen europäischen Fürsten um Hilfe zu ersuchen, sollten keine wichtigen Entscheidungen vor deren Ankunft fallen. Doch der Sommer zog ins Land, und noch immer ließ sich kein Fürst blicken. Die Lateiner zeigten sich zunehmend ungeduldig. Der Papst, der für Verpflegung und Unterkunft der gesamten griechischen Delegation aufkommen mußte, verbarg seine Unruhe je weniger, desto mehr er seine finanziellen Reserven dahinschmelzen sah. Im Juni und Juli eröffneten kleinere griechische und lateinische Gruppen, um wenigstens etwas zu tun zu haben, die Diskussion über das Fegefeuer, in dem manch einer bereits zu schmoren glaubte. Doch kam man zu keinem Ergebnis.

Im August brach die Pest aus. Seltsamerweise schienen die Kirchenleute aus Byzanz dagegen gefeit zu sein; Johannes hatte indes Ferrara ohnehin verlassen, um der Jagd zu frönen. Unter den lateinischen Delegierten und der Stadtbevölkerung gab es jedoch viele Todesfälle. Gleichzeitig wuchsen die Spannungen zwischen den beiden Kirchenparteien stark an. Beide Seiten verloren allmählich die Geduld. Die Geistlichen aus dem Osten befanden sich in einer Zeit großer Angst und Unsicherheit nun schon fast ein ganzes Jahr von zu Hause fort und hatten bis dahin noch nichts erreicht. Vielen ging allmählich auch das Geld aus, da die päpstlichen Subsidien immer unregelmäßiger flossen. Auch konnte sich niemand mehr darüber hinwegtäuschen, daß von den europäischen Fürsten keiner am Konzil teilzunehmen beabsichtigte und es daher keinen Grund mehr gab, noch länger auf sie zu warten. Als am 8. Oktober die Beratungen endlich begannen, fühlten sich alle erleichtert.

Drei Monate lang beschäftigte sich das Konzil ausschließlich mit der *Filioque*-Klausel, aber selbst jetzt noch nicht mit der eigentlichen Frage, ob der Heilige Geist aus dem Vater und dem Sohn – oder nicht allein aus dem Vater – hervorgehe, sondern ob es damals legitim war, die Formel überhaupt in das Nikäische Glaubensbekenntnis aufzunehmen.

Als Hauptsprecher auf griechischer Seite trat der Metropolit Markos Eugenikos von Ephesos auf; er stützte seine Ausführungen auf eine besondere Vereinbarung des Konzils von Ephesos aus dem Jahre 451: Es sei niemandem erlaubt, einen anderen Glauben zu verkünden, zu schreiben oder zu begründen als den von den heiligen Vätern in Nikäa festgeschriebenen. Dem hielten die Lateiner entgegen, es handle sich beim umstrittenen Wort eher um eine Erklärung als einen Zusatz und wiesen darauf hin, daß das Glaubensbekenntnis der griechischen Kirche schon etliche Abweichungen vom Original von Nikäa aufweise. Beides ließ der Metropolit nicht gelten, woraufhin sie bemerkten, dieser Punkt sei ohnehin ganz unwichtig. Warum dann, fragte er zurück, so entschlossen auf dessen Beibehaltung beharren? Sprachprobleme erschwerten die Diskussion des Themas zusätzlich. Die meisten Delegierten beherrschten nur ihre Muttersprache wirklich, und zu übersetzen verstand niemand kompetent. Die Schwierigkeiten vertieften sich, als man feststellte, daß etliche lateinische und griechische Begriffe einander gar nicht exakt entsprachen, wie man dies anfangs angenommen hatte: So enthält zum Beispiel der griechische Begriff *ousia,* der etwa mit Substanz zu übersetzen wäre, Bedeutungsnuancen, die dem lateinischen Wort *substantia* völlig abgehen. Die Sitzungen endeten am 13. Dezember ohne Annäherung der Standpunkte.

Diese Situation nutzte der Papst, um die Delegierten zu einem Umzug nach Florenz zu überreden. Als Grund führte er die in Ferrara noch immer wütende Pest an. Seine wahren Motive waren jedoch fast ausschließlich finanzieller Natur. Nun tagte das Konzil schon seit acht Monaten, und ein Ende war nicht in Sicht. Schon hatte es die päpstlichen Kassen besorgniserregend geschröpft. In Florenz würden die Medici gewiß aushelfen. Der Umzug brachte noch weitere Vorteile. Als die Sitzungen Ende Februar 1439 wiederaufgenommen wurden, gaben die Orthodoxen sich, erschöpft, besorgt, voller Heimweh und (wenn man Syropoulos glauben kann) ausgehungert, viel kompromißbereiter als im vergangenen Jahr. Ende März stimmten sie zu, daß die lateinische Formel, nach welcher der Heilige Geist von Vater und Sohn ausgehe, dasselbe meine wie eine unlängst akzeptierte griechische Formel, wonach er aus dem Vater durch den Sohn hervorgehe. Kurz nach diesem Durchbruch hauchte Patriarch Joseph sein Leben aus. Es sei ihm, wie ein Beobachter zynisch vermerkte, nichts anderes übriggeblieben, habe er doch nicht einmal mehr einfache grammatikalische Formen auseinanderhalten können.

Nachdem dieses Problem endlich erledigt war, kam man mit den noch ausstehenden recht schnell zu Rande. Die byzantinischen Kirchenleute lehnten das lateinische Dogma vom Fegefeuer ab (das ihnen ungerechtfertigt erschien) und auch die Verwendung ungesäuerten Brotes beim Meßopfer (das für sie nicht nur nach Judentum schmeckte, sondern auch einer Respektlosigkeit dem Heiligen Geist gegenüber gleichkam, für den das ungesäuerte Brot stand). Sie beklagten sich über die lateinische Praxis, an Laien die Kommunion in beiderlei Gestalt auszuteilen, sowie über das Heiratsverbot für weltliche Priester. Doch in all diesen Fragen hielten sie die Opposition nur zum Schein aufrecht. Denn als die lateinische Seite heftig über die vor kurzem definierte östliche Lehre von den unerschaffenen Energien Gottes herfiel, versuchten sie die Forderung gar nicht erst durchzusetzen. Die Frage nach der Suprematie des Papstes hätte zu anderen Zeiten wahrscheinlich Schwierigkeiten bereitet. Da sie jedoch seit dem Konzil von Basel als heikler Gegenstand galt, spielte man ihre Bedeutung herunter.[4] Vor allem dank Johannes, der seine Landsleute abwechselnd mit Argumenten und Drohungen gefügig zu machen versuchte, herrschte schließlich im Hochsommer in allen wichtigen Themen Übereinstimmung, und am Sonntag, dem 5. Juli, unterzeichneten die orthodoxen Bischöfe und Äbte, ausgenommen der Metropolit von Ephesos, das offizielle Vereinigungsdekret; es bestätigte, abgesehen von einer oder zwei Konzessionen an die griechische Praxis, die lateinische Position. Markos Eugenikos hatte in keinem Punkt nachgegeben, Johannes ihm jedoch ein Veto untersagt. Nachdem auch die Lateiner ihre Unterschrift unter das Dokument gesetzt hatten, erfolgte am anderen Tag die offizielle Verkündigung im Dom zu Florenz, und zwar zunächst in lateinischer Sprache seitens Kardinal Giuliano Cesarinis (von Anfang an Hauptsprecher der römischen Kirche) und dann auf Griechisch durch den Metropoliten Bessarion von Nikäa, wobei die lateinische Fassung mit den Worten *Laetentur Coeli* (Die Himmel frohlocken!) anhob. Wie sich leider schon bald herausstellen sollte, hatten die Himmel dazu kaum Anlaß.

Erst im Februar 1440 kehrte Johannes VIII. über Venedig nach Konstantinopel zurück. Er erlebte eine traurige Heimkunft. Nach der Flucht seiner zweiten Frau Sophia von Montferrat vor vierzehn Jahren nach Italien hatte er die Kaisertochter Maria von Trapezunt geheiratet, und ihr war er sehr zugetan gewesen. Nun erfuhr er beim Verlassen des Schiffes zu seinem Schmerz, daß sie ein paar Wochen zuvor gestorben war. Politisch schwer wog zudem der Umstand, daß das Konzil von Florenz inzwischen überall auf Ablehnung stieß. Die Patriarchen von Jerusalem, Alexandria und Antiochia vertrieben die Delegierten, die das Schlußdekret unterzeichnet hatten, und sein schärfster Gegner, Markos Eugenikos, Metropolit von Ephesos, galt als Mann der Stunde. Wer das verhaßte Dekret unterzeichnet hatte, wurde als Abtrünniger und Verräter am Glauben gebrandmarkt, überall in Konstantinopel angepöbelt und vereinzelt sogar tätlich angegriffen, so daß die meisten von ihnen sich an dem 1441 veröffentlichen Manifest beteiligten, worin sie bedauerten, jemals ihren Namen unter das Dokument gesetzt zu haben, und offiziell ihre Unterschrift zurückzogen.

Eine so heftige Reaktion mußte auch die Stellung des Kaisers in Mitleidenschaft ziehen. Im Sommer 1442 versuchte sein ehrgeiziger Bruder Demetrios, der ihn zwar nach Florenz begleitet hatte, jedoch schon früh zusammen mit Scholarius und Plethon abgereist war, um sich wieder um sein kleines Despotat in Mesembria zu kümmern, den Thron im Namen der Orthodoxie für sich zu reklamieren. Trotz türkischer Unterstützung kam er rasch in Gefangenschaft und unter Hausarrest. Aber der Versuch eines Staatsstreiches war nur Symptom allgemein herrschender Unzufriedenheit, die vor allem nach der Rückkehr von Markos Eugenikos nach Konstantinopel im folgenden Jahr ständig wuchs. Er erwies sich als weit gefährlicherer Gegner denn Demetrios. Unter anderen Umständen hätte man ihn wohl als unverbesserlichen Reaktionär in die Wüste geschickt. Nun stand er als furchtloser, entschlossener Glaubenskämpfer da. Nach all der in Ferrara und Florenz erworbenen Übung verfocht er seine Sache hervorragend. Und da er immer ein sehr frommes und untadeliges Leben geführt hatte, konnte man ihm auch nichts anhängen und ihn nicht ins Exil abschieben.

Natürlich gab es auch angesehene Befürworter der Vereinigung, die Johannes hätten unterstützen können. Doch hatte Bessarion von Nikäa, der 1439 zum römischen Katholizismus konvertiert und fast gleichzeitig zum Kardinal ernannt worden war, Konstantinopel wenige Monate nach seiner Rückkehr angewidert verlassen und war mit dem nächsten Schiff zurück nach Italien gereist, um seinen Fuß nie wieder auf byzantinischen Boden zu setzen.[5] Sein Freund Isidor von Kiew, dem man ebenfalls den Kardinalshut anbot, hatte weniger Glück. Er wurde bei der Rückkehr nach Moskau ab- und gefangengesetzt. Später konnte auch er nach Italien entfliehen und tauchte, wie noch zu sehen sein wird, als päpstlicher Gesandter wieder in Konstantinopel auf. Georgios Scholarius, der berühmte lateinische Gelehrte, erwies sich als schwankendes Schilfrohr. Schon bald widerrief auch er das Dekret und zog sich ins Kloster zurück. Und nach dem Tod Markos Eugenikos' 1444 folgte er ihm als anerkannter Anführer der antiunionistischen Bewegung nach.

Der päpstliche Nuntius in Konstantinopel hielt seinen Herrn natürlich über diese Entwicklungen auf dem laufenden, wobei er sie dem Kaiser zur Last legte. Papst Eugen nahm sie, zumindest vorerst, indes nicht sonderlich ernst. Schließlich waren die Kirchen nun vereint, wenigstens auf dem Papier. Nun galt es für ihn, zu einem Kreuzzug gegen die Feinde von Byzanz aufzurufen. Tat er dies wegen des geistlichen Ungehorsams der Antiunionisten nicht, bedeutete das nicht nur Wortbrüchigkeit dem Kaiser gegenüber, sondern auch das Eingeständnis, daß das Konzil von Florenz fehlgeschlagen war. Auch mußte der Kreuzzug eher heute als morgen zustande kommen, denn der osmanische Vormarsch hielt unaufhaltsam an. 1439 hatte nach dreimonatiger Belagerung die große Donaufestung Smederewo kapituliert – die Georgios Brankovich 1420 etwa vierzig Kilometer südöstlich von Belgrad hatte errichten lassen und deren eindrucksvolle Ruinen heute noch stehen – und Brankovich in Ungarn Zuflucht gesucht. Obwohl Belgrad sich noch halten konnte, befand sich praktisch der gesamte Norden Serbiens in türkischer Hand. 1441 war das türkische Heer in Transsylvanien einmarschiert. Als nächstes würde wohl Ungarn an die Reihe kommen.

So bildeten ungarische Verbände gemeinsam mit serbischen unter Führung von Georgios Brankovich die Hauptmasse des päpstlichen Kreuzzugs. Den ungarischen König Ladilaus (gleichzeitig König von Polen, denn die beiden Königreiche waren zeitweise in Personalunion verbunden) hatte Eugen zum verantwortlichen Anführer des Kreuzzugs bestimmt und den ungarischen Feldherrn Johannes Hunyadi, einen Woiwoden aus Transsylvanien, mit der militärischen Leitung betraut. Die Organisation ruhte in der Hand Kardinal Giuliano Cesarinis, des lateinischen Sprechers in Florenz, schon lange Eugens rechte Hand, vor allem in der Außenpolitik. Die Flotte steuerten Venedig, das Herzogtum Burgund und Eugen selbst bei. Sie sollte durch den Hellespont, das Marmarameer und den Bosporus ins Schwarze Meer fahren und von dort nötigenfalls donauaufwärts, um sich mit dem Heer zu treffen, das gleichzeitig von Nordwesten vorrückte.

Im Spätsommer 1443 setzte sich das etwa fünfundzwanzigtausend Mann starke Kreuzzugsheer in Bewegung. Binnen weniger Wochen zerstörte es vor der serbischen Stadt Nis die Streitmacht des türkischen Statthalters von Rumelien und marschierte anschließend, ohne auf

Gegenwehr zu treffen, nach Bulgarien. Sofia kapitulierte nach etwas Widerstand zum Schein kurz vor Weihnachten. Im Januar 1444 siegten die Kreuzfahrer erneut. Gegen Ende des Frühjahrs wurde Murad II. zusehends besorgter, denn plötzlich sah er das Reich von allen Seiten bedroht. In Anatolien galt es einen gefährlichen Karamanen-Aufstand niederzuschlagen. In Albanien hatte Georgios Kastriotes, der berühmte Skanderbeg, sich auf der Festung Kroia verschanzt und gleichfalls das Banner der Revolte aufgepflanzt, und in der Morea Despot Konstantin Palaiologos, der sein Erbteil am Schwarzen Meer mit seinem Bruder Theodor getauscht hatte und seit vergangenem Oktober die Morea regierte, das Hexamilion wieder aufbauen lassen, über den Golf von Korinth gesetzt, in kurzer Zeit Athen und Theben erobert und den dortigen Herzog Nerio II. Acciajuoli gezwungen, jenen Tribut ihm zu zahlen, den er zuvor dem Sultan als dessen Vasall hatte entrichten müssen. Sollte die türkische Macht bestehen bleiben, mußte Murad sich jetzt also wohl oder übel mit seinen Feinden arrangieren.

Im Juni 1444 sprachen Gesandte von König Ladislaus, Georgios Brankovich und Johannes Hunyadi an Murads Hof in Adrianopel vor. Die Verhandlungen resultierten in einem zehnjährigen Waffenstillstand. Murad versprach unter anderem, der Walachei mehr Spielraum zu gewähren; Brankovich erhielt die serbischen Gebiete zurück. Einen Monat später ratifizierte Ladislaus in Szegedin den Vertrag. Da er sich endlich von seinen Problemen in Europa befreit sah, begab sich Murad nach Anatolien, um mit dem aufständischen Karamanenvolk ein für allemal abzurechnen. Als die Nachrichten in Rom eintrafen, zeigten sich Papst Eugen und seine Kurie jedoch entsetzt. Hunyadis Siege und die kurz zuvor versprochene zusätzliche Hilfe Venedigs hatten die Hoffnung genährt, die Türken ganz aus Europa vertreiben zu können. Hatte man alles verschleudert, was der Kreuzzug bisher erreicht hatte? Vor allem Kardinal Cesarini war aufgebracht. Da er seine sorgfältige Organisation nicht umsonst aufgeboten haben wollte, eilte er nach Szegedin, entband König Ladislaus vom Eid, den er dem Sultan geschworen hatte, und erzwang somit praktisch die Fortsetzung des Kreuzzugs.

Ladislaus hätte sich besser geweigert. Zum einen brach er seinen dem Sultan geschworenen feierlichen Eid – Absolution hin oder her –, zum andern war das Heer inzwischen gefährlich geschrumpft, denn viele Kreuzfahrer hatten sich schon auf den Heimweg gemacht, und Georgios Brankovich, hocherfreut über die Vereinbarungen des Waffenstillstands, gedachte sich an die Abmachungen zu halten. Da aber vor kurzem Verstärkung aus der Walachei eingetroffen war, entschloß sich der junge König, zu tun, worum man ihn bat. Im September war er wieder beim Heer; diesmal begleitete ihn der Kardinal persönlich. Der Kreuzzug begann von neuem. Trotz gelegentlichen Widerstandes stießen sie durch Bulgarien bis in die Nähe von Warna am Schwarzen Meer vor; Ladislaus erwartete, dort seine Flotte vorzufinden. Für diese gab es jedoch anderweitig zu tun. Kaum hatte Murad vom Verrat erfahren, waren er und eine achtzigtausend Mann starke Streitmacht aus Anatolien zurückgeeilt. Die Schiffe der Verbündeten – überwiegend aus Venedig – versuchten sie mit aller Gewalt an der Überquerung des Bosporus zu hindern. Dies gelang ihnen jedoch nicht. Nachdem sich die osmanische Truppen den Weg über die Meerenge freigekämpft hatten, marschierten sie mit dem erbosten Sultan an der Spitze die Schwarzmeerküste hoch und stürzten sich am 10. November 1444, den gebrochenen Vertrag an Murads Standarte geheftet, dem Kreuzfahrerheer entgegen. Zwar hielten die christlichen Verbände stand und kämpften mit dem Mut der Verzweiflung. Gegen eine dreifache Überzahl bestand aber auf die Dauer keine Chance. Ladislaus fiel und kurz darauf auch Cesarini. Das Heer wurde vollständig aufgerieben. Von den Anführern gelang es nur Johannes Hunyadi, mit einer Handvoll Leuten zu entkommen. Der letzte Kreuzzug gegen eine türkische Streitmacht in Europa endete mit einer Katastrophe. Von diesem vernichtenden Schlag erholte sich der christliche Widerstandgeist nie wieder.

Für Kaiser Johannes VIII. bedeutete das Desaster von Warna die Vernichtung seines Lebenswerks, die Vergeblichkeit aller diplomatischen Bemühungen, das Ende aller Hoffnungen. Allein dafür, so erkannte er nun, hatte er die Gefahren der Reisen in die Fremde auf sich genommen, den kaum verhehlten Hohn seiner Mitfürsten erduldet, seine Kirche verraten und den Haß und die Verachtung fast der ganzen byzantinischen Bevölkerung heraufbeschworen. Dabei stand die letzte Demütigung ihm noch bevor. Als Murad siegestrunken zurückkehrte, mußte Johannes ihn als sein loyaler Vasall willkommen heißen und zu seinem Triumph beglückwünschen.

Sein Bruder Konstantin dagegen zeigte sich unbeeindruckt. Er hatte im Burgunderherzog Philipp V. einen neuen Verbündeten gefunden. Philipp, ein fanatischer Kämpfer gegen die Ungläubigen, hatte bereits Schiffe für den so katastrophal beendeten Kreuzzug zur Verfügung oder mindestens in Aussicht gestellt und sich wie Konstantin von dem Fehlschlag überhaupt nicht beirren lassen. Im Sommer 1445 schickte er eine mehrere hundert Mann starke Kompanie seiner Leute in die Morea und versetzte dadurch Konstantin in die Lage, einen weiteren Raubzug durch Zentralgriechenland bis zum Pindus-Gebirge und nach Albanien hinein zu unternehmen. Wo immer er erschien, wurde er gefeiert, und mindestens ein lokaler venezianischer Statthalter mußte sich in aller Eile davonmachen. Unterdessen brach Konstantins eigener Statthalter von Achäa mit einem Trupp Reiter und Fußsoldaten in seiner Basis in Vostitsa auf; sie durchquerten die Nordküste des Golfs von Korinth und vertrieben die Türken aus der Westphokis, dem Gebiet um Delphi.

Diesen Affront ertrug Murad nicht. Erst vor wenigen Monaten hatte er zugunsten seines Sohnes Mehmed abgedankt. Jetzt riß er die alte Gewalt wieder an sich, um an diesen aufmüpfigen Griechen Vergeltung zu üben. Im November 1446 stürmte er in Begleitung der unlängst vertriebenen Herzöge von Athen und Theben mit einem etwa fünftausend Mann starken Heer auf die Morea zu. Phokis wurde ein zweites Mal überrannt. Konstantin und sein Bruder Thomas eilten zurück, um das Hexamilion wieder instand setzen zu lassen und unter allen Umständen zu halten. Aber sie hatten Murads Kriegsgerät unterschätzt. Er führte nicht nur die üblichen Belagerungsmaschinen und Sturmleitern mit, sondern außerdem etwas, was man in Griechenland noch nie zuvor gesehen hatte: schwere Artillerie. Fünf Tage lang zermalmten die Kanonen den großen Wall. Am 10. Dezember gab Murad Befehl zum letzten Sturm. Die Verteidigungstruppen wurden zumeist massakriert oder gerieten in Gefangenschaft. Die beiden Despoten Konstantin und Thomas konnten nur knapp nach Mistra entkommen.

Doch noch war das Sultanat für einen Eroberungskrieg nicht gerüstet. Diesmal ging es nur darum, das griechische Despotat zu züchtigen, ihm eine Lektion zu erteilen und es nicht im Zweifel darüber zu lassen, wer die Oberhand hatte, in der Morea so gut wie sonstwo. Nachdem er die Hälfte des Heers unter dem Feldherrn Turachan südwärts nach Mistra gesandt hatte, marschierte er mit seinem Janitscharenregiment durch den südlichen Küstenstreifen des Golfes von Korinth, und sie hinterließen eine Spur der Verwüstung. Patras hatte sich, obwohl die Bevölkerung überwiegend nach Naupaktos geflohen war, auf eine Belagerung vorbereitet und eine Kapitulation verweigert. Murad kümmerte sich nicht darum und marschierte weiter nach Klarenza, wo Turachan wieder zu ihm stieß. Er war mit seinem Heer nicht bis Mistra vorgedrungen, da mittlerweile tiefer Winter herrschte und die Bergpässe verschneit und unpassierbar waren. Doch auch er hatte mit seinen

Männern das Land verwüstet, jede Stadt und jedes Dorf, durch das sie gezogen waren, geplündert und in Brand gesteckt. Der Chronist Laonikos Chalkokondylas, dessen Vater für kurze Zeit im Kerker saß, nachdem er Murad in einem früheren Stadium des Feldzugs eine Botschaft Konstantins überbracht und später den Kampf um das Hexamilion mitangesehen hatte, berichtet, Murad und sein Feldherr seien mit mindestens sechzigtausend Gefangenen nach Adrianopel zurückgekehrt. Einer späteren Schätzung zufolge sollen rund zweiundzwanzigtausend Menschen den Tod gefunden haben.

In einer Hinsicht hatten die Despoten Glück: die Hauptstadt der Morea blieb verschont. Der italienische Reisende und Kenner des Altertums, Ciriaco von Ancona, will in Mistra im Juli 1447 im Vergleich zu seinem letzten Besuch zehn Jahre zuvor kaum Veränderungen bemerkt haben. Der Despot Thomas empfing ihn zu einer Audienz, er traf den alten Plethon und ließ sich von Laonikos Chalkokondylas die Ruinen des antiken Sparta in der Eurotas-Ebene unterhalb von Mistra zeigen, die ihn viel mehr interessierten als das zeitgenössische Mistra, aber ihm entging nicht, daß das Land fruchtbar war und die letzte Ernte reichlich. Daraus geht klar hervor, daß das Leben im Südpeloponnes, wenigstens in den Augen durchschnittlicher Reisender, wie eh und je vonstatten ging. Es hätte jedoch ganz anders kommen können. Nur ein ungewöhnlich früh einsetzender, strenger Winter hatte Mistra gerettet. Ein türkischer Feldzug im Mai oder Juni statt im November, und Turachan dürfte selbst die entlegensten Winkel des Peloponnes mit seinen Truppen problemlos erreicht haben, und Mistra wäre sehr wahrscheinlich mitsamt seinen Kirchen und wunderbaren Fresken ihrem Wüten zum Opfer gefallen.

Konstantin verbrachte die beiden folgenden Jahre damit, die Schäden der türkischen Invasion zu beheben. Murad gedachte indes sein Reich weiter auszudehnen. Im Sommer 1448 wandte er seine Aufmerksamkeit Johannes Hunyadi zu, inzwischen Regent von Ungarn. Hunyadi erwartete nichts anderes. Er hatte schon ein Heer aus Ungarn und der Walachei sowie allerhand Söldnern um sich geschart und marschierte in der Hoffnung, sich mit der Streitmacht des Albaners Skanderbeg zu vereinigen, nach Süden. Aber Skanderbeg hatte alle Hände voll mit Venedig zu tun. So sah sich Hunyadi mit seinem Heer ohne Verbündete am 17. Oktober 1448 auf dem Amselfeld bei Kosovo der osmanischen Streitmacht gegenüber, wo knapp sechzig Jahre zuvor das serbische Volk vernichtet worden war. Drei Tage lang tobte die Schlacht. Doch am 20. Oktober erlahmte der ungarische Widerstand. Johannes Hunyadi entkam, wurde jedoch fast sofort von seinem ehemaligen Verbündeten Georgios Brankovich, inzwischen ein treuer Vasall Murads, eingefangen und so lange festgesetzt, bis er versprach, die Schäden, die seine Soldaten in Serbien angerichtet hatten, wiedergutzumachen.

Elf Tage später, am 31. Oktober 1448, starb Johannes VIII. in Konstantinopel. Er war sechsundfünfzig Jahre alt, aufgrund der Enttäuschungen der letzten Jahre aber vorzeitig gealtert und ein gebrochener Mann. Nach Warna und Kosovo konnte es keine Kreuzzüge mehr geben. Nur noch ganz wenige Menschen in Europa glaubten noch daran, daß Byzanz vor den Ungläubigen zu retten sei. Und zumindest in der lateinischen Welt bezweifelten immer mehr, ob es eine Rettung überhaupt verdiene. Aufgrund seines Porträts auf dem Fresko der Weisen aus dem Morgenland von Benozzo Gozzoli in der Kapelle des Palazzo Medici-Riccardi in Florenz dürfte sein Konterfei von dem aller byzantinischen Kaiser und Kaiserinnen, mit Ausnahme vielleicht Konstantins des Großen und Justinians, am bekanntesten sein. Doch hat er seine postume Berühmtheit kaum verdient. Manuel II. hatte auf dem Sterbebett geäußert, Byzanz benötige keinen Basileus, aber einen guten Verwalter. Und man hat zu Recht behauptet, er sei keines von beidem gewesen.[6] Einen großen Teil seiner Regierungszeit verschrieb er sich entgegen Manuels klugem Rat einer Politik, der von vornherein kein Erfolg beschieden sein konnte. Dadurch gab er die Unabhängigkeit seiner Kirche preis, verspielte seine Popularität und brachte letztlich nur einen Feldzug zustande, der weit mehr Schaden anrichtete, als er Gutes bewirkte.

Doch darf man mit Johannes VIII. nicht zu harsch ins Gericht gehen. Er versuchte sein Bestes und setzte sich gewissenhaft für die Ziele ein, die er für richtig hielt. Schließlich fand er eine bereits hoffnungslose Situation vor, und unter solchen Umständen war praktisch ohnehin alles, was er unternahm, zum Scheitern verurteilt. Durch ihn dürfte sich am Ausgang nicht viel geändert haben. Byzanz, von innen zerfressen, von außen bedroht, kaum noch zu unabhängigem Handeln fähig, inzwischen auf der Karte von Europa fast nicht mehr auffindbar, bedurfte – vielleicht mehr als jemals eine einst große Kultur – nur noch des Gnadenstoßes. Er kündigte sich schon lange an, und nun war es schließlich soweit.

24

Der Untergang

(1448–1453)

Habt Ihr von einer Stadt vernommen, an deren einen Seite Land ist und an deren anderen beiden Meer? Die Stunde des Gerichts schlägt nicht, bis siebzigtausend Söhne Isaaks sie erobern.

Der Prophet Mohammed, gemäß islamischer Überlieferung

Johannes VIII. Palaiologos starb kinderlos. Anna von Moskau, seine erste Frau, war im Alter von fünfzehn Jahren der Pest erlegen; was Sophia von Montferrat, seine zweite, angeht, so hatten sich beide geweigert, einander auch nur eines Blickes zu würdigen, und sie war ihm schließlich entflohen; Maria von Trapezunt, seine dritte, liebte er zwar innig, doch gingen auch aus dieser Verbindung keine Nachkommen hervor. Nun gab es aber noch fünf Brüder; von diesen war Theodor vier Monate vor ihm und Andronikos in jungen Jahren in Thessalonike gestorben, und von den drei überlebenden – Konstantin, Demetrios und Thomas – hatte er Konstantin formell zu seinem Nachfolger ernannt. Da eilte Demetrios, der bereits sechs Jahre zuvor, nach Johannes' Rückkehr aus Florenz, einmal erfolglos versucht hatte, den Thron an sich zu reißen, von Ehrgeiz verzehrt, unverzüglich von Selymbria nach Konstantinopel, um Anspruch auf die Nachfolge zu erheben. Als selbsternannter Führer der Unionsgegner – und als solcher von Georgios Scholarios anerkannt – erfreute er sich dort einer gewissen Beliebtheit und hätte sein Ziel möglicherweise erreicht, hätte nicht seine Mutter, Kaiserin Helena, eingegriffen; sie rief Konstantin sofort zum rechtmäßigen Kaiser aus und machte gleichzeitig ihr Recht geltend, als Regentin zu herrschen, bis dieser aus der Morea eintraf. Thomas, der jüngste der Brüder und seit Mitte November in Konstantinopel, bot ihr seine volle Unterstützung an, und da Demetrios erkannte, daß er geschlagen war, lenkte er ein. Anfang Dezember entsandte

Kaiserin Helena Georgios Sphrantzes an den Hof des Sultans, um dessen Zustimmung zum neuen Basileos einzuholen.

Zu dem Zeitpunkt befanden sich zwei Gesandte auf dem Weg in die Morea, mit der Ermächtigung, Konstantin in Amt und Würden einzusetzen. Natürlich durften sie die Krönungsfeier nicht vollziehen, und es gab auch keinen Patriarchen in Mistra. Die Zeremonie, die am 6. Januar 1449 stattfand, war daher ziemlich sicher rein ziviler Natur und bestand in einer öffentlichen Anerkennung, der eine schlichte Amtseinsetzung folgte. Dieses Verfahren kannte mindestens einen rechtskräftigen historischen Präzedenzfall: Manuel I. war von seinem Vater, Johannes II., auf ähnliche Weise irgendwo in Kilikien eingesetzt worden. Doch sowohl damals als auch im Falle Johannes Kantakuzenos', bei dem es 1341 zu einer Krönung außerhalb Konstantinopels gekommen war, hatte man es als richtig erachtet, den Kaiser sobald wie möglich vom Patriarchen von Konstantinopel in der Hagia Sophia krönen zu lassen. Bei Konstantin XI. Dragasches – er gab dieser gräzisierten Form des serbischen Namens seiner Mutter Helena stets den Vorzug – kam es nie zu einer kirchlichen Krönung. Wie auch? Die orthodoxe Kirche war seit dem Konzil von Florenz gespalten. Der Patriarch Gregorios III., ein glühender Unionist, wurde von mehr als der Hälfte seiner Gemeinde nicht anerkannt, ja sogar als Verräter verflucht. Konstantin hatte die Kirchenunion nie verurteilt, die Streitfrage indes nach Möglichkeit in den Hintergrund gerückt. Konnte er dadurch die Aussicht auf Hilfe aus dem Westen auch nur um ein Winziges steigern, so war dies seiner Meinung nach für ihn Pflicht. Aber der Preis war hoch. Die Antiunionisten verkündeten weiterhin, wie unsinnig es sei, Rettung bei den westlichen Ketzern zu suchen statt beim Allmächtigen, und weigerten sich, in ihren Kirchen für ihn zu beten. Ohne Krönung in der Hagia Sophia besaß der Kaiser weder Anspruch auf ihre Loyalität noch auf die irgendwelcher Untertanen. Andererseits hätte jede Krönung weitreichende Tumulte verursacht, ja vielleicht sogar einen regelrechten Bürgerkrieg ausgelöst.

Als Konstantin XI. die Hauptstadt am 12. März 1449 erstmals als Kaiser betrat – es wirkt wie ein trauriges Spiegelbild vom Zustand des Reichs, daß er auf einem venezianischen Schiff aus Griechenland anreisen mußte, da es keine byzantinischen gab –, erkannte er diese unmögliche Lage der Dinge mit einem Schlag. Doch Papst Nikolaus V., der 1447 die Nachfolge von Eugen angetreten hatte, wollte oder konnte sie nicht akzeptieren. Seitens des Heiligen Stuhls hatte man sich seit den ersten Erörterungen über die Kirchenunion stets beharrlich geweigert, die Schwierigkeiten zur Kenntnis zu nehmen, die sich daraus für die byzantinische Seite ergaben; und Nikolaus war ebenso blind wie seine Vorgänger. Als Konstantin im April 1451 zu einem weiteren Überzeugungsversuch ansetzte und ihm eine lange und ausführliche Erklärung des Anführers der Unionsgegner nach Rom sandte, hielt Nikolaus ihn einzig dazu an, hart mit seinen Opponenten umzuspringen; sollten sie sich gegen die Union aussprechen oder Respektlosigkeit gegenüber der Kirche von Rom zeigen, der sie nun angehörten, seien sie entsprechend zu bestrafen. Im übrigen, fuhr er fort, sei Patriarch Gregorios – dieser hatte aus lauter Verzweiflung kurz zuvor abgedankt – wieder in sein Amt einzusetzen und das Dekret des Florentiner Konzils, wie es sich gehöre, in der Hagia Sophia zu verkünden und mit einer Dankmesse zu feiern. Im Mai 1452 verlor er dann die Geduld und sandte mit Kardinal Isidor von Kiew einen Apostolischen Legaten, um den Fall ein für allemal zu regeln.

Bis dahin hatte der Kaiser mit anderen Problemen zu kämpfen, darunter vor allen Dingen mit der Frage seiner Nachfolge. Zu dem Zeitpunkt war er Mitte Vierzig und zweimal verwitwet. Beide Ehen waren glücklich gewesen, aber kinderlos geblieben. Seine erste Frau Maddalena Tocco war im November 1429 nach gut einem Jahr gestorben, und seine zweite, Katharina Gattilusio – Tochter des genuesischen Oberhauptes von Lesbos –, mit der er sich 1441 verheiratet hatte, war nach nur wenigen Monaten in Palaiokastro auf Lemnos ebenfalls gestorben, wo sie beide vorübergehend durch eine türkischen Flotte aufgehalten wurden. Nun mußte er eine dritte finden, und man hielt Ausschau nach geeigneten Partnerinnen. Im Westen kam eine portugiesische Prinzessin in Frage, die zugleich Nichte König Alfonsos von Aragon und Neapel war; auch Isabella Orsini, Tochter des Fürsten von Tarent, wurde in Erwägung gezogen. Im Osten sah es aus, als könnten sowohl die Herrscherfamilie von Trapezunt als auch jene von Georgien eine passende Braut stellen. Also wurde der alte Kaiserfreund Georgios Sphrantzes an diese beiden Höfe entsandt, um diplomatische Abklärungen zu treffen.

Er befand sich gerade in Trapezunt, als er im Februar 1451 vom Tod Murads II. vernahm. Sofort kam ihm eine neue Idee. Die Sultanswitwe Maria (türkisch Mara) Brankovich, eine Tochter Georgios', war mit Murad fünfzehn Jahre verheiratet gewesen. Aus dieser Ehe gab es keine Kinder, aber sie war dadurch auch Stiefmutter von Murads neunzehnjährigem Sohn und Nachfolger Mehmed, von dem man wußte, daß er tatkräftig, ehrgeizig und ein Todfeind des Byzantinischen Reiches war.

Wenn sie nun Kaiserin von Byzanz würde! Welch besseres Mittel gab es, diesen Jungen unter Kontrolle zu halten? Als Konstantin von der Idee erfuhr, war er davon sichtlich fasziniert. Es bestanden bereits familiäre Bande zwischen den beiden Häusern, denn Konstantins Nichte Helena, die Tochter seines Bruders Thomas und Katharina Zaccharias, hatte Marias Bruder Lazar geheiratet. Wie der Blitz eilte ein Gesandter nach Serbien, um sich mit den Eltern der vorgesehenen Braut zu beraten. Sie gaben entzückt und bereitwillig ihr Einverständnis; allein Maria widersetzte sich, und ihre Weigerung war unumstößlich. Vor Jahren, so erklärte sie, habe sie gelobt, ihr Leben der Ehelosigkeit, Keuschheit und Mildtätigkeit zu weihen, sollte es ihr je gelingen, den Ungläubigen zu entrinnen; kein Argument könne sie dazu bewegen, ihre Meinung zu ändern. Der weitere Gang der Dinge rechtfertigte ihre Entscheidung vollauf. Der arme Sphrantzes wurde nach Georgien zurückgesandt, um dort die Verhandlungen fortzuführen, und er schloß sie bald erfolgreich ab. Doch die arrangierte Heirat fand nie statt, und Konstantin blieb für den Rest seines kurzen Lebens ledig.

In Konstantinopel wußte man erstaunlich wenig, im christlichen Westen noch weniger über den unergründlichen jungen Mehmed, der vor kurzem auf den osmanischen Thron in Adrianopel gefolgt war. Er kam 1433 als dritter Sohn Murads zur Welt. Seine Kindheit verlief unglücklich. Der Vater machte kein Geheimnis aus seiner Vorliebe für Mehmeds beide älteren Halbbrüder Ahmed und Ali, beides Kinder von Müttern aus angesehener Familie, während Mehmeds Mutter offenbar Sklavin im Harem gewesen war und vermutlich, wenn auch nicht sicher, überdies Christin. Im Alter von zwei Jahren brachte man ihn in die nordanatolische Provinz Amasa, wo sein vierzehn Jahre alter Bruder Ahmed das Amt des Statthalters innehatte; dieser starb indes nur vier Jahre später, und der sechsjährige Mehmed trat seine Nachfolge an. 1444 fand man Ali, den anderen Bruder, erwürgt im Bett – die Umstände sind bis heute rätselhaft –, und holte Mehmed als Thronerben eilig nach Adrianopel. Bis dahin hatte sich niemand besonders um seine Erziehung gekümmert. Nun aber fand er sich plötzlich in der Obhut der bedeutendsten Gelehrten, und mit ihrer Hilfe legte er im Laufe der folgenden Jahre das Fundament für die Bildung und Gelehrsamkeit, für die er bald berühmt sein sollte. Es heißt, bei seiner Thronbesteigung habe er nicht nur seine Landessprache Türkisch, sondern auch Arabisch, Griechisch, Latein, Persisch und Hebräisch fließend beherrscht.

Zweimal wollte Sultan Murad II. den Thron während seiner sechs letzten Lebensjahre zugunsten seines Sohnes aufgeben, aber beide Male überredete ihn sein Großwesir Halil Pascha, die Zügel wieder in die Hand zu nehmen, denn der junge Mehmed sei anmaßend und eigenwillig, stets geneigt, eigene Wege zu gehen und seinen Rat entschieden zu ignorieren. Einmal habe er sich für einen fanatischen persischen Derwisch eingesetzt und mit Wut reagiert, als man diesen festnahm und auf dem Scheiterhaufen verbrannte, und bei einer anderen Gelegenheit gefährliche Zwischenfälle an der griechischen und albanischen Grenze nicht zur Kenntnis genommen, weil er einen überspannten Plan mit dem Ziel eines Angriffs auf Konstantinopel verfolgte. Nachdem Murad zum zweiten Mal widerwillig an die Macht zurückgekehrt war, gab er alle Gedanken an einen Ruhestand auf, ließ sich wieder in Adrianopel nieder und verbannte den unzulänglichen Sohn nach Magnesia in Anatolien. Dort vernahm Mehmed die Nachricht, daß sein Vater am 15. Februar 1451 an einem Schlaganfall gestorben war.

Es kostete den neuen Sultan Mehmed II. lediglich fünf Tage, um von Magnesia nach Adrianopel zu gelangen; dort hielt er ein formelles Treffen ab, bei dem er die Minister seines Vaters in ihren Ämtern bestätigte oder, in manchen Fällen, mit anderen Aufgaben betraute. Im Verlauf dieser Formalitäten kam Murads Witwe, um ihm zur Nachfolge Glück zu wünschen. Er empfing sie freundlich und verwickelte sie in ein längeres Gespräch. Bei der Rückkehr in ihre Gemächer mußte sie entdecken, daß man ihren kleinen Sohn im Bad ertränkt hatte. Der frischgebackene Sultan wollte anscheinend keine Risiken eingehen.

Mit seinen neunzehn Jahren galt er im Westen allgemein als zu jung und zu unreif, um wie sein Vater eine ernsthafte Gefahr darzustellen – ein Irrtum, den Mehmed förderte, so gut er konnte. Innerhalb weniger Monate nach seinem Amtsantritt schloß er Verträge mit Johannes Hunyadi von Ungarn, Georgios Brankovich von Serbien und dem Dogen Francesco Foscari von Venedig, und das Oberhaupt der Walachei, die Johanniter auf Rhodos und die genuesischen Gebieter von Lesbos und Chios erhielten Freundschaftsnoten. Die Gesandten, die Konstantin XI. schickte, um ihn zur Thronbesteigung zu beglückwünschen, soll er geradezu begeistert empfangen und bei Allah und dem Propheten geschworen haben, mit dem Kaiser und seinem Volk in Frieden leben und mit ihm dieselben freundschaftlichen Bande unterhalten zu wollen, die sein Vater Murad mit Johannes VIII. gepflegt habe. Vermutlich war Konstantin gerade dieses letzte Versprechen eine Warnung; auf jeden Fall scheint er als einer der ersten geahnt zu haben, daß der junge Sultan nicht war, was er zu sein vorgab, sondern im Gegenteil eine sehr große Gefahrenquelle darstellte.

Dieser Grad der Erkenntnis ging den Karamanenhäuptlingen in Kleinasien mit Sicherheit ab, sonst hätten sie sich wohl nicht entschlossen, im Herbst 1451 aus Mehmeds Jugend und Unerfahrenheit – sowie seiner Abwesenheit – einen Vorteil zu ziehen und einen Aufstand gegen ihn anzuzetteln, um die örtlichen Emirate wiederherzustellen, deren sie sich einst erfreut hatten. Sie verloren ihre Illusionen rasch. Innerhalb weniger Wochen wüteten Mehmed und sein Heer mitten unter ihnen, und bald hatten sie guten Grund, ihre Verwegenheit zu bereuen. Für alle außer den direkt Betroffenen war das Ganze ein relativ unwichtiges Zwischenspiel; für das Byzantinische Reich hatte es jedoch Folgen. Bei seiner Rückkehr nach Europa hätte Mehmed normalerweise die Dardanellen überquert. Doch als ihm berichtet wurde, ein italienisches Geschwader kontrolliere die Meerenge, fuhr er statt dessen einige Kilometer nördlich von Konstantinopel über den Bosporus, wo Bajasids Burg Anadolu Hisar stand. Dort war der Bosporus besonders schmal, und Mehmed beschloß, eine weitere Festung zu errichten, und zwar direkt gegenüber, auf der europäischen Seite. Diese würde ihm nicht nur die absolute Kontrolle über den Bosporus verleihen, sondern darüber hinaus einen hervorragenden Ausgangspunkt für einen Angriff auf Konstantinopel von Nordosten her darstellen, wo das Goldene Horn bei genauer Betrachtung die einzige Verteidigungslinie bildete.

Der Plan hatte allerdings einen kleinen Schönheitsfehler: Bei dem Land, auf dem Mehmed die Festung zu bauen beabsichtigte, handelte es sich um byzantinisches Gebiet; er ignorierte diese Tatsache. Den ganzen folgenden Winter verwandte er darauf, eine Belegschaft zu sammeln: tausend ausgebildete Steinmetze und so viele ungelernte Arbeiter, wie sie beschäftigen konnten. Zu Beginn des Frühjahrs zerstörten sie sämtliche Kirchen und Klöster in der unmittelbaren Umgebung, um zusätzliches Baumaterial zu gewinnen, und am Samstag, dem 15. April 1452, begannen die eigentlichen Bauarbeiten.

Die Reaktion in Konstantinopel kann man sich ausmalen. Umsonst schickte der Kaiser eine Gesandtschaft an den Sultan, um ihn entrüstet daran zu erinnern, daß er einen Vertrag breche, auf dem noch kaum die Tinte trocken sei, und darauf hinzuweisen, daß Bajasid, als er seine Burg auf der asiatischen Seite zu bauen wünschte, immerhin die Höflichkeit besessen habe, Manuel II. um Erlaubnnis zu bitten, obwohl dies nicht einmal zwingend notwendig war. Allein, Mehmed ließ die kaiserlichen Boten zu ihrem Herrn zurückschicken, ohne sie anzuhören. Kurze Zeit später folgte der ersten eine zweite Delegation, beladen mit Geschenken. Ob der Sultan nicht wenigstens die benachbarten byzantinischen Dörfer verschonen könnte? Allein, auch diese wurde ohne Audienz weggeschickt. Ein oder zwei Wochen später unternahm Konstantin einen letzten Versuch: Ob der Sultan sein Wort geben könne, daß der Bau dieser Festung keinen Angriff auf Konstantinopel ankündige? Da geriet Mehmed in Wut. Die Boten wurden verhaftet und hingerichtet; der Kaiser durfte daraus seine eigenen Schlüsse ziehen.

Die riesige Festung Rumeli Hisar befindet sich etwas außerhalb der Ortschaft Bebek und ist seit jenem Donnerstag, dem 31. August 1452, an dem sie fertiggestellt wurde, im wesentlichen unverändert geblieben. Selbst heute erscheint kaum glaubhaft, daß der Bau vom Beginn bis zur Vollendung nur neunzehneinhalb Wochen dauerte. Kaum stand sie bereit, ließ der Sultan drei riesige Kanonen auf den Turm schaffen, welcher der Küste am nächsten lag, und bekanntgeben, sämtliche vorüberfahrenden Schiffe müßten, ungeachtet ihrer Herkunft, zur Kontrolle anlegen. Schon bald zeigte sich, daß er es ernst meinte. Anfang November befolgten zwei venezianische Schiffe, die vom Schwarzen Meer her kamen, die Anweisung nicht, und es gelang ihnen gerade noch, dem sofort einsetzenden Beschuß zu entkommen; vierzehn Tage später hatte ein drittes Schiff mit Nahrungsmitteln und anderen Waren für Konstantinopel weniger Glück. Als es ebenfalls anzuhalten versäumte, wurde es mit Gewalt aus dem Wasser geholt, die Mannschaft hingerichtet, der Kapitän – namens Antonio Rizzo – gepfählt und sein Leichnam öffentlich zur Schau gestellt, als Warnung für alle, die es ihm vielleicht noch gleichzutun gedachten.

Im Westen wurden die Meinungen hastig revidiert. Sultan Mehmed II., so schien es, machte Ernst.

Die Art, wie Mehmed mit dem unglückseligen Rizzo verfahren war, rief in der gesamten christlichen Welt Bestürzung hervor. Besonders entsetzt war Papst Nikolaus. Inzwischen aufrichtig bestrebt, zu helfen, war auch er machtlos, und er wußte es. Bereits im vergangenen März hatte er den neuen weströmischen Kaiser, Friedrich III. von Habsburg, der anläßlich seiner Krönung nach Rom gekommen war, angewiesen, dem Sultan ein Ultimatum zu stellen. Niemand, und am allerwenigsten Mehmed, hatte es beachtet. Frankreich wankte noch unter den im Laufe des Hundertjährigen Kriegs erlittenen Schäden. Die Kreuzzugsbegeisterung Herzog Philipps des Guten von Burgund hatte durch die Erinnerung an das Schicksal seines Vaters, Johannes des Furchtlosen, der bei Nikopolis in Gefangenschaft geraten war, einen spürbaren Dämpfer erhalten. Auch England versuchte sich von den Schäden des Kriegs gegen Frankreich zu erholen, versank jedoch steuerlos unter dem heiligen, aber beschränkten Heinrich VI. in Wirren und Aufständen, die nur drei Jahre später zu den Rosenkriegen führten. Portugal und Kastilien waren mit eigenen Kreuzzügen beschäftigt, und in Schottland und Skandinavien wußte man von nichts und kümmerte sich um nichts. Blieb noch Alfonso von Aragon, seit 1443 auf dem Thron von Neapel, dem nichts lieber gewesen wäre; doch da seine klare Absicht darin bestand, sich des byzantinischen Throns zu bemächtigen, bemühte man ihn nicht.

Während im Sommer 1452 die Türme von Rumeli Hisar immer höher über die schmale Meerenge hinausragten, segelte der ehemalige Metropolit Isidor von Kiew, nun römischer Kardinal und offizieller Päpstlicher Legat am Hofe Konstantinopels, seinem neuen Amt entgegen. In Neapel gab es eine kleine Verzögerung, weil er zweihundert Bogenschützen auf Kosten des Papstes rekrutierte, und schließlich traf er Ende Oktober mit seinem Kollegen Erzbischof Leonhard von Mytilene am Bosporus ein. Seine Anweisungen lauteten einfach: Er sollte dafür sorgen, daß die dreizehn Jahre zuvor in Florenz vereinbarte Vereinigung zwischen Ost- und Westkirche endlich richtig umgesetzt wurde. Er wußte, daß er des Kaisers volle, wenn auch zurückhaltende Zustimmung besaß. Und selbst die öffentliche Meinung in der Hauptstadt erschien ihm, obwohl nach wie vor geteilt, gewogener als je zuvor. Die Unionsgegner blieben zwar weiterhin stark, aber der oberste Minister und erste Admiral, *Megas Dux* Lukas Notaras, bearbeitete sie unermüdlich, um ihnen Konzessionen zu entlocken, und ein Kompromiß schien im Bereich des Möglichen zu liegen. Ein, zwei Wochen später war Isidor weniger zuversichtlich. Der ehemalige Georgios Scholarios rief als Mönch namens Gennadios und Anführer der Dissidenten in einem Manifest in Erinnerung, wie unsinnig der Glaubensabfall doch zu einem Zeitpunkt sei, da einzig der Allmächtige das Reich noch retten könne, und so rückte eine Verständigung erneut in weite Ferne. Doch da traf gerade im rechten Augenblick die Nachricht von der Versenkung des venezianischen Schiffes und dem Schicksal Kapitän Antonio Rizzos ein, und das Pendel schwang wieder zurück.

Am Dienstag, dem 12. Dezember 1452, wohnten Kaiser Konstantin und der ganze Hofstaat in Begleitung von Kardinal Isidor und des Erzbischofs von Chios einem Hochamt in der Hagia Sophia bei. Wie damals in Florenz wurde das Unionsdekret feierlich verlesen, man gedachte pflichtschuldig des Papstes und des abwesenden Patriarchen Georgios, und die Union war, zumindest theoretisch, vollzogen: für Isidor, Leonhard und ihre Freunde ein leerer Sieg. Der Gottesdienst war, trotz Isidors etwas übertriebener Versicherungen des Gegenteils, schlecht besucht; laut Leonhard – der scheinbar ein gutes Stück williger war, den Tatsachen ins Auge zu blicken – hatte selbst der Kaiser halbherzig und teilnahmslos gewirkt und Notaras sich offen feindselig verhalten. Auch herrschte danach kein Jubel, und die Dissidenten ließen ebenfalls nichts von sich hören. Kein Wort kam von Gennadios aus der Klosterzelle. Indes standen die Kirchen jener Geistlichen, die die Union unterstützt hatten – darunter natürlich auch die Hagia Sophia –, fortan praktisch leer; das Volk mochte sich in das Unvermeidliche gefügt haben, doch den Gottesdienst besuchten die Menschen nur dort, wo die alte Liturgie unverändert blieb, damit der Gott der orthodoxen Kirche ihr Beten weiterhin hörte.

Im Januar 1453 berief Mehmed II. seine Ratgeber zu sich nach Adrianopel. Byzanz, so erklärte er ihnen, stelle nach wie vor eine Gefahr dar. So schwach es sei, könne seine Bevölkerung, von Natur aus hinterlistig, dem osmanischen Haus, wenn sie wolle, noch immer großen Schaden zufügen. Überdies verfüge das Reich über weitaus mächtigere mögliche Verbündete. Und was sollte die Leute daran hindern, sich italienischen oder französischen Kräften anzuvertrauen, wenn sie zum Schluß kamen, daß sie zur Verteidigung Konstantinopels allein nicht mehr imstande waren? Kurz, weder könne sein eigenes Reich sich je sicher fühlen, solange diese Stadt in christlicher Hand verbleibe, noch wolle er unter solchen Umständen dessen Sultan sein. Deshalb müsse Byzanz eingenommen werden; und zwar jetzt, denn die Bevölkerung befinde sich in einem Zustand tiefster Entmutigung und hoffnungsloser Zerstrittenheit. Konstantinopel besitze zwar hervorragende Befestigungsanlagen, doch seien sie keineswegs unbezwingbar und frühere Versuche größtenteils deshalb gescheitert, weil die Belagerungstruppen den Nachschub an Lebensmitteln und Versorgungsmaterial zur See nicht völlig zu unterbinden vermochten. Nun aber liege die Flottenübermacht zum ersten Mal auf türkischer Seite. Wenn Konstantinopel nicht im Sturm zu nehmen sei, so könne und müsse die Bevölkerung bis zur Unterwerfung ausgehungert werden.

Was Mehmed sagte, entsprach der Wahrheit. Byzantinische Schätzungen feindlicher Truppen sind notorisch unzuverlässig; laut dem Zeugnis der italienischen Seeleute, die sich während der folgenden

Wochen in Konstantinopel aufhielten, scheint die türkische Flotte jedoch nicht weniger als sechs Dreidecker (Triremen) und zehn Zweidecker (Biremen), fünfzehn mit Rudern bestückte Galeeren, gut fünfundsiebzig große Schnellboote, zwanzig schwere Segelkähne für den Transport und eine Anzahl leichter Schaluppen und Kutter umfaßt zu haben. Sogar Mehmeds engste Ratgeber gaben ihrer Verblüffung über die Größe dieser Armada Ausdruck, die im März des Jahres 1453 vor Gallipoli auffuhr. Und doch dürfte diese Reaktion nichts gewesen sein im Vergleich zu jener, die die Flotte in Byzanz auslöste, als sie ein, zwei Wochen später langsam das Marmarameer durchpflügte und unterhalb der Stadtmauern vor Anker ging.

Gleichzeitig sammelte sich das osmanische Landheer in Thrakien. Ebenso wie bei der Flotte hatte sich Mehmed den ganzen Winter hindurch persönlich um seine Truppen gekümmert und sich davon überzeugt, daß sie mit genügend Harnischen, Waffen und Belagerungsmaschinen ausgerüstet waren. Sämtliche Abteilungen hatte er mobilisiert, alle Urlaube ausgesetzt sowie Irreguläre und Söldner in Massen rekrutiert; einzig bei den Garnisonen, die zum Schutz der Grenzen und zur Überwachung der größeren Städte benötigt wurden, gab es Ausnahmen. Auch die Größe dieser Streitmacht läßt sich nur schätzen. Die griechische Angabe von dreihundert- bis vierhunderttausend Mann ist schlicht lächerlich. Unsere – wahrscheinlich eher zuverlässigen – türkischen Quellen sprechen von etwa achtzigtausend regulären und bis zu zwanzigtausend irregulären Soldaten, sogenannten *Baschi-Bazouks*. In der erstgenannten Kategorie befanden sich rund zwölftausend Janitscharen; diese Elitesoldaten des Sultans waren als Kinder aus christlichen Familien entführt, gewaltsam zum Islam konvertiert und viele Jahre lang einem unerbittlichen miltitärischen und religiösen Drill unterworfen worden; es gab unter ihnen auch Pioniere und Ingenieure. Sie galten als Sklaven, denn sie genossen außerhalb des Regiments keine persönlichen Rechte; aber sie erhielten ein regelmäßiges Gehalt und waren alles andere als unterwürfig. Erst 1451 hatten sie praktisch gemeutert, um höheren Sold zu bekommen, und Janitscharenaufstände gehörten zu den Merkmalen der osmanischen Geschichte bis weit ins neunzehnte Jahrhundert hinein.

Seinem Heer und noch mehr seiner Flotte, am meisten aber den Kanonen galt Mehmeds ganzer Stolz: eine Waffe, die in einer sehr einfachen Form bereits seit mehr als hundert Jahren in Gebrauch war. Eduard III. hatte eine Kanone bei der Belagerung von Calais 1347 eingesetzt, und in Norditalien kannte man sie noch gut ein Vierteljahrhundert eher. Doch so nützlich sie sich gegen leichte Barrikaden erwiesen, vermochten sie doch zu jener Zeit gegen massives Mauerwerk nichts auszurichten. 1416, also volle hundert Jahre später, erwiesen sie sich dann als genügend wirkungsvoll, um – wie wir gesehen haben – das Hexamilion zu zerstören. Doch erst 1452 erschien ein deutscher Ingenieur namens Urban bei Mehmed, der ihm anbot, eine Kanone zu fertigen, die selbst die Mauern von Babylon sprengen werde.[2] Mehmed hatte darauf nur gewartet. Er stellte Urban alles zur Verfügung, was er benötigte und das Vierfache des verlangten Lohns, und wurde schon drei Monate später in Form jener schrecklichen Waffe dafür belohnt, welche von der Festung Rumeli Hisar aus Antonio Rizzos Schiff versenkte. Daraufhin verlangte er eine weitere, doppelt so große wie die erste; diese wurde im Januar 1453 fertiggestellt. Es heißt, sie habe fast neun Meter in der Länge gemessen und der Lauf vorne drei Viertel Meter im Durchmesser, der Bronzemantel aber eine Dicke von zwanzig Zentimeter aufgewiesen. Bei einem ersten Probeschuß soll eine Kugel von rund sechshundertfünfzig Kilogramm gut eineinhalb Kilometer durch die Luft geflogen und sich dann zwei Meter tief in den Boden gebohrt haben. Zur Vorbereitung des Transports nach Konstantinopel machten sich zweihundert Mann auf den Weg, um die Straßen zu ebnen und die Brücken zu verstärken. Anfang März brach dann der Troß auf: Dreißig Ochsengespanne zogen, und zweihundert Mann hielten die Kanone im Gleichgewicht.

Sultan Mehmed blieb in Adrianopel, bis die letzten Truppen des Heers aus Anatolien eintrafen; dann begab er sich mit ihnen am 23. März auf den Marsch durch Thrakien. Mittelalterliche Heere kamen – besonders wenn sie Belagerungsgerät mit sich führten – nur langsam voran; aber am 5. April ließ Mehmed vor den Mauern Konstantinopels sein Zelt aufschlagen, wo der Großteil der gewaltigen Streitmacht schon drei Tage zuvor eingetroffen war. Entschlossen, keine Zeit zu verlieren, sandte er umgehend die nach islamischem Recht erforderliche Botschaft an den Kaiser, in der er sich verpflichtete, all seine Untertanen und deren Besitz bei einer sofortigen und freiwilligen Übergabe zu schonen. Bei einer Weigerung werde er dagegen keine Nachsicht walten lassen.

Wie erwartet, erhielt er keine Antwort. Frühmorgens am Freitag dem 6. April, eröffnete seine Kanone das Feuer.

Lange bevor der erste türkische Soldat gesichtet wurde, wußten die Menschen in Konstantinopel, daß die Belagerung nicht mehr zu vermeiden war. Den ganzen Winter über hatten sie – Männer, Frauen, Kinder und allen voran der Kaiser – Fronarbeit an den Befestigungsanlagen geleistet, Mauern repariert und verstärkt, die Gräben gesäubert, Vorräte an Nahrung, Pfeilen, Werkzeugen, Steinbrocken, Griechischem Feuer und allem anderen angelegt, das sie zur Abwehr des Gegners vielleicht benötigten.[3] Obwohl der Hauptangriff mit Sicherheit von Westen zu erwarten war, hatten sie auch die Mauern am Marmarameer und am Goldenen Horn verstärkt; alle wußten, daß sich das Heer der Franken und Venezianer während des vierten Kreuzzugs den Weg in die Stadt vom Blachernenviertel aus gebahnt hatte. Bei Frühlingsanbruch waren die Vorbereitungen abgeschlossen. Ostern fiel auf den 1. April. Sogar an diesem christlichen Tag der Freude mieden die Gläubigen die Hagia Sophia weitgehend; doch sie alle konnten, wo immer sie auch Andacht hielten und wie auch immer das Ergebnis der nächsten Wochen und Monate ausfallen mochte, für ihre Rettung im Wissen beten, daß sie alles in ihrer Macht Stehende unternommen hatten, um dem bevorstehenden Ansturm entgegenzutreten.

Auch Konstantin hatte sein Bestes gegeben. Vergangenen Herbst waren weitere Gesandtschaften in den Westen gereist, doch wie üblich mit geringem Erfolg. Drei Monate nach dem Zwischenfall auf dem Bosporus, der mit der Ermordung Antonio Rizzos geendet hatte, im Februar 1453, war dem venezianischen Senat endlich der Ernst der Lage bewußt geworden, und er hatte dafür gestimmt, zwei Truppentransportschiffe mit je vierhundert Mann nach Konstantinopel zu entsenden sowie fünfzehn Galeeren, die folgen würden, sobald sie bereitstanden. Am 2. März wurde jedoch immer noch über die Zusammensetzung der Flotte beraten, am 9. eine Resolution verabschiedet, die zur größtmöglichen Eile antrieb, und am 10. April nach Rom geschrieben und etwas selbstgerecht darauf hingewiesen, daß sämtliche Hilfsladungen die Dardanellen bis Ende März erreichen sollten, da der danach vorherrschende Nordwind den Seeweg durch die Meerenge fast unmöglich mache. Die venezianischen Schiffe verließen die Lagune schließlich am 20. April; zu dem Zeitpunkt trafen – wie wir bald hören werden – drei genuesische Galeeren, die Papst Nikolaus auf eigene Kosten angeheuert und mit Nahrung und Kriegsmaterial versehen hatte, bereits in Konstantinopel ein.

Zum Glück läßt sich zu Ehren der Serenissima sagen, daß die venezianische Kolonie in Konstantinopel, die bekanntlich in der Vergangenheit mehr als genug Schwierigkeiten bereitet hatte, der aktuellen Herausforderung mit Edelmut begegnete. Bereits am 26. Januar hatte ihr Oberhaupt Girolamo Minotto an seine Regierung geschrieben und um

Entlastungstruppen gebeten; dem Kaiser versicherte er wiederholt, diese träfen bald ein. Auch verprach er, jede mögliche Unterstützung zu leisten, und verpflichtete sich ferner, daß kein venezianisches Schiff ohne seine ausdrückliche Erlaubnis den Hafen verlassen werde. Auch zwei venzianische Handelskapitäne, die auf dem Rückweg vom Schwarzen Meer in Konstantinopel vor Anker gegangen waren, erklärten sich einverstanden, zu bleiben und zu helfen, so gut sie konnten. Insgesamt standen Byzanz damit neun venezianische Handelsschiffe zur Verfügung, drei davon aus der kretischen Kolonie. Wieviel Mann aufgeboten werden konnten, wissen wir nicht genau. In seinem lebhaften Augenzeugenbericht über die Belagerung zählt der venezianische Schiffsarzt Niccolò Barbaro namentlich siebenundsechzig »adlige« Landsleute auf, doch gab es vermutlich außer diesen auch noch eine stattliche Anzahl Bürgerlicher.[4]

Unter den Verteidigungskräften fand sich auch ein genuesisches Kontingent. Dessen Angehörige stammten überwiegend aus der Kolonie in Galata, der im Fall eines türkischen Sieges nur wenig Hoffnung auf ein Überleben blieb. Aber es gab auch einen Trupp direkt aus Genua, junge Männer, die aus Entrüstung über den Kleinmut ihrer Regierung, die Konstantin nur ein einziges Schiff zusagte, beschlossen hatten, für das Christentum in den Kampf zu ziehen. Ihr Anführer Giovanni Giustiniani Longo, ein bekannter Fachmann für Belagerungskriege, gehörte einer der führenden Familien Genuas an. Er traf am 29. Januar mit einem persönlichen Heer von siebenhundert Soldaten ein; unter ihnen befand sich ein Ingenieur, dessen Name Johannes Grant stark auf eine schottische Herkunft hindeutet, dann ein älterer, spanischer Grande namens Don Francesco de Toledo, der angab, dem Geschlecht der Komnenen anzugehören, sowie eine Gruppe größtenteils in Genua ansässiger Katalanen, aber auch einige Matrosen, die sich freiwillig angeschlossen hatten. All diese Zeichen internationaler Solidarität dürften Konstantin etwas aufgeheitert haben; indes erwartete ihn ein weiterer harter Schlag: In der Nacht vom 26. Februar entwischten aus dem Goldenen Horn sieben venezianische Schiffe, außer einem alle aus Kreta, und nahmen Kurs auf die Insel Tenedos; mit ihnen entflohen gut siebenhundert Personen. Noch wenige Tage zuvor hatten deren Kapitäne feierlich gelobt, in Konstantinopel auszuharren. Für Konstantin bedeutete der Verlust so vieler potentieller Verteidiger – sie wogen gerade den im Vormonat erfolgten Zuwachs aus Genua auf – eine Katastrophe, und doch verletzte ihn die Treulosigkeit derer, die er für Freunde gehalten hatte, vielleicht noch mehr.

Erst jetzt bestand die Möglichkeit, eine genaue Schätzung der Hilfsmittel vorzunehmen, die zur Verteidigung der Hauptstadt zur Verfügung standen. Im Goldenen Horn lagen nun noch acht venezianische Schiffe (drei davon kretischer Herkunft), dazu fünf genuesische und je eines aus Ancona, Katalonien und der Provence vertäut, zusammen mit den zehn, welche als einzige von der byzantinischen Flotte noch übrig waren, also insgesamt sechsundzwanzig: armselig im Vergleich zur Armada des Sultans. Doch erst beim Überschlagen der Truppenstärke ermaß Konstantin den ganzen Ernst der Lage: Gegen Ende März wies er seinen Sekretär Georgios Sphrantzes an, eine Zählung aller gesunden Männer vorzunehmen, auch der Mönche und Geistlichen, die zur Bemannung der Mauern eingesetzt werden konnten; das Ergebnis war niederschmetternd: 4983 Griechen und nicht einmal ganz zweitausend Fremde. Keine siebentausend Mann standen also zur Verfügung, um die mehr als zwanzig Kilometer langen Mauern gegen Mehmeds hunderttausend Mann starkes Heer zu verteidigen. Sphrantzes wurde angewiesen, die Zahlen unter allen Umständen vor der Öffentlichkeit geheimzuhalten: Nur Gott könne die Stadt jetzt noch retten.

Als die Beobachtungsposten am Montag, dem 2. April, die Vorhut am Horizont meldeten, befahl Konstantin, die Stadttore zu schließen, die Brücken über die Festungsgräben zu zerstören und die große Kette zwischen dem Wachturm direkt unterhalb der Akropolis (der heutigen Serailspitze) und einem zweiten in der Seemauer von Galata hochzuziehen, um die Einfahrt zum Goldenen Horn abzuriegeln. Mehr konnten sie nicht tun – nur noch beten und auf den letzten Ansturm warten.

Die Stadtmauern, auf die Byzanz in jenem schicksalsschweren Frühling des Jahres 1453 vertraute, verliefen von der Küste des Marmarameers nach Norden bis zu einer Uferstelle im oberen Abschnitt des Goldenen Horns und bildeten den Westwall der Stadt. Sie waren bereits über tausend Jahre alt. Benannt nach Kaiser Theodosios II., während dessen Herrschaftszeit sie entstanden, wurden sie indes schon im Jahre 413 vollendet, als Theodosios noch ein Knabe war, und die eigentliche Planung und Fertigstellung lag in den Händen des Prätorianerpräfekten Anthemios, der ihn in den ersten sechs Jahren, die er auf dem Thron saß, beschützte und an seiner Statt die Regentschaft im Ostreich ausübte. Leider wurden vierunddreißig Jahre später nicht weniger als siebenundfünfzig Türme durch ein heftiges Erdbeben zerstört, ausgerechnet zum Zeitpunkt, als Attila und sein Hunnenheer sich Konstantinopel näherten. Der Wiederaufbau setzte unverzüglich ein, und innerhalb von zwei Monaten wuchs das Festungswerk wieder empor, diesmal mit einer zusätzlichen Außenmauer und einem Festungsgraben versehen. Attila ließ wenden, als er es erblickte, und ebenso zahllose andere Feinde des Byzantinischen Reichs im Laufe der folgenden Jahrhunderte. Kein Wunder: Beim technischen Stand mittelalterlicher Belagerungskriege waren die Landmauern von Konstantinopel tatsächlich unbezwingbar. Das angreifende Heer mußte zuerst den tiefen Graben von gut achtzehn Metern Breite überwinden, der im Notfall über weite Strecken bis auf eine Höhe von neun Metern geflutet werden konnte. Auf der anderen Seite befand sich eine niedere, mit Zinnen versehene Brustwehr und dahinter eine Terrasse von fast zehn Metern Breite; dann erst kam die äußere Mauer, zwei Meter dick und annähernd neun Meter hoch, mit sechsundneunzig Türmen in regelmäßigen Abständen. Dieser folgten eine weitere breite Terrasse und dann das Hauptelement der Befestigung, die große, innere Mauer, die am Fuß über fünf Meter dick war und sich bis zu einer Höhe von zwölf Metern über die Stadt erhob. Auch sie verfügte über sechsundneunzig Türme, die zu denen der äußeren Mauer versetzt standen. Alles in allem stand hier die wahrscheinlich vollendetste Bastion, die jemals im Mittelalter erbaut wurde. Nur am Nordende, wo die Mauern gegen den kaiserlichen Blachernenpalast anstiegen, ersetzte ein einfaches Bollwerk das dreifache, dafür verstärkt durch die ungeheuer dicke Palastmauer und zusätzlich durch einen Burggraben geschützt, den Kaiser Johannes Kantakuzenos hatte anlegen lassen und einige Galeerenbesatzungen unlängst neu ausgehoben hatten.

Am Freitagmorgen, dem 6. April, hatten die Verteidigungskräfte ihre Plätze auf der Mauer überwiegend eingenommen; Konstantin und Giustiniani führten das Kommando am schwächsten Abschnitt, am sogenannten Mesoteichion, der das Tal des Flüßchens Lykos etwa anderthalb Kilometer vom nördlichen Mauerende entfernt kreuzte und wo Mehmed den Angriff eindeutig zu konzentrieren beabsichtigte. Die Seemauern am Marmarameer und am Goldenen Horn waren weniger stark bemannt; deren Garnisonen dienten aber zusätzlich als Beobachtungsposten, mit einem wachen Auge auf die türkischen Flottenbewegungen. Sie meldeten Konstantin bald, daß der türkische Admiral, ein bulgarischer Überläufer namens Suleiman Baltoglu, nicht nur eine ständige Streife am Marmarameer unterhalte – also wirkungsvoll alle kleineren Häfen dort abschnitt –, sondern auch, daß er die Flotte an der Einfahrt zum Bosporus, gegenüber den als »Doppelsäulen« bekannten Kais, zusammenziehe.[5] Drei Tage nach Beginn der Belagerung befahl er, die große Kette mit mehreren der schwersten Schiffe zu rammen und zu sprengen. Doch die Kette hielt stand.

Gleichzeitig ließ der Sultan auf die Landmauern einen in der Geschichte der Kriegführung noch nie dagewesenen Geschoßhagel niederprasseln. Am Abend des ersten Tages lag ein Abschnitt in der Nähe des Charisios-Tores, wo die Mesé, Konstantinopels zentrale Hauptverkehrsstraße durch die ganze Stadt bis zur Hagia Sophia, ihren Ausgang nahm, in Trümmern. Die türkischen Soldaten versuchten wiederholt, in die Stadt einzubrechen, mußten sich indes unter einem Hagel von Wurfgeschossen stets wieder zurückzuziehen, bis das Hereinbrechen der Nacht sie zwang, in ihr Lager zurückzukehren. Bis zum Morgen war die Mauer repariert, und Mehmed beschloß, mit dem Beschuß zu warten, bis er mehr Kanonen an Ort und Stelle einsetzen konnte. Um die Zeit bis dahin zu füllen, ordnete er Angriffe auf zwei kleine Festungen außerhalb der Mauern an: einen bei Therapia, einer Ortschaft direkt unterhalb seiner neuen großen Burg am Bosporus, und den anderen in Studios. Trotz tapferer Gegenwehr mußten sich beide Besatzungen schließlich ergeben. Die Überlebenden wurden ohne Ausnahme gepfählt, in Studios in Sichtweite der Landmauern: als Mahnmal. Zusätzlich ergingen Anordnungen an Baltoglu, die Prinzeninseln im Marmarameer zu erobern. Nur die größte, Prinkipio, leistete ein wenig Widerstand; schließlich setzte der Admiral die Fackel an die Festung und fügte dem Feuer Schwefel und Pech als Brennstoff bei. Wer von der Besatzung dem Feuertod entging, wurde kurzerhand umgebracht, die Zivilbevölkerung in die Sklaverei verschachert. Die Lehre, die man in Konstantinopel aus dieser Brutalität ziehen sollte, war ebenso klar wie gezielt: Sultan Mehmed II. ließ nicht mit sich spaßen.

Am 11. April befanden sich alle Kanonen vor Ort; von neuem begann der Beschuß, und er hielt die folgenden achtundvierzig Tage ununterbrochen an. Obwohl einige der größeren nur alle zwei, drei Stunden abgefeuert werden konnten, richteten sie ungeheuren Schaden an. Innerhalb einer Woche brach die äußere Mauer über dem Lykos an mehreren Stellen zusammen, und obwohl die Verteidigungstruppen sich unablässig abmühten, die Schäden im Schutze notbehelfsmäßig errichteter Palisaden zu beheben, war bereits klar, daß es nicht endlos so weitergehen konnte. Dennoch konnte ein Überraschungsangriff in der Nacht vom 18. April abgewehrt werden; nach einem heftigen, vier Stunden dauernden Gefecht verloren die Türken zweihundert Mann, ohne daß es – laut Barbaro – ein christliches Leben kostete. Auch zu Wasser erzielte Byzanz einen bemerkenswerten Erfolg. Ein zweiter

Angriff auf die Kette – diesmal mit mehreren schweren Galeeren, die kurz zuvor aus dem Schwarzen Meer eingetroffen waren – erwies sich als ebenso wenig wirksam wie der erste. Obwohl ebenfalls mit Kanonen bestückt, gelang es ihnen nicht, eine ausreichende Richthöhe zu erlangen, um den hohen christlichen Schiffen ernsthaft Schaden zuzufügen, während die griechischen, genuesischen und venezianischen Bogenschützen von ihrem Ausguck aus Pfeile auf auf sie niederhageln ließen, so daß sie sich schwerbeschädigt dorthin zurückziehen mußten, woher sie gekommen waren.

Bald darauf fand an derselben Stelle eine weitere, jedoch viel schicksalhaftere Kampfhandlung statt. Nachdem das Wetter sie in Chios aufgehalten hatte, tauchten endlich die drei vom Papst angeheuerten und mit Proviant versorgten genuesischen Galeeren vor dem Hellespont auf. Dort schloß sich ihnen ein schweres byzantinisches Transportschiff mit einer Ladung Korn aus Sizilien an, deren Lieferung Alfonso von Argon veranlaßt hatte. In seinem Eifer, ein Höchstmaß an Flottenstärke vor Konstantinopel zusammenzuziehen, hatte Mehmed die Meerenge unklugerweise unbewacht gelassen und die Schiffe konnten daher ungehindert in das Maramarmeer einlaufen. Als sie am Horizont erschienen – frühmorgens am Freitag, dem 20. April –, ritt Mehmed zu Admiral Baltoglu, um ihm persönlich den Befehl zu erteilen, die Schiffe dürften unter keinen Umständen die Stadt erreichen, sondern müßten gekapert oder, falls sich dies als unmöglich erweise, versenkt werden.

Baltoglu blies unverzüglich zum Angriff. Zwar vermochten die Segler gegen den auffrischenden Südwind nichts auszurichten, aber die Zwei- und Dreidecker, von denen mehrere mit leichten Kanonen ausgerüstet waren, bereiteten sich sofort auf ihren Einsatz vor, und am frühen Nachmittag steuerte die große Flotte auf die vier herannahenden Schiffe zu. Angesichts der gewaltigen Überlegenheit schienen diese nicht die geringste Chance zu haben. Doch der stetig zunehmende Wind wirkte sich zu ihren Gunsten aus, und der steigende Wellengang erschwerte den behäbigen türkischen Kähnen die Steuerung; zudem genossen auch diesmal die anderen den Vorteil der Höhe. Wieder sahen sich die türkischen Mannschaften praktisch wehrlos einem unablässigen Hagel von Pfeilen, Wurfspießen und anderen Geschossen ausgesetzt, der auf sie niederprasselte, wann immer sie in Reichweite kamen, und mußten tatenlos zusehen, wie sich die vier Galeeren unbehelligt dem Goldenen Horn näherten. Doch als sie die Einfahrt erreichten, legte sich der Wind. Diesen sogenannten Akropolispunkt, wo das Goldene Horn, der Bosporus und das Marmarameer zusammentreffen, fürchtete man von alters her wegen der Gewalt und Unregelmäßigkeit der herrschenden Strömungen. Und während die Segel der christlichen Schiffe in der plötzlich eintretenden Flaute erschlafften, erkannten die Besatzungen, daß sie nordwärts auf die Küste von Galata zu abtrieben.

Nun lag der Vorteil bei den Türken. Noch immer darauf bedacht, nicht in Gefahr zu geraten, ließ Baltoglu zuerst die schwerer bewaffneten Schiffe nahe genug heranfahren, damit sie ihre Kanonen abfeuern konnten. Doch wieder mangelte es den Geschützen an der nötigen Richthöhe; die Kugeln flogen nicht weit genug. Einzelne brennende Geschosse landeten zwar auf den Decks, aber die Brände waren gelöscht, noch bevor sie Schaden anrichten konnten. In letzter Verzweiflung – denn er wußte, daß ein Mißerfolg bei Mehmeds gegenwärtiger Stimmung für ihn fatale Folgen haben konnte – gab er Befehl zum Vorrücken und Entern. Sein eigenes Flaggschiff steuerte auf das kaiserliche Transportschiff zu und rammte dessen Heck. Die Genuesen waren rasch umzingelt; zwar hagelte es weiterhin Pfeile, aber mit dreißig oder vierzig türkischen Schiffen um jedes ihrer drei, gab es eine Grenze des Erreichbaren. Doch erneut behielt die größere Höhe ihrer Schiffe die Überhand. Ein Schiff zu entern, war gewiß niemals einfach, eines, das deutlich höher im Wasser lag und die enternden Seeleute nötigte, an der Bordwand unter der heftigen Gegenwehr von oben hochzuklettern, jedoch fast unmöglich. Die genuesischen Matrosen waren mit gewaltigen Streitäxten ausgerüstet, um allen Kopf und Hände abzuhacken, die es versuchten. In dem Gedränge verhakten sich schließlich die Ruder der türkischen Schiffe mehr und mehr ineinander, was diese zu einer leichten Beute machte.

Das kaiserliche Transportschiff befand sich indes noch immer in Schwierigkeiten. Zum Glück ausreichend mit Griechischem Feuer versehen, schlug es sich wacker, und es gelang, die Enterer abzuwehren, wenn auch nicht, das türkische Flaggschiff abzuschütteln. Indes neigten die Pfeile und anderen Waffen sich dem Ende zu. Die Genuesen erkannten die Gefahr; sie brachten ihre drei Schiffe längsseits und vertäuten sie mit dem vierten sowie alle miteinander, so daß sie wie eine meerumschlungene Festung mitten im Chaos und Gewirr trieben. Die Besatzungen, jetzt zu einer einzigen vereint, kämpften heldenhaft, doch sie wußten, daß sie sich nicht unbeschränkt halten konnten; der Feind aber schien über eine endlose Anzahl Schiffe zu verfügen, die er ihnen entgegensetzte. So nahm ihr Kampfgeist zunehmend die Züge des Muts der Verzweiflung an. Da kam indes, bei Sonnenuntergang, der starke

Wind wieder auf, die Segel der christlichen Schiffe blähten sich, und die große treibende Festung setzte sich in Bewegung, zwar langsam, aber doch stetig, und fuhr der Einfahrt zum Goldenen Horn entgegen; die türkischen Schiffe in ihrer Bahn zerbarsten. Baltoglu, durch ein Geschoß – von einem türkischen Schiff abgefeuert, wie es hieß – am Auge verletzt, erkannte, daß sie geschlagen waren. In der hereinbrechenden Dunkelheit blieb ihm nicht anderes übrig, als seiner Flotte die Rückkehr zum Ankerplatz zu befehlen. Einige Stunden später wurde die Hafensperre im Dunkel der Nacht geöffnet, und die vier Schiffe glitten in das Goldene Horn hinein.

Mehmed hatte die ganze Schlacht von der Küste aus mitverfolgt, wobei er gelegentlich vor lauter Aufregung sein Pferd ins Meer trieb, bis seine Roben im Wasser schleiften. Die Heftigkeit seiner Wutanfälle war allgemein bekannt. Als er die Demütigung seiner Flotte sah, ereiferte er sich so sehr, daß sein Gefolge um sein Leben oder doch um seinen Verstand zu bangen begann. Tags darauf befahl er Baltoglu zu sich, nannte ihn vor allen Anwesenden einen Dummkopf und Feigling und ordnete seine sofortige Hinrichtung an. Da eine Abordnung ihm unterstellter Offiziere seinen Kampfmut bezeugte, wurde der bedauernswerte Admiral zwar begnadigt, jedoch ausgepeitscht und sowohl seiner Ämter enthoben als auch seines Privatbesitzes beraubt, den Mehmed unter seine geliebten Janitscharen verteilen ließ. Von Baltoglu hörte man nie wieder.

Byzanz entging an jenem schicksalhaften Freitag einem größeren Verhängnis, als es ahnte. Die Ankunft der genuesischen Schiffe hatte Mehmed veranlaßt, zu den Doppelsäulen hinüberzureiten, und dort befand er sich noch immer, als die türkischen Kanonen am folgenden Tag im Lykostal den gewaltigen Baktinian-Wehrturm in der Landmauer niederlegten und eine große Bresche in den äußeren Festungswall schlugen. Wer weiß, ob Konstantinopel nicht mehr als fünf Wochen früher gefallen wäre, wenn Mehmed zur Stelle gewesen wäre und den sofortigen Sturm auf die Stadt befohlen hätte. So aber verstrich die für die Türken günstige Gelegenheit ungenutzt. Noch in der Nacht besserten griechische Ingenieure den beschädigten Abschnitt wieder aus, und am folgenden Morgen stand die Mauer wieder so fest da wie ehedem – oder doch beinahe so fest.

Mehmed war anderweitig beschäftigt. Das vor kurzem miterlebte Fiasko hatte seine Aufmerksamkeit endgültig auf ein einziges Ziel gelenkt: Es galt die Kontrolle über das Goldene Horn zu gewinnen. Der

Gedanke hatte ihn schon zu Beginn der Belagerung beschäftigt, und er wies seine Leute an, eine Umgehungsstraße um Galata herum zu bauen: von einem Punkt bei den Doppelsäulen (Dolmabahçe-Palast) über den Hügel zum heutigen Taskim-Platz und hinunter an das Ufer des Goldenen Horns im modernen Stadtviertel Kasimpasa. Eisenräder und Metallschienen wurden gegossen, und die Zimmerleute fertigten hölzerne Wiegen an, groß genug, um Kiele von Schiffen mittlerer Größe zu fassen. Ein wahrhaft herkuleisches Unterfangen. Doch Mehmed standen genügend Menschen und Material zur Verfügung. Am 21. April war das Werk vollendet. Schon am folgenden Tag sah die genuesische Kolonie in Galata wie vom Donner gerührt zu, wie etwa siebzig türkische Schiffe von zahllosen Ochsengespannen langsam die siebzig Meter hohe Erhebung hochgeschleift wurden und dahinter knirschend zum Goldenen Horn hinunterglitten.

Ihre Bestürzung war indes nichts im Vergleich zu jener der Bevölkerung von Konstantinopel, die nichts von diesem Vorhaben gewußt hatte und ihren Augen kaum traute. Jetzt war nicht nur ihr einziger, großer Hafen nicht mehr sicher, sondern es galt zusätzliche fünfeinhalb Kilometer Festungswall zu verteidigen, darunter den Abschnitt, an dem die Kreuzfahrer im Jahre 1204 eingebrochen waren. Eine Woche später unternahm Byzanz einen Versuch, die türkischen Schiffe zu zerstören. Aber die Türken, von einem ihrer Spione in Galata gewarnt, waren darauf gefaßt. Im folgenden Gefecht wurde lediglich ein einziges türkisches Schiff versenkt, während fünfzig christliche Matrosen fielen; weitere vierzig, die an Land schwammen, wurden auf der Stelle und in Sichtweite der Stadt hingerichtet. Rachedurstig schleppten die Griechen daraufhin ihre eigenen 260 türkischen Gefangenen ans Ufer und köpften sie vor den Augen ihrer Landsleute auf der anderen Seite des Goldenen Horns. Von da an kannten beide Seiten kein Erbarmen mehr.

Selbst jetzt konnte Konstantin die volle Bedeutung von Mehmeds Meisterstück noch nicht ganz erfassen. Vom venezianischen Oberhaupt Minotto darin bestärkt, hoffte er noch immer auf die lange erwarteten Entlastungstruppen aus Venedig; aber selbst wenn sie noch kamen, wie sollten sie denn sicher einlaufen? Nur langsam durchschaute er auch das verräterische Verhalten der genuesischen Kolonie von Galata in seinem vollen Ausmaß. Zwar hatte sich ein Trüppchen ihrem Landsmann Giovanni Giustiniani Longo angeschlossen und setzte sich auf den Mauern heldenhaft ein, aber der Großteil krümmte keinen Finger, um den christlichen Brüdern und Schwestern zu helfen, geschweige denn sie zu retten. Es mochte ja keine Möglichkeit bestanden haben, Mehmeds Vorkehrungen für den Transport der Schiffe zu Land in das Goldene Horn zu unterbinden, aber sie hätten doch Konstantinopel wenigstens davor warnen können. Der wahre Grund für ihr Verhalten lag, wie Konstantin sehr wohl wußte, in der Tatsache, daß die genuesischen Kaufleute Byzanz gegenüber nie viel Sympathie und schon gar keine Loyalität empfunden hatten. Statt daß die christliche Religion, besonders seit der formell bestätigten Wiedervereinigung der beiden Kirchen, ein Band stiftete, kam für die meisten Ansässigen aus Genua (wie auch aus Venedig) der Handel an erster Stelle. Als einziges Ziel zählte, auf der Seite der Gewinner zu stehen, und es gab nicht die geringsten Zweifel, welche Seite dies war.

Wie, um die totale türkische Kontrolle über Galata zu beweisen, ließ Mehmed nur wenige hundert Meter vom Blachernenpalast entfernt eine Schiffbrücke über das Goldene Horn schlagen. Bis dahin mußten die Boten zwischen dem Heer vor den Landmauern und der Flotte im Bosporus jeweils einen weiten Umweg um das Goldene Horn herum zurücklegen; nun nahm der Ritt nicht einmal mehr eine Stunde in Anspruch. Und die Brücke erfüllte noch weitere Zwecke; sie war breit genug für ein Regiment, in dem die Soldaten in Fünferreihen marschierten, in den als Pfeiler dienenden Kähnen ließen sich schwere Lastkarren unterbringen und dazwischen, auf Flößen, Kanonen festmachen, um entweder den Vormarsch der Truppen zu decken oder die Seemauern zu beschießen.

Anfang Mai erkannte Konstantin endgültig, daß es kein langes Ausharren mehr geben konnte. Nahrungsmittel wurden ernsthaft knapp; der Fischfang, im Marmarameer schon lange verwehrt, war im Goldenen Horn seit der Anwesenheit der türkischen Schiffe beinahe ebenso gefährlich, und es gab immer mehr Lücken in der Verteidigung auf den Mauern, weil die hungrige Besatzung sich auf Nahrungssuche begab. Eine einzige Hoffnung blieb, allein auch sie nur sehr schwach: das Entlastungsheer aus Venedig. Inzwischen war jedoch seit Minottos Hilferuf über ein Vierteljahr vergangen und immer noch keine Nachricht aus Venedig eingetroffen. War eine Flotte unterwegs oder nicht? Wenn ja, wie groß, und was hatte sie geladen? Und vor allem: Wann würde sie eintreffen? Von der Antwort auf diese Fragen hing nun Konstantinopels Schicksal ab. Und so stahl sich am Donnerstag, dem 3. Mai, ein venezianisches Segelschiff kurz vor Mitternacht unter türkischer Flagge und mit einer Mannschaft von zwölf als Türken verkleideten Freiwilligen an Bord durch die Seesperre.

In der Nacht zum Mittwoch, dem 23. Mai, kehrte es zurück und kämpfte sich in einem Katz-und-Maus-Spiel gegen ein türkisches Geschwader bei scharfem Nordwind durch das Marmarameer. Zum Glück war die venezianische Seemannskunst der türkischen noch immer ein gutes Stück überlegen, und bald nach Einbruch der Dunkelheit gelang ihm die Einfahrt in das Goldene Horn. Der Kapitän ersuchte unverzüglich um eine Audienz bei Konstantin und Minotto. Seine Botschaft hätten niederschmetternder nicht sein können. Drei Wochen hatten sie die Ägais durchkreuzt, ohne auf eine Spur der versprochenen Unterstützung zu stoßen oder überhaupt auf ein venezianisches Schiff. Sie hätten dann eingesehen, daß es sinnlos sei, die Suche fortzuführen, und gemeinsam Rat über das weitere Vorgehen gehalten. Um ihre Meinung gefragt, sei ein Mann der Besatzung dafür eingetreten, nach Venedig zu segeln, mit der Begründung, daß Konstantinopel sich wahrscheinlich bereits in türkischer Hand befinde, doch sei er niedergeschrien worden. Alle anderen hätten es als ihre Pflicht angesehen, dem Kaiser, wie versprochen, Bericht zu erstatten, und so seien sie nach Konstantinopel zurückgekehrt, im vollen Bewußtsein, daß sie die Stadt wahrscheinlich nicht lebend verlassen würden. Konstantin dankte jedem einzeln, mit tränenerstickter Stimme.

Mittlerweile mehrten sich die Zeichen des Unheils. Schon seit Monaten hatten Pessimisten gemunkelt, wie der erste Kaiser von Byzanz werde auch der letzte ein von einer Helena geborener Konstantin sein. Und kurz vor dem Vollmond am 24. Mai nahmen die Omen eine deutliche Wendung ins Unheimliche. Am 22. trat eine Mondfinsternis ein; ein, zwei Tage später rutschte die heiligste und wertvollste Ikone der Muttergottes anläßlich einer letzten dringenden Bittprozession um ihre Fürsprache vom Gerüst, und die Träger vermochten sie nur mit unsäglicher Mühe – denn plötzlich schien sie übernatürlich schwer – wieder darauf zu plazieren und den Weg fortzusetzen. Und sie hatten danach kaum ein paar hundert Meter zurückgelegt, da brach ein Gewitter herein, wie man es heftiger seit Menschengedenken nicht erlebt hatte. Es regnete und hagelte so stark, daß ganze Straßenzüge überflutet wurden und die Prozession abgebrochen werden mußte. Am anderen Morgen hüllte sich Konstantinopel in dichten Nebel, ein recht ungewöhnliches Vorkommnis für Ende Mai. In derselben Nacht erglühte die Kuppel der Hagia Sophia in einem überirdischen rötlichen Licht, das langsam vom Boden bis zum höchsten Punkt stieg und dann erlosch. Diese zuletzt genannte Erscheinung nahmen auch die Türken von Galata und vom Bosporus aus wahr. Mehmed beunruhigte sich darüber sehr und faßte sich erst wieder, als seine Astrologen das Licht als Zeichen deuteten, daß die große Kirche bald vom wahren Glauben erleuchtet sein werde. Für das byzantinische Volk dagegen gab es nur eine Erklärung dafür: Der Geist Gottes hatte ihre Stadt verlassen.

Wie schon mehrmals versuchten Georgios Sphrantzes und seine Ministerkollegen Konstantin XI. einmal mehr zum Verlassen von Konstantinopel zu bewegen. Er solle in die Morea fliehen und eine byzantinische Exilregierung anführen, bis er mit einem Heer wiederkommen und die Stadt erobern könne, gerade wie sein großer Vorfahre Michael VIII. Palaiologos fast zweihundert Jahre zuvor. Der Kaiser war so erschöpft, daß ihn eine Ohnmacht befiel, während sie noch sprachen; doch als er wieder zu sich kam, war er so entschieden wie immer. Hier war seine Stadt, hier war sein Volk. Er konnte sie jetzt nicht im Stich lassen.

Am Samstag, dem 26. Mai, hielt Mehmed II. einen Kriegsrat ab. Die Belagerung, so erklärte er den Anwesenden, habe lange genug gedauert. Sein Großwesir, der alte Halil Pascha, welcher den Feldzug – und noch mehr die Starrköpfigkeit des jungen Sultans – nie gebilligt hatte, stimmte ihm zu und drängte ihn zum Rückzug, bevor das Eintreffen des erwarteten Entsatzheers oder des Heers von Johannes Hunyadi – von dem es lange hieß, es sei im Anmarsch – einen Rückzug unmöglich machten; doch Mehmed wollte davon nichts hören. Die griechische Bevölkerung, behauptete er, sei halbverhungert und völlig entmutigt; es sei an der Zeit für den letzten Angriff. Die jüngeren Feldherren stimmten ihm zu, Halil wurde überstimmt und die Entscheidung stand fest. Der nächste Tag sollte den Vorbereitungen, der übernächste der Erholung und dem Gebet dienen, der Angriff am Dienstag, dem 29. Mai, im Morgengrauen erfolgen.

Man gab sich keine Mühe, den Plan zu verheimlichen. Einige der Christen im türkischen Lager schossen sogar Pfeile über die Mauern und setzten die Bevölkerung von der Absicht des Sultans in Kenntnis, allein es bedurfte ihrer nicht. In den folgenden sechsunddreißig Stunden liefen die Vorbereitungsarbeiten ohne Unterbrechung: Gräben wurden gefüllt und Kanonen in Stellung gebracht, Katapulte und Belagerungsmaschinen aufgestellt, die nötige Menge an Pfeilen, Schießpulver und Nahrungsmitteln, an Verbandmaterial, Wasser zum Feuerlöschen und all den zahllosen anderen Dingen zusammengetragen, die ein großes Heer im Einsatz benötigt. Nachts verrichteten die Soldaten ihre Arbeit im Schein riesiger Fackeln, aufgestachelt und zu noch mehr

Leistung angetrieben durch Trommeln und Trompeten. Am 28. Mai im Morgengrauen trat dann unvermittelt Stille ein. Die Arbeit ruhte. Während die Soldaten sich auf Angriff und Kampf für den kommenden Tag einstellten, verbrachte Mehmed die folgenden Stunden auf Inspektionsreise und kehrte erst abends zurück, um sich ebenfalls auszuruhen.

Innerhalb der Stadtmauern hatte die Beklemmung der vergangenen Wochen die Gemüter bis an die Grenzen belastet. Die Beziehung zwischen den griechischen, venezianischen und genuesischen Bevölkerungsteilen, auch in den besten Zeiten gespannt, hatte den Punkt erreicht, da man kaum mehr miteinander sprach. Sogar in lebenswichtigen Belangen der Verteidigung wurden sämtliche Befehle in Frage gestellt, alle Vorschläge zerredet und hinter allem ein Argwohn vermutet. Dann aber scheint die Stimmung, praktisch von einem Augenblick zum anderen, an diesem letzten Tag in der Geschichte des Byzantinischen Reichs umgeschlagen zu haben. Da die Stunde der letzten Abrechnung sich näherte, vergaßen die Menschen ihre Streitigkeiten und Differenzen. Die Arbeit an den Mauern wurden fortgesetzt wie zuvor – mochten die Türken ihren Ruhetag genießen, für die Verteidigung konnte es keine Ruhepause geben –, aber überall sonst in der Stadt verließen sie ihre Häuser und versammelten sich zu einer letzten Fürbitte. Während die Glocken von den Kirchen herab erklangen, trugen sie die heiligsten Ikonen und wertvollsten Reliquien aus den Gotteshäusern hinaus und bildeten spontan einen langen Zug, dem sich alle anschlossen, ob griechischer oder lateinischer Abstammung, ob orthodoxen oder römischen Glaubens. Er wand sich durch die Straßen von Konstantinopel und schritt die Mauer in voller Länge ab, wobei man überall dort innehielt und besondere Gebete sprach, wo der Schaden am größten gewesen war oder für den nächsten Tag heftiger türkischer Beschuß erwartet wurde.

Bald schloß sich auch der Kaiser der Prozession an; und als sie zu Ende war, rief er seine Befehlshaber zu sich, um sich ein letztes Mal an sie zu wenden. Von dieser Rede sind zwei Fassungen überliefert: die eine von seinem Sekretär Georgios Sphrantzes, die andere von Erzbischof Leonhard von Mytilene. Obwohl sie sich in Einzelheiten und in der Ausdrucksweise unterscheiden, gibt es genügend Ähnlichkeiten, die uns den Kern von Kaiser Konstantins Botschaft übermitteln. Zunächst sprach er zu den griechischen Untertanen und sagte, es gebe vier ehrenwerte Gründe, für die ein Mensch zu sterben bereit sein sollte, nämlich für den Glauben, seine Heimat, seine Familie und sein Oberhaupt. Sie müßten nun darauf gefaßt sein, ihr Leben für alle vier hinzugeben. Er selbst sei bereit, sein Leben für den Glauben, die Stadt und das Volk hinzugeben. Sie seien ein großes, erhabenes Volk, Nachkommen des heldenhaften antiken Griechenland und Rom, und er hege keine Zweifel, daß sie sich ihrer Vorfahren bei der Verteidigung der Stadt würdig erweisen würden, in welcher der ungläubige Sultan seinen falschen Propheten auf den Thron Christi erheben wolle. Dann wandte er sich an die Angehörigen der italienischen Gemeinde, dankte ihnen für alles, was sie getan hatten, und versicherte sie seiner Liebe und seines Vertrauens im Hinblick auf die Gefahren, die vor ihnen lagen. Sie alle seien nun ein Volk, vereinigt in Gott; mit Seiner Hilfe, würden sie siegen. Zum Schluß ging er langsam von einem zum anderen und bat alle um Verzeihung, sollte er sie je beleidigt haben.

Die Dämmerung brach herein. Aus allen Winkeln strömten nun die Menschen, wie von einem Instinkt geführt, zur Hagia Sophia. In den vergangenen fünf Monaten hatten die griechischen Gläubigen sie gemieden, da man sie der darin praktizierten lateinischen, für fromme Orthodoxe unannehmbaren Bräuche wegen für entweiht hielt. Zum ersten und zum letzten Mal dachte niemand mehr an liturgische Differenzen. Die Hagia Sophia stellte wie keine andere Kirche das geistliche Zentrum von Byzanz dar. Seit elfhundert Jahren diente sie als Hauptkirche Konstantinopels; seit über neunhundert Jahren verkörperte das große vergoldete Kreuz, welches über der Riesenkuppel aus der Zeit Justinians thronte, den Glauben von Stadt und Reich. In diesem Augenblick der höchsten Not gab es keinen anderen Ort, wo man hingehen konnte.

Die letzte Vesper, die jemals in der Hagia Sophia abgehalten werden sollte, war gewiß eine der innigsten. Zwar konnten all jene, die zur Verteidigung auf den Mauern standen, ihre Stellung nicht verlassen; aber alle anderen, die sich auf den Beinen halten konnten, ob Mann, Frau oder Kind, drängten sich in die Hagia Sophia, um die heilige Eucharistie zu empfangen und um unter den großen goldenen Mosaiken, die sie so gut kannten, um ihre Erlösung zu beten. Der Patriarchenthron stand noch leer; indes waren orthodoxe Bischöfe und Priester, Mönche und Nonnen, von denen viele gelobt hatten, die Schwelle dieses Bauwerks nie wieder zu überschreiten, bis es in gehöriger Form von den letzten Spuren der römischen Verunreinigung befreit worden sei, zu Hunderten gekommen. Ebenfalls anwesend war Kardinal Isidor, der ehemalige Metropolit von Kiew; lange als Abtrünniger und Verräter seines früheren Glaubens verdammt, zollte man ihm nun neuen Respekt, als er das heilige Sakrament austeilte und zum allerletzten Mal die altehrwürdige Liturgie anstimmte.

Noch vor dem Ende des Gottesdienstes trat der Kaiser mit den Befehlshabern ein. Zuerst bat er die anwesenden Bischöfe um Vergebung seiner Sünden, und zwar die lateinischen ebenso wie die orthodoxen. Dann empfing er, gemeinsam mit den anderen, die heilige Kommunion. Viel später, als nur noch ein paar vereinzelte Ewige Lichter glimmten und die große Kirche im Dunkeln lag, kehrte er allein zurück und verbrachte einige Zeit im Gebet; dann begab er sich in den Blachernenpalast, um Abschied zu nehmen. Gegen Mitternacht ritt er in Begleitung von Georgios Sphrantzes ein letztes Mal die Befestigungswälle auf der Landseite ab, um sicherzugehen, daß alles mögliche zu ihrer Verteidigung geschehen war. Danach nahm er seinen treuen Sekretär mit auf einen Turm beim Blachernenpalast, wo sie eine Stunde lang zusammen wachten und lauschten. Dann entließ er ihn. Die beiden sahen einander nie wieder.

Konstantin XI. – und mit ihm so viele andere – kann in jener Nacht nur wenig Schlaf gefunden haben, denn Mehmed und seine Soldaten warteten nicht bis zur Morgendämmerung, ehe sie zum Angriff ansetzten. Um halb zwei gab der Sultan das Signal. Da zerrissen Trompetenstöße und Trommelschläge die nächtliche Stille und erzeugten zusammen mit dem markerschütternden Kriegsgeschrei der Türken einen Lärm, der Tote hätte erwecken können. Sofort setzten die Kirchenglocken ein, Zeichen für die ganze Stadt, daß der letzte Kampf begonnen hatte. Alte und Kinder strömten ihren örtlichen Kirchen zu oder zum Goldenen Horn hinab, wo die Kirche der heiligen Theodosia zur Feier des Fests ihrer Schutzpatronin über und über mit Rosen geschmückt war.[6] Frauen und Männer, die nicht bereits dort waren, aber eilten zu den Mauern, denn es gab viel zu tun.

Mehmed unterschätzte seine Gegner nicht. Er wußte, daß er die Verteidigung mit einem Angriff nach dem anderen zermürben mußte, ohne ihr eine Ruhepause zu gönnen, damit er die Stadt einnehmen konnte. Zuerst sandte er die *Baschi-Bazouks* vor, irreguläre christliche und moslemische Söldner aus allen Ecken Europas und Westasiens, über die sein Heer zu Tausenden verfügte. Praktisch unausgebildet und nur mit den Waffen ausgerüstet, die sie selbst gerade besaßen, konnten sie nicht lange standhalten, aber ihr Ansturm wirkte furchteinflößend. Mehmed bediente sich ihrer noch um eines weiteren Vorteils willen: Sie waren entbehrlich, und so benutzte er sie als Kanonenfutter, um die feindlichen Kräfte zu entmutigen und zur leichten Beute für die besser vorbereiteten Truppen zu machen, die später angreifen würden. Zwei Stunden lang rannten sie nun gegen die Mauern an, besonders gegen den strategisch wichtigen Abschnitt über den Lykos. Doch die Bastion hielt stand, wohl überwiegend dank dem heldenhaften Einsatz der Kämpfenden um Giovanni Giustiniani Longo. Kurz vor vier Uhr morgens rief der Sultan sie zurück. Es war ihnen nicht gelungen, eine Bresche in die Mauer zu schlagen, aber sie hatten ihren Zweck erfüllt, der Verteidigung keine Ruhe gelassen und sie dadurch viel Kraft gekostet.

Die zweite Angriffswelle folgte unmittelbar auf die erste. Sie wurde von mehreren Regimentern anatolischer Türken ausgeführt, alle – im Gegensatz zu den Irregulären – gut ausgebildet und hervorragend diszipliniert. Als fromme Moslems waren sie bis zum letzten Mann entschlossen, ewige Anerkennung im Paradies zu gewinnen, indem sie als erste die bedeutendste christliche Stadt betraten. Sie schlugen sich mit herausragendem Eifer, und als eine der größten Kanonen ein gutes Stück der Mauer zermalmte, standen sie kurz davor, sich den Zugang zur Stadt zu erzwingen. Aber wieder wurden sie von christlichen Kämpfern – diesmal unter der Führung des Kaisers persönlich – sofort umringt, die so viele töteten, wie sie konnten, und die andern über den Graben zurückdrängten. Mehmed brach in einen seiner Wutanfälle aus, als er davon erfuhr, ließ sich jedoch sonst nicht über Gebühr aus der Ruhe bringen. So tüchtige Soldaten sie waren, wünschte er im Grunde genommen nicht, daß der Siegeskranz einem anatolischen Heer zufiel. Diese Ehre sollte seinem Lieblingsregiment, den Janitscharen, vorbehalten bleiben. Und diese warfen sich nun in die Schlacht.

Die Christen hatten keine Zeit, sich umzugruppieren oder sich zu erholen, bevor die dritte Angriffswelle begann. Sie setzte mit einem Geschoßhagel – Pfeile, Speere, Steine, gelegentlich sogar Kugeln – ein, und kaum war dieser zu Ende, stürmten die osmanischen Eliteregimenter in jenem unbarmherzigen Takt, der allen Schrecken einjagte, die ihn hörten, im Laufschritt über die Ebene vor, die Reihen ungebrochen und aufrecht, trotz all der Geschosse, welche die Verteidigungskräfte ihnen von oben entgegenschleuderten. Allein schon die Begleitmusik, die dafür sogte, daß sie perfekt im Schritt blieben, war eine Waffe, so betäubend laut, daß sie bis in die letzten Winkel der Stadt drang, und über den Bosposrus hinweg zu hören war. Welle um Welle schlug heran, warf sich im Sturm auf die Pfahlsperren und hieb auf den Streben herum, schleuderte Sturmleitern hoch, wo immer sich die Gelegenheit dazu ergab, und machte dann auf einen bestimmten Befehl hin geordnet Platz für die nächste, um selbst auszuruhen und zu warten, bis die Reihe wieder an ihr war. Doch für die christliche Verteidigung auf den

Mauern gab es kein Auswechseln. Der Kampf dauerte bereits weit über fünf Stunden an und wurde inzwischen oft in direkter, persönlicher Begegnung ausgetragen. Obwohl sie die Belagerungsmacht bis dahin mit bemerkenswertem Erfolg in Schach gehalten hatte, wußte die byzantinische Verteidigung, daß es nicht mehr lange gelingen würde.

Dann schlug das Unheil zu. Im ersten Tageslicht wurde Giovanni Giustiniani Longo vom Bolzen einer Feldschlange getroffen; er durchbohrte seinen Brustpanzer und zerriß ihm den Brustkorb. Die Verletzung war nicht tödlich, aber Giustiniani, der die Front dort gehalten hatte, wo der Druck seit Kampfbeginn am stärksten war, konnte vor Erschöpfung und Blutverlust nicht mehr. Von qualvollen Schmerzen gepeinigt, brach er zusammen und war nicht imstande, Konstantins flehentlichen Bitten, doch auf seinem Posten zu bleiben, nachzukommen, sondern bestand darauf, zu einem genuesischen Schiff im Hafen getragen zu werden. Konstantins Haltung einem Schwerverwundeten gegenüber mag unsinnig erscheinen; doch er wußte zu gut um die Wirkung von Giustinianis Abzug auf seine genuesischen Landsleute. Und noch bevor das Tor, das von den Mauern in die Stadt führte, wieder geschlossen werden konnte, strömten sie auch schon hindurch.

Ob Mehmed, der alles vom Graben aus genau verfolgte, sah, daß Giustiniani stürzte, wissen wir nicht; auf jeden Fall erkannte er, daß etwas nicht in Ordnung war, und ließ unverzüglich eine weitere Welle Janitscharen anrennen. Zuvorderst lief ein Riese namens Hassan, der sich sofort zur eingerissenen Pfahlsperre durchkämpfte und sie überwand, noch bevor ihn jemand daran hindern konnte. Einen Augenblick später brach er tot zusammen, doch da folgten bereits seine Kampfgefährten, und bald mußten sich die griechischen Verteidigungskräfte auf die innere Mauer zurückziehen. Gefangen zwischen den beiden Befestigungslinien, stellten sie für die vorrückenden Türken eine leichte Beute dar, und viele von ihnen wurden an Ort und Stelle regelrecht abgeschlachtet.

Da sahen die Janitscharen, die beim Erreichen der Innenmauer bereits in ein Freudengeheul ausbrachen, weil sie als erste in die Stadt gelangten, zu ihrer Verblüffung von einem Turm ganz in der Nähe, Richtung Norden, eine türkische Fahne wehen. Ungefähr eine Stunde zuvor hatte ein Trupp von etwa fünfzig türkischen Irregulären auf einem Kontrollgang ein Törchen in der Mauer entdeckt, halb versteckt am Fuß eines Turms und nur ungenügend verriegelt. Es handelte sich um die sogenannte Kerkoporta, ein Ausfalltor, durch welches die Befehlshaber des betreffenden Mauerabschnitts – drei genuesische Brüder namens Bocchiardi – mehrere erfolgreiche Überfälle auf das türkische Lager unternommen hatten. Den *Bashi-Bazouks* war es gelungen, es gewaltsam zu öffnen und über ein enges Treppchen auf den Turm zu gelangen. Ein solches Unterfangen ohne Deckung kam im Grunde einem Selbstmordkommando gleich, aber im Durcheinander nach der Verwundung und dem Ausfall Giustinianis trafen sie auf keinen Widerstand. Sie ließen das Tor offen, damit andere ihnen folgen konnten, und hißten bald darauf eine türkische Flagge auf dem Turm. Fast sicher betraten also nicht die Janitscharen, sondern diese Gelegenheitssoldaten als erste Konstantinopel.

Nun stürzte die türkische Flut durch die geschlagenen Breschen in die Stadt. Konstantin, der gesehen hatte, daß die Situation an der Kerkoporta aussichtslos war, stand wieder auf seinem alten Posten am Lykos. Dort kämpfte er gemeinsam mit dem Granden Don Francesco de Toledo, der sich trotz seines Alters von Anfang an außerordentlich tapfer geschlagen hatte, seinem Vetter Theophilos Palaiologos und seinem Freund Johannes Dalmata mit dem Mut der Verzweiflung, so lange er konnte, um das Tor zu halten, durch das Giustiniani getragen worden war. Doch er mußte schließlich einsehen, daß alles verloren war. Er schleuderte die kaiserlichen Insignien von sich und stürzte sich, noch immer in Begleitung seiner Freunde, dort in den Kampf, wo das Handgemenge am dichtesten war. Niemand hat ihn danach wieder gesehen.

Es war früher Morgen, am Himmel stand der abnehmende Mond. Die Belagerung Konstantinopels war vorüber. Die Mauern waren mit Toten und Sterbenden übersät, aber von lebenden, noch heilen Menschen, die ihre Stadt verteidigt hatten, fand sich keine Spur. Die überlebenden Einheimischen waren nach Hause geeilt, im verzweifelten Begehren, ihren Angehörigen gegen Gewalt und Plünderung beizustehen, die bereits einsetzten. Die Venezianer schlugen sich zu ihren Schiffen durch und die Genuesen zu ihrer relativ sicheren Gemeinde in Galata. Sie fanden das Goldene Horn ungewöhnlich ruhig vor; die meisten türkischen Matrosen hatten ihre Schiffe bereits verlassen, aus lauter Furcht, ihre Gefährten vom Landheer könnten ihnen die besten Beutestücke wegschnappen. So hinderte niemand den venezianischen Befehlshaber Alvise Diedo und seine Besatzung, als er sie anwies, die Riemen durchzuschneiden, mit denen die Spieren an der Hafenmauer von Galata vertäut waren. Dann glitt die kleine Flotte in Begleitung von sieben genuesischen Schiffen und einem halben Dutzend byzantinischen Galeeren, hinaus in das Marmarameer und nahm Kurs auf den Hellespont, dem offenen Meer entgegen. Alle waren gedrängt voll mit Flüchtlingen, von denen viele hinausgeschwommen waren, um dem Schicksal zu entkommen, das all diejenigen erwartete, welche blieben.

Sie taten gut daran, denn es folgten unsägliche Schrecken. Am Mittag färbten sich Straßen und Gassen rot vom Blut. Die Häuser wurden geplündert, Frauen, Männer und Kinder vergewaltigt, gepfählt oder auf andere Art umgebracht, die Kirchen zerstört, von den Ikonen die Goldrahmen gerissen und von den Büchern die Silbereinbände. Der Blachernenpalast blieb als gähnende Hülle zurück. Wie durch ein Wunder blieben Mosaike und Wandmalereien in der Erlöserkirche von Chora verschont, aber die am meisten verehrte Ikone von Byzanz, die Muttergottes Hodegetria, von der es hieß, der heilige Lukas habe sie persönlich gemalt, wurde in vier Teile gerissen und zerstört.[7] Besonders abstoßende Szenen trugen sich jedoch in der Hagia Sophia zu. Während der Frühmesse hörte man die wildgewordenen Eroberer näherkommen, und schloß unverzüglich die großen Bronzetüren. Doch die Soldatenhorden schlugen sich bald mit Brachialgewalt hindurch. Sie erschlugen die ärmer aussehenden und weniger attraktiven Mitglieder der Gemeinde auf der Stelle und führten die anderen aneinander gefesselt in die türkischen Lager, um nach ihrem Belieben mit ihnen zu verfahren. Die Priester lasen so lange unbeirrt weiter die Messe, bis sie unter den Hieben und Stichen der Angreifer umsanken. Eine orthodoxe Legende besagt, zwei oder drei von ihnen seien im letzten Augenblick mit den kostbarsten Kelchen und Patenen auf wundersame Weise in die Südmauer des Allerheiligsten entschwunden, um dort auszuharren, bis Konstantinopel wieder christlich werde, und dann die Liturgie an der Stelle wieder aufzunehmen, wo sie unterbrochen ward.

Sultan Mehmed II. hatte den Männern die dreitägige Plünderung versprochen, die ihnen gemäß islamischer Tradition zustand. Doch nach dieser ausschweifenden Orgie der Gewalttätigkeit erhob sich kein Protest, als er ihr noch am selben Tag ein Ende setzte, an dem sie begonnen hatte. Zudem gab es ohnehin kaum mehr etwas zu stehlen, und sie hatten mehr als genug zu tun damit, die Beute aufzuteilen und sich an ihren Gefangenen zu delektieren. Er selbst wartete das Ende der schlimmsten Ausschreitungen ab, bevor er Konstantinopel betrat. Am späten Nachmittag ritt er dann in Begleitung der höchsten Minister, der Imame und seiner janitscharischen Leibwache gemessen durch die Hauptstraße zur Hagia Sophia. Vor dem Hauptportal stieg er ab, hielt inne, um eine Handvoll Erde zu aufzuheben, die er als Zeichen der Demut über seinen Turban streute, und betrat die große Kirche. Während er auf den Altar zuschritt, sah er einen Soldaten auf dem Marmorboden herumhacken und befahl ihm aufzuhören: Plünderung schließe nicht Zerstörung öffentlicher Gebäude ein. Er hatte seinerseits bereits beschlossen, die Hagia Sophia zur Hauptmoschee umzuwandeln. Auf seinen Befehl bestieg der oberste Imam die Kanzel und verkündete den Namen Allahs, des allbarmherzigen und mitfühlenden; es gebe keinen Gott außer Gott und Mohammed sei sein Prophet. Mehmed berührte betend und dankend mit der Stirn den Boden.

Danach verließ er die große Kirche und ging über den Platz zum alten, zerfallenen Kaiserpalast, den Konstantin der Große über elfhundert Jahre zuvor hatte errichten lassen, und während er die alten Säle durchschritt und mit den Pantoffeln den Staub von den – teilweise bis heute erhaltenen – Mosaiken fegte, soll er die folgenden Zeilen aus einer persischen Dichtung von unbekannter Hand gemurmelt haben:

> Spinnen weben die Behänge im Palast der Caesaren. Eulen rufen die Wachen auf den Türmen von Afrasiab.

Mehmed hatte seinen Ehrgeiz befriedigt: Konstantinopel befand sich in seiner Gewalt. Er war einundzwanzig Jahre alt.

Karten und Pläne

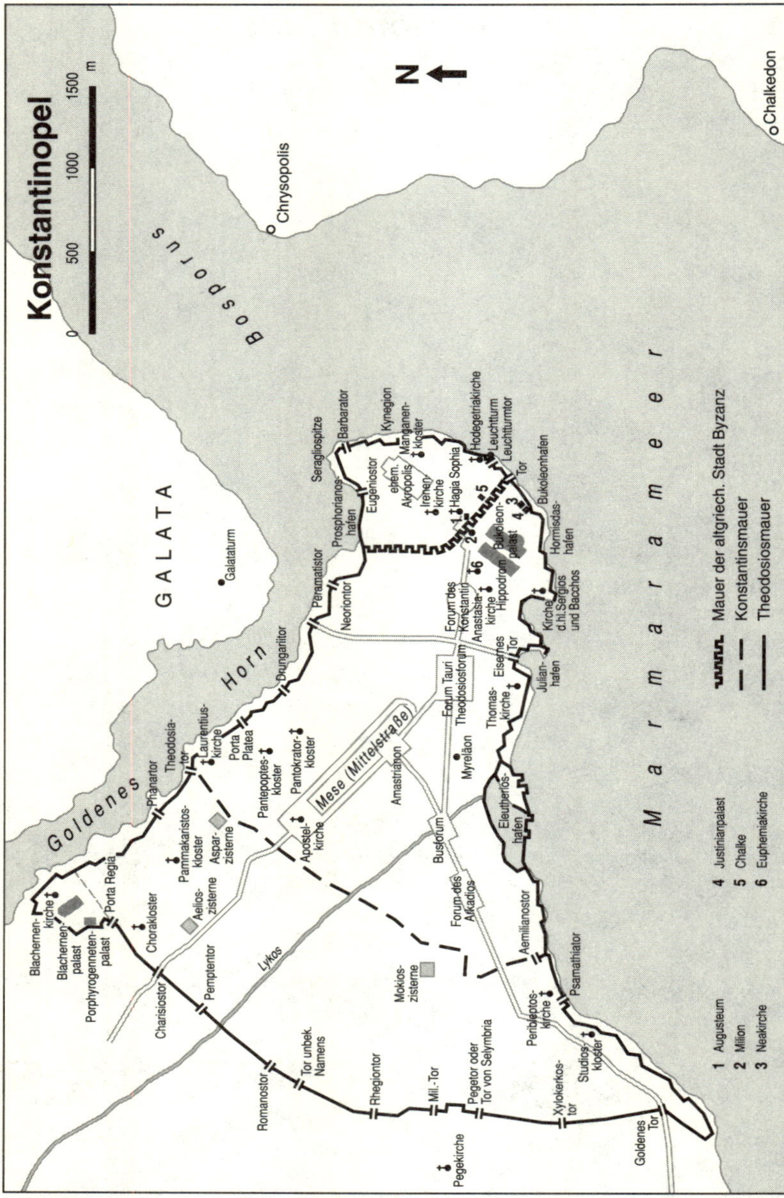
Konstantinopel
0 500 1000 1500 m
N
G A L A T A
Galataturm
Bosporus
Chrysopolis
Chalkedon
Goldenes Horn
M a r m a r a m e e r
Seragliospitze
Barbarator
Kynegion
Manganen-kloster
Hodegetriakirche
Leuchtturm
Leuchtturmtor
Tor
Bukoleonhafen
Hormisdas-hafen
Kirche d.hl. Sergios und Bacchos
Julian-hafen
Eisernes Tor
Thomas-kirche
Eleutherios-hafen
Aemilianostor
Psamathiator
Peribleptos-kirche
Studios-kloster
Xylokerkos-tor
Goldenes Tor
Pegekirche
Pegetor oder Tor von Selymbria
Mil.-Tor
Rhegiontor
Tor unbek. Namens
Romanostor
Pemptentor
Charisiostor
Porphyrogenneten-palast
Blachernen-palast
Blachernen-kirche
Porta Regia
Choraklester
Aelios-zisterne
Pammakaristos-kloster
Aspar-zisterne
Phanartor
Theodosia-tor
Laurentius-kirche
Porta Platea
Pantepoptes-kloster
Pantokrator-kloster
Apostel-kirche
Mese (Mittelstraße)
Amastrianon
Myreläon
Busforum
Forum des Arkadios
Mokios-zisterne
Lykos
Forum Tauri Theodosiosforum
Forum des Konstantin
Anastasia-kirche
Hippodrom
Bukoleon-palast
Hagia Sophia
Irenen-kirche
ehem. Akropolis
Eugeniostor
Prosphorianos-hafen
Peramatistor
Neoriontor
Drungaritor
1 Augusteum
2 Milion
3 Neakirche
4 Justinianpalast
5 Chalke
6 Euphemiakirche
Mauer der altgriech. Stadt Byzanz
Konstantinsmauer
Theodosiosmauer

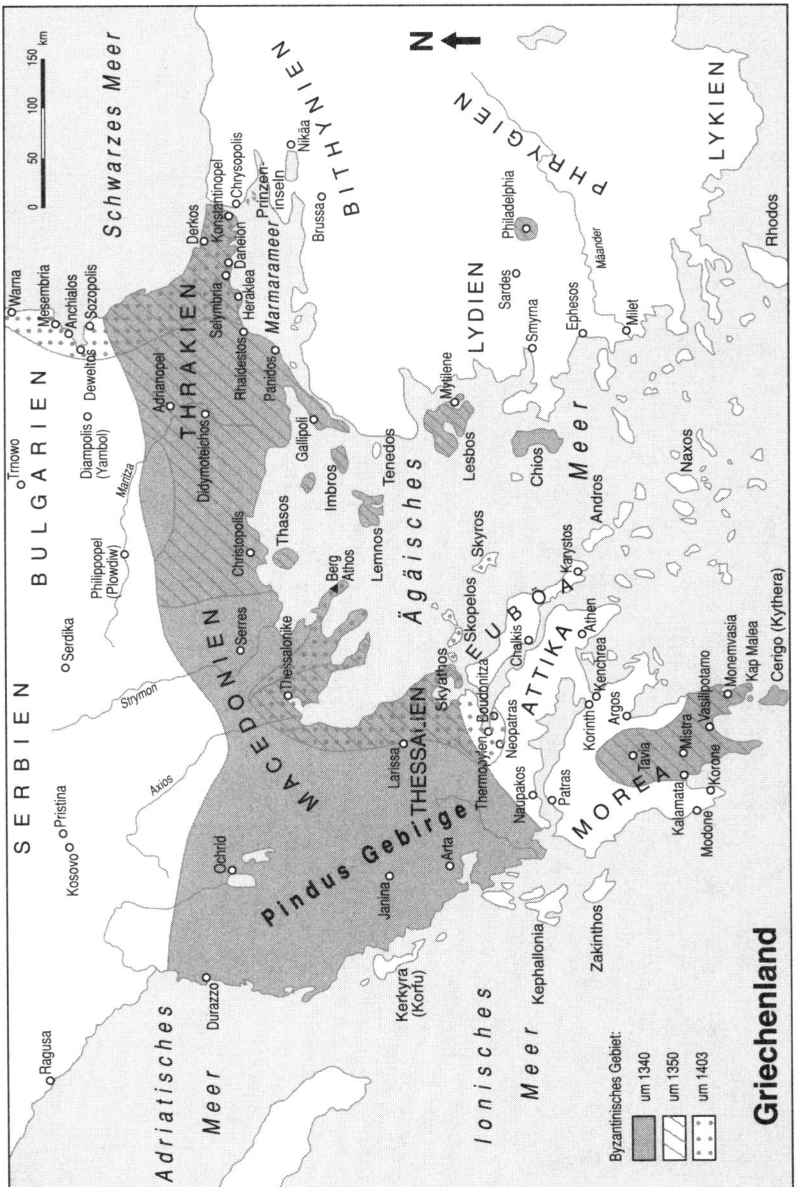
Griechenland
Byzantinisches Gebiet:
um 1340
um 1350
um 1403
0 50 100 150 km
N
S E R B I E N
B U L G A R I E N
T H R A K I E N
M A C E D O N I E N
THESSALIEN
E U B Ö A
A T T I K A
M O R E A
B I T H Y N I E N
P H R Y G I E N
L Y D I E N
L Y K I E N
Schwarzes Meer
Marmarameer
Ägäisches Meer
Adriatisches Meer
Ionisches Meer
Pindus Gebirge
Warna
Mesembria
Anchialos
Sozopolis
Deweltos
Trnowo
Diampolis (Yambol)
Maritza
Philippopel (Plowdiw)
Serdika
Strymon
Axios
Pristina
Kosovo
Ragusa
Durazzo
Ochrid
Janina
Arta
Larissa
Thessalonike
Serres
Christopolis
Didymoteichos
Adrianopel
Rhaidestos
Selymbria
Heraklea
Panidos
Derkos
Konstantinopel
Chrysopolis
Danelon
Prinzen-inseln
Nikäa
Brussa
Gallipoli
Thasos
Imbros
Lemnos
Tenedos
Berg Athos
Mytilene
Lesbos
Chios
Skyros
Andros
Skopelos
Skyathos
Boudonitza
Thermopylen
Neopatras
Chalkis
Karystos
Athen
Kenchrea
Korinth
Argos
Naupakos
Patras
Tavia
Mistra
Vasilipotamo
Monemvasia
Kap Malea
Kalamata
Korone
Modone
Cerigo (Kythera)
Kerkyra (Korfu)
Kephallonia
Zakinthos
Naxos
Smyrna
Sardes
Philadelphia
Ephesos
Mäander
Milet
Rhodos

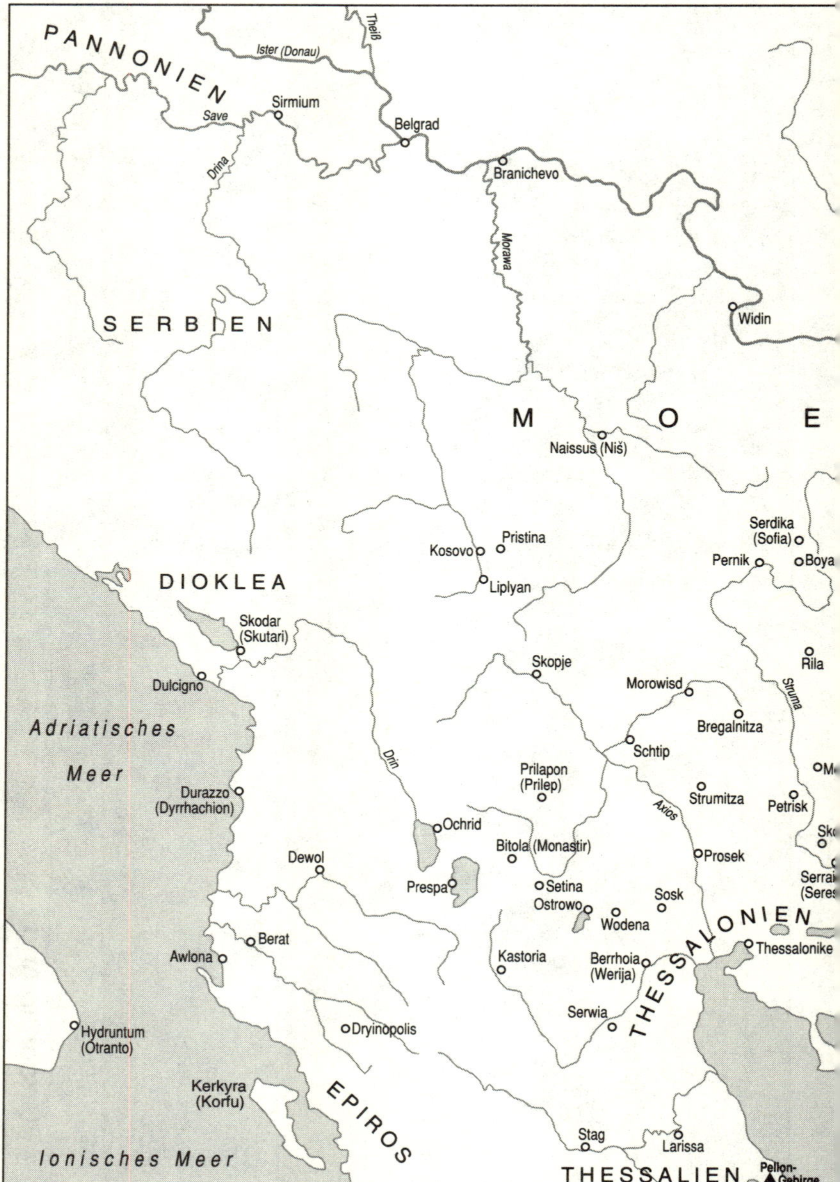
PANNONIEN
Theiß
Ister (Donau)
Save
Sirmium
Belgrad
Drina
Branichevo
Morawa
Widin
SERBIEN
M O E
Naissus (Niš)
Serdika (Sofia)
Pernik
Pristina
Kosovo
Liplyan
DIOKLEA
Skodar (Skutari)
Dulcigno
Skopje
Rila
Morowisd
Struma
Bregalnitza
Schtip
Adriatisches Meer
Prilapon (Prilep)
Drin
Durazzo (Dyrrhachion)
Strumitza
Axios
Petrisk
Ochrid
Bitola (Monastir)
Prosek
Dewol
Prespa
Setina
Sosk
Ostrowo
Wodena
THESSALONIEN
Berat
Thessalonike
Awlona
Kastoria
Berrhoia (Werija)
Serwia
Hydruntum (Otranto)
Dryinopolis
Kerkyra (Korfu)
EPIROS
Stag
Larissa
Ionisches Meer
THESSALIEN
Pelion-Gebirge

N
Donau
Preslaw
Dobrudscha
Constanza
Tutrakan
Dristra
(Silistra)
Ister (Donau)
Nikopolis
Pliska
Markianopel
I E N
Warna
Preslaw
Tutza
Ditzina
Jantara
Werbitza
Schwarzes
Meer
Karbonat
(Marcellae)
Mesembria (Nesebur)
Anchialos
Tundscha
Diampolis
(Yambol)
Rusokastro
Sozopolis
Deweltos
Boruj
(Stara Zagora)
Agathopolis
Maritza (Hebros)
Philippopel
(Plowdiw)
Constantia
Meleona
Makroliwada
Wersinika
Probaton
Skutarion
Adrianopel
(Edirne)
T H R A K I E N
Stenon
(Istinye)
Arkadiopolis
(Lüleburgaz)
Didymoteichos
Selymbria
ilippi
Mosynopolis
Konstantinopel
Chrysopolis
(Skutari)
Rhaidestos
(Tehirdag)
Heraklea (Eregli)
Maritza
Marmarameer
Woleros
Thasos
Gallipoli
Samothrake
Lampsakos
Berg Athos
Imbros
Abydos
Lemnos
Bulgarien
Ägäisches Meer
0 50 100 150 km

Der Mittelmeerraum um 1214 -1254

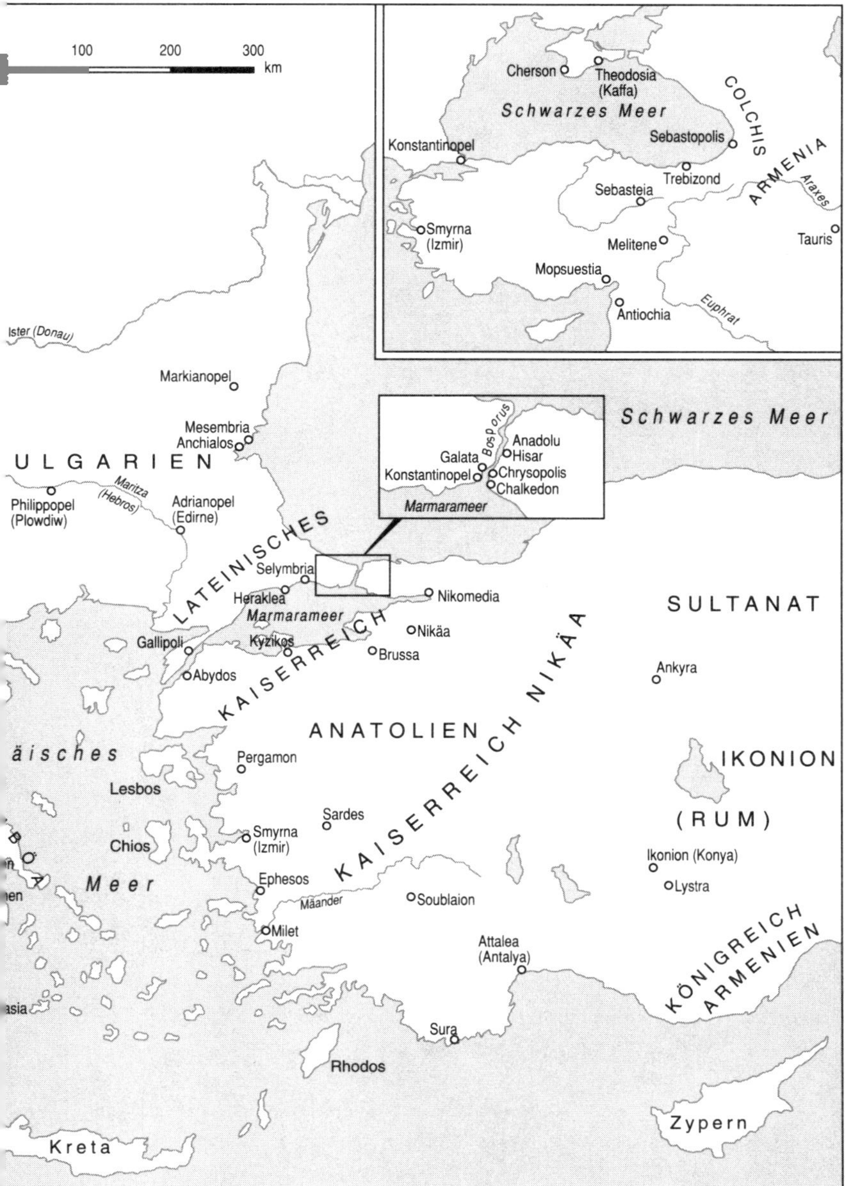
100
200
300
km
Cherson
Theodosia
(Kaffa)
Schwarzes Meer
COLCHIS
Konstantinopel
Sebastopolis
Trebizond
ARMENIA
Araxes
Sebasteia
Smyrna
(Izmir)
Melitene
Tauris
Mopsuestia
Antiochia
Euphrat
Ister (Donau)
Markianopel
Mesembria
Anchialos
Schwarzes Meer
Anadolu
Hisar
Galata
Bosporus
Konstantinopel
Chrysopolis
Chalkedon
Marmarameer
ULGARIEN
Maritza
(Hebros)
Philippopel
(Plowdiw)
Adrianopel
(Edirne)
LATEINISCHES
Selymbria
Heraklea
Marmarameer
Nikomedia
SULTANAT
KAISERREICH
Gallipoli
Kyzikos
Nikäa
Brussa
Abydos
Ankyra
KAISERREICH NIKÄA
ANATOLIEN
äisches
Pergamon
IKONION
Lesbos
(RUM)
Sardes
Smyrna
(Izmir)
Chios
Ikonion (Konya)
Meer
Ephesos
Lystra
Mäander
Soublaion
Milet
Attalea
(Antalya)
KÖNIGREICH
ARMENIEN
Sura
Rhodos
Zypern
Kreta

Genealogie

Die Komnenen

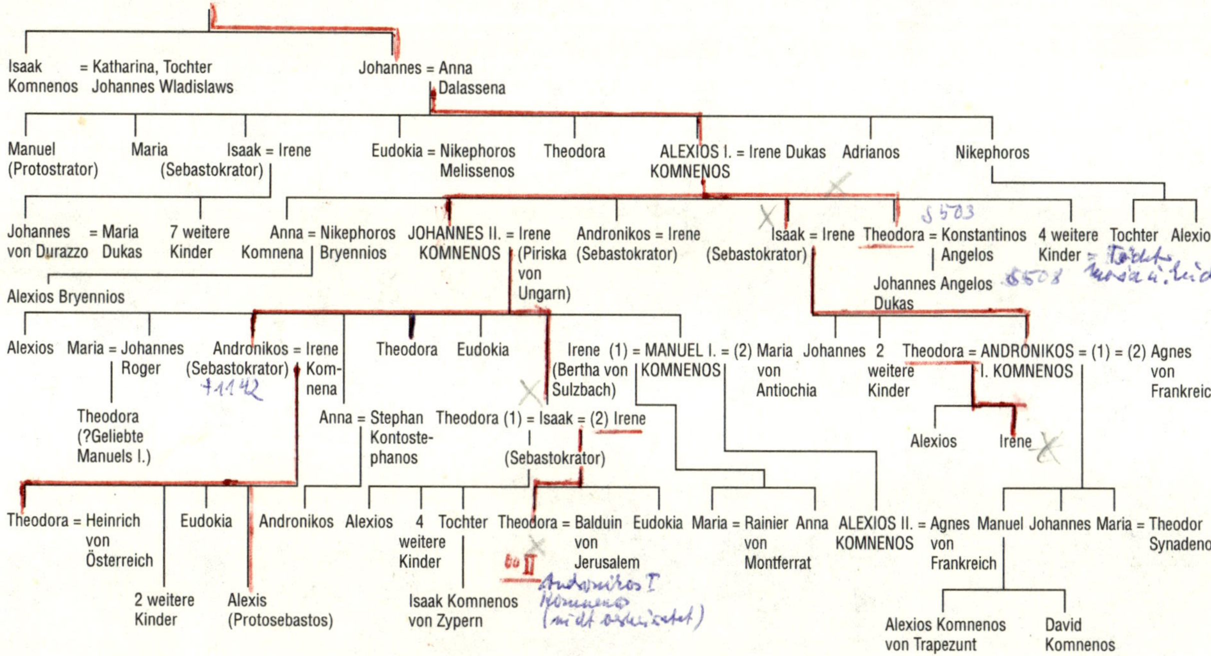

Die Angeloi und das Despotat Epirus

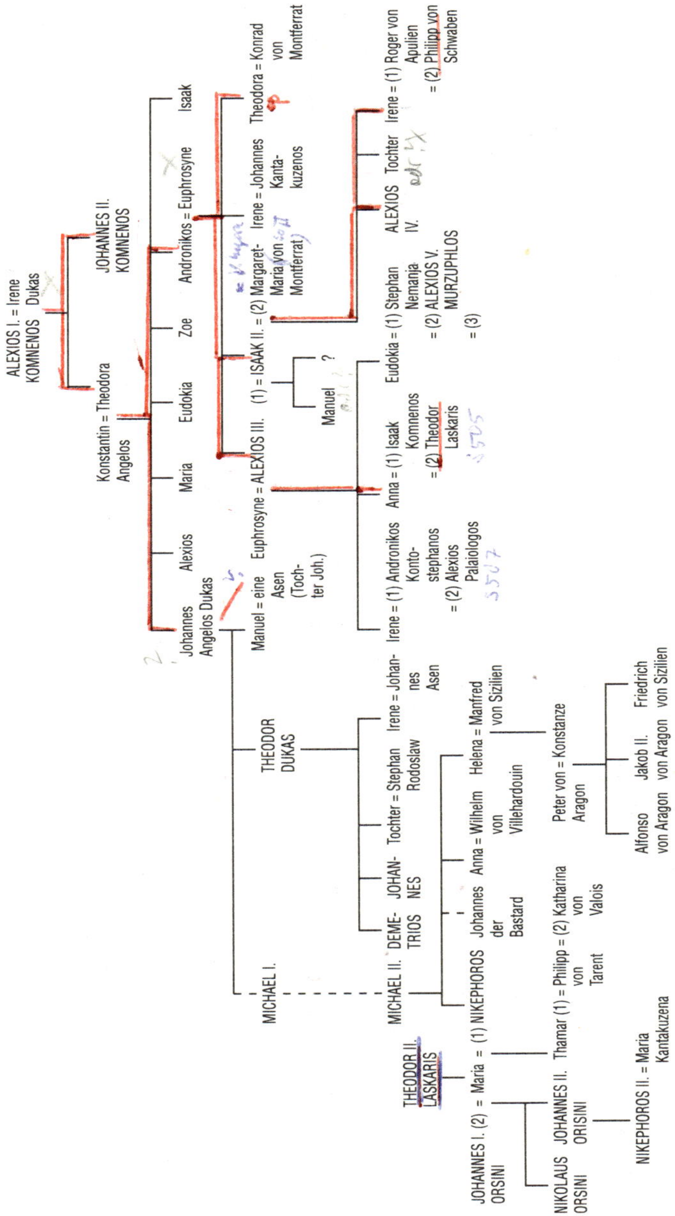

Das Fürstentum Antiochia und das Köngreich Sizilien

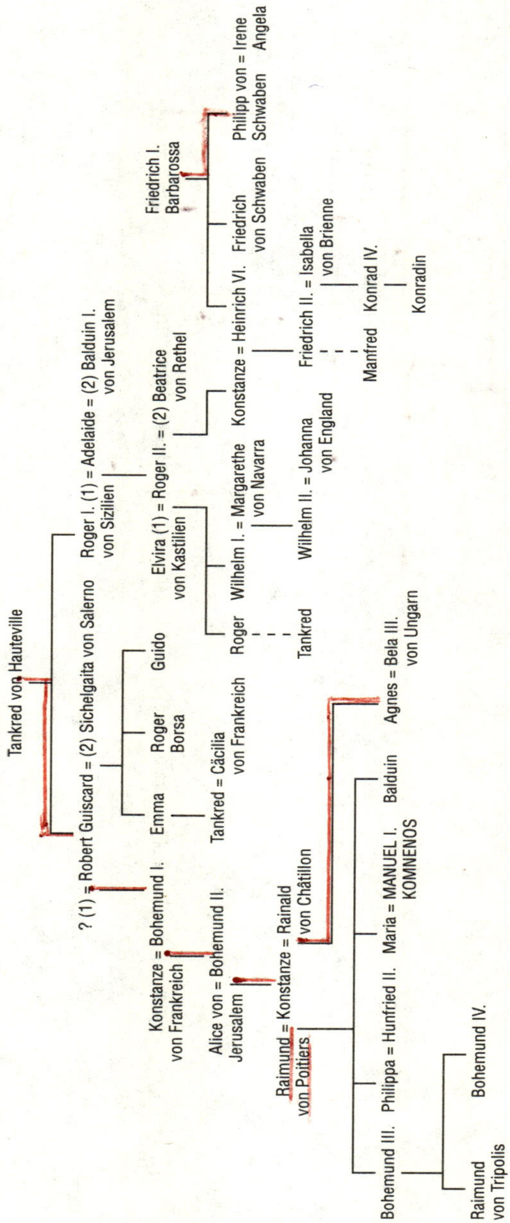

Die Laskaris von Nikäa

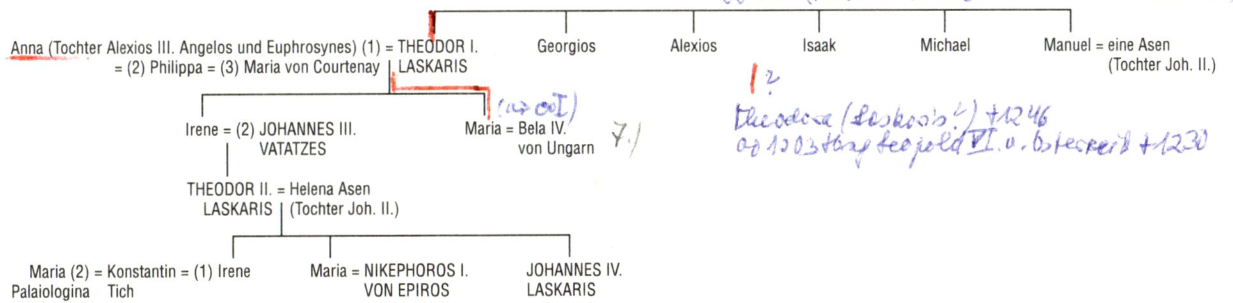

Die lateinische Herrschaft in Konstantinopel

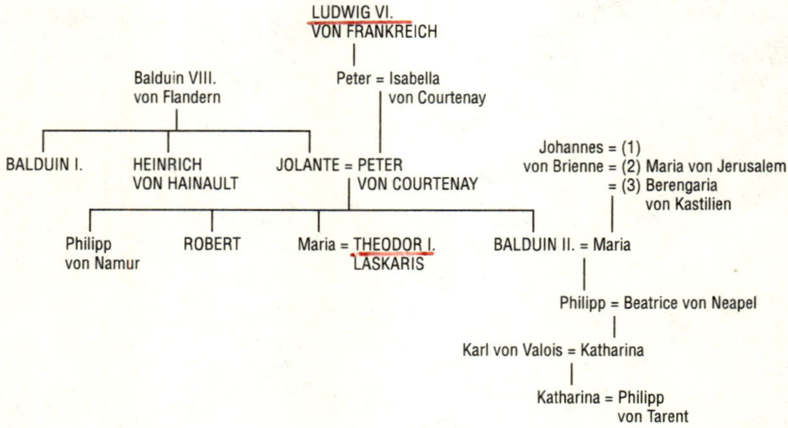

Die Kantakuzeni

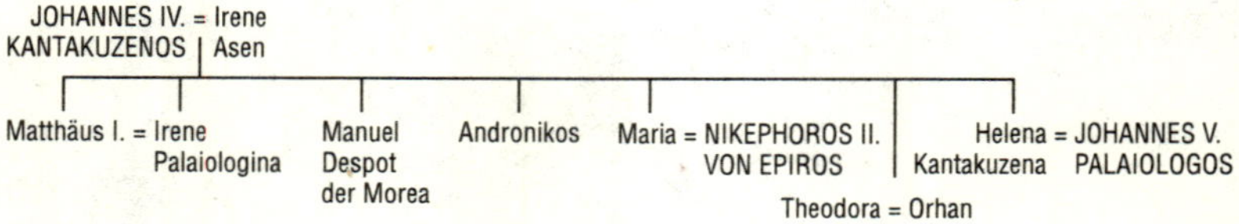

Die Palaiologen

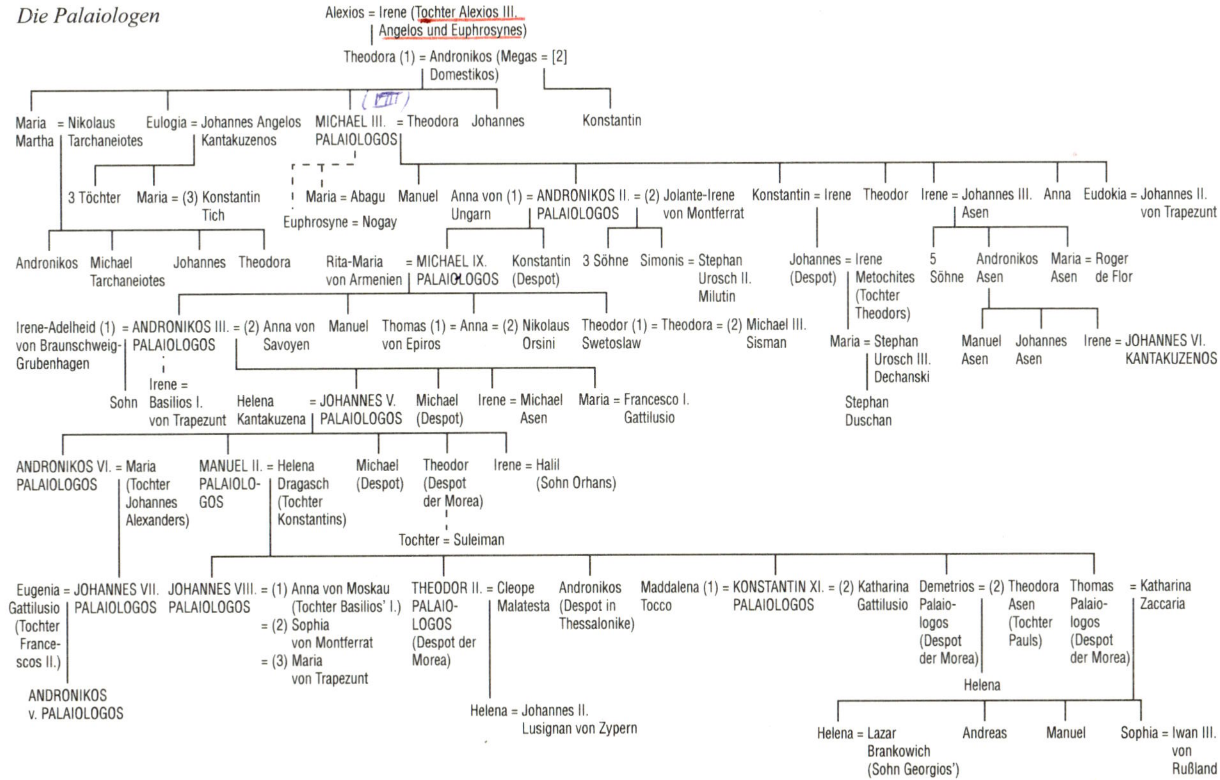

Das Reich im Exil

(Auszug, vgl. auch übrige Familienstammbäume)

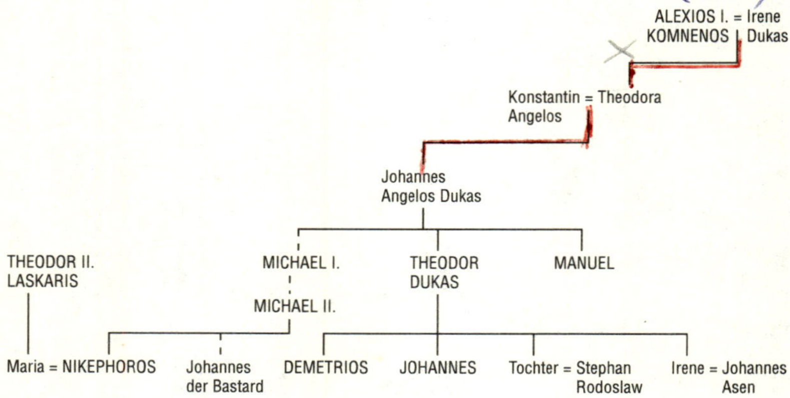

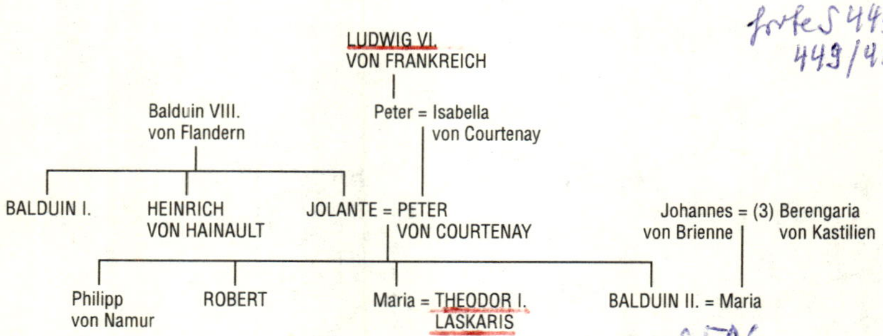

Chronologische Verzeichnisse

Kaiser und Kaiserinnen
(1081 – 1453)

Byzantinisch-griechische:

1081 – 1118	Alexios I. Komnenos
1118 – 1143	Johannes II. Komnenos
1143 – 1180	Manuel I. Komnenos
1180 – 1183	Alexios II. Komnenos
1183 – 1185	Andronikos I. Komnenos
1185 – 1195	Isaak II. Angelos
1195 – 1203	Alexios III. Angelos
1203 – 1204	Isaak II. Angelos und Alexios IV. Angelos
1204	Alexios V. Murzuphlos
1204 – 1222	Theodor I. Laskaris
1222 – 1254	Johannes III. Dukas Vatatzes
1254 – 1258	Theodor II. Laskaris
1258 – 1261	Johannes IV. Laskaris
1259 – 1282	Michael VIII. Palaiologos
1282 – 1328	Andronikos II. Palaiologos
1328 – 1341	Andronikos III. Palaiologos
1341 – 1391	Johannes V. Palaiologos
1347 – 1354	Johannes VI. Kantakuzenos
1376 – 1379	Andronikos IV. Palaiologos
1390	Johannes VII. Palaiologos
1391 – 1425	Manuel II. Palaiologos
1425 – 1448	Johannes VIII. Palaiologos
1449 – 1453	Konstantin XI. Dragasches

Römisch-lateinische:

1204 – 1205	Balduin I.
1206 – 1216	Heinrich von Hainault
1217	Peter von Courtenay
1217 – 1219	Jolanda
1221 – 1228	Robert von Courtenay
1228 – 1261	Balduin II.
(1231 – 1237	Johannes von Brienne)

Das Despotat von Epiros

1204–(?)1215	Michael I.
(?)1215–1224	Theodor

Kaiser, später Despoten von Thessalonike

1224–1230	Theodor
1230–(?)1240	Manuel
(?)1240–1244	Johannes
1244–1246	Demetrios

Despoten von Epiros

(?)1237–1271	Michael II.
1271–1296	Nikephoros
1296–1318	Thomas
1318–1323	Nikolaus Orsini
1323–1335	Johannes Orsini
1335–1340	Nikephoros II.

Sebastokratoren von Thessalien

1271–1296	Johannes I.
1296–1303	Konstantin
1303–1318	Johannes II.

Moslemische Sultane

Sultane des Rum-Seldschukenreiches

1077/78–1086	Suleiman I.
1092–1107	Kilidsch Arslan I.
1107–1116	Malik-Schah
1116–1156	Mas'ud I.
1156–1192	Kilidsch Arslan II.
1192–1196	Kaichosrau I.
1196–1204	Suleiman II.
1204	Kilidsch Arslan III.
1204–1210	Kaichosrau I.
1210–1220	Kaikawus I.
1220–1237	Kaikubad I.
1237–1245	Kaichosrau II.

1246–1257	Kaikawus II.
1248–1265	Kilidsch Arslan IV.
1249–1257	Kaikubad II.
1265–1282	Kaichosrau III.
1282–1304	Mas'ud II.
1284–1307	Kaikubad III.
1307–1308	Mas'ud III.

Osmanische Sultane bis zum Untergang von Konstantinopel

1288–1326	Osman
1326–1362	Orhan
1362–1389	Murad I.
1389–1402	Bajasid I.
1402–1421	Mehmed I.
(1402–1410	Suleiman)
(1411–1413	Musa)
1421–1451	Murad II.
1451–1481	Mehmed II.

Päpste
(1073–1455)

(Namen der Gegenpäpste kursiv)

1073–1085	Gregor VII.
1080–1100	*Klemens III.*
1086–1087	Viktor III.
1088–1099	Urban II.
1099–1118	Paschalis II.
1100–1102	*Theodorich*
1102	*Albert*
1105	*Silvester IV.*
1118–1119	Gelasius II.
1118–1121	*Gregor VIII.*
1119–1124	*Calixtus II.*
1124–1130	Honorius II.
1124	*Cölestin II.*
1130–1143	Innozenz II.
1130–1138	*Anaklet II.*
1138	*Viktor IV.*

1143–1144	Cölestin II.
1144–1145	Luzius II.
1145–1153	Eugen III.
1153–1154	Anastasius IV.
1154–1159	Hadrian IV.
1159–1181	Alexander III.
1159–1164	*Viktor IV.*
1164–1168	*Paschalis III.*
1168–1178	*Calixtus III.*
1179–1180	*Innozenz III.*
1181–1185	Luzius III.
1185–1187	Urban III.
1187	Gregor VIII.
1187–1191	Klemens III.
1191–1198	Cölestin III.
1198–1216	Innozenz III.
1216–1227	Honorius III.
1227–1241	Gregor IX.
1241	Cölestin IV.
1243–1254	Innozenz IV.
1254–1261	Alexander IV.
1261–1264	Urban IV.
1265–1268	Klemens IV.
1268–1271	(Vakanz)
1271–1276	Gregor X.
1276	Innozenz V.
1276	Hadrian V.
1276–1277	Johannes XXI.
1277–1280	Nikolaus III.
1281–1285	Martin IV.
1285–1287	Honorius IV.
1288–1292	Nikolaus IV.
1294	Cölestin V.
1294–1303	Bonifaz VIII.
1303–1304	Benedikt XI.
1305–1314	Klemens V.
1316–1334	Johannes XXII.
1328–1330	*Nikolaus V.*
1334–1342	Benedikt XII.
1342–1352	Klemens VI.

1352 – 1362	Innozenz VI.
1362 – 1370	Urban V.
1370 – 1378	Gregor XI.
1378 – 1389	Urban VI.
1378 – 1394	*Klemens VII.*
1389 – 1404	Bonifaz IX.
1394 – 1423	*Benedikt XIII.*
1404 – 1406	Innozenz VII.
1406 – 1415	Gregor XII.
1409 – 1410	*Alexander V.*
1410 – 1415	*Johannes XXIII.*
1415 – 1417	(Vakanz)
1417 – 1431	Martin V.
1423 – 1429	*Klemens VIII.*
1224	*Benedikt XIV.*
1431 – 1447	Eugen IV.
1439 – 1449	*Felix V.*
1447 – 1455	Nikolaus V.

Anmerkungen

Vorbemerkung des Autors zu Namen und Umschrift

Eine konsequente Haltung habe ich stets als ganz besonders überschätzte Tugend betrachtet und mich in diesem Sinne wenig oder überhaupt nicht bemüht, eine solche zu wahren, wenn es um die Schreibweise von Eigennamen ging. Im allgemeinen habe ich der lateinischen Form vor der griechischen den Vorzug gegeben, also Thessalonica statt Thessalonike, Palaeologus statt Palaiologos usw., und zwar weil das englischsprachige Publikum in der Regel damit vertrauter ist. Erschien mir indes die griechische Form in bestimmten Fällen geeigneter, habe ich keine Sekunde gezögert, von meiner Linie abzuweichen, und sie benutzt.

Auch muß ich zugeben, daß das türkische i ohne Punkt mein Fassungsvermögen übersteigt, nicht nur, weil ich kein Türkisch spreche, sondern auch weil das englischsprachige Publikum fast unweigerlich dem Verlag schlechte Druckqualität vorwerfen würde. Ich hoffe, daß mir meine türkischen Bekannten und Freunde auch verzeihen, wenn ich durchweg von Konstantinopel und nicht von Istanbul rede. Anders zu handeln wäre, um eine Bemerkung Sir Steven Runcimans in einem ähnlichen Zusammenhang zu zitieren, reine Pedanterie.

Bemerkung zur deutschen Übertragung

Im Gegensatz zum Autor haben wir uns aus naheliegenden Gründen bei den byzantinischen Ortsbezeichnungen und Personennamen wenn möglich für die griechische Form entschieden, einige gebräuchliche und sehr bekannte sowie die – angesichts des großen Gebietes – vielfach auftauchenden Namen aus anderen Sprachen jedoch in der Regel eingedeutscht. Auch bei uns ist Einheitlichkeit ein Wunschtraum geblieben. Wir hoffen indes, daß unseren Bemühungen um eine Form, nach der die zahlreichen Namen in der geschichtlichen Literatur – wo sie zum Teil in sehr unterschiedlicher Schreibweise und oft überhaupt nicht erscheinen – gegebenenfalls aufzuspüren sind, einigermaßen Erfolg beschieden war.

Kapitel 1: Der Aufstieg des Alexios

1 Anna Komnena, *Alexias,* II, 6. (Zitate aus der *Alexias* nach der englischen Übertragung von E. R. A. Sewter).
2 Zeta, das frühere Diokles, ein halbunabhängiges Fürstentum innerhalb des Reichs, hatte sich um 1035 erhoben und fortan geweigert, die byzantinische Oberhoheit anzuerkennen.
3 Sie war die Tochter Bagrats IV. von Georgien und seit 1065 mit Michael Dukas vermählt.
4 Näheres über Wiederverheiratungen, besonders über die vier Ehen Kaiser Leons des Weisen, siehe Norwich, *Byzanz,* Band 2, Kapitel 8.
5 Das Volk nannte ihn *Parapinakes,* das heißt »minus ein Viertel«, da die Goldmünze *Nomisma* nach mehr als fünfhundert Jahre dauernder Stabilität unter seiner Herrschaft ein Viertel ihres Wertes eingebüßt haben soll (siehe Norwich, *Byzanz,* Band 2, Seite 453).
6 Dies behauptet zumindest seine Tochter Anna Komnena in ihrem Werk *Alexias* (I); die Biographie über ihren Vater stellt den vollständigsten – und übrigens auch einen sehr unterhaltsamen – zeitgenössischen Bericht dar, der erhalten ist. Zonaras zufolge soll Alexios dagegen bei seinem Tod 1118 siebzig Jahre alt gewesen sein. Wenn das stimmt, wäre er 1048 geboren und 1070 bereits zweiundzwanzig gewesen. Zwar ist auch Annas Zeugnis nicht immer zuverlässig; da aber so frühe Feuertaufen im Mittelalter nichts Ungewöhnliches waren, darf man ihr in diesem Fall wohl Glauben schenken. Als Tochter müßte sie schließlich über das Alter ihres Vaters im Bilde sein.
7 Siehe Norwich, *Byzanz,* Band 2, Kapitel 20.
8 Norwich, a. a. O., Kapitel 12.
9 Chalandon äußert Zweifel an der Zufälligkeit des Treffens. Warum hätte denn Georgios Palaiologos – was Anna Komnena ausdrücklich erwähnt (*Alexias,* II) – nach eigenem Eingeständnis seine sämtlichen beweglichen Schätze mit sich geführt? Ihm erscheint es naheliegender, anzunehmen, daß die Sache sorgfältig geplant und Georgios von Anfang an im Bilde war. Anna berichtet indes, die Kostbarkeiten seien im Kloster aufbewahrt gewesen und scheint darin nichts Außergewöhnliches zu sehen, und auch wir haben keinen Grund dazu. Sie fährt fort, Palaiologos habe seine Unterstützung zunächst verweigert und schließlich nur auf Druck Maria Traianas eingewilligt. Warum sollte er in diesem Augenblick Opposition vorgetäuscht haben (siehe F. Chalandon, *Essai sur le règne de'Alexis Ier Comnèmne,* Paris 1900).
10 Das heutige Üsküdar (türkische Form des griechischen Namens Skutari). So nannte man die Stadt im zwölften Jahrhundert nach der Erbauung des Kaiserpalastes Skutarion.
11 Der »erste Meilenstein«, in Wirklichkeit ein von vier Triumphbogen

gesäumter Platz, von dem aus alle Entfernungen im Reich gemessen wurden. Er befand sich etwas über dreißig Meter südwestlich der Hagia Sophia, siehe Norwich, *Byzanz,* Band 2, Seite 63.

12 Siehe Norwich, *Byzanz,* Kapitel 16.

13 Anna Komnena, *Alexias,* III, 1.

14 Anna Komnena, a. a. O., III, 3.

15 Der Große Palast von Konstantinopel bestand nicht nur aus einem Gebäude, sondern umfaßte vielmehr, ganz ähnlich wie der spätere osmanische Topkapi-Palast an derselben Stelle, mehrere kleinere Paläste und Pavillons, die sich über den ganzen Hang von der Hagia Sophia bis zum Marmarameer erstreckten. Das Bukoleon war ein recht bedeutender Palast, zu dem ein eigener kleiner Hafen gehörte.

16 Siehe Norwich, *Byzanz,* Band 2, Seiten 385 – 387.

KAPITEL 2: Die Normannen

1 Die griechische Bezeichnung Porphyrogennetos bedeutet, daß er zur Welt kam, während seine Eltern als Kaiser und Kaiserin herrschten; dies galt weit mehr als die Erstgeburt.

2 Anna Komnena, *Alexias,* I, 12.

3 Siehe Norwich, *Byzanz,* Band 1, Kapitel 10, Anm. 5.

4 Ein reiner Ehrentitel, den der gewählte Kaiser des Westens führte, bis ihn der Papst in Rom in aller Form krönte.

5 Siehe Norwich, *Byzanz,* Band 1, Seite 342.

6 Anna berichtet noch von einer vierten Schlacht, in der die Venezianer Rache nahmen. Da sich in venezianischen Quellen aber kein Anhaltspunkt dazu findet und bekannt ist, daß der Doge Selvo wegen der Katastrophe vor Korfu abgesetzt wurde, sieht es so aus, als handle es sich hier um ein skrupelloses Beispiel von Wunschdenken.

7 Siehe Norwich, *Byzanz,* Band 2, Seite 208.

8 Nach Bogomil nannte sich jene neomanichäische, puristische Sekte, deren Angehörige die materielle Welt für eine Schöpfung und das Reich des Teufels hielten. Im neunten Jahrhundert in Bulgarien entstanden, hatte sie sich rasch über den Balkan und Kleinasien ausgebreitet und bereitete später den Boden für die albingensische (katharische) Glaubensbewegung in Südwestfrankreich.

9 Siehe Norwich, *Byzanz,* Band 2, Kapitel 8.

10 Noch bekannter ist vielleicht für manche die Bezeichnung Polowzer, die in der alten russischen Sage und Borodins Oper Fürst Igor von Kiew gefangennehmen und vor ihm tanzen.

11 Anna spricht ihren Vater von jeder Beteiligung am Massaker frei. Was blieb ihr anderes übrig?

Kapitel 3: Der erste Kreuzzug

1 Siehe Norwich, *Byzanz,* Band 2, Kapitel 18.

2 Dabei handelt es sich um während der Messe laut verlesene Listen mit Namen lebendiger oder verstorbener Würdenträger, auf denen Gottes Segen in besonderer Weise ruht.

3 Clermont hat sich 1650 mit der Nachbarstadt Montferrand vereinigt, und die Stadt nannte sich fortan Clermont-Ferrand. Sie wirkt auf den ersten Blick wie ein deprimierendes Industriezentrum und wird deswegen auf touristischen Reisen meist gemieden. Leider, muß man sagen, denn sie beherbergt eine prächtige Kathedrale aus dem dreizehnten Jahrhundert, erbaut aus der heimischen schwarzen Lava (die ganze Stadt erhebt sich auf einem erloschenen Vulkan) und die erlesene, noch zweihundert Jahre ältere Kirche Notre-Dame-du-Port.

4 Ungefähr an der Stelle der heutigen Place Delille.

5 Jerusalem (arabisch al-Quds) befand sich seit der Eroberung durch die Soldaten Kalif Omars im Jahre 638 in moslemischer Hand. Während des größten Teils der Spanne zwischen damals und dem Zeitpunkt, von dem hier die Rede ist, genossen die christlichen Pilgerscharen freien Zugang und die Erlaubnis, ihren Gott zu verehren, wo immer und so oft sie wollten. 1077 war die Stadt von den türkischen Seldschukenheeren eingenommen worden.

6 Den Zahlen in der Geschichte des Mittelalters ist bekanntlich nicht zu trauen. Die Chroniken übertreiben regelmäßig. Nie und unter keinen Umständen stimmen ihre Angaben überein. Die obengenannten Zahlen stammen von Albert von Aix (I, 9–12), der glaubwürdiger scheint als die übrigen.

7 Es ist inbrünstig zu hoffen, daß das Gerücht, sie hätten christliche Säuglinge an Spießen über das Feuer gehalten, in das Reich böswilliger Verleumdung gehört; damals hielt man es fast überall für wahr.

8 Zwar machte ihnen die Entdeckung Eindruck, daß alle an Land gespülten Leichen auf dem Schulterblatt wunderbarerweise ein eingeritztes Kreuz aufwiesen, jedoch vermochte auch das nicht, sie in ihrem Entschluß umzustimmen.

9 Siehe Runciman, *Geschichte der Kreuzzüge,* München 1968.

10 Eine turkmenische Dynastie, genannt nach ihrem Begründer, dem Emir Danischmend, der fünfzehn Jahre zuvor in Kleinasien aufgetaucht war und Kappadokien, das Gebiet um Sebastea (heute Siwas) und Melitene beherrschte. Das Geschlecht spielt während der folgenden hundert Jahre, wie noch zu sehen sein wird, in der byzantinischen Geschichte eine bedeutende Rolle. Nach der Einnahme von Melitene im Jahre 1178 durch die seldschukischen Heere verschwand es jedoch genauso plötzlich wieder von der Bildfläche.

11 Türkische Reiter, die im kaiserlichen Heer dienten.
12 So hieß die Festung in der Antike. Später erhielt sie die Namen Mamistra und Misis.
13 Anna Komnena behauptet höhnisch, Bohemund habe, um nicht in Gefangenschaft zu geraten, seinen Tod vorgetäuscht und sich mit einem toten Huhn, das den Verwesungsgeruch liefern sollte, in einem gutbelüfteten Sarg an Bord seines Schiffes bringen lassen.
14 Siehe Norwich, *Byzanz,* Band 2, Seite 395ff.
15 Derlei Verbindungen mit dem Hochadel möbelten das Ansehen des Fürstenhauses von Antiochia auf, wobei Konstanzes bewegte Vergangenheit – sie hatte den Grafen der Champagne geheiratet und sich später scheiden lassen – dieser Partie wohl etwas an Glanz nahm.

Kapitel 4: Alexios Komnenos' letzte Jahre

1 Johannes Zonaras, *Militärs und Höflinge im Ringen um das Kaisertum,* Buch 18, Seite 183.
2 Siehe in diesem Band Kapitel 1, Anmerkung 5, und Norwich, *Byzanz,* Band 2, Kapitel 20, Seite 453.
3 Theophylax (Erzbischof von Ochrid), Briefe, in MPG, Band 126.
4 Im Thema Pelagonia, so Erzbischof Theophylax, sei die Bevölkerungszahl derart zurückgegangen, daß dieses zutreffend Mykonos heißen müßte – zu seiner Zeit eine der kleinsten, ärmsten und verlassensten Kykladeninseln.
5 »Die Frauengemächer im Palast waren Schauplatz äußerster Lasterhaftigkeit, seit der schändliche Konstantin Monomachos den Thron bestiegen hatte [...], aber Anna [Dalassena] setzte eine Reformation durch; es stellte sich wieder eine löbliche Schicklichkeit ein, und der Hof erfreute sich nun einer höchst lobenswerten Disziplin. Sie bestimmte feste Zeiten für heilige Gesänge und für die Einnahme des Frühstücks [...] der Palast nahm immer mehr Ähnlichkeit mit einem Kloster an« (siehe Anna Komnena, *Alexias,* III, viii). Es ist anzunehmen, daß es unter den Betroffenen nicht wenige gab, die den guten alten Zeiten nachtrauerten.
6 Anna Komnena, a. a. O., XV, vii.
7 Es handelte sich dabei nicht um den ersten Vertrag zwischen Byzanz und einer italienischen Handelsrepublik: Basileios II. hatte bereits 992 einen ähnlichen mit Venedig abgeschlossen. (Siehe Norwich, *Byzanz,* Band 2, Kapitel 15.) Es erstaunt, daß Genua nicht auf ähnlichen Privilegien beharrte; dort kam man erst 1155 unter Manuel I. in deren Genuß.
8 Vgl. dazu in diesem Band Kapitel 1, Anmerkung 3.
9 Siehe Anna Komnena, *Alexias,* XV, vi.
10 Der einzige andere Sachverständiger von Wert ist Zonaras, und er maß diesem Feldzug keine besondere Bedeutung bei.

11 Schülerin von Pythagoras; möglicherweise war sie mit ihm verheiratet.
12 Anna Komnena, *Alexias,* XII, iii.

Kapitel 5: Johannes der Schöne

1 Niketas Choniates begann seine Karriere als kaiserlicher Hofsekretär und brachte es bis zum Großlogotheten unter dem Geschlecht der Angeli. Sein Geschichtswerk beginnt 1118 mit dem Tod von Alexios und endet 1206. Es handelt sich um den ausführlichsten und farbigsten, wenn auch trotz gegenteiliger Absicht schwülstigen Bericht seit jenem von Psellos und wird, so hoffe ich, viel dazu beitragen, die folgenden Kapitel zu erhellen. Das Motto am Kapitelanfang ist zitiert nach Niketas Choniates, *Die Krone der Komnenen,* Seite 37.
2 Meines Erachtens ein Sohn und nicht ein Enkel, wie so oft behauptet wird (siehe Anna Komnena, *Alexias,* VII, ii).
3 Der Name bedeutete soviel wie »Muttergottes voll der Gnade«. Der Konvent war dem Philanthropos-Kloster (siehe Kapitel 4) angeschlossen und ebenfalls von Kaiserin Irene gegründet worden; die beiden Gebäude waren durch eine Mauer getrennt, hatten indes ein gemeinsames Wasserleitungsnetz. Die vierzig Nonnen führten ein streng klösterliches Leben und schliefen in einem gemeinsamen Schlafsaal. Irene hatte aber in umsichtiger Weise zusätzlich ein, zwei bequemere Zimmer einrichten lassen – als Privileg für weibliche Angehörige der kaiserlichen Familie.
4 Anna Komnena, *Alexias.*
5 Wilhelm von Tyrus, auch: Guilelmus Tyrensis (um 1130 – 1186), Kanzler des Königreichs von Jerusalem und Erzbischof von Tyrus; sein Geschichtswerk (siehe Bibliographie) stellt die wichtigste Quelle dar, die wir im Hinblick auf die Beziehungen zwischen Byzanz und den Kreuzfahrerstaaten besitzen.
6 Heute ist nicht mehr viel von Laodikea zu sehen. Einst eine wichtige hellenistische Stadt, berühmt für ihre Wolle und ihre Tuchwebereien sowie eine der Sieben Kirchen Asiens, wirken ihre Ruinen heute traurig und verlassen. Nur wenige Reisende machen dort halt, und auch sie fahren rasch weiter nach den etwa zwanzig Kilometer entfernten heißen Quellen von Pamukkale.
7 F. Chalandon, *Les Comnènes,* Band 2, Seite 47.
8 Niketas Choniates, Johannes Kinnamos und Michael der Syrier.
9 Siehe Norwich, *Byzanz,* Band 2, Kapitel 11.
10 In manchen Geschichtswerken geht man von der Annahme aus, der Marsch habe die Truppen durch das Moravatal geführt, doch dies hätte für beide Streitkräfte einen langen und sinnlosen Umweg gegen Westen bedeutet. Niketas Choniates verschiebt die ganze Szene noch weiter nach Nor-

den, nämlich in die bewaldeten Hügel zwischen der Save und der Donau, heute als Frushka Gora bekannt; auch dies ist kaum wahrscheinlich.

11 Siehe Norwich, *Byzanz*, Band 2, Kapitel 13.

12 Norwich, a. a. O., Kapitel 15.

13 Laut *Oxford Dictionary of Byzantium* eher ein Knappe als ein Verwandter.

14 Chalandon widmet diesem verwickelten Problem zwei volle Seiten (siehe *Jean II Comnène et Manuel Comnène*, Seiten 108 und 109). Die drei Städte waren immer wieder aufs neue erobert und dann zurückerobert worden, und es ist schwer zu sagen, wo die Grenze jeweils verlief. Er kommt zum Schluß, Leon habe sie wohl eher von Byzanz erobert; die Frage bleibt offen.

15 Ordericus Vitalis, *Historia ecclesiastica* (Kirchengeschichte), Buch XIII, Kapitel 34.

16 Im Altertum als Larissa bekannt (nicht zu verwechseln mit der gleichnamigen Stadt in Thessalien), heute Saijar, eine wichtige Festung über dem Orontes, etwa dreißig Kilometer nordwestlich von Hama.

17 Chalandon (a. a. O. Seite 132 – 133) behauptet zu Unrecht, Johannes habe »ohne Zweifel« (*»sans doute«*) auch auf der Berufung eines orthodoxen Patriarchen bestanden. Im März 1138 verbot Papst Innozenz II. allen Mitgliedern der Westkirche in der byzantinischen Armee zu verbleiben, falls Johannes irgend etwas gegen die lateinische Obrigkeit in Antiochia unternehme (siehe S. Runciman, *Geschichte der Kreuzzüge*, München 1968, 7. Buch, Seite 522 – 523).

18 Joscelin II. war ein Sohn Joscelins I., der die Grafschaft Edessa von Balduin II. von Jerusalem als Belohnung dafür erhalten hatte, daß er diesen nach dem Tod des kinderlosen Balduin I. als Nachfolger empfohlen hatte.

19 Viel später erhoben die osmanischen Sultane Anspruch auf Abstammung aus dieser Verbindung.

20 Es herrscht etwas Unsicherheit über Manuels genaues Alter zu diesem Zeitpunkt; im ersten, *Epitome* genannten Buch seines Geschichtswerks gibt Johannes Kinnamos achtzehn Jahre an, zitiert im dritten Buch indes Manuels Mutter Irene, die ihn als damals sechzehnjährig bezeichnet. Irene könnte sich geirrt oder aber sich auf ein früheres Gefecht bezogen haben.

Kapitel 6: Der zweite Kreuzzug

1 Siehe Kapitel 5, Anmerkung 21. Wenn wir davon ausgehen, daß er zum Zeitpunkt seiner Krönung einundzwanzig Jahre alt war, liegen wir wahrscheinlich nicht allzu falsch.

2 E. Gibbon, *Die Geschichte des Verfalles und Unterganges des römischen Weltreiches*.

3 Auch ihre genaue Identität ist unsicher, da es mindestens drei Nichten und eine Großnichte Manuels mit diesem allzu häufigen Namen gab. Als wahrscheinlichste Kandidatin dürfte in diesem Zusammenhang die Tochter seiner Schwester Maria und des Normannen Johannes Roger in Frage kommen.

4 Obwohl er praktisch als römischer Kaiser herrschte, war Konrad III. nie vom Papst gekrönt worden und hatte folglich kein Anrecht auf einen höheren Titel als den eines deutschen Königs (siehe in diesem Band, Kapitel 2, Anmerkung 4).

5 Niketas Choniates, *Die Regierungszeit des Kaisers Manuel Komnenos,* Erstes Buch, zweites Kapitel, in *Die Krone der Komnenen,* Seite 89.

6 In diesem Zusammenhang erwähnenswert mag die Tatsache sein, daß das Wort Admiral, das mit geringfügigen Abweichungen in so vielen europäischen Sprachen zu finden ist, seinen Ursprung im normannischen Sizilien hat und sich aus dem arabischen Wort Emir, und zwar besonders in der Verbindung Emir-al-bahr, Herrscher des Meeres, herleitet.

7 Aus einem kaiserlichen Erlaß vom Februar 1148.

8 Eine gewisse Schwermut dürfte die Feierlichkeiten angesichts des Widerwillens überschattet haben, den ein beträchtlicher Teil der byzantinischen Bevölkerung vor der Tatsache empfand, daß eine griechische Prinzessin der Hand fränkischer Barbaren ausgeliefert wurde. In einem Gedicht von Prodromos zum Gedenken an diesen Anlaß heißt es, die arme Theodora werde »dem Ungeheuer aus dem Westen geopfert«.

Kapitel 7: Neuordnung

1 Niketas Choniates, *Die Regierungszeit des Kaisers Manuel Komnenos,* Siebtes Buch, erstes Kapitel, in *Die Krone der Komnenen,* Seite 247.

2 »Er war ein wahres Ungetüm, und sein dichter, schwarzer Bart verlieh ihm ein wildes und schreckliches Aussehen, das vielen Leuten Furcht einflößte«, heißt es in der *Chronica Sanctae Mariae de Ferraria.*

3 Acerbus Morena, *Podestà* von Lodi, einer der ersten norditalienischen Laienhistoriker.

4 Ob Niketas hier irrtümlich den Überfall Georgs von Antiochia im Jahre 1149 meint, von dem in diesem Kapitel bereits die Rede war? Durchaus möglich. Warum aber sollte sich ein solcher Raubzug nicht wiederholt haben? Dagegen irrt er fast sicher bei der Behauptung, die Pfeile hätten den Blachernenpalast getroffen, denn dieser wäre nur zugänglich gewesen, wenn die Sizilianer Bodentruppen die Mauer entlang eingesetzt hätten oder aber das Goldene Horn hochgesegelt wären. Bei ihrem Ziel handelte es sich wahrscheinlich um den alten Palast am Marmarameer.

5 Heinrich Aristippus kehrte mit einem kostbaren Geschenk des Kaisers

zum König zurück: einem griechischen Manuskript des *Almagest* von Ptolemäus. Dieses gewaltige Werk, eine Synthese aller Entdeckungen und Schlüsse der griechischen Astronomie seit der Geburtsstunde der Naturwissenschaft, war bislang im Westen nur durch arabische Übersetzungen bekannt gewesen.

Kapitel 8: Manuel Komnenos' zweite Regierungshälfte

1 Niketas Choniates, *Die Regierungszeit des Kaisers Manuel Komnenos,* Drittes Buch, drittes Kapitel, in *Die Krone der Komnenen,* Seite 146f.

2 Manuels Kandidat war der Cäsar Johannes Roger, Witwer seiner Schwester Maria. Vermutlich glaubte er, dessen normannisches Blut empfehle ihn der lateinischen Bevölkerung von Antiochia, und das mochte auch durchaus zutreffen. Doch für die erst einundzwanzigjährige Konstanze, die vier Kinder geboren hatte, kam ein Mann, der mehr als doppelt so alt war, nicht in Frage. Sie schickte ihn kurzerhand wieder zurück.

3 Sie soll die reale Gestalt hinter der »fernen Liebe«, jener *Princesse Lointaine,* gewesen sein, die im zwölften Jahrhundert der Dichter und Troubadour Jaufré Rudel besang und die später durch Edmond Rostands gleichnamiges Stück bekannt wurde. Siehe auch Petracas *Trionfe d'amore,* Swinburnes *Triumph of Time* und Brownings *Rudel and the Lady of Tripoli.*

4 Ein Sohn jener Anna Komnena, einer Schwester Manuels, die Stephan Kontostephanos geheiratet hatte.

5 Heute Nordkroatien und Nordwestserbien, das Gebiet südlich von Drau und Donau.

6 Um das Eintreiben dieser Anleihen zu erleichtern, wurde die Stadt in sechs Bezirke *(sestieri)* aufgeteilt; diese bilden noch heute die Grundlage für das postalische System.

7 Michael von Syrien vermutet, daß der Sultan außerdem eine beträchtliche Geldsumme verlangte, was wahrscheinlicher klingt als Manuels Bemerkung in einem Brief an den englischen König Heinrich II. Darin behauptet er, Kilidsch Arslan habe auch zugesagt, die christlichen Gefangenen freizulassen, und dem Byzantinischen Reich Unterstützung gegen all seine Feinde zu gewähren. (Roger von Hoveden, *Annalen,* 1176)

Kapitel 9: Andronikos der Schreckliche

1 Niketas Choniates, *Die Regierungszeit des Kaisers Alexios Porphyrogennetos, des Sohnes des Kaisers Manuel Komnenos,* in: *Abenteurer auf dem Kaiserthron,* Seite 11.

2 Niketas Choniates, a. a. O., Seite 33 – 34.

3 Es war typisch für Andronikos Komnenos, daß er einen Scherz bereit hatte, als Angelos zu seinen Fahnen überlief. »Siehe«, soll er bemerkt haben, »es ist genauso, wie es das Evangelium besagt: *Ich werde meinen Engel (Angelus) aussenden, und er wird euch den Weg bereiten.*« In Wirklichkeit besagt das Evangelium nichts derartiges, doch war Andronikos nicht der Mann, der an Spitzfindigeiten dieser Art herumtüftelte, wenn sie ihm gerade zupaß kamen. – Über den Empfang des Andronikos äußert sich übrigens Niketas Choniates nicht ganz so hymnisch, aber auch er muß zugeben, daß dieser nicht mehr aufzuhalten war.

4 Tatsächlich erholte er sich noch vorher wieder von seinem Schrecken und hatte die Stirn, formell Klage gegen seine englischen Wachen – vermutlich Waräger – einzureichen: sie hätten ihm nicht genügend Schlaf zugestanden.

5 In: Diehl, *Figures Byzantines,* Teil 2, finden sich fundierte wie ausgesprochen gut lesbare Kurzbiographien über Andronikos und Agnes. Was aus Theodora wurde, ist offenbar nicht bekannt. Kann sein, daß auch sie ein unerfreuliches Ende fand; vielleicht kam sie aber auch in einem Kloster unter und verbrachte den Rest ihres Lebens dort.

6 König Wilhelm II. (der Gute) von Sizilien war seinem Vater Wilhelm I. (dem Bösen) nach dessen Tod 1166 auf den Thron gefolgt.

7 Niketas Choniates, *Die Regierungszeit der Kaiser Alexios II., Andronikos und Isaak Angelos (1180 – 1195),* in: *Abenteurer auf dem Kaiserthron,* Seite 162.

8 Siehe in diesem Band, Kapitel 2.

9 Thessalonike bewahrte sich einen vornehmlich jüdischen Charakter während der osmanischen Herrschaft bis zum Zweiten Weltkrieg; dann wurde die gesamte sephardische Bevölkerung von rund fünfzigtausend Menschen nach Polen deportiert und ermordet.

10 Die Messe hat sich, wenn auch mit Unterbrechungen, bis in die heutige Zeit erhalten.

11 Bei Niketas Choniates heißt es diesbezüglich: »Hierauf schrieb Andronikos an David, dem die Verwaltung Thessalonikes zugefallen war, und trug ihm auf, wachsam zu sein im Schutze der Stadt; er brauche die Lateiner, diese Flickschuster, überhaupt nicht zu fürchten, er solle sie nur anspringen und beißen und puffen. Das sind wörtlich die Ausdrücke des Andronikos. Warum er gerade so schrieb, daß weiß nur er allein. Den spottlustigen Bürgern jedenfalls bot dieser Brief reichlich Stoff zum Gelächter, indem sie seine Worte durch ähnlich klingende, unanständige Ausdrücke der Volkssprache ersetzten, die man gar nicht anführen kann.« Siehe Niketas Choniates, *Die Regierungszeit der Kaiser Alexios II., Andronikos und Isaak Angelos (1180 – 1195),* in: *Abenteurer auf dem Kaiserthron,* Seite 113.

12 Niketas Choniates, a. a. O., Seite 92 – 93.

13 Siehe Norwich, *Byzanz,* Band 1, Kapitel 5.

14 Niketas Choniates, a. a. O., Seite 93 und 94.
15 Das *Semantron* ist von hoher symbolischer Bedeutung: Die Kirche stellt die rettende Arche dar, und der Mönch, der dieses ein Meter achtzig lange Brett auf der Schulter trägt und mit einem kleinen Hammer daran schlägt, ahmt den Klang von Noahs Werkzeugen nach; so ruft er die Auserwählten zusammen, damit sie sich ihm anschließen. Zur Zeit der osmanischen Herrschaft, als das Läuten von Kirchenglocken aufs strengste verboten war, wurde das *Semantron* noch regelmäßig benutzt. In heutiger Zeit ist es außer auf dem Berg Athos, wo dessen Verwendung noch zur Regel gehört, sowie in einigen sehr abgelegenen, ländlichen Klöstern, nur noch selten zu hören.
16 Niketas Choniates, a. a. O., Seite 118.
17 Niketas Choniates, a. a. O., Seite 142 – 143.
18 Niketas Choniates, a. a. O., Seite 145 – 146.
19 Niketas Choniates, a. a. O., Seite 147.
20 Niketas Choniates, a. a. O., Seite 151 – 152.
21 Niketas Choniates, a. a. O., Seite 161. Als rhomäisch (römisch) bezeichnete sich das byzantinische Volk, da das Byzantinische Reich als bruchlose Fortsetzung des antiken Rom galt. Noch heute verwenden seine Nachfahren gelegentlich den Begriff *romiòs* (siehe dazu Patrick Leigh-Fermors brillanten Aufsatz zum Thema in: *Roumeli,* London 1966.
22 Dieser Ort gibt Anlaß zu Spekulationen, findet sich doch entlang des Strymon keine Spur von ihm. Chalandon nennt ihn Demetiza und fügt dann in Klammern – ohne dafür einzustehen – das türkische Wort Demechissar hinzu. Falls er recht hat, ist es verlockend, Demechissar als Verballhornung von Demir-Hisar zu betrachten, was soviel wie »eiserne Festung« bedeutet; dann könnte von der heutigen griechischen Stadt Siderokastron die Rede sein, die sich ungefähr dort befindet, wo Dimitriza nach den Quellen zu vermuten ist.
23 Niketas Choniates, a. a. O., Seite 161.

Kapitel 10: Die Eroberung Jerusalems

1 Siehe in diesem Band, Kapitel 3, Der erste Kreuzzug.
2 1177 hatte die Eheschließung zwischen Wilhelm von Sizilien und Johanna stattgefunden, der dritten und jüngsten Tochter König Heinrichs II. von England und damit Schwester Richards. Was Agnes alias Kaiserin Anna betrifft, siehe in diesem Band, Kapitel 9.
3 In der heutigen Türkei ist der Kalykadnos unter dem weniger wohklingenden Namen Göksu bekannt; ein weiterer Name lautet Saleph.

KAPITEL 11: Der vierte Kreuzzug

1 Niketas Choniates, *Die Kreuzfahrer erobern Konstantinopel,* Seite 152.
2 Siehe Runciman, *Eine Geschichte der Kreuzzüge,* Seite 890.
3 Gottfried von Ville – Hardouin, *Die Eroberung von Constantinopel i. J. 1204,* Halle 1878, Seite 52.
4 Ville-Hardouin, a. a. O., Seite 39 – 40.
5 Ville-Hardouin, a. a. O., Seite 49.
6 Ville-Hardouin, a. a. O., Seite 52.
7 Ville-Hardouin, a. a. O., Seite 59.
8 Ville-Hardouin, a. a. O., Seite 75.
9 Ville-Hardouin, a. a. O., Seite 77.
10 Dieser Turm steht nicht mehr; er wurde 1261 geschleift. Der heutige Turm von Galata stammt aus dem vierzehnten Jahrhundert und wurde an einer anderen Stelle errichtet.
11 Ville-Hardouin, *Die Eroberung von Constantinopel i. J. 1204,* Seite 93.
12 Ville-Hardouin, a. a. O., Seite 125.
13 Robert von Clay, der ebenfalls am Kreuzug teilnahm, kommt der Wahrheit wahrscheinlich näher, wenn er schreibt: »Si li fist lachier une corde u col, si le fist estranler et sen pere Kyrsaac ausi.«
14 Niketas Choniates, *Die Kreuzfahrer erobern Konstantinopel,* Seite 146 – 147.
15 Gottfried von Ville-Hardouin, *Die Eroberung von Constantinopel i. J. 1204,* Seite 144.
16 Niketas Choniates, *Die Kreuzfahrer erobern Konstantinopel,* Seite 149 – 151.
17 Doch leider inzwischen nicht mehr. Vor einigen Jahren hielt es die italienische Regierung angesichts der Luftverschmutzung für angezeigt, sie in einen kleinen, dunklen Raum innerhalb des Doms zu verbannen und durch leblose Fiberglaskopien zu ersetzen.
18 »Thomas trug eine Kleidung, wie sie in seinem Vaterland üblich war. Sie war so eng, daß sie so aussah, als ob sie seinem Körper angewebt wäre und daß sie jeden Tag an den Handgelenken neu angenäht werden mußte.« Zwar bereits Mönch, hatte Morosini zum Zeitpunkt seiner Wahl zum Patriarchen die Weihe noch nicht empfangen. Sogleich wurde er zum Diakon geweiht, vierzehn Tage später zum Priester und tags darauf zum Bischof.

KAPITEL 12: Das Reich im Exil

1 Im Laufe seiner letzten kriegerischen Unternehmungen hatte Kalojan ebenso viele Angehörige der griechischen wie der lateinischen Seite umgebracht und brüstete sich daher mit dem Beinamen *Romaioktonos*

(Römerschlächter; als rhomäisch bezeichnete man das byzantinische Volk), und zwar in Anlehnung an den Beinamen *Bulgaroktonos* (Bulgarenschlächter) Basileios' II. (siehe Norwich, *Byzanz*, Band 2, Kapitel 15). Natürlich war er dem griechischen Volk dadurch verhaßt. Als sein Todestag auf das Fest des heiligen Demetrios von Thessalonike fiel, waren viele fest überzeugt, dieser Heilige habe ihn persönlich umgebracht. Man darf aber nicht vergessen, daß allein Kalojans Truppen drei Jahre zuvor das Reich von Nikäa vor der Zerstörung durch Balduin bewahrt und damit der griechischen Seite ermöglichte, ein halbes Jahrhundert später Konstantinopel zurückzuerobern.

2 Die Genealogie wird hier etwas kompliziert, vor allem wegen des verständlichen Widerstrebens seitens *Sebastokrator* Johannes' (Michaels und Theodors Vater), den Namen Angelos nach seinem Vater zu führen; er zog Dukas vor, nach seiner Großmutter, Kaiserin Irene Dukas. Ein Blick auf die Genealogie der Komnenen und der Angeloi bringt sogleich Licht in dieses verworrene Netz.

3 Zu diesem Kreuzzug hatte Papst Innozenz III. auf dem vierten Laterankonzil 1215 aufgerufen. Da die Kämpfe großenteils in Ägypten stattfanden, hat er nur wenig Bedeutung für die hier behandelte Geschichte.

Kapitel 13: Die wiedergewonnene Stadt

1 Diese Dornenkrone befindet sich heute im Kirchenschatz von Notre-Dame.

2 Michael Palaiologos stimmte dem Vollzug des Gottesurteils unter der Bedingung zu, daß er das Eisen aus den Händen des Metropoliten Phokas von Philadelphia (einem seiner Hauptankläger) entgegennehme. Dies lehnte der Metropolit mit der Begründung ab, es handle sich um einen barbarischen Brauch, woraufhin Michael erklärte, also werde auch er sich als ein »von römischen Vorfahren abstammender Römer« nur dem römischen Recht unterwerfen.

3 Von den vier Hauptquellen gibt Akropolites sein Alter mit acht, Pachymeres dagegen mit neun, Gregoras und Sphrantzes (die erheblich später schrieben) mit sechs Jahren an.

4 Die Theorie, nach der Michael außerdem Nachfahre eines alten italienischen Geschlechts in Viterbo sein soll, entbehrt jeder Grundlage (siehe D. J. Geanakoplos, *Emperor Michael Palaeologus and the West*, Seite 18f).

5 Das Reich von Nikäa verfügte trotz der Bemühungen Johannes Vatatzes' und Theodors II. niemals über eine nennenswerte Flotte.

6 Im Unterschied zu den Behauptungen in den meisten modernen Darstellungen scheint die Initiative fast sicher von genuesischer Seite ausgegangen zu sein (siehe Geanakoplos, a. a. O., Seiten 83 – 85).

7 Den Titel Cäsar hatte er nach der Einnahme von Arta 1259 erhalten. Bis zum elften Jahrhundert war dies der höchste Rang im Reich gewesen, vorbehalten den wichtigsten Angehörigen der kaiserlichen Familie. Alexios I. hatte ihn etwas herabgestuft, so daß er nun direkt unter dem *Sebastokrator* stand.

8 Ob Michael Palaiologos beim Daphnusia-Feldzug in irgendeiner Weise die Hand im Spiel hatte, um Konstantinopel im Augenblick des Angriffs seitens Strategopoulos' Verteidigungskräfte zu entziehen? Wenn das nicht der Fall ist, scheint hier wahrlich ein verblüffender Zufall vorzuliegen. Dennoch kommt Geanakoplos (a. a. O., Seiten 97 – 104) nach sorgfältiger Auswertung der Berichte von beiden Seiten zum Schluß, daß man »wenn auch widerstrebend, die Hypothese einer geplanten Aktion aufgeben muß, so gut sie zu der für Michaels gesamten Laufbahn typischen Findigkeit gepaßt hätte«.

9 So wenigstens erzählt Georgios Akropolites den Ablauf der Ereignisse. Gregoras, der ihm in den wichtigsten Details folgt, erwähnt einen oberirdischen Zugang mit einem Eingang in der Nähe des Brunnenklosters. Pachymeres erwähnt am Brunnentor aufgestellte Sturmleitern. Wir haben also die Wahl.

10 Euböa hieß für die lateinische Bevölkerung, und in vielen späteren Untersuchungen, Negropont oder Negroponte. Da jedoch dieser Name unterschiedslos für die Insel, deren Hauptstadt Chalkis, die fränkische Herrschaft und den venezianischen politischen Verband gebraucht wird, soll hier der griechische Name stehen.

11 Pachymeres berichtet, die ein paar Jahre ältere Schwester Eulogia habe ihren Bruder als Kind jeweils mit den Worten in den Schlaf gesungen, er werde dereinst Kaiser werden und durch das Goldene Tor in Konstantinopel einziehen.

12 Man sperrte ihn in die Festung Dakibyze an der Südküste des Marmarameers, und dort mußte er bis zu seinem Tod fast fünfzig Jahre später, im Jahre 1305, ausharren.

Kapitel 14: Bedrohung durch Anjou

1 Pachymeres berichtet, die Diener des ungehobelten Balduin hätten die Feuer offen brennen lassen, so daß sich überall im Palast dichter Rauch ausbreitete.

2 Bei dem Palast handelt es sich um das frühere byzantinische Pantokratorkloster. Die neuen genuesischen Residenten fielen umgehend unter Fanfarenstößen über das Gebäude her, brachen das Mauerwerk heraus und sandten Fragmente davon nach Genua, wo sie in die berühmte Georgsmauer eingemauert wurden.

3 Das etwa hundert Kilometer von Rom entfernte Viterbo hatte Papst Alexander IV. 1257 zu seiner Hauptresidenz erkoren, und der Ort blieb achtundzwanzig Jahre lang, bis zum Tod Martins IV. im Jahre 1285, Papstsitz.

4 Was die Zahlen betrifft, muß man sich auf den Venezianer Martino da Canale verlassen; die Verluste seiner Landsleute beziffert er auf 420.

5 Sanudo berichtet von einer Frau, der das besondere Unglück widerfuhr, sieben Ehemänner, einen nach dem anderen, auf dem Schlachtfeld zu verlieren – ob sie Griechin oder Lateinerin war, läßt er offen.

6 Was mag wohl aus den vier Franziskanern geworden sein, die Urban im vergangenen Jahr nach Konstantinopel entsandt hatte? Er ersuchte darum, auch sie in die Gesandtschaft aufzunehmen, sofern sie noch dort weilten. Sie scheinen indes spurlos verschwunden zu sein.

7 Der Begriff, dessen wörtliche Bedeutung lautet »und vom Sohn«, steht für den Glaubenssatz der römisch-katholischen Kirche, daß der Heilige Geist aus dem Vater *und dem Sohn* hervorgehe und nicht direkt und ausschließlich aus Gott Vater (siehe Norwich, *Byzanz*, Band 2, Seite 112).

8 Man hat vermutet, daß Michael die genuesische Kolonie in Galata ansiedelte, um einer Wiederholung der Verschwörung Guericos vorzubeugen. In Wirklichkeit gaben sie jedoch diesem Bezirk schon im Lateinischen Reich und sogar noch früher den Vorzug. Gewiß waren sie mit dieser Maßnahme nicht unzufrieden, verblieb Galata doch bis zur türkischen Eroberung fest in ihrer Hand.

9 Dokumente aus Anjou legen nahe, Johannes Laskaris sei aus seinem Gefängnis entkommen und habe am Hof Karls in Neapel Zuflucht gefunden. Dem widersprechen jedoch implizit sowohl Pachymeres als auch Gregoras, und es ist auch höchst unwahrscheinlich. Karl hätte vermutlich gerne einen solchen Thronanwärter an seinem Hof willkommen geheißen, um seinem Unternehmen den Anstrich von Rechtmäßigkeit zu geben, so wie Robert Guiscard im Jahre 1080 (siehe in diesem Band, Kapitel 2); doch schließlich hatte er sich fest mit Balduin verbunden und hätte daher Johannes' Anspruch ohnehin kaum gleichzeitig gelten lassen können.

Kapitel 15: Einheit auf wackligen Füßen

1 Gregors Brief ist vollständig wiedergegeben in: J. Guiraud, *Les registres de Grégoire X*, Paris 1892 – 1906. Die Übersetzung ins Englische – und vieles mehr – verdanke ich D. J. Geanakopolos, *Emperor Michael Palaeologus and the West, 1258 – 1282: A Study in Byzantine-Latin Relations*, Cambridge, Mass., 1959.

2 Germanos hatte – nach lediglich einem Amtsjahr – vom Patriarchat zurücktreten müssen, nachdem er es unterlasssen hatte, den Bannstrahl

von Kaiser Michael zu heben, den sein Vorgänger Arsenios über ihn für die Blendung des jugendlichen Johannes Laskaris verhängt hatte.

3 Was in Demetrias tatsächlich geschah, läßt sich nicht mehr genau rekonstruieren. Gregoras beharrt darauf, daß nicht auf See, sondern an der Küste gekämpft wurde, wodurch sicherlich einiges an Sinn gewinnt. Ein weiteres Problem wirft die Behauptung auf, Johannes der Despot habe noch in Neopatrai von der Schlacht vernommen, also innerhalb eines Tages seit der dortigen Auseinandersetzung, was bedeuten würde, daß das lateinische Heer nur wenige Stunden Zeit gehabt hätte, um seine Flotte zusammenzustellen und den Angriff in die Wege zu leiten. Kein Zweifel besteht dagegen am griechischen Sieg und an dessen Bedeutung.

4 Strenggenommen ist der *Protostrator* Kommandeur der Vorhut und der leichten Kavallerie.

5 Johannes XXI. (genannt Petrus Hispanus) hieß vorher Petrus Juliani; er hatte als einziger Portugiese je den päpstlichen Thron inne und ging auch als einziger Papst in Dantes Paradies ein. Möglicherweise war er auch der einzige päpstliche Arzt: Sein Arzneibuch *Thesaurus pauperum* erfreute sich großer Beliebtheit, obwohl wir, laut H. K. Mann (*The Lives of the Popes in the Middle Ages*, Band 16), »einige seiner Rezepturen selbst jetzt noch abscheulich finden würden und andere zu seltsam sind, um sie hier wiederzugeben«. Genaugenommen war er übrigens erst der zwanzigste Papst namens Johannes, da Johannes XV. irrtümlich doppelt gezählt wurde.

6 Simon de Bries Wahl hatte indes nicht allein Karls Einfluß bewirkt. Mittlerweile hatten sich die Orsini in Viterbo derart unbeliebt gemacht, daß das Volk in das Konklave geplatzt war und die beiden Orsini-Kardinäle verschleppt hatte, bis die Person des neuen Papstes feststand.

7 Nach sizilianischer Lesart – und natürlich in Verdis Oper *Die sizilianische Vesper*, in der Johannes eine wichtige Rolle im darauffolgenden Aufstand spielt – handelte es sich bei diesem Boten in Wirklichkeit um den Kanzler Johannes von Procida selbst. Doch dieser war damals bereits Ende sechzig; auch findet sich auf aragonischen Dokumenten aus der Zeit, da er sich hätte auf Reisen befinden müssen, immer wieder seine Unterschrift. Steven Runciman meint, es könnte sich bei dem geheimnisvollen Boten um einen seiner Söhne gehandelt haben (siehe *The Sicilian Vespers*, Seiten 208 – 209).

8 Nogay hatte um 1272 die Hand Euphrosynes erhalten, die als natürlich Tochter Michaels gilt. Eine weitere solche, namens Maria, hatte sich 1265 mit dem Mongolen-Ilkhan Hulagu verlobt, der indes starb, bevor die Ehe geschlossen wurde; sie nahm an seiner Stelle dessen Sohn Abagu. Nachdem dieser von seinem Bruder Ahmet im Jahre 1281 ermordet worden war, kehrte sie nach Konstantinopel zurück und zog sich dort in ein Kloster zurück. Dessen Kirche hieß danach ihr zu Ehren Kirche der heiligen

Maria der Mongolen; sie ist überwiegend erhalten und blieb als einzige byzantinische Kirche seit der Zeit vor der türkischen Eroberung ununterbrochen in griechisch-orthodoxer Hand.

Kapitel 16: Katalanen im geschrumpften Kaiserheer

1 Kaiser Andronikos' II. erste Frau Anna, eine Tochter des ungarischen Königs Stephan V., war 1281, ein Jahr vor seiner Thronbesteigung, gestorben.

2 Über diese Heirat dürfte sich Andronikos besonders geärgert haben, denn Thamars Eltern hatten sie zuvor ihm als Braut für seinen Sohn Michael, den späteren Mitkaiser, vorgeschlagen: eine Übereinkunft, die Epiros wieder dem Byzantinischen Reich einverleibt hätte. Leider hatte der Patriarch aus kanonischen Gründen Einspruch gegen die Verbindung erhoben, und so war die Gelegenheit ungenutzt verstrichen.

3 Sein älterer Bruder Dragutin hatte den Namen Stephan Urosch I. angenommen; er verletzte sich im selben Jahr bei einem Sturz vom Pferd und beschloß, das Königreich mit Milutin zu teilen. So regierten sie theoretisch bis zu Dragutins Tod im Jahre 1316 gemeinsam, die eigentliche Herrschaft aber war an Milutin übergegangen.

4 Nicht Magnesia ad Sipylum, die moderne Stadt Manisa in der Nähe von Izmir, sondern Magnesia am Fluß Meander, etwa dreißig Kilometer östlich von Kusadasi. Abgesehen von den Ruinen eines Artemistempels blieb kaum etwas von der einst siebten Stadt der römischen Provinz Asia übrig.

5 Als König Peter III. 1285 starb, folgten ihm in Aragon sein ältester Sohn Alfonso und auf Sizilien sein zweitältester Sohn Jakob auf den Thron. Nach Alfonsos Tod im Jahre 1291 übernahm Jakob auch den Thron von Aragon. Vom Papst bedrängt, erklärte er sich bereit, Sizilien gegen Korsika und Sardinien an Karl II. von Anjou abzutreten, aber Sizilien weigerte sich rundweg, erneut eine angevinische Oberhoheit anzuerkennen, und bot die Krone Friedrich, dem dritten Bruder, an.

6 Siehe in diesem Band Kapitel 14.

7 Die mamelukische Sultandynastie beherrschte von der Mitte des dreizehnten bis zu Beginn des sechzehnten Jahrhunderts Ägypten und Syrien. Sie ging hervor aus der türkischen Sklavenleibwache des letzten Aijubiden-Sultans in Kairo, den diese im Jahre 1250 ermordete, um dessen Herrschaft an sich zu reißen. Zehn Jahre später schlugen mamelukische Verbände unter der Leitung Baibars die vorrückenden Mongolenverbände Hulagus bei 'Ain Jalut in der Nähe von Nazareth in die Flucht und dehnten den Herrschaftsbereich bis nach Palästina und Syrien aus.

8 Unter den verschiedenen Thesen über Rogers wahren Beweggrund für sei-

nen Besuch bei Michael IX., ist jene von Alfonso Lowe in: *The Catalan Venegance* besonders interessant. Er vermutet, Roger sei von Andronikos und Michael gemeinsam und vorsätzlich in den Tod gelockt worden, unter dem Vorwand, man wolle die Beseitigung von Theodor Swetoslaw und dessen Ersatz in Person des rechtmäßigen Herrschers von Bulgarien, Rogers Schwager, erörtern. Doch es handelt sich auch hierbei um reine Spekulation.

9 Bei diesem handelt es sich um einen Enkel Johannes' I. Dukas, und zwar um einen Sohn seines Sohnes Konstantin.

KAPITEL 17: Großvater und Enkel Andronikos

1 Die Ritter des Johanniterordens von Jerusalem waren wie die des Templerordens militärisch organisiert. Sie hatten nach dem Fall von Akko im Jahre 1291 Palästina verlassen müssen und daraufhin ihr Hauptquartier in Rhodos aufgeschlagen (wo ihr prachtvolles Hospital heute noch zu besichtigen ist). Dort blieben sie bis zur Eroberung der Insel durch das Heer Suleimans des Prächtigen im Jahre 1522. Danach zogen sie nach Malta.

2 Athanasios kam in den Genuß einer geradezu unverschämten Glückssträhne. Aus seinem klösterlichen Refugium ließ er am 15. Januar 1303 verlauten, die Bevölkerung Konstantinopels werde schon bald Gottes Zorn zu spüren bekommen, und noch in derselben Nacht fand ein schwaches Erdbeben statt, auf welches einen oder zwei Tage später ein weit stärkeres folgte.

3 Anna war in erster Ehe mit Thomas, dem Despoten von Epiros, verheiratet. Dieser wurde 1318 von seinem Neffen Nikolaus Orsini, dem italienischen Grafen von Kephallonia, ermordet, der daraufhin sogleich den orthodoxen Glauben annahm, sich mit Anna verheiratete und die Nachfolge seines Onkels in Epiros antrat. Anna starb zwei Jahre später.

4 Brussa wurde von Orhan, einem Sohn Osmans erobert. Da Osman im selben Jahr starb, hat er die neue Hauptstadt nicht mehr gesehen; doch ließ Orhan seinen Leichnam in die Stadt bringen und in der Zitadelle beisetzen. Auf diese Weise wurde Brussa zu einem Heiligtum und die letzte Ruhestätte aller frühen osmanischen Sultane.

5 Die Erlöserkirche von Chora, heute Kariye Camii, steht heute noch. Ihre erlesenen Mosaiken und prachtvollen Wandmalereien vermitteln einen bleibenden Eindruck, wie ihn selbst Istanbul nicht oft zu bieten hat. Die Mosaiken zeigen unter anderem ein prächtiges Bildnis Theodors, auf dem er seine Kirche Christus anvertraut, und die Komposition der *Anastasis* in der Apsis der südlichen Seitenkapelle dürfte zu den großartigsten Meisterwerken der gesamten christlichen Kunst überhaupt gehören.

6 Es sei daran erinnert, daß sich bereits Manuel Komnenos für diese gänzlich unbyzantinische Lustbarkeit begeistert hatte (siehe in diesem Band, Kapitel 3).
7 Johannes Stephan war der Sohn Anna Dechanskis, der Schwester Stephans und ersten Frau Michaels III. Sisman, von der dieser sich getrennt hatte, um Andronikos' Schwester Theodora zu heiraten.
8 Sein Nachname ist nicht sicher überliefert. Johannes Kantakuzenos, der es wissen müßte, spricht von ihm immer nur als Sphrantzes und fügt hinzu, obwohl Mitglied des Senats, sei er von niederer Herkunft.
9 Nach einem Titel- und Rangverzeichnis aus dem vierzehnten Jahrhundert war, wer diesen Rang bekleidete, nominell für die Versorgung des Heeres verantwortlich. In den meisten Fällen scheint er indes als reiner Ehrentitel vergeben worden zu sein.
10 Phokäa (heute Foça) war 1307 oder 1308 von Angehörigen der katalanischen Truppe folgenschwer geplündert worden. Sie raubten unter anderem ein Stück vom Kreuz Jesu, ein von der Muttergottes für den Evangelisten Johannes angefertigtes Hemd und die Handschrift seiner Geheimen Offenbarung.
11 Zypern hatte sich Richard Löwenherz auf dem Weg zum dritten Kreuzzug angeeignet, die Insel zuerst den Templern und dann 1192 dem französischen Haus Lusignan überlassen.
12 Im Jahre 1307 war der Papstsitz nach Avignon verlegt worden, und dort sollte er die nächsten siebzig Jahre über bleiben.
13 Gemeint sind die Kapitel 19 bis 22 des in den sechziger Jahren des fünfzehnten Jahrhunderts von Enveri verfaßten Epos *Düsturname*.
14 Siehe Anmerkung 3 zu diesem Kapitel.
15 Nach der Ermordung Thomas' von Epiros durch seinen Neffen Nikolaus Orsini handelt es sich hier um den zweiten Mord an einem nahen Verwandten innerhalb der Familie Orsini.
16 Sie war die Tochter eines Andronikos Palaiologos, aber nicht des Kaisers, sondern eines der regionalen byzantinischen Befehlshaber.
17 Zur Erinnerung: Sie war die Tochter der Balduin-Enkelin Katharina von Courtenay und Karls von Valois und verheiratet mit Philipp von Tarent, dem Sohn Karls II. von Anjou. (Siehe auch Anfang dieses Kapitels)
18 Es lautet: »Herr Jesus Christus, Sohn Gottes, erbarme Dich meiner.«
19 Dieses Kloster befand sich östlich der Hagia Sophia an der Seemauer.

Kapitel 18: Bürgerkrieg

1 In der orthodoxen Kirche erhalten verheiratete Priester in der Regel keine höheren Ämter; für ein Bischofsamt oder eine noch höhere Stelle kommen zumeist nur zolibatär lebende Mönche in Frage.

2 Näheres zur »neuen« Kirche Nea siehe Norwich, *Byzanz*, Band 2, Seite 126.

3 Früher gab es wiederholt Unklarheiten bei der Zählung. Heute wird Johannes Palaiologos üblicherweise als Johannes V. und Johannes Kantakuzenos als Johannes VI. bezeichnet. Auch in der Zeit, als Johannes VI. erster Kaiser war, bestand er immer darauf, daß Johannes V. als einem Palaiologos Vorrang vor ihm zukomme.

KAPITEL 19: Der Kaiser wider Willen

1 In diesem Band, Kapitel 17.

2 Führern und Postkarten, die behaupten, Justinian habe den Turm gebaut, sollte man keinen Glauben schenken. Heute dient das Bauwerk als Restaurant und Nachtklub. Sowohl bei Tag als auch bei Nacht bietet der rundumlaufende Balkon einen absolut unvergleichlichen Blick auf Istanbul, das Goldene Horn und den Bosporus.

3 Gregoras II, 864 – 865, frei nach der englischen Übersetzung von D. N. Nichol, dem ich so viele für diese letzten Kapitel nötige Kenntnisse verdanke, in: *The Last Centuries of Byzantium, 1261 – 1453,* London 1972.

4 Nach Vergils *Änäis* (Buch II, Verse 21ff.) hatten die griechischen Truppen sich dort versteckt und gewartet, bis das hölzerne Pferd nach Troja geschafft war.

KAPITEL 20: Vasall des Sultans

1 So war einer von ihnen, namens Vukaschin, Stephan Duschans Mundschenk gewesen und herrschte nun zwischen Prilap und dem Ochridsee als Despot; sein Bruder namens Johannes Ugljescha hatte in den Stallungen des Zaren als *Hippokomos* gedient, was nichts anderes ist als ein Pferdeknecht, und nannte sich nun Despot von Serai.

2 Es handelt sich dabei um Philippe de Mézières, Kanzler des französischen Königreichs auf Zypern.

3 Amadeus' Vater war ein Halbbruder der Mutter Johannes' V., Kaiserin Anna.

4 Es ist nirgendwo festgehalten, wie lange die beiden in Buda bleiben mußten. Wir wissen jedoch, daß sie sich wieder in Konstantinopel befanden, als im Juni 1367 die Verhandlungen über die Kirchenunion begannen.

5 Um Verwirrungen zu vermeiden, sei hier erwähnt, daß die Pariarchen Kallistos I. und Philotheos (Kokkinos) sich zwischen 1350 und 1376 abwechselten und ein jeder das Amt während zweier Perioden bekleidete. Kallistos, ein Anhänger Johannes' V., wurde erstmals im Jahre 1350 berufen

und trat 1353 zurück (siehe Kapitel 19). Philotheos, welcher Johannes VI. unterstützte, trat 1353 seine Nachfolge an und blieb bis zu Johannes' VI. Rücktritt 1354 im Amt. Daraufhin nahm Kallistos wieder seine Stelle ein und herrschte bis zu seinem Tod 1363 über die Kirche, worauf ihm Philotheos zu Beginn des neuen Jahres im Amt folgte und es bis zu seinem Tod im Jahre 1376 innehatte.

6 *Antirrhetici libri XII contra Gregoram,* in: MPG, Band 151; zitiert in: J. W. Barker, *Manuel II Palaeologus,* Seite 37.

7 Die serbische Sprache steht einzig da unter allen, die sich der kyrillischen Schrift bedienen, verfügt sie doch über ein anerkanntes System der Umschrift, während das fast identische Kroatisch das lateinische Alphabet benutzt. Um der leichteren Lesbarkeit willen haben wir für die historischen serbischen Eigennamen dennoch eine Form ohne diakritische Zeichen verwendet.

8 »Ungeheur stark, trug er als Waffe eine Keule aus sechs Pfund Eisen, dreißig Pfund Silber und neun Pfund Gold. Sein Pferd Piebald war das flinkste der Welt und verstand die menschliche Sprache. Und auf der einen Sattelseite hing die Keule und auf der anderen ein Gegengewicht in Form eines mit Rotwein gefüllten Schlauchs, denn Marko konnte einen Stiefel vertragen, wenn er auch niemals betrunken war« (siehe Rebecca West, *Black Lamb and Grey Falcon,* Band 2, Seiten 167f.).

9 Von diesem seit der Regierungszeit des Alexios Komnenos, dreihundert Jahre zuvor, besonders düsteren und gefürchteten Gefängnis in Konstantinopel sind am Nordende der Landmauer, wo es an den Blachernenpalast anschloß, bis heute Ruinen erhalten geblieben.

10 Ebenso wie das Motto zu diesem Kapitel aus den »Briefen« zitiert (in: D. M. Nicol, *The Last Centuries of Byzantium, 1261 – 1453,* Nr. 167, Seiten 290f).

11 Dort starb er im Alter von achtundsiebzig Jahren, am 15. Juni 1383.

12 Um nur ein Beispiel zu nennen: Sultan Mehmed III. ließ bei seiner Thronbesteigung nicht weniger als neunzehn Brüder erdrosseln, dazu sechs schwangere Sklavinnen im Harem, denen sie am meisten zugetan waren. Später brachte er auch seine Mutter sowie seinen Sohn um, was allerdings nicht zur gängigen Sitte gehörte.

13 Diese bildete vermutlich den Kern der Festung der sieben Türme (Yediküle), die Mehmed II. nach der Eroberung Konstantinopels beträchtlich erweitern ließ und deren Ruinen noch heute stehen.

14 Siehe in diesem Kapitel weiter oben. Hatten Johannes V. und Manuel II. ihr Versprechen von 1378 widerrufen? Oder hatte Philadelphia sich der Übergabe an den Sultan verweigert? Wir werden es nie erfahren.

Kapitel 21: Appell an Europa

1 Die Briefe werden von J. W. Barker (a. a. O., Seiten 88–96) in voller Länge zitiert. Die Übersetzungen folgen im großen und ganzen der seinen, jedoch verkürzt und vereinfacht, um uns Manuels gewundene Schachtelsätze zu ersparen.
2 Johannes Schiltberger, *Als Sklave im Osmanischen Reich und bei den Tataren, 1394–1427,* Stuttgart 1983.
3 Es sei denn, wir rechnen den ebenso erfolglosen Kreuzzug von Warna im Jahre 1444 dazu; doch spielte sich dieser in viel kleineren Rahmen ab (siehe in diesem Band, Kapitel 23).
4 Zur zerfallenen Festung, wie wir sie heute kennen, gehören Erweiterungsbauten, die Mehmed II. 1452 im Zuge der Errichtung der gegenüberliegenden Burg Rumeli Hisar vornehmen ließ.
5 Schon bald nach dem Friedensabkommen von Turin hatte die politische Ordnung in Genua zu bröckeln begonnen. Von internen Parteiquerelen zerissen, wählte die Republik innerhalb von zehn Jahren fünf Dogen und setzte sie wieder ab, und 1396 unterstellte sie sich freiwillig der französischen Herrschaft, die bis 1409 andauerte.
6 Der große Dichter Petrarca und sein Schüler Bocaccio hatten schließlich unter schwierigen Umständen in einem abgelegenen kalabresischen Kloster einen alten Mönch gefunden und 1360 nach Florenz gebracht. Trotz seiner scheußlichen Erscheinung und seinen unangenehmen Gewohnheiten – Petrarca bezeichnete ihn einmal als »Türsteher des kretischen Labyrints« – nahm ihn Boccaccio in seinem Haus auf und beauftragte ihn mit der Übersetzung der *Ilias;* leider wurde der Mönch vom Blitz erschlagen, bevor seine Arbeit allzuweit gediehen war.
7 Religieux de Saint-Denis, *Chronica Karoli sexti,* nach J. W. Barker, a. a. O.
8 Schloß Eltham befindet sich etwa drei Kilometer südöstlich von Greenwich. Es diente schon Eduard III. (1327–1377) als königlicher Palast und wurde auf Veranlassung Eduards IV. in den siebziger Jahren des fünfzehnten Jahrhunderts umgebaut; aus dieser Zeit stammt der große Festsaal mit der gewaltigen Eichendecke. Vom Bau, in dem Manuel königliche Unterhaltung genoß, ist kaum etwas erhalten geblieben.
9 *Chronicon,* Seite 57, zitiert nach G. Ostrogorsky, *Geschichte des byzantinischen Staates,* Seite 485.

Kapitel 22: Das Vermächtnis des Timur Lenk

1 »Was hättest du mit mir gemacht (sagte Timur), wäre ich in deine Hände gefallen, so wie du jetzt in meine?« – »Ich hätte dich (sagte Bajasid), in einen Eisenkäfig gesperrt und im Triumph kreuz und quer durch mein

Königreich geschleppt.« – »Genauso (antwortete Timur) werde ich es mit dir halten.« (siehe Richard Knolles, in: *Turkish History,* London 1687 – 1700).

2 In Christopher Marlowes blutrünstigem Drama *Tamburlaine the Great* schlägt er so lange mit dem Kopf gegen die Eisenstäbe des Käfigs, bis das Gehirn herausspritzt.

3 Theodor hatte Korinth 1396 an die Johanniter verkauft. Diese versuchten danach, sich im ganzen Peloponnes festzusetzen, was den Zorn der dort ansässigen Bevölkerung hervorrief, so daß das Despotat schon bald im Chaos versank. Der schwer bedrängte Despot Theodor versuchte gerade wieder, sich von den Rittern loszukaufen, was ihm 1404 auch gelang.

4 Ein weiteres Beweisstück dafür, daß es sich bei Andronikos V. nicht um ein Phantom handelt, ist eine Elfenbeinschnitzerei in Dumbarton Oaks, Washington, die mit hoher Wahrscheinlichkeit Johannes und Andronikos im Jahre 1403/04 in Thessalonike darstellt.

5 Die heute im Louvre aufbewahrte Handschrift war ursprünglich für die Bibliothek des Kloster Saint-Denis vorgesehen. Denis, der Schutzpatron Frankreichs, wurde im Mittelalter fälschlicherweise mit dem Areopagiten gleichgesetzt.

6 Rumelien hieß das von den Türken in Europa eroberte Gebiet, Rum (das ist Rom) jenes, das nach der Schlacht von Mantzikert an das seldschukische Sultanat gefallen war; die Bezeichnung Rum blieb für den türkischen Teil Anatoliens erhalten.

7 Reste davon sind südwestlich des Kanals von Korinth heute noch zu sehen. Wall und Kanal verlaufen im großen und ganzen parallel; der Abstand schwankt wegen der Geländebeschaffenheit zwischen ein paar hundert Metern und nicht ganz zweieinhalb Kilometern.

8 Aufgrund der Begleitumstände seiner Wahl und nachfolgenden Absetzung ist er in der kanonischen Liste der Päpste nicht verzeichnet. Daher war es ganz in Ordnung, wenn auch für viele eine Überraschung, als Kardinal Angelo Roncalli nach seiner Wahl zum Papst 1958 diesen Namen wählte.

9 Siehe Norwich, *Byzanz,* Band 2, Kapitel 11, Seite 212.

10 Für die Vermählung schrieb Guillaume Dufay, ein bedeutender Komponist des fünfzehnten Jahrhunderts, die Motette »Vasilissa ergo gaude«. Leider wurde die Ehe trotzdem nicht glücklich. Auch dieses Paar vertrug sich nicht. Obwohl zeitgenössische Quellen Cleope in jeder Hinsicht preisen, soll Theodor eine Zeitlang ernsthaft erwogen haben, abzudanken und ins Kloster zu gehen.

11 Als bedeutendstes Baudenkmal entstand während Mehmeds Regierungszeit die Grüne Moschee in Brussa. Sie war zum Zeitpunkt seines Todes unvollendet und ist es geblieben, doch es tut ihrer Schönheit keinen Abbruch. Das mit türkisfarbenen – zum Teil nach der Zerstörung der Originale beim schweren Erdbeben von 1855 ersetzten – Kacheln eingefaßte

Grabmal Mehmeds steht daneben und ist im Innern um nichts weniger prachtvoll.

12 Zumindest laut Chalkokondylas. Andere Quellen sprechen von Lepra oder Epilepsie. Wir haben also die Wahl.

Kapitel 23: Die Himmel frohlocken!

1 Siehe in diesem Band Kapitel 13.

2 Die Kirche hieß nach einer berühmten Ikone, die dort einst aufbewahrt wurde und auf wunderbare Weise entstanden sein soll. Sie blieb bis zu Beginn unseres Jahrhunderts in moslemischer Hand (Thessalonike war bis 1913 türkisch) und hat seitdem leider sehr gelitten: zunächst infolge der Besetzung durch griechische Flüchtlinge aus Kleinasien im Jahre 1923 und in jüngerer Zeit beim schweren Erdbeben vom Juni 1978.

3 Dieser Palast aus dem dreizehnten Jahrhundert, der in den sechziger Jahren des neunzehnten Jahrhunderts ohne jegliches Einfühlungsvermögen restauriert worden und heute in Ansehung seiner späteren Geschichte unter dem Namen Fondaco dei Turchi bekannt ist, steht am oberen Ende des Canal Grande gegenüber der Vaporettostation S. Marcuola.

4 Während der Diskussion über dieses Thema berief man sich zum letzten Mal auf die Konstantinische Schenkung, laut welcher Konstantin der Große nach Verlegung der Reichshauptstadt nach Konstantinopel bestimmt haben soll, daß der Papst die Kaiserkrone dem Kandidaten seiner Wahl verleihe. Schon ein Jahr später hatte der Renaissancehumanist Lorenzo Valla sie als Fälschung entlarvt (siehe Norwich, *Byzanz,* Band 1, Seite 457f).

5 In Rom gründete Bessarion eine Akademie für die Übersetzung und Veröffentlichung antiker griechischer Schriften. Als er 1472 starb, hatte er eine eindrucksvolle Bibliothek griechischer Handschriften zusammengetragen, die er allesamt Venedig hinterließ. Dort bilden sie den Kern der Biblioteca Marciana.

6 Siehe Nicol, *The Last Centuries of Byzantium, 1261 – 1453,* Seite 386.

Kapitel 24: Der Untergang

1 Im Unterschied zu den gleichnamigen Kriegsschiffen der Antike besaßen die türkischen Triremen und Biremen lediglich eine Ruderbank; in den Triremen saßen drei, in den Biremen jeweils zwei Männer an einem Ruder.

2 Urban hatte sich zuvor mit dem gleichen Angebot an den byzantinischen Kaiser gewandt, doch konnte Konstantin weder die Mittel noch die Roh-

materialien für die Kanone beschaffen, die jener verlangte, und mußte ablehnen. Wir könnten endlos darüber spekulieren, ob und wie sich eine Annahme des Angebots auf den Verlauf der beiden folgenden Jahre möglicherweise ausgewirkt hätte. Indes scheint es unwahrscheinlich, daß das Schicksal von Byzanz sich noch hätte abwenden lassen.

3 Siehe Norwich, *Byzanz,* Band 1, Kapitel 15, Seite 387 und Anm. 10. Das Griechische Feuer stand schon achthundert Jahre lang als byzantinische Geheimwaffe im Einsatz und scheint im fünfzehnten Jahrhundert ebenso wirkungsvoll gewesen zu sein wie im siebten.

4 Das Wort »adlig« bedarf hier einer Erklärung. Der Adelsstand berief sich in Venedig aus ersichtlichen Gründen nicht auf Landbesitz sondern auf das nachweisbare Alter einer Familie. In der späteren Geschichte der Republik war es neureichen Familien gelegentlich möglich, sich einzukaufen; doch im fünfzehnten Jahrhundert blieb die Zugehörigkeit ausschließlich den Mitgliedern jener Familien vorbehalten, die im ungefähr hundertfünfzig Jahre zuvor veröffentlichten »Goldenen Buch« verzeichnet waren.

5 Es handelt sich um die Stelle, wo heute der türkische Palast Dolmabahçe steht.

6 Die Kirche St. Theodosia steht noch, wurde indes in eine Moschee umgewandelt und teilweise umgebaut. Ihr türkischer Name Gül Camii bedeutet Rosen-Moschee. Nach einer Legende ist sie die letzte Ruhestätte Kaiser Konstantins (siehe in diesem Band im Epilog).

7 Diese Ikone befand sich sonst immer in der Blachernenkirche, direkt neben dem gleichnamigen Palast, und man hatte sie nur deshalb hierhergebracht, weil diese Kirche der Stadtmauer noch näher lag; so konnte sie die Verteidigung mit ihrer Kraft noch besser unterstützen.

Epilog

1 Siehe »Mémoire sur le sabre de Constantin XI Dracosès, dernier empereur de Constantinople«, in *Revue de l'Orient et de l'Algérie et des Colonies,* Paris 1858; auch »Notice sur le sabre de Constantin XI, dernier empereur de Constantinople, conservé à l'Armeria Reale de Turin«, in: *Revue archéologique, 14:1,* 1857.

2 All diese Informationen sowie zahlreiche mehr verdanke ich D. M. Nicol, *The Immortal Emperor,* dem weit ausführlichsten Bericht in englischer Sprache über die Folgen des Untergangs von Konstantinopel.

3 Damit legte Mehmed den Grundstein für die Doppelfunktion der griechisch-orthodoxen Kirche, wie sie noch in jüngerer Zeit die Erzbischöfe Damaskinos, Regent von Griechenland in den Jahren 1945 – 1946, und Makarios, Präsident von Zypern 1959 – 1974 und 1975 – 1977, verkörperten. Während fast fünfhundert Jahren erfüllte die Kirche diese religiöse

und nationale Doppelrolle, und die Tradition ist nach wie vor sehr lebendig.

4 Ursprünglich ließ Konstantin der Große die Apostelkirche als prachtvolle Grabkirche für sich errichten (siehe Norwich, *Byzanz,* Band 1, Seiten 78f). Während der Herrschaft Justinians von Grund auf erneuert, wurde sie später auf Veranlassung Basileios' I. wiederhergestellt und mit Mosaiken geschmückt. Die Eroberermoschee mit dem weitläufigen Gebäudekomplex, der sie umgibt, wurde zwischen 1463 und 1470 erbaut und ist das älteste bedeutsame osmanische Monument in Konstantinopel.

5 Die Pammakaristoskirche ist noch immer einen Besuch wert. Sie verfügt über wunderbare Mosaiken aus dem frühen vierzehnten Jahrhundert, deren Entstehung zeitlich ungefähr mit denen in der Erlöserkirche des Choraklosters (heute Kariye Camii) zusammenfällt und die vor kurzem vom byzantinischen Institut von Amerika restauriert wurden.

6 Selbst dieses Ereignis bedeutete jedoch nur das Ende eines Kapitels in der langen Geschichte der Johanniter. Nachdem sie einige Jahre umhergezogen waren, ließen sie sich bis zu ihrer Vertreibung durch Napoleon auf Malta nieder. Heute befindet sich ihr Hauptsitz in Rom, wo sie nach wie vor die Privilegien eines unabhängigen Staates genießen und diplomatische Kontakte zu vielen römisch-katholischen Ländern unterhalten.

7 Die Übergabe ist als Relief auf Papst Pius' Grabmal in der Kirche Sant' Andrea della Valle dargestellt, die vielleicht vielen besser bekannt ist als Ort der Handlung im ersten Akt der Oper *Tosca.*

8 Leo Allatius, *De ecclesiae occidentalis atque orientalis perpetua consensione,* Spalte 956.

9 Siehe Nicol, a. a. O. Im Schlußkapitel erörtert er nicht nur Theodors Rechtsanspruch, sondern auch jenen mehrerer anderer Prätendenten mit allen nötigen und zugänglichen Angaben. Vgl. auch Patrick Leigh Fermor, *The Traveller's Tree,* Seite 145 – 149.

10 W. E. H. Lecky, *Sittengeschichte Europas,* Leipzig und Heidelberg 1879, Band 1, Seite 9.

Bibliographie

1. Originalquellen

Sammelwerke

Archivio Storico Italiano, Erste Serie, Florenz, verschiedene Publikationsdaten (ASI).
Bibliothek der Kirchenväter. Eine Auswahl patristischer Werke in deutscher Übersetzung, hrsg. von Bardenhewer, Schermann, Weymann und Zellinger, 79 Bände, Kösel/Kempten, München 1869–1888 und 1911 ff. (BK).
Byzantinische Geschichtsschreiber, hrsg. von E. v. Ivánka, J. Koder u. a., Graz, Wien und Köln 1954 ff. (BG).
Byzantinische Zeitschrift (BZ).
Byzantion. Revue internationale des Etudes Byzantines, Paris und Lüttich 1924–1929; Paris und Brüssel 1930; Brüssel u. a. 1930 ff. (B).
De Boor, C. (Hrsg.), *Opuscula Historica,* Leipzig 1880 (BHO).
Corpus Scriptorum Ecclesiasticorum Latinorum, 57 Bände, Wien 1866 ff., nicht vollständig (CSEL).
Corpus Scriptorum Historiae Byzantinae, Bonn 1828 ff., nicht vollständig (CSHB).
Cousin, L., *Histoire de Constantinople,* französische Übersetzungen, 8 Bände, Paris 1685 (CHC).
Dumbarton Oaks Papers, Cambridge, Mass., 1941 ff. (DOP).
Guizot, F., *Collection des Mémoires Relatifs à l'Histoire de France,* 29 Bände, Paris 1823–1827 (GMHF).
Hagenmeyer, H., *Die Kreuzzugsbriefe aus den Jahren 1088–1100, Innsbruck 1902.*
Mai, A. (Hrsg.), *Novae Patrum Bibliothecae,* 10 Bände, Rom 1844–1905 (MNPB).
Migne, J. P., *Patrologia Graeca,* 161 Bände, Paris 1857–1866 (MPG).
Ders., *Patrologia Latina,* 221 Bände, Paris 1844–1855 (MPL).
Monumenta Germaniae Historica, hrsg. von G. H. Pertz, T. Mommsen u. a., Hannover 1826 ff., wird fortgeführt.
Muller, C. I. T., *Fragmenta Historicorum Graecorum,* 5 Bände, Paris 1841–1883 (MFGH).

Muratori, L. A., *Rerum Italicarum Scriptores,* 25 Bände, Mailand 1723–1751 (MRIS).

Recueil des Historiens des Croisades, Académie des Inscriptions et Belles Lettres, Paris 1841–1906; darin: *Historiens Grecs,* 2 Bände, 1875–1881 (RHCG), und *Historiens Occidentaux,* 5 Bände, 1844–1895 (RHCOcc).

Revue des Etudes Byzantines, Bukarest und Paris 1946 ff. (REB).

Revue des Etudes Grecques, Paris 1888 ff. (REG).

Revue Historique (RH).

Sansovino, F., *Historia universale dell' origine ed imperio de' Turchi,* 3 Bände, Venedig 1646.

Studies in Church History (SCH).

Einzelne Autoren

Adam von Usk, *Chronicon,* hrsg. von E. M. Thompson, London 1904.

Albert von Aix (auch: Albertus Aquensis), *Liber Christianae Expeditionis pro Ereptione Emmundatione et Restitutione Sanctae Hierosolymitanae Ecclesiae,* in RHCOcc, Band 4.

Altino-Chronik, in ASI, Band 8.

Akropolites, Georgios, *Opera,* hrsg. von A. Heisenberg, Leipzig 1903.

Anagnostes, siehe Georgios Sphrantzes

Anna Komnena, *Alexias,* hrsg. von Ducange, in: RHCG, Band 1; englische Übersetzungen von E. A. S. Dawes, London 1928, und E. R. A. Sewter, London 1969.

Arab Historians of the Crusades, ausgewählt aus arabischen Quellen und übers. von F. Gabrieli, ins Engl. übers. von E. J. Costello, London 1969.

Attaleiates, Michael, *Historia,* in CSHB, Band 50; teilw. ins Frz. übers. von H. Grégoire, in BZ, Band 28 (1958), und E. Janssens, in *Annuaire de l'Institut de Philologie et d'Histoire Orientales et Slaves,* Band 20 (1968–1972).

Barbaro, N., *Giornale dell' Assedio di Costatinopoli,* hrsg. von E. Cornet, Wien 1856; ins Engl. übers. von J. R. Jones, New York 1969.

Bryennios, Nikephoros, *Hyle Historias,* in: CSHB, Band 26; ins Frz. übers. von H. Grégoire, in B, Band 23 (1953).

Cananus, Johannes, *De Constantinopoli oppugnata,* hrsg. von I. Bekker, in: CSHB (1838), mit Georgios Sphrantzes, siehe dort.

Chalkokondyles, Laonikos, *De origine ac rebus gestis Turcorum,* in CSHB.

Chronik von Morea, ins Frz. übers. von J. Lognon, *Livre de la Conqueste de la Princée de l'Amorée,* Paris 1911; teilw. ins Deutsche übers. in A. Elissen, *Analekten der mittel- und neugriechischen Literatur,* Band 2/1, Leipzig 1856.

Clavijo, Ruy González de, *Embajada a Tamorlan,* hrsg. von F. López Estrada, Madrid 1943; ins Engl. übers. von G. Le Strange, London 1928.

Dukas, Michael, *Historia Turco-Byzantina,* in CSHB; Neuausgabe hrsg. von V. Grecu, Bukarest 1948.

Eusthatios von Thessalonike, *De Thessalonica a Latinis capta, a. 1185,* hrsg. von I. Bekker, in CSHB; ins Deutsche übers. von H. Hunger, *Die Normannen in Thessalonike. Die Eroberung von Thessalonike durch die Normannen (1185 n. Chr.) in der Augenzeugenschilderung des Bischofs Eustathios,* in BG, Band 3, Wien 1955.

Glykas, M., *Chronicon,* hrsg. von I. Bekker, in CSHB; MPG, Band 108.

Gregoras, Nikephoros, *Byzantina Historia,* hrsg. von L. Schopen und I. Bekker, in CSBH; ins Deutsche übers. von J. L. van Dieten, *Nikephoros Gregoras. Rhomäische Geschichte,* bisher 3 Bände (Buch 1–17), Stuttgart 1973–1988.

Ders., siehe Guilland, R.

Gregor von Zypern, *Laudatio,* in: MPG, Band 142.

Ibn Al-Atir, I. A., *Das (vollständige) Buch über die Geschichte,* teilw. ins Frz. übersetzt, in RHCOcc, Band 1.

Ibn Gubair, *Tagebuch eines Mekkapilgers,* ins Deutsche übers. von R. Günther, Stuttgart 1985, auch München 1988; *The Travels of Ibn Jubair,* übers. von R. J. C. Broadhurst, London 1952.

Ignatios von Smolensk, *Pélérinage d'Ignace de Smolensk,* hrsg. von E. P. Majeska, in: *Russian Travelers to Constantinople in the 14th and 15th C,* Washington 1984.

Imad ed-Din al Isfahani, *Conquète de la Syrie et de la Palestine par Salah ed-Din,* ins Frz. übers. von H. Massé, Paris 1972.

Johannes Zonaras, *Annales,* hrsg. von L. Dindorf, 6 Bände, Leipzig 1868–1875; auch in: MPG, Bände 134–135; ins Deutsche übers. in *Militärs und Höflinge im Ringen um das Kaisertum. Byzantinische Geschichte von 969–1118 nach der Chronik des Johannes Zonaras,* übers., eingeleitet und erklärt von Erich Trapp, in BG, Band 16, Graz 1986.

Kantakuzenos, Johannes, *Historiae,* hrsg. von L. Schopen, 3 Bände, in: CSHB (1838); ins Deutsche übers. von G. Fatouros und T. Krischer, 2 Bände, Stuttart 1982–1986.

Kinnamos, Johannes, *Epitome Historiarum,* in: CSHB; ins Engl. übers. von C. M. Brand, New York 1976.

Kydones, Demetrios, *Briefe,* ins Frz. übers. von G. Cammelli, Démétrius Cydonès, Correspondances, Paris 1930.

Leonhard von Chios (Erzbischof von Mytilene), *Epistola ad Papam Nicolaum V.,* in MPG, Band 159 (1866); ins Ital. übers. in Sansovino, *Historia universale,* Band 3.

Liber Pontificalis. De Gestis Romanorum Pontificum, Text, Einf. und Kommentar von L. Duchesne, 2 Bände, Paris 1866–1892, Neuausgabe Paris 1955.

Malaterra, Gottfried, *Historia Sicula,* in MPL, Band 149; MRIS Band 5.
Matthäus von Edessa, *Chronik,* ins Frz. übers. von E. Dulaurier, Paris 1858.
Michel le Syrien (Michael der Syrier), *Chronique (Beschreibung der Zeiten),* hrsg. und ins Frz. übers. von J. B. Chabot, Paris 1905–1906.
Mouskes, Philippe, *Chronique rimée de Philippe Mouskès,* hrsg. von F. A. de Reiffenberg, in: *Collection de Chroniques Belges inédites,* II, Brüssel 1838.
Muntaner, Ramon, *Chronik des Edlen En Ramon Muntaner,* ins Deutsche übers. v. K. Lanz, Stuttgart 1844.
Niketas Choniates, *Die Krone der Komnenen. Die Regierungszeit der Kaiser Joannes und Manuel Komnenos (1118–1180),* ins Deutsche übers., eingeleitet und erklärt von F. Gabler, in BG, Band 7, Graz 1958.
Ders., *Abenteurer auf dem Kaiserthron. Die Regierungszeit der Kaiser Alexios II., Andronikos und Isaak Angelos (1180–1195),* ins Deutsche übers., eingeleitet und erklärt von F. Gabler, in BG, Band 8, Graz 1958.
Ders., *Die Kreuzfahrer erobern Konstantinopel, Die Regierungszeit der Kaiser Alexios Angelos, Isaak Angelos und Alexios Dukas (1195–1206),* ins Deutsche übers., eingeleitet und erklärt von F. Gabler, in BG, Band 9, Graz 1958.
Ordericus Vitalis, *Historia ecclesiastica,* hrsg. von A. Le Prévost und L. Delisle, in: *Société de l'Histoire de France,* 5 Bände, Paris 1838–1855; ins Engl. übers. und erläutert von T. Forester, 4 Bände, London 1854.
Otto von Freising, *Chronica sive Historia de Duabus Civitatibus,* in: MGH, *Scriptores,* Band 20; ins Deutsche übers. von A. Schmidt, *Otto, Bischof von Freising. Chronik oder Die Geschichte der zwei Staaten,* hrsg. von W. Lammers, Darmstadt 1990; ins Engl. übers. von C. C. Mierow, New York 1953.
Ders., *Gesta Friedericis imperatoris, cum continuatione Rahewini,* hrsg. von R. Wilmans, in: MGH, *Scriptores,* Band 20; ins Deutsche übers. von A. Schmidt, *Bischof Otto von Freising und Rahewin. Die Taten Friedrichs,* hrsg. von F.-J. Schmale, Darmstadt 1965; ins Engl. übers. von C. C. Mierow, New York 1953.
Pachymeres, Georgios, *De Michaele et Andronico Paleologis,* hrsg. von I. Bekker, in: CSBH, 2 Bände; ins Frz. übers. in CHC, Band 6, und von V. Laurent, in: *Georges Pachymères. Relations historiques,* hrsg. von A. Failler, Band 1, Paris 1984.
Prodromos, Theodoros, *Poemata,* Auswahl in: MPG, Band 133; RHCG, Band 2.
Psellos, Michael (auch Konstantinos), *Chronographia,* ins Engl. übers. von E. R. A. Sewter, Leiden 1952; ins Frz. übers. von E. Renauld, 2 Bände, Paris 1926; *Imperatori di Bisanzio,* ins Ital. übers. von S. Impellizeri u. a., 2 Bände, Mailand 1984.

Robert von Clary, *La Conquète de Constantinople,* hrsg. von Lauer, Paris 1924.
Roger von Hoveden, *Annales,* ins Engl. übersetzt von H. T. Riley, London 1853.
Sanudo, Marino, *Istoria del regno di Romania,* hrsg. von C. Hopf, in: *Chroniques grécoromanes,* Berlin 1873.
Schiltberger, Johannes, *Als Sklave im Osmanischen Reich und bei den Tataren, 1394–1427,* übers. und hrsg. von U. Schlemmer, Stuttgart 1983.
Sphrantzes, Georgios, *Chronicon maius,* hrsg. von I. Bekker, in CSHB (einschließlich Anagnostes); teilw. ins Deutsche übers. in *Die letzten Tage von Konstantinopel. Der auf den Fall von Konstantinopel 1453 bezügliche Teil des dem Georgios Sphrantzes zugeschriebenen »Chronikon maius«,* hrsg. von E. von Ivánka, in BG, Graz 1954.
Stephan von Blois, Briefe Nr. IV und X, in Hagenmeyer, *Die Kreuzzugsbriefe.*
Syropoulos, Silvester, *Erinnerungen,* hrsg. von R. Creyghton, in *Vera historia unionis non verae inter Graecos et Latinos,* Den Haag 1660; ins Frz. übers. von V. Laurent, siehe dort.
Theophylax (Erzbischof von Ochrid), *Briefe,* in: MPG, Band 126.
Ville-Hardouin, Gottfried von, *Die Eroberung von Constantinopel i. J. 1204,* ins Deutsche übers. von B. Todt, Halle 1878; *La Conquète de Constantinople,* hrsg. von E. Faral, 2 Bände, Paris 1938–1939.
Wilhelm von Tyrus (auch: Guilelmus Tyrensis), *Belli Sacris Historia und Historia Rerum in Partibus Transmarinis Gestarum,* in: RHCOcc, Band 1; ins Deutsche übers. von E. H. und R. Kausler, *Geschichte der Kreuzzüge und des Königreichs Jerusalem,* Stuttgart 1844, und teilw. übers. von Unbekannt, *Ums heilige Grab. Eine Geschichte des ersten Kreuzzugs,* Berlin 1936; ins Frz. übers. in: GMHF, Bände 16–18.

2. Neuere Literatur

Ahrweiler, H., *L'Expérience Nicéenne,* in: DOP, Band 29 (1975), Seiten 23–40.
Angold, M., *The Byzantine Empire, 1025–1204. A Political History,* London 1984.
Ders., *A Byzantine Government in Exile,* Oxford 1975.
Barker, J. W., *Manuel II Palaeologus (1391–1425). A Study in Late Byzantine Statesmanship,* New Brunswick, N. J., 1969.
Berger Xivrey, J., *Mémoire sur la Vie et les Ouvrages de L'Empereur Manuel Paléologue,* Paris 1853.
Bertele, Z, »I gioelli della corona byzantina dati in pegno alla repubblica bveneta nel sec. XIV e Mastino della Scalla«, in: *Studi in Onore di A. Fanfani, II. Medioevo,* Mailand 1962, Seiten 90–117.

Bibicou, H., *Une Page d'Histoire Diplomatique de Byzance au XIe Siècle. Michel VII Doukas, Robert Guiscard et la pension des dignitaires,* in: B, Bände 29 und 30 (1959/60).
Blaue Führer, *Türkei,* Paris 1968.
Bréhier, L., *Le monde Byzantin, I. Vie et Mort de Byzance,* Paris 1947.
Buckley, G., *Anna Comnena,* London 1929.
Bury, J. B., *A History of the Later Roman Empire (395–800 A. D.).* 2 Bände, London 1899.
Ders., *A History of the Eastern Roman Empire,* London 1912.
Ders., *The Roman Emperors from Basil II to Isaac Komnenos, in English Historical Review,* Band 4, 1889.
Cahen, C., »Note sur l'histoire des croisades et de l'orient latin«, in: *Bulletin de la faculté des Lettres de l'Université de Strasbourg,* Band 29 (1950–1951).
Cambridge Medieval History, bes. Band 4, *The Byzantine Empire, 717–1453,* neu hrsg. von J. M. Hussey, 2 Bände, Cambridge 1966–1967.
Chalandon, F., *Les Comnènes. Etudes sur l'Empire Byzantine aux XIe et XIIe Siècles,* Band 1: *Essai sur le Règne d'Alexis Ier Comnène,* Paris 1900; Band 2: *Jean II Comnène et Manuel Comnène,* Paris 1913 (Nachdruck beider Bände New York 1960).
Ders., *Histoire de la Première Croisade,* Paris 1925.
Chapman, C., *Michel Paléologue. Restaurateur de l'Empire Byzantine (1261–1282),* Paris 1926.
Cobham, C. D., *The Patriarchs of Constantinople,* Cambridge 1911.
Décarreaux, J., »L'Arrivée des Grecs en Italie pour le Concile de l'Union, d'après les Mémoires de Syropoulos«, in: *Revue des études italiennes* 7 (1960), Seiten 27–58.
Dictionnaire d'Histoire et de Géographie Ecclésiastiques, hrsg. von A. Baudrillat, R. Aubert u. a., Paris 1912 ff. (wird fortgeführt).
Dictionnaire de Théologie Catholique, 15 Bände in 30, Paris 1909–1950 (mit Suppl.)
Diehl, C., *Etudes Byzantines,* 2 Bände, Paris 1905
Ders., *Figures Byzantines,* 2 Teile, Paris 1906 und 1913.
Ders., *Histoire de l'Empire Byzantin,* Paris 1918.
Ders., *Choses et Gens de Byzance,* Paris 1926.
Ducellier, A., *Byzanz. Das Reich und die Stadt,* Frankfurt am Main 1990.
Ebersolt, J., *Le Grand Palais de Constantinople et le Livre des Cérémonies,* Paris 1910.
Enciclopedia Italiana, 36 Bände, 1929–1939 (mit späteren Nachträgen).
Encyclopaedia Britannica (11. Aufl.), 29 Bände, Cambridge 1910–1911, sowie (15. Aufl.) 30 Bände, Chicago 1974.
Encyclopaedia of Islam, 4 Bände, Leiden, London 1913–1934 (Neuausgabe ab 1960).

Finlay, G., *History of the Byzantine and Greek Empires from 716 to 1453*, Band 2, London 1854.
Fischer Weltgeschichte, Band 9, *Die Verwandlung der Mittelmeerwelt*, hrsg. von F. G. Maier, Frankfurt am Main 1992.
Fischer Weltgeschichte, Band 13, *Byzanz*, hrsg. von F. G. Maier, Frankfurt am Main 1973.
Fischer Weltgeschichte, Band 14, *Vom Ursprung bis zu den Anfängen des Osmanenreiches*, hrsg. und verfaßt von C. Cahen, Frankfurt am Main 1968.
Fischer Weltgeschichte, Band 15, *Die islamischen Reiche nach dem Fall von Konstantinopel*, hrsg. von G. E. Grünebaum, Frankfurt am Main 1971.
Fischer Weltgeschichte, Band 19, *Zentralasien*, hrsg. von G. Hambly, Frankfurt am Main 1966.
Fliche, A., und Martin, V., *Histoire de L'Eglise, depuis les Origines jusqu'à nos Jours*, Paris 1934.
Freely J., und Sumner-Boyd, H., *Istanbul. Ein Führer*, Übers. und dt. Bearbeitung von Wolf-Dieter Bach, München 1975.
French, R. M., *The Eastern Orthodox Church*, London und New York 1951.
Gay, J., *Le Pape Clément VI et les affaires d'Orient (1342–1352)*, Paris 1904.
Geanakoplos, D. J., *Emperor Michael Palaeologus and the West, 1258–1282: A Study in Byzantine-Latin Relations*, Cambridge, Mass., 1959.
Gibbon, E., *The History of the Decline and Fall of the Roman Empire*, 7 Bände, hrsg. von J. B. Bury, London 1896; deutsch *Die Geschichte des Verfalles und Unterganges des römischen Weltreiches, nebst einer biographischen Skizze über den Verfasser*, hrsg. von Johann Sporschil, Leipzig 1843, 2. Aufl.
Gill, J., *The Council of Florence*, Cambridge 1959.
Ders., *John VIII Palaeologus. A Character Study*, erstmals in: *Studi byzantini e neuellenici*, Band 9 (1957), erneut im Sammelband des Autors, *Personalities of the Council of Florence, and Other Essays*, New York 1964.
Godfrey, J., *The Unholy Crusade*, Oxford 1980.
Grumel, V., *La Chronologie*, Band 1 des *Traité des Etudes Byzantines*, hrsg. von P. Lemerie, Paris 1958.
Guilland, R., *Correspondance de Nicéphore Grégoras*, Paris 1927.
Guiraud, J., *Les registres de Grégoire X*, Paris 1892–1906.
Haussig, H.-W., *Kulturgeschichte von Byzanz*, 2., überarb. Auflage, Stuttgart 1966.
Heyd, W., *Geschichte des Levantehandels im Mittelalter*, Stuttgart 1879.
Hitti, P. K., *History of the Arabs*, New York 1951, 3. Auflage.
Hookham, H., *Tamburlaine the Conqueror*, London 1962.
Janin, R., *Constantinople Byzantine*, Paris 1950.

Jenkins, R., *The Byzantine Empire on the Eve of the Crusades,* London 1953.

Keegan, J., *A History of Warfare,* London 1993.

Kinross, Lord, *The Ottoman Centuries,* London 1977.

Knolles, R., *Turkish History,* 3 Bände, London 1687–1700.

Laurent, V., *Les »Mémoires« du grand ecclésiarque de l'Eglise de Constantinople Sylvestre Synopoulos sur le Concile de Florence (1438–1439),* Rom 1971.

Lecky, W. E. H., *Sittengeschichte Europas,* übers. von H. Jolowicz, vermehrt und durchgesehen von F. Löwe, Leipzig und Heidelberg 1879.

Loenertz, R. J., *Jean V Paléologue à Venise (1370–1371),* in: REB, Band 16 (1958).

Ders., *Byzantia et Franco-Graeca,* Artikel der Jahre 1935–1966, neuaufgelegt in Zusammenarbeit mit Peter Schreiner, in: *Storia e Letteratura. Raccolta di Studi e Testi* 118, Rom 1970.

Lowe, A., *The Catalan Vengeance,* London 1972.

Magdalino, P., *The Empire of Manuel I Komnenos, 1143–1180,* Cambridge 1993.

Mango, C., »Die Mosaiken«, in: Kähler, H., *Die Hagia Sophia,* Berlin 1967

Mann, H. K., *The Lives of the Popes in the Middle Ages,* 18 Bände, London 1902–1932.

Manzano, R., *Los Grandes Capitanes Españoles,* Barcelona 1960.

Miller, W., *The Latins in the Levant. A History of Frankish Greece, 1204–1566,* London 1908.

Ders., *Essays on the Latin Orient,* Cambridge 1921.

Neander, A., *Allgemeine Geschichte der christlichen Religion und Kirche,* 6 Bände, Hamburg 1825–1852.

New Catholic Encyclopedia, Washington 1967.

Nicol, D. M., *The Depostates of Epirus,* Oxford 1957.

Ders., *The Byzantine Family of Kantakouzenos (Cantacuzenus) ca. 1100–1460. A genealogical and prosopographical study,* Dumbarton Oaks Studies 11, Washington 1968.

Ders., »The Byzantine Reaction to the Second Council of Lyons, 1274«, in: SCH, Band 7 (1971)

Ders., *The Last Centuries of Byzantium, 1261–1453,* London 1972.

Ders., *The Immortal Emperor,* Cambridge 1992.

Norwich, J. J., *The Normans in the South und The Kingdom in the Sun,* London 1967 bzw. 1970; beide in einem Band unter dem Titel *The Normans in Sicily,* London 1992.

Ders., *A History of Venice,* Band 1: *The Rise to Empire;* Band 2: *The Greatness and the Fall,* London 1977 bzw. 1981; beide in einem Band unter dem Titel *A History of Venice,* London 1982.

Ders., *Byzanz,* Band 1: *Der Aufstieg des Oströmischen Reiches (330–800);*

Band 2: *Auf dem Höhepunkt der Macht (800–1071)*, Düsseldorf 1993 bzw. 1994 (die beiden Bände bilden mit dem vorliegenden Abschlußband eine Trilogie).

Obolensky, S., *The Byzantine Commonwealth*, London 1971.

Ockley, S., *History of the Saracens*, 4. Auflage, London 1847; ins Deutsche übers. von Th. Arnold, *Simon Ockleys Geschichte der Saracenen*, o. J.

Ostrogorsky, G., *Geschichte des byzantinischen Staates* (3. Auflage), München 1963, und unveränderter Nachdruck der zuerst 1965 erschienenen Sonderausgabe, München 1975.

Oxford Dictionary of Byzantium, hrsg. von H. P. Kazhdan u. a., 3. Bände, Oxford und New York 1991.

Ramsay, W., *The Historical Geography of Asia Minor*, Royal Geography Society, Supplementary Papers, Band 4, London 1890.

Rowe, J. G., *Paschal II, Bohemund of Antioch and the Byzantine Empire*, Bulletin John Rylands Library, Band 49 (1966–1967), Seiten 165–202.

Runciman, S., *Eine Geschichte der Kreuzzüge*, übers. von P. de Mendelssohn, München 1968; Neuauflage 1995.

Ders., *Von der Gründung bis zum Fall Konstantinopels*, übers. von P. de Mendelssohn, München 1969.

Ders., *Die Eroberung von Konstantinopel 1453*, übers. von P. de Mendelssohn, München 1966.

Ders., *»Häresie und Christentum«. Der mittelalterliche Manichäismus*, übers. von H. Jatho, München 1988.

Ders., *The Sicilian Vespers*, Cambridge 1958.

Ders., *The Great Church in Captivity*, Cambridge 1968.

Ders., *Mistra. Byzantine Capital of the Peloponnes*, London 1980.

Fr. Chr. Schlosser's Weltgeschichte, Bände 5, 7 und 9, Zweite Ausgabe, Oberhausen und Leipzig 1874.

Schlumberger, G., *Expéditions des Almugavares ou routiers catalans en orient de L'an 1302 à l'an 1311*, Paris 1902.

Ders., *Un Empereur de Byzance à Paris et Londres*, in *Byzance et les Croisades*. Pages médiévales, Paris 1927.

Ders., *Le siège, la prise et le sac de Constantinople en 1453*, Paris 1926

Schreiner, P., *Byzanz*, in: *Oldenbourg. Grundriß der Geschichte*, hrsg. v. Jochen Bleicken, Lothar Gall und Hermann Jakobs, Band 22, München 1986.

Setton, K. M. (Chefred.), *A History of the Crusades*, 2 Bände, Madison, Milwaukee und London 1969.

Ders., *Catalan Domination of Athens, 1311–1388*, Cambridge, Mass., 1948.

Skoulatos, B., *Les Personages byzantins de l'Alexiade*, Louvain 1980.

Smith, W., und Wace, H., *Dictionary of Christian Biography*, 4 Bände, London 1877–1887.

Talbot Rice, D., *Byzantinische Kunst,* aus dem Engl. übers. von S. B Milczewsky, München 1964.
Talbot Rice, D., und Hirmer, M., *Kunst aus Byzanz,* München 1959.
Taylor, J., *Imperial Istanbul. Iznik – Bursa – Edirne,* London 1989.
Temperley, H. W. V., *History of Serbia,* London 1919.
Vasiliev, A. A., *History of the Byzantine Empire, 324–1453,* Madison 1952.
Ders., *Manuel Comnenus and Henry Plantagenet,* in: BZ, Band 29 (1929–1930), Seiten 238–244.
Vryonis, S. *Byzantium and Europe,* London 1967.
Ders., *The Decline of Medieval Hellenism in Asia Minor and the Process of Islamization from the Seventh through the Fifteenth Century,* Los Angeles 1971.
West, R., *Black Lamb and Grey Falcon,* 2 Bände, London 1944.
Zakynthos, D., *Le Depostat grec de Morée,* 1262–1460, Band 1, Paris 1932.
Ziegler, P. *The Black Death,* London 1969.

Personen- und Ortsregister

Abu-Shara, Emir 85
Adelheid von Braunschweig-Grubenhagen 318
Agnes von Frankreich, Prinzessin 162, 169, 190, 253
Ahmed, Halbbruder Mehmeds II. 464
Aimery, Patriarch von Antiochia 144, 146, 150
Akindynos, Gregor 348 f., 359
Akropolites, Georgios 237 f., 246 f., 270 f., 279
al-Adil, Bruder Saladins 189
Alexander III., Papst 156 f.
Alexander IV., Papst 244
Alexander V., Papst 429
Alexios I. Komnenos 13, 15–25, 29–36, 39–46, 48–58, 45, 60, 62–67, 69, 71–78, 80 f., 83 ff., 163, 225
Alexios II. Komnenos 161 f., 165, 169, 184
Alexios III. Angelos 186, 193 f., 203 ff., 207, 212, 219, 222 f.
Alexios IV. Angelos 186, 202, 207 ff.
Alexios V. 210 ff., 216
Alfonso von Aragon, König 463
Ali, Halbbruder Mehmeds II. 464
Ali Pascha 400
Alp Arslan, Sultan 13 f., 16, 393
Amadeus V., Graf 324
Amadeus VI. von Savoyen, Graf 375–379, 385, 387
Amalrich von Jerusalem 168
Amselfeld, Schlacht auf dem 391 f., 396, 459
Anagnostes, Johannes 445
Anastasius IV., Papst 129 f.
Andreas von Rupecania, Graf 140
Andronikos I. Komnenos 167 ff., 172, 174, 178–183, 220
Andronikos II. Palaiologos 257, 261, 271, 279, 282, 291 f., 296–310, 312, 315, 317–324, 395
Andronikos III. Palaiologos 317–323, 325, 326–332, 334, 336 f., 343, 351, 364, 368
Andronikos IV. Palaiologos 365, 372, 376, 380, 382, 384–388, 393
Andronikos, Sohn Manuels II. 426 f., 435
Angelos, Andronikos 169
Angelos, Konstantin 185
Angelos Dukas, Johannes 220, 225
Anna, Kaiserin s. Agnes von Frankreich
Anna von Moskau 431, 461
Anna von Savoyen, Kaiserin 324, 336 ff., 343, 345–349, 352, 358, 361, 380
Anna von Ungarn 317
Anne von Châtillon 153
Apokaukos, Alexios 337, 339 ff., 344 f.
–, Johannes 341, 345
–, Manuel 341, 344
Aristippus, Heinrich 141
Arsenios, Patriarch 247, 253, 297 f.
Asclettin, Vizekönig von Sizilien 135
Athanasios, Eremit 298, 316
Aubray von Trois-Fontaines 226
Autorianos, Michael 222
Axuch, Alexis 140 f.
–, Johannes 83, 85 f., 105 f., 118

Baibar, Sultan 192
Bailleul, Roussel von 15
Bajasid, Sultan 392 ff., 397, 400–405, 412, 414 ff., 418, 424, 433, 466
Balduin I., lateinischer Titularkaiser 214, 216, 218, 221, 224
Balduin II., lateinischer Titularkaiser 235 f., 244 f., 251 f., 254, 261, 264, 274
Balduin III., König von Jerusalem 143 ff., 150 f., 168
Balduin IV., König von Jerusalem 187
Balduin V., König von Jerusalem 188
Balduin, Feldherr 177 f., 182 f.
Balduin, König von Jerusalem 88, 93, 95
Balduin von Antiochia 159
Balduin von Boulogne 50 f., 57, 59, 61
Balian von Ibelin 188 f.
Baltoglu, Suleiman 475–479
Barbaro, Nicolò 473, 476
Barlaam, Mönch 333 f., 348
Bartholomäus von Grosseto 280, 282
Bartolomeo von Neocastro 278
Basil von Ochrid, Erzbischof 109
Basileios II. 10, 22, 42, 68, 70, 78, 84, 93
Batu Khan 231 f., 273, 280 f., 296 f.
Bekkos, Johannes 266
Bela III. von Ungarn 152, 158, 170, 186
Bela IV. von Ungarn 264
Benevento, Schlacht bei 262
Benevento, Vertrag von 140
Benedikt XIII., Papst 403, 428 ff.
Berengaria von Kastilien 227
Bernard von Valence 58, 61
Bernhard von Clairvaux 113 f., 126, 128
Berrhoiotes, Georgios 270
Bertha von Sulzbach, deutsche Prinzessin 109 f., 122, 149
Berthold von Dalmatien 195
Bertrand von Blankford 147
Bessarion von Nikäa, Metropolit 437, 442, 448, 454
Blastares, Matthäus 352
Blemmydes, Nikephoros 238
Bohemund von Tarent, Fürst 30, 32–36, 38 f., 51 ff., 57 ff., 61 ff., 68, 70, 73, 80, 139, 173
Bohemund II. von Antiochia 90, 93, 95, 143
Bohemund III. 167
Bohemund der Stammler 150
Bonifaz von Montferrat, Markgraf 200 ff., 207, 210, 212, 214, 222, 225
Bonifaz VIII., Papst 306
Bonifaz IX., Papst 403, 406
Borilos, Bajuware 17 f., 21
Boucicault, Marschall 407 ff., 413, 415, 418
Branas, Alexios 182
–, Demetrios 111
–, Michael 144
–, Johannes 173 f.
Brankovich, Georgios 455 f., 460, 465
–, Lazar 464
–, Maria 463
–, Vuk 390 f.
Brindisi 137 f.
Bryennios, Alexios 141, 151
–, Nikephoros 15, 66, 76, 78, 81
Bucharis, Isidor 349
Bursuk 111

Carceri, Felisa dalle 276
Cesarini, Giuliano 455, 457
Chaka, Emir von Smyrna 40 f., 65
Chalkokondylas, Laonikos 459
Charsianeites, Johannes 367
Chateaumorand, Jean de 413, 415, 418
Choniates, Niketas 80, 83, 107, 110, 117, 123 f., 139, 154, 160, 163, 165, 169, 172, 174 ff., 179, 183, 204, 211 f.
Chosrau II., persischer König 35

Chrysoloras, Manuel 409, 422, 431
Ciriaco von Ancona 459
Civitate 27
Contarini, Andrea 380 f.
Conti, Wilhelm 373
Curcuas, Michael 107

Dalassena, Anna 17, 22 ff., 35, 66, 70, 75 f., 79
Dalassenos, Issak 66, 75
–, Konstantin 40
d'Alet, Corberán 307
Dalmata, Johannes 489
Dandolo, Andrea 198
–, Enrico 198 ff., 203, 206 ff., 211, 214–218
–, Giovanni 286
Dechanski, Anna 325
Demetrios Zwonimir, König von Kroatien 14
Demetrios, Despot 449, 454, 461
d'Entença, Berenguer 311
Dewol, Vertrag von 63 f., 72 f.
Diedo, Alvise 489
Doria, Paganino 362
Dragasch, Helena 399, 408, 419, 460 f.
–, Konstantin 400, 403
Drimys, Johannes 316
Dukas, Alexios 209 f.
–, Andronikos 17
–, Demetrios 233
–, Irene 17 f., 22–25
–, Johannes 14, 17 f., 20 f., 75 ff., 79 ff., 91
–, Johannes (Despot von Thessalonike) 231 f.
–, Johannes 133, 134, 137 ff., 141, 179, 190
–, Manuel 229, 231
–, Maria Traiana 18
–, Michael 16
–, Theodor 224 ff., 228 f., 231 f., 234
Durazzo 31 ff., 62, 65, 173, 193, 224, 239

Edmund von Lancaster 259
Eduard I., englischer König 268
Eduard III., englischer König 470
Eleonore, französische Königin 112, 115, 120 f., 125
Elvira von Aragon 53
Esajas, Patriarch 322
Eugen III., Papst 112 f., 127 f.
Eugen IV., Papst 447, 450, 455 f., 462
Eugenikos, Markos 448, 452 ff.
Euphrosyne, Kaiserin 211
Eustathios, Erzbischof 175 f., 178, 182
Eustratios Garidas 24
Evrenoz-Beg 402

Flacandus, Hugo 136
Flor, Roger de 305–309, 311 ff.
Foscari, Francesco 449, 465
Francesco de Toledo 473, 489
Friedrich I. Barbarossa 115, 117, 128, 130–133, 135, 139, 156 ff., 189–193
Friedrich II. 227, 232 f., 235 f., 242, 252
Friedrich III. von Habsburg 467
Friedrich von Aragon 305
Friedrich von Österreich 194
Friedrich von Sizilien 307
Fulk von Anjou 95 f.
Fulk von Neuilly 197

Gabras, Konstantin 101
Gagik II. von Armenien 94
Gahzi II., Emir 85, 90 ff., 95, 101
Gattilusio, Francesco 377, 380, 389
–, Francesco II. 419
–, Irene 420 f.
–, Giorgio 426
Gennadios II. 442 f., 448, 454, 461, 468
Georg von Antiochia 117, 129
Gerard von Prato 258
Germanos, Bajuware 17 f.
Germanos, Patriarch 270
Geza II. von Ungarn 151 f.

Ghisi, Filippo 276
Gibbon, Edward 9, 108, 368, 430
Giberto da Verona 276
Girkon, Georgios 312 f.
Giustiniani, Pantaleone 271
Gonzaga, Gianfranco 436
Gonzáles de Clavijo, Ruy 415, 438
Gottfried, Bischof von Langres 116
Gottfried von Bouillon 50 f., 58 f.
Gottfried von Villehardouin 197 ff., 201, 203, 206, 208 ff., 212
Gozzoli, Benozzo 460
Grant, Johannes 473
Gregor VII., Papst 14, 34, 37, 43 f.
Gregor VIII., Papst 189
Gregor IX., Papst 227 ff., 235
Gregor X., Papst 268, 270 f., 277 f.
Gregor XI., Papst 428
Gregor XII., Papst 428 ff.
Gregoras, Nikephoros 334, 346, 349, 351, 356, 359
Gregorios II., Patriarch 297 f.
Gregorios III., Patriarch 462 f.
Guido von Lusignan, König von Jerusalem 188, 190
Guiscard, Robert 14, 25, 27–39, 43, 49, 51, 62, 65, 67, 70, 88, 93, 133 f., 139, 172 f.

Hadrian IV., Papst 129 ff., 135 f., 140, 156
Hadrian V., Papst 278
Halil Pascha, Großwesir 465, 483
Harding, Stephan 113
Heinrich I., englischer König 96
Heinrich III., englischer König 236, 259
Heinrich IV., englischer König 411 f.
Heinrich IV., deutscher Kaiser 34 f., 37, 44, 50
Heinrich V., deutscher Kaiser 73, 130
Heinrich VI., deutscher Kaiser 190–195
Heinrich VI. von Frankreich 468
Heinrich von Brabant 194
Heinrich von Hainault, lateinischer Titularkaiser 221–225, 247
Heinrich von Troyes, Graf 197
Helena, Kaiserin 230
Helena, Kaiserin s. Dragasch, Helena
Helena, Tochter Robert Guiscards 28 ff.
Helena von Epiros 260
Herakleios, Kaiser 36
Holt, Peter 410
Honorius III., Papst 224, 228
Hugo, Bischof von Jabala 112
Hugo, Herzog von Burgund 261
Hugo von Vermandois 50, 59
Humbert, Kardinal 62
Hunyadi, Johannes 455 ff., 459, 465, 483

Ibn Jubair 171 ff.
Imad ed-Din Zengi, Atabeg von Mosul 95, 99, 102, 111, 120
Innozenz III., Papst 196 f., 202, 221
Innozenz IV., Papst 233, 236
Innozenz V., Papst 278
Innozenz VI., Papst 372 f., 395
Irene, Kaiserin s. Bertha von Sulzbach
Irene, Kaiserin s. Dukas, Irene
Irene Asen, Kaiserin 343, 346, 355, 367, 369, 388
Isaak Asen 345
Isaak II. Angelos 179 ff., 184, 186 f., 189 ff., 193 f., 202, 207 ff.
Isidor von Kiew, Metropolit 442, 448, 454, 468, 485
Italos, Johannes 70

Jakob I. von Aragon, König 271
Jakob II. von Aragon, König 305, 311
Jerusalem 57 ff.
Joasaph, Mönch s. Johannes VI. Kantakuzenos
Johann von Durazzo, Herzog 68
Johannes II. Asen von Bulgarien 226, 229 ff., 233, 307
Johannes II. Dukas von Thessalien 314, 331

Johannes II. Komnenos 76 ff., 81 ff., 86–92, 94 f., 97–102, 104 f., 108 f., 149, 396, 462
Johannes III. Vatatzes 219 f., 220, 226, 229–234, 236 ff., 241, 253, 256, 344
Johannes IV. Laskaris 242, 247, 253, 293, 297 f., 316
Johannes V. Palaiologos 337 ff., 341, 347 ff., 359 f., 362, 364–368, 371–381, 383 f., 386 ff., 393 f., 396 f., 409
Johannes IV. Kantakuzenos 348 f., 351–362, 364, 366–371, 373 f., 379, 386, 388, 395, 398, 402, 421, 441, 475
Johannes VI. Palaiologos 385 f., 388, 393 f., 398, 400, 405, 407 f., 414 f., 418–422
Johannes VIII. Palaiologos 431 f., 435 f., 438 ff., 444, 446–451, 453, 457, 460 f., 465
Johannes XII., Patriarch 302
Johannes XXI., Papst 278
Johannes XXII., Papst 330
Johannes XXIII., Papst 430 f.
Johannes Alexander, bulgarischer Zar 325 f., 338, 374, 376 f.
Johannes der Bastard 274 ff., 280, 291
Johannes der Furchtlose von Burgund 467
Johannes Oxites 65, 68
Johannes Roger 106
Johannes Uglescha von Serres 382 f.
Johannes von Brienne, König von Jerusalem 227 f., 230, 235
Johannes von Nevers, Graf 404
Johannes von Procida 289
Jolante, lateinische Titularkaiserin 224, 226
Joscelin von Courtenay 61, 100 ff., 143
Joscelin II. von Courtenay 98 f.
Joseph, Patriarch 296 f.
Joseph II. 448, 450, 452
Kaichosrau I., Sultan 222 f.
Kaichosrau II., Sultan 232
Kaikawus, Sultan 223
Kaikosru II., Sultan 300
Kalekas, Johannes s. Johannes V. Palaiologos
Kallistos, Patriarch 360, 365, 373, 375
Kalojan, bulgarischer Zar 221 f., 226, 230
Kanabos, Nikolaus 209
Kananos, Johannes 433
Kantakuzena, Helena 365, 386
–, Maria 333, 340
Kantakuzenos, Johannes 319 ff., 324, 326 ff., 330 f., 333–344, 346 f.
–, Konstantin 190
–, Manuel 345, 354, 388
–, Matthäus 346, 354, 359, 363, 365, 367
–, Michael 257
–, Theodor Palaiologos 407
Karl von Anjou, Graf 259 ff., 263–271, 274, 277 ff., 282, 284 ff., 288 ff., 294, 300 f., 306
Karl, Herzog von Burgund 264
Karl II. von Anjou 300, 305
Karl VI., französischer König 392, 407, 409 f., 412 f., 422
Karl von Valois 315
Kastriotes, Georgios 456
Katavas, Michael 254
Katharina von Courtenay 315
Katharina von Valois 315 f., 332
Khaireddin, General 389
Kilidsch Arslan, Sultan 41, 60
Kilidsch Arslan II., Sultan 148, 149, 152, 158 ff., 163, 189
Kinnamos, Johannes 118, 138, 146, 158
Klemens IV., Papst 259 ff., 269
Klemens V., Papst 315
Klemens VI., Papst 343, 371
Klemens VIII., Papst 428
Koloman, ungarischer König 88 f., 125, 233

Komnena, Anna 18, 21, 28 f., 33, 41, 52, 68, 71, 74 ff., 80 ff., 86
–, Eudokia 167, 211, 212
–, Theodora 146
Komnenos, Alexios 166
–, Andronikos 143, 186
–, David 174
–, Isaak 16, 18 f., 24, 90, 101, 106, 171, 190
Komnenos Dukas, Michael 220
Konrad III., deutscher König 109 f., 112, 115, 117, 119–223, 125 ff., 132, 147, 151
Konradin, Herzog von Schwaben 260, 306
Konstantin VII. Porphyrogennitos 40, 395
Konstantin XI. Dragasches 435, 444, 448, 456 ff., 461 ff., 468, 472, 474 f., 480–484, 486, 488 f.
Konstantin, Prinz 81
Konstantin, Sohn Michaels VII. 28 ff.
Konstantin, Sohn Michaels VIII. 253, 256 f.
Konstantin Bodin, bulgarischer Zar 14
Konstantin Bodin von Zeta, König 33
Konstantin der Große 10, 491
Konstantin Tich, Bojare 239, 264, 273
Konstanz, Vertrag von 132
Konstanze von Antiochia 95 f., 103, 143, 150
Konstanze, Tochter Friedrichs II. 232
Konstanze von Sizilien 288
Kontostephanos, Andronikos 111, 152, 160
–, Johannes 111, 148, 150
–, Stephan 118
Kosmas, Patriarch 21, 24 f.
Kurtikios, Basilios 36
Kydones, Demetrios 373, 377, 380, 385, 398, 409

Ladislaus, ungarischer König 455 f.
Larissa 36
Lazar, Zar 390 ff.
Leo IX., Papst 27
Leon der Weise 41
Leon von Kleinarmenien 94 f.
Leonhard von Mytilene, Erzbischof 468 f., 484
Le Puy, Bischof Adhemar von 46, 53
Licario 275 f.
Longo, Giovanni Giustiniani 473, 475, 480, 487 ff.
Lothar III., deutscher Kaiser 93
Ludwig I. von Ungarn, König 375 f., 403
Ludwig VII., französischer König 112 ff., 116, 119 ff., 125 f., 157, 161 f., 197
Ludwig IX., französischer König 236, 259 f., 265 f., 286
Ludwig von Blois, Graf 221

Maingres, Jean le s. Boucicault
Maio von Bari 136
Makrembolites, Alexios 357
Malaterra, Gottfried 31
Malatesta, Sigismondo Pandolfo 443 f.
Malatesta von Rimini, Cleope 431
Malik Ghazi 60
Malik-Schah, Sultan 16, 74 f.
Manfred von Sizilien 242 f., 250, 252, 255 f., 258 ff., 286
Mantzikert, Schlacht bei 10, 14 ff., 18, 33, 41, 44, 75, 94, 99, 104, 149, 160, 163, 248, 376
Manuel I. Komnenos 101, 103–111, 114–119, 122–129, 132 f., 135, 138–143, 145 ff., 149–154, 157–163, 168, 170, 185, 198, 395
Manuel II. Palaiologos 382 ff., 386, 388 ff., 392, 394 f., 397–401, 405 f., 408–415, 418–427, 430 ff., 436, 439, 443, 460, 462, 466
Maria von Antio, Ehefrau Manuels I. 150 ff., 165–169
Maria, Königin von Jerusalem 227

Maria von Alania, Kaiserin 16 ff., 22, 24, 28, 75, 79
Maria von Trapezunt 453, 461
Marko Kraljevich, Sohn Vukaschins 382, 391, 403
Martin IV., Papst 286 ff.
Martin V., Papst 430, 446 f.
Massa, Tonio da 434
Mas'ud von Ikonien, Sultan 85, 101
Matthäus von Ephesos, Bischof 359
Medici, Cosimo de 443
Mehmed I., Sultan 421 f., 424 f., 432
Mehmed II., Sultan 458, 463 ff., 469 ff., 474, 476–481, 483 f., 487 f., 490 f.
Mehmet II. 393
Melissenos, Nikephoros 20, 24, 66
–, Stephan Gabrielopulos 331
–, Georgios 36
–, Johannes 66
–, Konstantin 266
Metochites, Alexios 359
–, Irene 320
–, Theodor 318, 320, 323 f., 352, 367
Michael II. von Epiros 233 f., 239, 242 f.
Michael III. Sisman, bulgarischer Zar 321, 325
Michael VII., Kaiser 14 ff., 24, 27 ff., 43, 81
Michael VIII. Palaiologos 10, 237, 240–246, 248–258, 262 ff., 267, 269 ff., 274 ff., 279–289, 291 ff., 296 ff., 302 f., 379, 396, 441
Michael IX. Palaiologos 304, 308, 310 ff., 315, 317 f., 326, 338
Michael Asen, Zar 239 f.
Michael Kerullarios 62
Michael von Zeta, Fürst 14
Michiel, Domenico 88
–, Vitale 155 f.
Minotto, Girolamo 473, 482
Mircea der Ältere 402
Mohammed, Emir 101
Monomachos, Michael 331
Morosini, Tommaso 215
Muntaner, Ramón 309
Murad I., Sultan 374, 377, 383–393, 401
Murad II., Sultan 432 ff., 440, 444 f., 456–460, 463, 465
Musa, Sohn Bajasids 421–425
Mustafa, Sohn Bajasids 416, 427 f., 432 ff.
Muzalon, Andronikos 239
–, Georgios 239, 241, 293
–, Theodor 239

Nemanja, Stephan 153, 158, 170, 187, 190
Nerio II. Acciajuoli 456
Nikephoros Botaneiates, Kaiser 15 ff., 19, 21, 28 ff., 40, 43, 64, 67, 72
Nikephoros I. von Epiros 234, 239 f., 273, 280, 283, 300
Nikephoros II. von Epiros 332 f., 371
Niketas 47
Nikolaus II., Papst 27
Nikolaus III., Papst 278 ff., 282, 284, 286
Nikolaus V., Papst 462 f., 467, 472
Nikolaus von Crotone 258
Niphon, Patriarch 316
Nogay Khan 291
Notares, Lukas 468 f.
Nur ed-Din, Atabeg von Mosul 120 f., 143, 147 f., 150, 158 f.
Nymphaion, Friedensvertrag von 223, 250, 255

Obravich, Milosch 391
Odo von Bayeux 54
Orhan, Sultan 327 ff., 338, 343, 346, 359, 363, 366, 371
Orsini, Johannes 331 f.
–, Nikolaus 331
–, Isabella 463
Osman, Sultan 316, 329
Otto der Große, deutscher Kaiser 127

Pachymeres, Georgios 253, 298, 312
Palaiologos, Andronikos 233

–, Demetrios 412
–, Georgios 18, 20 f., 23, 32 f.
–, Georgios 152
–, Johannes 242 f., 274 f.
–, Michael 133–137, 140
–, Nikephoros 20 f., 34
–, Sphrantzes 327
–, Syrgiannes 319 f., 324, 326 f., 337
–, Theophilos 489
Palamas, Gregor 334, 348 f., 351, 358 ff.
Palaologina, Anna 332
Panaretos, Nikolaus 270
Paschalis II., Papst 62, 73, 130
Patras, Erzbischof 444
Paulus von Smyrna 378 f.
Pelekanos, Schlacht bei 327 f.
Peter I. von Zypern, König 375
Peter III. von Aragon, König 288 ff., 300, 305, 361
Peter von Courtenay, lateinischer Titularkaiser 224, 261, 274, 286
Peter der Einsiedler 47 f., 56
Philanthropenos, Alexios 275, 302
Philipp I., französischer König 50, 62
Philipp II. August von Frankreich 190, 192, 197
Philipp IV. der Schöne, französischer König 315
Philipp, Graf von Flandern 161 f.
Philipp, Herzog von Burgund 457
Philipp von Anjou 261, 283
Philipp der Gute von Burgund 467
Philipp von Naillac, Johanniter-Großmeister 404
Philipp von Namur 224
Philipp von Schwaben 194, 202
Philipp von Tarent 315
Philippa von Antiochia 167
Philotheos 365, 378
Phokas, Nikephoros 16
Piacenza 45 f.
Piriska, Kaiserin 84
Pisani, Nicolò 362
Plethon, Georgios Gemistos 442 f., 448, 454
Porphyrogenneta, Theodora 185
Psellos, Michael 14, 70

Qutb ed-Din, Sohn Kilidsch Arslans 191 II.

Radoslaw, Stephan 229
Radulf, Patriarch 96
Radulf von Pontoise, Graf 29 f.
Raimund II. von Tripolis, Graf 150 f.
Raimund III. 150
Raimund IV. von Saint-Gilles 53 f., 56–60
Raimund von Poitiers und Antiochia 96–103, 106, 110 f., 113, 120, 143
Raimund von Toulouse, Graf 236
Rainald von Antiochia 150
Rainald von Châtillon 143 ff., 148, 153
Rainerius von Sens 258
Rainier von Montferrat 166
Rainulf von Aversa, Craf 26
Richard Löwenherz von England 190, 192, 196 f., 407, 411
Richard von Acerra 172, 183
Richard von Andria, Graf 135
Rita-Maria von Armenien 312, 317, 326
Rizzo, Antonio 467 f., 471 f.
Robert, Herzog der Normandie 54 f.
Robert II. von Flandern, Graf 54 f.
Robert von Capua, Fürst 135
Robert von Courtenay, lateinischer Titularkaiser 226 f.
Robert von Loritello, Graf 134, 137, 140
Roche, Jacques de la 276
–, Jean I. de la 275 f.
–, Otto de la 218
Roger II. von Sizilien 37 ff., 52, 55, 73, 84, 92, 96, 106, 109, 112, 117 f., 122, 125–129, 133
Romanos Argyros, Kaiser 22
Romanos IV. Diogenes, Kaiser 13, 16 f., 75, 99

Roussel von Bailleul 49
Rubenidos, Thoros 143 ff., 148

Saladin, Sultan 187 ff.
Scholarios, Georgios s. Gennadios II.
Selymbria, Alexios 245
Sergius von Neapel, Herzog 26
Sergios, Patriarch 35
Sichelgaita von Salerno 32 f., 52, 173
Sigismund, ungarischer König 402–405, 431, 446
Simonis, Tochter Andronikos' II. Palaiologos 302, 317, 323
Skanderbeg 459
Sophia von Montferrat 431, 453, 461
Sphrantzes, Georgios 436 f., 444, 449, 462 f., 474, 483 f., 486
Steno, Michele 422
Stephan II., König von Ungarn 89
Stephan III., König von Ungarn 152 f.
Stephan, englischer König 112
Stephan Dechanski 321, 325
Stephan Duschan, ungarischer König 326 f., 338, 342, 345 f., 352 ff., 358, 361, 363, 370 f., 375
Stephan Lazarevich 392, 400, 403, 419, 425
Stephan Urosch I. von Serbien 264
Stephan Urosch II. 301 f., 315, 317, 323
Stephan Urosch V. 352, 372, 390
Stephan von Blois, Graf 54 f., 59 f.
Stracimir, bulgarischer Prinz 403
Strategopulos, Alexios 243, 245 f., 253
Suleiman, Sohn Bajasids 415, 419, 421, 423, 425
Suleiman, Sultan 33
Suleiman Pascha 363, 365, 374
Sully, Hugo der Rote von 283, 285
Swetoslaw, Theodor 310, 315, 321
Symeon von Bulgarien 41
Synadenos, Theodor 332 f., 337, 341
Syropoulos, Sylvester 450
Szegedin 456

Tafur, Pero 439
Tagliacozzo, Schlacht bei 260, 306
Tankred von Antiochia 60 f., 63 f.
Tankred von Hauteville 27, 51
Tankred von Lecce 172
Tarchaneiotes, Michael 284 f.
Thamar, georgische Königin 220
Theobald von der Champagne 264
Theoderich von Nìmes 430
Theodor I. Laskaris 219 ff., 223–227, 232, 237
Theodor I., Despot von Morea 388 f., 400, 402, 419, 422, 441, 443
Theodor II. Laskaris 230, 234, 236, 238 ff., 256
Theodor II. 441, 456
Theodor, Sohn Manuel II. 426 f., 413
Theodora, Kaiserin 292, 297
Theodora von Jerusalem 168
Theodosios, Patriarch 162
Theophanes, Metropolit 270
Theophilax, Erzbischof 68
Thessalonike 174–178, 183 f., 193, 220, 225, 242, 389 f., 434 f., 444
Thomas von Epiros 331
Thomas, Despot 458 f., 461
Thomas, Peter 373
Tibald von der Champagne 197
Timur Lenk 412 f., 415 ff., 420 f.
Tocco, Carlo 444
Tocco, Magdalena 463
Turachan, Feldherr 458
Tzimiskes, Johannes 16, 90

Ulrich von Kärnten 195
Umur Pascha, Emir 330 f., 342 f., 346
Urban II., Papst 43, 45 f., 53, 72, 112
Urban III., Papst 189
Urban IV., Papst 250 ff., 254 f., 257 ff., 262
Urban V., Papst 375, 379
Urban VI., Papst 428

Viktor IV., Papst 156 f.
Visconti, Filippo Maria 436
Vierto, Vertrag von 283
Vukaschin, serbischer König 382

Walter von Brienne 314
Welf von Bayern, Graf 59, 125, 127
Wilhelm I. von Sizilien 129, 133, 135–141, 156 f.
Wilhelm II. von Sizilien 171 ff., 189, 194
Wilhelm V. von Montferrat 299
Wilhelm von Achäa 253 f., 256 f., 261, 283
Wilhelm von Aquitanien, Herzog 59, 61, 96
Wilhelm von Champlitte 218
Wilhelm von Nevers, Graf 59 f.
Wilhelm von Tyrus 82, 99, 135
Wilhelm von Villehardouin 242 f., 441
Wladislaw, Stephan 229

Xiphilinos, Johannes 17

Ziani, Sabastiano 156
Zibetos 48 f.
Zonaras, Johannes 17, 66, 74, 80